Windows 10 pour les nuls

3e édition

Windows 10 pour les nuls

3e édition

Woody Leonhard

FIRST Editions

Windows 10 pour les Nuls 3e édition

Cet ouvrage comporte des extraits de : *Windows 10 Tout en 1 pour les Nuls 3e édition.*

Collection dirigée par Jean-Pierre Cano
Traduction : Philip Escartin
Mise en page : maged

Edition française publiée en accord avec Wiley Publishing, Inc.

Éditions First, un département d'Édi8
12 avenue d'Italie
75013 Paris
Tél. : 01 44 16 09 00
Fax : 01 44 16 09 01
E-mail : firstinfo@efirst.com
Web : www.editionsfirst.fr
ISBN : 978-2-4120-03603-7
Dépôt légal : 1er trimestre 2018

Imprimé en Italie par La Tipografica Varese Srl - Varese

Sommaire

Introduction

Windows 10 est le dernier-né des systèmes d'exploitation de Microsoft. Sorti en 2015, il a connu une évolution majeure le 29 juillet 2016.

Windows 10 ressemble un peu à Windows 7, et un petit peu aussi à Windows 8.1. Il ne fonctionne comme aucun des deux, mais pour les centaines de milliers d'utilisateurs de la version 8 et 8.1, Windows 10 ressemble de nouveau à Windows.

Si vous n'avez pas encore plongé dans le grand bain de Windows 10, je vous conseille d'y aller en douceur. Microsoft améliore ce produit en permanence afin de résoudre ses problèmes de fonctionnement et de sécurité. Le Windows 10 que vous pouvez connaître aujourd'hui changera vraisemblablement au fil du temps (et même des mois), et vous trouverez que cette version du 29 juillet 2016 est vraiment la meilleure.

Pour la plupart des utilisateurs de Windows 8 ou 8.1, la question ne se pose en fait même pas. Certes, vous pouvez par exemple regretter la disparation de Windows Media Center, ou le nouveau comportement de OneDrive, ou encore avoir du mal à vous adapter à la nouvelle interface. Mais au final, pour faire court et simple, Windows 10 est ce que Windows 8.1 aurait dû être dès le départ.

D'un autre côté, les utilisateurs de Windows 7 ont moins de raisons de passer à Windows 10. Il y a évidemment des changements et des évolutions très bénéfiques. Ainsi, Microsoft s'est enfin décidé à jeter Internet Explorer dans les orties (enfin, presque), et à construire un tout nouveau navigateur, plus sécurisé et plus simple, appelé Edge. Au lieu des anciens gadgets (d'ailleurs abandonnés depuis déjà pas mal de temps), Windows 10 offre une infrastructure complète pour les applications dites auparavant Metro, ou en vignettes, et désignées aujourd'hui sous le terme d'applications Universelles Windows. D'autre part, Windows 10 reconnaît comme il se doit tous les nouveaux matériels, en particulier les écrans tactiles ou encore les stylets. Il y a aussi un Gestionnaire des tâches et un Explorateur de fichiers améliorés, de même qu'une bonne douzaine d'autres utilitaires système.

Tout cela est-il suffisant pour convaincre les utilisateurs patentés de Windows 7 de franchir le Rubicon ? Probablement pas. Mais il est clair en même temps que le futur appartient à Windows 10.

Pour résumer ce propos, disons que, si vous voulez un *meilleur* Windows, vous devriez passer à Windows 10.

Ce livre n'est pas le manuel que Microsoft a oublié de faire. C'est plutôt celui qu'il n'aurait pas voulu voir imprimer. Je ne vais pas être convié à un apéritif dînatoire dans les locaux de Microsoft, pas plus que je n'ai à m'excuser pour ce qui ne va pas bien dans Windows 10 (en espérant que les défauts de jeunesse seront réparés dans les meilleurs délais). Mon but est de vous faire découvrir les parties les plus importantes de Windows, de vous donner des conseils que j'espère utiles, d'attirer votre attention sur des points délicats, et de vous éviter tout désastre.

D'ailleurs, vous trouverez parfois dans ce livre des passages bienveillants à l'égard de concurrents connus et reconnus, y compris pour la qualité de leurs productions (vous devinez de qui je veux parler sans qu'il soit nécessaire d'aligner une longue liste de noms). Chacun peut trouver sa place dans votre arsenal informatisé et communicant, et tout le monde se trouve imbriqué d'une manière ou d'une autre dans nos modes de vie actuels. Y compris Windows.

Comme ce livre couvre de très nombreux sujets, j'espère aussi vous faire gagner de l'argent en vous épargnant le besoin de démultiplier votre bibliothèque. Ne me dites pas merci, c'est tout naturel.

À propos de ce livre

Comme tout ouvrage de la collection Pour les Nuls qui se respecte, ce livre est d'abord conçu pour être accessible à tous, y compris votre grand-mère qui vient de se lancer dans l'aventure. Bien sûr, le voyage se poursuivra aussi vers des terres un peu plus avancées afin que vous puissiez tirer le maximum de Windows au quotidien.

Le point de départ sera le nouveau menu Démarrer, et c'est en fait à la fois nécessaire et suffisant pour plein d'utilisateurs. Comme je présuppose que vous ne connaissez pas encore Windows, ce sujet sera traité de fond en comble, y compris si vous utilisez un écran tactile au lieu d'une souris (ou l'inverse).

Nous découvrirons ensuite le bureau et toute sa richesse.

Bien entendu, tout ce qui pourrait relever d'un langage un peu trop technique sera réduit au strict minimum. L'objectif, c'est bien « Windows 10 pour tous ». Dans le même temps, j'attirerai votre attention sur les problèmes que vous pourriez rencontrer, je vous montrerai les panneaux de signalisation que vous devez connaître, et je m'efforcerai de vous aider dans toute la mesure du possible.

Que vous vouliez par exemple gérer plusieurs comptes de messagerie, personnaliser votre menu Démarrer, ou encore partager vos photos avec vos amis sur OneDrive, ce livre est fait pour vous. En fait, je devrais plutôt dire « ces neuf livres ». En effet, je l'ai découpé en dix livrets, chacun traitant d'un grand sujet pour que vous puissiez plus facilement y piocher ce dont vous avez besoin.

En bref, ce livre devrait être votre première référence, avant même de consulter l'aide en ligne de Microsoft. Et il y a à cela une raison majeure : l'aide de Windows a été écrite par des centaines, si ce n'est des milliers, de personnes au fil des années. Certaines références sont passées d'âge, mais elles continuent à être présentes. D'autres sont périmées parce la technologie a beaucoup évolué. Comme souvent, vous n'obtenez la réponse que si vous savez formuler la question avec précision, ce qui implique que vous savez déjà à peu près ce que sera la réponse...

Microsoft essaie de vendre l'idée selon laquelle Windows 10 est capable de fonctionner sur n'importe quel système (ordinateur de bureau ou portable, tablette, smartphone, gigantesque serveur, réfrigérateur ou autre). Dans un sens, c'est vrai, et Microsoft peut apposer le logo Windows 10 partout où il veut. Mais par ailleurs, les choses sont bien plus compliquées que cela. En particulier, la version de Windows 10 Mobile a du mal à atterrir, du moins au moment où ce livre est écrit, en particulier face à la concurrence.

Quelques suppositions un peu folles

En fait, je ne suppose absolument rien vous concernant. Si ce n'est que vous êtes raisonnablement intelligent, suffisamment bien informé, et capable de distinguer le bon du mauvais. Mais, après tout, c'est ce pour quoi vous avez choisi ce livre, non ?

D'accord. Je vous flatte un peu. En fait, voici la vraie vérité : si vous n'avez jamais utilisé Windows, demandez à votre entourage (vos enfants, c'est encore mieux) de vous apprendre quatre choses :

- À jouer avec vos doigts (si vous avez un écran tactile) ou avec une souris (dans le cas contraire). La plupart des jeux que vous trouverez dans votre menu Démarrer ou sur Windows Store fonctionnent ainsi. Sinon, contentez-vous de la collection de solitaires de Windows.
- À ouvrir l'Explorateur de fichiers.
- À vous promener sur le Web.

- À arrêter Windows (voici déjà un bon conseil : vous tapez ou cliquez sur le bouton Démarrer, en bas et à gauche du bureau, et vous choisissez Marche/Arrêt, puis Arrêter).

Et c'est à peu près tout. Si vous savez comment jouer, vous savez aussi comment allumer votre ordinateur, vous connecter si nécessaire, comment toucher et faire glisser et ainsi de suite. Si vous savez ouvrir l'Explorateur de fichiers, vous savez comment cliquer sur une icône dans la barre des tâches. Si vous savez comment lancer Microsoft Edge, vous êtes bien parti pour surfer sur le Web. Et si vous savez que vous avez besoin du menu Démarrer, vous êtes bien parti pour réussir votre examen de passage à Windows 10.

Et tout cela débute par le Livret 1, Chapitre 1.

Ce que vous n'avez pas à lire

Tout au long de ce livre, je vais m'efforcer de faire la distinction entre ce qui est à lire « éventuellement », et ce qui est à lire « obligatoirement ». Si vous voulez en apprendre plus sur tel ou tel sujet, fiez-vous aux parties essentielles du texte. Vous pourrez également éviter les encadrés, sauf si quelque chose chez eux vous attire.

D'un autre côté, si vous avez déjà une certaine connaissance d'un sujet, mais que vous voulez vous en assurer davantage, consulter les paragraphes marqués d'une icône. Vous ne devriez pas perdre votre temps.

Comment ce livre est organisé

Vous allez trouver ici dix livrets, chacun étant orienté vers un type de sujet spécifique. Bien entendu, vous ne devez jamais hésiter à vous référer à l'index du livre, ou à sa table des matières.

Par essence, ce livre vous permet d'obtenir un maximum (ou un minimum, selon la façon dont vous le prenez) d'informations à tout moment.

Voici une rapide description des neuf livrets de cet ouvrage et de ce qu'ils contiennent :

- **Livret I, Démarrer avec Windows 10 :** Vous découvrirez ici les pour et les contre de Windows 10. Que vous débutiez, ou que vous pratiquiez Windows depuis des années, vous allez découvrir des tas de choses que vous n'avez pas encore vues. C'est le point de départ du grand voyage.

- **Livret II, Personnaliser Windows :** Ce livret vous présente le terrain de jeu de Windows, en pointant ce que vous pouvez faire, ce que vous devriez faire, et où vous risqueriez de tomber dans un terrier de renard. Il vous montre comment mettre à votre service les écrans d'accueil et de connexion de Windows, comment ajouter de nouveaux utilisateurs, comment tirer parti de la synchronisation dans le nuage Internet de vos réglages Windows, et comment mieux vous protéger. Il y a des choses que Microsoft n'aimerait pas que vous sachiez, et il y a surtout des choses que vous n'aimeriez pas que Microsoft sache sur vous.
- **Livret III, Travailler avec le bureau :** Du nouveau menu Démarrer aux bureaux multiples, en passant par Cortana, et bien d'autres sujets encore, c'est ce que vous avez *vraiment* besoin de lire, car vous allez vivre longtemps avec le bureau de Windows 10.
- **Livret IV, À la poursuite des applications Universelles Windows :** Ce livret vous présente les dernières applications spécialement développées par Microsoft pour Windows 10. Elles sont gratuites, bien présentées, et parfois aussi frustrantes quand elles ne font pas ce que vous voulez. Vous apprendrez donc ici à les soumettre à votre volonté.
- **Livret V, Un monde à découvrir avec Windows 10 :** Vous découvrirez ici Microsoft Edge, le tout nouveau navigateur Web de Windows 10. Mais Windows vous en propose bien d'autres pour que vous puissiez vivre dans un monde connecté : Skype, des applications pour suivre l'actualité, les finances, mais aussi pour ajouter de nouvelles applications, et ainsi de suite.
- **Livret VI, Travailler sur le bureau :** Allez plus loin avec votre bureau, et ne vivez plus seul grâce à Office, OneDrive, Facebook, Twitter et les autres. Si vous débarquez dans ce monde interconnecté, apprenez ici de quoi il s'agit. Et si vous êtes déjà branché, voyez ce que Windows 10 va vous apporter de plus.
- **Livret VII, Contrôler votre système :** En passant par la nouvelle application Paramètres et l'ancien Panneau de configuration, ce livret couvre de multiples aspects du travail avec Windows. Vous y trouverez de nombreuses astuces, et parfois, je dois l'avouer, des choses un peu plus techniques.
- **Livret VIII, La maintenance de Windows 10 :** Je vous expliquerai ici comment restaurer, réparer ou réinitialiser votre ordinateur en utilisant les outils que Microsoft vous propose, et même parfois qu'il cache. Je vous montrerai aussi comment utiliser les

programmes et les outils intégrés à Windows 10, y compris pour ne jamais perdre de données grâce à l'Historique des fichiers. C'est facile et très important. Ce livret reviendra également sur OneDrive et le stockage en ligne.

- **Livret IX, Sécuriser Windows 10 :** Nous irons plus loin ici que les habituelles recommandations sur l'utilisation de Windows Defender. Je vous parlerai de la plus grande faille de tous les systèmes Windows en termes de vulnérabilité : la personne qui est derrière le clavier. Et je vous montrerai comment mieux prendre soin de vous-même face aux méchants qui vous veulent du mal.

Vous voyez. Je vous avais bien dit que c'était le livre que Microsoft n'aurait pas voulu voir publier...

Conventions

Les conventions typographiques utilisées dans ce livre sont réduites au maximum afin de s'en tenir uniquement à l'indispensable :

- Certains termes du jargon, mais pas techniques, sont mis en *italique*. C'est juste pour attirer votre regard.
- Si je veux que vous tapiez quelque chose, je l'indique en **caractères gras**. Exemple : « Tapez **William Gates** dans le champ de texte Nom ». Enfin, vous voyez le genre.
- Les adresses de messagerie ou Web sont signalées par l'emploi d'une police de caractères de type ancienne machine à écrire, comme ceci : `contact@pourlesnuls.fr` ou encore `www.pourlesnuls.fr`. En fait, dans ce genre d'adresse, vous pouvez utiliser aussi bien des majuscules que des minuscules. Cela n'a aucune importance. `WWW.PourLesNuls.Fr`, c'est bon aussi, juste moins pratique à taper.
- Par principe, et même si Windows les cache par défaut, je précise toujours *l'extension* dans les noms de fichiers, autrement dit le point et les trois ou quatre lettres qui le suivent, comme dans .docx pour un document Word, .exe qui signale un programme exécutable, et ainsi de suite. C'est plus clair et cela évite parfois de commettre des erreurs.

Icônes

Les icônes placées en marge signalent un point particulier qui mérite (ou non) votre attention. Les voici :

C'est un petit truc, une astuce ou bien encore un raccourci pour vous faire gagner du temps.

Là, ce sont mes petits trucs à moi, quand j'ai envie de me faire plaisir (et à vous aussi).

Vous n'avez pas besoin de mémoriser l'information signalée par cette icône, mais vous devriez essayer de vous souvenir qu'elle renvoie à quelque chose qu'il serait éventuellement utile de se rappeler.

Attention ! Achtung ! Voilà quelque chose de potentiellement dangereux, qui pourrait bien vous brûler les doigts. Et croyez bien que si je vous en parle, c'est parce je me suis déjà fait avoir !

D'accord, je suis un *geek*, comme on dit. Je l'avoue. Et, parfois, il faut quand même que je vous donne quelques informations un peu plus techniques. Le moins possible, certes. Mais il est difficile d'échapper à tout. Et vous n'êtes pas du tout obligé de lire ces paragraphes.

Et maintenant ?

Voilà. C'est l'heure pour vous d'ouvrir grand ce livre.

Ou plutôt d'ouvrir si vous le souhaitez n'importe lequel des dix livrets qui le composent en fonction de vos besoins, de vos connaissances, ou de votre curiosité.

C'est votre ordinateur (ou votre tablette), et c'est désormais votre Windows.

Bonne lecture et bon Windows 10 !

Démarrer avec Windows 10

Chapitre 1

Débuter en informatique avec Windows 10

DANS CE CHAPITRE :

- **Suivez le guide**
- **Hardware, software… hein ?**
- **La place de choix de Windows**
- **Parlez-moi d'informatique**
- **Web ! « À vos souhaits. »**
- **Quel ordinateur pour Windows 10 ?**

Il faut bien commencer un jour où l'autre. Par conséquent, puisque vous lisez ces lignes, j'en conclus que vous avez envie de commencer. Ah oui mais, commencer quoi ? Une nouvelle vie ! Oui, les mots ne sont pas trop forts pour tous ceux d'entre vous qui font leurs premiers pas en informatique, mais aussi pour les utilisateurs d'une ancienne version de Windows, telle que Windows 7, 8, ou encore 8.1, voire des premières moutures de Windows 10. En effet, depuis sa mise en circulation, Windows 10 n'a cessé d'évoluer pour arriver à cette maturité, toute temporaire et relative, que nous lui connaissons en ce deuxième semestre 2017.

Si vous n'avez jamais utilisé de version antérieure de Windows, vous avez bien de la chance, car vous n'aurez pas à remettre en question tout ce que vous avez appris. Windows 10 et ses récentes améliorations modifient considérablement le système d'exploitation de Microsoft qui équipe la très grande majorité des PC. Windows 10 est un cocktail reprenant les ingrédients de Windows 7, 8 et 8.1, le tout versé dans un shaker et secoué énergiquement afin d'obtenir un délicieux nectar qui coulera généreusement sur l'écran de votre ordinateur. (Les geeks peuvent aussi être des poètes !)

Si vous avez entendu dire que Windows 8 était un cuisant échec, vous ne connaissez que la partie imprimable de l'histoire. En forçant maladroitement les amoureux de la souris à s'adapter à une approche tactile, Windows 8 s'était aliéné aussi bien les fans du toucher-glisser que ceux de la souris, et a laissé tout le monde (mis à part quelques inconditionnels) hurler de douleur.

Windows 10 offre une nouvelle approche, plus sympathique et plus souple, aux 1,7 milliard d'utilisateurs qui ont déjà vu le bureau de Windows et qui savent (plus ou moins) se battre avec lui. Oui, c'est vrai, Windows 10, contient toujours ces tuiles, ou pavés, ou encore vignettes comme vous préférez, style smartphone ou tablette, mais elles sont loin d'être aussi intrusives, ou aussi effrayantes, que vous pourriez le penser.

Vous êtes donc assis devant votre ordinateur, et cette chose appelée Windows 10 vous fait face. Si ce n'est que l'écran que Microsoft appelle *écran de verrouillage* (voir la Figure 1.1) ne mentionne ni Windows 10 en particulier, ni même Windows en général. En fait, cet écran ne signale rien de bien particulier, si ce n'est la date et l'heure, avec peut-être quelques petites icônes en supplément afin de vous informer que vous êtes bien connecté à Internet, ou encore qu'un certain nombre de nouveaux messages vous attendent.

FIGURE 1.1 L'écran de verrouillage de Windows 10. L'image peut être différente, mais la fonction reste la même.

Vous pourriez être tenté de regarder inlassablement cette somptueuse illustration, mais croyez-moi, il vaut mieux balayer l'écran du bout du doigt, cliquer dessus pour accéder à l'écran de connexion, ou bien appuyer sur n'importe quelle touche de votre clavier. Dès que vous afficherez cet écran de connexion (ou d'ouverture de session), vous verrez les icônes des différents comptes d'utilisateur créés sur votre ordinateur, comme le montre la Figure 1.2. En revanche, si vous êtes le seul utilisateur de votre ordinateur, un seul compte d'utilisateur sera disponible.

FIGURE 1.2 L'écran d'ouverture de session (ou de connexion) de Windows 10.

Si vous utilisez un ordinateur portable ou une tablette, vous verrez une nouvelle fonctionnalité (développée par Intel) en bas à gauche de l'écran de connexion : True Key. Elle permet d'ignorer la saisie d'un mot de passe grâce à une reconnaissance faciale. Vous laissez True Key analyser votre visage, et votre minois deviendra le sésame qui ouvrira votre session Windows sans résistance. Nous y reviendrons.

Le plus étrange reste que cet écran de connexion ne dit pas une seule seconde : « Merci de vous connecter », ou bien « Bienvenue dans le monde merveilleux de Windows 10 », ou encore « Eh, toi, là, connecte-toi ! Sinon tu risques de t'ennuyer à regarder cet écran ! ». Par défaut, il montre une photo sélectionnée par Microsoft. Vous constaterez que cette image change régulièrement sans aucune intervention de votre part. En haut de l'écran de verrouillage, Windows vous pose la question de savoir si vous aimez l'image proposée. Si, dans le menu local de cette question, vous indiquez ne pas aimer l'image, Windows vous en proposera une autre. Bien entendu, il est possible de personnaliser l'écran de verrouillage, donc de connexion, pour afficher, par exemple, la photo de la personne à qui appartient l'ordinateur. L'écran de connexion quant à lui affiche un champ de saisie d'un mot de passe. Pourquoi devriez-vous cliquer sur l'image (ou avatar) ? Que faire si vous ne voyez pas de vignette concernant votre compte d'utilisateur ?

Pouvez-vous éviter cet écran de connexion pour consulter immédiatement vos e-mails ?

Ce sont de bonnes questions. Vous avez raison de les poser.

Windows 10 concourt pour le grand prix du programme d'ordinateur le plus puissant jamais réalisé. Son développement a coûté beaucoup plus d'argent et accaparé le savoir-faire de beaucoup plus d'ingénieurs en informatique que n'importe quel autre programme d'ordinateur avant lui. Du moins, depuis l'invention des ordinateurs (nous ne disposons pas des chiffres pour la période antérieure). De ce fait, pourquoi est-il si contraignant à utiliser ? Pourquoi ce système ne fait-il pas immédiatement ce que vous souhaitez réaliser avec un PC ? Et par-dessus tout, pourquoi avez-vous besoin de Windows ?

Un jour prochain, je vous le promets, vous sortirez l'ordinateur de sa boîte, vous le brancherez, vous l'allumerez, et vous pourrez lire votre courrier – bang, bang, bang, en dix secondes chronomètre en main. Pour le moment, vous devez vivre avec la réalité informatique qui fait que votre ordinateur est déjà dépassé quand vous le sortez de son emballage, que votre logiciel est si compliqué que vous devez vous battre avec lui, et que vous pouvez parfois croire que votre connexion Internet est en fait une colonie de tortues qui transportent vos données sur leur dos.

Si vous n'êtes pas familiarisé avec Windows, et que vous faites partie de ces utilisateurs qui pensent que cliquer sur le mauvais bouton risque de provoquer une guerre nucléaire globale, vous êtes tombé sur le bon chapitre. En effet, il va vous guider sur la voie de la sagesse informatique, petit scarabée, afin de démythifier le monstre PC. Vous apprécierez nos conseils sur la manière de mieux acheter un ordinateur tournant sous Windows 10, et apprécierez d'autant mieux les limites du système d'exploitation qui équipe votre ordinateur. Il vous aidera aussi à communiquer avec ces geeks qui font preuve d'un grand mépris pour les débutants, et cela que vous vous adressiez à la boutique qui vous a vendu l'ordinateur, au voisin du dessous, ou encore à votre progéniture de huit ans, trop occupée avec les devoirs d'informatique qu'on lui donne à faire dans sa classe la plus branchée du quartier.

Hardware, software… hein ?

Rassurez-vous, vous ne venez pas d'acheter l'édition Ch'ti de *Windows 10 Tout en un pour les Nuls*. Je fais simplement un petit clin d'œil sympathique aux débutants qui ne connaissent pas la différence entre ce que l'on appelle en informatique le *hardware* et le *software*. Certes, j'aurais dû écrire ce titre en chinois, car le jargon technique est véritablement du chinois pour qui n'est pas tombé dedans étant petit, mais je n'ai fait qu'allemand deuxième langue.

Un ordinateur est composé de deux éléments : le matériel et le logiciel. Le *matériel* correspond à ce que vous pouvez toucher comme l'écran, la souris, un disque dur, un DVD (ce machin rond, brillant d'un côté), et ainsi de suite. Donc votre cafetière et votre voiture, sont aussi du matériel. Le *logiciel*, c'est tout le reste : les applications qui servent à échanger du courrier sur l'Internet, à visiter des sites, à regarder les photos et les vidéos des dernières vacances, à écouter de la musique, *etc.* Un programme comme Word de la suite bureautique Microsoft Office est donc un logiciel spécialisé dans le traitement de texte. D'ailleurs, tant qu'il reste dans mon ordinateur, le texte de ce chapitre est simplement formé de suites de 0 et de 1, c'est-à-dire le langage binaire. C'est du logiciel. Par contre, le livre que vous lisez en ce moment est bien un objet physique. C'est donc du matériel. Saisissez-vous la différence ?

Windows 10 est un logiciel. Il est immatériel. Vous ne pouvez pas le toucher. Votre PC, lui, est du matériel. Vous pouvez poser la main dessus, le soulever, et le laisser tomber par terre, mais sincèrement, évitez ce mouvement d'humeur même si, parfois, cette envie nous démange. Le PC est l'œuvre de multiples fabricants et autres assembleurs. Ainsi, vous trouverez des PC de marque Lenovo, Dell, Acer, Asus, ou encore Toshiba. En revanche, il n'y a qu'un seul Windows 10, et son éditeur unique est Microsoft (même si Microsoft fabrique aussi du matériel, comme les tablettes Surface, des smartphones ou encore des souris et des claviers, mais c'est un autre domaine).

L'achat d'un ordinateur est lié à celui d'une licence d'utilisation de Windows (en fait, pour une seule copie de Windows sur un seul ordinateur). Le constructeur du PC reverse des droits à Microsoft pour pouvoir vendre l'ordinateur avec Windows. Même si vous achetez par exemple votre PC chez Dell, et même si c'est au support technique de Dell que vous vous adressez si vous avez un problème avec Windows, celui-ci vient de chez Microsoft et de nulle part ailleurs.

La plupart des logiciels, Windows 10 y compris, vous demandent d'accepter les conditions d'utilisation posées par l'éditeur. Ils appellent souvent cela un EULA (pour *End User Licence Agreement*). Celui de Windows est à peu près aussi long que la muraille de Chine. De toute manière, vous n'avez pas vraiment le choix. Si vous refusez, Windows ne démarrera même pas...

Puis-je me passer de Windows ?

Votre PC est un tas de ferraille et d'électronique. Par conséquent, sans logiciel, il ne sert absolument à rien. En effet, c'est un logiciel qui contrôle l'ordinateur et qui permet d'effectuer toutes les tâches que l'on est en droit d'attendre d'un si bel outil. Ce fabuleux logiciel porte le doux nom de *système d'exploitation.*

Sans système d'exploitation, l'ordinateur a le charisme d'une huître. Allumez-le, et il affiche un déprimant message d'erreur `Non-system disk error` (erreur, disque non-système) ou, s'il est en de meilleures dispositions, `Insert system disk and press any key when ready` (insérer un disque système et appuyez sur une touche quelconque quand vous être prêt). Pour qu'il fasse plus que cela, il lui faut un système d'exploitation.

Windows n'est pas le seul système d'exploitation au monde. Il en existe beaucoup d'autres. Les plus répandus sont :

- **macOS :** Apple a fait un grand pas en avant en adoptant pour ses Mac des processeurs fabriqués par Intel. Si vous ne savez pas utiliser Windows, ou si vous ne possédez pas de PC, vous pouvez envisager d'investir dans un Mac. C'est alors une question de budget et de philosophie informatique. Un Mac coûte plus cher qu'un PC à performances équivalentes et, surtout, il n'évoluera pas comme sait si bien le faire le PC.

  Il arrive régulièrement que vous soyez obligé de changer de Mac, car l'installation d'une nouvelle version de macOS est impossible. C'est la désagréable expérience que vécurent l'an dernier les possesseurs de Mac antérieures à 2010 qui ne purent pas se mettre à jour en macOS Sierra.

  Si vous investissez dans un MacBook Air ou un MacBook Pro, vous pourrez assez facilement y faire fonctionner Windows 10. Certaines personnes considèrent que l'environnement de Windows 10 est plus convivial sur Mac. Pour réaliser ce tour de force, vous avez besoin simplement d'un utilitaire gratuit appelé BootCamp, et qui est peut-être déjà préinstallé sur le Mac.

- **Linux :** Apparu depuis une vingtaine d'années, Linux est une option envisageable pour les petits ordinateurs Internet évoqués à la fin de ce chapitre. Si vous comptez n'utiliser l'ordinateur que pour visiter des sites Internet et échanger du courrier électronique, Linux fera parfaitement l'affaire. Grâce à des programmes gratuits comme Libre Office (`www.libreoffice.org`) ou des programmes distants comme les Google Apps et Google Drive

(`drive.google.com`), vous pourrez même faire du traitement de texte, créer des feuilles de calcul et des présentations, gérer des contacts et des calendriers, sans qu'il vous en coûte un sou. La logithèque de Linux n'est peut-être pas aussi bien fournie que celle de Windows, mais elle couvre l'essentiel des besoins.

» **Chrome OS :** Les « Chromebooks » bon marché ont rempli pendant assez longtemps les rayons des nombreux vendeurs, et ce pour de bonnes raisons. Si vous voulez simplement surfer sur le Web, écrire des e-mails ou encore composer des documents simples (et faire des tas d'autres choses utiles), Chrome OS est tout ce qu'il vous faut. Les Chromebooks, qui utilisent par définition le système d'exploitation Chrome OS, ne peuvent faire tourner des programmes Windows que si vous utilisez un émulateur tel qu'ExaGear. Reste à savoir s'il permettra de faire fonctionner absolument tous les programmes conçus pour Windows. Les essais n'étant pas encore concluant, il semble plus raisonnable d'investir dans un PC si vous souhaitez travailler avec Microsoft Office ou Photoshop. Cela étant posé, ils sont à peu près à l'abri des virus, et ont très peu de problèmes de maintenance. On ne peut pas dire la même chose à propos de Windows. C'est d'ailleurs pourquoi vous avez besoin d'un livre contenant des centaines et des centaines de pages pour utiliser ce système d'exploitation ! Bien sûr, vous avez besoin d'une connexion Internet active pour effectuer la plupart des tâches avec un Chromebook. Pour autant, cette connexion n'est pas toujours indispensable, y compris avec nombre d'applications Google.

  Chrome OS est basé sur Linux, et il ressemble de près au navigateur Web Chrome de Google. Il y a bien certaines différences, mais, en général, il vous donne l'impression de travailler avec Chrome.

  Pour des amis ou des membres de ma famille qui n'ont pas de besoins particuliers, je n'hésite pratiquement jamais à recommander l'achat d'un Chromebook. Ce type d'ordinateur est plus simple à utiliser, et très fiable.

Dans le domaine des tablettes, iOS et Android règnent quasiment en maître, avec pour le premier les iPhone et les iPad, et pour le second une tripotée de fabricants. Windows 10 ne leur fait pas d'ombre, bien que Microsoft ait tenté de s'imposer vis-à-vis de l'iPad avec sa tablette Surface.

Microsoft a développé une autre branche de Windows spécialement destinée aux smartphones et aux tablettes, en particulier celles dont la taille d'écran ne dépasse pas 8 pouces. Ils l'ont appelée Windows 10 Mobile (voyez l'encadré correspondant). C'est en fait une sorte de compromis entre Windows Phone 8 et Windows RT, tirant son pedigree des deux.

L'essentiel de ce livre ne concerne pas Windows 10 Mobile, même si certaines fonctionnalités de Windows 10 s'y appliquent aussi. L'aspect est différent, l'approche est différente, la manière dont vous interagissez avec les choses est différente. En fait, la plupart des détails sont différents. Il y a cependant certains rapprochements dans les applications dites universelles qui peuvent s'exécuter aussi bien sous Windows 10 que Windows 10 Mobile. D'ailleurs, dans la plupart des cas, les vignettes qui permettent d'accéder à ces applications sont les mêmes.

Quel est le choix des consommateurs ? Il est difficile d'évaluer le parc de PC tournant sous Windows par rapport aux Mac et aux PC sous Linux. Selon la société Net Applications, qui publie des chiffres sur l'informatique, la part de marché de Windows serait de plus de 90 %, celle du Mac d'un peu plus de 5 % et Linux ramasserait les miettes (ces chiffres, souvent contestés, ne tiennent pas compte des équipements mobiles sous iOS et Android). La Figure 1.3 montre une capture d'écran du site Net Applications au deuxième semestre 2016.

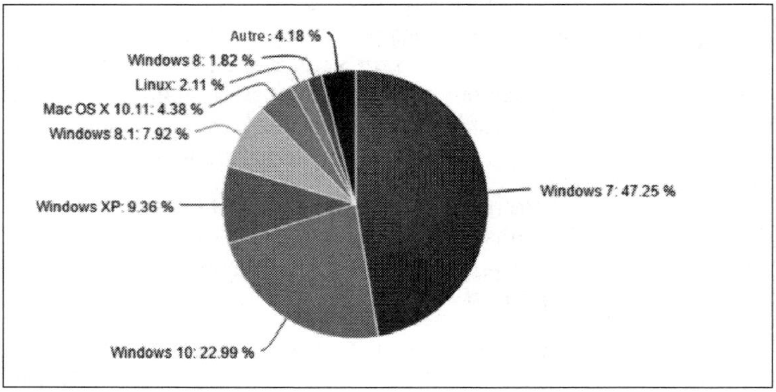

FIGURE 1.3 Les parts de marché de Windows et de macOS, au deuxième semestre 2016.

Oui, vous avez bien lu. Ces chiffres révèlent une part de marché très modeste pour Windows 8. Le vainqueur reste Windows 7. Mais nul doute que la proportion va s'inverser au profit de 10 puisque tous les autres systèmes ne sont plus soutenus par Microsoft.

WINDOWS 10 MOBILE

Généralement, les appareils dont l'écran ne dépasse pas une taille de 8 pouces sont capables de fonctionner avec l'autre type de Windows, dénommé Windows 10 Mobile. D'accord, tout cela risque d'être un peu confus. Il y a aussi des machines plus petites capables d'exécuter le « vrai » Windows 10, et des machines plus grandes fonctionnant sous Windows 10 Mobile. L'argument principal est à peu près celui-ci : si vous n'avez pas besoin d'utiliser un bureau du style de Windows 7, pourquoi payer pour cela. Windows 10 est fait pour la souris. Windows 10 Mobile s'en tient au monde des tuiles (ou des pavés, ou encore des vignettes, au choix), et il aime qu'on le tapote avec le doigt.

Croyez-moi : utiliser le bureau de Windows sur un écran de moins de 7 pouces nécessite l'emploi d'un petit stylet, ou encore d'enfiler un chapeau pointu au bout de vos doigts...

Ce livre parle de Windows 10. Même si certains sujets s'appliquent aussi à Windows 10 Mobile, il y a tout de même pas mal de différences. Du moins, pour l'instant.

Parlez-moi d'informatique

Comme certains termes apparaissent fréquemment, cela vaut la peine de les retenir, ou du moins de savoir d'où ils viennent. Vous ne serez ainsi pas pris de court quand vous aurez une tâche particulière à accomplir.

Commençons par quelques termes qui veulent tous dire la même chose. Un *logiciel* est en fait un *programme* informatique que Windows appelle désormais une *application*, ou encore une *app*. Pourquoi tous ces avatars ? Mystère... Dans le temps, Microsoft appelait ses logiciels *programmes* pour se démarquer d'Apple qui appelait les siens *applications*. Bref, tout ça, c'est du pareil au même.

Sauf que ! Avec Windows 10, il faut se faire à une certaine terminologie. En effet, le système distingue les *applications* des *programmes*. Est application tout programme qui s'exécute depuis le menu Démarrer et que l'on utilise plutôt en mode Tablette. En effet, les interfaces de ces applications ont été conçues pour les écrans tactiles. Est *programmes* tout ce qui s'utilise majoritairement en mode Bureau à la souris et au clavier. Ainsi, Word est un programme, tandis que Courrier est une application.

Windows, le *système d'exploitation*, est avant tout un programme informatique. Il en va de même pour tous les jeux, Microsoft Office, Google

Chrome, un lecteur vidéo, comme de tous les virus dont vous avez entendu parler, ou encore des fameux économiseurs d'écran dans lesquels les poissons tropicaux ont l'air plus vrais que nature.

En bon et pur français, un programme, c'est un *logiciel*... une *application* aussi d'ailleurs.

Il existe un type particulier de logiciel appelé *pilote*. Il permet à l'ordinateur de reconnaître du matériel qui a été connecté et de communiquer intelligemment avec lui : un écran, une souris, une imprimante... Une grande quantité de pilotes est livrée avec Windows, même si Microsoft ne les a pas tous concoctés. D'autres pilotes sont fournis avec le matériel que vous achetez, généralement sur un CD. Ou alors, vous pouvez les télécharger depuis l'Internet.

Si Windows contient de nombreux pilotes, et s'il sait rechercher automatiquement des mises à jour sur l'Internet, il ne faut pas oublier que les constructeurs peuvent proposer de meilleurs pilotes. Mais ce n'est pas non plus une généralité.

À propos de matériel, sachez que lui aussi a un nom bizarre en informatique. La souris, l'écran, l'imprimante et autres objets sont des *périphériques*. Les prises auxquelles ces périphériques sont branchés sur l'ordinateur s'appellent des *ports*. C'est ainsi que vous trouverez des *ports* USB, HDMI, Ethernet, *etc.*

Quand vous voulez utiliser une application, vous la *démarrez*. Ou à la rigueur, vous l'*ouvrez*, ou vous la *chargez*, ou vous l'*exécutez*, et parfois vous la *lancez* (enfin pas trop loin quand même). Et quand vous avez fini de l'utiliser, vous la *quittez*.

Quand le programme ne fonctionne plus – eh oui, cela arrive –, il se *bloque*. Ou *il ne répond plus*. Mais généralement, on dit plutôt qu'il *plante*. Un *plantage* de l'ordinateur est rare, mais pas exceptionnel. Le plus angoissant, c'est lorsque Windows affiche tout d'un coup un écran bleu. On l'appelle d'ailleurs l'*écran bleu de la mort*. Terrifiant, mais pas forcément tragique. Redémarrer l'ordinateur règle le plus souvent le problème. D'ailleurs, celui-ci est en règle générale provoqué non pas par Windows, mais par un logiciel pas très bien fini, ou, pire, par un des composants du *hardware*, du matériel. Pas de panique, c'est quand même très rare.

Un *bogue* est un dysfonctionnement. Le terme vient de l'anglais *bug*, « bestiole ». L'histoire est archiconnue : à la fin des années 1940, un énorme ordinateur Mark II s'arrêta de fonctionner. Le responsable n'était ni un composant électronique ni la programmation, mais un papillon de nuit, sans doute un phalène, qui était allé s'électrocuter dans un relais. La technicienne qui découvrit la panne, la contre-amirale Grace Hopper, colla consciencieusement le responsable – le *bug* – dans son journal de maintenance à la date du 9 septembre 1947, comme le montre la Figure 1.4.

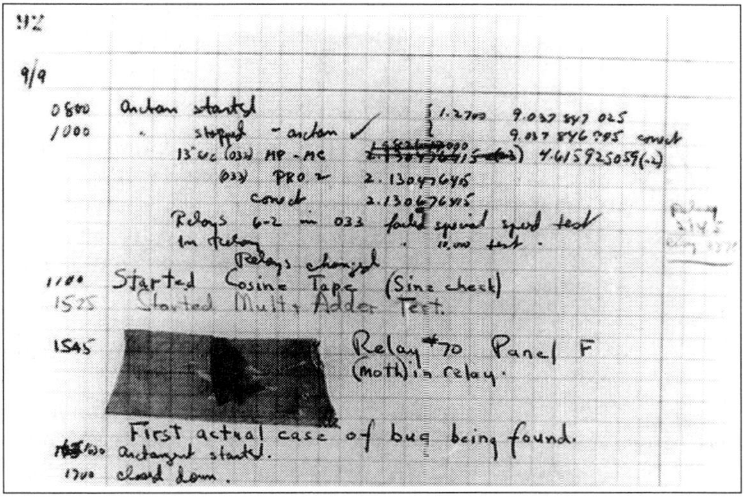

FIGURE 1.4 Le premier bogue – bug en anglais – fut un malheureux papillon de nuit.

Venons-en à l'Internet et aux réseaux. Les Anglo-saxons ont bien de la chance, car dans leur idiome, ils ont deux termes, *downloading* et *uploading*, là où nous autres Français, nous en avons paresseusement un seul : *téléchargement*. Or, il se trouve que le téléchargement peut se faire dans deux sens : en voie descendante lorsque vous téléchargez des données de l'Internet vers votre ordinateur, et en voie montante lorsque vous envoyez des données de l'ordinateur vers l'Internet. En quoi est-ce important ? Eh bien, si vous êtes connecté à l'Internet par l'ADSL, le débit est beaucoup plus élevé en voie descendante qu'en voie montante.

Lorsque plusieurs ordinateurs communiquent entre eux, ils sont en *réseau*. La connexion peut être faite par un câble (liaison Ethernet) ou par radio, sans fil (connexion Wi-Fi). Au cœur du réseau se trouve un *routeur*, que l'on appelle communément une *box* (Bbox de Bouygues, Freebox de Free, Livebox d'Orange, Box de SFR, *etc.*). La box est branchée soit au réseau téléphonique, soit à un réseau par câble.

Il existe diverses connexions sans fil. Le Wi-Fi est celle utilisée chez soi, ou dans divers lieux publics comme les aéroports, les gares, les cafés, ou même dans des jardins publics. L'autre connexion sans fil est celle de la téléphonie mobile, qui couvre la plupart du territoire français : EDGE, ou le H+ et la 3G, ainsi que la 4G, et bientôt (peut-être) la 5G.

Vous pouvez également vous connecter à Internet par le câble (avec *numericable* notamment), le satellite, et par la fibre optique. La plupart des fournisseurs d'accès ADSL proposent une solution de connexion en fibre optique dès lors que votre domicile est éligible, c'est-à-dire que la fibre optique y est disponible. Cette fibre optique est plus rapide que les lignes téléphoniques classiques ou que le câble, car le débit est à la fois élevé et constant. Quel que soit le nombre de personnes connectées en même temps que vous, aucun ralentissement ne sera ressenti.

Un mot sur les virus. La distinction entre *virus, vers* et *chevaux de Troie* devient de plus en plus floue. Ce sont des programmes malveillants, installés à votre insu, qui se dupliquent pour saturer la mémoire de l'ordinateur ou pour s'attaquer au disque dur, ou encore pour se servir de votre machine pour attaquer vos amis, votre famille, vos relations de travail, ou même de parfaits inconnus. Les *espiogiciels* essaient de collecter des informations, notamment des mots de passe, et de les communiquer à des pirates. Les *chevaux de Troie* tentent de faciliter l'accès de votre ordinateur aux pirates, ou d'en faire un *ordinateur zombie* qui relaiera des millions de courriers indésirables, toujours à votre insu (sauf que vous remarquerez de suspicieuses lenteurs de votre ordinateur surmené par la surcharge de travail). Tout ça, c'est rien que des *pourriciels !*

Le courrier indésirable fait aussi partie des nuisances de l'Internet. On l'appelle aussi *spam*, un terme utilisé dans un célèbre sketch des Monty Python. C'est aussi une sorte de brouet pas très ragoûtant (*Spice Potatoes And Meat,* « patates épicées et viande »). Bref, de la cochonnerie.

Les plus terribles de ces terribles virus sont les *rootkits*. Ils s'infiltrent partout tout en se modifiant eux-mêmes pour se rendre indétectables. Voilà qui fait froid dans le dos.

Il y a d'autres termes à découvrir, mais pour débuter, ce n'est déjà pas si mal...

Web ! « À vos souhaits ! »

Le Web est la partie grand public de l'Internet. À vrai dire, en France, le mot Web n'est utilisé que par les allumés de haute technologie. Le commun des mortels parle d'Internet : on va sur l'Internet, ou bien sur Internet.

Bon d'accord, mais c'est quoi exactement Internet ? Cette section répond à cette question brûlante.

En fait, l'Internet a été créé au milieu des années 1960 sous la forme d'une sorte d'exercice de style chaperonné par la société Rand, le Massachusetts Institute of Technology (MIT) et le National Physical Laboratory en Angleterre. Il s'agissait d'échanger des données entre des ordinateurs. Ces recherches ont rapidement évolué en projet militaire sous l'égide de l'ARPA (*Advanced Research Project Agency*) dépendant du département de la Défense américain. À cette époque héroïque, seul du texte brut était échangé.

À la fin des années 1960, l'ARPA avait relié quatre ordinateurs situés à Stanford et à Santa Barbara, ainsi que dans l'Utah. En 1971, ils étaient au nombre de 18. En 1975, un réseau nommé ARPANET fut créé. À la fin juin 2014, selon le site `http://internetworldstats.com`, il y avait un peu plus de 3 milliards d'internautes dans le monde.

Aujourd'hui, le nombre d'ordinateurs connectés à Internet est si élevé que le système d'adressage a atteint ses limites, exactement comme nous l'avons connu pour le téléphone classique dont les numéros à 4 puis à 6 chiffres ont fini par manquer. Le système actuel est nommé *IPv4*. Il peut gérer environ 4 milliards d'adresses. La version appelée *IPv6* est capable d'en prendre en charge 340,000,000,000,000,000,000,000,000,000,000,000,000.

Pourquoi les statistiques sur Internet sont-elles si rares ? Pour deux raisons principales :

- La terminologie utilisée ne permet pas d'obtenir des statistiques précises. Qu'entendons-nous par *x* ordinateurs connectés à Internet ? S'agit-il du nombre d'ordinateurs qui sont connectés à un instant *t* ? S'agit-il des différentes adresses en activité ? Ou bien du nombre d'ordinateurs qui peuvent potentiellement se connecter ? Enfin, envisageons-nous le nombre d'ordinateurs connectés un jour, une semaine, ou un mois précis ?
- La seconde raison tient au fait qu'Internet se développe si rapidement que tout chiffre publié est très vite obsolète.

Dans l'antre de l'Internet

Selon certains observateurs, l'Internet fonctionne aussi bien parce qu'il était censé résister à une attaque nucléaire. Ceux qui firent de l'Internet ce qu'il est aujourd'hui furent motivés par des desseins moins belliqueux, et même carrément libertaires. Pour eux, l'Internet était d'abord, et est toujours, un moyen de communication.

Pour autant que je sache, l'Internet fonctionne si bien grâce au génie de ceux qui en ont établi les bases. Leur idée originale d'il y a un demi-siècle a connu bien des avatars, mais il en reste quelque chose. Voici ce qu'ils avaient stipulé :

- **Aucun ordinateur ne devait être à lui seul le cœur du réseau :** Tous les ordinateurs reliés entre eux devaient fonctionner sur un pied d'égalité (bien que, pour paraphraser George Orwell ou le regretté Coluche, certains fussent plus égaux que d'autres). Ces ordinateurs s'échangeaient les données comme des patates chaudes : sitôt arrivées, elles étaient examinées puis aussitôt envoyées ailleurs. Il n'y avait pas besoin de superordinateurs pour gérer tout cela : récupérer, regarder, et renvoyer. Telle était leur philosophie.
- **Division des données en paquets de taille fixe :** Que les données soient un message aussi simple que « salut à toi » ou une photographie hyperdétaillée de la galaxie d'Andromède, les données sont scindées en paquets acheminés vers l'ordinateur approprié. Ce dernier assemble tous les paquets et notifie à l'ordinateur expéditeur que toutes les données lui sont bien parvenues.
- **Acheminement rapide de chaque paquet :** Lorsque l'ordinateur A situé à Paris envoie des données à l'ordinateur B situé à Marseille, ces données utiliseront la voie la plus rapide, même si certaines transitent par Strasbourg et d'autres par Rennes.

En suivant ces trois règles, l'Internet devrait être protégé en permanence. Si un rat grignote une ligne de téléphone, un ordinateur situé derrière cette partie du réseau va automatiquement commencer à renvoyer tous ces paquets sur une autre ligne de téléphone. Et si la société Déchets and Co, située à Velizy, région parisienne, tombe en rade, les ordinateurs qui envoyaient des données *via* les serveurs de Déchets & Co peuvent se connecter à d'autres systèmes. En règle générale, tout cela se fait sans douleur et très rapidement, même si les techniques utilisées de manière interne par l'Internet (amusant, non ?) grincent parfois des dents.

Les gros ordinateurs qui relaient les données, appelés *serveurs*, sont interconnectés par des lignes de communication à très gros débit formant l'infrastructure de l'Internet (ce que l'on appelle son épine dorsale, ou *backbone*). Que vous vous connectiez à l'Internet de chez vous ou depuis une grosse entreprise, vous devez d'abord vous connecter à l'un de ces serveurs, plus précisément à celui géré par le Fournisseur d'Accès Internet (FAI) auquel vous êtes abonné. Celui-ci loue de la bande passante auprès des câblo-opérateurs et des sociétés possédant les satellites de communication.

Mais le Web, qu'est-ce que c'est ?

Les gens confondent le *World Wide Web* (www) ou « toile d'araignée mondiale » et l'Internet, qui sont aussi différents que le fromage ou le dessert dans le menu d'un restaurant.

La « toile », ou plus exactement le Web, doit son existence à Tim Berners-Lee, un chercheur du CERN (Conseil européen pour la recherche nucléaire) situé à Genève, en Suisse. En 1990, il présenta un moyen de stocker et de relier de l'information sur l'Internet de telle manière qu'il suffisait d'un clic pour aller d'un endroit – une page Web – à un autre endroit : une autre page Web. Aujourd'hui, nul ne saurait dire avec exactitude combien il existe de pages Web. Google en a indexé plus de 50 milliards. Mais d'autres en estiment la quantité à des milliards de milliards...

À l'instar de l'Internet, le Web doit beaucoup de sa réussite au génie de ceux qui l'inventèrent. En voici les règles fondamentales :

- Les pages Web stockées sur l'Internet sont identifiées par une adresse comme `http://www.pourlesnuls.fr`. La partie principale de cette adresse, `pourlesnuls.fr`, est le *nom de domaine.* À de rares exceptions près, vous pouvez accéder à un site en tapant simplement son nom de domaine et en appuyant sur la touche Entrée. Aucune différence n'est faite entre les majuscules et les minuscules, et le caractère de soulignement (_) est différent du tiret (-). Les caractères accentués ne sont pas utilisables. Il existe actuellement 140 millions de noms de domaines en `.com`, `.net`, `.org`, `.info`, `.biz`, *etc.* Il existe d'autres suffixes (et ceux-ci se multiplient en permanence). Chaque pays a le sien : `.fr` pour la France, `.be` pour la Belgique, `.ch` pour la Confédération helvétique, `.qc.ca` pour le Québec, *etc.*
- Les pages Web sont écrites en langage HTML (*HyperText Markup Language,* « langage à balises hypertextes »). Les balises en question sont des sortes de codes de mise en forme. De nombreux logiciels permettent de créer facilement des pages HTML. D'accord, certains d'entre eux n'existent même plus.
- Un logiciel appelé « navigateur Web » est nécessaire pour lire les pages Web. Il convertit le langage HTML en pages jolies à regarder. Le navigateur Web qui était auparavant livré avec Windows s'appelait Internet Explorer. Certes, il est toujours présent dans Windows 10 (quoiqu'un peu caché dans les Accessoires du menu Démarrer), mais Microsoft vous propose maintenant un tout nouveau navigateur : Edge. Pour la plupart des gens, Edge est plus simple, plus sûr et plus efficace qu'Internet Explorer. Pour autant,

il en existe d'autres, gratuits, comme Firefox (`www.mozilla.org`) ou Chrome (`www.google.fr/intl/fr/chrome/browser/`). Vous pouvez même utiliser les trois à la fois. Si Edge est le navigateur par défaut de Windows 10, Firefox et Chrome (ou d'autres, comme Opera ou Delphin Browser) peuvent parfaitement cohabiter avec le navigateur Web de Microsoft.

Internet Explorer n'est plus accessible *via* une icône de la barre des tâches ou du menu Démarrer de Windows. Si vous souhaitez toujours utiliser Internet Explorer, vous devez saisir son nom dans le champ Taper ici pour rechercher (Cortana) de la barre des tâches.

Vous trouverez parfois, à la place du terme « adresse Web » ou « adresse Internet », les initiales URL (*Uniform Resource Locator,* « adresse de ressource unifiée »). Les emplacements sur lesquels vous cliquez pour passer d'une page Web à une autre sont des *liens hypertextes,* que tout le monde appelle des *liens,* et c'est très bien ainsi.

Qui paye pour tout cela ?

C'est la question à cent euros. Une fois que vous avez payé votre abonnement mensuel auprès de votre FAI (Bouygues Télécom, Free, Orange, SFR...), votre navigation sur l'Internet est gratuite.

Le prix d'Edge et d'Internet Explorer est compris dans celui de Windows. Mais les autres navigateurs, comme Firefox, Google Chrome et ainsi de suite sont eux aussi gratuits. Mais comme le gratuit a son prix, Microsoft, tout comme Google, font tout pour savoir ce que vous faites en ligne, le but premier étant de vous proposer des hordes de publicités dites ciblées, et de vous inciter à cliquer dessus (et bien sûr à dépenser vos précieux deniers). D'un autre côté, Firefox ne joue pas à ce jeu.

La plupart des sites Web ne sont pas payants. Ils se rémunèrent de la manière suivante :

» **La publicité :** Google a fait fortune avec, mais ce n'était pas gagné d'avance...

» **L'affichage de bannières publicitaires :** Les petits sites affichent de la publicité et sont payés au clic.

» **Des partenariats :** Les petits sites peuvent s'associer à un programme partenarial. Lorsqu'un client clique sur la publicité affichée sur le site, et qu'il achète auprès du site partenaire, ce dernier lui verse une commission.

- **La réduction des coûts d'exploitation :** Par exemple, les opérations bancaires effectuées par Internet coûtent moins cher que celles réalisées à un guichet, car il n'y a pas de charges salariales.
- **L'accroissement de la visibilité de la société :** Un site Web est une forme de publicité qui favorise les achats.
- **L'accroissement de la zone de chalandise :** N'importe quel agent immobilier vous le confirmera

Certains sites ne sont accessibles que par abonnement. C'est le cas des journaux, notamment, qui offrent un accès libre aux gros titres et au début des articles, seuls les abonnés pouvant les lire en totalité.

Quel ordinateur pour Windows 10 ?

Acheter un ordinateur n'est jamais sans risque : vous vous faites baratiner par le vendeur qui vous emberlificote dans un pompeux langage technique et vous vous retrouvez avec une vieille babasse obsolète avant même de l'avoir déballée, payée deux fois trop cher. Cela peut arriver à tout le monde.

Vous serez irrémédiablement attiré par les spécifications techniques de la machine auxquelles, je vous rassure tout de suite, vous ne comprendrez absolument rien, pas plus que vous n'oserez faire état de votre ignorance face à un vendeur qui vous les assènera comme des évidences absolues. En effet, qu'évoqueront pour vous 7200 rpm, SATA 3 Gbps, ou bien encore eSATA ? Pas grand-chose, je le crains. Et, au fait, c'est quoi la différence entre ROM et RAM ?

Rassurez-vous, personne ne peut être compétent dans tous les domaines en général et en informatique en particulier.

Voici ce qu'il faut savoir pour acheter un PC capable de recevoir Windows 10 :

- **Avez-vous besoin d'un écran tactile ?**

  Si vous pensez ne jamais utiliser Windows 10 en mode Tablette, car vous avez investi dans un PC pour travailler sur son bureau avec un clavier et une souris, l'écran tactile ne vous sera d'aucune utilité. En fait, utiliser en même temps la souris et un écran tactile est bien plus souvent une source de désagréments qu'un plaisir.

  À moins d'avoir des doigts pointus, ou de pouvoir se servir d'un stylet, l'utilisation de certains programmes sur un écran tactile peut être une expérience traumatisante. Il vaut mieux s'en tenir aux applications qui sont spécifiquement conçues pour cela.

C'est d'ailleurs pour cette raison que certains programmes du bureau ont un équivalent tactile sous la forme d'une *application*. Nous vous rappelons que les applications de Windows 10 sont héritées de Windows 8 et 8.1, et que leur interface a été spécialement conçue pour une utilisation du bout des doigts. Ainsi, elles sont dépourvues de menus, et offrent moins de fonctionnalités qu'un programme.

» **Optez pour un écran de grande qualité, un clavier solide et une souris confortable.**

Autrement dit, n'achetez pas un ordinateur par Internet sans connaître le toucher du clavier, la prise en main de la souris et la réaction de vos yeux. Bien entendu, si vous ne suivez pas ce conseil, vous pourrez toujours remplacer le clavier et la souris d'origine par d'autres périphériques de meilleure qualité comme en propose la société Logitech.

» **La résolution de l'écran doit être d'au moins 1366 x 768 pixels. C'est le minimum pour afficher toutes les fonctionnalités de Windows.**

Un écran tactile n'est pas un prérequis pour utiliser Windows 10 en mode Tablette. Croyez-moi : il est en fait autrement plus confortable d'utiliser ce type d'écran qu'une souris pour accéder aux différentes vignettes de ce mode, ou aux vignettes de l'écran Démarrer, quel que soit le mode dans lequel vous choisissez d'utiliser Windows. Balayer avec un doigt est facile. Le faire avec une souris est autrement plus compliqué.

Dans l'optique d'utiliser Windows 10 avec un écran tactile, je ne peux que vous encourager à effectuer des tests. Les mains et les doigts ont en effet des conformations très différentes d'un individu à un autre. Ce qui conviendra à de grosses paluches velues ne conviendra peut-être pas à de sveltes mimines féminines, et inversement. Voyez plus loin la section, « La tablette à écran tactile ».

Pensez aux films en 4K ! Ils risquent de supplanter d'ici peu les films HD en Blu-ray. *De facto*, pour profiter de l'exceptionnelle qualité des films en 4K (voir des programmes de plateformes de VOD comme Netflix), il vous faudra investir dans un écran supportant l'Ultra HD. À diagonale équivalente, ils coûtent plus cher qu'un écran HD.

» **Fini, le disque dur !**

Autant que possible, achetez un ordinateur équipé d'un composant SSD (*Solid State Drive*) à la place du disque dur système (le fameux `C:`), et aussi un disque dur externe standard de grande capacité (il suffit généralement de le brancher sur un port USB de l'ordinateur). Nous en reparlerons à la section « Disques durs et lecteurs », un peu plus loin.

Quelle capacité faut-il prévoir pour le disque dur ? À moins de posséder une quantité phénoménale de photos, de vidéos ou de morceaux de musique, 1 téraoctet devrait amplement suffire. Cela représente 1 024 gigaoctets, ou plus d'un million de mégaoctets. Un disque dur de 1 To contient facilement un millier de films en qualité standard. Sachez que l'ensemble de l'immense Bibliothèque du Congrès, aux États-Unis, tient sur environ dix téraoctets.

Si vous envisagez l'achat d'un ordinateur portable ou d'un ultra-portable, achetez en même temps un disque dur externe de 1 To ou plus. Il vous servira, soyez-en sûr.

Et, de surcroît, vous pouvez toujours stocker le surplus sur un nuage Internet grâce à OneDrive, Dropbox, Google Drive ou autres (votre fournisseur d'accès Internet devrait aussi vous proposer gratuitement ce type de service). Nous y reviendrons dans le Livret VIII, Chapitre 1.

» **Tout le reste que le vendeur voudrait vous fourguer sera superflu.**

Si vous voulez vraiment faire des dépenses somptuaires, optez pour une connexion Internet à débit encore plus élevé et achetez un fauteuil de bureau plus confortable. Vous en aurez plus besoin que d'un ordinateur accessoirement plus gros ou plus rapide.

Le boîtier de l'ordinateur

Le boîtier d'un ordinateur de bureau est ce que l'on appelle une *unité centrale*, ou parfois *tour* à cause de sa forme verticale (voir la Figure 1.5). Il contient le cœur de l'ordinateur : le *microprocesseur*. Personnellement, je préfère nommer ce boîtier « le PC », car c'est finalement bien de cela qu'il s'agit.

L'unité centrale contient bon nombre de pièces et sans doute pas mal de poussière. L'élément principal est la carte mère, qui est en fait un circuit imprimé d'assez grande taille. Plusieurs composants se trouvent dessus :

FIGURE 1.5 La classique configuration d'un PC. *Document Dell*

- **Le microprocesseur (ou CPU) :** C'est là que sont exécutés tous les calculs informatiques. Il est sans doute fabriqué par Intel ou AMD et il contient des millions et des millions de transistors microscopiques. Il est impossible de comparer finement deux microprocesseurs provenant de deux « fondeurs » différents. D'accord, un Intel i7 est normalement plus rapide qu'un i5, et le i3 est le plus lent de la famille. Mais, à moins que vous ne vous lanciez dans des jeux vidéo intensivement graphiques, que vous réalisiez vos propres montages vidéo ou audio, ou encore que vous vouliez calculer le déficit de l'État poste par poste, le CPU ne compte en réalité pas tant que cela. Pour lire des vidéos sur YouTube, par exemple, vous n'avez pas besoin d'un microprocesseur particulièrement puissant, mais plutôt d'une connexion Internet rapide.
- **Les barrettes de mémoire vive et les emplacements pour en recevoir d'autres :** La mémoire vive contient les données en cours d'utilisation. Elle est exprimée en gigaoctets et en mégaoctets. Bien que Windows 10 se contente de 512 mégaoctets – j'ai essayé –, Microsoft recommande un minimum de 1, voire 2 Go. Mais si vous voulez que l'ordinateur ne rame pas laborieusement, optez plutôt pour 4 Go ou plus (c'est la norme de nos jours). Pour travailler confortablement, choisissez un ordinateur équipé de 8 Go de mémoire RAM. La plupart des ordinateurs peuvent recevoir de la mémoire supplémentaire. En rajouter rend l'ordinateur plus réactif, surtout avec des logiciels « lourds » comme

Office, InDesign ou Photoshop. Si vous laissez Outlook ouvert en permanence tout en utilisant d'autres logiciels, 4 Go ne seront pas de trop. Cette quantité de mémoire est d'ailleurs devenue un standard dans l'industrie informatique. Il y a donc peu de risque pour que vous achetiez un ordinateur ne contenant pas au moins 4 Go de mémoire vive. Et plus, c'est encore mieux.

» **Le composant vidéo :** La plupart des cartes mères sont équipées d'un remarquable composant vidéo. Si vous tenez à obtenir des performances graphiques très élevées, achetez une carte vidéo que vous insérerez dans l'un des emplacements libres. Lorsque vous souhaitez jouer à des jeux 3D en temps réel, ou utiliser des programmes graphiques et d'effets spéciaux vidéo gourmands en ressources système, investissez dans une carte disposant d'au moins 2 Go de mémoire graphique. Sachez qu'il existe des cartes graphiques qui valent plus cher que votre PC ! Les cartes mères possèdent plusieurs connecteurs au format PCI, permettant même de recevoir deux cartes vidéo en même temps pour des performances encore plus élevées. Nous y reviendrons plus loin dans ce chapitre.

» **Les connecteurs d'expansion :** Les ordinateurs portables n'en possèdent pas, ou très peu. Les ordinateurs de bureau en ont plusieurs. Il en existe de deux sortes : PCI et PCI-Express (ou PCIe, ou PCI-E). La plupart des connecteurs sont au format PCI, mais les cartes exigeant des débits élevés, comme les cartes vidéo, exigent des connecteurs PCIe. Les cartes PCI ne peuvent pas être insérées dans des connecteurs PCIe et inversement. Ces dernières existent en quatre tailles, avec des encoches et des connecteurs disposés différemment. La carte PCIe 1x est la plus compacte, la carte PCIe 4x, peu courante, est beaucoup plus longue et la carte PCIe 8x l'est un peu plus. La carte PCIe 16x est un peu plus longue que l'ancien connecteur PCI désormais obsolète. La plupart des cartes vidéo sont au format PCIe 16x.

Si vous achetez l'écran à part de l'ordinateur, assurez-vous que les prises vidéo sont compatibles. Les détails suivent d'ici peu.

» **Les ports USB (***Universal Serial Bus,* **« bus série universel ») :** Un port USB est une prise rectangulaire. Assurez-vous que l'ordinateur en possède suffisamment. Deux, c'est un minimum. Quatre ou plus, c'est mieux. Nous en reparlerons également dans ce chapitre.

» **Plein d'autres trucs et machins :** Pas vraiment indispensables…

Voici quelques recommandations du genre « fais pas ci, fais pas ça » :

- » Ne vous laissez pas convaincre par le vendeur d'ouvrir votre PC pour installer un processeur plus performant. Un processeur i7 n'est pas beaucoup plus rapide qu'un processeur i5, sauf si vous visez un processeur pour jouer à des jeux nécessitant beaucoup de puissance, une cadence de 3 gigahertz ne mouline pas beaucoup plus vite qu'une cadence de 2,4 GHz, et un processeur dual-quadri-cœur-turbo à double arbre à cames en tête n'ira pas beaucoup plus vite que votre bon vieux processeur d'origine.
- » Si 4 Go de mémoire vive sont déjà installés, n'attendez pas une augmentation significative des performances en ajoutant des barrettes de mémoire supplémentaires (à moins que vous laissiez Chrome avec 25 onglets ouverts en permanence, ou bien que vous regardiez plusieurs films en Full HD à la fois).
- » En revanche, si la carte vidéo est vieillissante, optez pour une carte équipée de 1 Go ou plus de mémoire vidéo. Elles ne sont pas si chères et Windows 10 saura en tirer parti.
- » Plutôt que de rafistoler un PC avec des bouts de ficelles, économisez pour en acheter un nouveau et donnez le vieux à quelqu'un qui en a besoin.

Si vous décidez d'ajouter de la mémoire, demandez à la boutique qui vous vend les barrettes de les installer. C'est simple, rapide et facile. L'avantage, pour vous, est que si une barrette est défectueuse, ou si elle s'enclenche mal, ce sera au vendeur de la remplacer.

Faites en revanche confiance à un technicien si vous souhaitez une machine vraiment rapide. En effet, disposer d'un processeur puissant ne sert pas à grand-chose si la mémoire vive n'est pas capable de transférer rapidement les données. Le binôme CPU/RAM est essentiel dans la vitesse du traitement des données. Rassurez-vous, cette puissance n'est nécessaire que si vous effectuez du montage vidéo en Ultra HD et que vous réalisez de nombreux encodages, c'est-à-dire des exportations de montages vidéo en H.264 (par exemple). Comment ? Vous ne comprenez rien ? Eh bien moi non plus vous savez !

La tablette à écran tactile

Bien que les tablettes à écran tactile existent depuis plus de dix ans, c'est seulement avec l'apparition de l'iPad d'Apple, en 2010, qu'elles ont véritablement connu le succès. Et depuis, tous les fabricants de matériel tournant sous Windows ont eu envie de prendre le train en marche. Même Microsoft s'y est mis avec la tablette Surface.

Les anciennes tablettes sous Windows fonctionnaient avec un *stylet*, et peu de logiciels tiraient parti de l'écran tactile. L'iPad a changé tout cela.

En fait, il n'est pas très juste de comparer une tablette bien pourvue en fonctionnalités, tournant sous Windows 10, avec un iPad. Leurs usages sont différents et ils visent différents marchés. La tablette Windows 10 peut faire bien plus que l'iPad, mais cela a un prix : l'iPad l'emporte haut la main en termes de légèreté, de dégagement de chaleur, d'autonomie de la batterie et de prix. L'écran de l'iPad est supérieur à celui des tablettes Windows, son appareil photo est meilleur, *etc.* Mais il n'est pas possible d'exécuter des applications Windows sur un iPad. Même si vous pouvez connecter celui-ci à un ordinateur sous Windows.

Si vous souhaitez faire l'acquisition d'une tablette tactile, pesez le pour et le contre. Quel système d'exploitation (Windows, iOS ou Android) ? Quelle taille et quelle résolution d'écran ? Quelles applications allez-vous vouloir utiliser ? Avez-vous besoin d'un stylet, ou vos doigts suffisent-ils ? Aurez-vous besoin d'associer un clavier physique à la tablette ? Autant de questions à se poser avant l'achat, et qui peuvent se résumer en deux interrogations : quel usage et à quel prix ? Il n'y a que vous qui puissiez répondre.

Cela étant posé, si un Chromebook, un Notebook, un iPad ou une tablette Android, répondent parfaitement à vos besoins, il n'y a aucune raison de dépenser un tas d'argent pour une tablette sous Windows 10. Absolument aucune.

Voici cependant quelques recommandations si vous comptez acheter une tablette sous Windows 10 :

» **Assurez-vous d'avoir bien compris la différence entre une tablette Intel/AMD et une tablette ARM.** Si vous tenez à utiliser le « vrai » Windows 10 – par opposition à Windows 10 Mobile –, vous devez vous en tenir aux tablettes Intel ou AMD (parfois appelées « tablettes x86 ou x64 », ou encore « tablettes 32 bits ou 64 bits »). Les autres, de type ARM (même si c'est Intel ou AMD qui fabriquent leur microprocesseur), ne peuvent exécuter que la version mobile de Windows 10.

  Profitons-en pour rappeler que ce livre traite exclusivement de Windows 10, pas de Windows 10 Mobile.

» **Renseignez-vous sur le poids, le dégagement de chaleur, et l'autonomie de la batterie.** Les tablettes à écran tactile sont censées être transportées avec soi, mais pas trimballées comme une enclume, ni chauffer comme un fer à repasser, ni être équipées d'un ventilateur qui fait un bruit d'enfer.

- **Assurez-vous que l'écran est « multi-touch ».** Certains constructeurs réduisent les coûts en fabriquant des tablettes dont l'écran ne répond qu'à un ou deux points de toucher. Vous en avez besoin d'au moins quatre pour utiliser Windows 10, et dix points ne sauraient nuire. Plus il y en a, mieux c'est.
- **La résolution de l'écran doit être d'au moins 1366 x 768 pixels.** L'écran et ses vignettes s'accommodent mal d'une résolution trop faible. Vos doigts et vos yeux aussi.
- **Choisissez une tablette à stockage SSD (*Solid State Drive*).** En plus d'être beaucoup plus rapides qu'un disque dur, ses composants sont légers et ne chauffent pas. Ne vous souciez pas de la capacité de stockage de la tablette. Beaucoup d'utilisateurs placent leurs données dans le « nuage » avec, par exemple, OneDrive ou Google Drive. Reportez-vous au Livret VIII, Chapitre 1.
- **Essayez avant d'acheter.** L'écran doit réagir correctement à votre toucher tout en étant agréable à lire. Ce n'est pas toujours évident.
- **Assurez-vous de la possibilité de la renvoyer.** Si vous avez l'habitude d'un véritable clavier et d'une véritable souris, il se peut que vous ne vous fassiez pas au clavier virtuel et aux gestes sur l'écran tactile d'une tablette.

Le monde des tablettes va évidemment évoluer. Nous n'en sommes qu'au début de l'aventure.

Les écrans

Qu'ils soient à diodes électroluminescentes, à cristaux liquides ou à plasma, les écrans plats n'ont plus rien à voir avec les écrans cathodiques d'antan. Ce dernier fonctionnait par balayage de lignes, et d'une ligne à l'autre, les couleurs changeaient parfois, ce qui pouvait donner des teintes un peu bizarres. L'image était plaisante, mais pas très fine.

En revanche, les écrans plats ne fonctionnent pas par balayage de lignes, mais en « allumant » des *pixels* (des sortes de points, si vous préférez) localisés par multiplexage. Chaque pixel peut prendre une couleur qui est beaucoup plus précise et stable que sur un tube cathodique.

Plus la résolution d'un écran est élevée, plus il compte de pixels. Aujourd'hui, les écrans panoramiques de 1650 x 1050 pixels ou de 1920 x 1080 pixels se sont banalisés. Un cran au-dessus, une résolution de 2560 x 1440 permet d'afficher sans aucun problème deux documents l'un à côté de l'autre (par contre, il vaut mieux avoir une bonne carte vidéo pour prendre en charge autant de pixels). Et ne parlons même pas de la 4K (c'est-à-dire 3840 x 2160 pixels ou un peu plus). Les programmes TV (notamment en VOD) et les films 4K sont de plus en plus nombreux. Si vous êtes un adepte de la consultation de ce genre de programmes sur votre ordinateur, ne négligez pas les écrans permettant de profiter de l'exceptionnelle qualité de l'Ultra HD.

Bien entendu, une résolution élevée offre un plus grand confort et ouvre de nouvelles possibilités. Cependant, cette qualité à un double prix : celui du moniteur, et celui d'une carte vidéo capable de gérer dans de bonnes conditions une telle résolution. Entre rêve et réalité, la différence ne tient dans ce domaine (comme dans bien d'autres) qu'au budget dont vous disposez.

L'affichage est pris en charge par un composant vidéo, le *processeur graphique* (GPU), présent sur la carte vidéo, ou serti à même la carte mère de l'ordinateur. C'est lui qui mouline les pixels, vous permettant de faire visuellement la différence entre un monstre intergalactique et une friteuse sans huile. Pour admirer Windows 10 dans toute sa splendeur, une mémoire vidéo d'au moins 1 Go – ou mieux, 2 Go, voire davantage – est conseillée.

À l'instar des téléviseurs, la taille d'un écran d'ordinateur est mesurée en diagonale. Et comme pour les téléviseurs, le meilleur moyen de comparer leur qualité dans une boutique est de les regarder côte à côte, en affichant de préférence de délicats dégradés du noir au blanc. Si un dégradé présente un effet de bande, ou si les noirs manquent de profondeur, c'est mauvais signe.

Disques durs et lecteurs

La mémoire vive ne conserve les données que temporairement. Dès que vous éteignez l'ordinateur, elles disparaissent. Pour conserver le travail en cours et y revenir plus tard, vous devez l'enregistrer dans une mémoire de masse, c'est-à-dire un disque ou, de plus en plus, dans le « nuage », c'est-à-dire sur l'Internet, dans un autre ordinateur, quelque part à Pétaouchnock. On parle du fameux Cloud.

Voici les différents types de disques et de lecteurs :

» **Les cartes mémoire SD, xD, CF :** Beaucoup d'ordinateurs, et même certaines tablettes, sont équipés d'un lecteur de cartes mémoire. La carte SD (*Secure Digital*) est la plus utilisée par les appareils photo (voir la Figure 1.6) et même quelques téléphones.

Les cartes MicroSD sont elles aussi des cartes mémoire, mais de plus petite taille.

Document Sandisk

FIGURE 1.6
Une carte mémoire SD.

- **Le disque dur :** Sa technologie évolue rapidement. Les classiques disques durs à plateaux rotatifs (ou HDD) sont peu à peu remplacés par des composants SSD (*Solid State Drive*), sans aucune pièce mobile. Il existe aussi des *disques hybrides* qui mêlent plateaux rotatifs et SSD. Chaque technologie a ses avantages et ses inconvénients. Le traditionnel disque dur est parfait, mais sur les tablettes et les ordinateurs portables, le SSD réagit à la vitesse de l'éclair. Reportez-vous au Livret III, Chapitre 6 pour savoir comment installer un SSD et gérer les fichiers.

Le SSD est si rapide qu'après l'avoir essayé, vous ne voudrez plus d'un disque dur à plateaux. Il est parfait comme disque de travail, pour un démarrage ultrarapide de Windows, mais il est horriblement onéreux pour le stockage des photos, des vidéos ou du son. Le SSD supplantera sans doute le disque dur un jour ou l'autre, mais des efforts devront être faits au niveau du prix. Le SSD consomme peu d'énergie et chauffe peu. L'absence de pièces mobiles le rend moins vulnérable aux chocs.

Les disques hybrides ont droit à la fois aux avantages et aux défauts des disques durs et des SSD. Les disques durs ont longtemps eu un *cache,* une mémoire tampon dans laquelle transitent les données en attente d'écriture ou de lecture. Dans un disque hybride, c'est un composant SSD qui tient lieu de tampon.

Si votre budget le permet, optez pour le SSD comme disque système – celui contenant Windows –, plus un disque dur de grande capacité pour le stockage des photos, des vidéos et/ou du son, et faites l'acquisition d'un autre disque, qui peut être interne ou externe, réservé à l'Historique des fichiers décrit dans le Livret VIII, Chapitre 1.

Pour une protection totale contre une panne de disque dur, utilisez trois disques : un SSD et deux disques durs, internes ou externes, reliés par un câble USB ou eSATA, puis exécutez la fonction Espaces de stockage (voir le Livret VII, Chapitre 4).

LES SSD ONT AUSSI DES PROBLÈMES

Bien que j'adore mes SSD et que je ne voudrais plus du disque dur rotatif, ils ne sont pas parfaits.

Du fait de l'absence de pièces mobiles, ils semblent plus fiables que les disques durs. Mais quand un disque dur est mal en point, vous l'entendez grincer, couiner ou gronder. Par contre, un SSD meurt d'un seul coup et en silence.

Quand un disque dur est mort, il reste une chance de récupérer ses données en faisant appel à un service spécialisé et horriblement onéreux. Un SSD mort vous laisse dans la panade.

Un SSD gère lui-même son espace de stockage. Il élimine les données obsolètes et réorganise les autres. Mais après quelques semaines, mois ou années d'usage, il ralentit. La gestion des fichiers finit par être très lourde pour lui.

Enfin, le logiciel qui régit le SSD doit être extrêmement fiable. Ses pistes et secteurs ne sont pas organisés séquentiellement comme sur les plateaux d'un disque dur. Ils jouent tout le temps à saute-mouton et c'est à leur microprogramme interne de se tenir au courant de l'organisation toujours changeante des données.

» **Lecteur de CD, de DVD, de disque Blu-ray :** Un CD-ROM contient environ 700 Mo de données, un DVD en contient 4,3 Go, soit six fois plus. Un DVD double-couche peut en contenir le double, soit environ 8 Go. Quant au disque Blu-Ray, il peut contenir jusqu'à 50 Go, soit six fois plus qu'un DVD double-couche. À vos calculettes !

À moins que vous ne teniez à graver un film en haute définition sur un seul disque, 50 Go, c'est vraiment plus qu'il n'en faut. Le prix d'un lecteur-graveur de disques Blu-ray peut être assez élevé. Un lecteur-graveur de DVD-RW double-couche convient à la plupart des utilisateurs de Windows 10. Si installer un nouveau lecteur dans l'ordinateur vous épouvante, achetez un modèle externe.

Le DVD est en perte de vitesse du fait des connexions Internet rapides qui permettent aujourd'hui de regarder des films en streaming directement sur le Net. Comme la musique, la vidéo se dématérialise, et de nombreux sites proposent des films en téléchargement à un prix bien inférieur à celui d'un DVD. Cette perte de vitesse du CD et du DVD se traduit par l'absence d'un lecteur/graveur de disque optique sur la majorité des nouveaux PC portables.

» **Clé USB :** Elle est commode pour transporter des données d'un ordinateur à un autre, ou les emporter avec soi (voir la Figure 1.7). Leur contenu peut même être lu par certains téléviseurs ou lecteurs de DVD de salon.

FIGURE 1.7 Une clé USB (hors de prix) de 1 To. *Document Kingston*

Insérez une clé USB dans un port USB de l'ordinateur, et Windows 10 la reconnaît aussitôt comme unité de stockage externe rapide, portable et incroyablement facile à utiliser. N'achetez que des clés USB bon marché. La plupart des « fonctionnalités » des clés sophistiquées ne sont que de la poudre aux yeux.

L'USB 3 est désormais présent sur tous les nouveaux ordinateurs. Il assure une rétro compatibilité avec les périphériques USB 2. Les disques durs externes, les lecteurs de cartes mémoire et autres appareils ont adopté cette nouvelle norme. Bien entendu, un port USB 2 acceptera des périphériques USB 3 mais ne transférera les données qu'à la vitesse de l'USB 2.

Cette liste n'est pas exhaustive, car de nouvelles possibilités de stockage apparaissent chaque jour.

Les connecteurs du PC

Votre ordinateur se connecte au monde extérieur par quantité de connecteurs et de câbles. Voici les plus courants :

» **Le câble USB :** Il possède à une extrémité une prise plate appelée *USB A,* et à l'autre extrémité une prise dont la section ressemble à un « D », appelée *USB B.* Pour certains appareils, elle est remplacée par des prises beaucoup plus petites appelées *mini USB* ou *Micro USB.* Les deux ont la même forme, mais pas la même taille (voir la Figure 1.8).

FIGURE 1.8 Les câbles USB les plus courants USB B, Mini USB et Micro USB.

Un connecteur USB 2 accepte tous les équipements et périphériques. Mais la vitesse de transfert de ceux qui sont au standard USB 3, notamment les disques durs externes, sera plus élevée à condition que l'ordinateur soit équipé d'un port USB 3 et que le câble de liaison supporte de telles vitesses.

Le connecteur USB est le choix idéal pour la plupart des périphériques : souris, disque dur externe, imprimante, scanner, téléphone, smartphone, appareil photo…

Si tous les ports USB de votre ordinateur sont occupés, utilisez un répartiteur. Il s'agit d'un boîtier possédant généralement de deux à sept ports USB supplémentaires. Branchez-le et utilisez l'alimentation électrique livrée avec.

» **Le câble réseau :** Appelé aussi « câble Ethernet », il se reconnaît à son connecteur RJ-45 que montre la Figure 1.9. Selon sa qualité, il est estampillé CAT-5 (catégorie 5) ou CAT-6 (catégorie 6), ces derniers étant réputés plus rapides que les catégories inférieures. Une extrémité est branchée à la carte réseau de l'ordinateur, l'autre à une box Internet, à un routeur ou à un commutateur de réseau (voir la Figure 1.10) permettant de relier plusieurs ordinateurs par des câbles Ethernet.

FIGURE 1.9 Des connecteurs réseau RJ-45 de catégorie CAT-6. *Document HAMA*

FIGURE 1.10 Un répartiteur (hub) ou commutateur de réseau. *Document Linksys*

- **Souris et clavier :** Ils peuvent être reliés à l'ordinateur par un câble USB, mais beaucoup de ces périphériques sont à présent sans fil et communiquent par radio (la connexion infrarouge a été abandonnée).
- **Connecteurs DVI-D et HDMI :** Bien que le connecteur D-SUB (VGA) à 15 broches soit encore utilisé, la plupart des connexions vidéo actuelles sont effectuées *via* une prise HDMI (voir la Figure 1.11) permettant de les connecter à un écran, un téléviseur ou un vidéoprojecteur. Sur des PC un peu plus anciens, on trouve encore des connecteurs au format appelé DVI-D (voir la Figure 1.12) Enfin, certains ordinateurs plus haut de gamme possèdent un connecteur DisplayPort (comme sur un Mac !), réputé être encore plus rapide.

FIGURE 1.11 Le câble HDMI achemine les signaux audio et vidéo. *Document Officeworks*

Pour brancher votre PC sur votre TV, vérifiez qu'elle est équipée de la bonne prise et que vous possédez le bon câble.

Les câbles série à 9 broches et parallèles Centronics à 25 broches ont fait leur temps. Ils ne servent plus à rien.

FIGURE 1.12 Les câbles DVI-D fonctionnent bien, mais ils sont plus gros que le HDMI, et ils ne transmettent pas le son. *Document StarTech.com*

- **Bluetooth :** C'est une connexion sans fil sur une courte distance, utilisée en particulier sur tous les smartphones modernes. Autrefois, Bluetooth était compliqué à configurer et à faire fonctionner. Mais les derniers standards ont grandement facilité les choses.

Vidéo, son et autres médias

Sauf si vous utilisez une tablette, il est probable que vous exécutiez Windows 10 sur un ordinateur équipé de deux à quatre prises audio – de classiques jacks – qui ont chacune un usage particulier. Voici à quoi elles servent :

- **Line In (entrée ligne) :** Cette prise, usuellement bleue, sert à acheminer dans l'ordinateur un signal audio généralement amplifié. Ce signal peut provenir d'un tuner radio ou télé, d'un lecteur de CD ou de cassettes, d'une guitare électrique ou de tout autre appareil produisant des signaux audio.
- **Mic In (entrée micro) :** Cette prise (normalement rose) reçoit les signaux non amplifiés d'un microphone ou de certaines guitares électriques. Il est possible de brancher dans la prise Mic In un équipement destiné à la prise Line In, mais vous n'obtiendrez qu'un son monophonique (et non stéréo) et vous devrez réduire considérablement le volume pour ne pas subir d'affreuses distorsions du son, car l'amplificateur intégré à l'ordinateur augmente l'intensité de tous les signaux déjà amplifiés.
- **Line Out (sortie ligne) :** Sortie stéréo, généralement de couleur verte. Branchez-y un casque, des écouteurs ou de petites enceintes pour ordinateurs. Si vous n'utilisez pas de jacks bizarroïdes, comme la prise SPDIF de Sony-Philips, cette sortie Line

Out vous fournira le meilleur son. Et si vous voulez connecter une vraie chaîne sur votre PC, sachez que c'est là que vient se connecter l'enceinte centrale.

- **Rear Surround Out (sortie *surround* arrière) :** Cette prise noire n'est pas très utilisée. Elle ne l'est que si vous possédez des enceintes arrière indépendantes. La plupart de ceux qui possèdent un système *home cinema* le branchent sur la sortie Line Out qui régit alors les enceintes arrière. Ou alors, ils branchent l'ordinateur au téléviseur par un câble HDMI. Si votre ordinateur est capable de produire un son complètement *surround*, et que vous avec un amplificateur externe pour gérer tout ce petit monde, vous obtiendrez de meilleurs résultats avec la présente prise noire.

Nombre d'ordinateurs de bureau possèdent deux prises supplémentaires pour le son. La prise orange se charge du caisson de graves, et la grise (ou marron) est destinée aux enceintes latérales. Là encore, vous aurez besoin d'intercaler un amplificateur entre les prises et vos enceintes.

Les ordinateurs portables ne sont généralement équipés que de deux jacks : la prise rose Mic In et la prise verte Line Out. C'est suffisant pour utiliser un ensemble casque-microphone. Les enceintes doivent être branchées à la prise verte.

Les tablettes disposent normalement d'une prise casque. Le son est généralement de bonne qualité (ou d'assez bonne qualité). Vous pouvez utiliser cette sortie afin de connecter, *via* un câble idoine, votre tablette à l'entrée Line d'un ampli ou de haut-parleurs actifs et ainsi profiter du son sur un dispositif Hi-Fi.

Des cartes audio perfectionnées peuvent être équipées de sorties Dolby DTS ou THX 5.1. Ce chiffre n'est pas celui d'une version, mais indique que la carte gère des enceintes devant à droite, devant au milieu, devant à gauche, latéralement à gauche et à droite, et en plus un caisson de basses. La configuration 7.1 comprend en outre deux enceintes *surround* arrière. Cette débauche de matériel produit un son d'enfer, de quoi épouvanter les voisins.

Les fabricants d'ordinateurs insistent volontiers sur les performances audio de leurs produits. En fait, n'importe quel ordinateur peut être connecté à une chaîne stéréo et produire un très bon son. Reliez simplement la sortie Line Out de l'ordinateur à l'entrée Aux In de la chaîne Hi-Fi ou du *home cinema* et le tour est joué.

Netbooks, ultrabooks, et hybrides

Les netbooks sont de petits ordinateurs portables aux capacités limitées, destinés principalement aux activités sur l'Internet (visite de sites, échange de courrier, vidéophonie...). L'avènement des tablettes, notamment de l'iPad, leur a porté un coup sévère.

Les ultrabooks – terme inventé par la société Intel – sont des ordinateurs portables très minces, équipés d'une batterie assurant jusqu'à cinq d'heures d'autonomie, qui sortent de veille en quelques secondes. Ils sont comparables, en termes de performances, à un iPad, mais ils ne se vendent pas très bien. Windows 10 leur redonnera peut-être une nouvelle chance. C'est du moins l'espoir d'Intel.

Les hybrides (ou PC 2 en 1) sont des ordinateurs portables dont l'écran est amovible. *De facto*, l'écran une fois détaché permet d'utiliser l'ordinateur comme s'il s'agissait d'une tablette. Généralement, ces écrans sont de relatives petites tailles. Les modèles proposant des écrans de 14 pouces coûtent très cher.

En résumé, si vous recherchez une nouvelle machine, le mieux à faire est de rendre visite à votre boutique préférée (ou même à plusieurs). Vous laisserez-vous tenter par une de ces petites merveilles portables ? Déciderez-vous que ce qu'il vous faut, c'est un solide PC de bureau au design des années 90, avec son clavier mécanique et trois moniteurs de la taille d'un terrain de football ? Ou plus simplement, opterez-vous pour un modèle de milieu de gamme, suffisamment performant pour vos besoins, dont la fiabilité n'est plus à démontrer, et dont le prix reste raisonnable (sachant qu'il est forcément techniquement dépassé avant même que vous n'ayez posé vos yeux dessus) ? La décision vous appartient, et votre choix n'engage en aucun cas ma responsabilité !

Chapitre 2

De Windows à Windows 10

DANS CE CHAPITRE :

- » **Quoi de neuf par rapport à Windows XP, Vista, Windows 7, et Windows 8/8.1 ?**
- » **Découvrir les nouvelles interfaces**
- » **À la découverte du nouveau Windows**
- » **Devez-vous passer à Windows 10 ?**

Passer d'une ancienne version de Windows telle que 7, Vista, 8 et 8.1 risque de provoquer en vous un véritable tsunami émotionnel qui pourrait bien vous être fatal.

Bien que Windows 10 puisse sembler plus ou moins familier aux utilisateurs de longue date du fameux bureau, les détails sont très différents. Et si vous avez longuement grogné face à l'interface de type Metro de Windows 8.1 (ou de Windows 8), vous allez avoir une agréable surprise.

Même si vous utilisiez une des premières versions de Windows 10, la toute nouvelle mise à jour, appelée Fall Creator Update, a considérablement modifié les éléments du menu Démarrer et des boîtes de dialogue comme Paramètres, ainsi qu'un bon nombre d'icônes.

Une brève histoire de Windows 10

Pardonnez-moi cette digression.

Microsoft a failli tuer Windows (et toute l'industrie du PC avec) en sortant cette abomination qu'était Windows 8. Fort heureusement, il y avait d'autres forces au travail – l'ascension des systèmes mobiles et des écrans tactiles, l'apparition de matériels plus petits et moins chers, de meilleurs Apple, et des tas d'autres nouveautés passionnantes. Mais, à mon avis, et je le partage avec la plupart des spécialistes, le facteur numéro un du déclin de Windows fut Windows 8.

Nous avons vu les ventes de PC chuter. Une fois que les utilisateurs de Windows XP ont remplacé leurs machines du fait de l'arrêt du support par Microsoft de ce système d'exploitation, les ventes sont descendues encore plus bas. Rapidement. À l'époque, Steve Ballmer, le dirigeant d'alors de Microsoft, prédisait que Windows 8 serait installé sur 400 millions de PC dans l'année suivant sa sortie. En réalité, le chiffre réel fut plutôt la moitié de cela, et peut-être même encore moins. Les gens normaux, comme vous et moi, firent tout pour éviter Windows 8 et pour s'en tenir à Windows 7, qui donnait satisfaction à pratiquement tout le monde.

Windows 8.1 représentait une tentative de Microsoft pour combattre le mal en permettant de démarrer sur le bureau, et non plus sur l'horrible page de pavés qui dégoûtait l'immense majorité des utilisateurs.

L'équipe d'ingénieurs de Microsoft qui voulait à tout prix nous faire avaler de force l'expérience Metro de Windows 8 était aussi responsable, quelque temps auparavant, de l'introduction du ruban dans l'interface de Microsoft Office. Nombre d'entre nous, les vieux de la vieille, grommelions à l'époque sur cette affaire de ruban, en demandant à Microsoft d'offrir au moins une alternative pour pouvoir travailler avec l'ancienne interface. En vain. Office 2007 est sorti avec son ruban, et toutes les versions qui ont suivi ont également été « rubanifiées ». Et c'est là où se situe le point clé : Office 2007 s'est vendu comme des petits pains, malgré ce ruban, et son succès se compte toujours en milliards de dollars.

Résultat : l'équipe en charge de l'interface d'Office se figura qu'elle savait ce que voulaient les utilisateurs, et que les vieux ronchons tapaient simplement du bout de leur canne en mâchouillant leur bouillie.

La presque totalité de cette fameuse équipe fut transplantée, pratiquement telle quelle, dans la sphère en charge de Windows 8. Ces ingénieurs y virent l'opportunité de transformer l'interface de Windows, et c'est ce qu'ils firent, malgré les multiples objections formulées par ailleurs. À mon avis, ils pensaient reproduire le coup du ruban Office, avec le même succès. Mais ce ne fut pas du tout le cas. Windows 8 est, incontestablement, le plus grand désastre logiciel de toute l'histoire de Microsoft.

Pratiquement toute l'équipe en charge de Windows 8 (y compris certaines personnes expérimentées et pleines de talent) quitta Microsoft peu de temps après la sortie de cette catastrophique version. Boum, firent-ils en tombant. Et leur patron, Steve Ballmer, les suivit. Le bruit de sa chute étant d'ailleurs très largement amorti par le paquet d'actions qu'il détient, et qui en font le premier actionnaire individuel de Microsoft.

À leur place est arrivée une toute nouvelle génération, élevée dans les nuages (Internet, bien sûr), mais capable d'entendre raison. L'actuel responsable du développement de Windows, Terry Myerson, avait auparavant été en charge de celui de Windows Phone, et avant cela de Windows Exchange Server. Et, le nouveau grand patron, Satya Natella, sait non seulement tout sur l'informatique dématérialisée, mais en plus il a inventé des tas de choses chez Microsoft.

Cela étant dit, le marché traditionnel du PC, autrement dit la chasse gardée de Microsoft, s'est largement réduit. Son soleil semblant plus près du couchant que du zénith. Ou, plus simplement, le roi n'est plus le roi, et les prétendants au trône, qu'ils s'appellent iPhone, iPad, MacBook, Galaxy Tab ou encore Chromebook, sont nombreux. Et leurs dents sont très longues. Mais, peut-être que Windows 10, et seulement peut-être, redonnera un second souffle aux vétérans de la classe 30 (eh oui, la sortie de Windows 1, c'était il y a 30 ans, en novembre 1985).

Quoi qu'il en soit, à la fin de l'histoire, nous avons enfin retrouvé un vrai menu Démarrer (certes très largement modifié) pour travailler dans de bonnes conditions, comme l'illustre la Figure 2.1. Les utilisateurs de Windows 10 constateront que ce menu Démarrer diffère radicalement de celui des premières versions de ce système d'exploitation.

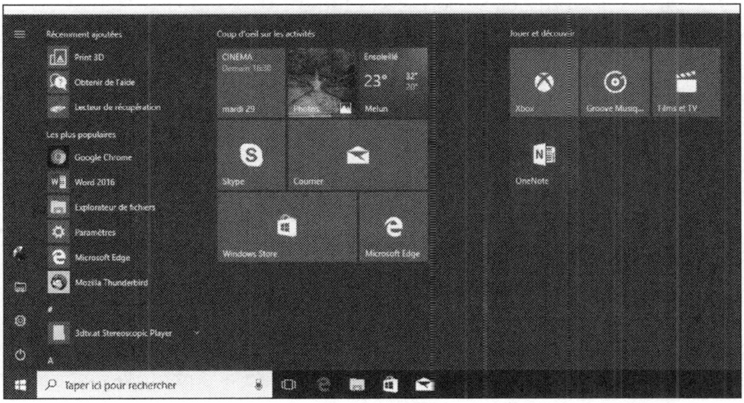

FIGURE 2.1 Le menu Démarrer devrait sembler plus ou moins familier à tous les utilisateurs expérimentés de Windows.

Les programmes et les applications de Windows 10

Windows 10 exécute deux types très différents de logiciels. Permettez-moi d'en revenir aux bases.

Les programmes d'ordinateur (appelez-les logiciels, applications ou même *apps*, si vous voulez) que vous et moi connaissons fonctionnent en interagissant avec un système d'exploitation. Depuis l'aube de Windows, les programmes pour PC ont communiqué avec ce système d'exploitation *via* un ensemble spécifique d'outils, que l'on appelle aussi *routines*, formant une API (pour *Application Program Interfaces*, ou interfaces de programmation d'application) collectivement et collégialement connu sous le nom de Win32. À de rares exceptions près, les programmes de bureau de Windows, autrement dit ceux que vous utilisez quotidiennement, se servent des API Win32 pour collaborer avec Windows.

En juin 2011, dans une conférence qui se tenait en Californie, Steve Sinofsky et Julie Larson-Green firent leur première démonstration de Windows 8. Lors de cette démonstration, ils présentèrent les nouvelles applications « immersives » (le style que Microsoft avait appelé Metro) qui interagissaient avec Windows d'une manière très différente. Ces nouvelles « routines » furent dénommées Windows Runtime, ou plus communément Windows RT.

Microsoft commença à appeler les applications basées sur WindowsRT « immersives » ou encore « plein écran ». Et comme seuls les imbéciles ne changent pas d'avis, la dénomination de Windows RT changea au fil des saisons : « Modern UI », puis « Windows 8 », « Windows Store App », « New User Interface », « Microsoft Design Language », « Microsoft Style Design » et plus récemment « Modern » et « Universal ». Inutile de tenter de traduire cette vague de nom. La vérité, c'est que la plupart d'entre nous continuent à employer le nom de code interne donné par Microsoft : Metro. Mais, pour la commodité du propos et minimiser les risques (réels) de confusion, j'utiliserai dans ce livre le terme « application Universelle Windows ».

Pas de panique. Tous ces noms désignent la même chose, autrement dit des applications Universelles Windows, qui sont basées sur l'API WinRT.

Ces applications Universelles (d'accord, elles sont forcément Windows) ont de nombreuses autres caractéristiques. En particulier, elles répondent à un type de technologie appelé « sandbox » par les pros. Sandbox, c'est littéralement un bac à sable. L'idée est de les placer dans une sorte de cocon logiciel qui les isole du monde extérieur afin de rendre le travail des virus beaucoup plus difficile. Ces applications peuvent aussi être facilement interrompues, ce qui permet de réduire la consommation d'énergie et d'améliorer la fiabilité du système : si une application Universelle Windows plante, il est à peu près impossible qu'elle réussisse à geler la machine. Et ce n'est qu'une partie de la question.

Windows 8 et 8.1 (ainsi que Server 2012) prennent en charge l'API WinRT. Pour faire simple, les applications Universelles Windows s'exécutent du côté « Metro » de Windows 8, pas sur le bureau. Et les processeurs de type ARM, que l'on trouve sur de nombreux appareils portables, sont aussi capables d'exécuter l'API WinRT.

Sous Windows 10, les applications Universelles Windows fonctionnent dans leur propre « bac à sable », celle-ci étant posée sur le bureau. Par exemple, l'application Météo, illustrée sur la Figure 2.2, est bel et bien une application Universelle Windows.

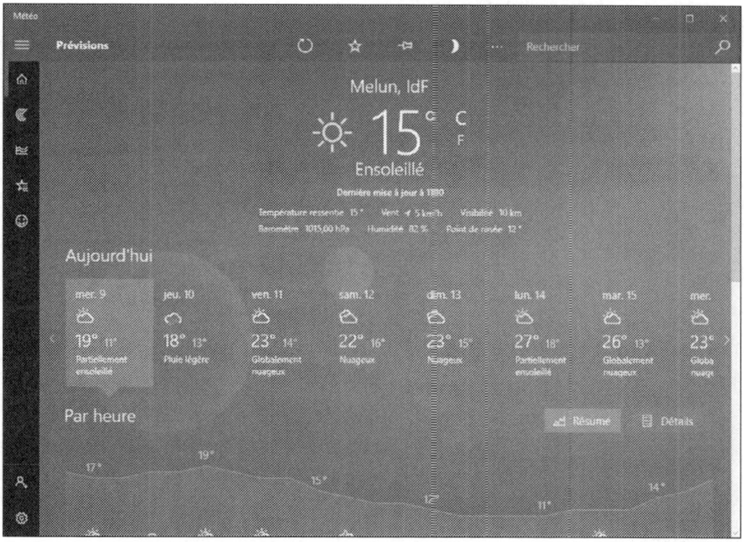

FIGURE 2.2 La météo de Windows 10 est une application Universelle Windows. Elle est donc basée sur l'API WinRT. Comme telle, elle a une apparence spécifique.

Tous les autres programmes Windows, ceux que vous connaissez depuis l'éternité, sont maintenant appelés des applications de Bureau Windows. Subtil, non ? Après tout, si Apple a choisi d'appeler ses programmes des *apps*, histoire de faire branché, pourquoi Microsoft ne pourrait-il pas avoir sa propre dénomination ? D'un point de vue technique, ces applications de Bureau Windows (les programmes, donc) sont basées sur l'API Win32.

Comme il y a des différences considérables entre les deux types d'applications, pardon programmes, ou l'inverse, voici quelques notions peut-être pas si inutiles que cela :

» **Les applications de Bureau Windows sont appelées à se raréfier.** Certes, ce n'est pas demain que Microsoft va les abandonner. Mais, à l'exception de quelques programmes réellement sophistiqués, ou encore répondant à des besoins spécifiques, les applications traditionnelles commencent à être considérées comme étant juste bonnes à être envoyées au musée.

- **Les applications Universelles Windows, celles qui sont basées sur l'API WinRT, sont le futur.** Par exemple, Microsoft a démonté ce bon vieux Internet Explorer, et l'a transformé en une application Universelle Windows appelée Microsoft Edge. D'ailleurs, le père de Windows travaille aussi dur pour transformer la célèbre suite Office en une série d'applications Universelles Windows. Bien entendu, cette version n'aura pas autant de fonctionnalités que ses prédécesseurs, mais, après tout, est-ce si grave que cela, Docteur ?
- **Toutes les applications, qu'elles soient de bureau ou dites Universelles, commencent à se ressembler.** Les développeurs de programmes veulent que vous regardiez ce qu'ils ont à vous proposer et que vous vous disiez « Ah, oh, eh, ça, c'est une super nouvelle version ».
- **En réalité, les applications Universelles Windows sont meilleures.** Ne tirez pas sur moi. Je ne suis que le messager. Maintenant que nous pouvons exécuter ces applications Universelles Windows directement sur le bureau (et en plus, leurs fenêtres peuvent être redimensionnées), l'API WinRT sous-jacente enfonce la vieille API Win32. Ces applications ne se piquent pas leurs jouets, puisque chacune est censée rester dans son propre bac à sable, et du coup elles ne plantent pas Windows, pas plus qu'elles ne doivent se colleter avec toute la misère du monde en général, et les erreurs générées par les autres applications en particulier.

Dans ce livre, nous adoptons le vocabulaire suivant : les applications sont les applications universelles et traditionnelles héritées de l'interface Métro de Windows 8 et 8.1 et qui sont principalement destinées à une utilisation tactile, même s'il est tout à fait possible de les contrôler à la souris. Vous les trouverez dans la partie droite du menu Démarrer et dans la liste des applications et des programmes, voire sur la barre des tâches. Les programmes sont des logiciels souvent développés par des sociétés tierces et qui sont destinés à des tâches professionnelles comme Photoshop. L'utilisation d'une souris et/ou d'un clavier est incontournable.

Depuis la mise à jour Fall Creator Update de cet automne, la notion d'écran de démarrage a disparu. Elle identifiait les vignettes d'applications groupées sur le côté droit du menu Démarrer. Désormais, elles font partie intégrante de ce menu. Simple question de vocabulaire.

Avant de poursuivre votre route, il est temps de regarder d'un peu plus près le système et d'en apprendre plus sur ces nouveaux pavés/tuiles/vignettes, bref ces applications Universelles Windows.

Voici donc un petit tour d'horizon de ce qui change, et de ce qui reste pareil, afin de vous aider à mieux répondre à la grande question du jour : ai-je vraiment besoin de Windows 10 ?

COMMENT EST-CE QUE TOUT CELA A COMMENCÉ ?

Microsoft s'est lancée dans les tablettes il y a plus de dix ans, sans parvenir à séduire le consommateur. Apple a commencé à en vendre il y a seulement six ans et a immédiatement cartonné. Microsoft tente à présent de nouveau sa chance.

Il y a une grande différence entre les approches d'Apple et de Microsoft. Apple était parti d'iOS, un système d'exploitation destiné à la téléphonie, pour en faire le système d'exploitation de la tablette la plus vendue au monde. La différence entre l'iOS 10 d'un iPhone et l'iOS 10 d'un iPad est très faible. Une application écrite pour l'un fonctionne en général sur l'autre, le changement le plus notable étant la taille de l'écran. En revanche, le système d'exploitation des ordinateurs, OS X, est complètement différent. Il a été conçu et optimisé pour les ordinateurs Mac. Apple modifie peu à peu sa programmation, de sorte qu'iOS et OS X tendent à se ressembler et à fonctionner ensemble. Ils n'en sont pas moins fondamentalement différents, même si, à l'origine, iOS était né du noyau Darwin de Mac OS.

Lorsque Windows 7 fut achevé, Steve Sinovsky et son équipe optèrent pour une nouvelle approche complètement différente. Alors que les ingénieurs de chez Microsoft poussaient leur logiciel de téléphonie vers le haut, eux décidèrent de tirer vers le bas leur système d'exploitation pour ordinateurs (le fait que le logiciel de téléphonie avait été très mal accueilli explique sans doute en partie cela). Windows 8 et 8.1 furent le résultat de cette décision. Leur conception était hybride, avec une partie « écran tactile » et une partie « clavier/souris ». Les deux ne s'excluant d'ailleurs pas. La souris est utilisable sur l'écran d'accueil et ses vignettes, et le classique Bureau est parfaitement « digital » puisqu'il réagit au doigt. Mais l'approche est différente, la conception est différente et l'intention est différente.

Windows 10 en revient aux fondamentaux du menu Démarrer, faisant table rase de l'interface Accueil à vignettes. Ces vignettes sont désormais intégrées au menu Démarrer, et sont directement gérées sur la Barre des tâches du Bureau. Microsoft essaie de pousser le même concept encore plus loin, vers les smartphones Windows. Du coup, Microsoft sera capable de clamer que Windows se retrouve partout, du plus modeste smartphone jusqu'aux gigantesques stations de travail, et même aux fermes de serveurs. Mais faire tourner Windows sur tous ces équipements est quand même une autre affaire.

Quoi de neuf par rapport à Windows XP ?

Si vous utilisez toujours Windows XP et que vous envisagez de passer à Windows 10, c'est sans doute parce que votre bon vieil ordinateur sous XP a rendu l'âme, et que vous n'échapperez pas à Windows 10 en rachetant un nouveau PC. Il est aussi possible que votre neveu Victor vous demande quelques conseils, en tant que spécialiste de l'informatique de la famille.

J'ai raison, pas raison ? Eh bien sachez qu'à l'heure où ce livre est écrit, près de 25 % de toutes les utilisations de Windows en ligne proviennent de PC sous Windows XP. Oui, vous avez bien lu. Même si Windows 7 reste le système dominant, XP est vivant, et bien vivant.

Si vous envisagez de faire le grand saut de XP vers Windows 10, et que vous n'avez qu'un clavier à votre disposition (donc pas d'écran tactile), un véritable parcours du combattant vous attend, ainsi que quelques bonnes séances de psychothérapie :

- » Vous devez apprendre les subtilités des applications Universelles Windows, esquissées dans la prochaine section « Quoi de neuf pour les victimes de Windows Vista et Windows 7 ? »
- » Vous devez effectuer la transition de Windows XP vers Windows 7, car le bureau de Windows 10 ressemble tout de même beaucoup à ce dernier.

Vous êtes sûr de vouloir sauter le pas ? Lisez l'encadré à propos du Mac…

Cela dit, si vous voulez passer directement à Windows 10, et faire fi des étapes intermédiaires que sont Vista et 7, ou de la diversion que constitue Windows 8/8.1, attendez-vous à un changement radical. Radical, mais bénéfique.

Des performances accrues

Windows 10 (et avant lui Windows 7 et Windows 8.1) n'est pas très exigeant au niveau du matériel. Je sais que c'est un peu dur à croire, mais dès lors que le PC est équipé d'une carte vidéo un peu performante, d'au moins 1 Go de mémoire graphique, et 4 Go de mémoire RAM (vive), remplacer Windows XP par Windows 10 accélérera votre ordinateur, et améliorera considérablement votre expérience informatique.

Une carte vidéo est peu onéreuse et facile à changer sur un ordinateur de bureau. Et il en va de même pour la mémoire vive. J'ai fait l'expé-

ET UN MAC, ÇA NE SERAIT PAS PLUS SIMPLE ?

Pour les utilisateurs de Windows XP, il serait sans doute plus facile et plus gratifiant de passer au Mac plutôt que de migrer vers Windows 10. Microsoft n'apprécierait pas ce conseil qui n'est pourtant pas sans intérêt (pas personnel, je vous l'assure).

Les utilisateurs de XP sont en effet confrontés à deux problèmes : l'apprentissage du bureau hérité de Windows 7 d'un côté, et celui des vignettes des applications Universelles Windows et/ou du style Metro. De plus, à performances égales, un Mac est plus cher qu'un PC. Le Mac s'inscrit toutefois dans un écosystème intéressant, facile à maîtriser, qui comprend aussi l'iPhone, l'iPad, la boutique virtuelle App Store, l'application iTunes, le nuage iCloud, le boîtier Apple TV, *etc.* Tous ces éléments fonctionnement conjointement sans que vous n'ayez rien à faire, ou presque. Le Mac a toujours été connu pour sa facilité d'emploi, et aussi son très beau design, tant au niveau du matériel que des interfaces. Vous découvrirez même des similitudes surprenantes entre Windows XP et Mac OS X.

D'accord, les Mac ont aussi des écrans bleus de la mort et des virus. C'est vrai, les Mac ont des tas de problèmes. Oui, vous devrez peut-être trouver une boutique Apple pour obtenir de l'aide. Et c'est vraisemblablement une des raisons pour lesquelles les quelques boutiques Microsoft semblent si vides. Bon. Après tout, c'est une affaire de goût et de budget, n'est-ce pas ?

rience des dizaines de fois. Et je peux vous assurer que le passage de XP à Windows 10 est un vrai plaisir. En revanche, c'est impossible sur un ordinateur portable, car le composant vidéo est soudé sur la carte mère.

Une meilleure vidéo

Windows 10 n'offre plus l'interface Aero qui avait tant plu sur Windows Vista et 7, mais quelques-unes de ses fonctionnalités ont été conservées.

Tirez une fenêtre vers le bord supérieur ou inférieur et elle occupe alors toute la hauteur de l'écran. Si vous glissez-déplacez une fenêtre sur un des bords latéraux (c'est-à-dire gauche ou droit), elle occupera automatiquement la moitié de l'écran. Windows 10 affichera alors dans l'autre moitié des vignettes de fenêtres actuellement ouvertes. Cliquez sur celle que vous souhaitez afficher dans cette moitié de l'écran. Cette fonctionnalité est parfois pratique pour faire glisser des éléments d'une fenêtre vers une autre. Vous pouvez d'ailleurs disposer de cette manière deux fenêtres d'applications côté à côte, voire même quatre si la résolution de votre écran le permet.

Windows 10 montre des vignettes des programmes ouverts lorsque le pointeur de la souris survole l'icône de l'application Microsoft Edge sur la Barre des tâches (voir la Figure 2.3).

FIGURE 2.3 Placer le pointeur de la souris sur l'icône Microsoft Edge de la Barre des tâches affiche une vignette de chaque fenêtre ouverte.

Si vous avez ouvert plusieurs pages sous la forme d'onglets et non pas dans plusieurs fenêtres autonomes de Edge, vous ne verrez que la vignette de l'onglet dont le contenu est actuellement affiché dans ce navigateur Web.

Les performances vidéo sont notamment améliorées. Si une séquence vidéo est saccadée lorsque vous la visionnez sous Windows XP, elle ne le sera probablement plus sous Windows 10.

Un meilleur navigateur

Si Internet Explorer est toujours présent dans Windows 10, il y est bien caché. Avec un peu de chance, vous ne le trouverez jamais. Il est vieux, pas fiable, incroyablement stupide et bourré de « fonctions » justes bonnes à être contaminées (du genre ActiveX, COM et autres, sans même parler des barres d'outils plus qu'intrusives et des dysfonctionnements à répétition). La meilleure vocation que puisse avoir Internet Explorer, c'est de mourir de sa belle mort, surtout si l'on songe aux millions et millions de machines qu'il a servi à infecter.

À la place d'Internet Explorer, Windows 10 propose maintenant un tout nouveau navigateur Web, plus léger, plus rapide, plus fiable, conforme aux standards, sans toutes ces vieilleries ringardes : Microsoft Edge. Microsoft a construit Edge sur les fondations posées par les applications Universelles Windows, autrement dit une application qui joue dans son propre bac à sable tout en s'affichant dans une fenêtre redimensionnable sur le bureau. Son développement a demandé beaucoup de travail à Microsoft, mais le résultat final en valait la peine.

Si vous vivez dans la crainte d'une infection due à Internet Explorer et/ou que vous haïssez ses correctifs massifs et à répétition, Microsoft Edge devrait vous apporter un véritable bol d'air.

Cortana

Apple a Siri, et Google a Google Now. Et maintenant, Microsoft a Cortana, la version maison d'un assistant personnel vocal doté de plein d'intelligence artificielle (voir la Figure 2.4). Contrairement à Siri et à Google Now, par contre, Cortana prend en charge toutes les fonctions de recherche de Windows. Il (ou plutôt elle) a donc davantage de potentiel que ses cousins tout aussi intelligents artificiellement parlant, ceux-ci ayant deux visages tandis que Cortana vous regarde droit dans les yeux. Dans le même temps, Cortana veut vraiment, vraiment, analyser tout ce qui se trouve sur votre ordinateur, maintenant et à jamais. Oui, Cortana veut faire tout son possible pour vous aider, mon cher.

Je vous en dirai plus sur Cortana dans ce livre, puisque je lui dédie un chapitre entier (voyez le Livret III, Chapitre 5). Mais, à l'usage des fans de Windows XP qui pourraient être intimidés par cette espèce de droïde, voici quelques explications complémentaires.

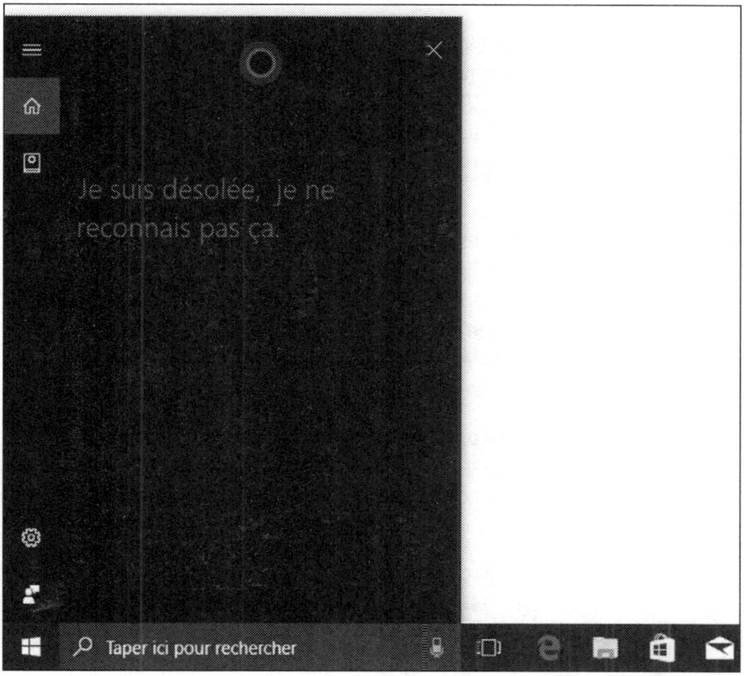

FIGURE 2.4 Cortana s'assoit, vous regarde et vous écoute, attendant de pouvoir vous aider. Cela peut vous rendre sceptique, ou vous effrayer, ou même les deux.

Voyez-vous, Cortana a une histoire.

Vers 2001, Microsoft avait sorti un jeu appelé Halo. Dans ce jeu, vous, le joueur, aviez le rôle d'un commandant en chef, un soldat moitié humain, moitié cyber, connu sous le nom de Master Chief Petty Officer John-117. Et Cortana faisait partie de vous. Il s'agissait d'une intelligence artificielle implantée sous une forme neuronale dans votre armure. Après avoir sauvé le Capitaine Keyes, Cortana et le Master Chief se rendaient dans une salle de cartographie appelée Silent Cartographer... bon, vous voyez l'idée. Cortana a un caractère à la fois doux et terrifiant, elle est bien sûr omnisciente, bref tout le caractère de Windows 10.

Autres améliorations

Beaucoup d'autres fonctionnalités, moins sexy que Cortana, mais cependant utiles, donnent nettement l'avantage à Windows 10, comparé à Windows XP. Il s'agit notamment de :

» **La barre des tâches :** Beaucoup d'utilisateurs de Windows XP ne jurent que par la barre de lancement rapide. Mais la barre des tâches en fait au moins autant, comme l'illustre la Figure 2.1, plus haut dans ce chapitre.

» **Une sauvegarde digne de ce nom :** La sauvegarde n'était pas évidente dans Windows XP. C'était un peu mieux dans Windows 7, et c'est vraiment facile sous Windows 10 grâce à la fonction Sauvegarde qui opère à l'aide de l'Historique des fichiers (voir le Livret VIII, Chapitre 1).

» **Une zone de notifications moins encombrée :** Windows XP laissait n'importe quel programme installer des icônes dans la barre de notifications, à côté de l'horloge. Windows 10 limite considérablement leur nombre, tout en permettant de les afficher toutes, si vous le désirez. D'un autre côté, les notifications sont supposées s'afficher dans un volet particulier, à droite de l'écran. Voyez à ce sujet le Livret II, Chapitre 3.

» **Le support d'un second écran :** Sous Windows XP, des fabricants de cartes vidéo installaient des pilotes permettant de gérer deux écrans. Sous Windows 10, cette fonction est d'une simplicité presque biblique.

» **Les groupes résidentiels :** À l'instar de Windows 7, Windows 10 permet de réunir tous les PC dans un environnement sûr et de les faire échanger des données assez facilement.

- **La mise en réseau sans fil facile :** Créer un réseau sans fil sous Windows XP est ardu. Sous Windows 10, cela se fait presque tout seul.
- **Les recherches :** Sous Windows XP, chercher autre chose qu'un fichier par son nom exigeait l'installation de modules gourmands en puissance de calcul qui ralentissaient l'ordinateur. Dans Windows 10, les outils de recherche sont intégrés au système lui-même et ils sont rapides.

Sur le front de la sécurité, Windows 10 se situe à des années-lumière de XP. De la protection contre les rootkits jusqu'à la navigation en eaux calmes, il y a un gigantesque pont entre les deux. Sur le plan de la sécurité, XP est un désastre (et, d'ailleurs, Microsoft n'en assure plus le support). À l'inverse, Windows 10 est relativement (mais bien sûr pas complètement) impénétrable.

Bien que Windows 10 ne soit pas le XP de vos rêves, il est remarquablement facile à utiliser et contient quantité de nouvelles fonctionnalités fort séduisantes.

Quoi de neuf pour les victimes de Windows Vista et Windows 7 ?

Tout ce qui fonctionne sous Windows 7, 8 et 8.1, et presque tout ce qui fonctionne sous Vista, fonctionnera aussi sous Windows 10, qu'il s'agisse de programmes, d'équipements, de pilotes, d'utilitaires ou n'importe quoi d'autre.

C'est une bonne nouvelle, car tous ces éléments doivent cohabiter en bonne intelligence sur le bureau. Et c'est en particulier le cas des « anciennes » applications de bureau et des nouvelles applications Universelles Windows basées sur l'API WinRT.

Pour préciser les choses, voyons rapidement les changements les plus importants entre Windows 7 et Windows 10.

Windows 10 et son menu Démarrer

Si vous avez déjà installé Windows 10, vous avez donc aussi déjà les vignettes (ou pavés, ou tuiles) qui apparaissent sur la droite du menu Démarrer (voir la Figure 2.5)

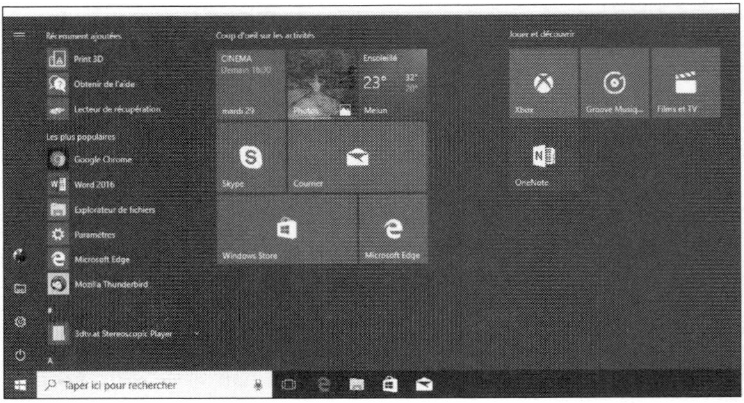

FIGURE 2.5 Le menu Démarrer et sa zone de vignettes à droite.

Si vous passez directement de Windows 7 à Windows 10, sans passer par la case Départ et par Windows 8 ou 8.1, ces vignettes représentent sans doute le plus grand défi que vous ayez à relever. Elles sont différentes, et pourtant elles sont à bien des égards familières.

Vous vous rappelez des gadgets de Windows 7 ? En fait, ils avaient fait leurs débuts dans Vista. Nombre d'utilisateurs s'en servaient pour afficher par exemple une horloge sur leur bureau. D'autres utilisaient le gadget CPU, ou encore le gadget Météo. Moi aussi.

Dans Windows 10, vous retrouvez une disposition qui rappelle plus ou moins celle de Windows 7, mais ses « gadgets » sont fantastiquement bons. Microsoft a refait toute la plomberie de Windows pour supporter ces nouveaux gadgets. Il les appelle maintenant des « applications Universelles Windows », celles dont je vous ai parlé plus haut dans ce chapitre.

Ces nouveaux gadgets/applications Universelles Windows s'exécutent sur le bureau dans des fenêtres redimensionnables. Ils/elles sont capables de faire des choses fantastiques. Par exemple, Microsoft Edge est nettement supérieur à Internet Explorer, même s'il n'a pas encore toutes ses dorures. Internet Explorer est donc mis sur la touche, et Edge (qui est donc un gadget/application Universelle Windows) devient le nouveau navigateur par défaut.

Ce sont précisément ces gadgets/applications Universelles Windows que vous retrouvez sur la droite du menu Démarrer de Windows 10.

Globalement, du point de vue de Windows 7, le bureau de Windows 10 ressemble plus ou moins à ce que vous connaissiez déjà. Windows 10 a échappé à l'écran d'accueil de style Metro qui avait plombé la confiance des utilisateurs dans Windows 8/8.1. D'ailleurs, ce style n'a même plus lieu d'être, puisque les gadgets (ou apps Metro, ou applications Universelles Windows) prennent maintenant leur indépendance et s'exécutent sur le bureau dans des fenêtres redimensionnables.

Dans Windows 10, vous pouvez à tout instant basculer entre le traditionnel mode de fonctionnement à la souris, et le mode tactile, appelé mode Tablette. Ce dernier propose des vignettes plus grandes, ouvre les gadgets en plein écran, et il masque la plupart des textes. Vous gardez, *via* un bouton, un accès à l'ensemble des applications et programmes installés sur votre PC. Changer de mode se fait en deux clics. Et si vous débranchez ou rebranchez par exemple votre clavier, Windows 10 vous demandera si vous voulez commuter les modes d'affichage.

Microsoft joue gagnant/gagnant dans cette affaire : les programmeurs qui écrivent des applications pour ces nouveaux gadgets n'ont plus à se préoccuper du fait qu'elles peuvent être exécutées aussi bien sur un PC que sur une tablette Windows 10 sans clavier, sur un smartphone Windows, ou même sur une Xbox. Enfin, c'est la théorie. Il reste à voir ce que cela va donner en pratique.

Pour trouver de nouveaux gadgets/applications Universelles Windows, Microsoft n'offre qu'une seule porte d'entrée : Windows Store. De cette manière, du moins normalement, ces applications devraient être totalement vérifiées, vaccinées contre les virus, et globalement en bonne forme avant que vous ne les installiez.

Quoi de neuf sur le bureau ?

Vous remarquerez plusieurs améliorations sur le bureau inspiré de celui de Windows 7. Par exemple, quand vous effectuez plusieurs copies de fichiers en même temps, Windows 10 indique l'avancement de tous les transferts dans une seule et même fenêtre.

Un tout nouveau et bien meilleur gestionnaire des tâches révèle tout ce qui se passe en coulisses dans l'ordinateur (voir la Figure 2.6). Il permet entre autres de savoir quels sont les programmes démarrés automatiquement avec Windows et de les arrêter. Nous y reviendrons au Livret VIII, Chapitre 5.

La grande nouveauté est que vous pouvez le lancer *via* un clic-droit sur la Barre des tâches. Dans le menu local qui apparaît, choisissez Gestionnaire des tâches.

L'*Explorateur de fichiers,* appelé auparavant Explorateur Windows, est à présent doté d'un ruban (voir Livret VI, Chapitre 1). Il possède de nouveau un bouton permettant de remonter d'un niveau dans l'arbores-

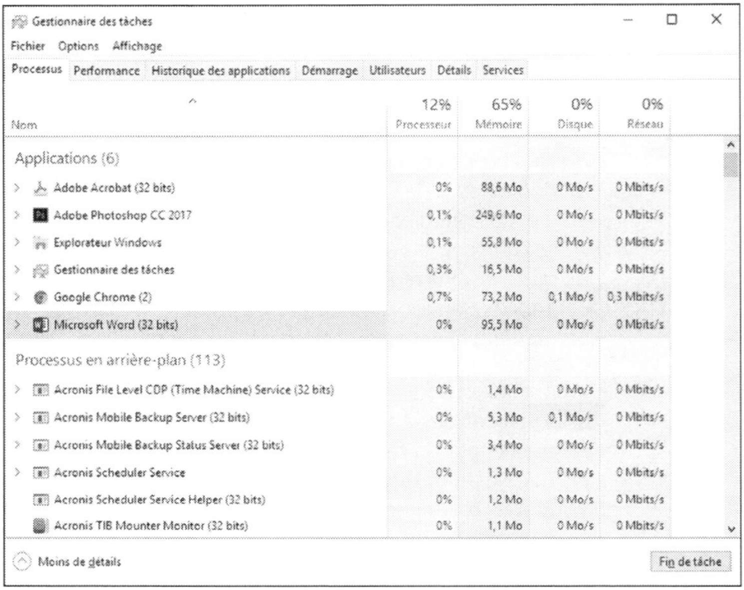

FIGURE 2.6 Le Gestionnaire des tâches a été grandement amélioré.

cence des dossiers. Il avait disparu depuis Windows XP où il apparaissait pour la dernière fois. Rien que pour cela, je l'apprécie vraiment. L'Explorateur de fichiers offre de plus le support natif des fichiers ISO.

Tiens, jetons un coup d'œil du côté de l'iPad… pardon, d'une autre tablette. Comme son illustre concurrent, Windows 10 offre maintenant une fonction de restauration rapide du système. En fait, l'option Réinitialiser ce PC propose deux versions : Supprimer tout efface tout ce qui se trouve sur le disque principal (`C:`) puis réinstalle Windows 10, tandis que Conservez mes fichiers effectue une réinstallation, mais sans effacer vos données, certains réglages et les applications chargées sur Windows Store. Par contre, vos programmes de bureau disparaissent. Voyez à ce sujet le Livret VIII, Chapitre 2.

Les *espaces de stockage* réclament au moins deux disques durs disponibles, non compris celui que vous utilisez pour démarrer votre PC. Si vous avez cette possibilité (ou cette chance), Windows 10 vous offre en permanence une double sauvegarde de tout. Si un des disques durs vient à mourir, vous le débranchez, vous le remplacez par un disque tout neuf, vous allez boire un café, et vous êtes reparti comme si rien ne s'était passé. Si vous manquez d'espace sur un disque, vous en rajoutez un autre dans le PC, ou vous connectez un disque externe USB, et Windows 10 se débrouille avec tout cela. Cette fonctionnalité plutôt magique est apparue dans Windows Home Server, mais elle est maintenant plus fiable et plus efficace. Pour en savoir plus sur les espaces de stockage, voyez le Livret VII, Chapitre 4.

La sauvegarde a grandement été améliorée grâce à la fonction *Historique des fichiers* qui rappelle la fonction Time Machine des Mac. Windows 7 était déjà capable de restaurer les versions antérieures de fichiers de données. Windows 10 offre la même fonctionnalité, mais d'une manière beaucoup plus élégante, comme vous le découvrirez dans le Livret VIII, Chapitre 1. Malheureusement, Windows 10 ne permet pas de créer des copies intégrales de disques tout entiers. Pour cela, il faut (du moins si vous en avez vraiment besoin) en passer par un logiciel tiers, comme celui d'Acronis.

Vous n'accédez plus directement à l'Historique des fichiers. Vous devez préalablement passer par la fenêtre Paramètres Windows, puis cliquer sur Mise à jour et sécurité, et enfin sur la rubrique Sauvegarde. Il sera alors indiqué que la sauvegarde s'effectuera *via* l'Historique des fichiers.

Les options d'alimentation ont également évolué de manière significative. Par exemple, elles permettent maintenant à Windows de redémarrer bien plus rapidement. Pour tout savoir sur cette question, voyez le Livret VI, Chapitre 1.

Si vous avez toujours rêvé d'exécuter une machine virtuelle dans Windows, sachez que Windows 10 contient *Hyper-V.* C'est une fonction assez ésotérique, mais fort commode (et gratuite) lorsque vous désirez exécuter deux exemplaires d'un même système d'exploitation sur un même ordinateur. Vous devez pour cela disposer d'une version 64 bits de Windows 10 Professionnel (ou Entreprise) avec au moins 4 gigaoctets de mémoire vive (voyez le Livret I, Chapitre 3).

Quoi de neuf pour les utilisateurs de Windows 8 et 8.1 ?

Vous plaisantez ?

Si vous avez Windows 8.1, ne réfléchissez pas trop longtemps avant de sauter le pas vers Windows 10. Et si vous en êtes resté à Windows 8, ne perdez pas une seconde. Laissez tomber tout le reste, et précipitez-vous sur le Livret I, Chapitre 4 de ce livre pour suivre les instructions que je vous donne afin d'installer Windows 10.

D'accord, je vous force un peu la main. Après tout, si vous êtes un grand fan du style Metro de Windows 8/8.1 et de sa page d'accueil, Windows 10 risque de vous décevoir, du moins au début. Il n'y a plus de barre des charmes, la barre des tâches occupe toujours le bas de l'écran, les applications Metro ne sont plus complètement « immersives » car elles ont des barres de titre, et le mode Tablette de Windows 10 n'est pas exactement comparable au côté Metro de Windows 8.

En revanche, si vous êtes un adepte, même modéré, de la souris, ou du versant Bureau de Windows 8/8.1, il est absolument évident pour moi que vous serez bien plus satisfait avec Windows 10.

Voici ce que vous allez notamment trouver de nouveau en passant de Windows 8/8.1 à Windows 10 :

- Le menu Démarrer. Mais est-ce que je dois en dire plus ?
- La partie droite du menu Démarrer contient un certain nombre de vignettes d'applications regroupées par thèmes, et que vous pourrez personnaliser à loisir. Il est même possible d'y ajouter des vignettes de vos programmes. Lorsque vous travaillez en mode Tablette, la liste des applications est masquée. Nous verrons cela ultérieurement.
- Des tas de nouvelles fonctionnalités (j'y reviens dans la prochaine section), et bien d'autres petites améliorations qui facilitent l'existence. Même en mode Tablette, vous trouverez toutes sortes de choses qui vous feront aimer Windows 10.
- Les applications Universelles Windows sont non seulement mises à jour, mais aussi grandement améliorées.
- OneDrive est désormais incorporé à Windows. Vous n'avez plus besoin d'installer une application supplémentaire.

D'un autre côté, OneDrive ne fonctionne plus dans Windows 10 comme il le faisait dans Windows 8/8.1. Avec Windows 8.1, les fichiers envoyés vers le nuage OneDrive n'étaient pas automatiquement synchronisés et conservés dans la machine. Au lieu de cela, de petits fichiers d'aperçus servaient en quelque sorte de raccourcis et ils donnaient l'impression d'être les « vrais » fichiers. Si vous cliquez dans l'Explorateur de fichiers sur un tel « conteneur » OneDrive sort du bois et il télécharge rapidement le document pour vous le transmettre, ou le transmettre au programme qui en a besoin.

Si vous êtes déconnecté du nuage lorsque vous voulez ouvrir un fichier stocké tout là-haut, il y a évidemment un problème. Apparemment, le fichier semble bien être présent dans votre ordinateur, mais il n'y est pas.

Mais il y a aussi d'autres problèmes. Si vous avez un trillion de photos sur OneDrive, et que celui-ci est synchronisé avec un disque dur d'assez faible capacité sous Windows 8.1, tous ces « raccourcis » peuvent finir par saturer complètement le disque.

Windows 10 change complètement tout ceci en rendant le processus de synchronisation plus sophistiqué, éliminant au passage ces anciens « raccourcis ». De nombreuses personnes n'apprécient pas ce nouveau comportement. Mais, selon mon expérience, c'est la seule fonction significative qui peut être réellement perturbante lors du passage de Windows 8.1 à Windows 10.

Windows 10 est, pour une grande part, ce que Windows 8 aurait toujours dû être. Si les types de chez Microsoft avaient écouté ses utilisateurs expérimentés, Windows 8 n'aurait jamais vu le jour.

Quoi de neuf en général ?

Permettez-moi de vous proposer un petit tour d'horizon des nouvelles fonctionnalités de Windows 10 et des modifications apportées par les différentes mises à jour du système. Il y en a en fait beaucoup, et elles concernent tous les utilisateurs des versions précédentes du système d'exploitation de Microsoft.

Le menu Démarrer

À moins que vous n'ayez vécu ces derniers temps sur une autre planète Windows, vous savez que Windows 10 a un tout nouveau menu Démarrer, avec des entrées plus ou moins dans le style de Windows 7 sur la gauche, et d'autres entrées sur la droite, dans le style des vignettes de Windows 8.

Plusieurs figures de ce chapitre vous ont montré ce nouveau menu Démarrer. La Figure 2.7 montre le nouvel aspect du menu Démarrer qui apparaît lorsque vous cliquez sur le bouton Démarrer. Vous accédez désormais à une liste de toutes vos applications allant des récemment ajoutées aux plus populaires (c'est-à-dire les plus fréquemment utilisées) en passant par une liste alphabétique.

Les commandes des anciennes versions de Windows 10, comme Paramètres, sont désormais disponibles sous la forme d'icônes rangées verticalement sur le côté gauche du menu Démarrer. Pour les afficher sous la forme de commandes, il suffit de cliquer sur l'icône des trois traits située dans la partie supérieure gauche de ce menu, comme le montre la Figure 2.8.

Le menu Démarrer peut être redimensionné horizontalement et verticalement, mais dans des limites assez rigides.

Vous pouvez, *via* la boîte de dialogue Paramètres Windows, déterminer les éléments qui seront affichés dans le menu Démarrer.

En mode Tablette, la présentation change notablement, même si de nombreuses options restent identiques (voir la Figure 2.9).

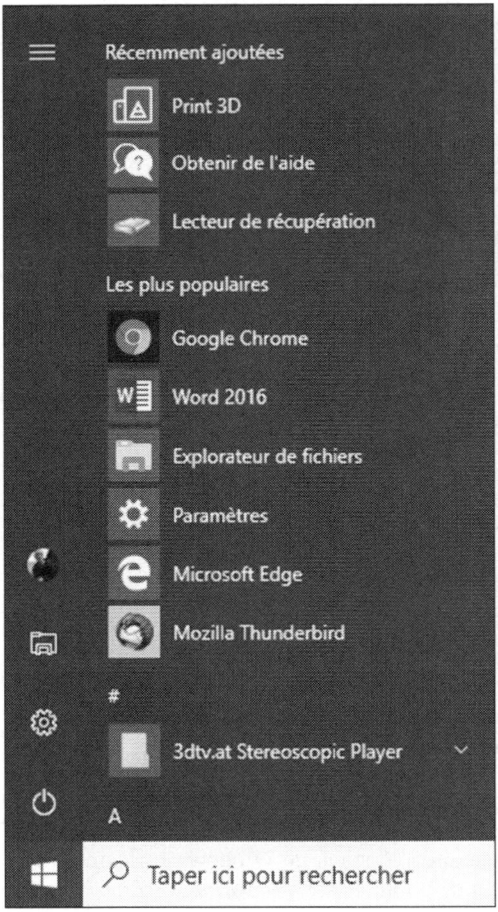

FIGURE 2.7
La partie gauche du menu Démarrer liste toutes les applications installées sur le PC.

FIGURE 2.8
Une autre manière d'afficher le menu Démarrer.

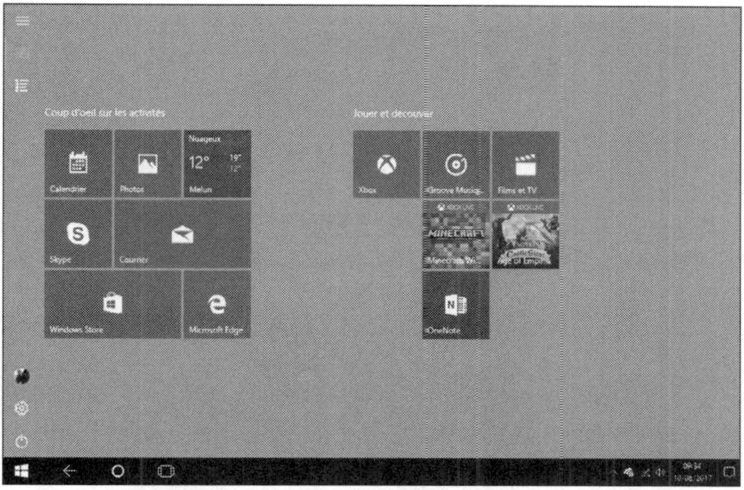

FIGURE 2.9 En mode Tablette, vous afficherez la liste alphabétique des applications par un clic sur le bouton Toutes les applications (le troisième en partant du haut).

La personnalisation du menu Démarrer est expliquée dans le Livret III, Chapitre 2, et le travail en mode Tablette est décrit dans le Livret II, Chapitre 1.

Microsoft Edge

Longtemps retardé (et, pour une bonne part d'entre nous, une réelle surprise), Microsoft Edge, illustré sur la Figure 2.10, a finalement plumé l'albatros qu'est Internet Explorer. Edge est un tout nouveau navigateur, simple mais efficace, consciencieusement conforme aux standards, rapide et prêt à afficher n'importe quel site Web, quel qu'il soit et où il soit. Il pourrait bien permettre à Microsoft de reprendre son rang dans la course des navigateurs, rang qu'il avait perdu au fil de la dernière décennie.

Edge ne remplace pas Internet Explorer. D'ailleurs, celui-ci est toujours présent dans Windows 10, mais si bien caché qu'il vous faudra en lancer la rechercher pour dénicher sa tanière. Edge est maintenant le navigateur par défaut, ce qui lui permet de gagner une place d'honneur sur la barre des tâches (et de figurer également en bonne position dans la partie droite du menu Démarrer). Internet Explorer continue d'utiliser l'ancien moteur de rendu graphique Trident, tandis qu'Edge, comment dire, c'est Edge. Cela le rend plus rapide, plus léger et mieux à même de jouer en douceur avec des sites conçus plus spécifiquement pour Chrome et Firefox.

Edge est une application Universelle Windows. Il s'exécute donc dans sa propre fenêtre de bureau, comme toutes les autres applications Uni-

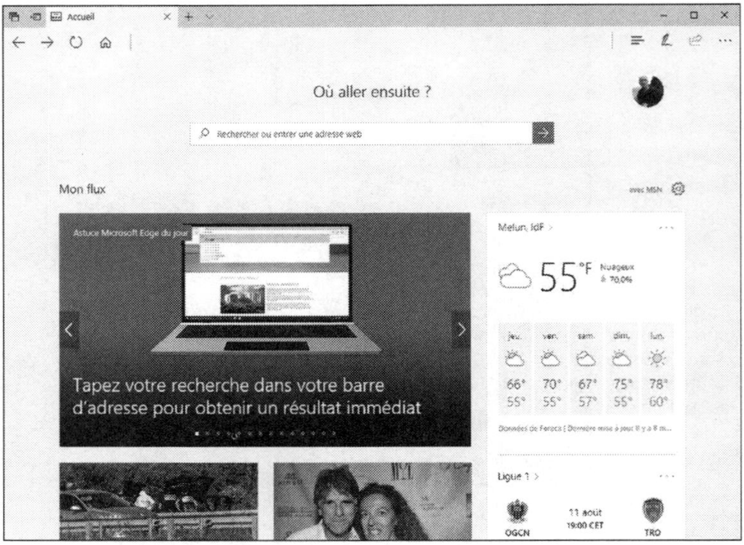

FIGURE 2.10 Finalement, Edge permet de couper le cordon avec Internet Explorer… si vous le voulez.

verselles Windows basées sur WinRT. Internet Explorer reste de son côté une application de bureau traditionnelle. Est-ce que vous iriez comparer une DS3 avec une 2CV de 1955 (vous pouvez bien entendu choisir un autre constructeur et des modèles différents) ?

Adobe Flash Player peut être activé ou désactivé *via* un simple commutateur dans les paramètres avancés. Edge possède également un mode de lecture qui facilite la consultation sur de petits écrans. Vous pouvez également annoter des pages Web, ou encore enregistrer celles-ci en tant que fichiers PDF.

Là où Internet Explorer a été fréquemment infecté par des programmes Flash et des fichiers PDF trafiqués, Edge est relativement immunisé. Et toutes les saletés traînées par Internet Explorer sont désormais du passé.

D'un autre côté, Edge prend en charge les extensions du type Google Chrome, qui elles aussi jouent dans leur propre bac à sable, ce qui permet de les maintenir isolées. Finis les compléments d'Internet Explorer ! Il était grand temps.

Notez également qu'Edge utilise les capacités de Cortana en tant qu'assistant vocal et droïde de recherche.

Vous en apprendrez plus sur Microsoft Edge dans le Livret V, Chapitre 1.

Cortana

Certes, les partisans d'Apple vous donneront des tas et des tas de bonnes raisons pour préférer Siri, tandis que ceux de Google vanteront la supériorité de Google Now. Bien entendu, le clan des partisans de Cortana, de leur côté, vous dira que c'est elle qui a gagné la course. Et ce n'est pas faux, puisque Cortana est aussi en charge de la fonction de recherche de Windows, ce qui lui donne un avantage sur ses cousins.

Cortana occupe le champ de recherche qui se trouve à droite du bouton du menu Démarrer (voir la Figure 2.11). Cortana ne peut fonctionner que si vous êtes connecté à l'Internet, et ses interventions sont sévèrement limitées si vous n'utilisez pas un compte Microsoft. Vous pouvez contrôler certains aspects de l'intrusion de Cortana dans votre quotidien en cliquant sur son bouton d'options (les trois barres, ou le hamburger), en haut et à gauche de sa fenêtre.

FIGURE 2.11 Cortana sait tout, voit tout, entend tout et recherche partout.

N'oubliez pas que tout, absolument tout, y compris les recherches que vous effectuez sur votre propre ordinateur, est envoyé par Cortana aux gigantesques bases de données de Microsoft, là-bas, loin dans les nuages. Le carnet de notes de Cortana, comme Microsoft l'appelle gentiment, peut être désactivé, et ses entrées supprimées manuellement. Mais attendez-vous à une vive réaction de Microsoft...

Plus Cortana collecte d'informations sur vous, et plus elle s'améliore (en réalité, elle surveille tout ce que vous faites). Mais d'un autre côté, tout cela sert aussi à Microsoft pour améliorer son assistante artificiellement intelligente.

Microsoft est en train de porter Cortana sur iOS (pour les iPhone et les iPad) et sur Android. À défaut d'être une nécessité, c'est un épisode de plus dans la bataille (commerciale) sans merci que tout ce beau monde se livre. Eh non, vous ne pourrez pas utiliser conjointement Google Search et Cortana.

Nous reviendrons sur Cortana dans le Livret III, Chapitre 5.

Windows, ses bureaux virtuels et l'affichage des tâches

Windows a eu des bureaux virtuels (ou multiples) depuis XP. Mais, avant Windows 10, vous deviez pour cela installer un logiciel tierce partie pour pouvoir en profiter. Windows 10 implémente directement ces bureaux virtuels, ce qui fait qu'il est facile de les utiliser et qu'ils sont donc bien plus utiles (voir la Figure 2.12).

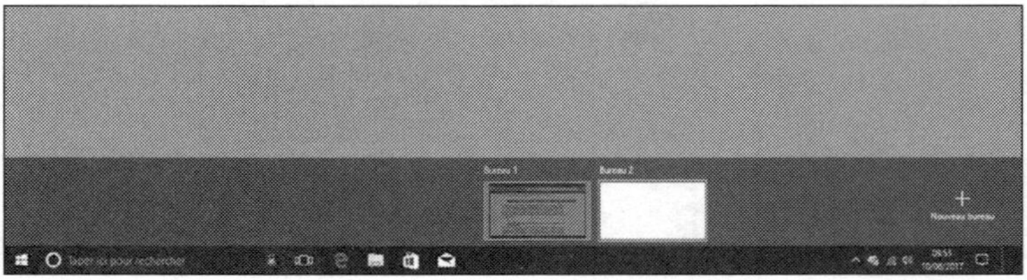

FIGURE 2.12 L'Affichage des tâches affiche tous les bureaux virtuels que vous avez configurés.

Ne vous laissez pas abuser par la terminologie : bureaux virtuels ou bureaux multiples, c'est exactement la même chose. Si vous voulez avoir l'air branché, vous pouvez dire que vous optimisez vos bureaux virtuels, mais les gens qui sont dans le secret comprendront tout de suite que vous passez simplement d'un bureau multiple à un autre.

Les bureaux virtuels sont très pratiques si vous êtes adepte du multitâche. Vous pourriez par exemple en créer un pour gérer votre courrier, votre agenda, et autres choses du quotidien, et un autre pour vos projets en cours. Et un nouveau projet vous tombe dessus ? Vous ajoutez tout simplement un bureau virtuel supplémentaire pour ne pas le mélanger avec le reste. C'est une bonne méthode pour mieux vous organiser dans la vie courante.

Pour créer un nouveau bureau, il vous suffit de cliquer sur le bouton Affichage des tâches, juste à droite de Cortana.

Si ce bouton est absent, faites un clic-droit sur un espace vide de la Barre des tâches. Dans le menu contextuel qui apparaît, activez l'option Afficher le bouton Applications actives.

Cliquez ou tapez ensuite sur le signe « + » affiché en bas et à droite de l'écran. Il est possible de transférer une fenêtre d'un bureau à un autre en cliquant droit sur sa vignette d'aperçu et en choisissant dans le menu qui s'affiche l'option Déplacer vers (vous pouvez aussi faire glisser une des fenêtres miniatures d'un bureau vers un autre, en bas de l'écran).

La combinaison Alt + Tab joue le même rôle que par le passé. Autrement dit, elle vous permet d'alterner entre les applications ouvertes. Et cliquer sur l'icône d'une application dans la barre des tâches ranime le programme qui lui est associé, quel que soit le bureau virtuel auquel il est rattaché.

Vous en apprendrez plus sur les bureaux multiples dans le Livret III, Chapitre 4.

Une sécurité améliorée

Pline l'Ancien disait : « Même quand les chiens dorment, les oies veillent. », par allusion aux oies sacrées du Capitole qui avaient alerté les Romains d'une attaque des Gaulois.

Si l'on en croit Pline l'Ancien, Windows 10 a dû être une oie dans une vie antérieure.

Avec Windows 8, les oies du Capitole s'appelaient *Windows Defender*. Présent aussi dans les versions antérieures, il protégeait déjà l'ordinateur des logiciels malveillants. Cette protection antivirus, antiprogramme espion, anti à peu près tout, est toujours intégrée à Windows 10. Et, à l'instar de Jules César à défaut d'être peut-être le premier dans son village, il n'est pas forcément le second à Rome.

Microsoft encourage les fabricants d'ordinateurs à utiliser la procédure de démarrage *UEFI* plutôt que l'antique BIOS. L'UEFI n'est pas une fonctionnalité de Windows, mais elle est requise pour tous les ordinateurs arborant le logo Windows 10. Il peut en effet protéger des *rootkits* – des logiciels malfaisants ouvrant l'accès à l'ordinateur – en exigeant des signatures numériques pour tous les systèmes d'exploitation qui sont chargés.

Autres applications Universelles Windows

Microsoft a donné à la plupart de ses applications intégrées une nouvelle jeunesse, et ce lifting était plus qu'indispensable.

Courrier et **Calendrier**, contrairement à leurs analogues sous Windows 8.1, fonctionnent. Vous ne vous sentez plus comme le type de 48 kilos qui veut jouer au foot sur la plage contre les champions du coin lorsque vous les utilisez. J'avoue que, personnellement, je me sers de Google Agenda et de Gmail. Mais l'application Courrier de Windows 10 est très satisfaisante. Je traite de Courrier et de Calendrier (mais il s'agit en fait de deux faces d'une seule et même application) dans le Livret IV, Chapitre 1.

Il existe également une nouvelle application appelée Mon calendrier, principalement destinée aux écrans tactiles. Elle est installée par la mise à jour Fall Creator Update. Si vous ne la trouvez pas sur votre PC, ouvrez le Windows Store, tapez Mon calendrier dans le champ Rechercher, et installez-la gratuitement. Nous traitons de Mon Calendrier au Chapitre 1 du Livret IV.

Contacts est le surgeon d'une application pour les Windows Phone. Elle n'en fait d'ailleurs pas plus. J'y reviendrai dans le Livret IV, Chapitre 2.

Musique est morte, vive **Groove Musique** ! Certes, cela a pris presque la moitié d'une décennie pour que Microsoft arrive à mettre sur pied un service de diffusion musicale (le fameux *streaming*) à peu près décent. J'y reviendrai dans le Livret IV, Chapitre 6.

La nouvelle application **Photos** est très rudimentaire. Si vous voulez faire autre chose avec vos photos que de les regarder, voire de supprimer quelques yeux rouges de temps en temps, il vaut mieux vous tourner vers une alternative gratuite. Vous pouvez par exemple essayer Google Photos (`www.photos.google.com`). Cela étant dit, j'y reviendrai tout de même dans le Livret IV, Chapitre 3.

L'application **Météo** donne plus d'informations sur le temps et moins de bla-bla inutile que son ancêtre sous Windows 8.1.

Même **Windows Store** a été grandement amélioré. Nous ferons le tour du propriétaire dans le Livret V, Chapitre 4.

Ce que vous perdez...

La perte la plus importante, mais finalement justifiée, est Windows Live. Cette suite logicielle restait disponible au téléchargement sous Windows 8 et 8.1, mais cette possibilité a disparu avec la mise à jour Creator Update de Windows 10. Donc, fini Windows Live Mail, Windows Live Calendar, Windows Live Contacts, la Galerie de photos Windows, et Windows Live Messenger. Ces programmes sont avantageusement remplacés par les applications Courrier, Calendrier, Contacts, Photos, et Messaging.

Certains trouvent que l'élimination du complément Acrobat Reader de Microsoft Edge est une mauvaise idée. Je ne suis pas d'accord. Après tout, les compléments ActiveX d'Internet Explorer, c'était bien pire. Et Acrobat Reader (la version DC est bien meilleure) est tout de même un standard mondial. Éliminer Flash, d'accord, et d'ailleurs certains navigateurs n'en veulent même plus. Mais faut-il pour autant jeter tous les bébés avec l'eau du bain ?

Vous perdez également un accès direct au Panneau de configuration de Windows. En effet, il a disparu du menu contextuel qui s'affiche lorsque vous faites un clic-droit sur le bouton Démarrer. Cette fonction était encore présente dans les premières versions de Windows 10, mais Creator Update en a sonné le glas. Est-ce aussi dramatique que cela ? Non, pour deux raisons :

» Les principaux réglages de Windows sont accessibles *via* la fenêtre Paramètres Windows que vous ouvrez en cliquant sur le bouton Démarrer, puis sur l'icône Paramètres (engrenage).

» Les habitués du Panneau de configuration peuvent facilement y accéder en saisissant Panneau de configuration dans le champ Taper ici pour rechercher de Cortana.

Enfin, vous ne pouvez plus sélectionner les mises à jour à installer. Windows 10 vous les impose d'autorité. La seule liberté dont vous disposez est de choisir le moment du redémarrage de votre ordinateur pour les installer. Nous verrons que cela est problématique lorsque vous disposez d'une connexion ADSL à faible débit.

Devez-vous passer à Windows 10 ?

D'accord. Avec tout ce que j'ai écrit depuis le début de ce chapitre, vous pourriez penser que je suis un inconditionnel de Windows 10. Et peut-être même que je suis payé par Microsoft.

Tout est faux.

J'ai participé à des sessions de développement de Windows 10 avant la sortie officielle de Windows 10. Et je l'ai vraiment aimé. Et je vous parle de quelqu'un qui passe environ 16 heures par jour, sept jours sur sept, devant son écran (en fait, ses écrans). Ma souris et mon clavier sont bien souvent mes meilleurs amis. C'est pourquoi je peux me permettre de vous dire que Windows 10 est un *grand* système d'exploitation, et qu'en particulier Windows 8 ou 8.1 sont tout simplement relégués au rayon des vieilleries inutiles.

En d'autres termes, si vous utilisez un clavier et une souris avec Windows 8 ou 8.1, vous *devriez* passer à Windows 10. C'est aussi simple que cela.

En réalité, et pour être totalement honnête, passer de la version de bureau de Windows 10 à sa version pour tablette, n'est pas aussi simple que ce que Microsoft voudrait faire croire. Par expérience, je préfère ChromeOS, qui est plus simple, moins sujet aux infections et moins demandeur de mises à jour.

Pour autant, si vous souhaitez installer des applications Universelles Windows, par exemple parce que vous ne les trouvez que sur Windows Store, ou si on vous a offert une tablette Surface, ou si vous ne connaissez que la version Bureau de votre PC, Windows 10 est sans aucun doute le meilleur choix que vous puissiez faire.

Une chose est sûre. Windows 10 n'est pas une version recyclée de Windows 8. En sautant une problématique version 9, Microsoft a fait un grand pas dans la bonne direction. Une direction susceptible de convenir aussi bien aux vieux utilisateurs du bureau (comme moi) qu'aux nouveaux utilisateurs des machines tactiles (comme moi aussi).

En d'autres termes, je ne me suis jamais senti aussi à l'aise avec un produit Microsoft depuis la première version de Windows 7. Et, croyez-moi, je sais de quoi je parle...

Pour conclure sur cette question, je dirais que passer à Windows 10 semble quasiment indispensable aujourd'hui, d'autant qu'en cette seconde partie de 2017, la mise à jour Fall Creator Update fera encore passer Windows à la vitesse supérieure.

Passer de Windows Familiale à Pro

Voici une section très intéressante, car elle explique aux utilisateurs actuels de Windows 10, c'est-à-dire à ceux qui n'ont pas à payer la mise à jour vers la nouvelle version de ce système, comment passer de leur version familiale à la version Pro :

1. **Cliquez sur le bouton Démarrer, et choisissez l'icône Paramètres (engrenage).**
2. **Dans la fenêtre des paramètres, cliquez sur Système.**
3. **Faites défiler le volet gauche des options qui s'affichent, et cliquez sur Informations système, comme sur la Figure 2.13.**

FIGURE 2.13 Pour passer à la version Pro, commencez par cliquer sur Informations système.

4. **Faites défiler le contenu du volet droit, et cliquez sur Mettre à niveau votre édition de Windows ou modifier la clé de produit, comme le montre la Figure 2.14.**
5. **Dans les nouvelles options qui apparaissent, choisissez Accéder au Windows Store (Figure 2.15).**

   Cette action démarre Windows Store.

6. **Pour acheter cette migration vers la version Pro, cliquez sur le bouton Acheter.**

   Il ne vous reste plus qu'à suivre les instructions de paiement afin de télécharger la version professionnelle de Windows 10 qui vous coûtera 159 euros.

   Vous noterez que pour acheter la version Pro sur le Windows Store, vous devez vous identifier avec un compte Microsoft.

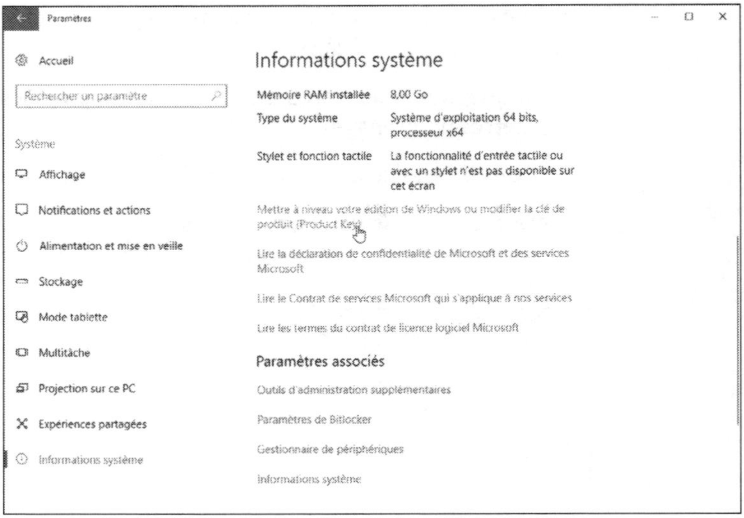

FIGURE 2.14 Cliquez sur ce lien.

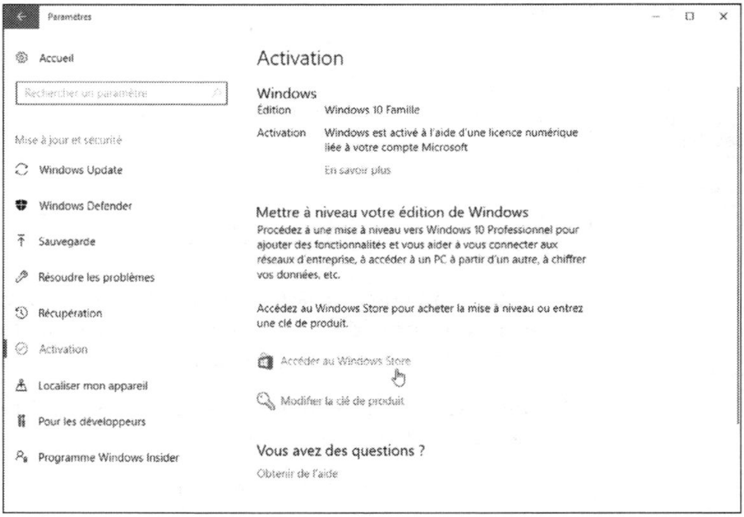

FIGURE 2.15 Tout se joue sur le Windows Store.

Si cela vous pose problème, commandez cette mise à jour sur Internet auprès d'un revendeur de produits informatiques.

Chapitre 3

Windows 10 : mythe et réalité

DANS CE CHAPITRE :

- **Les bruits qui courent ou qui ont couru sur Windows 10**
- **Les diverses versions de Windows 10**
- **Préciser vos choix**
- **32 bits ou 64 bits ?**

Je dois dès maintenant faire le lit de deux rumeurs. La première, c'est que Windows 10 n'est pas gratuit. Et la seconde, c'est que ce n'est pas la dernière version de Windows.

En fait, tout ce que vous avez pu lire de ci et de là est faux. Voici la vérité :

- Si vous possédiez déjà une copie légale de Windows 7, 8 ou 8.1, la mise à jour vers Windows 10 a été gratuite dans l'année qui a suivi la mise officielle sur le marché de ce nouveau système d'exploitation (donc postérieurement au 19 juillet 2015). Et si vous en êtes resté (malheureux que vous êtes !) à Windows 8, vous devrez au préalable effectuer une mise à jour vers Windows 8.1.

  A contrario, si vous achetez un nouveau PC, vous devrez acheter Windows 10. Et si Windows 10 est déjà installé sur ce nouveau PC, son constructeur aura (vraisemblablement) déjà payé une licence à Microsoft pour que vous ayez le droit d'utiliser Windows 10 et ainsi disposer de ses mises à jour gratuites.

- Il se peut que Microsoft abandonne son système de numérotation (et donc, dans le futur que Windows 10 devienne tout simplement « Windows »). Cela étant dit, il y aura toujours de nouveaux numéros de versions. Le « 10 », c'est juste un truc marketing, quel que soit l'avenir de Windows.

Si vous n'avez pas encore acheté Windows 10, vous éviterez quelques misères et économiserez des sous en achetant d'emblée la bonne version. Idem si vous vous interrogez sur le choix entre une version 32 bits ou 64 bits.

MAIS OÙ EST DONC PASSÉ WINDOWS 9 ?

Mythe ou réalité, là encore. Officiellement, une explication consiste à dire que la richesse et les innovations de 10 sont telles que le nouveau système d'exploitation de Microsoft valait bien deux versions. *De facto*, *exit* 9 et *viva* 10 !

Une autre explication semble plus technique et mériterait d'être vérifiée pour être validée. Des tests auraient révélé la présence des lignes de code suivantes :

```
if(version.StartsWith("Windows 9")) { /* 95 and 98 */ } else {
```

Alors, le passage à Windows 10 permettait d'éviter une identification erronée du système d'exploitation utilisé par les clients. En effet, avec un Windows 9, des programmes auraient pu penser que Windows 95 ou 98 était installé sur la machine de l'utilisateur. Le chiffre 9 aurait donc posé un vrai problème.

Le code incriminé aurait ainsi pu bloquer l'installation d'un programme sur une version de Windows qu'il aurait jugé trop ancienne. Windows 10 évitait ce genre de déconvenue.

Le grand 10, c'est au choix

Lorsque vous ouvrirez ce livre, Windows 10 existera depuis plus de deux ans. Par conséquent, ceux qui mettront à jour leur Windows actuel n'auront pas le choix de sa version, car la mise à jour sera calquée sur la version de leur système d'exploitation. En revanche, ceux qui achèteront le système en magasin ou sur Internet pour procéder à une nouvelle installation pourront bien évidemment choisir leur version de Windows 10.

Initialement, la mise à jour des systèmes 7, 8, et 8.1 vers Windows 10 était gratuite jusqu'au 29 juillet 2016. Toutefois, Microsoft ne semble pas avoir désactivé cette mise à jour gratuite. Pour y procéder, procurez-vous l'outil de mise à jour de Windows qui vous permettra de passer à Windows 10 tout en conservant vos programmes, vos documents, et vos réglages. Pour télécharger cet outil, rendez-vous sur la page Web suivante : `https://www.microsoft.com/fr-fr/software-download/windows10`. Au moment où nous écrivons ces lignes, le nom de la dernière mise à jour se nomme Fall Creator Update (*Fall* pour cette mise à jour automnale).

Windows 10 est proposé en trois éditions : Windows 10 Famille, Windows 10 Pro, et Windows 10 S. Ces versions existent aussi bien en 64 qu'en 32 bits.

Bon. Essayons d'y voir un peu plus clair.

- **Windows Famille :** Cette version s'adresse aux utilisateurs non professionnels. Elle est parfaite pour la plupart des usages, à moins que vous n'ayez réellement besoin des fonctionnalités spécifiques à la version professionnelle. Cette version est livrée en 96 langues, de l'afrikaans au yoruba en passant par des idiomes plus répandus, dont le français, l'anglais, *etc.* Bref, c'est la version dont vous avez vraiment besoin. Vous pourrez vous la procurer au prix de 135 euros. Bien entendu, elle sera installée sur tout ordinateur neuf, et sans surcoût visible.
- **Windows 10 Pro :** En plus des fonctionnalités propres à la version dite familiale grand public, celle-ci offre la possibilité de connecter l'ordinateur à un réseau d'entreprise, et la possibilité aussi de chiffrer les données avec BitLocker (voir l'encadré « BitLocker et le chiffrage du système de fichier », plus loin dans ce chapitre). Il comprend aussi la machine virtuelle Hyper-V ainsi qu'une fonction de bureau à distance. Cette version vous coûtera 279 euros (oui, je sais, ça pique).
- **Windows 10 S :** Nouvelle venue dans la famille Windows, Windows 10 S ne fait fonctionner que des applications fournies *via* le Windows Store afin d'en garantir l'intégrité et la sécurité. Impossible donc d'utiliser des programmes professionnels. Vous serez alors obligé de migrer vers une version Pro ou Famille de Windows si vous souhaitez utiliser votre ordinateur au-delà d'Internet, de vos mails, de vos photos, et de vos vidéos.

Ces éditions fonctionnent uniquement sur des processeurs Intel ou AMD. Il s'agit donc de Windows « traditionnel ».

Le lecteur Windows Media, votre lecteur de musique et de vidéo préféré, n'est plus mis en évidence sous Windows 10, qui le remplace plus ou moins avantageusement par Groove Musique. Si vous désirez utiliser le Lecteur Windows Media, cherchez-le sous la lettre L de la liste des applications du menu Démarrer, ou bien tapez Lecteur dans le champ de saisie Taper ici pour rechercher de Cortana. Sachez en revanche que ni Groove Musique, ni le Lecteur Windows Media ne sont capables de lire des DVD vidéo. Vous devrez soit utiliser le logiciel de lecture de

DVD fourni par le constructeur de votre ordinateur, soit télécharger un programme comme VLC.

Avant de vous arracher les cheveux pour essayer de déterminer la version dont vous avez besoin, ou quelle édition vous devriez acheter pour l'ordinateur de la Tante Adèle, sachez que le choix est beaucoup plus facile à faire que vous ne le pensez. J'y reviendrai un peu plus loin dans ce chapitre. Par contre, si vous vous dites qu'il serait pas mal de partir du bas pour progresser plus tard, passez directement à la section qui suit.

Acheter d'emblée la bonne version

Est-il possible d'acheter la version grand public puis de passer ensuite à la version professionnelle ? La réponse est « oui » et en plus, ce n'est pas très compliqué.

Microsoft a conçu les versions de Windows dans un seul but : maximiser ses profits. Si vous voulez donc passer d'une version Famille à la version Professionnel (la seule possibilité pour les personnes individuelles), vous devrez acheter le pack de mise à niveau vers Windows 10 Professionnel.

La mise à niveau est facile et peu onéreuse, mais pas aussi bon marché qu'en achetant d'emblée la bonne version. Voilà pourquoi il est important de choisir dès le début le bon Windows pour ne pas gaspiller vos sous.

Restreindre les choix

D'emblée, vous pouvez rejeter des éditions de bureau de Windows 10, et tout ce qui est dit Mobile :

» **Windows 10 Pro :** À moins que vous ne soyez en charge du parc informatique d'une grande entreprise, cette version ne vous concerne absolument pas. Et si vous être ce dirigeant, vous savez ce que vous avez à faire. Je ne vais pas vous servir à grand-chose.

Au final, cela ne vous laisse plus grand choix, à moins que vous n'ayez quelques besoins criants :

» **Connexion au réseau d'une entreprise :** Si la société dans laquelle vous travaillez ne vous fournit pas une copie de Windows 10 Entreprise, vous devrez acheter vous-même la version Professionnel.

» **Jouer le rôle de l'hôte dans une interaction avec l'Accès bureau à distance :** Cette fonctionnalité n'est pas disponible dans la version Famille.

Se faire assister à distance est une autre question, et toutes les versions de Windows le permettent (voyez à ce sujet le Livret VII, Chapitre 2).

En fait, il n'est même pas sûr que la question se pose vraiment. De nombreux professionnels trouvent que LogMeIn, qui est une alternative puissante pour l'accès à distance, fait tout ce dont ils ont besoin, et qu'il le fait bien. LogMeIn vous permet d'accéder à votre PC personnel ou professionnel et de le contrôler depuis n'importe quel endroit, à condition bien entendu de pouvoir disposer d'une connexion (rapide) à l'Internet. Si le sujet vous intéresse, voyez le site `www.logmein.com`.

» **Sécuriser vos données :** Si vous avez besoin de protéger vos précieuses données des regards indiscrets ou en cas de vol, commencez par déterminer si vous avez besoin du système d'encryptage de fichiers (ou EFS), de BitLocker ou des deux (voyez l'encadré « BitLocker et le chiffrage du système de fichier »). La version Professionnel de Windows 10 contient les deux. Évidemment, la version Famille n'est pas concernée. La famille, c'est la confiance, non ?

» **Exécuter Hyper-V :** Certaines personnes peuvent avoir besoin d'exécuter des *machines virtuelles* depuis Windows 10. Supposons que vous avez absolument besoin de lancer un vieux, vieux, programme conçu pour Windows XP, exécuter Hyper-V avec une copie légale de XP peut être le meilleur choix. Pour la plupart des gens cependant, les machines virtuelles sont un jouet amusant ou intéressant, mais pas plus. D'autre part, il existe des solutions gratuites, notamment celle d'Oracle, VirtualBox (`www.virtualbox.org`).

32 bits ou 64 bits

Après avoir choisi votre version de Windows 10, vous devez décider si vous installerez la version 32 bits ou 64 bits.

Bien que les versions 32 et 64 bits soient identiques, leur fonctionnement l'est moins. La majorité des PC utilisent actuellement la version 64 bits de Windows pour de bonnes raisons :

BITLOCKER ET LE CHIFFRAGE DU SYSTÈME DE FICHIER

La fonction EFS (*Encrypting File System*, « chiffrage du système de fichier ») sert à chiffrer un fichier ou un groupe de fichiers. Elle démarre en même temps que Windows, ce qui signifie qu'elle peut laisser des traces d'elle-même et que les données en cours de chiffrage dans des emplacements temporaires de Windows peuvent être interceptées par des logiciels malveillants. Comme les répertoires de Windows ne sont pas chiffrés par la fonction EFS, les pirates susceptibles d'y accéder peuvent les atteindre et tenter une attaque. Des outils faciles à trouver permettent de « craquer » un EFS, après quoi le pirate peut redémarrer l'ordinateur dont les défenses ont été brisées. C'est pourquoi l'EFS ne saurait protéger le disque dur d'un ordinateur volé. Or, Windows fonctionne sous EFS depuis la lointaine époque de Windows 2000.

Apparu dans Windows Vista, BitLocker a depuis été amélioré. Il démarre avant même Windows et fonctionne ensuite en arrière-plan de celui-ci. La partition de Windows sur un disque dur protégé par BitLocker est entièrement chiffrée, de sorte que les pirates désireux d'accéder au système de fichier ne peuvent pas le trouver.

EFS et BitLocker sont des technologies complémentaires. BitLocker procure une protection brute, de type « tout ou rien » pour la totalité du disque, tandis qu'EFS permet de chiffrer des fichiers isolés ou des groupes de fichiers. Utilisés conjointement, ils peuvent être assez difficiles à craquer.

BitLocker To Go est une protection de style BitLocker destinée à protéger les disques durs externes.

» **Les performances :** La version 32 bits de Windows connaît des limites en termes de quantité de mémoire vive, ou RAM (*Random Access Memory*, « mémoire à accès aléatoire »). Elle ne pourra en gérer que 3,4 à 3,5 gigaoctets. Si l'ordinateur est équipé de 4 Go de mémoire vive, une partie est gaspillée, car inutilisée.

La version 64 bits de Windows 10 est capable de gérer beaucoup plus que 4 Go de mémoire vive. Vraiment beaucoup plus. Le fait de savoir si vous avez besoin d'une énorme quantité de mémoire est une autre question. Disons que, pour la plupart d'entre nous, 4 Go, c'est bien. Pour des tâches intensives, comme le traitement vidéo, 6 ou 8 Go c'est encore mieux.

Les programmes sont devenus très volumineux et Windows ne fait pas exception à la règle. Il est certes capable de simuler de la mémoire vive supplémentaire en la prélevant sur le disque dur, mais cet artifice n'en ralentit pas moins l'ordinateur.

» **La sécurité :** C'est l'une des meilleures raisons d'utiliser la version 64 bits, car Microsoft l'a renforcée sur les pilotes des ordinateurs 64 bits, ce qui n'est pas possible dans les environnements codés sur 32 bits.

Un problème épineux se pose pour Windows 64 bits : les pilotes. Beaucoup de matériels anciens ne fonctionnent tout simplement pas avec cette version de Windows, et la plupart des fabricants estiment qu'il n'est pas du tout rentable, pour eux, de développer des pilotes pour leurs anciens équipements. Ils préfèrent que leurs clients (donc vous) rachètent du matériel plus récent.

Au niveau des logiciels, c'est d'ailleurs ainsi que cela se passe. La version 64 bits d'Office 2010 était notoirement connue pour toutes sortes de problèmes. Il était préférable de s'en tenir à la version 32 bits, mais sur un ordinateur 64 bits. D'autres logiciels sont incapables d'exploiter les avantages du 64 bits. Tout n'est pas rose en ce bas monde...

Maintenant que vous connaissez les avantages et les inconvénients, un autre point doit être pris en considération, et pas des moindres : quelle version votre PC acceptera-t-il ? Pour exécuter la version de Windows codée sur 64 bits, votre ordinateur doit pouvoir exécuter des opérations codées sur 64 bits. Les ordinateurs achetés après 2005 sont presque tous à 64 bits. Par exemple, j'ai un ordinateur portable qui, à plus de six plus de 6 ans, fonctionne parfaitement, mais qui ne sait rien du monde des 64 bits. Et le Windows 10 qui y est installé fonctionne sans aucun souci.

Si vous avez du vieux matériel – imprimante, scanner, modem USB, *etc.* –, il vaut mieux vous en tenir à la version 32 bits de Windows. Il est peu probable que vous subissiez ses contraintes si votre ordinateur est vieillissant. En revanche, si vous renouvelez votre matériel et que vous comptez utiliser longtemps encore votre ordinateur, il est recommandé d'installer la version 64 bits.

Quelle est votre version de Windows actuel ?

Après tout, vous n'êtes pas forcé de tout savoir, et la question est plutôt légitime. En fait, ce n'est pas très difficile à déterminer :

» Si vous fulminez chaque fois que le pointeur de souris atterrit en bas et à gauche de l'écran, et que vous vous retrouvez devant une pleine page de vignettes sans rien avoir demandé, pas de doute : vous avez le bonheur d'utiliser Windows 8, 8.1, RT ou RT 8.1.

- » Si le menu Démarrer affiche non pas une sorte de drapeau blanc, mais un gros rond coloré, vous n'avez pas franchi le cap de Windows 8, ce dont je vous félicite. Vous aurez bien entendu le droit de passer directement à Windows 10.
- » Pour en savoir plus sur votre version antérieure à Windows 10, cliquez sur le bouton Démarrer, et choisissez Panneau de configuration. Cliquez ensuite sur Système et sécurité, puis Système. Vous allez voir s'afficher un écran d'informations du style de celui illustré sur la Figure 3.1.

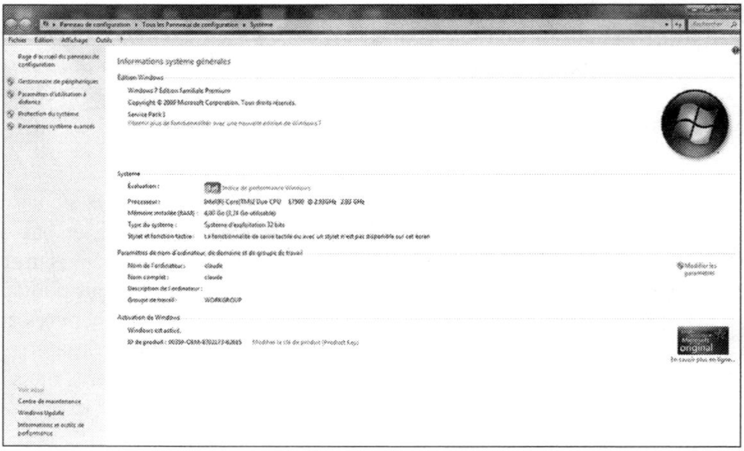

FIGURE 3.1 Cet écran nous apprend que le système d'exploitation installé est Windows 7 Édition Familiale Premium, en version 32 bits.

La même procédure s'applique à Windows Vista et XP. Et, en fait, elle vaut aussi pour Windows 8/8.1. Vous y retrouvez en effet le Panneau de configuration en cliquant *droit* sur leur menu Démarrer.

Si vous constatez que vous utilisez une version 64 bits, vous devriez vous en tenir là lors du passage à Windows 10. Si l'écran vous dit 32 bits, il reste à savoir si votre ordinateur est tout de même capable d'exécuter la version 64 bits de Windows (sinon, vous n'aurez bien sûr même pas le choix). Pour le savoir, vous pouvez par exemple rendre visite à la page `www.grc.com/securable.htm`. C'est gratuit, mais tout en anglais.

Chapitre 4

Mettre à niveau ou faire une installation originale ?

DANS CE CHAPITRE :

- **Déterminer si la mise à niveau est envisageable**
- **Passer à Windows 10 en ligne**
- **Installer Windows 10 depuis un DVD**
- **Que faire si Windows tombe en panne ?**

J'ai fait des installations et des mises à jour de Windows depuis des décennies (enfin *quelques* décennies). Par expérience, je sais combien tout cela peut être fastidieux, difficile, et trop souvent impossible. Mais, depuis quelques années, la situation s'est nettement améliorée, et je dois reconnaître que passer de Windows 8 ou 8.1, et même de Windows 7, à Windows 10 est beaucoup plus simple et efficace que par le passé.

Cela étant dit, votre PC est-il capable de faire la transition vers Windows 10 ? *A priori*, la réponse est oui. C'est ce que je vais essayer de vous montrer dans ce chapitre, tout en vous expliquant ce qu'il y a d'important à savoir sur les mises à jour, qu'elles se fassent en ligne ou à partir d'un DVD, comment aussi créer un DVD de sauvegarde, et ce qu'il faut faire si votre PC semble à l'article de la mort.

Au passage, je vous indiquerai comment nettoyer un nouveau PC de toutes ces choses inutiles qu'un constructeur peut y placer. Même si je trouve plutôt honteux que Microsoft laisse ainsi « pourrir » des machines toutes neuves pour d'assez évidentes raisons financières...

Une fois que Windows 10 sera (ou est déjà) installé sur votre ordinateur, il n'y a pas de raisons particulières pour que vous ayez à le réinstaller. En effet, il existe aujourd'hui des techniques qui permettent tout simplement de réinitialiser ou de restaurer le PC, comme cela est expliqué au Livret VIII, Chapitre 2.

Avez-vous droit à une mise à niveau gratuite ?

Il semblerait que la réponse soit « oui ». Pour ce faire, utilisez l'outil de mise à jour proposé par Microsoft à l'adresse `https://www.microsoft.com/fr-fr/software-download/windows10`.

Nous ne pouvons pas assurer que, au moment où vous lirez ces lignes, la mise à jour de votre ancienne version de Windows vers Windows 10 soit toujours possible gratuitement. Le meilleur moyen de le savoir est de télécharger l'utilitaire en question, puis de suivre les instructions de l'assistant de mise à jour. Vous verrez bien si à un moment ou à un autre Microsoft vous demande de passer à la caisse.

Si vous devez payer, sachez qu'il vous en coûtera 135 euros pour la version Familiale et 279 pour la version Pro.

Mettre à jour votre bon vieux PC

Si vous exécutez Windows Vista, Windows 7 ou Windows 8/8.1, vous pouvez presque certainement effectuer le grand saut vers Windows 10. Et votre PC fonctionnera probablement mieux et plus vite (avec Vista, c'est certain).

Officiellement, vous pouvez (pas *devez*, mais bien *pouvez*) procéder à la mise à niveau si votre PC répond à ces prérequis :

» **1 gigahertz ou plus :** C'est la cadence du processeur Intel ou AMD.

» **1 gigaoctet de mémoire vive, ou RAM :** C'est la quantité de mémoire requise pour la version 32 bits. **2 Go** pour la version 64 bits. (Pour mieux comprendre cette notion, consultez le Livret I, Chapitre 3.)

» **16 Go** d'espace libre sur le disque dur. C'est bien sûr uniquement pour Windows. Il en faudra beaucoup plus pour les logiciels et pour les fichiers que vous créerez.

» Une carte graphique compatible **DirectX 9** avec le pilote WDDM 1.0 ou supérieur. Toutes les cartes vidéo fabriquées ces cinq dernières années correspondent à ces exigences.

La question plus délicate de savoir si vous *devez* procéder à la mise à niveau m'amène à des considérations d'ordre quasiment métaphysique :

- **Vous avez un ordinateur à écran tactile :** Vous devez absolument opter pour Windows 10. Il est grand temps d'oublier cette horrible chose qu'était Windows 8.1, et le presque aussi horrible Windows 8.1.
- **Vous utilisez un clavier et une souris et l'écran tactile n'est pas à l'ordre du jour :** Vous n'avez réellement à opter pour Windows 10 que si vous êtes tenté par ses nouvelles fonctionnalités mentionnées au Livret I, Chapitre 2, ou bien encore si l'appel de Windows Store vous semble irrésistible. Sinon, vous pouvez parfaitement vous en tenir à votre Windows 7 que vous maîtrisez sur le bout des doigts.

J'utilise personnellement Windows 10 sur une tablette, et j'en suis ravi. Je possède également un système informatique de bureau sur lequel Windows 10 fonctionne en permanence (mais j'avoue avoir installé Windows sur mon MacBook grâce au logiciel Bootcamp, et du coup OS X n'est jamais très loin).

VOUS VOULEZ VRAIMENT CHANGER DE PC ?

Si vous envisagez l'achat d'un nouveau PC, faites une pause et respirez profondément. Est-ce que vous êtes vraiment, vraiment sûr de vouloir acheter un nouveau PC ?

Je sais bien que c'est une hérésie d'écrire cela dans un livre consacré à Windows 10, mais c'est la vérité. La plupart des choses que la plupart des gens font la plupart du temps sont parfaitement réalisables avec une tablette Android ou un iPad, avec le cas échéant une souris et un clavier connectés. Et les nouveaux Chromebooks filent comme le vent.

Toutes ces alternatives sont faciles à utiliser, et aucune n'est infectée comme Windows peut l'être. De loin. Par contre, si vous avez des programmes qui s'exécutent uniquement sous Windows, vous n'avez pas le choix.

Avant de sortir votre portefeuille, jetez un coup d'œil à droite et à gauche. Vous pourriez bien être surpris.

Choisir le procédé de mise à niveau

La mise à niveau vers Windows 10 à partir de Windows 7 SP1 ou Windows 8.1 en version Update peut être effectuée de trois manières :

- **Vous pouvez télécharger la mise à niveau sur l'Internet.** C'est la procédure que je recommande pratiquement à tout le monde, dès lors que vous disposez d'une copie légale (que Microsoft appelle *genuine*) de Windows 7 ou 8.1. Votre installation de Windows sera elle aussi totalement légale, « genuine », et Microsoft garde la trace de votre mise à niveau, grâce à quoi vous pourrez réinstaller Windows 10 ailleurs dans le cas où votre système viendrait à vous lâcher.

» **Vous pouvez télécharger un fichier image (également appelé fichier ISO) qui vous permet de créer un DVD ou une clé USB d'installation.** Démarrez à partir de ce DVD ou de cette clé USB, et c'est parti. Avec Windows 8.1, il est même possible d'exécuter le fichier d'installation de Windows 10 directement depuis le bureau.

» **Vous pouvez acheter une boîte contenant un DVD, et même deux, l'un avec la version 32 bits, l'autre avec la version 64 bits.** Cette installation est beaucoup plus laborieuse, car il faut insérer le DVD adéquat, saisir la clé du produit, définir le partitionnement du disque dur puis lancer la procédure d'activation de Windows. Dans ce cas, autant se tourner vers l'achat d'une clé USB d'installation de Windows 10. C'est plus joli, moins encombrant, et c'est même parfois la seule manière d'installer Windows 10 sur un PC un peu âgé.

Si vous devez installer Windows 8.1 sur un disque dur vierge – celui d'un nouvel ordinateur –, ou dans une machine virtuelle, ou l'installer en plus d'un système d'exploitation déjà existant, l'installation à partir du DVD s'impose.

Que vous procédiez à la mise à niveau depuis l'Internet ou à l'aide d'un DVD, Windows 10 impose quelques restrictions :

» **Windows Media Center.** Non, même s'il faisait partie de votre panoplie précédente, vous n'y aurez pas droit. En fait, Microsoft laisse tomber son Media Center pour se tourner vers des solutions plus « connectées ». Si vous y tenez absolument, il faudra le payer. Mais il n'est même pas certain que ce produit continue à exister.

En fait, Windows 10 laisse le sujet totalement de côté. Essayez par exemple d'insérer un film sur DVD dans le lecteur de votre ordinateur. Que se passe-t-il ? Rien ! Windows 10 ne possède même plus de lecteur de DVD ! La diffusion par Internet est passée par là. Conclusion : téléchargez et installez un bon lecteur multimédia gratuit, comme VLC (une création française...).

» **Si vous avez l'habitude d'utiliser OneDrive avec Windows 8.1, vous allez détester la nouvelle méthode d'accès à vos fichiers.** OneDrive est traité plus en détail dans le Livret VI, Chapitre 4 et le Livret VIII, Chapitre 1 mais la vérité oblige à dire que vous allez galérer un certain temps pour retrouver vos fichiers, sauf à suivre une série d'étapes (ou un parcours d'obstacles, si vous voulez) pour y arriver.

- **Mise à niveau depuis Windows 7 SP1 ou Windows 8.1 Update.** Vous pouvez choisir de conserver les programmes, certains de vos paramètres (l'arrière-plan du bureau, les favoris et l'historique d'Internet Explorer) et vos données, c'est-à-dire tout le contenu de vos dossiers, y compris les dossiers Documents, Bureau et Téléchargements. Si des éléments se trouvent en dehors de ces emplacements, vous ne pouvez pas être certain de tous les retrouver après la mise à niveau.

  Vous devez bien sûr toujours, toujours et toujours sauvegarder vos données avant de procéder à une mise à niveau.

  Pour être franc, la mise à niveau de mon portable sous Windows 8.1 *via* la procédure automatisée de Microsoft s'est effectuée en douceur, sans aucune perte de données ni de logiciel. J'ai juste eu l'impression à la fin que j'avais un nouveau bureau, et c'est tout.

- **Mise à niveau depuis Windows Vista ou XP.** Ici, les choses sont claires. Vous devez procéder à une installation pleine et entière de Windows 10. Pas de mise à niveau, pas de conservation des données ou des programmes. Rien. Vous redémarrez avec une machine toute neuve (mais bien sûr, elle aura toujours l'âge de ses artères électroniques).

- **Migration de la version 32 bits vers la version 64 bits de Windows 10.** Tous les paramètres et logiciels seront supprimés, exactement comme pour une installation depuis XP ou Vista.

- **Mise à niveau de Windows 10 avec Fall Creator Update.** Vous ne pourrez pas passer à côté. En effet, Windows Update s'exécute automatiquement, recherche les mises à jour, les télécharge et les installe. Vous ne pouvez plus sélectionner les mises à jour à installer. Votre seule liberté est de définir une plage horaire durant laquelle Windows ne redémarrera pas votre ordinateur automatiquement, ou bien encore d'effectuer ce redémarrage manuellement.

Installer Windows 10 depuis un DVD ou une clé USB

Si vous voulez effectuer une mise à niveau vers Windows 10 depuis Windows 7 SP1 ou Windows 8.1 Upgrade, et que vous voulez conserver intacts vos données et vos programmes, je vous recommande très fortement de suivre la procédure en ligne décrite dans la section précédente. Tant que vous en restez à une version 32 bits, si c'est ce que vous aviez déjà, ou à une version 64 bits, si vous n'en changez pas, l'installation en ligne devrait fonctionner parfaitement.

D'un autre côté, si vous voulez (ou devez) faire un grand nettoyage dans votre ordinateur et que vous préférez installer un Windows 10 tout neuf, il va vous falloir démarrer à partir d'un DVD ou d'une clé USB contenant une image du système. C'est la procédure qui est décrite dans cette section.

On ne dira jamais assez que vous devez commencer par faire une sauvegarde de *toutes* vos données, écrire *tous* vos mots de passe (vous brûlerez le papier plus tard), avoir à portée de main *tous* vos CD et DVD d'installation de vos programmes (ou une copie sur un disque dur externe lorsque c'est possible), et faire également une seconde copie de sauvegarde, juste au cas où. Ce n'est qu'après tout cela que vous allez pouvoir envisager d'installer Windows 10.

Il est possible que vous ayez obtenu un DVD ou une clé USB contenant tout ce qu'il faut pour installer Windows 10. Si vous avez téléchargé un fichier ISO, suivez les instructions données dans l'encadré « Créer un fichier ISO utilisable ».

Vous êtes impatient ? Rendez-vous sur le site de Microsoft à l'adresse `https://www.microsoft.com/fr-fr/software-download/windows10`. Connectez-vous avez vos identifiants Microsoft (c'est indispensable), puis téléchargez l'outil qui va faire l'essentiel du travail à votre place (voir la Figure 4.1).

Avec en main un DVD ou une clé USB « bootable », comme on dit, vous devez demander à votre ordinateur qu'il démarre à partir de ce dispositif, et non de votre disque dur principal.

Pour un PC tout propre

Un nouveau PC est souvent livré avec une grande quantité de programmes en version d'essai (souvent à 30 jours). Par exemple, il n'est

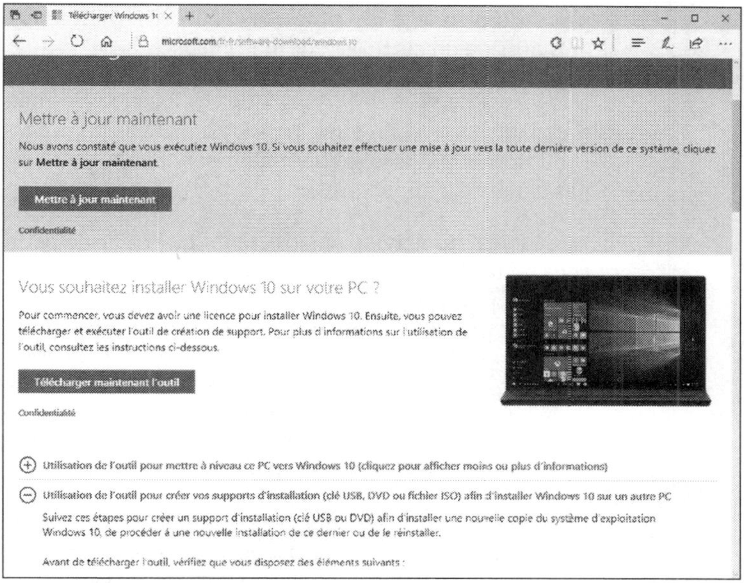

FIGURE 4.1 Windows 10 peut aussi être téléchargé directement sur le site de Microsoft.

pas rare de disposer d'un antivirus Norton McAfee, ou d'une version temporaire de WinDVD, j'en passe et des meilleurs.

Au bout de la période d'évaluation qui peut aller de 30 à 90 jours, un message vous invite à acheter la licence du programme. Vous n'êtes

CRÉER UN FICHIER ISO UTILISABLE

Certaines personnes reçoivent leur exemplaire de Windows 10 sous la forme d'un seul fichier dont l'extension est .iso. Un fichier ISO est la version compressée d'une image de DVD. Il peut être utilisé sur une clé USB ou un DVD autoexécutables.

Le plus simple consiste à télécharger la version gratuite d'un utilitaire appelé Daemon Tools. Celui-ci est capable d'ouvrir un fichier ISO comme s'il s'agissait par exemple d'un DVD quelconque. Il apparaît comme toutes les autres unités de disque dans l'Explorateur de fichiers. Il suffit ensuite de copier le contenu de ce disque virtuel vers une clé USB vide (utilisez une clé ayant une capacité d'au moins 8 Go, 4 Go ne sont pas suffisants), ou encore de demander à graver un DVD (une seule face devrait suffire).

Lorsque c'est fait, vous pouvez poursuivre la procédure (vous n'avez pas oublié vos sauvegardes, de noter vos mots de passe et de préparer tout ce qu'il faut pour réinstaller vos programmes, n'est-ce pas ?).

pas du tout obligé d'y procéder. Peut-être préférerez-vous un autre antivirus ou un autre lecteur multimédia.

L'idéal est de vous débarrasser de ces logiciels dès que vous disposez d'une alternative. En effet, ne supprimez pas un programme de sécurité Internet proposé gratuitement pendant 30 jours si vous n'en avez pas un autre à lui substituer.

De plus, de nombreux constructeurs intègrent de petites applications censées faciliter votre vie informatique comme un catalogueur de photos, un optimiseur de performances, *etc.* Toutes ces petites attentions finissent par occuper un espace disque conséquent.

Quelle est la méthode la plus simple pour s'en débarrasser ? Installez un Windows 10 en provenance directe de Microsoft, comme expliqué dans ce chapitre ! Ce sera sans doute aussi rapide, et vous n'aurez pas à vous fatiguer pour éliminer toutes ces scories inutiles.

Une méthode plus classique consiste à identifier vous-même ces petits programmes *via* la boîte de dialogue de désinstallation de programmes de Windows 10. Mais il est encore un peu tôt pour en parler.

Cette technique risque d'être fastidieuse. Pour faciliter l'identification de programmes inutiles, téléchargez le petit programme gratuit PC Decrapifier que vous trouverez sur des sites comme `01Net.com` ou `Clubic.com`, voire directement à l'adresse `www.pcdecrapifier.com`. Il détectera tous les logiciels superflus et vous invitera à les supprimer de votre ordinateur.

Que faire si Windows tombe en panne ?

Windows n'est pas invincible. Il peut lui arriver des misères, comme tomber en panne, empêchant l'ordinateur de démarrer. Que faire dans ce cas ? Voici quelques pistes :

- **Windows était livré avec l'ordinateur :** L'ordinateur est sous garantie. C'est légalement au vendeur, en France – et non à Microsoft ou à quelque pygmée de la brousse –, de le remettre en état. Il n'est pas même question qu'il vous tourne en bourrique par des suggestions plus ou moins techniques. Il doit vous rendre un ordinateur qui fonctionne. Point.
- **Vous avez procédé à une mise à niveau depuis Windows 7 SP1 ou Windows 8.1 Update et l'installation ne s'est pas déroulée comme prévu :** Une réinstallation à partir de zéro s'impose.

» **Vous avez procédé à une installation complète, mais Windows continue à faire le mort :** Vous avez toute ma sympathie. Vous devriez peut-être installer la dernière version du BIOS proposée par le constructeur (mieux vaut demander à votre *technogourou* favori de le faire). Ou pas... Essayez d'aller voir sur des forums ce qui se dit là-dessus (vous devez évidemment pouvoir vous connecter avec une autre machine). Et si tout échoue, il faut savoir admettre la défaite : réinstallez votre ancien système d'exploitation.

Voici une rapide explication sur la réinitialisation de Windows 10 au cas où vous noteriez des dysfonctionnements ou de graves ralentissements :

1. **Cliquez sur le bouton Démarrer, puis sur l'icône Paramètres (roue dentée).**

2. **Dans la fenêtre Paramètres Windows qui apparaît, comme sur la Figure 4.2, choisissez Mise à jour et sécurité.**

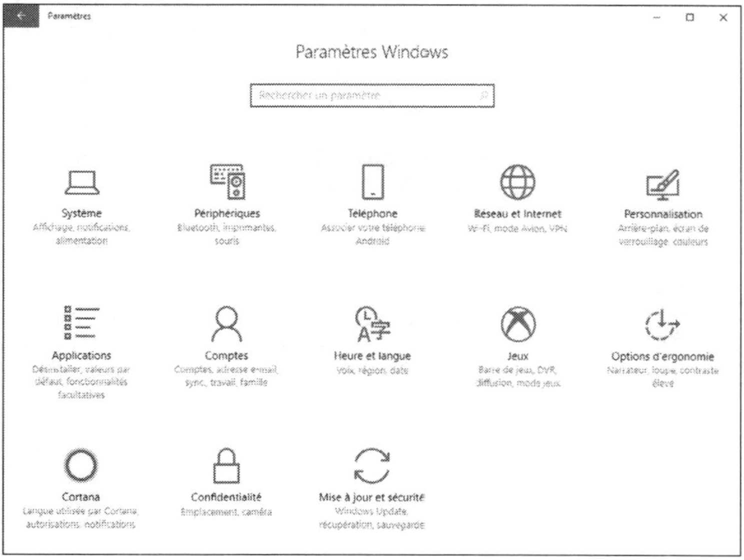

FIGURE 4.2 Pour accéder à la fonction de réinitialisation de Windows 10.

3. **Dans le volet gauche de la fenêtre qui s'affiche, choisissez Récupération.**

4. **Dans le volet droit, cliquez sur le bouton Commencer de la section Réinitialiser ce PC, comme sur la Figure 4.3.**

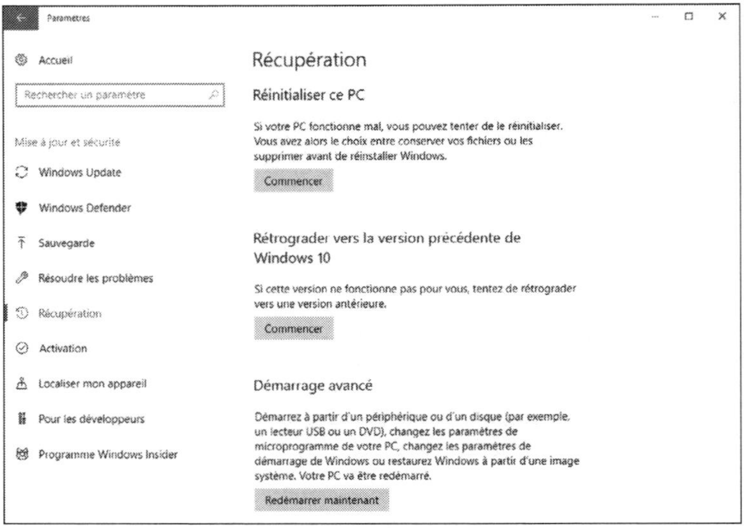

FIGURE 4.3 Commencer la réinitialisation de Windows 10.

5. **Dans la boîte de dialogue qui apparaît, choisissez une des deux options. L'une conserve vos fichiers, l'autre non.**

   Dans les deux cas, il faudra réinstaller tous vos programmes une fois Windows 10 réinitialisé.

6. **Une fois la préparation de la réinitialisation terminée, cliquez sur Réinitialiser.**

   Vous n'avez plus qu'à attendre.

Vous noterez la présence de la section Rétrograder vers la version précédente de Windows 10. Cliquez sur le bouton Commencer pour retourner vers la version de Windows 10 qui était la vôtre avant une mise à jour majeure.

II
Personnaliser Windows

Chapitre 1

La prise en main de Windows

DANS CE CHAPITRE :

- **Naviguer au doigt et à… la souris**
- **Passer d'une application à une autre**
- **Aller là où aucune souris n'est encore allée**

L'heure est venue de s'intéresser de plus près à ce fameux Windows 10, et ainsi justifier l'achat de ce bel ouvrage qui, je n'en doute pas, s'est fait une place au soleil de votre ordinateur. (Oui je suis un poète… euh… un peu frustré quand même.)

La nouvelle mouture de Windows 10 risque d'en dérouter certains. Ainsi, joyeux utilisateurs de Windows 7, qui ont refusé de passer à Windows 8 et 8.1 eu égard aux critiques dont a fait l'objet ce système d'exploitation, ne vous attendez pas à retrouver aisément vos petits dans Windows 10 pour la simple raison que Microsoft a réintroduit un menu Démarrer. Que nenni ! Les choses sont un peu plus compliquées que cela. Même si Windows 10 semble plus compréhensible que 8 et 8.1, son interface est relativement nouvelle et son bouton Démarrer totalement reconsidéré par rapport à celui de Vista ou de Windows 7.

L'un des « pontes » de Microsoft, Hal Berenson, le disait très bien : « Les utilisateurs rejettent de plus en plus les anciennes expériences aussi bien dans leur vie personnelle qu'au travail. Pour les moins de 20 ans et quelques, l'expérience actuelle que représente le bureau de Windows est aussi attirante que l'idée d'aller en consultation chez un dentiste du XIXe siècle. »

Dans ce chapitre, je vais vous montrer les bons côtés de l'ancienne partie de Windows et de son nouveau versant « Universel ». Si vous connaissiez déjà ce système d'exploitation, vous réconcilierez vos doigts avec sa nouvelle interface. Vous verrez, ce n'est pas très compliqué.

Réellement.

Vous découvrirez aussi qu'il est possible de commander Windows avec les doigts ou avec la fourchette, pardon la souris. Et je vous donnerai en passant quelques conseils pas forcément tous si évidents que cela pour tirer le meilleur parti de vos épousailles avec le bel (ou la bête).

Docteur Windows et Mister 10

De mon point de vue, les gens qui découvrent Windows 10 se répartissent immanquablement dans l'un de ces cinq groupes, le pourcentage le plus élevé se trouvant dans le premier :

- Les personnes déjà à l'aise avec Windows, habituées au clavier et à la souris (plus de 1,25 milliard de personnes ont utilisé Windows).
- Les personnes connaissant Windows, mais intéressées par l'écran tactile.
- Les réfugiés de Windows 8 qui espèrent et prient pour que Windows 10 ne les désoriente pas trop.
- Ceux qui n'ont jamais utilisé Windows et qui préfèrent l'écran tactile.
- Les personnes qui ne connaissent pas Windows, mais qui voudraient visiter l'antique cabinet de dentiste du XIXe siècle.

Si vous appartenez au dernier groupe, vous devrez apprendre à utiliser ces appareils désuets que sont le clavier et la souris. Cela me rappelle ce type qui avait pris une souris pour un microphone et tentait de parler à l'ordinateur. Heureusement pour lui, il n'avait pas prononcé la phrase fatidique : « Hey, Cortana ! ».

Les deux faces de l'interface

Vous savez à présent que le menu Démarrer de Windows 10 a deux visages. Ils sont destinés à travailler ensemble. Mais le juge de paix dans tout cela, c'est vous (et moi aussi).

Sur la partie gauche du menu Démarrer, illustré sur la Figure 1.1, vous pouvez voir le menu à proprement parler qui est censé ressembler au menu Démarrer de Windows 7 (ou Vista, ou XP ou encore 95). À droite du menu, vous trouvez un tas de vignettes (ou tuiles, ou pavés) dont certaines affichant des informations réputées être utiles.

TOUCHER OU CLIQUER ? PAPIER OU PLASTIQUE ? FROMAGE OU DESSERT ?

Beaucoup de gens m'ont demandé si cela valait la peine d'opter pour un écran tactile sous Windows. Ma réponse est oui.

J'avais essayé la vieille interface Windows à stylet des premières tablettes Windows apparues à l'époque de Windows XP. J'avais détesté, à tel point qu'en voyant quelqu'un avec un iPad, j'éprouvais quelque commisération pour lui.

Puis j'ai essayé l'iPad et j'ai découvert combien mes petits doigts agiles étaient efficaces. C'était formidable. Et quand mon fils âgé de 18 mois passa quelques heures à jouer avec l'écran, et à s'en servir avec virtuosité, je fus conquis. L'interface de type « toucher effleurer » est incroyablement facile à maîtriser.

L'interface tactile de Windows 10, c'est-à-dire le mode Tablette, n'est pas aussi élégante que celle de l'iPad. Eh oui… La principale différence est que Windows 10 intègre un tas de fonctions que l'iPad ignore (je pense notamment au clic droit). Mais pour quantité de tâches quotidiennes, comme visiter des sites Internet, jeter un coup d'œil au courrier, faire défiler les messages de Twitter, aller sur Facebook, lire les informations, s'informer des cours de la Bourse, et bien d'autres choses, l'interface tactile est autrement plus agréable que la souris et le clavier.

J'ai trois ordinateurs sur mon bureau : un ordinateur de bureau classique tournant sous Windows 8.1, un autre avec Windows 10. Le troisième est une tablette sous Windows 10 avec un clavier portable, sorte de PC portable 2 en 1, comme on aime à les appeler aujourd'hui. À votre avis, quand je veux rapidement jeter un coup d'œil à quelque chose, lequel des trois j'utilise ?

Bien que la partie gauche du menu Démarrer soit supposée rassurer les utilisateurs des anciennes versions de Windows, il n'a en réalité pratiquement plus rien à voir avec ses prédécesseurs. L'ancien menu Démarrer a été totalement refondu et remplacé par cette nouvelle liste de liens avec quelques icônes alignées verticalement sur le bord gauche.

La mise à jour du 29 juillet 2016 a également modifié l'apparence du menu Démarrer initial de Windows 10. Exit les commandes Paramètres, Marche/Arrêt, *etc.* Elles sont toujours présentes, mais sous la forme d'icônes auxquelles il va falloir vous habituer. Toutefois, nous verrons qu'il est possible, d'un simple clic, d'afficher de nouveau, et temporairement, ces libellés.

Ce changement est à la fois bon et mauvais. D'un côté, il est nettement plus puissant que par le passé. Voilà pour le bon côté des choses. Pour ce qui concerne le côté obscur de la force, il n'est pas possible de le personnaliser aussi facilement, ni aussi complètement, que sous Windows 7.

Venons à la partie droite du menu Démarrer. Elle contient des vignettes d'applications. Contrairement aux icônes d'un iPad, d'un iPhone ou d'une tablette Samsung, par exemple, ces vignettes (enfin, certaines) sont dotées d'une forme d'intelligence leur permettant d'afficher des informations sans que vous ayez besoin d'ouvrir les applications correspondantes. Vous pouvez de cette manière savoir combien de messages vous attendent, et qui a envoyé le dernier, savoir le temps qu'il fait (vous êtes tellement absorbé par ce livre que vous avez oublié de regarder par la fenêtre), consulter la dernière dépêche d'agence (elle vous apprend que le monde va mal), ou encore un résultat sportif méritant l'acclamation des foules en délire, mais aussi voir défiler les photos de votre album, et ainsi de suite.

FIGURE 1.1
Un menu Démarrer typique de Windows 10.

Cela étant posé, c'est à vous de déterminer ce que vous voulez voir ou non, et comment vous voulez le voir. En effet, ces vignettes peuvent être redimensionnées, déplacées, enlevées, disposées dans des groupes que vous personnalisez à votre manière, et ce à l'infini (ou presque).

J'ai tendance à penser que les vignettes du menu Démarrer sont les dignes descendantes des gadgets de Windows 7. Ces gadgets permettaient eux aussi d'afficher des informations utiles sur leur fronton. Microsoft les avait bannis avant de lancer Windows 8, essentiellement pour des questions de sécurité.

Les vignettes du menu Démarrer de Windows 10 n'ont pas de problèmes de sécurité. Et l'infrastructure qui a remplacé l'esprit des gadgets a conduit Windows à un bien meilleur niveau, entièrement revu.

Enfin, sachez que vous pourrez personnaliser ces vignettes en ajoutant et en supprimant des vignettes d'applications, en les regroupant par thèmes, mais aussi en ajoutant des vignettes de programmes.

Commuter le mode Tablette

Démarrer votre ordinateur si ce n'est pas encore fait. Je vous attends.

Vous regardez bien le bureau de Windows, n'est-ce pas ? Si vous utilisez un clavier et une souris, vous êtes forcément face au bureau. Si votre machine est seulement tactile, vous devriez déjà être en mode Tablette.

Il est l'heure de marcher vers la rive sauvage. En fait, elle est juste à côté. Cliquez sur le bouton des notifications (bulle de B.D.), sur la droite de la barre des tâches. Le volet (ou *centre*) des notifications va s'afficher. Le bas de ce volet propose une série de boutons (voir la Figure 1.2). Il vous suffit de cliquer sur le bouton qui indique mode Tablette pour activer l'ami des doigts (voir la Figure 1.3).

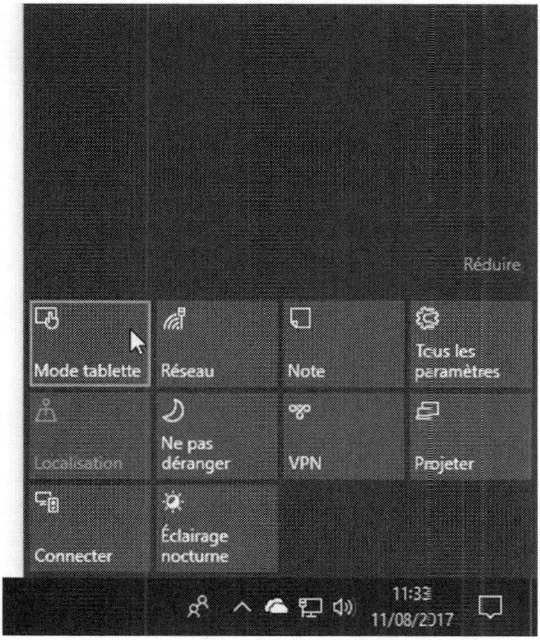

FIGURE 1.2 Le mode Tablette est accessible depuis le volet des notifications.

La version longue consiste à cliquer sur l'icône Paramètres (engrenage) du menu Démarrer, puis à choisir successivement Système et Mode tablette dans la colonne de gauche Système. Dans la partie droite de la fenêtre, ouvrez le menu local Lorsque je me connecte, et choisissez Utiliser le mode tablette. La Figure 1.4 montre que vous disposez de deux autres possibilités : Utiliser le mode bureau et Utiliser le mode approprié à

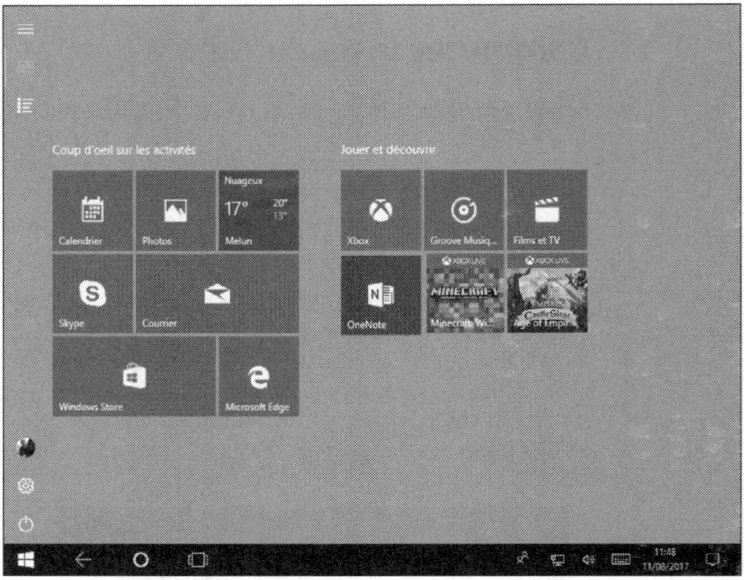

FIGURE 1.3 Le mode Tablette est l'ami des amateurs de tactile.

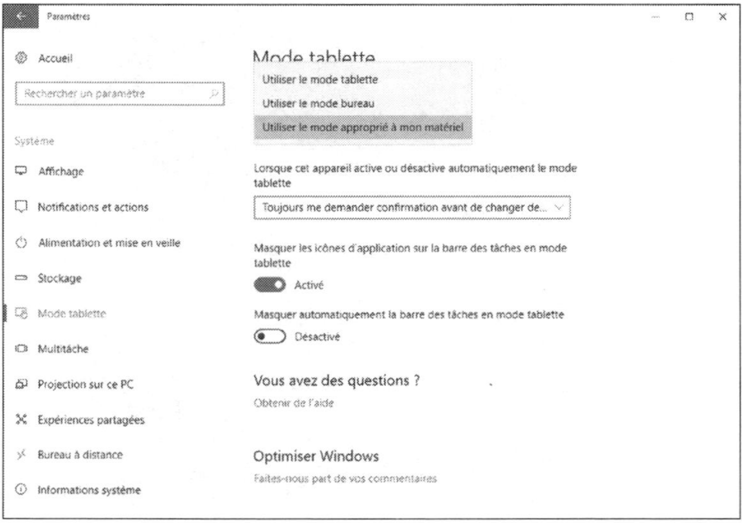

FIGURE 1.4 Choisissez de démarrer Windows 10 dans le mode répondant à vos habitudes.

mon matériel. Dans ce dernier cas, Windows identifie si vous utilisez ou non un clavier. Si vous n'en utilisez pas, il utilise le mode Tablette.

Vous paniquez à l'idée d'utiliser les icônes du menu Démarrer car vous préférez les bons vieux libellés des anciennes versions de Windows en général, voire de 10 en particulier. Rassurez-vous ! Cliquez sur l'icône représentant trois traits horizontaux en haut à gauche du menu Démarrer. Comme le montre la Figure 1.5, les icônes affichent un terme les identifiant.

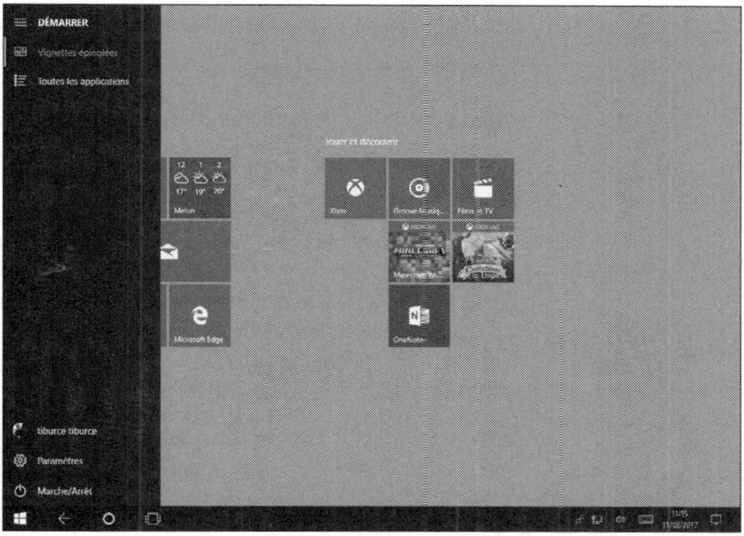

FIGURE 1.5 Le menu Démarrer est également présent dans le mode Tablette.

Pour revenir au bureau traditionnel, il vous suffit de reprendre la démarche initiale : volet des notifications, et bouton Mode Tablette. Celui-ci redevient grisé, et vous voilà de retour au point de départ. Ce qui est probablement ce que vous vouliez.

Bien que le mode Tablette soit conçu pour les personnes qui se servent d'un écran tactile, et pas d'une souris, aucune loi ne vous interdit de choisir le style d'affichage qui vous convient le mieux. Et vous pouvez à tout moment basculer entre l'un et l'autre (d'ailleurs, la souris fonctionne parfaitement en mode Tablette, mais les doigts ont plus de mal à se frayer un chemin dans le mode Bureau).

Comme cela est expliqué dans une astuce un plus haut dans cette section, vous pouvez indiquer à Windows dans quelle interface vous souhaitez qu'il s'affiche au démarrage.

Naviguer sur le bureau

Que vous utilisiez une souris, un trackball ou vos doigts, le bureau de Windows est votre point d'entrée numéro un dans la bête elle-même.

Voici une petite visite guidée que vous pourrez suivre au doigt (et à l'œil) ou avec la souris selon vos préférences :

Dans ce qui suit, et pour faire plus simple, quand j'écrirai « cliquez », comprenez que je veux dire « cliquez ou touchez ». Le bouton de la souris et le bout de votre doigt, c'est le même concept, finalement.

1. **Cliquez sur le bouton Démarrer.**

   Le menu Démarrer va s'afficher (reportez-vous à la Figure 1.1).

2. **Dans la partie droite du menu Démarrer, cliquez sur la vignette Courrier.**

   Vous pouvez aussi localiser l'application Courrier dans la liste des applications du menu Démarrer. Dans ce cas, faites défiler le contenu de cette liste et, sous la lettre C, cliquez sur Courrier. Vous devrez peut-être ajouter un nouveau compte, mais tôt ou tard, vous verrez s'afficher un ou plusieurs messages (voir la Figure 1.6).

   Certes, je vous ai un peu embêté avec cette procédure car depuis la mise à jour Creator Update, une icône de l'application Courrier est affichée par défaut sur la barre des tâches (en bas de votre écran).

   Nous retrouverons en détail l'application Courrier dans le Livret IV, Chapitre 1.

3. **Observez de plus près la fenêtre de l'application Courrier.**

   Comme toutes les autres fenêtres de Windows (ou presque), celle de l'application Courrier peut être redimensionnée en cliquant sur un de ses bords et en le faisant glisser. Il est aussi possible de la déplacer en cliquant sur sa barre de titre (le bandeau qui se trouve en haut de la fenêtre) et en la faisant également glisser. Et, comme toute fenêtre qui se respecte, elle affiche sur la droite de sa barre de titre trois boutons servant à la replier dans la barre des tâches, l'agrandir sur la totalité du bureau, et enfin à refermer l'application.

   Tout cela peut vous sembler évident si vous venez de Windows 7 ou d'une version encore plus ancienne. Mais, pour les utilisateurs

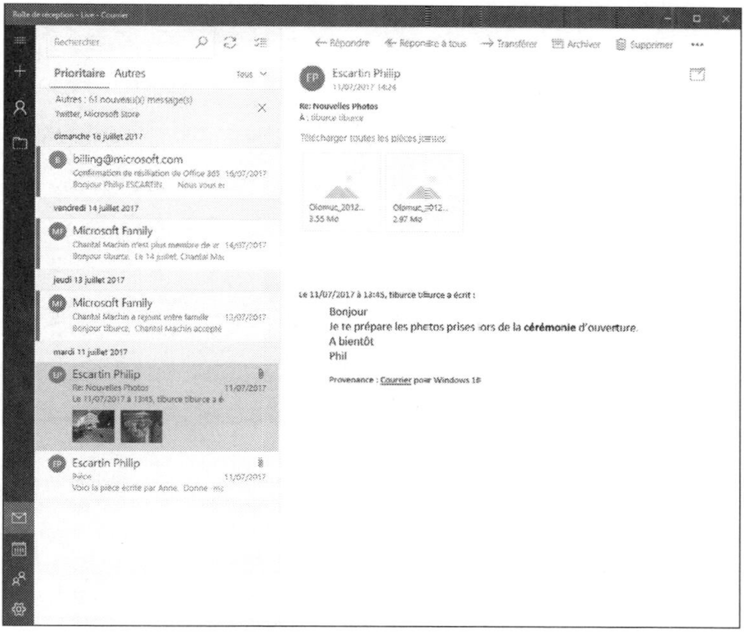

FIGURE 1.6 L'application est représentative des nouvelles applications « Universelles » Windows.

de Windows 8/8.1, il peut sembler étrange que la vignette d'une application « Metro » ouvre autant de portes dans sa fenêtre.

4. **Sur la barre des tâches, cliquez sur le bouton Affichage des tâches, à droite du champ de recherche (Cortana, en somme). Ce bouton ressemble à une sorte de table au milieu de deux chaises (vu de haut).**

   Le bureau se grise et votre application Courrier se transforme en une vignette colorée sur votre écran.

   Si cette icône n'est pas visible, faites un clic-droit sur la barre des tâches. Dans le menu contextuel qui apparaît, cochez l'option Afficher le bouton Applications actives.

5. **En bas et à droite de l'écran, cliquez sur le bouton « + » Nouveau bureau.**

   Windows crée un nouveau bureau vide qu'il vous montre dans le mode Affichage des tâches (voir la Figure 1.7).

6. **Cliquez sur la vignette qui indique Bureau 2. Cliquez ensuite sur le bouton Démarrer, puis sur la vignette de l'application Météo. Finalement, cliquez sur l'icône Affichage des tâches pour revenir à son écran.**

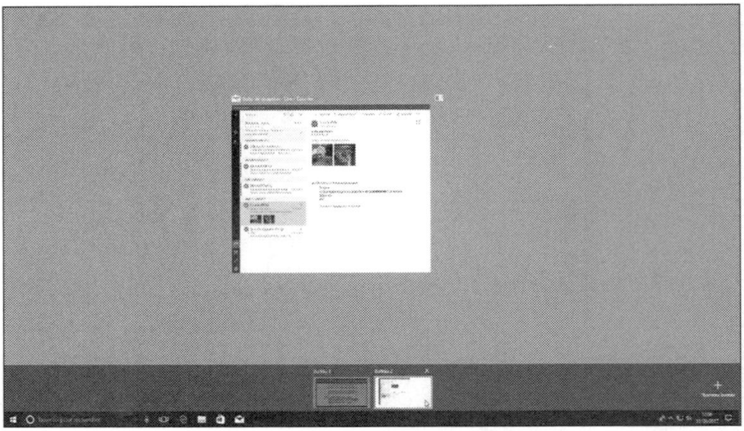

FIGURE 1.7 Windows 10 vous permet de multiplier les bureaux.

Vous constatez maintenant que l'application Courrier est attachée au Bureau 1, tandis que Météo est associée au Bureau 2. De plus, celui-ci est grisé et il affiche une vue en réduction de l'application Météo (voir la Figure 1.8).

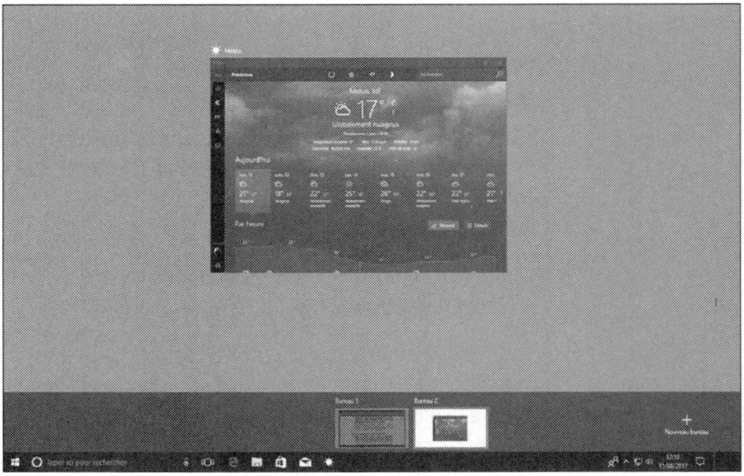

FIGURE 1.8 Deux bureaux, chacun avec ses propres applications.

7. **Maintenant, cliquez droit sur l'aperçu de l'application Météo (ou maintenez-le enfoncé avec le doigt). Un menu va s'afficher. Choisissez l'option Déplacer vers, puis Bureau 1, comme sur la Figure 1.9. Cliquez ensuite sur la vignette Bureau 1, en bas de l'écran.**

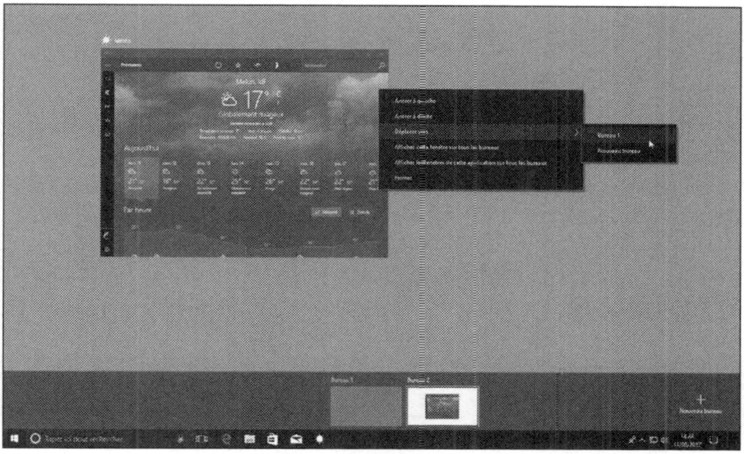

FIGURE 1.9 Pour déplacer une application d'un bureau à un autre.

Vous venez de créer avec grand succès un second bureau, puis vous avez déplacé une application active d'un bureau vers un autre.

Cette brève introduction à l'Affichage des tâches et aux bureaux multiples sera développée dans le Livret III, Chapitre 4.

8. **Refermez les applications Courrier et Météo. Ouvrez à nouveau le menu Démarrer.**

   Par défaut Windows affiche une liste alphabétique de toutes vos applications.

9. **Faites défiler la liste pour localiser la rubrique Accessoires Windows (ce qui devrait aller vite). Parmi tous les accessoires proposés, choisissez Bloc-notes.**

   Le Bloc-notes apparaît, comme au bon vieux temps (voir la Figure 1.10).

   Remarquez que la liste des applications du menu Démarrer comporte très peu de groupes du genre Accessoires Windows. Lorsque vous installez de nouveaux programmes, ils peuvent ajouter leur propre liste déroulante dans la liste, exactement comme pour les Accessoires Windows. Mais, le plus souvent, ils se contentent d'ajouter une icône dans le menu. Si vous installez un programme appelé par exemple WuzzWiz, vous devrez certainement faire défiler toute la liste des applications jusqu'au bout.

   Notez également que le programme que vous venez d'ouvrir, Bloc-notes, possède sa propre icône dans la barre des tâches. Celle-ci est soulignée d'un trait bleu pour indiquer que l'applica-

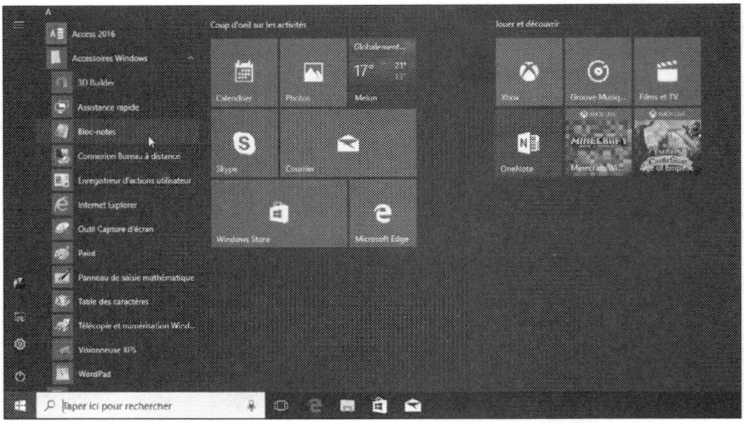

FIGURE 1.10 La liste des applications et des programmes installés sur l'ordinateur.

tion est active. Si vous voulez que cette icône reste en permanence sur la barre des tâches, cliquez droit dessus. Dans le menu qui s'affiche, cliquez sur Épingler à la barre des tâches. Cela vous évitera parfois d'avoir à parcourir toute la série des applications rien que pour retrouver un programme que vous utilisez couramment.

10. **Refermez le Bloc-notes. Ouvrez une nouvelle fois le menu Démarrer, et cliquez maintenant sur une des lettres de l'alphabet, par exemple le A au-dessus de Accessoires Windows.**

    Windows va vous montrer un index dans un style de répertoire téléphonique de toutes vos entrées d'applications (voir la Figure 1.11). Si vous cliquez par exemple sur *P*, vous êtes immédiatement transporté dans la partie des applications dont le nom commence par cette lettre.

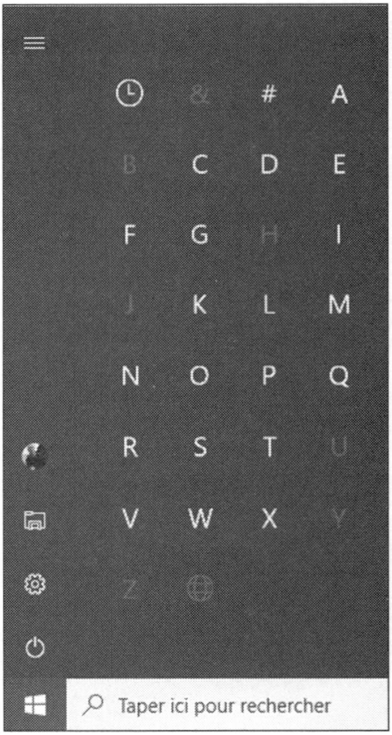

FIGURE 1.11 La liste Toutes les applications a un index.

Si une entrée de l'index reste grisée, cela signifie tout simplement qu'aucune des applications installées sur votre PC ne commence par cette lettre.

11. **Intéressons-nous maintenant à d'autres applications Universelles Windows importantes. En bas de l'écran, cliquez sur l'icône qui représente un *e* bleu plus ou moins tarabiscoté. Il rappelle d'ailleurs l'ancien logo d'Internet Explorer, sans doute pour ne pas trop vous dépayser.**

Vous êtes immédiatement transporté dans Microsoft Edge, le nouveau navigateur Internet de Windows. Edge est illustré sur la Figure 1.12.

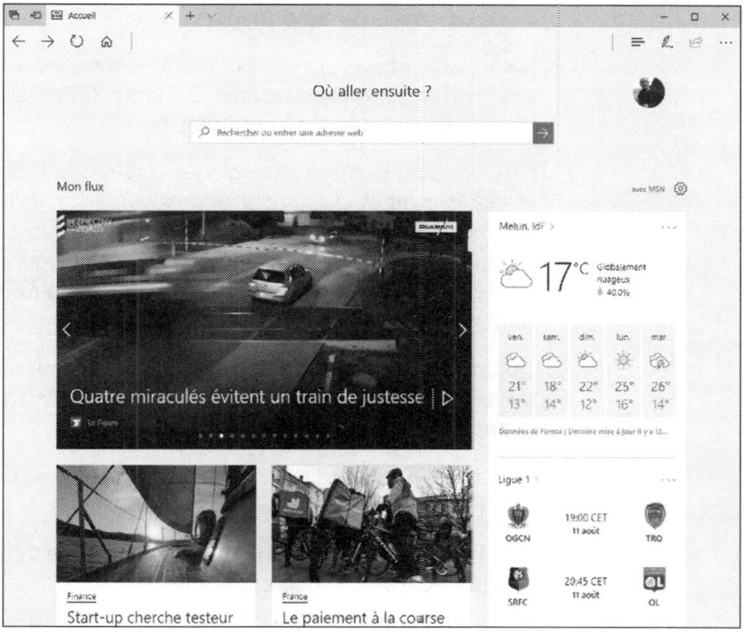

FIGURE 1.12 Edge est le nouveau navigateur Web de Microsoft.

Si vous voulez vraiment, vraiment, vraiment, utiliser Internet Explorer, je ne peux pas vous le cacher plus longtemps : il est toujours présent. Vous le trouverez dans les Accessoires Windows de la liste des applications du menu Démarrer, pas loin de Bloc-notes, découvert lors de l'Étape 9.

Vous pourrez également l'ouvrir rapidement en tapant Internet Explorer dans le champ de Cortana. Il ne vous restera plus qu'à cliquer sur la vignette Internet Explorer qui apparaîtra dans la liste des résultats de Cortana.

En première analyse, cela signifie que Microsoft a décidé de laisser tomber Internet Explorer. Et c'est une bonne nouvelle, tellement Internet Explorer provoquait de problèmes. D'ailleurs, le nombre de ceux qui persistaient à l'utiliser s'était réduit comme peau de chagrin. Avec Edge, Microsoft peut prétendre relancer la concurrence avec Google Chrome et Firefox. Ce sont d'excellents navigateurs que je continue quand même à recommander.

Amusez-vous un peu avec Edge. Tapez quelque chose dans sa barre d'adresse. Cliquez sur le signe « + », en haut de la fenêtre, pour ajouter un nouvel onglet. Cliquez sur plusieurs liens. Vous remarquez ? Eh oui, Edge fonctionne comme tout autre navigateur. Même s'il n'est pas bourré de fonctionnalités, c'est un bon navigateur pour les traversées quotidiennes. Vous le découvrirez en détail dans le Livret V, Chapitre 1.

12. **Si vous n'avez pas encore fait connaissance avec Cortana, c'est le moment. Cliquez dans le champ Taper ici pour rechercher, juste à droite du bouton Démarrer.**

    Cortana va vous proposer quelques étapes de configuration (voyez le Livret III, Chapitre 5). Si vous possédez déjà un compte Microsoft, cette phase ne devrait pas vous prendre longtemps. En fait, un compte Microsoft est indispensable pour que Cortana stocke des informations personnelles afin de pouvoir les retrouver par la suite.

13. **Quand vous avez cliqué, tapez ou dictez au micro « Hey, Cortana ». Faites une petite pause, puis dites « Chante-moi une chanson ».**

    Et la magie opère… Cortana se met à chanter une chanson aléatoire (voir la Figure 1.13).

    Je n'ai aucune idée de l'étendue du répertoire de Cortana. Mais si vous êtes d'ores et déjà curieux de vous faire une idée de l'étendue de ses connaissances, vous pouvez faire un petit tour sur le Web en tapant comme critère « Cortana questions » (avec Google, c'est mieux…).

14. **Voilà qui termine ce petit tour du propriétaire. Il y a bien entendu bien plus à découvrir. Nous n'avons fait que gratter légèrement la peau, et Windows 10 a le cuir très épais.**

    Allez, vous avez le droit de souffler un peu.

FIGURE 1.13 Et Cortana se met à chanter.

Les raccourcis clavier

Windows 10 est truffé d'innombrables raccourcis clavier. Personnellement, je déteste utiliser la plupart d'entre eux, mais il faut reconnaître que certains sont très utiles.

Il est difficile de les mémoriser tous, mais voici cependant ceux que tout le monde devrait connaître. Ils existent depuis belle lurette dans les versions antérieures de Windows :

» **Ctrl + C :** Copie l'élément sélectionné et le place dans le Presse-papiers. Sur un écran tactile, la même opération est faisable dans la plupart des applications en touchant continûment. Choisissez ensuite Copier.

» **Ctrl + X :** Coupe l'élément sélectionné (autrement dit, il le copie puis le supprime) et le place dans le Presse-papiers. Sur un écran tactile, touchez continûment et choisissez Couper.

» **Ctrl + V :** Colle le contenu du Presse-papiers à l'emplacement du curseur. Sur un écran tactile, touchez continûment et choisissez Coller.

» **Ctrl + A :** Sélectionne tout, bien que cette notion de « tout » soit assez vague. Des applications font un autre usage de ce raccourci. Toucher continûment propose l'option Tout sélectionner.

» **Ctrl + Z :** Annule la dernière action. Peu d'applications tactiles proposent une alternative à ce raccourci. Vous trouverez généralement une commande Annuler sur le ruban.

» Lors d'une saisie, les raccourcis **Ctrl + G, Ctrl + I** et **Ctrl + S** activent le gras, l'italique et le soulignement (N.d.T. : sur certaines applications, les raccourcis anglais ont été conservés pour le gras et le soulignement : Ctrl + B, comme *bold,* et Ctrl + U, comme *underline*). Répétez le même raccourci pour revenir à l'écriture normale.

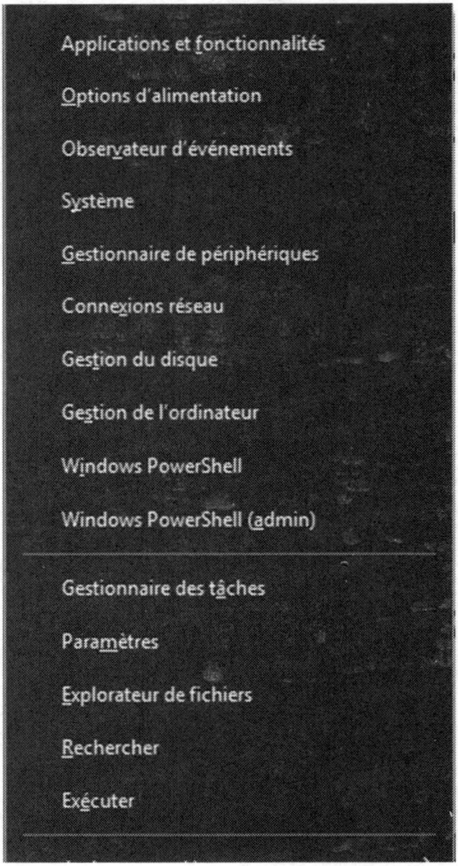

FIGURE 1.14
Ce menu vous fait pénétrer dans les entrailles de Windows.

En plus des raccourcis clavier remontant à la nuit des temps (de Windows), vous pourrez aussi utiliser ceux-ci :

» **Touche Windows (Win en raccourci) :** Ouvre le menu Démarrer.

» **Win + D :** Bascule directement de l'application active vers le bureau, et réciproquement.

» **Alt + Tab :** Fait passer d'un programme ouvert à un autre. Avec la variante **Win + Tab**, le bureau est considéré comme un programme.

- **Ctrl + Alt + Suppr :** Fait apparaître un écran proposant de verrouiller l'ordinateur (voir le Livret II, Chapitre 2), de changer d'utilisateur (Livret II, Chapitre 4), de se déconnecter, de modifier le mot de passe, ou d'exécuter le Gestionnaire des tâches (Livret VIII, Chapitre 5).

Vous pouvez également cliquer droit sur le menu Démarrer, ou appuyer sur la combinaison Win + X pour afficher un menu rempli d'options que seuls quelques rares techniciens sont capables de maîtriser en totalité (voir la Figure 1.14).

Voici deux raccourcis qui peuvent également vous faciliter la vie (ou pas) :

- **Win + C :** Demande à Cortana de vous écouter.
- **Win + L :** Bascule immédiatement vers l'écran de verrouillage.

Chapitre 2

Personnaliser les écrans de verrouillage et de connexion

DANS CE CHAPITRE :

- » **Personnaliser l'écran de verrouillage**
- » **Afficher des applications sur l'écran de verrouillage**
- » **Modifier la méthode de connexion**
- » **Définir un mot de passe image ou un code PIN**
- » **Empêcher toute connexion**

Windows vous oblige à franchir trois obstacles avant que vous ne puissiez commencer à utiliser l'ordinateur (ou à jouer) :

1. Vous devez franchir *l'écran de verrouillage.* Semblable dans son principe à l'écran de verrouillage d'un smartphone ou d'un iPad, ou d'une Surface, il est censé empêcher l'ordinateur de démarrer inopinément.
2. Si plusieurs comptes d'utilisateurs ont été créés (disons si plusieurs personnes sont susceptibles d'utiliser le même ordinateur), vous devez choisir le compte dont Windows devra ouvrir la session. Nous y reviendrons au Livre II, Chapitre 4.
3. Si un mot de passe a été défini pour le compte dont vous cherchez à ouvrir la session, Windows 10 vous invitera à le saisir. Ce système d'exploitation autorise différents types de mots de passe, ce qui est particulièrement utile avec une tablette à écran tactile ou sur le petit écran d'un smartphone. Mais le principe reste le même : à moins d'avoir créé un compte dépourvu de mot de passe, vous devrez confirmer votre identité.

Sur certains ordinateurs équipés d'une webcam, une nouvelle option d'identification d'ouverture de session est proposée : True Key. Il s'agit d'un système de reconnaissance faciale. Après un apprentissage de la part de la machine qui scanne votre joli minois, True Key vous identifiera et ouvrira la session. Bien entendu, si l'identification échoue pour une raison ou pour une autre (chirurgie esthétique par exemple), vous pourrez revenir à une connexion standard et taper votre mot de passe habituel.

Ce n'est qu'après ces formalités que vous accédez à l'écran d'accueil et, de là, à toutes les richesses de Windows. Voyons à présent comment personnaliser l'écran de verrouillage et les moyens de se connecter selon vos désirs.

L'écran de verrouillage

Lorsque vous démarrez l'ordinateur, ou si vous n'y touchez pas pendant un moment, vous voyez s'afficher l'écran de verrouillage, comme celui qui est illustré sur la Figure 2.1.

FIGURE 2.1 L'écran de verrouillage de Windows 10.

Vous franchissez l'écran de verrouillage de l'une des manières suivantes :

- » en effleurant l'écran tactile ;
- » en faisant bouger la souris ;
- » en appuyant sur une touche du clavier.

Nous verrons d'ici peu qu'il est possible de changer l'écran de verrouillage et de personnaliser les vignettes d'utilisateurs dans l'écran de connexion.

ÉCRANS DE VERROUILLAGE PERSONNALISÉS

Windows 10 affiche un écran différent pour chacun des comptes d'utilisateurs de l'ordinateur, et permet de personnaliser cet écran.

Lorsque vous verrouillez l'ordinateur – en cliquant sur l'icône de votre avatar dans la liste des icônes organisées verticalement dans la partie gauche du menu Démarrer, et en choisissant Verrouiller dans le menu local qui s'affiche –, Windows utilise l'écran de verrouillage associé à votre compte. Dès que vous cliquez sur cet écran, ou si vous l'effleurez, l'écran de connexion (ou d'ouverture de session) apparaît, et vous devez taper votre mot de passe une nouvelle fois (si vous en avez défini un, bien sûr).

Personnaliser l'écran de verrouillage

Par défaut, la photo affichée par l'écran de verrouillage change à chaque démarrage de Windows ou de sortie de veille. En effet, le système d'exploitation est configuré sur une option appelée Windows à la une. Il est très facile de choisir une autre image pour l'écran de verrouillage (voyez l'encadré « Écrans de verrouillage personnalisés » pour quelques informations complémentaires).

Voici comment procéder :

1. **Cliquez ou tapez sur le bouton Démarrer, puis sur l'icône Paramètres (engrenage).**

   Si vous préférez afficher le texte des icônes, commencez par cliquer sur le bouton Démarrer puis sur les trois traits horizontaux situés en haut à gauche du menu Démarrer. Vous constatez que le nom des options s'affiche à droite de leur icône.

2. **Dans la fenêtre qui s'ouvre, choisissez Personnalisation.**
3. **Dans la colonne Personnalisation (à gauche), sélectionnez Écran de verrouillage.**

   L'aperçu de l'écran de verrouillage apparaît (voir la Figure 2.2).

4. **Pour modifier la configuration Windows à la une, ouvrez le menu local Arrière-plan.**

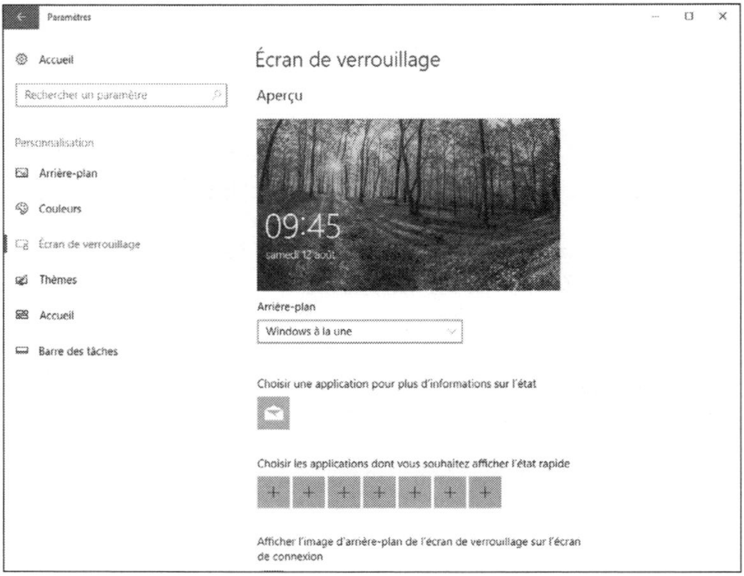

FIGURE 2.2 C'est ici que vous changez votre écran de verrouillage.

5. **Choisissez Image.**

   Si l'une des images qui s'affichent sous l'actuel écran de verrouillage vous séduit, cliquez dessus pour l'utiliser.

6. **Cliquez sur le bouton Parcourir pour choisir une de vos images.**

   Cette action ouvre la bibliothèque Images, mais dans la version Explorateur de fichiers.

7. **Choisissez une de vos photos dans le sélecteur de fichiers, puis cliquez sur le bouton Choisir une image situé dans la partie inférieure droite de l'écran.**

   C'est tout.

Le menu local Arrière-plan vous propose une autre option, Diaporama. Elle est associée aux albums de l'application Universelle Photos (voir le Livret IV, Chapitre 3), mais vous pouvez aussi choisir votre propre dossier d'images comme source du diaporama. Il suffit de cliquer sur une des vignettes libellées Images. Pour configurer le diaporama, cliquez sur le lien qui indique Paramètres avancés du diaporama. Vérifiez que l'option Inclure les dossiers Pellicule de ce PC et de OneDrive est activée, et que les images sont assez grandes pour remplir tout l'écran, ainsi que quelques autres options.

Pour tester votre nouvel écran d'accueil, le plus simple est d'ouvrir le menu Démarrer, puis de toucher ou cliquer l'icône de l'avatar. Dans le menu local qui apparaît, choisissez Verrouiller.

Pour basculer rapidement vers l'écran de verrouillage, exécutez le raccourci clavier Win + L. (Pensez à L comme *Lock* qui signifie « Verrouillage » en anglais.)

Ajouter et retirer des applications sur l'écran de verrouillage

Les *badges* sont les petites icônes affichées en bas de l'écran de verrouillage. Elles indiquent au premier coup d'œil le nombre de messages non lus, le niveau de la batterie sur un appareil portable, et d'autres informations utiles avant même d'avoir activé une connexion. Le type de connexion Internet – Wi-Fi ou Ethernet – est également indiqué par un badge. Sur un ordinateur portable, vous y verrez également une icône qui vous informe du niveau d'autonomie de la batterie.

Windows permet de choisir les badges à afficher. Pourquoi ne pas les afficher tous, vous demandez-vous peut-être ?

C'est une bonne question. Il se trouve que les programmes dotés d'un badge actualisent régulièrement leurs informations, généralement toutes les 15 minutes. Or, lorsqu'un badge est affiché, l'application à laquelle il est associé doit sortir de veille à intervalles réguliers afin de récupérer les données et de les mettre à jour sur l'écran de verrouillage. Afficher tous les badges drainerait inévitablement la batterie plus rapidement.

Conclusion : si votre ordinateur fonctionne sur la batterie, évitez d'afficher plus de badges que nécessaire. Mais s'il est alimenté par le secteur, vous pouvez afficher autant de badges que vous en avez envie.

Voici comment choisir et activer les badges :

1. **Ouvrez le menu Démarrer, puis cliquez sur l'icône Paramètres (engrenage).**
2. **Dans la fenêtre Paramètres, cliquez sur Personnalisation, puis sélectionnez dans le volet de gauche Écran de verrouillage. Faites défiler la partie droite de la fenêtre vers le bas.**

   En bas de l'écran, vous devriez voir apparaître deux rangées d'icônes grises.

Comme le montre la Figure 2.2, la première rangée contient un seul badge particulier chargé de montrer une certaine information sur l'écran de verrouillage. Cette application est conçue de manière à occuper une place nettement repérable lors du démarrage de Windows.

La seconde rangée de sept icônes vous offre la possibilité d'ajouter autant de badges en bas de l'écran de verrouillage. Ces badges apparaîtront dans l'ordre défini, de la gauche vers la droite en commençant par la position qui se trouve sous l'horloge. En théorie (quoique cela ne marche pas toujours), vous avez donc toute latitude pour définir ce que vous voulez ou non afficher sur l'écran de verrouillage.

3. **Touchez ou cliquez sur l'une des icônes de badge et, dans le menu local qui apparaît, choisissez l'icône de l'application qui s'affichera sur l'écran de verrouillage (voir la Figure 2.3).**

Si vous ne désirez pas afficher de badge, cliquez simplement sur Aucun, en haut de la liste des applications.

Une application doit avoir été conçue tout spécialement pour afficher des informations sur l'écran de verrouillage. Quand vous installerez des applications supplémentaires, certaines pourront figurer spontanément dans la liste visible sur la Figure 2.3.

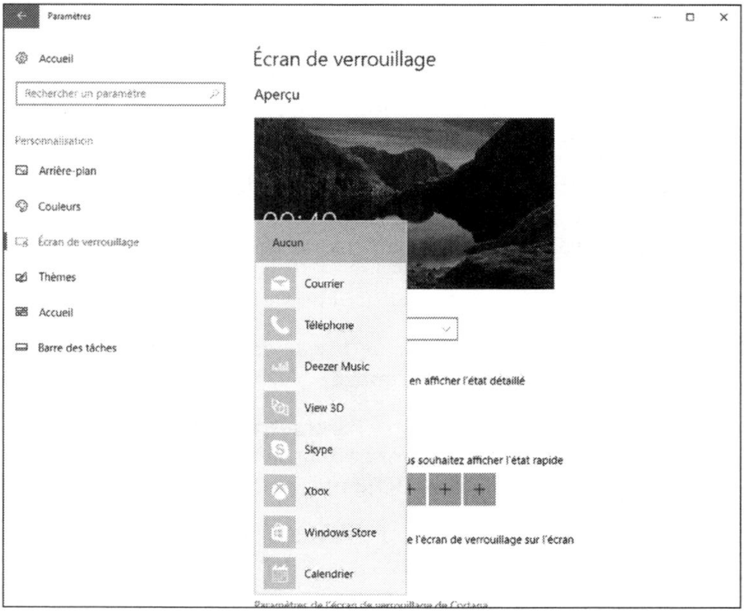

FIGURE 2.3 Choisissez les badges des applications que vous voulez afficher sur l'écran de verrouillage.

Un badge inutilisé est identifié par le signe « plus ». *De facto*, aucune application n'y apparaît. Par conséquent, pour ajouter un badge d'application, cliquez sur l'un de ces signes plus, et choisissez l'application qu'il devra ainsi représenter.

4. **Cliquez sur les icônes des badges qui vous intéressent, et choisissez l'application que vous voulez voir apparaître sur votre écran de verrouillage.**

   Vous avez terminé. Vous pouvez refermer la fenêtre Paramètres.

Pour voir vos badges, cliquez sur le bouton Démarrer. Ensuite, touchez ou cliquez sur votre avatar, en haut et à gauche de la liste verticale des icônes. Dans le menu local qui apparaît, choisissez Verrouiller. Je vous rappelle qu'une autre technique consiste à exécuter le raccourci clavier Ctrl + L.

Si le résultat ne vous convient pas, repartez tout simplement de l'Étape 1 pour modifier vos choix.

S'identifier pour se connecter

Voyons maintenant comment s'identifier par une image mot de passe ou un code confidentiel (PIN), afin de sécuriser l'accès à votre ordinateur. Je vous montrerai également comment vous pouvez outrepasser totalement la phase d'identification, si du moins vous êtes sûr que personne d'autre que vous ne peut se servir de votre ordinateur.

Configurer un mot de passe image

Si vous configurez un compte d'utilisateur comme expliqué plus loin dans le Livret II, Chapitre 4 et que ce compte est protégé par un mot de passe conventionnel, vous pouvez utiliser un mot de passe image.

C'est très facile.

Un *mot de passe image* est créé en deux temps : le choix d'une image – n'importe laquelle, une photo, un dessin... – et l'indication de la figure qu'il faut tracer dessus avec le doigt ou avec la souris, comme des touchers ou des clics, des cercles ou des lignes droites. Pour vous connecter au compte, vous aurez le choix entre saisir le mot de passe ou tracer les figures imposées (imposées par vous, évidemment).

Le mot de passe image est très plaisant. Que vous utilisiez la souris ou le doigt, quelques tracés sur une photo sont plus faciles à retenir que

`C1mOt2passE`. (Ce mot de passe est un exemple, ne le retenez surtout pas !)

Voici quelques suggestions de Microsoft pour renforcer l'efficacité d'un mot de passe image :

- **Choisissez une photo contenant de nombreux points d'intérêt.** S'ils sont peu nombreux, le choix sera très limité et les chances de les trouver plus grandes.
- **Ne vous limitez pas à des touchers ou à des clics.** Mêlez un toucher, un cercle et une ligne, par exemple. Mais ne compliquez pas trop les choses quand même, sinon vous risqueriez d'oublier le motif…
- **N'allez pas toujours de la gauche vers la droite.** Les lignes peuvent être tracées horizontalement ou verticalement, dans un sens ou dans un autre. Un cercle peut être tracé dans le sens horaire ou antihoraire.
- **Ne laissez personne regarder comment vous tracez les figures.** La grande faiblesse d'un mot de passe image, comparé à un mot de passe au clavier, et qu'il est facile de voir ce qui est tracé à l'écran.
- **Nettoyez l'écran.** Un esprit tordu peut tenter de deviner ce que vous avez dessiné sur un écran tactile en recherchant les traces de doigt. Si vous n'avez pas la possibilité de nettoyer l'écran maintenant, ajoutez des traces de doigts aléatoires afin de leurrer quelqu'un qui examinerait l'écran.

Voici comment configurer un mot de passe image :

1. **Une nouvelle fois, ouvrez le menu Démarrer puis cliquez sur l'icône Paramètres (engrenage). Choisissez maintenant l'option Comptes.**
2. **Dans la colonne Comptes (à gauche), cliquez sur Options de connexion.**

   La page de configuration des options de connexion apparaît (voir la Figure 2.4).
3. **Si nécessaire, faites défiler le contenu de la fenêtre pour afficher la section Mot de passe image. Là, cliquez sur Ajouter.**

   Windows demande de confirmer l'actuel mot de passe (si, bien entendu, vous en avez défini un).

FIGURE 2.4 Les paramètres de mot de passe de votre compte.

Un mot de passe saisi au clavier est obligatoire (le champ de saisie ne peut rester vierge). Autrement, Windows démarrerait la session sans demander aucun mot de passe, qu'il soit textuel ou graphique.

4. **Tapez le mot de passe, puis touchez ou cliquez sur OK.**

   Windows vous demande de choisir une image.

5. **Touchez ou cliquez sur le bouton Choisir une image. Sélectionnez une image contenant suffisamment d'éléments intéressants pour le mot de passe image, puis touchez ou cliquez sur le bouton Ouvrir.**

   Si la photo n'est pas aux mêmes proportions que l'écran, vous pouvez la faire glisser pour la cadrer à votre convenance.

6. **Une fois votre recadrage éventuel effectué, touchez ou cliquez sur le bouton Utiliser cette image.**

   Windows vous invite à effectuer les gestes pour le traçage.

7. **Windows vous invite ensuite à répéter les gestes. Dès qu'ils coïncident avec ceux effectués lors de l'Étape 6, tapotez ou cliquez sur Terminer.**

   C'est là que vous vous rendez compte à quel point le tracé des figures peut être précis.

8. **Cliquez sur le bouton Terminer.**

   Le mot de passe image est opérationnel.

9. **Revenez au menu Démarrer, tapez ou cliquez sur l'icône de votre avatar. Dans le menu local qui s'affiche, choisissez**

Verrouiller, et assurez-vous que vous pouvez reproduire la gestuelle.

Si le mot de passe image ne fonctionne pas, vous pouvez toujours utiliser le mot de passe au clavier.

Définir un code PIN

Le code PIN en question est un code à quatre chiffres comparable au code PIN utilisé en téléphonie ou pour votre carte bancaire.

Utiliser un même code confidentiel ou code PIN sur différents appareils est risqué. Il est plus sûr de définir un code différent pour chacun d'eux. C'est la sagesse même, non ?

L'avantage d'un code PIN sur toute autre méthode est qu'il est court et facile à mémoriser. D'un point de vue technique, le plus important est que ce code PIN est stocké uniquement sur votre ordinateur. Il est lié à celui-ci, et vous n'avez pas trop à craindre qu'il se retrouve dans une base de données pirate, ou volé avec le numéro de votre carte bancaire. Quant à la NSA, c'est une autre affaire...

La création d'un code PIN est facile :

1. **Une nouvelle fois, ouvrez le menu Démarrer puis cliquez sur l'icône Paramètres (engrenage). Choisissez maintenant l'option Comptes.**
2. **Dans le volet de gauche, cliquez sur Options de connexion.**

   La page de configuration des options de connexion apparaît (reportez-vous à la Figure 2.4).
3. **Dans la section Code PIN, cliquez sur Ajouter.**

   Windows vous demande de confirmer votre mot de passe, c'est-à-dire celui que vous utilisez pour ouvrir vos sessions Windows. Vous devez le saisir au clavier (le mot de passe image n'est pas utilisable).
4. **À la demande de Windows, saisissez votre mot de passe d'ouverture de session actuel, et cliquez sur Se connecter.**

   Windows vous demande ensuite de saisir un code confidentiel, puis de le confirmer (voir la Figure 2.5). En général, ce genre de code comporte quatre chiffres, mais vous pouvez en ajouter davantage. Évidemment, une combinaison du genre **123456** n'est *vraiment* pas une bonne idée !

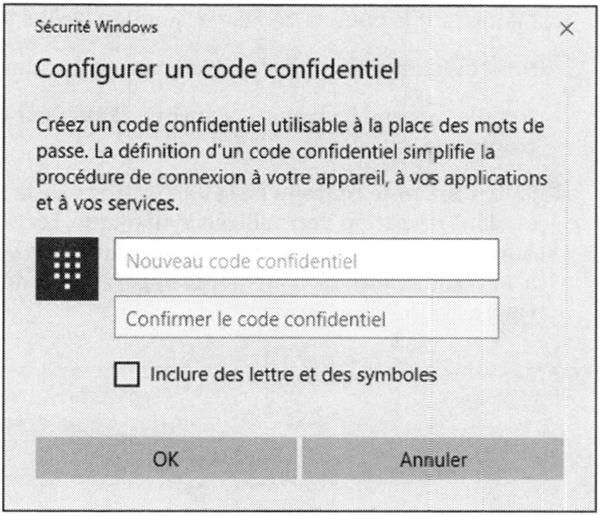

FIGURE 2.5 Définir un code PIN, c'est très facile.

5. **Saisissez le code confidentiel, saisissez-le de nouveau pour confirmation, puis touchez ou cliquez sur OK.**

Ces protections à l'aide de caractères ou de chiffres sont loin de procurer une sécurité absolue. La fin des mots de passe classiques n'est peut-être pas si loin que cela. Après, vient le temps de l'identification biométrique, qui nécessite du matériel spécialisé pour reconnaître l'iris, les empreintes, le visage, l'ADN et que sais-je encore. Microsoft s'est préparée en concevant un environnement matériel spécialisé qu'il appelle Windows Hello. D'accord, pour vous et moi, ce n'est pas pour demain. Cependant, votre matériel est peut-être déjà prêt pour ce bond dans le futur. Normalement, si c'est le cas, un nouveau lien devrait apparaître dans la page Options de connexion des Paramètres une fois que vous avez créé un code PIN.

Verrouillage dynamique

Le verrouillage dynamique est une conséquence de la nouvelle fonction Téléphone de Windows 10 qui permet d'associer un smartphone à votre ordinateur. Grâce à cette association, vous pourrez verrouiller dynamiquement votre PC ou votre tablette quand vous vous en éloignez. Le verrouillage se produit dès que vous n'êtes plus à portée de la connexion Bluetooth.

Une fois que vous aurez associé un téléphone, activez sa connexion Bluetooth, et configurez le verrouillage de la manière suivante :

1. **Cliquez sur le bouton Démarrer, puis sur l'icône Paramètres.**
2. **Dans la fenêtre Paramètres Windows, cliquez sur Comptes.**
3. **Dans la colonne Comptes (à gauche), cliquez sur Options de connexion.**
4. **Faites défiler le contenu de la partie droite de la fenêtre et, dans la section Verrouillage dynamique, cochez l'option Autoriser Windows à détecter quand vous êtes absent et à verrouiller automatiquement l'appareil, comme sur la Figure 2.6.**

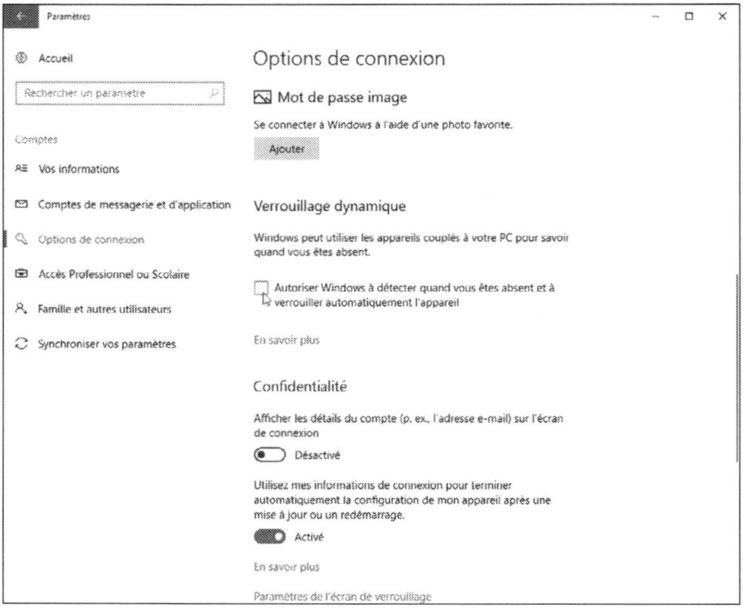

FIGURE 2.6 Verrouiller dynamiquement Windows.

Le verrouillage dynamique n'est possible, donc activable, que sous trois conditions. La première est que votre PC doit disposer d'une connexion Bluetooth, chose rare sur les PC de bureau, mais implémentée sur les portables, tablettes, et hybrides. Votre smartphone devra être associé à votre téléphone. Enfin, la connexion Bluetooth doit être active sur les deux appareils.

True Key

True Key est une technologie développée par Intel qui permet d'ouvrir la session d'un compte d'utilisateur dont on identifie le visage *via* une webcam.

Pour utiliser True Key, il suffit d'afficher l'écran d'ouverture de session et de cliquer (ou toucher) Ignorer le mot de passe en bas à gauche, sous les avatars des comptes définis sur l'ordinateur. True Key active la webcam, et vous demande de positionner votre visage de manière à bien l'identifier. Il doit apparaître clairement dans le cercle central de l'application. Une fois l'identification effectuée, il suffira d'invoquer True Key à la place de tout autre système d'identification. Placez votre visage devant la webcam. True Key vous reconnaît, et ouvre votre session.

Se dispenser de mot de passe

Vous disposez à présent de trois manières commodes pour vous identifier auprès de Windows : le classique mot de passe saisi au clavier, le mot de passe image et sa gestuelle, et le code PIN comparable à celui d'un téléphone ou d'une carte bancaire.

Et si vous ne voulez aucun mot de passe parce que vous estimez qu'il est inutile, que votre ordinateur est totalement sécurisé, ou parce que vous ne voulez pas être ennuyé par ce genre de formalité ?

Dès lors que votre compte est de type Local, c'est facile. Il vous suffit de supprimer le mot de passe et de laisser le champ de saisie vide. Suivez les étapes proposées dans le Livret II, Chapitre 4, mais laissez le champ Nouveau mot de passe vide (le bouton Modifier le mot de passe de votre compte est visible sur la Figure 2.4, plus haut dans ce chapitre).

Un compte Microsoft n'accepte pas que le champ Mot de passe soit vide. Mais un compte Local, si.

Si votre mot de passe est vide, vous accédez directement au bureau après avoir cliqué sur l'icône de votre compte d'utilisateur dans l'écran d'accueil.

Si un seul et unique compte existe, et si ce compte ne possède pas de mot de passe, vous passez immédiatement de l'écran de verrouillage au bureau.

Sur certains appareils, et notamment les portables et les tablettes, vous pouvez utiliser Windows Hello. Il s'agit d'un moyen d'ouvrir vos sessions Windows grâce à la reconnaissance de votre empreinte digitale ou de votre visage. Tout ordinateur équipé d'un lecteur d'empreintes digitales peut utiliser Windows Hello.

Chapitre 3

Windows et ses notifications

DANS CE CHAPITRE :

- **À la découverte du Centre de notifications**
- **Les options du Centre de notifications**
- **Les différents types de notifications**
- **Que faire des notifications**

Si vous avez déjà utilisé un smartphone ou une tablette, vous devez probablement savoir ce que couvre la notion de notifications. Chacun gère la chose à sa manière et sous des formes différentes, mais le concept est le même. Vous êtes averti de quelque chose, vous regardez de quoi il s'agit, et vous décidez de la suite des événements (exemple : supprimer cette ennuyeuse notification publicitaire).

Dans Windows 7, ces notifications étaient plutôt rares et disparaissaient rapidement (généralement, elles provenaient de programmes qui vous proposaient de les mettre à jour, ou encore de Windows qui vous signalait un problème). Avec Windows 8/8.1, il y en avait bien plus, mais elles ne s'affichaient pas plus longtemps. Et si elles commençaient à s'empiler, elles pouvaient rapidement squatter toute la partie droite de l'écran.

Finalement, Windows 10 nous propose un volet unique dans lequel il affiche les notifications que vous recevez. Ou du moins certaines d'entre elles. Parfois. Un peu comme les premiers smartphones, si vous voyez ce que je veux dire.

Le Centre de notifications

D'accord, Microsoft ne l'appelle pas toujours Centre de notifications, ce qui est pourtant l'appellation communément admise un peu partout

(Barre des notifications, c'est bien aussi). Les types de chez Microsoft aiment bien Centre de sécurité et maintenance (c'est d'ailleurs l'appellation que l'on trouve dans les paramètres, mais ce n'est pas très cohérent). Donc, va pour le Centre de notifications.

Le Centre de notifications n'a rien à voir avec le Centre de maintenance apparu avec Windows 7. Celui-ci existe toujours (sous l'appellation Sécurité et maintenance), mais il concerne essentiellement le propre fonctionnement de Windows, et au passage votre sécurité.

En fait, je vous parle ici d'un vrai Centre de notifications. Cliquez sur l'icône qui ressemble un peu à une bulle de B.D. située à l'extrémité droite de la Barre des tâches, c'est-à-dire dans la zone de notifications. Vous découvrirez alors les notifications qui vous ont été envoyées (voir la Figure 3.1).

L'icône du Centre de notifications de la Barre des tâches affiche le nombre de notifications dont vous n'avez pas encore pris connaissance.

En haut du volet qui s'affiche, Windows rassemble les notifications diverses et variées qui vous sont destinées (mais pas toutes). En bas, vous pouvez voir des boutons en plus ou moins grand nombre qui donnent accès à divers réglages.

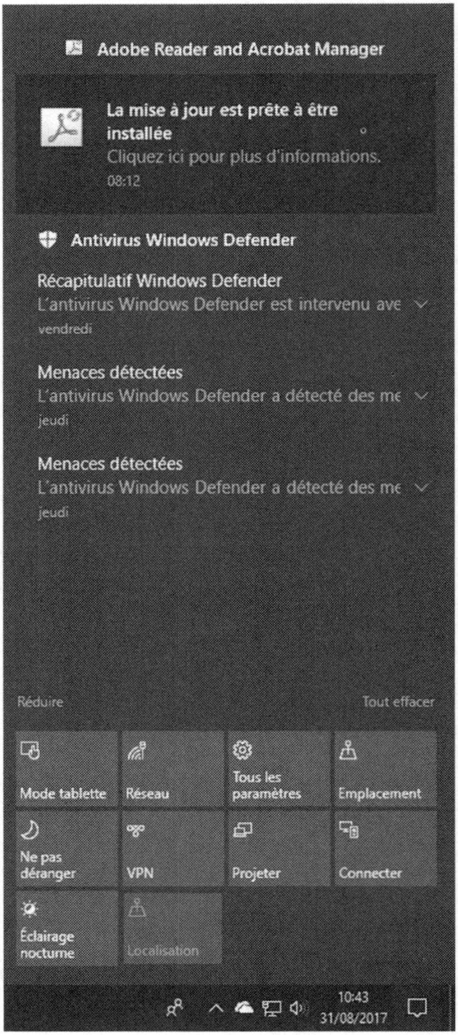

FIGURE 3.1
Windows 10 et les notifications.

Qu'est-ce qu'une notification ?

Historiquement, Windows a toujours été capable de traiter toutes sortes de notifications. Il peut s'agir d'icônes qui clignotent sur la barre des tâches, ou qui se cachent dans ce qui s'appelait la Zone de notifications (près de l'horloge, à droite de la barre des tâches) pour afficher sournoisement des bulles diverses et variées, voire même des boîtes de dialogue totalement intempestives, parfois même capables de bloquer le système. Avec Windows 8/8.1, les choses se sont un peu calmées et organisées, voire même disciplinées.

Ces nouvelles notifications, politiquement beaucoup plus correctes, sont les messages que vous recevez quand Windows 10 ou un de ses programmes veut attirer votre attention. Elles se répartissent pour l'essentiel en trois grands groupes :

- Des panneaux rectangulaires apparaissant en bas et à droite de l'écran, contenant quelques lignes de texte comme : `Cliquez pour sélectionner l'action à exécuter avec Images` ou `Activer ou désactiver le partage`. C'est typiquement le cas si vous insérez une clé USB ou un nouveau DVD dans votre lecteur.

  Ces notifications, souvent appelées *toasts*, sont un élément important de la face Universelle de Windows. Ce nom est bien choisi : ces notifications jaillissent comme des morceaux de baguette d'un grille-pain, et vous devez les attraper au passage avant qu'elles ne retombent.

- Les notifications toasts peuvent être affichées sur l'écran de verrouillage. C'est plus commode que sur le bureau, car elles sont ainsi lisibles, même lorsque Windows est en veille. Mais elles drainent la batterie des appareils portables.
- Elles peuvent émettre un son. J'en frémis d'avance.

Google, par exemple, joue comme d'habitude son propre jeu. Il a donc construit son propre système qui est géré directement dans le navigateur. Ainsi, si vous recevez un message Gmail, il vous suffit de cliquer sur la notation qui apparaît dans le coin inférieur droit de la fenêtre pour le consulter (d'accord, il faut être assez rapide). Ces notifications sont donc totalement internes à Google Chrome, et elles ne sont ni vues ni contrôlées par Windows. Un jour, peut-être, arriveront-ils à se mettre d'accord pour le plus grand bonheur des utilisateurs.

Travailler avec les notifications

Dans le meilleur des mondes, les notifications de Windows 10 fonctionneraient comme celles de Google Chrome, mais en mieux. Cliquer sur une notification et se trouver transporté vers une description, un réglage, un message, des explications, la meilleure recette de mojito, les numéros gagnants du prochain loto... Le rêve, quoi.

La réalité est tout autre, et il faut bien reconnaître qu'à ce jour la plupart des notifications n'offrent pas grand intérêt. Parfois, oui. Souvent, non.

Si vous remarquez qu'un certain programme vous envoie des notifications dont vous n'avez rien à faire, Windows vous permet de les désactiver assez facilement. Inversement, il est aussi possible de choisir les applications autorisées à émettre des notifications, et celles qui devront réprimer leurs borborygmes.

Voici comment désactiver des notifications :

1. **Tapez ou cliquez sur le bouton Démarrer, puis sur l'icône Paramètres (engrenage) et enfin Système.**
2. **Dans la colonne Système (à gauche), cliquez sur Notifications et actions.**

   Le volet des actions rapides et des notifications apparaît sur la droite de la fenêtre (voir la Figure 3.2).
3. **Désactivez toutes les notifications en basculant le commutateur qui indique Obtenir les notifications des applications et des autres expéditeurs.**

   Expéditeurs ? C'est ainsi que Microsoft nomme les applications et les programmes qui envoient des notifications.
4. **Si vous voulez juste faire taire une certaine application, faites glisser la fenêtre vers le bas pour afficher le contenu de la section Obtenir les notifications de ces expéditeurs, comme sur la Figure 3.3. Ensuite, placez le commutateur des expéditeurs concernés vers la gauche pour le désactiver.**
5. **Voyez dans les autres réglages ce qui pourrait vous intéresser ou pas (les conseils sur Windows, je m'en passe très bien, et je déteste être ennuyé lorsque je fais une présentation).**
6. **Refermez la fenêtre. Vous avez terminé.**

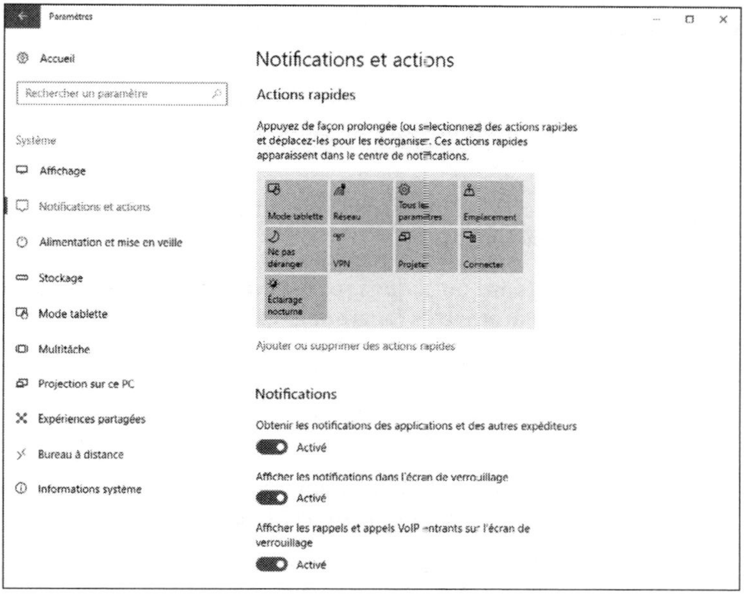

FIGURE 3.2 C'est ici que vous activez ou désactivez les notifications.

FIGURE 3.3 Activer/désactiver les notifications des autres programmes et applications.

Configurer les actions rapides

Vous avez pu constater la présence en bas du volet du Centre de notifications d'une série de boutons. Sur la Figure 3.1, par exemple, il y en a dix.

Vous avez un (petit) contrôle sur ces boutons. Voyons ce que vous pouvez en faire :

1. **Tapez ou cliquez sur le bouton Démarrer, puis sur l'icône Paramètres (engrenage) et enfin Système.**
2. **Dans le volet de gauche, cliquez sur Notifications et actions.**

   Le volet des actions rapides et des notifications apparaît sur la droite de la fenêtre (reportez-vous à la Figure 3.2).

3. **Dans la section Actions rapides, cliquez sur le lien Ajouter ou supprimer des actions rapides.**

   Vous accédez à la liste des actions rapides, comme le montre la Figure 3.4.

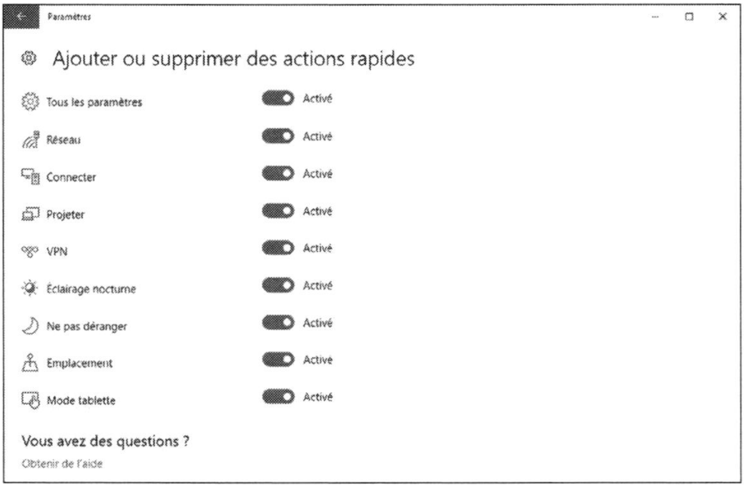

FIGURE 3.4 Définir les actions dites rapides.

4. **Par un simple clic, basculez sur Désactivé le commutateur de chaque action rapide que vous ne souhaitez plus afficher dans le Centre de notifications.**

Le Tableau 3.1 explique le rôle de chaque action rapide configurable.

TABLEAU 3.1 Les actions rapides de Windows 10.

Icône	Ce qu'elle fait
Tous les paramètres	Affiche/Masque l'icône de l'engrenage qui permet d'accéder à la fenêtre Paramètres de Windows. Vous obtenez exactement le même résultat lorsque vous touchez ou cliquez l'icône de l'engrenage du menu Démarrer.
Réseau	Ouvre une notification sur le réseau actuellement utilisé, et permet de cliquer sur le lien Paramètres réseau. Il contient de nombreux paramètres de réseau avec ou sans fil.
Connecter	Recherche des affichages ou autres appareils sans fil, en particulier des systèmes audio et télévisuels compatibles Miracast.
Projeter	Affiche un panneau de configuration de votre PC avec deux écrans afin de diffuser des présentations à un public.
Économiseur de batterie	Permet de choisir entre deux modes d'économie de la batterie en diminuant la luminosité de l'affichage. Cette fonction est désactivée si l'ordinateur est branché sur le secteur. Vous ne trouverez ce réglage que sur les portables et les tablettes.
VPN	Pour créer une connexion à un réseau privé virtuel, ou se connecter à un réseau existant.
Bluetooth	Active ou désactive le Bluetooth. Vous ne trouverez ce réglage que sur les portables et les tablettes.
Éclairage nocturne	Permet de se protéger de la lumière bleue émise par les écrans.
Luminosité (100 %)	Ajuste la luminosité de l'écran par pas de 25 %. Vous ne trouverez ce réglage que sur les portables et les tablettes.
Verrouillage de la rotation	Pour les écrans tactiles détachables, cette option bloque la rotation de l'affichage de l'écran lorsque vous tournez votre écran.
Note	Disponible si Microsoft Office est installé sur votre ordinateur. Ouvre l'application Note pour taper des... notes.
Point d'accès sans fil mobile	Transforme votre PC en point d'accès sans fil mobile en partageant votre connexion Internet avec d'autres appareils *via* Wi-Fi.

Icône	Ce qu'elle fait
Wi-Fi	Active ou désactive le Wi-Fi. Cette icône ne permet pas de choisir une connexion. Vous ne trouverez ce réglage que sur les portables et les tablettes, ou si vous connectez un adaptateur Wi-Fi (sous la forme d'une clé USB Wi-Fi par exemple).
Ne pas déranger	C'est sans doute pour ne pas être… dérangé.
Localisation	Active ou désactive la localisation de l'appareil dans la section Service d'emplacement de la rubrique Localisation du paramètre Confidentialité.
Mode Avion	Active ou désactive toutes les communications sans fil. Voyez ce qu'en dit l'application Paramètres, rubrique Réseau et Internet, option Mode Avion. Vous ne trouverez ce réglage que sur les portables et les tablettes.
Mode Tablette	Active ou désactive le mode Tablette.

Chapitre 4

Le contrôle des utilisateurs

DANS CE CHAPITRE :

- » **Choisir un type de compte**
- » **Le pour et le contre des comptes Microsoft**
- » **Ajouter un nouvel utilisateur**
- » **Modifier un compte**
- » **Passer d'un compte d'utilisateur à un autre**

Selon Microsoft, 70 % des utilisateurs de PC n'ont qu'un seul compte d'utilisateur. Étonnant, non ? Cela signifie que 70 % des ordinateurs sous Windows fonctionnent en permanence à leur niveau de sécurité le plus permissif. Cela signifie aussi que le petit dernier de la famille, qui connaît l'informatique mieux que ses tables de multiplication, peut installer facilement le vieil Antivirus 2010 – un pourriciel notoire – et planter toute la famille en deux clics : « Désolé, la pub disait qu'il fallait absolument que je l'installe et qu'à 50 euros l'abonnement trimestriel, c'était une affaire. Je ne savais pas que c'était une telle daube. »

Bien que beaucoup de PC ne soient utilisés que par une seule personne, je suis enclin à penser que beaucoup de gens évitent de créer un compte par utilisateur tout simplement parce que cette procédure les intimide. Or, ce n'est pas si compliqué et vous en découvrirez ici les tenants et les aboutissants.

Même si vous êtes le seul et l'unique utilisateur de l'ordinateur, vous devriez configurer un second compte d'utilisateur. Cela peut parfois être utile en cas de problème avec le compte principal, mais aussi pour permettre à vos amis d'utiliser votre ordinateur lorsqu'ils passent un week-end chez vous.

Si votre ordinateur fonctionne sous Windows 10 Pro et qu'il est connecté à un grand réseau d'entreprise – un *domaine,* en jargon technique –, vous ne disposez que de peu de contrôle, voire aucun, sur qui a le droit d'y créer un compte d'utilisateur, ni sur ce qu'il peut faire par la suite. C'est une bonne chose, en théorie du moins, car l'administrateur de réseau se doit d'assurer la sécurité informatique et d'empêcher quiconque d'accéder à des données sensibles, comme la comptabilité. Mais des problèmes peuvent surgir lorsque vous devez installer un programme et que votre compte d'utilisateur ne possède pas toutes les fonctionnalités nécessaires. Si l'ordinateur est rattaché à un domaine, vous serez obligé de demander à l'administrateur de vous octroyer ces droits.

Le contenu de ce chapitre ne concerne que les PC connectés à un petit réseau ou pas connectés du tout. Sinon, vous devrez payer le tarif officiel : pizza, bière, plus un sourire peuvent aider.

Windows 10 a deux points d'entrée différents pour le contrôle des comptes d'utilisateurs. Pour des tâches simples, comme créer un nouveau compte ou définir un mot de passe image, par exemple, la commande Paramètres (icône de l'engrenage) du menu Démarrer suffira. En revanche, pour aller plus loin, vous devrez vous colleter avec le Panneau de configuration style Windows 7.

Depuis la mise à jour Creator Update, Windows 10 ne donne plus d'accès direct au Panneau de configuration pour paramétrer tous les aspects de votre système d'exploitation. Vous n'êtes renvoyé qu'à de rares occasions dans des fenêtres de cet ancestral panneau. Pourquoi ? Sans doute parce que Microsoft considère que le Panneau de configuration est affaire de spécialiste. *De facto*, tous les réglages accessibles aux utilisateurs *lambda* se font *via* la fenêtre Paramètres Windows. Pourtant, nous verrons que la gestion et la modification détaillée de vos comptes d'utilisateur ne peuvent pas être réalisées dans la fenêtre Comptes des Paramètres Windows.

Le contrôle du compte d'utilisateur est un élément sécuritaire qui n'est lié qu'incidemment à ces comptes. Nous y reviendrons dans le Livret IX, Chapitre 3.

De l'utilité des comptes d'utilisateurs

Windows a été conçu selon le principe qu'à un moment ou à un autre, plusieurs personnes utiliseront le même ordinateur. Or, toutes sortes de problèmes peuvent se poser lorsque plusieurs utilisateurs se succèdent sur un PC. J'avais configuré un écran super, avec les icônes judicieusement disposées de façon à les trouver rapidement, quand mon fils s'est pointé et a désorganisé tout cela en un rien de temps. Il a aussi installé sa liste de lecture de morceaux de musique pour ados et supprimé, dans la foulée, ma liste de lecture des plus beaux morceaux de The Joy Formidable. Partager un PC, c'est bien pire que de partager la télécommande du téléviseur.

Windows agit en faveur de la paix des ménages – voire des bureaux – en permettant à chacun de se connecter à un compte d'utilisateur qui lui est propre. Vous signalez à Windows qui vous êtes et il ouvre la porte de votre espace privé.

Disposer de paramètres personnels qui sont activés chaque fois que vous vous connectez à Windows ne garantit pas une sécurité absolue. À moins que votre ordinateur soit asservi à un vaste réseau de domaine Active Directory, vos paramètres peuvent être chamboulés et vos fichiers supprimés, si quelqu'un d'autre ayant accès à votre ordinateur ou au réseau s'en donne les moyens. Mais si tant est que vous soyez raisonnablement prudent et si vous appliquez les conseils prodigués dans ce chapitre, la sécurité de Windows fera efficacement son travail.

Si quelqu'un d'autre peut prendre le contrôle de votre ordinateur, cet ordinateur n'est plus le vôtre. Cela peut être calamiteux si quelqu'un vole votre ordinateur portable, ou si l'équipe de nettoyage s'amuse avec après les heures de travail, ou si un fouineur s'introduit dans votre bureau. À moins d'utiliser BitLocker – livré seulement avec Windows 10 Pro –, n'importe qui étant capable de redémarrer votre ordinateur pourrait voir ce qu'il y a dedans, modifier ou supprimer vos fichiers ou bien encore introduire un virus. Comment cela ? Dans bien des cas, un malfaisant peut outrepasser Windows et démarrer l'ordinateur avec un autre système d'exploitation. Avec Windows qui est mis hors-jeu, mettre la pagaille dans un PC n'est finalement pas très difficile.

Choisir le type de compte

La notion de compte couvre plusieurs aspects sous Windows 10 depuis la mise à jour Creator Update. Microsoft distingue désormais les membres de votre famille des autres utilisateurs. Ainsi, vous créerez des comptes d'adulte et d'enfant, chacun pouvant être standard ou d'administrateur. Pour les autres utilisateurs, vous définirez un compte standard ou d'administrateur, qui peut être local ou basé sur une adresse mail.

Windows autorise chaque type de compte à effectuer, ou non, tel ou tel type de tâche. Prenons une image. Si l'ordinateur était un hôtel, le compte Administrateur serait celui du gérant, le type qui doit avoir la clé de toutes les chambres. Un client aurait un compte Standard, lui donnant accès à sa chambre et aux parties communes. Pour utiliser un langage un peu plus « informatique », tous ces types de comptes ont des caractéristiques bien précises :

» **Administrateur :** L'administrateur contrôle tout l'ordinateur. Il peut décider qui a le droit de jouer avec le PC, et de ce que chaque autre utilisateur peut ou ne peut pas faire. Dans le cas d'un ordinateur sous Windows, c'est généralement son propriétaire qui détient ce compte seigneurial. L'administrateur crée des comptes pour chacun des autres membres de la famille ou de l'équipe, et il décide des autorisations qu'il délivre ou qu'il refuse.

» **Standard :** Les titulaires d'un compte Standard ont accès à la majeure partie de l'ordinateur, mais ils ne peuvent pas lui apporter de changements importants. Ils n'ont par exemple pas le droit d'installer de nouveaux programmes. Mais ils sont autorisés à lancer ceux qui existent, à la condition toutefois que l'administrateur les ait installés pour tout le monde.

Dans la gestion des comptes familiaux, vous pouvez définir des comptes standard ou d'administrateur de type :

» **Enfant :** C'est un compte standard, mais qui permet de définir un contrôle parental afin de « surveiller » et de définir l'activité d'un enfant sur un ordinateur. Ce sujet a été abordé dans le Chapitre 11.

» **Adulte :** Les comptes d'adultes ne peuvent pas être limités dans leur usage personnel. En effet, vous ne définirez pas, en tant qu'administrateur, des jours et des heures d'utilisation de l'ordinateur. De plus, les comptes d'adultes permettent de gérer les paramètres familiaux en ligne, ainsi que de consulter et de restreindre l'activité des comptes d'enfant.

Dans les sections qui suivent, nous allons détailler les privilèges d'un compte standard et d'un compte d'administrateur. Retenez simplement que les comptes d'enfant sont des comptes particuliers gérés et contrôlés par les parents.

Un compte Standard

Un utilisateur bénéficiant d'un compte Standard peut effectuer les quelques tâches suivantes :

» Exécuter des programmes installés dans l'ordinateur, y compris des programmes se trouvant sur une clé USB.

» Utiliser les périphériques (matériels) branchés à l'ordinateur.

- Créer, regarder, enregistrer, modifier et utiliser les documents, les photos et les sons stockés dans les dossiers (ou plutôt ses propres dossiers) Documents, Images et Musique, ainsi que dans les dossiers Public.
- Si votre ordinateur est connecté à un groupe résidentiel (voir le Livret VII, Chapitre 5), un utilisateur standard peut aussi créer, regarder, enregistrer, modifier et utiliser n'importe quel fichier présent dans les dossiers Public de chacun des ordinateurs du groupe résidentiel. Il peut aussi accéder à n'importe quel dossier partagé de l'un des ordinateurs du groupe.
- Changer son mot de passe, ou décider de ne plus en utiliser pour son compte. Il peut aussi créer un mot de passe image ou un code PIN (ou bien encore utiliser Windows Hello si votre ordinateur est compatible avec ce genre d'identification biométrique, comme dans les films).
- Passer d'un compte Local à un compte Microsoft. Nous y reviendrons plus loin dans ce chapitre.
- Changer la photo à côté de son nom, dans l'écran de connexion et dans le menu Démarrer du bureau, changer l'arrière-plan du Bureau, redimensionner la barre d'outils Windows, ajouter des éléments sur le bureau et dans la barre des tâches (ou encore dans le menu Démarrer), et procéder à toutes les petites modifications qui n'affectent pas les autres comptes d'utilisateurs.

Dans la plupart des cas, un utilisateur standard peut modifier des paramètres affectant la totalité de l'ordinateur, installer des programmes, *etc.*, mais seulement s'il peut fournir le nom d'utilisateur et le mot de passe d'un compte Administrateur.

Un utilisateur standard ne peut même pas modifier l'heure sur l'horloge. C'est dire combien il est limité.

Le compte Administrateur

Une personne connectée avec un compte Administrateur peut presque tout faire, quand elle le veut et comme elle le veut (presque, car certains dossiers restent inaccessibles, même pour les administrateurs ; et lever toutes les restrictions est loin d'être facile). Un administrateur peut même changer le mot de passe de compte local de quelqu'un d'autre, un point intéressant qui mérite d'être retenu.

Quand vous démarrez Windows avec un compte Standard et que vous vous trouvez par mégarde face à un virus, un ver ou tout autre programme informatique véreux, les dommages sont généralement limités. Le logiciel malfaisant peut effacer des fichiers dans le dossier Documents, voire dans les dossiers Public, mais pas plus. Enfin, généralement… Sauf s'il a été astucieusement programmé, le virus ne peut pas s'installer de lui-même dans l'ordinateur. Il ne peut donc pas s'exécuter à répétition, ni donc se répliquer à droite et à gauche. Dur, dur pour le virus.

Le titulaire d'un compte Administrateur peut accéder à tous les fichiers des autres utilisateurs. Si vous croyez qu'avoir défini un mot de passe pour votre compte vous prémunit que nul n'accède à la feuille de calcul « top secret » planquée dans l'un de vos dossiers, détrompez-vous. Elle est à la portée de n'importe quel administrateur (il peut y en avoir plusieurs). En revanche, un utilisateur standard ne peut accéder qu'à ses propres fichiers.

Quel compte choisir ? Standard ou Administrateur ?

Sur un PC neuf, l'unique compte d'utilisateur est toujours un compte Administrateur. Si vous avez vous-même installé Windows sur un PC, le compte créé lors du processus d'installation est également un compte Administrateur.

En revanche, quand vous créez de nouveaux comptes, ces comptes sont d'office des comptes Standard, et c'est très bien ainsi.

Les comptes Administrateur et les comptes Standard ne sont pas coulés dans le bronze. En fait, Windows permet de changer l'un en l'autre si les circonstances l'exigent. Exemples :

» Un utilisateur standard a besoin d'exécuter une action réservée aux comptes Administrateur. Windows demande de fournir le nom et le mot de passe d'un administrateur (voir la Figure 4.1).

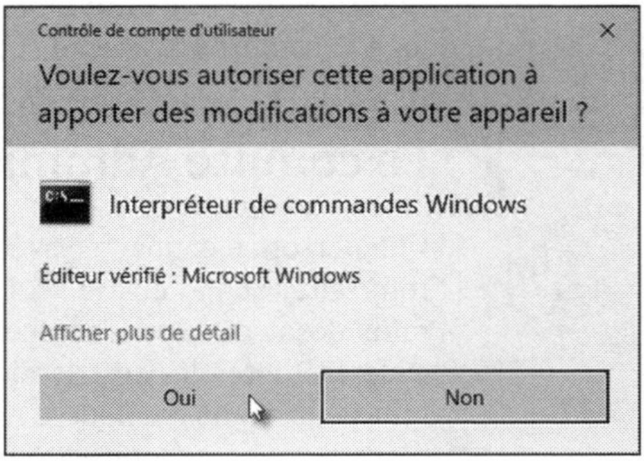

FIGURE 4.1 Windows demande l'autorisation avant d'exécuter une tâche réservée à un administrateur.

Si la personne connectée avec un compte Standard

sélectionne un compte Administrateur qui n'est pas protégé par un mot de passe, le seul fait de cliquer sur le bouton Oui autorise l'exécution du programme.

» Même lorsque vous êtes connecté avec un compte Administrateur, Windows se comporte normalement comme s'il s'agissait d'un compte Standard et, dans certains cas, il met une autre barrière lorsque vous démarrez un programme capable de modifier *substantiellement* – le mot est faible – l'ordinateur. Vous êtes confronté au même obstacle lorsque vous tentez d'accéder à des dossiers qui ne sont pas explicitement partagés. Cet obstacle supplémentaire empêche les programmes destructeurs de s'introduire dans l'ordinateur et de s'exécuter avec un compte Administrateur, et de le saccager à votre insu (mais pas de votre plein gré).

La plupart des experts recommandent d'utiliser un compte Standard pour les activités quotidiennes et de n'utiliser un compte Administrateur que si vous devez installer un logiciel ou accéder à des fichiers en dehors de la zone partagée. La plupart des experts n'appliquent pas leurs propres conseils. C'est le fameux syndrome du « faites ce que je dis mais pas ce que je fais ».

J'avais l'habitude de recommander aux gens de « faire comme je dis » et de créer des comptes Administrateur pour ceux qui savent se servir de l'ordinateur. Mais les temps ont changé et Windows aussi. Il est rare à présent que vous ayez véritablement besoin d'un compte Administrateur pour accomplir les tâches quotidiennes (à une exception près : vous ne pouvez créer de nouveaux comptes d'utilisateurs qu'à partir d'un compte Administrateur). Pour cette raison, j'ai décidé qu'il valait mieux réserver le compte Administrateur pour les cas exceptionnels, et créer des comptes Standard pour vous et toutes les autres personnes utilisant l'ordinateur.

Le pour et le contre des comptes Microsoft

En plus des comptes Administrateur et Standard (ou Enfants, qui sont un sous-ensemble des comptes Standard), Microsoft en a concocté deux autres : le *compte Microsoft* et le *compte Local*. Vous pouvez avoir dans l'ordinateur un compte Administrateur qui est, soit un compte Microsoft, soit un compte Local, et un compte Standard qui peut lui aussi être l'un ou l'autre.

Voici les différences élémentaires :

» **Compte Microsoft :** Il est enregistré auprès de Microsoft. Pour ce faire, la plupart des gens utilisent leur adresse de messagerie `@outlook.com` ou encore `@live.fr`, mais en réalité, n'importe quelle adresse fait l'affaire (les détails sont au Chapitre 5 de ce livret).

Quand vous accédez à Windows 10 avec un compte Microsoft, Windows se connecte à un ordinateur appartenant à Microsoft, vérifie votre mot de passe, puis récupère bon nombre de vos paramètres (l'image d'arrière-plan, la disposition des vignettes dans l'écran d'accueil et les favoris d'Edge, *etc.*). Si vous changez, disons, l'arrière-plan, la prochaine fois que vous vous connecterez à Windows 10 avec votre compte Microsoft, sur n'importe quel ordinateur, tablette ou smartphone, de n'importe où dans le monde, vous verrez ce nouvel arrière-plan. Mieux encore : si le compte Microsoft a été configuré de manière appropriée, vous accéderez à tous vos fichiers de musique, courriers électroniques, éléments stockés dans OneDrive et autres fonctionnalités Windows sans vous reconnecter.

Vous pouvez contrôler les éléments qui sont ainsi synchronisés en ouvrant le menu Démarrer. Cliquez sur l'icône Paramètres. Dans la fenêtre des paramètres, cliquez Comptes puis Synchroniser vos paramètres (voir la Figure 4.2). Il vous suffit alors d'activer ou de désactiver les commutateurs des paramètres que vous acceptez ou non de synchroniser.

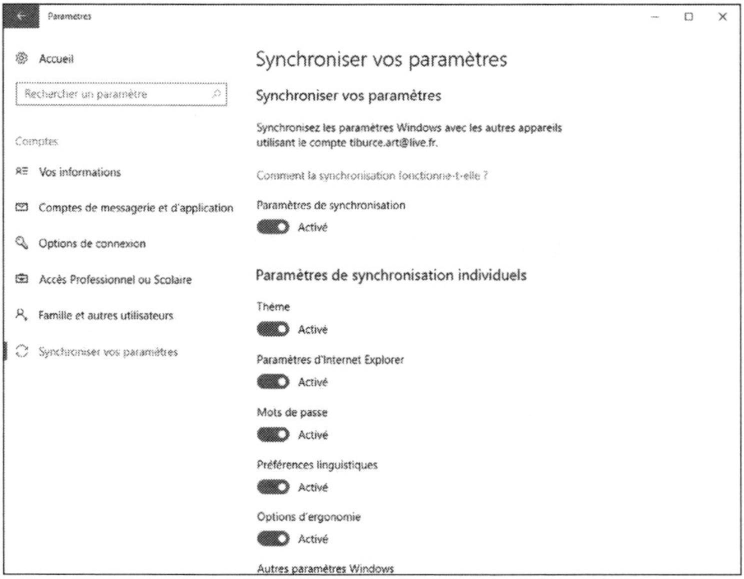

FIGURE 4.2 Choisir ce que vous acceptez (ou non) de synchroniser.

» **Compte Local :** Ce sont les comptes à l'ancienne qui n'existent que dans cet ordinateur. Windows n'a aucune donnée à rapatrier depuis les ordinateurs de Microsoft. Un compte Local peut avoir un mot de passe ou pas.

Sur un même PC, le titulaire d'un compte Administrateur peut ajouter de nouveaux utilisateurs ou changer le mot de passe de n'importe quel compte Local. Mais il ne peut pas changer le mot de passe d'un compte Microsoft quelconque.

Comme vous l'imaginez, il y a des choses à dire sur la confidentialité de ces deux types de comptes. C'est chose faite dans ce Livret II, Chapitre 5.

Ajouter un compte pour un membre de la famille

Ajouter un membre de la famille introduit une importante distinction dans la nature du compte. Si vous définissez un compte pour un enfant, son activité sera déterminée par le contrôle parental que vous exercerez, et que nous détaillons plus loin dans ce livre. En revanche, si vous ajoutez un adulte, il disposera d'un compte d'administrateur ou d'un compte standard, et aura la possibilité de surveiller le comportement des enfants.

Si vous voulez créer un compte sans rapport avec votre famille, choisissez l'option Ajouter un autre utilisateur sur ce PC, dans la section Autres utilisateurs de la fenêtre Famille et autres utilisateurs.

Les administrateurs ont le pouvoir d'ajouter tous ces types de comptes en suivant ces étapes :

1. **Cliquez sur le bouton Démarrer, puis dans la colonne à gauche, cliquez sur l'icône Paramètres (engrenage).**
2. **Dans la fenêtre Paramètres Windows, cliquez sur le bouton Comptes.**

   L'écran Comptes apparaît (voir la Figure 4.3). Il sert à personnaliser votre compte, et à créer ou gérer des comptes pour d'autres utilisateurs
3. **Cliquez sur l'option Famille et autres utilisateurs (pour créer un compte qui n'a rien à voir avec votre famille, passez à l'Étape 5).**

La fenêtre illustrée sur la Figure 4.4 vous permet d'ajouter deux types de comptes : un pour les membres de la famille (suivez l'Étape 4) et un pour les autres personnes (passez à l'Étape 5). Sur cette figure, vous constatez qu'un compte d'enfant a été créé dans la section Votre famille.

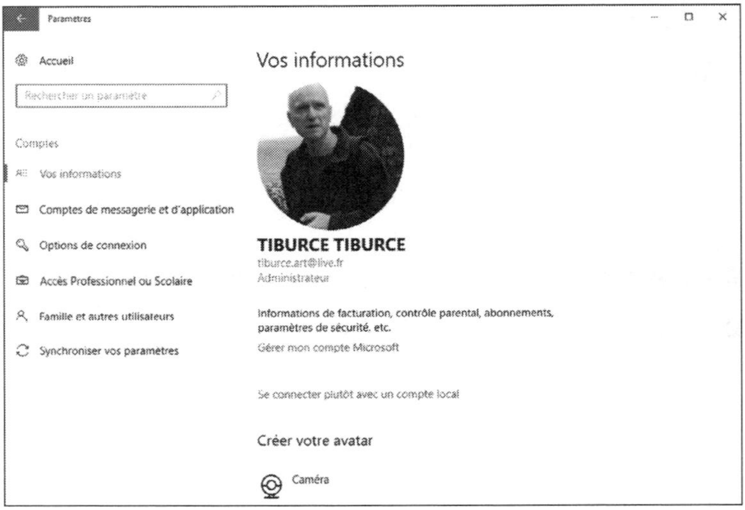

FIGURE 4.3 Cliquez sur la ligne Famille et autres utilisateurs pour créer un nouveau compte.

FIGURE 4.4 Ajoutez les membres de votre famille, enfants y compris, en cliquant sur le premier bouton.

4. **Cliquez sur Ajouter un membre de la famille (bouton +), et suivez les étapes pour envoyer une invitation à la personne.**

La création d'un compte pour enfant et les autorisations parentales sont expliquées plus loin dans ce livre.

La fenêtre qui apparaît demande si vous voulez ajouter un enfant ou un adulte (voir la Figure 4.5). Activez le bouton radio approprié, puis indiquez quelle adresse de messagerie sera utilisée pour cette personne. Vous avez plusieurs options :

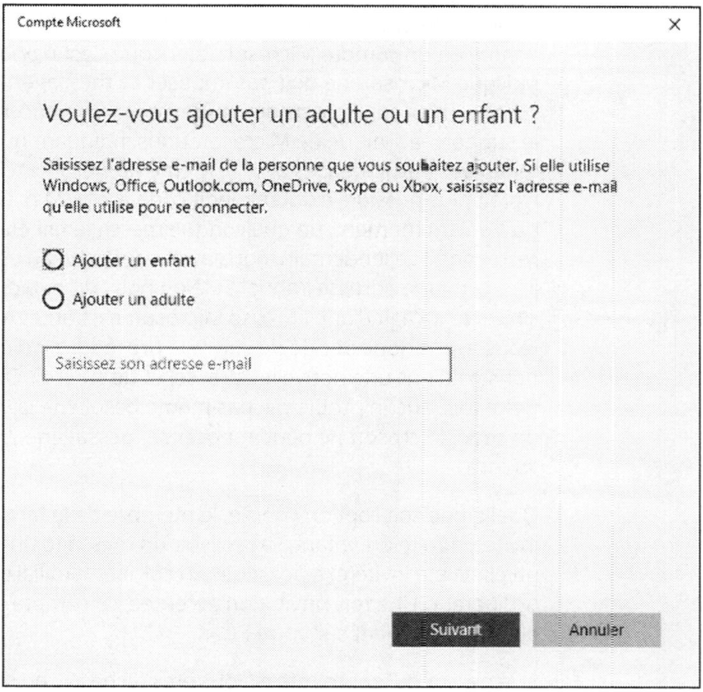

FIGURE 4.5 Ajouter un adulte ou un enfant de la famille.

- Si vous connaissez déjà l'adresse de messagerie de la personne, saisissez-la dans le champ correspondant. Cliquez ensuite sur le bouton Suivant (si cette adresse n'est pas déjà un compte Microsoft, elle sera transformée en un compte de ce type).
- Si vous ne connaissez pas cette adresse de messagerie, cliquez sur le lien La personne que je souhaite inviter ne dispose pas d'une adresse e-mail. Cela vous conduit à une page où vous pourrez créer pour elle une nouvelle adresse, qui servira aussi de compte Microsoft.

Nous avons testé plusieurs options, avec et sans adresse, et avons été confrontés à bien des soucis dès l'instant où nous voulions utiliser un compte de messagerie autre qu'outlook.com (ou assimilé comme Hotmail ou encore Live) pour créer un compte d'enfant. En effet, lorsque vous souhaitez utiliser une adresse Yahoo! Mail par exemple, Microsoft va chercher à vérifier que vous êtes bien une personne physique. Pour cela, vous devez indiquer votre numéro de téléphone mobile, puis cliquer sur un lien par lequel un code numérique vous sera envoyé par SMS. Croyez-le ou non, après moult tentatives, nous avons toujours reçu un message mentionnant que le délai d'obtention du code avait expiré. Donc impossible de transformer notre adresse Yahoo! en un compte Microsoft (alors que c'est *a priori* possible, puisque Microsoft ne doit pas imposer sa messagerie Outlook.com). La procédure nous demande de recommencer dans 24 h, le support technique de Microsoft nous indiquant qu'après trois tentatives infructueuses avec le même numéro de téléphone, il n'était plus possible d'obtenir ledit code avant 24 h. Observons qu'à aucun moment, un quelconque message fait état de cette restriction ! Le lendemain, nous avons de nouveau essayé d'utiliser la même adresse Yahoo! Et là on nous dit que c'est impossible, car il s'agit d'une adresse Microsoft existante. À devenir fou ! Nous avons donc décidé de suivre la procédure indiquant que nous voulions une nouvelle adresse, et de surcroît Outlook.com. Cette fois, aucun problème, pas même besoin de la valider par un code. Microsoft ne peut imposer sa messagerie ? Conclura qui voudra !

Quelle que soit l'option choisie, le membre de la famille que vous invitez, adulte ou enfant, va recevoir un message l'informant qu'il ou elle a été invité(e) à posséder un compte familial sur votre ordinateur. Une fois l'invitation acceptée, ce compte apparaîtra automatiquement sur votre PC.

Si la personne ignore l'offre (vous êtes fâchés ?), ou si elle ne répond pas dans les deux semaines qui suivent (elle est en exploration dans une forêt vierge ?), l'invitation devient invalide. Si nécessaire, il faudra donc reprendre toute la procédure.

5. **Choisissez Ajouter un autre utilisateur sur ce PC.**

Vous utiliserez aussi cette option pour créer (ou disons « simuler ») les anciens comptes Invités. Microsoft se met à compliquer les choses en demandant comment cette personne va se connecter (voir la Figure 4.6). Ici, nous vous conseillons alors de créer un compte local, c'est-à-dire qui n'a pas besoin d'une adresse mail.

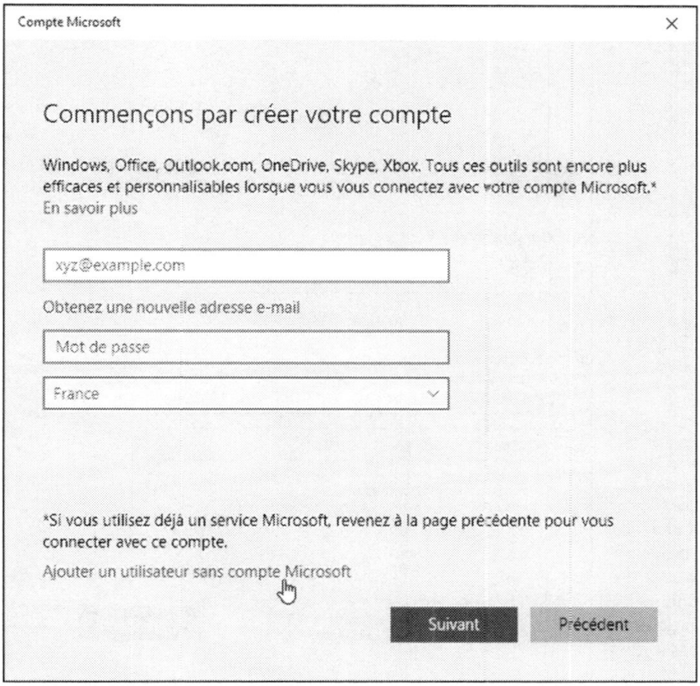

FIGURE 4.6 Adresse de messagerie obligatoire ? Que nenni !

6. **Cliquez sur le lien Je ne dispose pas des informations de connexion de cette personne.**

   Microsoft insiste, et vous propose d'entrer une adresse mail existant, voire d'en obtenir une nouvelle.

7. **Pour créer un compte local, cliquez sur le lien Ajouter un utilisateur sans compte Microsoft.**

   Voilà, comme le montre la Figure 4.7, vous n'avez qu'à indiquer le nom de l'utilisateur et éventuellement définir un mot de passe. Pour simuler un compte Invités, appelez ce compte PCInvité (car Invité tout court est refusé par Windows), et laissez les autres champs de saisie vides.

8. **Cliquez sur Suivant.**

   Le nouveau compte apparaît dans la colonne de gauche du menu Démarrer.

   Lorsque la personne veut utiliser l'ordinateur, elle va choisir le compte qui correspond à son adresse de messagerie, puis saisir son mot de passe. Windows va farfouiller dans l'Internet, et si

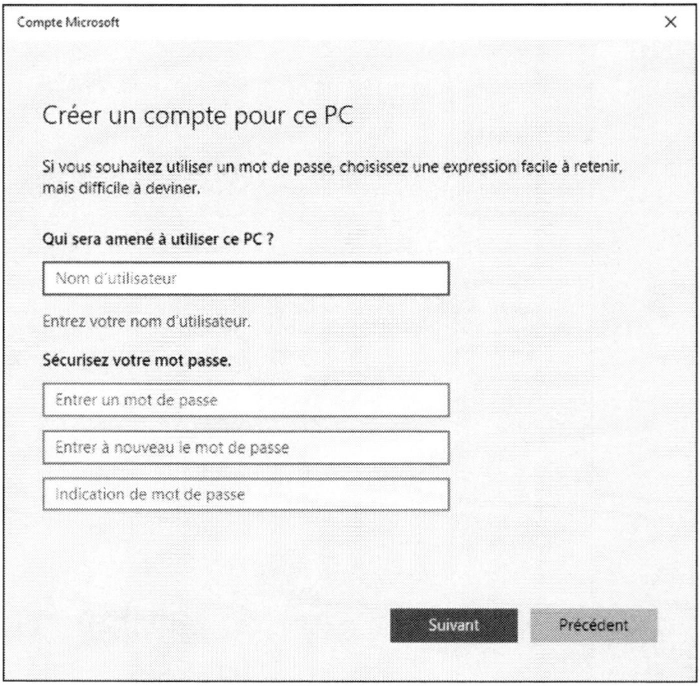

FIGURE 4.7 Un compte local est bien suffisant pour des utilisateurs qui n'appartiennent pas à votre famille.

tout est conforme (adresse et mot de passe), elle va gentiment accéder à son bureau personnel. Vous avez terminé.

Windows crée par défaut des comptes de type Standard pour tous les nouveaux utilisateurs. Vous pouvez, si vous le souhaitez, les transformer par la suite en compte Administrateur (voir la prochaine section). Mais c'est très vivement déconseillé…

Changer de compte

À condition d'être connecté avec un compte Administrateur, vous pouvez accéder à tous les comptes et en modifier tous les paramètres, sauf un.

Modifier le type du compte

Ouvrez une session Windows avec un compte Administrateur. Ensuite, pour changer par exemple un compte standard en compte administrateur, procédez de la manière suivante :

1. **Cliquez ou tapez sur le bouton Démarrer, puis choisissez l'icône Paramètres (engrenage).**
2. **Dans la fenêtre Paramètres, cliquez ou tapez sur Comptes. Dans le volet de gauche, sélectionnez l'option Famille et autres utilisateurs.**

   La liste de tous les comptes actuellement définis va s'afficher à droite de la fenêtre.

3. **Cliquez (ou tapez) sur le nom du compte que vous voulez modifier.**

   Sur la Figure 4.8, par exemple, j'ai choisi de modifier un compte local appelé PCInvité.

FIGURE 4.8 Choisissez le compte que vous voulez changer, de local en administrateur, ou l'inverse.

4. **Cliquez ou tapez sur le bouton qui indique Changer le type de compte.**

   Microsoft répond en vous demandant ce que vous voulez faire exactement.

5. **Dans la boîte de dialogue qui apparaît, choisissez le type de compte dans le menu local éponyme (Figure 4.9), puis cliquez sur OK.**

   Le type du compte est immédiatement modifié.

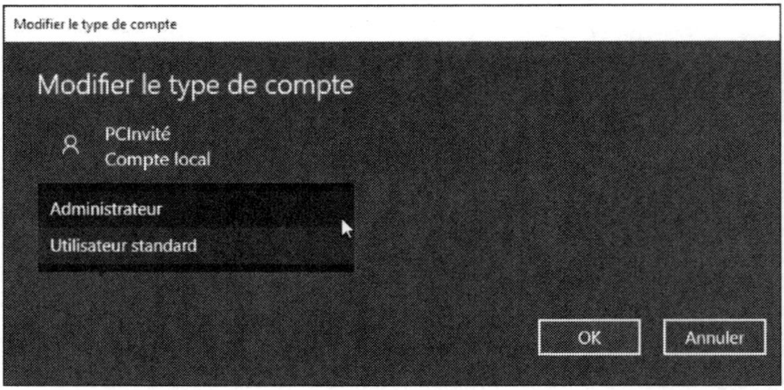

FIGURE 4.9 Modifier le type du compte.

Modifier d'autres propriétés des comptes

D'autres modifications nécessitent que vous vous aventuriez dans le Panneau de configuration (la version classique des paramètres). Or, l'accès au Panneau de configuration ne peut plus se faire *via* un clic-droit sur le bouton Démarrer puis sur la mention Panneau de configuration qui apparaissait dans le menu contextuel. Désormais, pour modifier d'autres propriétés des comptes, vous devez procéder de la manière suivante :

1. **Dans le champ de saisie Taper ici pour rechercher de Cortana, saisissez Panneau, et cliquez sur Panneau de configuration qui apparaît dans la liste des résultats.**

   Vous pouvez également poser vocalement la question suivante à Cortana : « Peux-tu ouvrir le Panneau de configuration ? ». Cortana vous répondra : « Démarrage du Panneau de configuration », et en ouvrira la fenêtre.

   L'antique Panneau de configuration apparaît.

2. **Choisissez la rubrique Comptes d'utilisateurs, puis à nouveau Comptes d'utilisateurs (je sais, je sais…). Cliquez ou tapez ensuite sur le lien Gérer un autre compte.**

3. **Sélectionnez maintenant le nom du compte que vous voulez modifier.**

   Windows vous présente immédiatement plusieurs options (voir la Figure 4.10).

Voyons les options dont vous disposez :

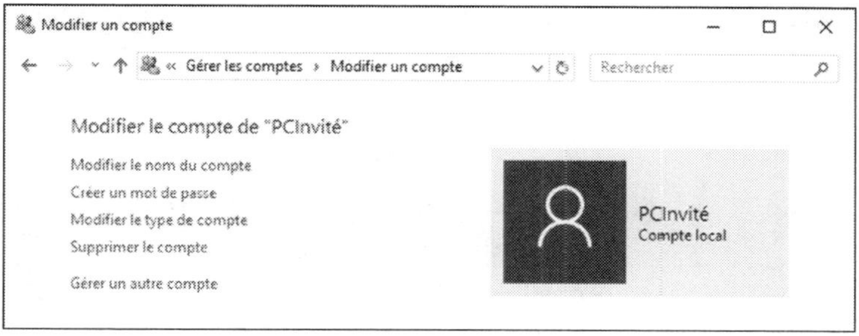

FIGURE 4.10 Gérer la configuration d'un autre compte.

- **Modifier le nom du compte :** Cette option n'est proposée que pour un compte Local (le nom d'un compte Microsoft n'est pas modifiable). Le nom que vous définissez apparaîtra dans l'écran de connexion ainsi qu'en haut du menu Démarrer, tous les autres paramètres restant intacts. Bref, cette option permet de changer le nom du compte, et uniquement ce nom.

- **Créer/Changer/Modifier le mot de passe :** Ces options aussi n'apparaissent que pour un compte Local. Si vous choisissez de créer un mot de passe, Windows en aura besoin pour activer le compte. Vous ne pouvez pas franchir l'écran de connexion sans lui. Ce comportement est assez curieux, car vous pouvez changer le mot de passe d'autres utilisateurs. Vous pouvez obliger X à utiliser un mot de passe alors qu'aucun n'était requis auparavant, mais vous pouvez aussi modifier le mot de passe de X et même le supprimer.

  Quand vous modifiez le mot de passe de quelqu'un, ayez l'amabilité de lui expliquer comment créer un disque de réinitialisation du mot de passe (voir le Livret III, Chapitre 6).

  Un mot de passe est senSibLe à la cAssE, autrement dit aux majuscules et aux minuscules. Si l'ordinateur n'accepte pas votre mot de passe, assurez-vous que la touche de verrouillage des majuscules n'est pas active (un témoin lumineux le signale parfois). C'est la source numéro un des misères de connexion.

  Il a beaucoup été dit et écrit à propos de l'importance de renforcer la sûreté d'un mot de passe en mêlant majuscules, minuscules, chiffres et tirets. Je me limiterai à deux recommandations : la première est de ne pas noter le mot de passe sur un Post-it collé à côté de l'écran, le second est de ne pas choisir un mot de passe que n'importe quel pirate ayant un QI d'huître parviendrait à deviner (le Tableau 4.1, un peu plus loin, contient une liste de ces mots de passe à éviter). L'un de mes amis suggère ce truc tout bête : adopter une phrase facile à retenir dans laquelle des lettres sont remplacées par des chiffres de forme à peu près équiva-

TABLEAU 4.1 Quelques mots de passe fréquemment utilisés (et donc à éviter).

000	00000	0000000000	12345
54321	12345abcd	666	777
aaa	aaaaa	a1b2c3	admin
administrateur	azerty	bigboss	boulot
campus	code	computer	intranet
login	Login	love	perso
privé	public	secret	system
système	topsecret	travail	windows

lente, comme dans `b0nj0ur1ordina7eur!`, ou encore pensez à une phrase et n'utilisez que la première ou les deux premières lettres de chaque mot (`ohraohdeohvien`, soit Oh, rage, oh, désespoir, oh, vieillesse ennemie, comme aurait dit ce bon Corneille).

- **Modifier le type de compte :** Cette option sert à changer un compte Standard en compte Administrateur, et inversement. Les implications sont assez complexes. Nous en avons parlé précédemment dans la section « Choisir un type de compte ».
- **Supprimer le compte :** Windows propose de conserver éventuellement les fichiers des dossiers Documents, Favoris, Musique, Images et Vidéos de ce compte ainsi que ceux du bureau, mais il vous prévient aussi que ses messages électroniques, favoris Internet et tous les autres paramètres seront effacés. Il va de soi qu'il est impossible de supprimer votre propre compte. En fait, un compte n'est pas *réellement* et totalement supprimé. Tout simplement, il n'est plus possible d'y accéder sur cet ordinateur.

N.d.T. : La liste des mots de passe peu sûrs est beaucoup plus conséquente en anglais, langue que les pirates visent de préférence en raison du parc d'ordinateurs installés dans des pays anglophones ou dont la langue de travail est l'anglais. En France, il s'agit surtout d'éviter des intrusions inopportunes effectuées, non *via* l'Internet, mais directement au clavier. Évitez aussi, pour les mots de passe, des formules aussi évidentes que le prénom du conjoint ou d'un enfant, d'un animal de compagnie, une date de naissance, bref, tout ce qui est trop facile à deviner.

Modifier vos paramètres personnels

La modification des paramètres de votre compte est sensiblement différente de celle des autres comptes d'utilisateurs. Voici comment procéder sans passer par le Panneau de configuration :

1. **Cliquez sur le bouton Démarrer, puis sur l'icône Paramètres (engrenage).**
2. **Dans la fenêtre Paramètres Windows, choisissez Comptes.**

   Vous accédez à la rubrique Vos informations.
3. **Dans la partie droite, cliquez sur Gérer mon compte Microsoft.**

   Cela induit que vous utilisez un compte lié à un compte Microsoft.

   Cette action lance Microsoft Edge, le navigateur Web par défaut de Windows, où vous pourrez modifier le nom du compte et son mot de passe, comme le montre la Figure 4.11.

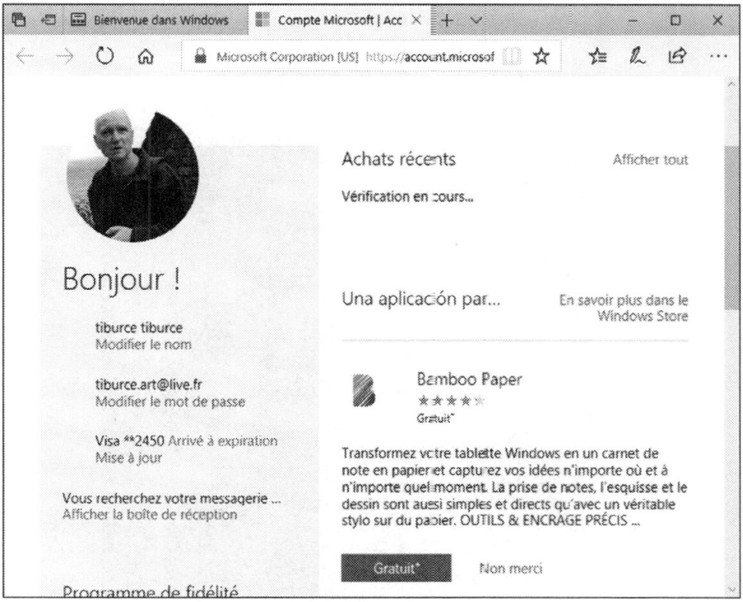

FIGURE 4.11 Modifiez en ligne le nom et le mot de passe de votre compte.

En revanche, si vous passez par le Panneau de configuration, vous reviendrez inévitablement à la fenêtre des comptes des Paramètres Windows, donc à la gestion de votre compte en ligne comme expliqué ci-dessus.

Changer d'utilisateur

Windows permet d'ouvrir plusieurs connexions à la fois, et donc d'autoriser plusieurs personnes à se servir du même ordinateur. C'est pratique pour savoir ce que fait votre enfant sur l'ordinateur pendant qu'il est en train d'en découdre avec le chat dans la chambre, ou si votre conjoint veut placer les photos de vacances sur OneDrive pendant que vous êtes en train de larder une dinde avant de la mettre au four.

Cette possibilité de céder la place à un autre utilisateur présente des avantages et des inconvénients.

- **Le plus :** Le changement d'utilisateur permet de laisser tous les programmes ouverts pendant que quelqu'un d'autre se connecte momentanément à son propre compte. Quand il vous rend la main, vous retrouvez tout tel que vous l'aviez laissé.
- **Le moins :** Les programmes du compte abandonné pendant un moment peuvent planter l'utilisateur suivant si la mémoire et la puissance de calcul sont trop sollicitées, mais ce n'est jamais très grave. Cette surcharge peut être évitée en mettant fin à la session avant d'ouvrir l'autre.

FIGURE 4.12 Pour vous déconnecter, ou pour ouvrir le compte d'un autre utilisateur.

Pour changer d'utilisateur, ouvrez le menu Démarrer, touchez ou cliquez sur l'icône de votre avatar, c'est-à-dire sur la troisième icône en partant du bas. Dans le menu local qui apparaît, choisissez le nom d'utilisateur correspondant à la session à ouvrir, ou sélectionnez l'option Se déconnecter, comme sur la Figure 4.12.

Un petit rappel ne fait jamais de mal. Si les icônes du menu Démarrer vous posent problème, cliquez sur les trois traits situés dans sa partie supérieure gauche. Les icônes afficheront leur libellé sur leur droite. Ainsi, à droite de l'icône de l'avatar, votre nom d'utilisateur s'affichera. Cliquez dessus et reportez-vous à la petite procédure du précédent paragraphe pour changer d'utilisateur.

Chapitre 5

Synchroniser ou non un compte Microsoft

DANS CE CHAPITRE :

- » **Les caractéristiques d'un compte Microsoft**
- » **Un compte Microsoft est-il indispensable ?**
- » **Obtenir un compte Microsoft sans cracher le morceau**
- » **Gérer votre compte Microsoft**
- » **Synchroniser Windows avec un compte Microsoft**

Depuis que l'identifiant des comptes d'utilisateurs n'est plus uniquement local, c'est-à-dire composé d'un nom et d'un mot de passe, Microsoft joue sur les formules pour vous faire ouvrir un compte Microsoft. En effet, les libellés des diverses options laissent à penser que ce type de compte est indispensable à l'utilisation de Windows 10. Ainsi, vous n'ouvrez plus vos sessions Windows avec un simple nom ou pseudonyme, mais *via* une adresse e-mail correspondant à un compte créé auprès de Microsoft.

En 1997, Microsoft avait acheté la messagerie Hotmail et s'était approprié toutes les adresses en `@hotmail.com`. Même si Hotmail a souvent changé de nom – MSN Hotmail, Windows Live Hotmail, entre autres... – les adresses en `@hotmail.com` n'ont cessé de fonctionner envers et contre tout.

Puis est arrivé *Microsoft Wallet*, une tentative afin d'obtenir des clients qu'ils confient leurs coordonnées bancaires à Microsoft, en lui faisant confiance en ce qui concerne la sécurité informatique. Microsoft abandonna ce concept et le remplaça en 2000 par *Microsoft Passport*.

Voici ce que le journaliste technique Joel Spolsky disait de Microsoft Passport sur son blog Joel on Software :

« Serais-je le seul épouvanté par Microsoft Passport ? Cette initiative me semble être une tentative évidente de créer la plus vaste et la plus riche base de données de consommateurs du monde entier, puis d'en tirer de colossaux profits par son exploitation. C'est une insupportable menace visant la confidentialité de chacun, face à laquelle les bons vieux cookies paraissent bien innocents. Le plus alarmant est que Microsoft essaie de faire passer Passport pour un bienfait auprès des consommateurs, et que les gens semblent tomber dans ce panneau. »

On peut toujours faire du neuf avec du vieux... Une décennie plus tard, Microsoft récidive, mais en agitant cette fois une carotte beaucoup trop grosse qui séduira sans doute un plus grand nombre de gens.

Microsoft Passport devient .NET Passport, puis Microsoft Passport Network. Quand Microsoft a commencé à apposer le vocable « Live » sur de nombreux produits, le nom d'utilisateur est devenu Windows Live ID (ID pour *Identifiant*).

Quinze ans après, l'identifiant `@hotmail.com` fonctionne toujours de la même manière, sauf qu'il est devenu un *compte Microsoft*. Soit dit en passant, les identifiants `@live.com` et `@live.fr` sont aussi des comptes Microsoft. Et la dernière mouture en date, `outlook.com`, c'est aussi du pur Microsoft.

« Dessine-moi un compte Microsoft »

Si vous possédez une adresse de messagerie de type `@hotmail.com`, `@hotmail.fr`, `@live.com` ou `@live.fr`, `@msn.com` ou encore `@outlook.com` ou `.fr`, cette adresse est ipso facto un compte Microsoft. Il en va de même dans n'importe quel autre pays. Vous n'êtes pas obligé d'utiliser votre compte Microsoft, mais vous l'avez tout de même.

En fait, *n'importe quelle* adresse de messagerie peut devenir en compte Microsoft. Il suffit de l'enregistrer auprès de Microsoft, comme nous le verrons dans la section « Configurer un compte Microsoft », plus loin dans ce chapitre.

Dans le contexte de Windows 10, un compte Microsoft prend une nouvelle dimension. Quand vous configurez un compte d'utilisateur, il peut être soit un compte Microsoft (c'est-à-dire une adresse mail qui ne sera pas obligatoire de type Hotmail, Live, ou Outlook), soit un compte Local (c'est-à-dire sans aucune adresse de messagerie). Voici leurs différences les plus marquantes :

» **Un compte Microsoft** possède toujours une adresse de messagerie qui doit être enregistrée auprès de Microsoft. Comme expliqué dans ce Livret II, au Chapitre 4, quand vous vous connectez à Windows avec un compte Microsoft, Windows synchronise automatiquement certains paramètres comme l'image qui illustre votre compte, l'arrière-plan du bureau, l'historique et les favoris d'Edge, et d'autres trucs encore. De ce fait, dès que vous modifiez quelque chose sur l'ordinateur, et que vous vous connectez ailleurs – smartphone, tablette… – avec le même compte Microsoft, les changements que vous effectuez sont pris en compte.

De plus, un compte Microsoft donne accès aux services Microsoft basés sur l'Internet. Par exemple, si vous possédez un compte sur OneDrive, se connecter à Windows avec un compte Microsoft vous permet d'accéder aussitôt aux fichiers stockés sur OneDrive.

» Plus insidieusement, si vous vous connectez à Windows 10 avec un compte Microsoft et que vous ne modifiez pas le comportement de Cortana, Microsoft va commencer à pister toutes les recherches que vous effectuez, y compris dans votre *propre* ordinateur. Je ne parle pas de recherches sur le Web. De toute manière, ces dernières sont traquées de bout en bout, que ce soit par Microsoft/Bing, Google voire d'autres. Je parle bien des recherches que vous effectuez sur vos documents ou vos messages, là, dans votre ordinateur et nulle part ailleurs. Je traite des paramètres de recherche de Cortana dans le Livret III, Chapitre 5.

» **Un compte Local** peut être appelé n'importe comment sauf « Invité » (ce nom est rejeté par Microsoft). Lorsque vous vous connectez avec un compte Local, Microsoft n'essaye pas – et en fait, ne peut pas – synchroniser quoi que ce soit entre différentes machines. Lorsque vous utilisez un compte Local, vous devez vous connecter à votre compte OneDrive séparément. Windows mémorisera vos paramètres – arrière-plan, mots de passe, favoris… – mais ne les transmettra pas à d'autres ordinateurs.

Par exemple, `gargamelle@outlook.com` est un compte Microsoft. Comme il s'agit d'une adresse Outlook, il est déjà enregistré chez Microsoft. Il est possible de créer un utilisateur sur une machine sous Windows 10, avec l'identifiant `gargamelle@outlook.com` que Windows reconnaîtra en tant que compte Microsoft.

Par ailleurs, je peux créer un compte sur un ordinateur sous Windows que j'appellerais, disons, *Woody Leonhard*. Ce serait un compte Local. Comme un compte Microsoft doit être une adresse de messagerie – vous apprendrez pourquoi dans la section « Configurer un compte

Microsoft » –, le compte *Woody Leonhard* ne peut être qu'un compte Local et rien d'autre.

Quand vous configurez un PC tout neuf, vous devez définir un compte qui peut être soit un compte Microsoft, soit un compte Local. Ainsi que nous l'avons vu précédemment, Microsoft fait des pieds et des mains pour vous éviter d'opter pour le compte Local. Chaque fois que vous ajoutez un nouveau compte, Microsoft essaie de vous aiguiller vers un compte Microsoft et accepte à contrecœur que vous choisissiez le compte Local (consultez le Livret II, Chapitre 4 à ce sujet).

Voulez-vous un compte Microsoft ?

Si Microsoft trace tout compte Microsoft, pourquoi diable choisirais-je de me connecter à Windows 10 avec un compte Microsoft ?

En fait, se connecter à Windows 10 avec un compte Microsoft offre quantité d'avantages, notamment ceux-ci :

- **La plupart de vos paramètres Windows vous suivront lors de vos déplacements :** Votre image d'utilisateur, votre bureau, vos favoris Internet et d'autres paramètres seront utilisés partout, quels que soient la manière et le lieu de votre connexion (à condition bien entendu de pouvoir accéder à l'Internet).

  Cette synchronisation est commode pour certains, ennuyeuse pour d'autres. Par exemple, mon bureau Windows est affiché sur un grand écran, mais l'écran de ma tablette Windows est assez petit. Si je synchronise le fond d'écran du bureau, il sera affreux sur une tablette et inversement.
- **La présentation des applications Universelles – qu'elles soient livrées avec Windows 10 ou téléchargées depuis Windows Store – est rétablie à son dernier état.** Si vous avez fait un score d'enfer avec le Solitaire, vous le retrouverez sur tous les appareils avec lesquels vous vous connecterez avec votre compte Microsoft. Vos onglets actifs, que ce soit dans Edge ou dans Internet Explorer, voyagent avec vous. Certaines applications, qui ne sont pourtant *pas* éditées par Microsoft, sont capables de vous suivre en conservant leurs paramètres.
- **Les données d'identification des programmes et des sites Web vous suivent.** Tous les identifiants mémorisés par Edge sont utilisables depuis n'importe quel autre appareil.

» **Vous accédez directement aux applications et services de Windows 10** associés à votre compte Microsoft (ou Windows Live ID). Les applications Universelles Courrier, Calendrier, OneDrive ou encore le site Web de Microsoft tombent dans cette catégorie.

Bon d'accord, ce sont des carottes que Microsoft agite devant vous pour vous convaincre d'ouvrir un compte Microsoft et de l'utiliser. Mais par ailleurs, le fait est qu'aucune de ces fonctionnalités ne pourrait exister sans une sorte d'identifiant géré par Microsoft.

ET SI MON COMPTE HOTMAIL/OUTLOOK.COM ÉTAIT PIRATÉ ?

Le piratage d'un compte Hotmail/Outlook.com n'est pas exceptionnel. Je reçois presque quotidiennement des témoignages de gens auxquels c'est arrivé.

Vous avez configuré un compte Hotmail/Outlook.com pour vous connecter à Windows et tout à coup, ce compte est piraté. Un crétin malfaisant a réussi à se connecter à votre compte et en a modifié le mot de passe. Que se passera-t-il la prochaine fois que vous voudrez vous connecter à votre ordinateur ?

Lorsque vous vous connectez à votre compte Microsoft avec un compte Hotmail ID, Windows Live ou Outlook.com piraté, et que le mot de passe a été modifié, Windows 10 vous laisse vous connecter, mais vous envoie le message suivant : « `Vous vous êtes connecté à cet ordinateur avec votre ancien mot de passe. Reconnectez-vous avec l'actuel mot de passe, ou réinitialisez-le.` » Si vous essayez ensuite de réinitialiser votre passe, vous vous apercevez que ce n'est pas possible. Toucher ou cliquer sur le bouton Réinitialiser reste sans effet.

Tant que vous ne pouvez pas fournir le mot de passe, vous accédez à un mode dans lequel les fonctionnalités sont limitées, à peu près comme lorsque vous vous connectez avec un compte Local. Tant que vous vous souvenez de l'ancien mot de passe – celui que vous utilisiez habituellement –, vous pouvez continuer à vous connecter en mode Local. Mais il faudra quand même que vous puissiez récupérer le mot de passe du compte Microsoft !

Pour cela, vous devrez contacter la société Microsoft et la convaincre que vous êtes le propriétaire légitime de cette connexion. Si vous avez configuré votre compte Hotmail/Outlook.com récemment, il est probable que vous disposiez d'une adresse de messagerie de secours ou que vous ayez communiqué votre numéro de téléphone, précisément pour ce cas de figure. Mais, pour ce genre d'urgence, Microsoft a créé une page Internet permettant de redéfinir le mot de passe. Elle est à cette adresse : `https://account.live.com/resetpassword.aspx` (le site est en français). Microsoft pourra vous contacter.

Personnellement, j'utilise un compte Microsoft sur mon ordinateur principal, mais avec en plus une petite bidouille (en fait, créer un compte Microsoft et l'utiliser uniquement pour se connecter à Windows) décrite dans la prochaine section.

Nous avons vu la carotte, voici le bâton. Quand vous ouvrez un compte Microsoft, Microsoft conserve une trace de chacune de vos connexions, pour chaque appareil utilisant ce compte. Qui plus est, quand vous démarrez Edge (ou Internet Explorer), vous êtes connecté par votre compte Microsoft. Autrement dit, Microsoft est théoriquement capable de conserver une trace de toutes vos pérégrinations sur le Web, sauf peut-être lors d'une navigation dite privée (ou InPrivate). Bing passe par votre compte Microsoft chaque fois que vous effectuez une recherche. Microsoft récupère des informations détaillées chaque fois que vous écoutez des morceaux avec l'application Groove Musique de Windows 10. Votre intérêt pour les marchés boursiers est suivi de près par l'application MSN Finance, et même vos interrogations sur la météo finissent dans la gigantesque base de données de Microsoft. Sans bien entendu parler de Cortana, votre meilleure assistante et le meilleur agent double de Microsoft.

Il est sans doute vrai que par les temps qui courent, la notion de vie privée est galvaudée. Le fait est que la plupart d'entre nous ne s'en soucient pas. Mais moi, si, et je vous conseillerais d'en faire autant.

Configurer un compte Microsoft

Histoire de compliquer un peu la vie des bonnes gens, juste avant de commercialiser Windows 8, Microsoft décida subitement d'en finir avec le nom « Hotmail » et de le remplacer par « Outlook.com ». Pour faire simple, disons que Hotmail perdait des parts de marché, et que Microsoft voulait les récupérer.

Dans ce chapitre, toutes les appellations « compte Hotmail », « compte Outlook.com », « compte Live.com », « compte Xbox LIVE », « compte OneDrive », « compte MSN », « compte Microsoft Passport », « compte ZUNE » ou « compte Windows Phone » sont parfaitement interchangeables. Leurs adresses de messagerie ont déjà été reconnues en tant que compte Microsoft. Je m'y réfère globalement sous l'appellation « compte Hotmail » parce que c'est historiquement justifié. Au bout de deux décennies, les habitudes ont la peau dure.

Si vous ne possédez pas encore de compte Microsoft, il existe trois moyens pour en configurer un :

- **Utiliser une adresse de messagerie existante :** En procédant ainsi, Microsoft pourra placer cette adresse dans sa base de données, et recouper cette adresse avec bon nombre d'actions effectuées dans Windows 10. Vous comprenez alors que n'importe quelle adresse de messagerie fera l'affaire. Ainsi, sur un de mes ordinateurs portables, mon compte d'utilisateur Windows 10 est une adresse yahoo.fr créée sur le site Yahoo! Mail.
- **Utiliser (ou créer) un compte Hotmail, Live, Xbox, OneDrive, Windows Phone ou Outlook.com.** Si vous avez l'un de ces comptes, Microsoft est déjà au courant. Il sait quand vous recevez du courrier électronique et quand vous en envoyez, et il peut activement jeter un coup d'œil sur le contenu de votre courrier. Mais cela est vrai aussi pour d'autres messageries en ligne comme Gmail et Yahoo! Mail. Vous connecter à Windows 10 avec un compte Hotmail/Outlook.com signifie en outre que Microsoft peut récolter des informations supplémentaires – le nombre de fois que vous vous connectez à Windows, où et quand, *etc.* –, les associer avec votre compte Hotmail/Outlook.com et les suivre. Et je vous rappelle que Cortana est perchée en permanence sur vos épaules…
- **Créer un compte Hotmail/Outlook.com tout neuf tout beau, mais bidon, et ne l'utiliser que pour se connecter à Windows 10.** C'est rapide et facile et, judicieusement utilisé, tout le monde n'y verra que du feu. Le seul inconvénient est que si vous utilisez un tel compte pour le courrier électronique, vous devrez le relever ou l'envoyer en utilisant un navigateur Internet, et non l'application Courrier dont l'icône est affichée sur la barre des tâches et sa vignette présente dans la partie droite du menu Démarrer. Vos correspondants sur Hotmail ou sur Outlook.com ne se retrouveront pas d'emblée dans l'application Contacts. Et Skype voudra travailler avec votre tout nouvel identifiant de compte bidon (mais, bien sûr, vous pouvez choisir un autre compte pour utiliser Skype).

J'aime bien utiliser des comptes Outlook.com bidons. Et j'aime à penser que chaque fois que je me connecte à Windows avec un tel compte Microsoft, et chaque fois que j'utilise Edge ou Internet Explorer, Microsoft enrichit sa base de données d'informations complètement inutiles.

En réalité, évidemment, je me sers de Firefox ou de Chrome pour aller sur l'Internet. Google engrange des données avec Chrome, mais sa base de données est sans commune mesure comparable à celle que Windows 10 crée d'après les données de ses utilisateurs. Quant à Firefox, il ne récolte rien du tout.

Naturellement comme vous vous en doutez déjà, les moteurs de recherche sont une tout autre histoire. Microsoft/Bing comme Google conservent la trace de tout ce que vous leur envoyez comme requêtes.

Configurer un compte Hotmail/Outlook.com

Voici comment configurer un nouveau compte Hotmail/Outlook.com :

1. **Allez sur le site** `www.outlook.com`**.**

   L'écran principal vous demande si vous avez un compte Microsoft, et dans ce cas quels sont vos identifiants.

2. **Si vous n'êtes pas immédiatement connecté (vous aviez laissé ouverte votre précédente session), touchez ou cliquez sur le lien Créez un compte en haut à droite, ou Créez-en un dans la boîte de dialogue de connexion.**

   Il est également possible que vous arriviez sur une page d'accueil proposant de vous inscrire ou de vous connecter. Pour créer un compte, cliquez sur le bouton S'inscrire.

   Le formulaire illustré sur la Figure 5.1 apparaît.

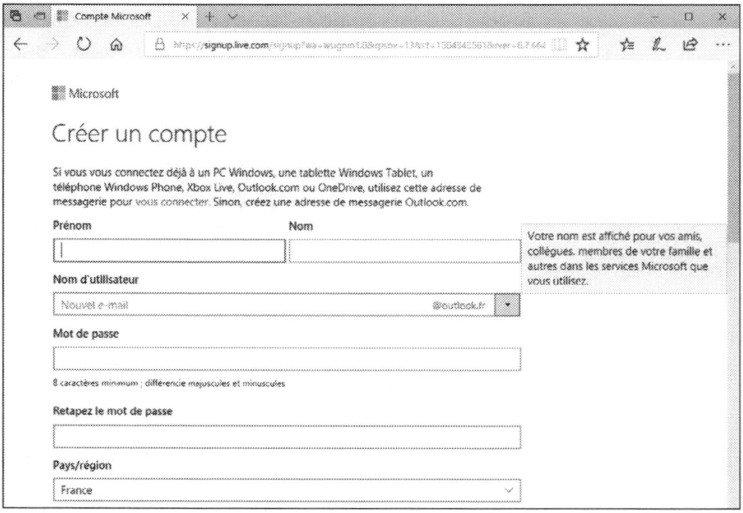

FIGURE 5.1 Créez un identifiant Hotmail, Outlook.com, ou Outlook.fr anonyme.

3. **Remplissez le formulaire. Soyez créatif.**

   Vous devez bien entendu choisir une adresse de messagerie qui n'est pas déjà utilisée par quelqu'un d'autre.

Fournir un numéro de téléphone n'est pas obligatoire. Une adresse de messagerie de secours suffit. Pour créer le compte, vous devez indiquer l'une de ces deux informations.

L'adresse de secours est utile lorsque le compte Microsoft est piraté. Vous pouvez contacter Microsoft et lui demander de renvoyer à cette adresse les informations pour redéfinir le compte. Vous n'êtes pas obligé de relever en permanence le courrier de cette adresse, mais elle peut vraiment vous dépanner.

4. **Saisissez les caractères tordus que vous voyez en bas du formulaire puis cliquez sur le bouton Créer un compte.**
5. **Dans la première fenêtre d'Outlook où l'on vous souhaite la bienvenue, cliquez sur la flèche de droite. Ensuite, choisissez votre langue d'utilisation ainsi que votre fuseau horaire, puis cliquez de nouveau sur la flèche de droite, comme sur la Figure 5.2.**

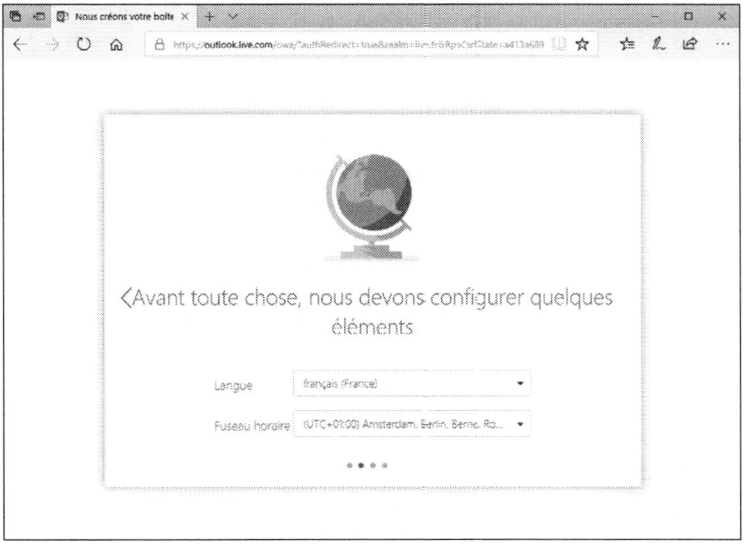

FIGURE 5.2 Indiquez la langue et le fuseau horaire de votre compte Outlook.

6. **Ajoutez une touche personnelle en cliquant sur un des 50 thèmes proposés par Outlook afin d'agrémenter l'apparence de votre messagerie. Ensuite, cliquez sur la flèche de droite.**
7. **L'étape suivante permet d'ajouter une signature, c'est-à-dire une phrase ou simplement votre nom qui s'affichera à la fin de chacun de vos messages, comme sur la Figure 5.3.**

FIGURE 5.3 Ajoutez, si vous le souhaitez, une signature à vos messages.

Vous avez le choix entre :

- **Par défaut :** La signature est « Envoyé à partir d'Outlook ».
- **Activité :** La signature est constituée de vos noms et prénoms suivis de Fonction et Entreprise. Bien entendu, vous remplacerez Fonction par votre fonction dans l'entreprise, et Entreprise par le nom de la société pour laquelle vous travaillez.
- **Personnalisée :** Aucune signature n'apparaît. À vous de créer la vôtre.
- **Désactivée :** Aucune signature ne sera affichée en bas de votre message.

Bien entendu, vous pouvez remplacer chacune de ses signatures par une signature personnalisée. Il suffit de sélectionner le texte proposé et de le remplacer par le vôtre.

8. **Cliquez sur la flèche de droite.**

   Outlook configure votre messagerie.

9. **Une fois la configuration terminée, cliquez sur OK.**

Au bout de quelques instants, vous voyez apparaître la messagerie Outlook qu'illustre la Figure 5.4.

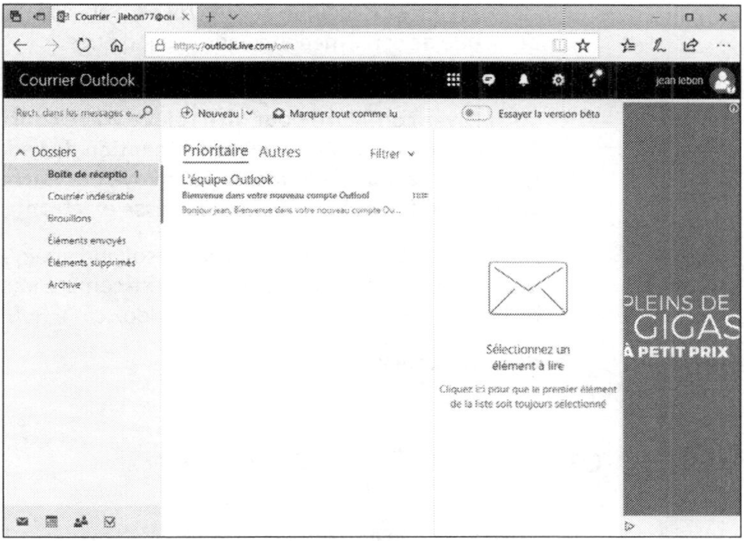

FIGURE 5.4 La messagerie Hotmail/Outlook.com vient d'être configurée.

Utiliser une autre adresse comme compte Microsoft

Convertir n'importe quelle adresse de messagerie en compte Microsoft n'est pas bien compliqué, dès lors que vous avez la possibilité de récupérer le courrier électronique qui sera envoyé à cette adresse. Voici la manipulation :

1. **Allez sur le site** `signup.live.com`.

   Le formulaire d'inscription apparaît.

2. **Remplissez les différents champs du formulaire. Dans le champ Nom d'utilisateur, saisissez une adresse de messagerie que vous avez déjà créée par ailleurs.**

   Par exemple, j'ai indiqué ici un de mes comptes Gmail afin qu'il soit utilisé comme compte Microsoft.

   Cela peut être n'importe quel compte : Gmail, Yahoo!, Orange, SFR, Free, *etc.* Vraiment n'importe lequel.

3. **Cliquez sur Créer un compte.**

   Avant de cliquer sur Créer un compte, il vous sera certainement demandé d'indiquer un numéro de téléphone mobile afin de vous envoyer un code de vérification à quatre chiffres. Saisissez ce code dans le champ prévu à cet effet.

Une fenêtre vous indique que Microsoft a envoyé un mail de demande de confirmation à l'adresse indiquée.

4. **Via votre navigateur Web, ou votre logiciel de messagerie si vous l'avez configuré pour qu'il relève votre courrier Gmail (ou autre), consultez la boîte de réception de l'adresse en question. Là, ouvrez le message envoyé par Microsoft, et cliquez sur le bouton Vérifier <adresse électronique>.**

   Au bout de quelques secondes, Microsoft indique que vous êtes prêt à utiliser votre adresse mail comme compte Microsoft, bien qu'il ne s'agisse pas d'une adresse outlook.com, Hotmail, ou live.

5. **Cliquez sur le bouton OK.**

Gérer votre compte Microsoft

Si vous voulez changer quoi que ce soit à votre compte Microsoft, rien de plus facile. À condition de savoir où aller.

Pour des raisons connues de Microsoft seulement, vous devez vous rendre à l'adresse `account.live.com` pour vous identifier puis cliquer sur le bouton Se connecter. Vous accédez ainsi aux informations de compte que montre la Figure 5.5.

Pour modifier des paramètres ou des informations, cliquez sur l'un des liens en caractères bleus.

Microsoft améliore la protection des comptes Outlook.com. Désormais, deux étapes de vérification sont implémentées. Vous devez communiquer votre mot de passe et taper un code de sécurité que vous envoie Microsoft (à condition bien sûr d'avoir communiquer votre numéro de portable). De facto, si votre mot de passe est piraté, le hacker ne pourra pas accéder à votre compte puisqu'il ne recevra pas ce code par SMS.

Votre compte Microsoft est associé à un identifiant unique qu'il serait utile de noter et de conserver dans une chambre forte (ou du moins de ne pas le laisser traîner un peu partout). Cet identifiant unique est visible en cliquant sur le lien Modifier vos informations personnelles.

Malheureusement, de nombreux programmes et périphériques (Windows Phone notamment) n'exigent pas d'étapes supplémentaires lorsque vous vous connectez. Par exemple, Xbox, comme les anciennes versions de Microsoft Office ou Windows Phone, n'exige pas ces deux étapes. Vous devez donc prendre vous-même vos précautions.

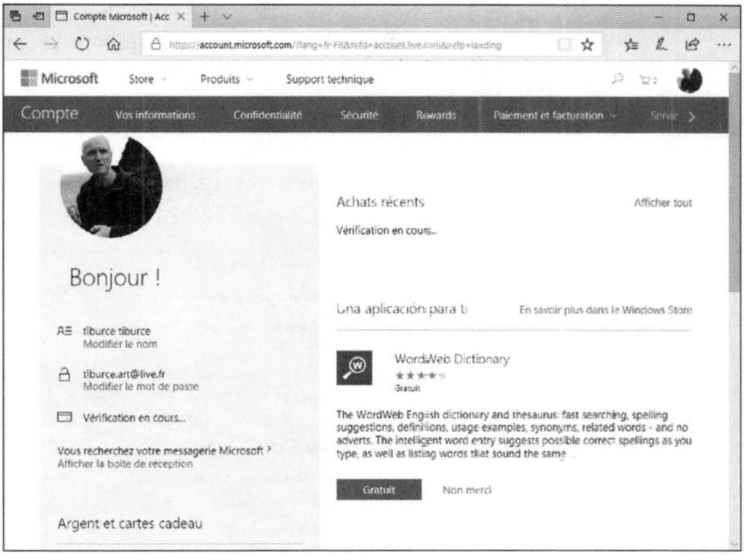

FIGURE 5.5 Le panneau de maintenance du compte Microsoft.

Contrôler la synchronisation

Si vous ne modifiez rien, la connexion à Windows *via* un compte Microsoft synchronise un grand nombre de paramètres entre tous les PC et autres appareils connectés que vous utilisez.

Il est cependant possible d'indiquer à Windows les éléments qu'il ne doit pas synchroniser. Voici comment :

1. **Cliquez ou tapez sur le bouton Démarrer, puis choisissez l'icône Paramètres (engrenage) dans le menu.**
2. **Cliquez ou tapez sur Comptes.**
3. **Dans le volet de gauche, cliquez (ou tapez) sur Synchroniser vos paramètres.**

   Le volet des options de synchronisation apparaît (voir la Figure 5.6).
4. **En vous basant sur le contenu du Tableau 5.1, choisissez les éléments que vous désirez synchroniser.**

   La synchronisation ne se produit que si vous vous connectez sur deux PC différents avec un même compte Microsoft.

Les changements seront immédiatement enregistrés sur les serveurs de Microsoft et seront appliqués lors de la prochaine connexion.

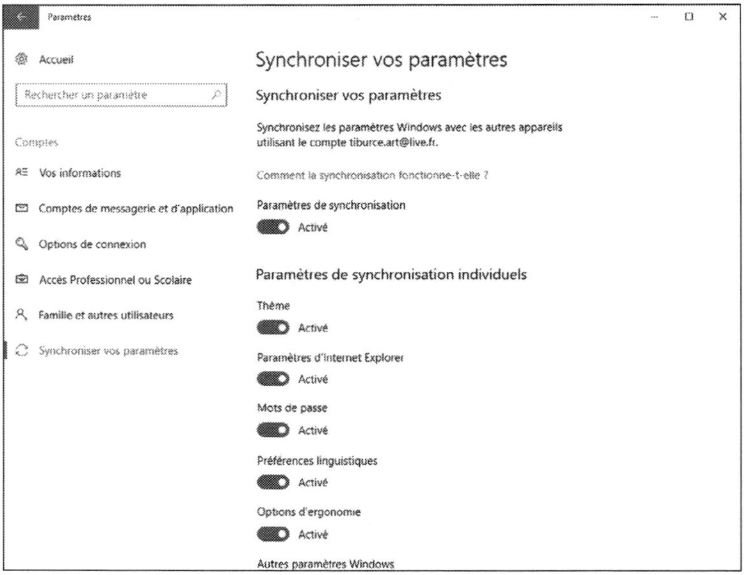

FIGURE 5.6 Contrôler ce que vous autorisez Microsoft à synchroniser ou non.

TABLEAU 5.1 Les paramètres de synchronisation.

Paramètre	Ce qu'il contrôle
Paramètres de synchronisation	C'est un commutateur « général ». Désactivez-le si vous ne voulez rien synchroniser du tout.
Thème	Votre image, les vignettes du menu Démarrer, les couleurs, l'arrière-plan du beau ainsi que d'autres réglages à l'ancienne mode.
Paramètres d'Internet Explorer	Les réglages effectués dans Edge ou dans Internet Explorer, les onglets qui y sont ouverts, l'historique de navigation, ou encore l'état de l'Explorateur de fichiers (par exemple si le ruban est ou non affiché).
Mots de passe	Des informations potentiellement sensibles, y compris les données d'accès pour les applications Universelles, ou encore les mots de passe de certains sites.
Préférences linguistiques	La méthode d'accès courante (langue/configuration du clavier).

Paramètre	Ce qu'il contrôle
Options d'ergonomie	Tous les réglages associés à l'utilisation de l'ordinateur par une personne possédant un certain handicap.
Autres paramètres Windows.	On ne sait pas exactement quoi. Mais c'est une bonne question.

Chapitre 6

Préserver votre vie privée

DANS CE CHAPITRE :

- **De l'importance de la confidentialité**
- **Le monde compliqué du partage de données**
- **Bloquer la localisation**
- **Réduire les atteintes à votre vie privée**

« Les meilleurs esprits de ma génération ne pensent qu'à trouver comment inciter les gens à cliquer sur de la pub. C'est lamentable. »

Jeff Hammerbacher, l'un des premiers employés de Facebook

Quand vous utilisez des services « gratuits » – des moteurs de recherche comme Google ou Bing, des réseaux sociaux comme Facebook, Pinterest et LinkedIn, des services de stockage de données comme OneDrive et Google Drive, iCloud, des services de messagerie comme Gmail, Hotmail, Outlook.com ou Yahoo!, et j'en passe – vous ne payez rien, ou du moins, rien en espèces sonnantes et trébuchantes. Même chose pour les versions « gratuites » de Windows 10. Vous payez de votre personne, ou plus exactement avec votre identité. Chaque fois que vous allez sur l'un de ces sites ou que vous utilisez l'un de ces services, vous mettez en transe quantité de sociétés qui n'ont qu'un seul but, vous fourguer de la publicité.

Les exceptions ? Google ne piste pas les activités des comptes payants ou réservés à l'éducation. Apple clame que ce n'est pas sa tasse de thé (à la pomme, bien sûr). Microsoft aime à dire qu'il n'espionne pas le contenu des messages Outlook.com/Hotmail. Il y a dans tout cela des tas de « si », de « mais » et de nuances. Mais, en gros, si c'est gratuit, c'est parce que vous êtes le produit, pas le client.

Ce n'est pas par hasard qu'après avoir acheté un article sur, disons, Amazon, vous voyez les publicités d'Amazon fleurir sur toutes sortes de sites Web. L'un des gros conglomérats publicitaires possède vos coordonnées. Ce n'est peut-être que votre adresse IP. Ou alors un cookie. Mais il dispose de suffisamment d'indices, parsemés çà et là, quel que soit le site sur lequel vous vous trouvez en ce moment, pour se rappeler que vous avez acheté un jour sur Amazon.

À présent, même lorsque vous vous connectez à Windows 10 avec un compte Microsoft, vous laissez des traces. (Les comptes d'utilisateurs sont traités au précédent chapitre.)

Ce n'est pas l'horreur, seulement un mal nécessaire. Ce n'est pas illégal, enfin, pas toujours. Pour les publicitaires, c'est une occasion d'étendre leur zone de chalandise et d'espérer un retour. D'une certaine manière, ce n'est pas pire que les panneaux de pub au bord des routes ou les interruptions publicitaires à la télé...

Mais, par ailleurs, vous fliquer sur l'Internet est néanmoins différent.

La question de la confidentialité est évoquée dans le Livret IX, Chapitre 1. Dans ce chapitre, je me contenterai de donner un aperçu des paramètres de confidentialité (et de quelques chausse-trapes) de Windows.

Vous êtes concerné !

Les gens se rendent de plus en plus compte à quel point le respect de leur vie privée se rétrécit comme une peau de chagrin sur l'Internet. Si certains ne se sentent pas particulièrement concernés, d'autres sont à ce point sensibilisés qu'ils ne veulent pas même entendre parler de l'Internet. Il y a des chances pour que vous vous trouviez entre ces deux extrêmes.

Les utilisateurs de Windows 10 doivent savoir que, *plus* que n'importe quelle version antérieure, celle-ci disperse des données à foison sur l'Internet. Chaque fois que vous vous connectez à un service – Facebook, Flickr... – vous fournissez des informations à Microsoft qui s'en sert pour affiner votre profil. Et quand vous utilisez un compte Microsoft, c'est en permanence que vous livrez un peu de vous-même.

Je ne dis pas que Microsoft tente de vous extorquer des données ou de se servir de votre identité à des fins inacceptables. Pas du tout. Ce que veut Microsoft, c'est tracer votre profil de consommateur, déceler vos centres d'intérêt afin de vous proposer de la publicité ciblée qui vous incitera à dépenser votre argent. Bref, pour Microsoft, vous êtes un porte-monnaie, pour Google, c'est pareil, et pour Facebook, pas beaucoup mieux. Enfin, pour tous ces gens-là, quel que soit leur nom, c'est pareil.

Google admet que ses robots analysent le contenu des courriers entrants et sortants afin de mieux cibler les publicités qu'il vous envoie, mais Microsoft insiste sur le fait qu'il n'en fait rien, du moins au milieu de l'année 2015. Et pourtant, Microsoft scanne les courriers Hotmail/Outlook.com ainsi que les messages que vous relevez avec l'application Courrier de Windows 10, pour détecter les courriers indésirables disent-ils. Mais vous n'avez aucun moyen de le vérifier. Quant à savoir si, dans le futur, Microsoft recherchera des informations commercialement exploitables, il est vraiment difficile de le dire.

Voici ce qu'il en est de la confidentialité dans les services Internet :

- **Google :** C'est lui qui, sans aucun doute, possède la base de données la plus colossale. Vous l'enrichissez chaque fois que vous utilisez Google pour rechercher un site. C'est le cas de tous les moteurs de recherche, mais comme Google possède environ 90 % de ce marché, il est nettement favorisé. En installant le navigateur Chrome, vous acceptez par là même que Google récupère des informations sur vos visites dans les sites, y compris vos signets. C'est pareil lorsque vous ouvrez un compte Google Drive. Et souvenez-vous qu'Android, *c'est* Google.

  Google est aussi propriétaire de *Doubleclick,* le plus célèbre générateur de cookies. Chaque fois que vous allez sur un site après avoir cliqué sur une publicité régie par Doubleclick – les plus grands sites marchands l'ont adopté – des données concernant votre visite finissent dans la base de données de Google.

  Depuis la fin de 2014, Google a changé sa stratégie. Il n'analyse plus les e-mails ou le contenu de Google Drive dans le cas de comptes payants, universitaires ou encore pour les associations. Par contre, si vous avez un compte Google gratuit, attendez-vous à ce que Google vienne respirer vos messages et vos fichiers en y recherchant des informations qui pourraient vous inciter à cliquer sur des publicités.

- **Facebook :** Il n'a pas engrangé autant d'informations que Google, mais elles sont plus détaillées. Les gens qui s'inscrivent sur Facebook livrent énormément d'informations sur eux-mêmes. Quand vous vous connectez à Facebook à partir du compte Microsoft de Windows 10, toutes les données que vous publiez sur Facebook sont également accessibles à Microsoft. Voilà pourquoi il est important de verrouiller votre compte Facebook.

Chaque fois que vous accédez à un site Internet en cliquant sur l'icône J'aime, cette action est mémorisée dans la base de données de Facebook. Si vous êtes connecté à Facebook au moment où vous accédez à un site par l'icône J'aime, votre identifiant Facebook ainsi que l'adresse du site en question sont mémorisés. À l'heure où ces lignes sont écrites, Microsoft n'a pas accès aux bases de données de Facebook, qui est véritablement son trésor de guerre. Mais il peut récupérer votre liste d'Amis, si vous l'y autorisez.

» **Microsoft :** Ses bases de données ne sont pas aussi plantureuses que celles de Google ni aussi détaillées que celles de Facebook, mais Microsoft tente de rattraper rapidement son retard. L'un des moyens d'y parvenir est de vous inciter à utiliser un compte Microsoft. L'autre consiste à créer, dans Windows 10, des interconnexions avec d'autres entités collectrices de données, dont Facebook et Yahoo! (au travers de Flickr). Et puis, il y a Bing, le moteur de recherche de Microsoft, qui enregistre scrupuleusement tout ce que vous recherchez, comme Google.

Pour ce qui est de la collecte de vos données, Windows 10 est à des années-lumière devant les versions précédentes. Et pour la protection de la vie privée, il est à des années-lumière en arrière. Mais tout cela est relatif, comme l'aurait dit le grand Albert.

La fonction de « recherche intelligente » de Windows 10, je veux parler de Cortana, est certainement celle où Microsoft a fait le plus d'efforts pour collecter des données qui l'intéressent. À moins que vous ne fassiez d'immenses efforts pour rogner les ailes de Cortana, Microsoft (par l'intermédiaire de Bing) stocke une liste de tous les termes que vous recherchez non seulement sur le Web, mais aussi dans *votre* ordinateur. Comme Cortana est fraîche et disponible par défaut dès que vous installez Windows 10 et que vous validez son utilisation, il y a de bonnes chances pour que Microsoft ait déjà collecté des informations sur tout ce que vous pouvez rechercher, que ce soit vos documents, vos images, vos messages, et ainsi de suite. Je vous explique comment rogner (un petit peu) les ailes de la sympathique demoiselle dans le Livret III, Chapitre 5.

Connaître les connexions que Windows préfère

Quand vous utilisez Windows, vous ne faites pas jeu égal avec Microsoft. Ce dernier joue les favoris parmi les sociétés sur l'Internet et il n'hésite pas à évincer la concurrence chaque fois qu'il le peut.

Voici quelques points de repère :

- **Microsoft est impliquée dans Facebook :** Facebook est visible partout dans Windows. Ce n'est pas sans raison : Microsoft possède 1,6 % de parts de Facebook (au moment où ces lignes sont écrites). Certes, l'attitude de Facebook vis-à-vis de Microsoft est souvent ambiguë, pour ne pas dire ambivalente. Mais il est difficile de prévoir l'avenir de leurs relations.

  Il n'est pas facile de savoir si Microsoft et Facebook partagent des données provenant d'utilisateurs individuels. Mais c'est certainement une possibilité. Si ce n'est maintenant, ce sera dans un hypothétique futur.

- **Microsoft et Google ne s'entendent pas très bien.** Windows a quelques accès à Google afin d'en extraire des informations personnelles, comme les contacts, et les intégrer dans les bases de données de Microsoft. Quand vous découvrez qu'il est possible d'ajouter un compte Gmail dans l'application Courrier afin de pouvoir relever les messages Gmail, c'est certainement qu'il y a une arrière-pensée.

- **Microsoft collabore avec Apple pour la bonne forme.** Si une société peut tirer parti d'une autre, elle ne s'en prive pas. Microsoft développe des logiciels pour les Mac et les iPad. Par exemple, OneNote tourne sur un iPad et une version d'Office pour Mac existe depuis plus longtemps sur Mac que sur Windows ! De son côté, Apple développe des logiciels pour Windows, comme iTunes, Safari et QuickTime. Mais les deux veillent jalousement sur leurs œufs, je veux dire sur la poule aux œufs d'or que vous êtes (peut-être). Ne vous attendez donc pas à les voir partager des informations sur leurs utilisateurs respectifs.

- **Microsoft avait tenté d'acheter Yahoo!, qui est le propriétaire de Flickr.** Après deux tentatives en 2008 et 2011, cette tentative d'achat pourrait bien ressurgir de temps en temps. Microsoft a débauché quantité d'ingénieurs de chez Yahoo!. Le résultat est que Flickr fait vraiment bon ménage avec Windows 10.

Signalons, mais vous le saviez déjà (?) que Microsoft possède aussi Skype, Hotmail/Outlook.com et OneDrive.

Vos informations – agrégées, personnellement identifiables, plus ou moins anonymes... – peuvent être extraites depuis n'importe laquelle de ces sources pour être intégrées aux informations que Microsoft engrange dans ses bases de données. Pas étonnant que l'exploitation des données soit l'un des domaines les plus actifs sur le campus de Microsoft à Redmond.

Contrôler la géolocalisation

Depuis Windows 8, Windows est doté d'une fonction de *localisation.* Vous devez indiquer à Microsoft et à chacune des applications que vous acceptez d'être localisé. Dans ce cas, Windows et les applications en question savent exactement où vous vous trouvez (enfin, plutôt avec une certaine précision, sauf si votre PC est équipé d'un GPS).

La géolocalisation n'est pas une technologie à rejeter. Comme beaucoup d'autres inventions, elle peut être utilisée en bien ou en mal, cette notion variant selon les individus.

Si votre ordinateur est équipé d'un composant GPS en fonction (voir la Figure 6.1) – il est courant sur les tablettes, rare sur les ordinateurs portables et quasiment inexistant sur l'ordinateur de bureau –, et si vous avez autorisé une application Windows à vous localiser, cette géolocalisation peut être précise à quelques mètres près.

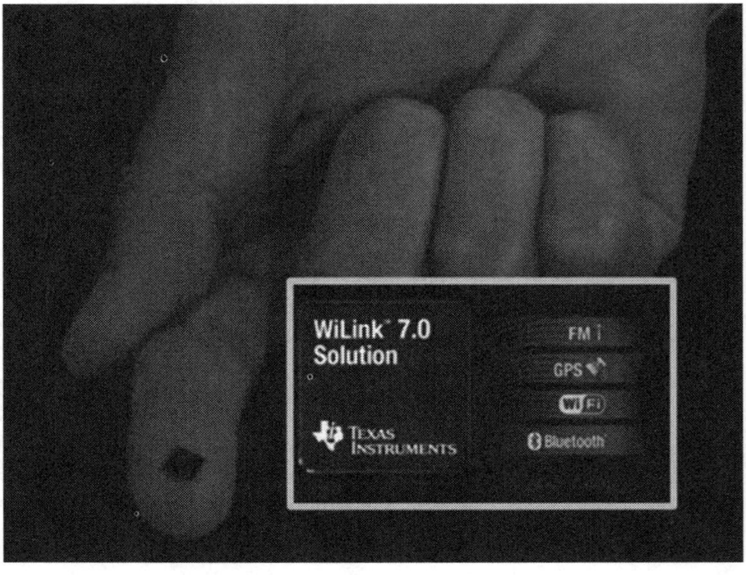

FIGURE 6.1 Un composant GPS est plus petit qu'une tête d'allumette. Celui-ci contient à la fois un GPS, le Bluetooth, le Wi-Fi et une radio FM. Plus peut-être quelques espions à la solde de la NSA.

Document Texas Instruments

Le GPS (*Global Positioning System,* « système de positionnement global ») est un système de localisation reposant sur un réseau de satellites géostationnaires. Actuellement, deux réseaux de satellites commerciaux sont utilisés : GPS (États-Unis, deux douzaines de satellites) et GLONASS (Russie, trois douzaines de satellites). Après de très longues tergiversations et quelques accidents de parcours, le réseau européen Galileo (30 satellites) devrait être opérationnel à la fin de la décennie. Les satellites suivent des orbites géosynchrones (voir la Figure 6.2) et sont disposés de manière à ce que le composant GPS puisse détecter au moins quatre satellites. Il détermine ensuite le lieu où il se trouve en se servant de la distance entre les satellites.

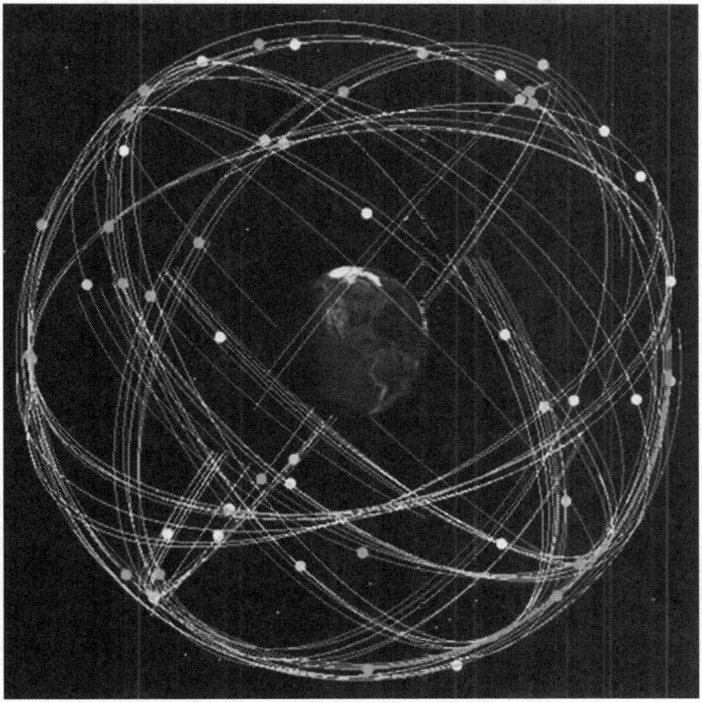

FIGURE 6.2 Les orbites géosynchrones sont agencées de manière à ce que le GPS détecte toujours un minimum de quatre satellites.

Document Colorado Center for Astrodynamics Research

Si votre ordinateur n'est pas équipé d'un GPS, ou si ce dernier n'est pas allumé, mais que vous avez néanmoins activé la localisation, Windows tente d'obtenir une localisation approximative fondée sur l'adresse IP de votre machine. Dans bien des cas, elle peut se tromper de plusieurs dizaines de kilomètres.

Quand vous démarrez une application de Windows 10 désireuse de vous géolocaliser – c'est le cas, par exemple, de l'application Météo –, un message semblable à celui de la Figure 6.3 apparaît.

Si le service de localisation est actif, ce genre de demande est affiché chaque fois que vous ajoutez une application qui veut utiliser vos coordonnées géographiques. Vous avez ensuite le choix entre Autoriser et Bloquer. Voyons cela de plus près...

COMMENT APPLE CONFOND GÉOLOCALISATION ET FLICAGE...

En avril 2011, deux chercheurs, Alasdair Allan et Pete Warden, découvrirent que les iPhone et les iPad équipés de GPS mémorisaient les lieux, dates et heures même lorsque l'utilisateur avait explicitement désactivé la fonction de localisation. Ils trouvèrent notamment un fichier, à l'intérieur de tous les iPhone et iPad tournant sous iOS 4, qui contenait toutes les données d'itinérance depuis 2010.

Les deux chercheurs découvrirent que le fichier était récupéré lors de la sauvegarde, et que les données n'étaient ni chiffrées ni protégées d'aucune manière. Une copie était placée dans l'ordinateur avec lequel l'iPhone ou l'iPad était synchronisé.

Confrontée à cette découverte, la société Apple commença par nier avant de déclarer qu'elle ne suivait pas du tout les déplacements de l'iPhone, affirmant que « Apple ne l'avait jamais fait et n'envisageait pas de le faire », confirmant ainsi les découvertes des chercheurs. Au fur et à mesure que les détails étaient mis à jour, Apple affirmait qu'il ne stockait ces informations que pour améliorer le logiciel de localisation, mais qu'elles n'étaient ni transmises ni utilisées par aucun programme de géolocalisation.

En mai 2011, Apple sortit iOS 4.3.3 qui n'enregistrait plus les données litigieuses. Mais cela n'empêcha pas une série de procès et d'actions de groupe aux États-Unis. En Corée, la Commission des Communications infligea une amende à Apple. Au moment où ces lignes étaient écrites, des procès étaient encore en cours aux États-Unis.

La géolocalisation des tablettes est relativement récente et elle n'est pas exempte de bogues, mais avec un peu de chance, ils ne seront jamais aussi énormes que le flicage par Apple.

Bloquer toute la géolocalisation

Procédez comme suit pour empêcher *toutes* les applications d'utiliser la géolocalisation, même si vous l'avez déjà autorisée dans certaines d'entre elles :

FIGURE 6.3 L'application Météo voudrait géolocaliser l'ordinateur.

> ### LA GÉOLOCALISATION DES PHOTOS
>
> Chaque fois que vous associez un GPS et un appareil photo, vous vous exposez à quelques désagréments. Pourquoi ? Parce que de nombreux appareils photo équipés d'un GPS – notamment ceux des smartphones et des tablettes – inscrivent les coordonnées géographiques précises dans le fichier d'image. Lorsque vous postez ces photos sur Facebook, Flickr ou l'un des innombrables sites apparentés, le lieu de la prise de vue est affiché au vu et au su de tout le monde.
>
> La police s'est déjà servie de cette fonctionnalité pour appréhender des suspects. L'armée américaine demande à son personnel de désactiver le GPS afin de ne pas révéler l'endroit où elle se trouve. Des célébrités en font autant sur leur smartphone et leurs appareils photo. Soyez prudent et pensez-y. À moins justement, que vous ne vouliez partager volontairement certains lieux de prise de vue, par exemple à l'occasion d'un voyage.

1. **Cliquez ou tapez sur le bouton Démarrer, puis sur l'icône Paramètres (engrenage).**
2. **Dans la fenêtre Paramètres Windows, cliquez ou tapez sur Confidentialité, puis sur Emplacement dans la colonne de gauche.**

   Les options de localisation apparaissent (voir la Figure 6.4).
3. **Pour cesser la géolocalisation, même si vous l'avez déjà autorisée dans des applications, cliquez sur le commutateur pour le positionner sur Désactivé (Figure 6.4).**

   C'est tout.

L'option Emplacement par défaut permet de définir manuellement votre localisation. Cette information sera utilisée par tous les programmes qui ne peuvent pas vous localiser plus précisément.

Bloquer la géolocalisation dans une application

Procédez comme suit si vous avez autorisé la géolocalisation à une application, mais que vous désirez la désactiver uniquement pour elle :

1. **Cliquez ou tapez sur le bouton Démarrer, puis sur l'icône Paramètres (engrenage).**

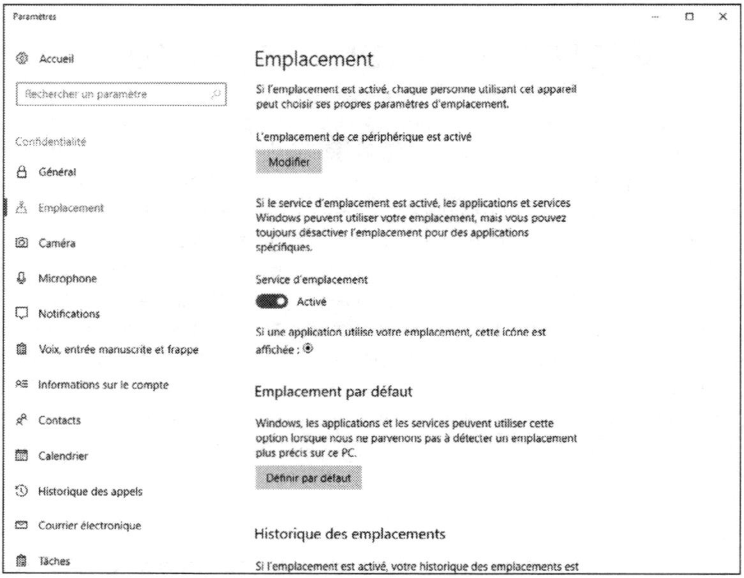

FIGURE 6.4 Le commutateur Service d'emplacement active et désactive la localisation.

2. **Dans la fenêtre Paramètres Windows, cliquez ou tapez sur Confidentialité, puis sur Emplacement dans la colonne de gauche.**

   Les options de localisation apparaissent (reportez-vous à la Figure 6.4).

3. **Faites défiler la fenêtre jusqu'à ce que vous accédiez à la section Choisir les applications à utiliser.**

4. **Basculez le commutateur de chaque applications sur Activé ou sur Désactivé.**

   Sur la Figure 6.5, par exemple, seule l'application Météo est désactivée.

   Si vous avez désactivé le Service d'emplacement, la désactivation et l'activation par application est impossible. En effet, toute localisation est alors interdite sur votre ordinateur.

   L'autorisation de vous localiser est retirée à l'application.

Certaines applications conservent un historique de vos localisations, ou celui de vos recherches. Pour supprimer cet historique, accédez aux paramètres de localisation. Faites défiler le contenu de la fenêtre pour localiser la section Historique des emplacements. Là, cliquez sur le bouton Effacer.

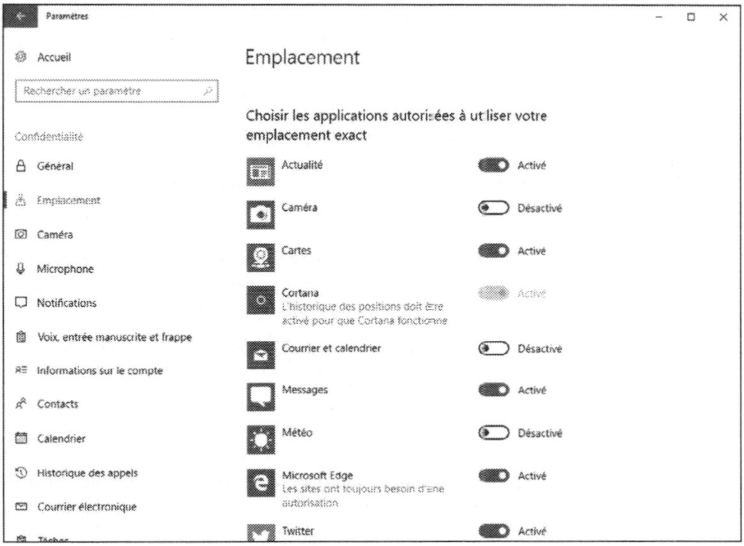

FIGURE 6.5 Désactiver la localisation dans une application.

Réduire les atteintes à la confidentialité

Windows 10 pose plus de problèmes de confidentialité et d'atteinte à la vie privée que les versions précédentes, mais il est cependant possible de limiter la quantité de données qu'il conserve en appliquant quelques règles simples :

» **Lorsque vous vous connectez à Windows avec un compte Microsoft – il y a beaucoup de bonnes raisons de le faire –, pensez à créer un compte que vous n'utiliserez que pour la connexion à Windows, et éventuellement à OneDrive, Xbox, et/ou Skype.** Reportez-vous au chapitre précédent pour les détails.

» **N'utilisez pas les applications Windows 10 Courrier, Contact, Calendrier, Skype, ou OneDrive.** Si vous avez un compte Hotmail/Outlook.com ou Gmail, n'y accédez pas avec l'application Courrier. Si vous avez un compte séparé réservé uniquement pour la connexion à Windows, utilisez l'interface Web de OneDrive. Accédez également à vos contacts, calendriers et messages *via* Hotmail/Outlook.com ou Gmail. Ce n'est pas aussi classe que d'utiliser les applications Universelles de Windows 10, mais cela fonctionne tout aussi bien. Et souvent, même, nettement mieux.

N'oubliez pas que, comme je l'ai mentionné précédemment dans ce chapitre, les robots de Google (Gmail) et de Microsoft (Hotmail/Outlook.com) analysent chacun des messages échangés afin de savoir quel genre de publicité pourrait vous intéresser. Microsoft affirme cependant ne pas le faire.

Personnellement, j'utilise Gmail. Cela m'importe peu que Google me bombarde de publicités, car je n'achète jamais rien !

» **Utilisez toujours la navigation « privée ».** Dans Edge, elle s'appelle « navigation *InPrivate* ». Dans Firefox, elle s'appelle « Incognito » et dans Chrome, « Navigation privée ». Tous ces modes empêchent les sites de placer des cookies, et ils effacent la liste de téléchargement, le cache, l'historique de navigation, les éléments de saisie automatique et les mots de passe mémorisés.

Cependant, ayez conscience que votre navigateur laisse des traces partout où il vous amène. Par exemple, quand vous utilisez Google, ce dernier conserve votre adresse IP ainsi que les critères de recherche que vous avez saisis.

La navigation « privée » n'est pas la même chose que l'interdiction du suivi. En fait, cette dernière n'est qu'une demande faite aux sites Internet de s'abstenir de garder une trace de votre visite. Pour plus de détails, reportez-vous au Livret V, Chapitre 1.

» **N'optez pas pour le programme d'amélioration de l'expérience utilisateur de Microsoft.** Il surveille ce que vous faites et envoie, à des fins d'analyse, un résumé de tout ce que vous avez fait, tenté de faire, et comment. Oui bien sûr, Microsoft jure qu'il ne conserve aucune information permettant de vous identifier. Mais moi, je préfère garder mes distances.

Un compromis doit être accepté entre la confidentialité et la facilité d'emploi. Toutes les applications mentionnées dans ce chapitre sont obligées de vous demander quelques informations d'ordre privé pour fonctionner. À vous de voir celles que vous acceptez de livrer en échange de fonctionnalités nouvelles et séduisantes.

En bas de la page Emplacement de la rubrique Confidentialité de la fenêtre Paramètres Windows, vous pouvez remarquer la présence d'une option appelée Clôture virtuelle. Celle-ci pourrait bien prendre une place importante à l'avenir. Lorsqu'une application utilise cette « clôture virtuelle », elle traque votre position en permanence, de manière à pouvoir déclencher quelque chose (comme afficher une publicité, vous proposer d'aller dans une certaine boutique, peut-être même prévenir automatiquement les secours si vous êtes en difficulté, et ainsi de suite). Dès que vous pénétrez dans la zone délimitée par cette clôture, le pistage se met en place. Pour rester (plus ou moins) caché, vous devrez désactiver la localisation dans les applications concernées.

III

Travailler avec le bureau

Chapitre 1

L'ABC du bureau

DANS CE CHAPITRE :

- **Naviguer sur le bureau**
- **Ouvrir et fermer les fenêtres**
- **Une souris verte qui courait...**
- **La Barre des tâches de Windows 10**
- **Organiser les fichiers et les dossiers**
- **Afficher les extensions des noms de fichiers**
- **Utiliser les bibliothèques pour étendre les recherches**
- **Dormir ou rêver ?**

Ce chapitre vous explique comment trouver votre chemin parmi toutes les fenêtres de Windows. D'accord, si vous êtes un vieux routier de Windows, vous savez probablement déjà tout ce qu'il faut savoir à ce sujet (y compris le fonctionnement de la souris ou l'interaction avec les boîtes de dialogue). Mais je suppose ici que certains d'entre vous pourraient connaître quelques surprises, surtout si vous débarquez dans le monde de Windows ou dans son nouveau menu Démarrer.

Pour la plupart d'entre nous, le premier point, et peut-être le plus important, c'est que nous ne sommes pas otage des réglages par défaut de Windows. Ce système d'exploitation a été conçu pour vendre le plus de copies de Windows possible ! Ce qui est bon pour Microsoft, ne l'est pas forcément pour vous. Et réciproquement aussi. Quelques clics peuvent vous aider à optimiser l'utilisation de votre bel ordinateur.

Si vous recherchez des informations sur la personnalisation du menu Démarrer et de la barre des tâches, voyez le Livret III, Chapitre 2. Pour personnaliser le bureau (ainsi que le mode Tablette), voyez le Livret III, Chapitre 3.

Windows est schizophrène

Dès l'instant où vous vous *connectez* à l'ordinateur, autrement dit quand vous cliquez sur votre nom, un tas de choses se passe. À première vue, vous faites face à votre image, ou à celle que le constructeur de votre ordinateur a choisie pour vous. Ou bien à celle que Microsoft a choisie pour vous.

En gros et pour faire simple, Windows 10 peut avoir à cet instant une triple personnalité. À vous de contrôler cette schizophrénie :

- » Pratiquement tout le monde aime voir apparaître dès que possible le bureau de Windows. Celui-ci contient un bouton Démarrer (en bas et à gauche de l'écran), des icônes sur la barre des tâches (en bas de l'écran), un certain nombre d'icônes sur l'image de fond (dont en particulier la Corbeille), et ainsi de suite. Notez que l'image d'arrière-plan mentionnée est imposée par défaut. À vous de la changer pour qu'elle reflète votre personnalité.

  Si vous cliquez sur le bouton Démarrer, en bas et à gauche de l'écran, vous allez voir s'afficher le célèbre menu Démarrer avec ses vignettes sur la droite (voir la Figure 1.1). Voilà ce que j'appelle un véritable Windows.

- » Si vous voyez quelque chose qui ressemble à ce qu'illustre la Figure 1.2, cela signifie que quelqu'un a basculé votre affichage en mode Tablette.

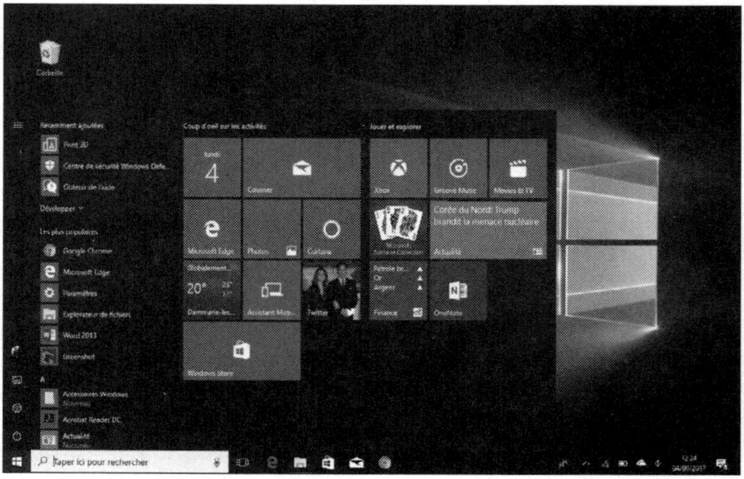

FIGURE 1.1 Windows, son bureau, son menu Démarrer.

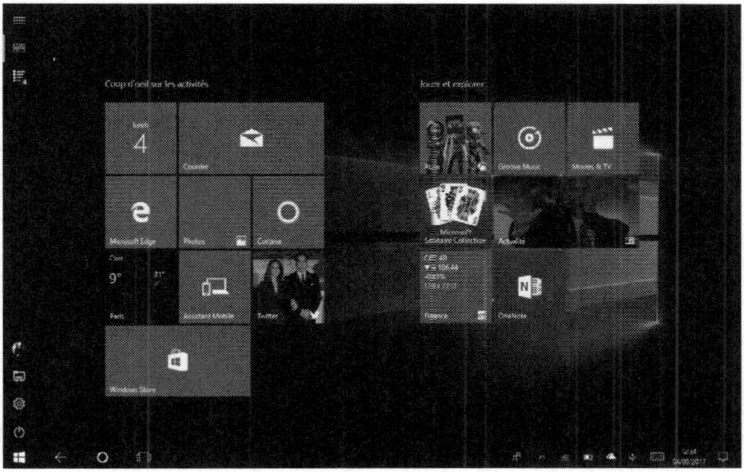

FIGURE 1.2 Interface de Windows 10 en mode Tablette.

Si vous vous retrouvez devant ce genre d'écran (et sauf si vous travaillez avec une tablette sous Windows 10), je vous conseille d'en revenir au classique bureau. Pour cela, cliquez sur le bouton du menu (les trois barres en haut et à gauche de l'écran). Choisissez ensuite l'icône Paramètres (engrenage), puis Personnalisation et enfin Accueil. Sous l'intitulé Utiliser l'écran de démarrage en plein écran, désactivez le commutateur correspondant. Vous allez ainsi retrouver votre « vrai » menu Démarrer.

» La troisième possibilité, c'est que vous vous retrouviez en mode Tablette. Certes, les différences entre ce mode et le cas précédent sont subtiles, mais la principale différence se trouve dans la barre des tâches et le menu Démarrer lui-même. Dans un cas, vous voyez la barre de recherche de Cortana s'afficher à droite du menu Démarrer, et dans l'autre non (elle est remplacée par une flèche de retour et un cercle vide). Pour interroger Cortana, vous devez cliquer sur ce cercle.

Le mode Tablette est décrit plus loin dans ce chapitre.

N'oubliez pas qu'il est possible de choisir sur quelle interface s'ouvrira Windows 10 au démarrage. Pour cela, cliquez sur le bouton Démarrer puis sur l'icône Paramètres (engrenage). Dans la fenêtre Paramètres Windows, cliquez sur Système. Ensuite, dans la colonne de gauche Système, choisissez Mode tablette. Dans le menu local Lorsque je me connecte de la section Mode tablette affichée sur la droite, choisissez entre Utiliser le mode bureau ou Utiliser le mode tablette, ou bien optez pour Utiliser le mode approprié à mon matériel. Dans ce cas, Windows choisira le mode en fonction de votre matériel. Ainsi, lorsque Windows détectera la présence d'un écran tactile, il démarrera en mode Tablette, sinon il privilégiera le mode Bureau.

Même si vous utilisez un écran tactile et que Windows démarre en mode Tablette, vous pouvez très bien préférer l'utiliser en mode Bureau. Windows 10 n'y voit aucun inconvénient. Tout dépend des habitudes de chacun, et de ses activités.

Travailler avec le bureau traditionnel

Donc, votre menu Démarrer ressemble à peu près à l'illustration de la Figure 1.1, n'est-ce pas ? Parfait.

L'écran que Windows affiche chaque fois que vous mettez votre ordinateur en marche est le *bureau*, même s'il faut bien avouer qu'il ne ressemble pas vraiment à un *vrai* bureau, c'est-à-dire avec un plateau et quatre pieds. Essayez donc de poser un crayon dessus...

J'explique comment modifier et organiser votre bureau dans le Livret III, Chapitre 3, mais tout nouvel utilisateur de Windows voudra certainement y apporter des changements sans plus attendre, comme cela est expliqué dans ce chapitre.

Même si le bureau de Windows a l'air assez simple, ne vous y fiez pas. Sous ce calme apparent se dissimule le plus sophistiqué de tous les programmes informatiques jamais créés. Des centaines de millions de dollars ont été dépensés pour créer une illusion de simplicité. Respectez donc votre bureau. Car il le vaut bien. (Et vous valez bien votre bureau aussi.)

Modifier l'arrière-plan de votre bureau

Prenez votre destin en mains en modifiant l'arrière-plan du bureau, ce que l'on appelle généralement le papier peint. Si vous venez d'acheter un nouvel ordinateur, l'arrière-plan par défaut chante assez vraisemblablement les louanges de son constructeur. Bof. Suivez plutôt ces étapes :

1. **Affichez le Bureau, et cliquez droit sur un espace vide, c'est-à-dire pas sur une icône.**
2. **Dans le menu contextuel qui apparaît (une liste d'options, si vous préférez), choisissez Personnaliser.**

Windows va afficher le volet Arrière-plan de la fenêtre Paramètres Windows (voir la Figure 1.3).

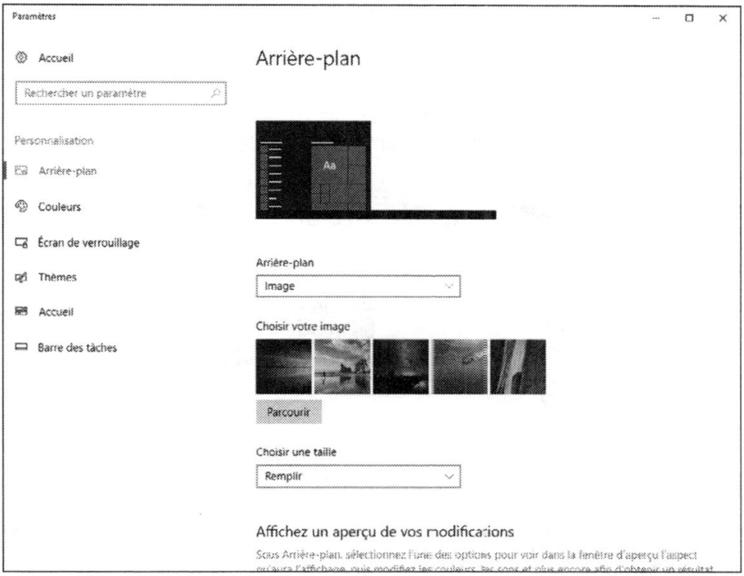

FIGURE 1.3 Choisissez ici l'arrière-plan de votre bureau.

3. **Jouez un peu avec le contenu du menu local Arrière-plan et voyez si vous trouvez une option d'affichage du Bureau qui vous convient.**

   Vous pouvez sélectionner un des arrière-plans proposés par Windows, une couleur unie ou encore un diaporama.

4. **Si aucune proposition de Windows ne trouve grâce à vos yeux, choisissez Image, puis cliquez sur le bouton Parcourir.**

   Windows vous répond en affichant le contenu du dossier Images pour que vous y choisissiez une image à votre goût.

5. **Si vous trouvez une image qui ferait un bel arrière-plan du Bureau, mais qui, une fois affichée, ressemble à une pastèque écrasée sur votre bureau, ou bien qui est pratiquement invisible, ouvrez le menu local Choisir une taille pour indiquer à Windows comment l'afficher correctement.**

   Vous disposez des options suivantes :

   - *Remplir :* Pour occuper la totalité du bureau sans déformer l'image.

- *Ajuster :* S'arrange pour que l'image occupe toute la hauteur, ou toute la largeur selon son format, sans déformation.
- *Étirer :* Redéfinit les proportions de l'image de manière à ce qu'elle occupe tout le bureau.
- *Vignette :* Affiche l'image à sa taille réelle en la reproduisant autant de fois que nécessaire pour occuper tout le bureau (voir la Figure 1.4).

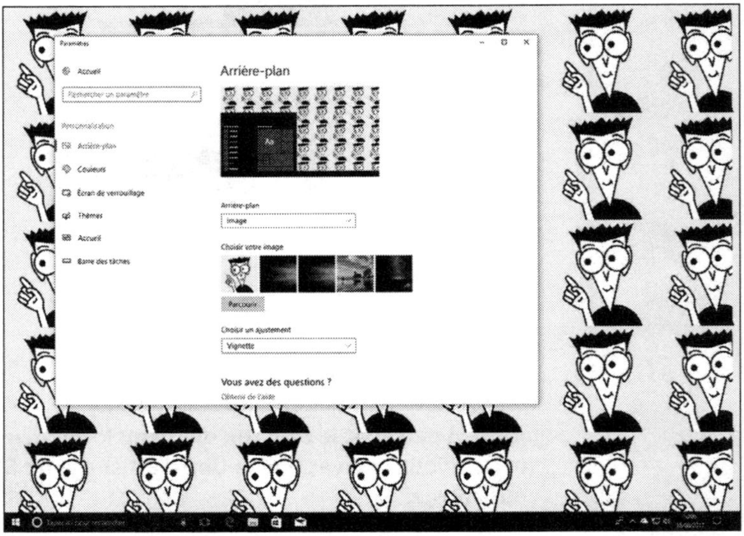

FIGURE 1.4 Original, mais peut-être un peu excessif...

- *Centrer :* Centre l'image sur le bureau.
- *Étendre :* Redimensionne l'image pour qu'elle occupe tout le bureau.

6. **Refermez la fenêtre Paramètres Windows en cliquant sur la croix en haut à droite.**

   Votre nouvel arrière-plan prend effet immédiatement.

Éliminer les icônes et les programmes inutiles

Lorsque vous acquérez un nouveau PC, son constructeur le truffe d'applications qui ne vous serviront pas à grand-chose. De ce fait, elles occupent de l'espace disque pour rien.

Vous croyez que votre nouveau PC sous Windows 10 est parfaitement vierge ? Grave erreur. Les fabricants et les distributeurs d'ordinateurs y placent régulièrement des tas de trucs, dans l'optique de gagner de l'argent, bien sûr. Ils font semblant de croire que c'est pour vous rendre service. Et quoi encore.

» **Pour éliminer les icônes inutiles,** faites un clic-droit dessus et dans le menu contextuel qui s'affiche, cho sissez l'option Supprimer. Clac !

» **Pour vous débarrasser des programmes associés à ces icônes,** essayez ceci : choisissez Démarrer, puis l'icône Paramètres (engrenage), et Applications. Faites défiler la liste Applications et fonctionnalités dans la partie droite de la fenêtre. Localisez la vignette d'une application que vous n'utilisez jamais. Cliquez dessus, puis sur le bouton Désinstaller. Si une petite boîte de dialogue s'affiche, cliquez sur son bouton Désinstaller (sorte de confirmation). Dans certains cas, Windows ouvre le Panneau de configuration. Localisez alors le programme à désinstaller, cliquez dessus, puis sur le bouton Désinstaller.

Une autre technique consiste à solliciter Cortana en saisissant le nom du programme ou de l'application dans son champ de recherche. Faites un clic-droit sur l'élément en question qui apparaît dans la liste proposée, et exécutez la commande Désinstaller. Bien souvent, cette action ouvre le Panneau de configuration.

Malheureusement, trop de programmes intempestifs ne jouent pas le jeu. Soit ils n'ont rien pour les désinstaller, soit la désinstallation ne les supprime pas totalement (non, je n'ai pas fait mention de Norton Internet Security). Essayons de regarder du côté de PC Decrapifier, un programme de Jason York (`https://www.pcdecrapifier.com/`).

Une souris verte qui courait...

Pour pratiquement tout le monde, la souris (voire le pavé tactile) est le premier moyen d'interagir avec Windows. Mais vous le savez déjà. Vous pouvez cliquer avec son bouton gauche, ou bien avec son bouton droit, ou encore faire rouler la molette qui se trouve entre les deux (pratiquement toutes les souris pour PC possèdent cet appendice). Dans tous les cas, la souris réagit de manière différente. Mais vous le saviez aussi déjà, bien sûr.

La technologie multi-touch intégrée à Windows 10 permet d'avoir jusqu'à onze points de contact. De quoi se prendre pour Tom Cruise dans *Minority Report*. Bien sûr, vous devrez vous faire greffer un doigt supplémentaire, avoir les bonnes applications, et travailler avec une vraie bête de course pour y arriver. Mais pour tous ceux d'entre nous qui mettent un gant à la fois, la souris reste le meilleur dispositif pour piloter Windows.

Comment se familiariser avec une nouvelle souris ? Par exemple en faisant une partie d'un de ces bons vieux Solitaire. Ouvrez le menu Démarrer, et faites défiler son contenu jusqu'à la lettre M. Là, cliquez sur la vignette Microsoft Solitaire Collection. Cliquez ensuite sur Klondike (c'est l'autre nom du Solitaire). Inutile que je vous explique les règles, vous les connaissez certainement déjà (voir la Figure 1.5). Profitez-en pour découvrir ce que vous propose Microsoft, avant de vous rendre plus tard dans Windows Store (voir le Livret V, Chapitre 4).

Essayez de cliquer dans différents endroits, de double-cliquer, ou encore de cliquer avec le bouton droit sur divers éléments. Bref, exercez-vous pour être aussi à l'aise que possible avec votre souris. Ne vous inquiétez pas : vous ne risquez pas de casser quelque chose dans l'ordinateur. Dans le pire des cas, et si vous avez une mauvaise position, vous vous en sortirez avec quelques douleurs dans le poignet ou le bras.

Dans l'ordinateur, les mouvements de la souris sont mesurés dans une unité appelée *mickey*. Charmant, non ? Bougez-la sur une courte distance, et la petite bête parcourt quelques mickeys. Faites-lui traverser l'océan, et elle aura fait des tas de petits mickeys.

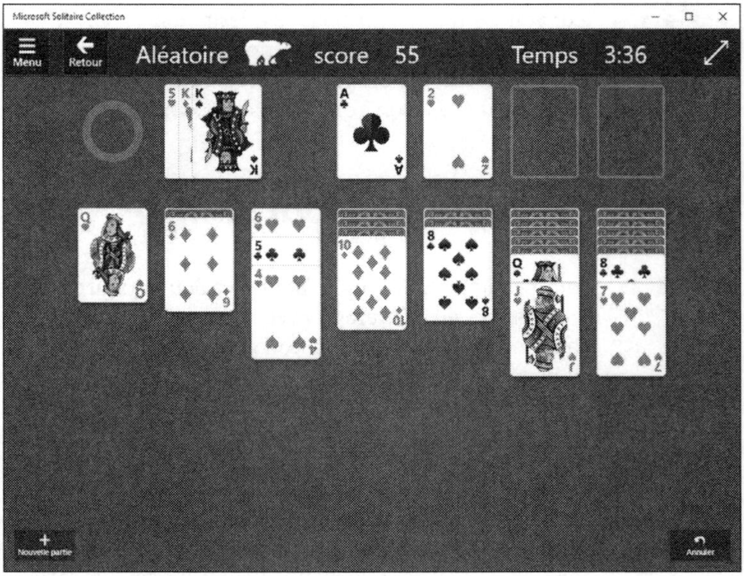

FIGURE 1.5 Pourquoi pas une petite partie de Solitaire, histoire de dérouiller la souris ?

Empiler les fenêtres

Windows 10 reconnaît quelques fonctions « gestuelles » qui peuvent vous faire gagner pas mal de temps. Exemple type : placer rapidement deux, ou même quatre, fenêtres l'une à côté de l'autre en quelques petits clics.

Essayez ceci : vous cliquez sur la barre de titre d'une fenêtre et vous la faites glisser (vous laissez le doigt appuyé sur le bouton gauche de la souris pendant tout le déplacement) jusqu'à ce que le pointeur atteigne le bord gauche de l'écran (ou le bord droit, si vous avez l'esprit de contradiction). Immédiatement, Windows va redimensionner la fenêtre de manière à ce qu'elle occupe exactement la moitié gauche (ou droite) du bureau. Cette technique peut faciliter grandement l'enregistrement d'une pièce jointe en la faisant glisser de l'application de messagerie vers l'Explorateur de fichiers, ou encore pour placer côte à côte un document Word et une feuille de calcul, ou bien encore deux fenêtres de navigation, comme sur la Figure 1.6, et ainsi de suite.

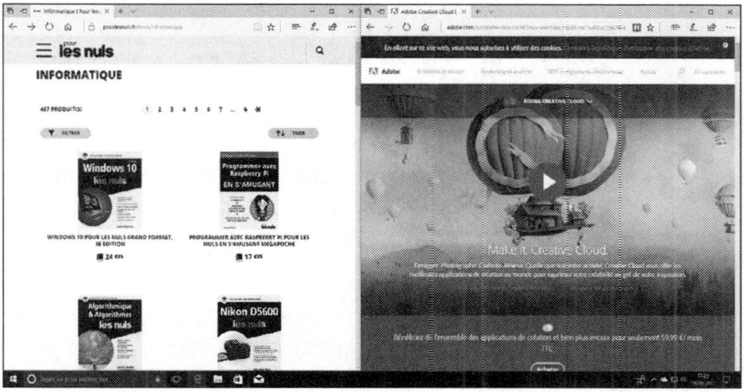

FIGURE 1.6 Un peu de glisse, et vous obtenez deux fenêtres sagement rangées côte à côte.

Lors de ce mouvement, et si plusieurs fenêtres d'application sont ouvertes en même temps, Windows 10 va en afficher un aperçu pour vous permettre de choisir celle qui va occuper l'autre moitié de l'écran. Cliquez simplement sur sa vignette.

Vous pouvez aussi faire glisser la barre de titre d'une fenêtre dans un coin de l'écran, et disposer de cette manière quatre fenêtres à la fois (mais il vaut mieux avoir un grand moniteur). Si vous êtes curieux de savoir comment cela se passe, voyez l'option Paramètres du menu Démarrer, puis choisissez Système et cliquez sur Multitâche. Les options concernées se trouvent dans la section Ancrer de la partie droite de la fenêtre (voir la Figure 1.7).

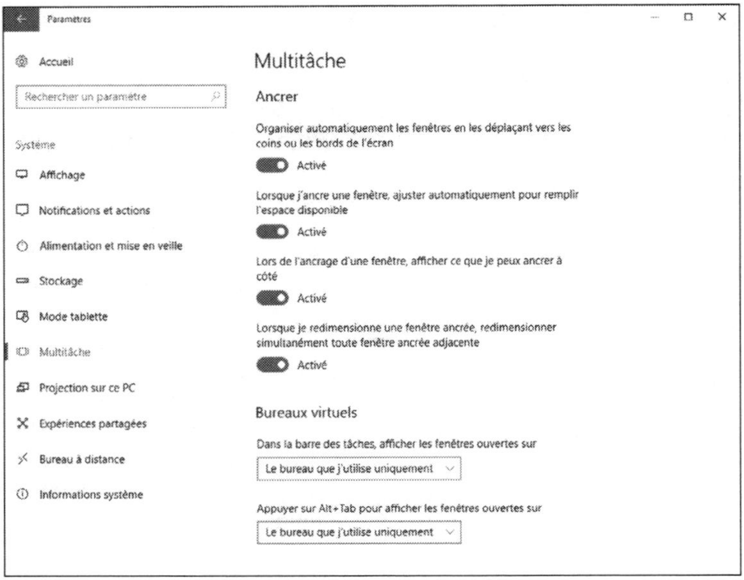

FIGURE 1.7 Configurer les options d'organisation des fenêtres.

Mais ce ne sont pas les seules astuces. Si vous tirez la barre de titre d'une fenêtre jusqu'en haut de l'écran, elle est *maximisée*, autrement dit elle s'agrandit sur toute la surface du bureau. Bon, il y a encore un autre truc : vous pouvez aussi faire un double-clic sur la barre de titre pour obtenir le même résultat (ou, à l'inverse, *réduire* la fenêtre à sa taille précédente). Et si vous cliquez sur ladite barre de titre et que vous la secouez, toutes les autres fenêtres se réduisent (ou se *minimisent*) gentiment pour venir se ranger dans la barre des tâches.

On peut obtenir les mêmes résultats avec quelques raccourcis clavier : Win + flèche gauche (la fenêtre occupe la moitié gauche de l'écran), Win + flèche droite (la fenêtre occupe la moitié droite de l'écran), Win + flèche haut (la fenêtre est maximisée), Win + flèche bas (la fenêtre est minimisée).

Configurer la souris

Si vous êtes gaucher, vous pouvez intervertir le rôle des deux boutons. En fait, certains gauchers sont habitués au mode de fonctionnement standard de la souris et ils préfèrent ne rien changer. À chacun son choix.

Une autre option, le verrouillage du clic, peut aider les personnes qui ont moins de trois mains. Dans ce mode, vous appuyez pendant un certain temps sur le bouton de la souris (vous pouvez choisir la durée de l'appui) afin de demander à Windows de verrouiller le bouton. Vous pouvez alors vous concentrer sur le déplacement de la souris sans avoir besoin de garder le doigt appuyé.

Pour configurer ces réglages, suivez ces étapes :

1. **Cliquez ou tapez sur le bouton Démarrer. Choisissez ensuite l'icône Paramètres (engrenage), puis Périphériques, et enfin Souris.**

   La fenêtre illustrée sur la Figure 1.8 s'affiche.

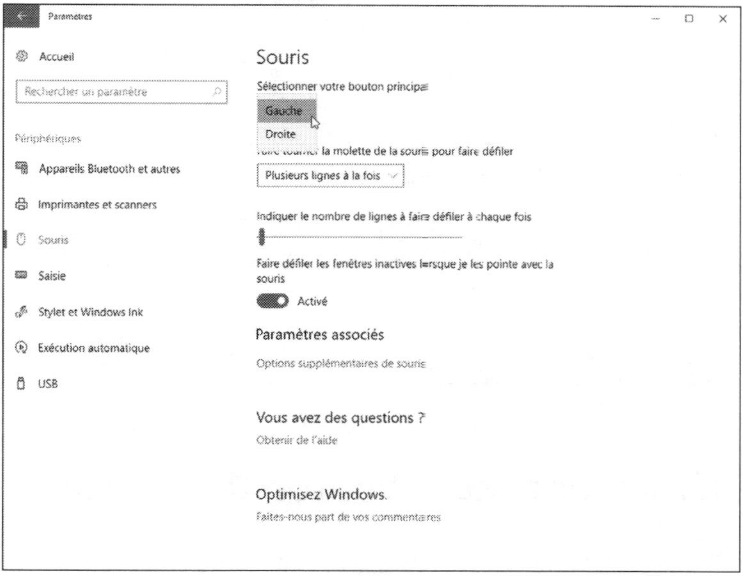

FIGURE 1.8 Choisissez ici le bouton principal de la souris.

2. **Si vous voulez inverser le rôle des boutons, choisissez le mode voulu dans le menu local Sélectionner votre bouton principal.**

3. **Pour activer le verrouillage du clic, ouvrez le lien Options supplémentaires de souris. Une boîte de dialogue « à l'ancienne » apparaît. Cochez l'option Activer le verrouillage du clic en bas de cette boîte de dialogue (voir la Figure 1.9). Cliquez ensuite sur le bouton OK.**

FIGURE 1.9 Comment activer le verrouillage du clic.

Démarrer avec le bouton Démarrer

Votre véritable voyage avec Windows débute en fait par l'icône située en bas à gauche de l'écran. C'est le fameux bouton Démarrer.

Même si c'est une vénérable ancienneté, puisqu'il remonte à Windows 95, ce bouton joue un rôle essentiel. Il vous donne en effet accès au nouveau menu Démarrer de Windows 10, illustré sur la Figure 1.10.

Avec des mises à jour successives, le bouton Démarrer ne se présente plus tout à fait de la même façon que dans la version initiale de Windows 10.

Le menu Démarrer donne l'impression d'être gravé dans le marbre, mais ce n'est pas le cas. Vous pouvez modifier trois choses sans avoir à vous plonger dans des tonnes de documentation :

- **Pour changer le nom et l'image de l'utilisateur,** voyez le Livret II, Chapitre 4.

FIGURE 1.10 Le menu Démarrer de Windows frappe un grand coup, et vous pouvez le personnaliser, du moins jusqu'à un certain point.

- » **Pour supprimer un programme de la liste Les plus populaires,** faites un clic-droit sur son nom et, dans le menu contextuel qui apparaît, choisissez Plus. Dans le sous-menu, optez pour Ne pas afficher dans cette liste.
- » **Pour déplacer ou redimensionner une vignette dans la partie droite du menu Démarrer,** cliquez dessus et, sans relâcher le bouton de la souris, faites-la glisser. Vous pouvez également cliquer droit dessus et choisir l'option Redimensionner, puis cliquez sur une des tailles prédéfinies proposées. Pour les détails, voyez le Livret III, Chapitre 2.

Si vous étrennez votre nouvel ordinateur sous Windows 10, il est fort possible que le constructeur ait ajouté ses propres icônes dans le menu Démarrer. Il peut s'agir d'utilitaires intéressants, mais aussi de tentatives pour imposer certaines applications (pas gratuites) qui ne vous seront pas d'une grande utilité. Pour vous en débarrasser, cliquez droit sur le nom d'un importun et choisissez dans le menu qui apparaît l'option Plus puis Ne pas afficher dans cette liste, ou encore Supprimer de cette liste (dans ce cas, Désinstaller c'est très bien aussi).

La partie droite du menu Démarrer se nomme Écran de démarrage, et contient une pléthore de vignettes, mais vous avez parfaitement le droit de les appeler tuiles, ou encore pavés. Initialement, ces vignettes sont toutes des vues sur de parfaits (?) représentants des applications Universelles Windows provenant des ateliers de Microsoft en personne. Mais, dans votre vie d'utilisateur, vous aurez certainement à en ajouter d'autres, ou à en enlever certaines.

Si vous avez besoin de quelques révisions sur ce que sont les applications Universelles Windows, reportez-vous en particulier au Livret I, Chapitre 2.

Ces applications peuvent être classées en plusieurs catégories :

- **Les applications dites de « productivité » :** Il s'agit notamment des applications Calendrier, Courrier ou encore Contacts. Elles sont marginalement utiles, mais pas au point de vous faire quitter votre agenda ou votre programme de messagerie actuels, en particulier sur votre tablette ou votre smartphone. Quant à Contacts, c'est une misère. Voyez à ce sujet le Livret IV, Chapitres 1 et 2.
- **Microsoft Edge** est certainement la meilleure application Universelle Windows jamais écrite. Microsoft a eu entièrement raison de jeter Internet Explorer dans les buissons et de proposer un navigateur moderne et sûr aux utilisateurs. Voyez le Livret V, Chapitre 1.
- **OneNote** est une application utile de prise de notes. Voyez le Livret IV, Chapitre 4.
- Sans compter un tas d'applications typiques du monde des smartphones, comme Actualité, Finance ou Sport (Livret V, Chapitre 3), Photos (Livret IV, Chapitre 3), Météo, ou encore une application Xbox qui ne peut réellement servir que si vous possédez une… Xbox.

Vous avez la possibilité de personnaliser à peu près totalement la partie droite du menu Démarrer en faisant glisser les vignettes, ou en choisissant quelques options. Nous y reviendrons en détail dans ce Livret III, au Chapitre 2.

Toucher la barre des tâches

Windows 10 affiche une rangée d'icônes, la barre des tâches, tout en bas de l'écran (voir la Figure 1.11). Celle-ci est extrêmement personnalisable, mais c'est là un sujet qui sera développé dans ce Livret III, au Chapitre 3.

La barre des tâches est un parfait concentré de la plupart des choses que vous voulez faire, et ce la plupart du temps. Par exemple :

- **Placez le pointeur de votre souris sur une icône pour voir un aperçu du programme correspondant.** Sur la Figure 1.11, par

FIGURE 1.11 La barre des tâches de Windows vous renseigne sur les applications actives et vous permet d'accéder rapidement au bon endroit.

exemple, j'ai survolé l'icône de Microsoft Edge et constaté que la page du moteur de recherche Google était ouverte.

Certaines applications, comme l'Explorateur de fichiers ou encore Word, montrent chaque onglet ou document ouvert dans autant d'aperçus. Cliquer sur l'un d'entre eux réactive l'application avec l'onglet ou le document correspondant ouvert. Rapide et efficace.

» **Cliquez droit sur une icône,** et vous pouvez voir une liste de tâches et d'activités courantes, ainsi qu'éventuellement les noms des derniers documents ouverts avec l'application, comme par exemple les onglets que vous avez ouverts dans votre navigateur.

Comme il se doit, le programme correspondant s'ouvre si vous cliquez sur son icône. Si vous voulez ouvrir une seconde fenêtre, cliquer ne suffit pas. Vous devez cliquer droit sur l'icône, puis choisir le nom de l'application.

» **Vous pouvez déplacer la plupart des icônes de la barre des tâches.** Pour cela, cliquez dessus et faites-les glisser vers un nouvel emplacement de la barre. En revanche, ce n'est pas possible avec le bouton Démarrer, Cortana, l'horloge ou encore la petite flèche des icônes cachées.

Si vous voulez renvoyer toutes les fenêtres ouvertes dans l'ombre de la barre des tâches et dévoiler votre magnifique bureau, cliquez sur le tout petit trait qui se dissimule au bout de la barre des tâches, juste après l'horloge.

Il y a encore bien d'autres astuces concernant la barre des tâches, mais l'une d'entre elles peut être particulièrement pratique (surtout si votre écran est d'une taille modeste).

La barre des tâches peut en effet se replier d'elle-même et prendre l'aspect d'une simple ligne. Il suffit ensuite de placer le pointeur de la souris sur cette ligne pour que la barre des tâches se déplie à nouveau. Pour cela :

1. **Cliquez *droit* sur une partie vide de la barre des tâches.**

2. **Dans le menu qui s'affiche, choisissez Paramètres de la barre des tâches.**

La fenêtre Paramètres s'ouvre sur les options de la Barre des tâches.

3. **Basculez le commutateur Masquer automatiquement la barre des tâches en mode Bureau (ou Tablette si vous préférez travailler dans ce mode – voir la Figure 1.12).**

L'effet obtenu est instantané. La Barre des tâches disparaît en bas de l'écran. Il suffira d'approcher le pointeur de la souris de cette zone de l'écran pour qu'elle réapparaisse ?

FIGURE 1.12 Masquer automatiquement la Barre des tâches pour gagner de la place sur le bureau.

4. **Quittez la fenêtre Paramètres par un clic sur son bouton de fermeture (X) en haut à droite.**

La barre des tâches de la mise à jour Fall Creator Update s'enrichit d'une nouvelle icône appelée Contacts. Elle représente deux avatars positionnés l'un derrière l'autre, et elle est localisée au début de la Zone de notification. Elle va permettre d'épingler des contacts à la barre des tâches. Lorsque vous cliquez dessus pour la première fois, une incrustation apparaît expliquant très succinctement le rôle de cette icône. Pour en savoir davantage sur cette fonction, reportez-vous au Chapitre 2 du Livret IV.

Tapoter en mode Tablette

Essayez la petite expérience qui suit, même si vous n'avez pas de tablette tactile ou de smartphone sous Windows. Vous allez activer le mode Tablette et jouer un peu avec lui. Suivez le guide :

1. **Cliquez sur l'icône des notifications de la zone de notifications de Windows.**

   Il s'agit de l'icône de la bulle de B.D. à l'extrême droite de la Barre des tâches.

2. **Cliquez sur la vignette Mode tablette, comme le montre la Figure 1.13.**

FIGURE 1.13 Basculer en mode Tablette.

Il est également possible d'activer le mode Tablette en cliquant sur l'icône Paramètres du menu Démarrer. Ensuite, cliquez sur Système puis sur Mode tablette dans le volet gauche. Dans la partie droite, ouvrez le menu local Lorsque je me connecte, et optez pour Utiliser le mode tablette.

Waouh ! Immédiatement, la fenêtre des paramètres vient remplir tout le bureau. C'est une observation importante. Tout ce que vous exécutez en mode Tablette occupe la totalité de l'espace.

3. **Cliquez ou tapez sur le menu Démarrer (le logo de Windows, en bas et à gauche de l'écran).**

   Le mode Tablette s'offre à vous dans toute sa splendeur, comme l'illustre la Figure 1.14.

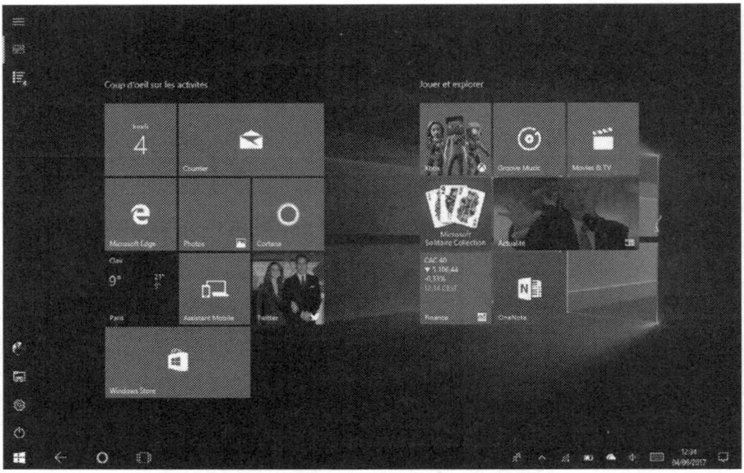

FIGURE 1.14 Le mode Tablette est présent, même sur un ordinateur qui n'est pas tactile.

4. **Avant de tomber à la renverse, cliquez ou tapez sur le bouton qui se trouve en haut et à gauche de l'écran (les trois barres).**

   Vous allez voir apparaître le menu Démarrer sur la gauche de l'écran, comme l'illustre la Figure 1.15.

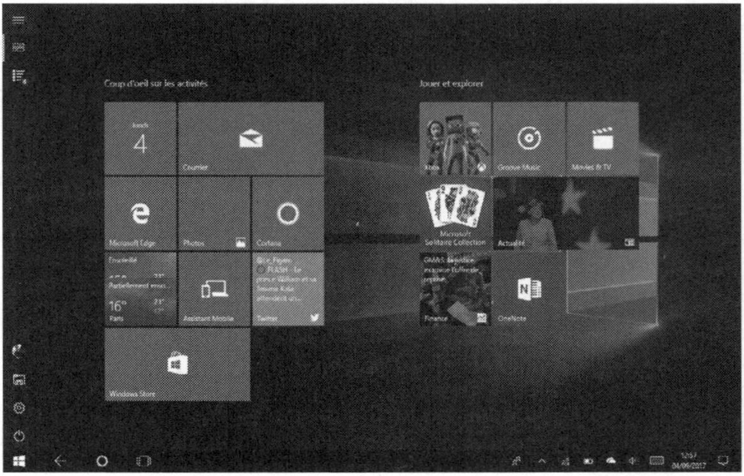

FIGURE 1.15 En mode Tablette, les vignettes sont omniprésentes.

5. **Cliquez sur une des vignettes, disons celle des actualités ou de la météo, quelque chose qui ne soit pas trop angoissant. Évitez surtout la vignette intitulée « Cliquez ici pour déclencher une guerre thermonucléaire globale ». On ne sait jamais. Ils sont quand même très forts chez Microsoft.**

   Le menu Démarrer disparaît, et l'application vient remplir l'écran. Il vous faudra peut-être un peu de temps pour vous habituer à ce mode de fonctionnement. Le mode Tablette, c'est le plein écran, point.

6. **Quand vous avez fini de jouer avec votre application, cliquez sur le bouton Démarrer, en bas et à gauche de l'écran.**

   Vous revenez à l'écran principal (reportez-vous à la Figure 1.14). Recommencez, et votre application réapparaît.

   Appuyer sur la touche Windows du clavier produit le même effet.

7. **Maintenant, cliquez droit sur une des vignettes (ou maintenez-la enfoncée – virtuellement – avec votre doigt) et choisissez dans le menu qui s'affiche l'option Redimensionner. Choisissez alors une nouvelle taille pour la vignette.**

   Sur la Figure 1.16, par exemple, j'ai fait un clic-droit sur la vignette Edge et choisi la dimension Vignettes moyennes.

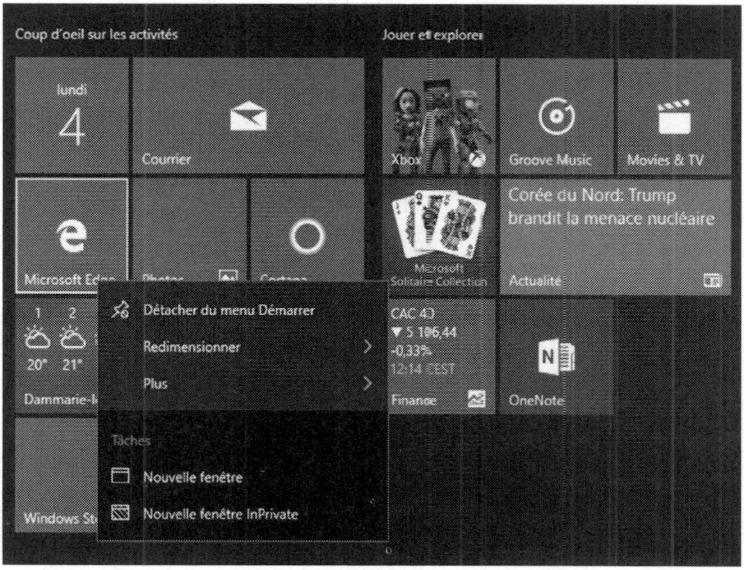

FIGURE 1.16 Pour afficher une plus grande vignette Microsoft Edge.

8. **Si vous vous sentez l'esprit aventureux, cliquez sur une des vignettes et faites-la glisser vers un nouvel emplacement.**

   Pour des instructions détaillées sur l'arrangement des vignettes, voyez le Livret III, Chapitre 2.

9. **Pour quitter rapidement le mode Tablette, cliquez sur l'icône du Centre de notifications en bas à droite de l'écran, puis sur l'icône Mode tablette.**

   Immédiatement, vous redescendez sur terre et sur votre bureau. Par contre, vous pouvez constater que la vignette que vous avez agrandie garde ses nouvelles proportions.

Travailler avec les fichiers et les dossiers

« C'est quoi, un fichier ? ». Si j'avais reçu un peu d'argent chaque fois que j'ai entendu cette question, je serais *très* riche.

Un fichier, euh, c'est une *chose*. C'est cela. Une chose. Une chose qui contient quelque chose. Pourquoi est-ce que vous ne posez pas une question plus facile, comme « C'est quoi un paragraphe ? », ou « C'est quoi le sens de la vie, de l'univers, et de tout ? ».

Un *fichier* est un morceau de quelque chose fondamental. Et comme pour toutes les choses fondamentales (comme les protons, la couleur de Vénus ou la masse volumique de la glace), toute tentative de donner une définition définitive nécessite de comprendre la chose elle-même. Il suffit donc de dire, par exemple, qu'un document Word est un fichier. Une feuille de calcul Excel aussi. Une photo numérique de votre tante Alice enregistrée par mégarde sur votre ordinateur également. Chaque titre du dernier album de Coldplay est un fichier, mais il en va également de même pour toutes les pistes de tous les CD audio. En revanche, vous n'êtes pas un fichier. J'espère que cela vous rassure.

Les fichiers (comme les dossiers) ont un nom, qui peut être plus ou moins long. Ce nom ne peut pas contenir les caractères suivants :

/ \ : * ? « < > |

Les fichiers peuvent être énormes. Ou minuscules. Et ils peuvent même être vides. Mais que cette remarque ne provoque pas chez vous un court-circuit entre vos cellules grises !

Les dossiers, eux, contiennent des fichiers, et même d'autres dossiers. Les dossiers, comme les fichiers, sont parfois vides. Mais un seul et

GARDER DES DOSSIERS BIEN ORGANISÉS

Si vous configurez correctement vos dossiers, ils vous aideront considérablement à rester bien organisé. Par contre, si vous jetez vos fichiers à droite et à gauche sans y faire attention, aucun système de dossiers ne sera capable de retrouver vos fichiers à votre place. Malheureusement, les dossiers ont un problème fondamental. Je vais essayer d'illustrer cela.

Supposons que vous possédiez une boutique dans laquelle vous vendez des sandwichs. Vous prenez une photo de la façade. Où allez-vous ranger cette photo ? Quel dossier devriez-vous utiliser ? La réponse est : il n'y a pas de bonne réponse. Vous pourriez la mettre avec tout ce qui concerne votre boutique, comme vos factures, vos recettes, vos rentrées d'argent, *etc.* Mais vous pourriez aussi la ranger dans le dossier Images de votre PC, ou encore la stocker dans le dossier de même nom sur votre espace OneDrive. Mais vous avez bien d'autres choix : les dossiers des documents ou des images publiques de manière à ce que d'autres utilisateurs du PC, ou qui y seraient connectés en réseau, soient à même de voir ce splendide cliché. Et vous pourriez tout aussi bien créer un dossier appelé Photos et y classer vos photos en ordre chronologique (personnellement, c'est ce que je fais). Et pourquoi pas un dossier Boutique qui se trouverait à l'intérieur de ce dossier Photos ?

Voilà. Pour pouvoir échapper à la sempiternelle question « Mais où ai-je bien pu le mettre, ce fichu fichier ? », une bonne organisation est nécessaire, et c'est vous, et seulement vous, qui pouvez prendre des décisions à ce sujet. Heureusement, vous pouvez vous servir des bibliothèques de Windows 10, et de la fonction de recherche de celui-ci (ouf, elle est enfin efficace !), vous avez de bonnes chances de vous en sortir et de retrouver le fichier que vous aviez perdu de vue depuis longtemps. Surtout si, dans le cas de photos et de vidéos, vous avez pris la bonne habitude de définir des mots-clés qui vous parlent. Voyez à ce sujet l'encadré « Créer des bibliothèques », plus loin dans ce chapitre.

En revanche, si vous transférez directement votre photo sur OneDrive, l'histoire est très différente. Voyez à ce sujet le Livret VI, Chapitre 4 et le Livret VIII, Chapitre 1.

même dossier est aussi capable de contenir des millions, oui des millions, de fichiers et d'autres dossiers.

Pour voir à quoi ressemblent les dossiers et les fichiers que vous allez probablement utiliser tous les jours, cliquez sur l'icône de l'Explorateur de fichiers, sur la barre des tâches (si vous ne le voyez pas là, ouvrez le menu Démarrer pour le retrouver). La fenêtre qui s'affiche vous montre en priorité les dossiers et les fichiers que vous utilisez le plus souvent (voir la Figure 1.17).

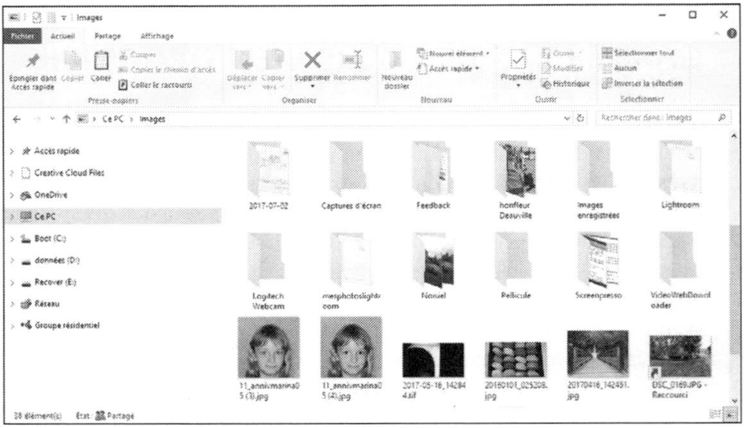

FIGURE 1.17 L'Explorateur de fichiers vous montre les fichiers et les dossiers que vous utilisez le plus fréquemment.

L'Explorateur de fichiers peut vous montrer aussi bien le contenu d'un disque dur que d'une clé USB ou d'un disque CD/DVD. Il est également capable d'afficher le contenu d'un ordinateur accessible sur votre réseau, du moins si vous en avez un.

Utiliser l'Explorateur de fichiers

Votre PC est une sorte d'océan, et vous pourriez bien vous y noyer. Microsoft a dépensé des centaines de millions de dollars pour s'assurer que Windows 10 pointe dans la bonne direction et qu'il ne vous laisse pas au bord de la route dans toutes vos activités (mais ce n'est pas par pure philanthropie, croyez-moi).

Et, d'une manière un peu surprenante, tout cela fonctionne plutôt bien.

Pour tous les travaux que vous avez à faire, vous devez interagir avec Windows. Et si Windows a quelque chose à faire, il interagit avec vous. Une forme de démocratie participative, en quelque sorte.

Microsoft appelle tout cela une *expérience utilisateur*. Génial. Et l'Explorateur de fichiers se trouve au centre de cette… expérience utilisateur. Chaque fois que vous voulez travailler avec Windows 10 (que ce soit pour classer les photos de votre mariage, pour organiser vos documents de travail ou pour lui demander de retrouver les uns et les autres), vous utilisez généralement l'Explorateur de fichiers.

Naviguer dans vos dossiers

L'Explorateur de fichiers peut vous aider de diverses manières :

CRÉER DES BIBLIOTHÈQUES

Windows 7 avait introduit un tout nouveau concept : celui des bibliothèques. En gros, il s'agit d'une manière de masquer le contenu des dossiers divers et variés. Vous pouvez alors travailler avec le contenu de ces dossiers comme s'il s'agissait d'un emplacement unique, et ce indépendamment de l'endroit réel ou ces dossiers se trouvent. Par exemple, vous pourriez stocker vos photos dans une dizaine de dossiers, de l'emplacement Public de l'ordinateur, et une pléiade d'autres dans un disque quelconque de votre réseau personnel, puis traiter tout le monde comme s'il s'agissait d'un seul et même dossier. Si vous voyez ce que je veux dire...

Malheureusement, Microsoft a changé son point de vue et décidé que le nuage Internet, c'était l'avenir, OneDrive étant son fer de lance. Du coup, *exit* les bibliothèques ! Sous Windows 8/8.1, il était déjà difficile de trouver leur trace. Et Windows 10 poursuit cette tradition.

Mais il y a un mais. Ce n'est pas parce que le dossier Bibliothèques est absent par défaut de l'Explorateur de fichiers que vous n'avez aucun accès direct à son contenu. *Yes but* ?! (oui mais ?!) : ouvrez Accès rapide dans le volet de navigation de l'Explorateur de fichiers, et vous y trouverez les bibliothèques Téléchargements, Documents et Images. Certes, il manque Vidéos et Musiques mais ce n'est déjà pas si mal. Pas de panique, on vous dira tout sur ce sujet.

Dans ce chapitre, je ferai référence à ce sujet en cas de besoin. Mais, pour tout savoir sur cette histoire, voyez le Livret VII, Chapitre 3. Et si vous trouvez que OneDrive n'est pas si mal, vous n'avez pas tort. Reportez-vous également au Livret VI, Chapitre 4 et au Livret VIII, Chapitre 1 pour découvrir l'avenir de l'univers (enfin, du nuage Internet).

» **Cliquez sur un dossier pour afficher les fichiers qu'il contient.** Dans la partie gauche de la fenêtre de l'Explorateur de fichiers, appelée le Volet de navigation, vous pouvez ouvrir un certain nombre de dossiers contenant des sous-dossiers. Ainsi, le dossier Accès rapide contient d'autres dossiers ou des fichiers, et affiche la section Dossiers fréquents dans la partie droite de l'Explorateur de fichiers. Vous trouverez alors des dossiers comme Téléchargements, Bureau, ou encore Images et Documents. Si vous avez ouvert un compte OneDrive, vous pourrez y accéder directement depuis l'Explorateur de fichiers comme s'il s'agissait d'un disque dur de votre ordinateur, comme l'illustre la Figure 1.18.

» **Utilisez la barre de navigation (entre les deux volets de la fenêtre) pour vous déplacer.** Sur la Figure 1.18, par exemple, cliquer sur Images du dossier OneDrive vous conduit directement au contenu de ce dossier sur votre nuage Internet OneDrive.

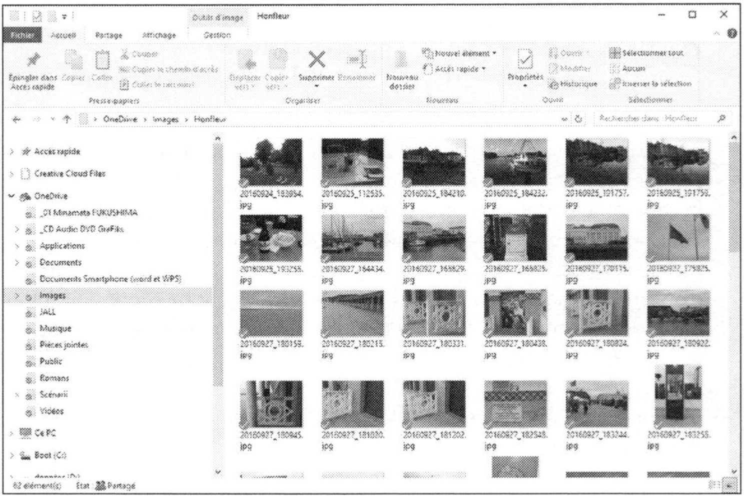

FIGURE 1.18 L'Explorateur de fichiers vous aide à vous déplacer partout, y compris dans les nuages avec OneDrive.

- **Les détails apparaissent en bas.** Si vous cliquez une seule fois sur le nom d'un fichier ou d'un dossier, des informations apparaissent en bas de la fenêtre de l'Explorateur de fichiers. Si vous double-cliquez sur le nom d'un dossier, il devient le dossier courant. Si vous double-cliquez sur un document, il s'ouvre (par exemple, un double-clic sur un fichier .doc Word lance ce programme et charge en même temps le document, prêt à être consulté et édité).
- **La plupart des actions que vous pouvez avoir à effectuer sur des fichiers ou des dossiers sont accessibles depuis la barre des commandes, en haut de la fenêtre.** Et la plupart des autres actions sont, quant à elles, accessibles en cliquant droit sur le nom d'un fichier ou d'un dossier.
- **Pour voir toutes les options, cliquez sur les onglets dans la partie supérieure de la fenêtre.** Chacune de ces options révèle sa propre barre de commandes (ou son ruban).
- **Ouvrez autant de copies de l'Explorateur de fichiers que vous le souhaitez.** Cela peut être utile si vous êtes aussi étourdi que moi – enfin, si vous aimez le multitâche et que vous voulez regarder dans plein d'endroits à la fois. Cliquez droit sur l'icône de l'Explorateur de fichiers, dans la barre des tâches et, dans le menu contextuel qui apparaît, choisissez l'option Explorateur de fichiers (pas moyen de confondre avec une autre application). Une copie totalement indépendante de l'Explorateur apparaît, et le voyage peut continuer.

C'EST QUOI, UN GROUPE RÉSIDENTIEL ?

Les groupes résidentiels facilitent le partage des dossiers et des fichiers sur des systèmes sous Windows 7/8/8.1 ou 10 qui sont connectés en réseau. Les détails seront étudiés dans le Livret VII, Chapitre 5, mais en voici une version style cocotte-minute.

Lorsque votre PC rejoint un groupe résidentiel, Windows remplace tout le mumbo-jumbo (enfin, les choses incompréhensibles) généralement associé au partage des fichiers ou des imprimantes, et le remplace par une méthode, comment dire, plus simple. La plupart des réseaux familiaux ou de petites entreprises sont, ou peuvent être, concernés.

Tous les ordinateurs qui sont reliés dans un groupe de travail partagent leurs imprimantes et certains autres périphériques. Lorsqu'un poste individuel se connecte à un groupe résidentiel, leurs dossiers Images, Musique et Vidéos sont partagés par défaut. Et il suffit d'un clic pour ajouter le dossier Documents à la liste.

D'autres comptes (ceux qui ne sont pas explicitement connectés *via* un groupe résidentiel) partagent uniquement leurs imprimantes. En d'autres termes, le partage de fichiers, du moins d'une manière simple, nécessite d'en passer par un groupe résidentiel.

Choisir l'affichage

De grandes icônes, comme sur la Figure 1.18, peuvent être commodes pour avoir un aperçu rapide de photographies. Mais parfois, elles peuvent s'avérer plus gênantes qu'autre chose, notamment quand vous recherchez un document enfoui dans les tréfonds du dossier courant. Si vous êtes fatigué de faire défiler, et défiler encore, votre liste, cliquez sur l'onglet Affichage puis sur l'option Détails du groupe Disposition. La liste se réduit sérieusement, comme l'illustre la Figure 1.19.

Windows 10 offre plusieurs modes d'affichage pittoresques (ou plutôt picturesques), comme Très grandes icônes (vraiment très grandes), Grandes icônes, Icônes moyennes ou encore Petites icônes (à chacun ses goûts), voire Icônes 4K (non, là, j'anticipe). À nouveau, tout cela est fort bien tant qu'il s'agit de photos. Dans la plupart des autres cas, ces modes sont plus ennuyeux qu'autre chose.

Dans le mode Détails, vous pouvez trier la liste des fichiers en cliquant sur l'un des en-têtes de colonnes, comme par exemple sur Nom ou Date. Il est également possible de cliquer droit sur un en-tête et de cocher une autre option afin d'en afficher la colonne, comme Modifié le, ou bien encore choisir Autres.

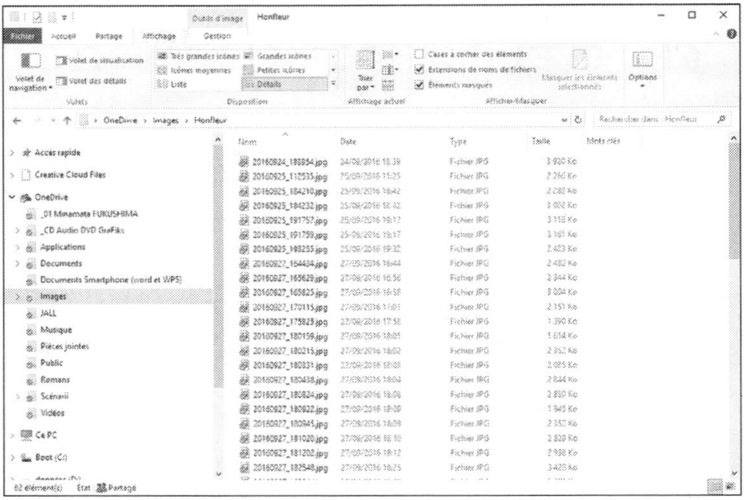

FIGURE 1.19 Un affichage détaillé est moins joli, mais souvent plus pratique.

Dans la boîte de dialogue Autres, vous pouvez réorganiser les détails afin de positionner vos préférés avant les autres. Par exemple, faites un clic-droit sur un en-tête de colonne du volet droit, comme Nom. Dans le menu contextuel, choisissez Autres. Dans la boîte de dialogue Choisir les détails qui apparaît, cochez ceux que vous souhaitez afficher en permanence comme Modifié le. Ensuite, cliquez sur cette propriété afin de la sélectionner puis sur les boutons Monter et Descendre pour la positionner là où vous le souhaitez, comme le montre la Figure 1.20.

Créer des fichiers et des dossiers

En général, vous créez de nouveaux fichiers et/ou dossiers lorsque vous utilisez un programme. Vous créez un nouveau document Word lorsque vous vous servez de votre logiciel de traitement de texte favori, ou bien vous créez un nouveau dossier pour y stocker les feuilles de calcul Excel dans lesquelles vous notez au jour le jour vos transactions *offshore*. Les programmes qui permettent de créer des fichiers et des dossiers disposent normalement de commandes adaptées dans un menu appelé Fichier, dans le genre Nouveau, Enregistrer ou Encore Enregistrer sous. Jetez un coup d'œil sur votre programme, et vous allez rapidement les trouver.

En fait, vous pouvez créer assez facilement un nouveau fichier ou un nouveau dossier (ou plus précisément un *sous-dossier* de quelque chose) sans avoir à sortir l'artillerie lourde (je veux dire sans lancer un programme). Suivez ces étapes :

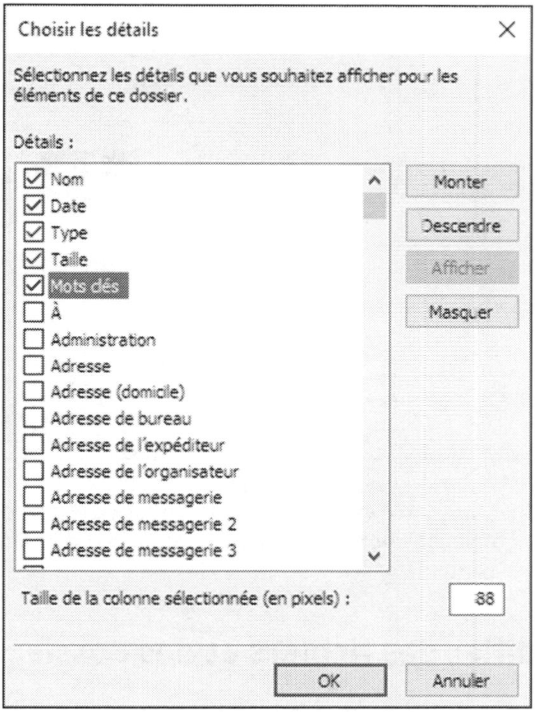

FIGURE 1.20 Ajoutez, supprimez, et repositionnez des détails dans cette boîte de dialogue.

1. **Déplacez-vous vers l'emplacement où vous voulez placer le nouveau fichier ou le nouveau dossier.**

   Si, par exemple, vous voulez ajouter sous votre dossier Documents un tout nouveau dossier appelé *Nuit de Rave*, ouvrez l'Explorateur de fichiers, puis cliquez sur le nom Documents dans la section Accès rapide du volet de navigation (le volet de gauche, donc).

2. **Cliquez si nécessaire sur l'onglet Accueil de l'Explorateur de fichiers, puis sur le bouton Nouveau dossier.**

   Windows va créer le nouveau dossier, en laissant son nom en surbrillance pour que vous puissiez le renommer tout de suite à votre convenance.

Vous pouvez créer directement un fichier dans un dossier. Pour cela, faites un clic-droit dans un espace vide de l'Explorateur de fichiers. Dans le menu contextuel qui apparaît, cliquez sur le type de fichier à créer comme le montre la Figure 1.21. Vous pouvez également passer par ce menu contextuel pour créer un dossier.

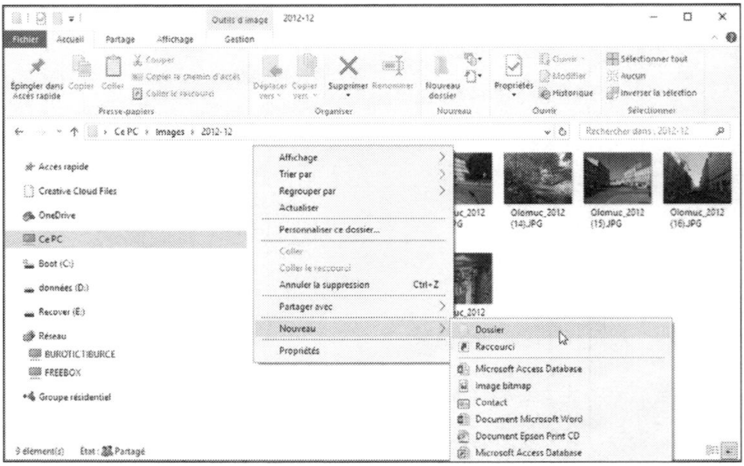

FIGURE 1.21 Créer un nouveau fichier directement dans un dossier.

Ce fichier ainsi créé est vide ! Double-cliquez dessus pour l'ouvrir directement dans l'application ou le programme qui va permettre de définir son contenu.

Modifier des fichiers et des dossiers

Dès lors que vous en avez la permission (voyez la section « Partager des dossiers », plus loin dans ce chapitre), il est facile de modifier des fichiers et des dossiers. Vous pouvez ainsi les renommer, les supprimer, les déplacer ou encore les copier. Le truc à se rappeler pour tout cela est simple : clic droit, puis choix de l'option voulue dans le menu qui s'affiche.

Pour copier ou déplacer plusieurs fichiers (ou dossiers) à la fois, vous devez tous les sélectionner avant de cliquer droit. Voici quelques techniques utiles, et même importantes, à connaître :

- Pour sélectionner des éléments dans un ordre quelconque, maintenez la touche Ctrl de votre clavier enfoncée, et cliquez sur chaque élément à ajouter à la sélection.
- Pour sélectionner une série continue de fichiers ou de dossiers, cliquez sur le premier, puis maintenez la touche Maj (enfin, une des deux) enfoncée, et cliquez en même temps sur le dernier nom à sélectionner. Relâchez la touche Maj (ben oui ! Vous n'allez pas rester comme ça jusqu'à la fin de vos jours !)
- Si vous êtes très habile de vos doigts, vous pouvez même conjuguer les deux pour une sélection encore plus sophistiquée (mais cela demande une certaine souplesse articulaire).

UNE HISTOIRE D'APERÇU

Chaque fenêtre de l'Explorateur de fichiers peut afficher un volet d'aperçu, ou plutôt de visualisation dans le langage de Windows. Il s'agit d'une zone qui apparaît sur le côté droit de la fenêtre et qui affiche un aperçu du fichier que vous sélectionnez.

Certaines personnes aiment cette fonction de prévisualisation. D'autres la détestent. Il faut dire que c'est une usine à ralentir. Vous risquez parfois de vous tourner les pouces pendant que Windows calcule son aperçu. Le mieux à faire, c'est de désactiver le volet de visualisation, si ce n'est déjà fait, sauf si vous pensez en avoir vraiment besoin. Pour consulter une série de clichés, par exemple, il est préférable de faire appel à une application Photos dédiée (pas forcément celle de Windows 10, voyez à son sujet le Livret IV, Chapitre 3).

Pour activer ou désactiver ce volet, cliquez sur le menu Affichage, puis sur le petit bouton qui indique Volet de visualisation (il se trouve juste à côté du plus gros bouton, Volet de navigation). Vous pouvez aussi appuyer sur la combinaison de touches Alt + P.

» Pour sélectionner un groupe d'éléments contigus, vous avez également la possibilité de cliquer et d'effectuer un glissement (donc en maintenant enfoncé le bouton gauche de la souris) pour entourer ce groupe comme si vous le preniez au lasso. On parle alors de tracer un cadre de sélection qui englobe les éléments à sélectionner.

Afficher les extensions des noms de fichiers

Les noms des fichiers sont suivis d'un point et de quelques lettres (comme dans *.txt* ou dans *.csv*). Cette *extension de nom de fichier* indique la nature de celui-ci. Ainsi, un document Word a une extension *.docx*, une photo prise avec un appareil numérique a une extension *.jpg*, voire *.jpeg*. Et ainsi de suite. Certes, Windows affiche devant chaque nom une petite icône censée vous rappeler graphiquement de quoi il s'agit, mais ce n'est pas toujours évident pour identifier vraiment un fichier.

Il est donc intéressant de forcer Windows 10 à révéler toutes ces extensions (y compris celles qui n'évoquent rien pour vous), et je ne peux que vous conseiller de le faire tout de suite. À mon humble avis (fausse modestie de ma part), Microsoft devrait configurer Windows pour qu'il affiche par défaut ces extensions, et pas l'inverse.

Après tout, ces extensions existent depuis que le premier PC est sorti de terre – d'accord, c'est juste une image. Elles font partie de son histoire et sont surtout extrêmement commodes pour savoir à quel groupe sanguin appartient tel ou tel fichier. Mais quelqu'un, quelque part, a décidé un jour que Windows ne devrait plus montrer par défaut ces extensions. Sans doute étaient-elles considérées comme extrêmement dangereuses et à tout le moins hors de portée de l'intelligence d'un utilisateur moyen. On imagine le degré de confiance.

Pas d'extension dans le nom d'un fichier ? Méfiance ! Ce gars ne doit pas être très honnête.

Le fait est que pratiquement tous les fichiers ont de vrais noms, comme `Lettre à Maman.docx`, `Projections Financières.xlsx`, ou `JETAIME.vbs`. Mais Windows, par défaut et à de rares exceptions près, ne vous montre que la première partie de ce nom. Vous ne verrez donc que `Lettre à Maman`, sans le `.docx` (qui est spécifique aux documents Word), `Projections Financières` sans le `.xlsx` (qui caractérise une feuille de calcul Excel), ou encore `JETAIME` sans le `.vbs` (ça, c'est un programme écrit en Visual Basic, ce qui n'est, je l'avoue, pas très romantique).

Je déteste ce comportement de Windows, et ce pour quatre raisons principales :

» **Si vous pouvez voir l'extension, vous pouvez en général vous figurer de quel type de fichier il s'agit, et quel est le programme qui l'ouvre.** Les gens qui en sont restés à Word 2003, par exemple, peuvent être perplexes face à l'extension .docx, qui a été introduite avec Windows 2010. S'ils essayent d'ouvrir un tel document en croyant qu'il s'agit d'un bon vieux fichier Word (avec l'extension `.doc` de l'époque), ils risquent de faire une crise d'apoplexie en constatant que leur traitement de texte refuse de l'ouvrir.

» **Il est pratiquement impossible de changer l'extension du nom de fichier si son suffixe n'apparaît pas .** Essayez, et vous comprendrez.

» **De nombreux programmes de messagerie ou des filtres antispams refusent d'envoyer ou de recevoir certains types spécifiques de fichiers réputés être potentiellement dangereux, et ce en se fiant uniquement à leurs extensions.** Essayez d'envoyer un fichier de programme (son extension est normalement `.exe`), et vous verrez la réaction de votre messagerie.

» **Vous êtes de toute manière confronté aux extensions des noms de fichiers.** Vous en voyez un peu partout, comme par exemple les fichiers `Lisez moi.txt` ou `License.txt` mentionnés à droite et à gauche dans nombre de documentations, les discussions sur la taille des fichiers `.jpg` dans des tas de forums sur Internet, et des multitudes d'autres cas.

J'espère que vous avez bien compris où je veux en venir. Pour révéler toutes les extensions dans les noms de vos fichiers, suivez ces étapes :

1. **Ouvrez l'Explorateur de Fichiers.**

   Sa fenêtre apparaît (reportez-vous à la Figure 1.18).

2. **Cliquez ou tapez sur l'onglet Affichage.**

   Le ruban dédié à l'affichage devrait apparaître (voir la Figure 1.22).

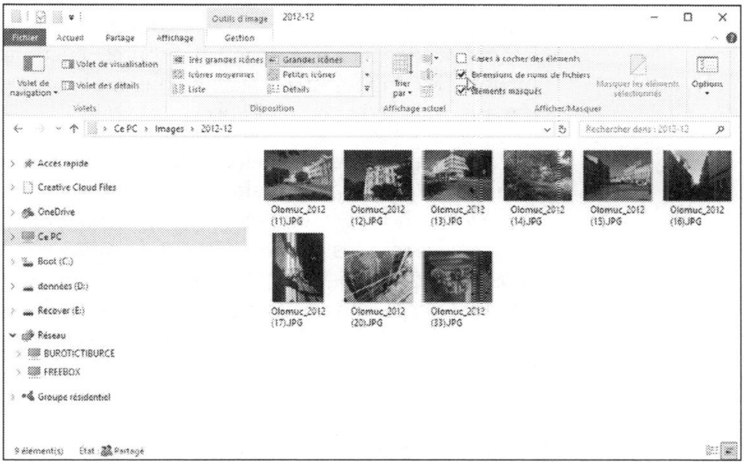

FIGURE 1.22 Demandez à Windows de vous montrer les extensions de noms de fichiers.

3. **Cliquez sur la case qui indique Extensions de noms de fichiers de manière à la cocher.**

   Tant que vous y êtes, vous pouvez choisir (ou non) de modifier d'autres options. Si vous êtes capable de résister à la tentation de supprimer ou de déplacer des fichiers auxquels vous ne comprenez rien, cochez la case Éléments masqués. Windows vous montrera alors *tous* les fichiers stockés sur votre machine, y compris ceux qui ont été marqués comme étant cachés, généralement par Microsoft lui-même. Cela peut être utile dans certains cas.

4. **Les réglages que vous effectuez s'appliquent immédiatement.**

   Et voilà, les extensions des noms de fichiers vous sont maintenant révélées.

Partager des dossiers

Le partage, c'est bien, non ? Vos parents vous ont appris à partager, n'est-ce pas ? Ce que vous avez appris en maternelle n'est pas faux en informatique, quoiqu'une grande dose de prudence et de réflexion ne puisse pas nuire ici.

Windows 10 prend en charge deux modes très différents pour le partage des fichiers et des dossiers :

- **Déplacer les fichiers et/ou les dossiers que vous souhaitez partager dans le dossier appelé Public.** Ce dossier, c'est un peu comme une grosse boîte de gâteaux dans laquelle chacun (les autres personnes qui utilisent votre PC, en fait) peut se servir. Mais les membres de votre groupe résidentiel (voir plus haut l'encadré « C'est quoi, un groupe résidentiel ? ») ont également le droit de manger des gâteaux. Par contre, vous avez peu de moyens de contrôler qui, spécifiquement, a le droit ou pas d'accéder au contenu du dossier Public.
- **Partager des fichiers et des dossiers individuels sans les déplacer ou les copier quelque part**. Lorsque vous voulez partager un fichier ou un dossier, vous demandez à Windows de le faire avec tous les membres de votre groupe résidentiel, ou vous pouvez spécifier exactement qui a le droit d'y accéder, et si telle ou telle personne a ou non l'autorisation de modifier ou de supprimer quoi que ce soit. Voyez plus loin l'encadré « Partage et autorisations ».

Utiliser le dossier Public

Vous pourriez penser que le simple fait de déplacer un fichier ou un dossier dans le dossier appelé Public le rendrait, comment dire... public. En première approximation, c'est exactement ce qui se passe.

N'importe quel fichier ou dossier que vous déplacez ou copiez dans le dossier Public, ou tout sous-dossier de celui-ci, peut être visualisé, modifié ou supprimé par quiconque utilise votre ordinateur, et ce indépendamment de leur type de compte, et du fait qu'ils possèdent ou pas un mot de passe pour se connecter. Non seulement cela, mais, en plus, toute personne pouvant se connecter à votre ordinateur en réseau disposera d'un accès illimité au dossier Public. Pour en revenir à l'image de la boîte de gâteaux, tous ceux qui se trouvent dans la cuisine ont le droit de se servir comme ils veulent.

Cela étant bien posé, il n'est pas bien difficile de copier ou de déplacer quelque chose de l'un de vos dossiers personnels (Bureau, Documents, Téléchargements, Musique, Images ou encore Vidéos) vers l'emplacement correspondant dans le dossier Public :

1. **Ouvrez l'Explorateur de fichiers, puis naviguez vers le dossier ou se trouve ce que vous voulez partager publiquement.**

   Sur la Figure 1.23, par exemple, j'ai simplement cliqué sur Images dans la section Accès rapide du volet de navigation.

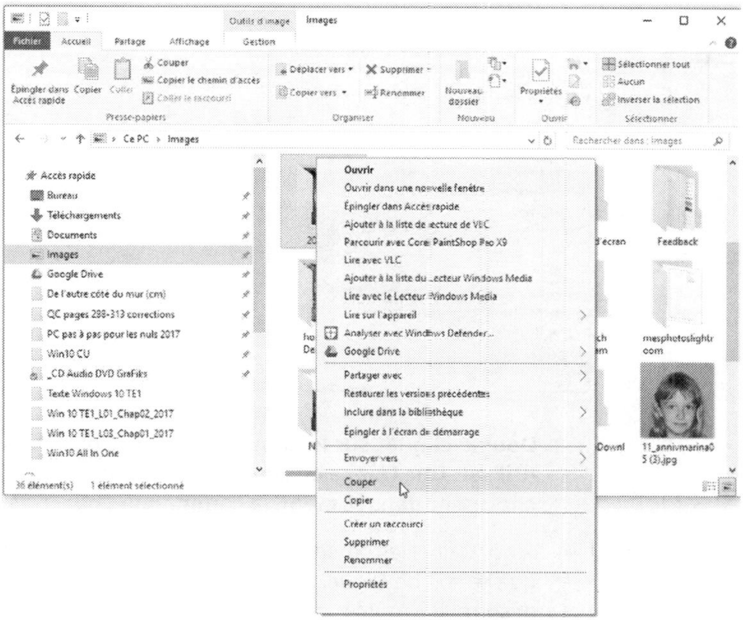

FIGURE 1.23 Déplacer un élément vers le dossier Public est facile si vous connaissez le truc.

2. **Cliquez droit sur le nom du dossier (ou du fichier) que vous voulez déplacer, puis choisissez Couper (ou Copier) dans le menu qui s'affiche.**

   Ici, je voulais déplacer le dossier pour le rendre public. Je l'ai donc coupé.

3. **Naviguez vers le dossier Public dans lequel vous voulez transférer votre sélection.**

   Là, les choses se compliquent légèrement. Dans le volet de gauche, double-cliquez sur la ligne qui indique Ce PC. Son contenu va s'afficher en dessous (si c'était déjà le cas, vous venez de refermer cette section – refaites un double-clic sur Ce PC pour la rouvrir). Descendez un peu jusqu'à la ligne qui affiche `Disque local (C:)`. (En fonction de votre ordinateur, ce dossier peut porter un autre nom comme Boot (C:).) Le contenu de votre disque principal va apparaître dans le volet de droite. Double-cliquez maintenant sur Utilisateurs, puis sur Public. Vous voyez alors la liste des dossiers publics, comme sur la Figure 1.24.

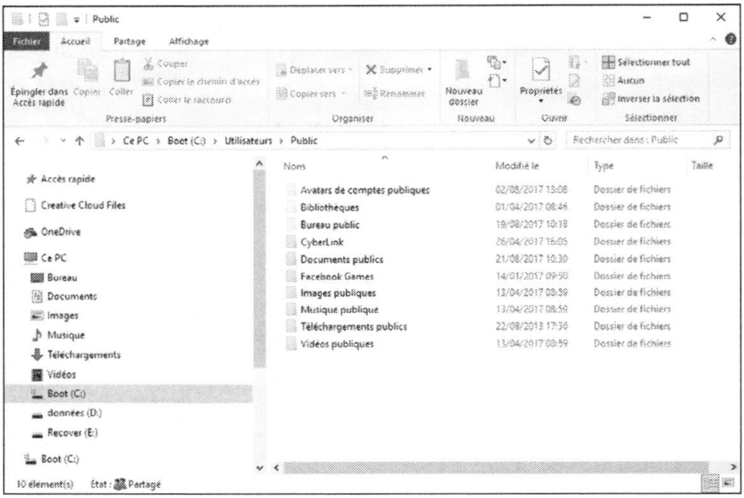

FIGURE 1.24
Votre PC et son dossier Public.

4. **Double-cliquez sur le nom du dossier public que vous voulez utiliser. Une fois ce dossier ouvert, cliquez droit dessus et choisissez dans le menu la commande Coller.**

   Ainsi, toutes les personnes capables d'accéder à mon ordinateur, que ce soit physique, *via* un groupe résidentiel ou en réseau, sont désormais capables d'accéder au contenu de ce dossier.

Et voici la corbeille

Si vous supprimez un fichier, il ne monte pas tout droit au ciel. Il existe une étape intermédiaire entre la suppression et le paradis (ou l'enfer) des fichiers. Elle ne s'appelle pas purgatoire, mais plus prosaïquement *Corbeille*.

Lorsque vous supprimez un fichier ou un dossier (ou bien des fichiers ou des dossiers) dans l'Explorateur, que ce soit en appuyant sur la touche Suppr ou en choisissant la commande Supprimer *via* un clic droit ou le bouton idoine de l'onglet Accueil, Windows ne détruit rien. Voilà la réalité vraie. Il marque simplement le ou les éléments comme ayant été supprimés, mais il n'y touche pas. Point.

ONEDRIVE ET LE PARTAGE

Microsoft veut que vous placiez tous vos fichiers sur OneDrive. Pas pour vous en voler le contenu, mais pour des raisons beaucoup plus commerciales. En vous « offrant » une certaine quantité de stockage, ils espèrent que vous en achèterez bientôt davantage, ou, mieux encore, que vous payerez pour d'autres produits Microsoft. Par exemple, un abonnement à Office 365 s'accompagne d'une extension de votre part du nuage OneDrive à 1 téraoctet (soit en gros mille gigaoctets). Ce qui est, il faut bien l'avouer, extrêmement appréciable.

C'est pourquoi Windows 10 n'insiste pas trop sur le partage des fichiers ici, sur Terre. Ce livre vous montre diverses techniques pour partager des fichiers (comme les bibliothèques, le dossier Public ou encore un groupe résidentiel). Mais Microsoft n'est pas particulièrement intéressée par la prolifération de ces méthodes de partage. Elles ne rapportent pas d'argent à Microsoft, et ne vous lient pas à son écosystème.

Pour autant, il est vrai que, dans certains cas, OneDrive est le meilleur choix à faire pour stocker et partager des fichiers. Je l'utilise en permanence, bien que j'aie tendance à enregistrer mes fichiers les plus importants (comme ceux de ce livre) sur Dropbox. Mais pour ceux qui se méfient des nuages, et pour tout un tas d'autres raisons, se tenir à l'écart du partage version Microsoft se défend parfaitement.

Ce sont vos données. C'est à vous de choisir. Et vous pouvez même changer d'avis en cours de route. Pour mieux vous décider sur le sort de OneDrive, voyez le Livret VI, Chapitre 4 et le Livret VIII, Chapitre 1.

Les fichiers et les dossiers qui sont enregistrés sur des clés USB, des cartes SD ou des disques en réseau n'ont pas droit au purgatoire. Ils sont directement envoyés au ciel sans passer par la case Corbeille. Cela étant dit, si vous supprimez par accident des données d'une clé USB ou de la carte SD de votre appareil photo numérique, il y a un espoir.

Pour fouiller dans la Corbeille, et peut-être ramener un fichier à la vie, suivez ces étapes :

1. **En haut et à gauche du bureau de Windows, double-cliquez sur l'icône Corbeille.**

   Celle-ci s'ouvre dans l'Explorateur de fichiers (voir la Figure 1.25).

2. **Pour restaurer un fichier ou un dossier, cliquez sur son nom, puis sur le bouton Restaurer les éléments sélectionnés dans le ruban.**

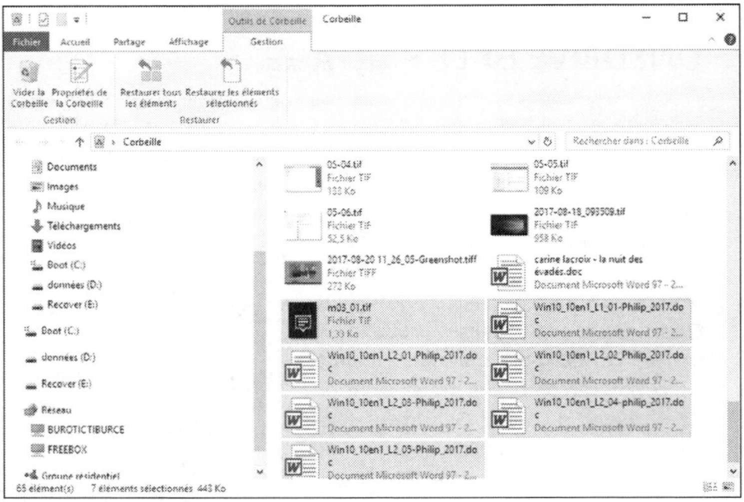

FIGURE 1.25 Vous pouvez restaurer vos fichiers un par un ou par lot.

Vous pouvez sélectionner plusieurs éléments à la fois en maintenant enfoncée la touche Ctrl, voire même tout le contenu de la corbeille en appuyant sur la combinaison de touches Ctrl + A.

Pour tout restaurer sans sélection préalable, cliquez sur le bouton Restaurer tous les éléments.

Si vous configurez les choses proprement, Windows conserve des copies « fantômes » des versions précédentes de nombreux types de fichiers. Si vous ne trouvez pas votre bonheur en farfouillant dans la Corbeille, suivez les étapes décrites dans le Livret VIII, Chapitre 1 pour voir si la machine à remonter le temps de Windows vous sauve la mise.

Pour libérer l'espace occupé par les fichiers et les dossiers jetés à la poubelle, cliquez dans le ruban sur le bouton Vider la Corbeille. Windows va vous demander si vous voulez vraiment, vraiment, faire passer le service de nettoyage. Répondez Oui, et c'est fait.

Créer des raccourcis

La vie est parfois plus facile quand on prend des raccourcis (du moins tant qu'ils fonctionnent). Dans le monde de Windows, ces raccourcis sont des choses qui pointent vers d'autres choses, comme un programme, un fichier ou encore un dossier. Double-cliquez sur le raccourci de Word, par exemple, et le traitement de texte se lance, exactement comme si vous aviez choisi le bouton Démarrer, puis fait défiler la liste des applications jusqu'à la lettre W, et cliqué sur la vignette Word. Vous comprenez pourquoi on appelle cela un *raccourci* ?

Vous pouvez créer des raccourcis pour pointer vers différents types d'éléments :

» des programmes Windows (pardon, des applications) ;

» des adresses Web ;

» des documents, des feuilles de calcul, des présentations, et plus largement, tout ce que l'Explorateur de fichiers peut ouvrir avec un double-clic ;

» des morceaux de texte contenus dans des documents, feuilles de calcul, et ainsi de suite ;

» des dossiers (en fait, n'importe lequel) ;

» des disques entiers (un disque dur, un CD ou un DVD, une clé USB, par exemple) ;

» d'autres ordinateurs de votre réseau, ainsi que les fichiers et les dossiers de ces ordinateurs, du moins s'ils sont partagés ;

» des imprimantes (y compris celles qui sont partagées sur votre réseau), des scanners, des caméras, et d'autres types de matériels ;

» des connexions réseau, des cartes d'interface, et autres choses du même genre.

Il y a différentes manières de créer des raccourcis. Dans la plupart des cas, il suffit d'ouvrir l'Explorateur de fichiers, de cliquer droit sur un fichier ou un dossier, et de le faire glisser sur le bureau, puis de choisir l'option Créer les raccourcis ici.

Voici une méthode plus générale, utile si vous voulez par exemple créer un lien vers un site Web sur le bureau :

1. **Cliquez droit sur une partie vide du bureau, puis choisissez dans le menu qui s'affiche Nouveau, puis Raccourci.**

   Un assistant va apparaître pour vous aider dans votre tâche (voir la Figure 1.26).

2. **Cliquez sur le bouton Parcourir pour localiser dans la fenêtre Rechercher des fichiers ou des dossiers, celui pour lequel vous souhaitez créer un raccourci. Cliquez dessus, puis sur OK.**

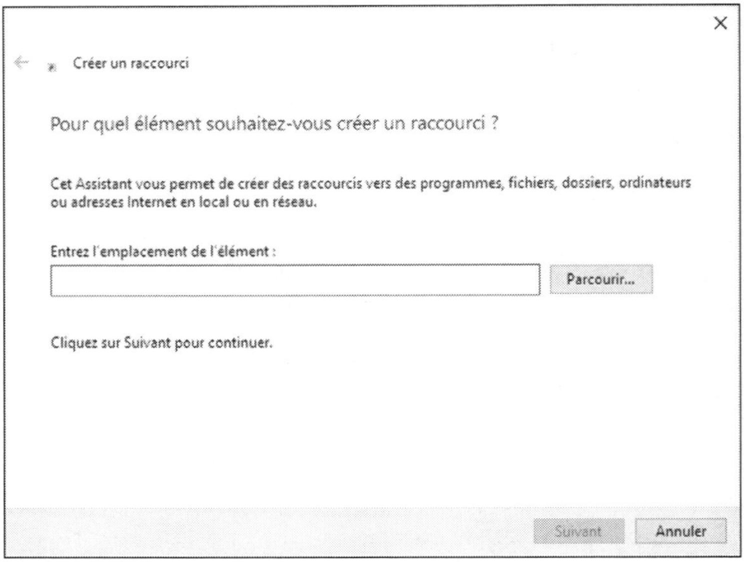

FIGURE 1.26 Créez des raccourcis, version travail manuel.

3. **Cliquez sur Suivant.**
4. **Donnez au raccourci un nom explicite puis cliquez sur Terminer.**

   Windows place une icône du programme, fichier, site Web, disque, ordinateur, et ainsi de suite sur le bureau.

Il suffit de double-cliquer sur le raccourci pour qu'il entre en action, c'est-à-dire qu'il s'ouvre s'il s'agit d'un dossier, qu'il lance une application s'il s'agit d'un fichier, ou qu'il démarre votre navigateur Web s'il s'agit du raccourci vers une page Web.

Dans Windows, les raccourcis sont partout. Par exemple, toutes les entrées du menu Démarrer sont des raccourcis astucieusement déguisés. Les icônes de la barre des tâches ? Raccourcis ! Et une bonne partie de l'Explorateur de fichiers est constituée de raccourcis, même s'ils sont cachés et que vous ne pouvez pas les atteindre. Même les vignettes des applications Universelles Windows fonctionnent sur la base de raccourcis (eux aussi, bien dissimulés). Conclusion : n'ayez pas peur de jouer avec les raccourcis. Dans le pire des cas, vous les supprimez, et c'est tout. Vous ne détruisez rien d'autre, ni le fichier original, ni le matériel vers lequel ce raccourci pointait. Rien.

Les raccourcis, c'est aussi au clavier

Windows 10 a des hordes immenses de raccourcis clavier. J'en ai mal à la tête rien que d'y penser. ET d'ailleurs, je n'utilise que très peu de ces raccourcis (ou combinaisons de touches, comme vous voulez).

Cependant, il existe quelques raccourcis que tout le monde devrait connaître et utiliser. Ils sont là depuis très, très longtemps, et certains ne s'en sont même pas aperçus :

- **Ctrl + C :** Copie ce que vous avez sélectionné et le place dans le Presse-papiers. Sur un écran tactile, vous obtenez le même résultat dans la plupart des applications en maintenant le doigt appuyé sur votre sélection, puis en choisissant Copier dans le menu.
- **Ctrl + X :** C'est la même chose, en plus douloureux. L'élément coupé est supprimé de son emplacement d'origine une fois stocké dans le Presse-papiers. Et pour un écran tactile, c'est le même principe que ci-dessus.
- **Ctrl + V :** C'est fait, vous avez copié ou couper quelque chose ? Cette combinaison colle le contenu du Presse-papiers à l'emplacement courant dans un programme. Sur un écran tactile, c'est maintenir appuyé et choisir l'option Coller.

  Vous ne pouvez pas coller tout, et partout. Par exemple, un programme purement graphique ne saura vraisemblablement pas reconnaître un texte copié dans le Presse-papiers.
- **Ctrl + A :** Sélectionne tout, même s'il est parfois difficile de dire ce que « tout » signifie. Différentes applications gèrent différemment ce Ctrl + A (ou ne le gèrent pas du tout). Pour un écran tactile, la méthode ci-dessus reste la bonne.
- **Ctrl + Z :** En règle générale, cette combinaison sert à annuler l'action précédente dans le programme où celle-ci a été réalisée. Sur un écran tactile, cette option se trouve plutôt sous la forme d'une commande Annuler dans un menu, ou d'un bouton Annuler dans un ruban.
- Enfin, dans un document de texte, **Ctrl + B**, **Ctrl + I** et **Ctrl + U** placent généralement le texte sélectionné en caractères gras, italiques ou soulignés, respectivement. Comme il s'agit de *bascules*, appuyer sur la même combinaison redonne au texte sa pureté originelle.

Bonne nuit, Windows !

Et voilà le problème. Windows 10 a été conçu de telle manière qu'il n'a jamais besoin de dormir.

D'accord, je pousse le bouchon un peu loin. Parfois, vous devez relancer votre ordinateur, ne fusse que pour terminer l'installation d'une mise à jour de Windows... Parfois aussi, vous devez partir quelques jours et vous n'allez pas laisser la bête faire exploser votre facture de courant. D'accord, au repos, elle ne consomme pas tant que ça. Mais quand même, économiser l'énergie, cela demande quelques efforts individuels et beaucoup d'efforts collectifs. Mais, d'un point de vue général, vous n'avez pas besoin d'éteindre un ordinateur sous Windows 10. Les schémas de gestion de l'énergie sont au vert...

Pratiquement le seul réglage concernant l'alimentation de l'ordinateur qu'il est utile d'aller voir, c'est le temps d'inactivité au bout duquel Windows va désactiver l'écran. Et c'est très simple à faire :

1. **Cliquez ou tapez sur le bouton Démarrer, puis sur l'icône Paramètres (engrenage), suivi de Système, et enfin Alimentation et Mise en veille.**

   Windows va afficher la fenêtre illustrée sur la Figure 1.27.

FIGURE 1.27 Combien de temps avant de piquer un petit somme ?

2. **Choisissez la durée qui a votre préférence dans les menus locaux des options d'alimentation.**

Selon des recommandations récemment publiées par Microsoft, une bonne gestion de l'énergie nécessite quelques mesures draconiennes. En particulier, il ne faudrait pas dépasser 2 minutes d'inactivité pour éteindre l'écran, et ne pas utiliser d'écran de veille. Dans le cas d'un notebook ou d'un portable, la priorité des priorités, c'est de baisser la luminosité de l'écran.

Il y a quelques dizaines d'années, il n'y avait pas d'ordinateurs, et on consommait beaucoup, beaucoup, beaucoup moins d'électricité, et donc d'énergie. Aujourd'hui, nous ne pourrions plus nous en passer. Plutôt que d'en revenir aux tablettes de cire, quelques gestes responsables semblent indispensables...

Chapitre 2

Personnaliser le menu Démarrer

DANS CE CHAPITRE :

- » **Menu Démarrer : le début d'une grande histoire d'amour**
- » **Votre menu Démarrer**
- » **Changer les vignettes du menu Démarrer**
- » **Contrôler les vignettes du menu Démarrer**

Si vous avez une certaine expérience de Windows, il y a de bonnes chances pour que, la première fois que vous avez vu l'interface de Windows 8, vous vous soyez demandé qui avait bien pu mettre un iPad dans votre PC. En revanche, si vous avez une certaine expérience de l'iPad, il y a de bonnes chances pour que, la première fois que vous avez vu l'interface de Windows 8, vous vous soyez effondré en larmes hurlant pour qu'on vous rende votre tablette préférée...

Windows 10, j'en suis convaincu, améliore considérablement les choses. Si vous avez une souris, le menu Démarrer de Windows (ce que pratiquement tout le monde voit en cliquant sur le bouton Démarrer ou en appuyant sur la touche Windows du clavier, et là où vous revenez très souvent), définit le nouveau Windows et lui donne une nouvelle personnalité. Qu'on aime ou pas. Voyez la Figure 2.1.

La mise à jour Fall Creator Update a fait disparaître la notion d'écran de démarrage qui identifiait la partie droite du menu Démarrer.

En fonction de votre ordinateur, de vos applications, et de vos programmes, il est fort possible que votre menu Démarrer ne présente pas tout à fait les mêmes vignettes que les miens. Par conséquent, ne vous en inquiétez pas.

Si vous n'avez pas de souris, et donc si vous possédez une machine uniquement tactile sous Windows 10, vous utiliserez le mode Tablette illustré sur la Figure 2.2.

Malgré l'absence de clavier et/ou de souris, et la présence d'un écran tactile, vous pouvez imposer à Windows 10 d'utiliser le mode Bureau, comme cela est expliqué au Chapitre 1 du Livre III.

Si, au début, vous n'aimez pas cette « nouvelle génération » de vignettes, je vous conseille de leur laisser leur chance pendant un mois ou deux. Je ne dis pas que vous allez en devenir fan. Mais il est fort possible que vous finissiez par leur donner votre absolution et que, comme moi, elles en arrivent à vous manquer si vous vous retrouvez devant le bureau de Windows 7. Et, bien sûr, avec une tablette tactile sous Windows 10, la question ne se pose même pas.

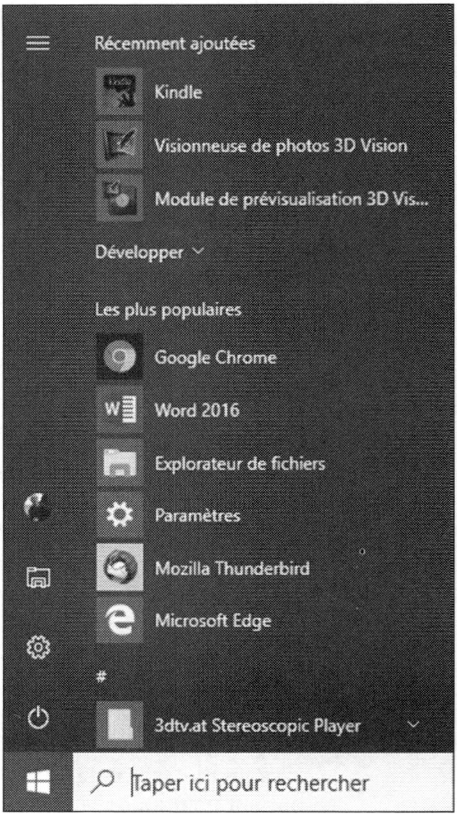

FIGURE 2.1
La version « normale » du menu Démarrer, pour la souris et le clavier.

Dans ce chapitre, je vais vous faire découvrir le menu Démarrer de A à Z. Il peut y avoir au passage un peu de confusion, car les changements que vous pourrez apporter en mode Bureau affecteront aussi l'apparence du mode Tablette.

Bon. Si vous arrivez à mettre votre pouce et tous vos autres doigts en même temps sur l'écran tactile, il est sûr que la souris sera battue 5 à 0. À peu près.

I love you Menu Démarrer and Co

Ce que vous voyez apparaître lorsque vous cliquez ou touchez le bouton Démarrer, ou quand vous appuyez sur la touche Windows de votre

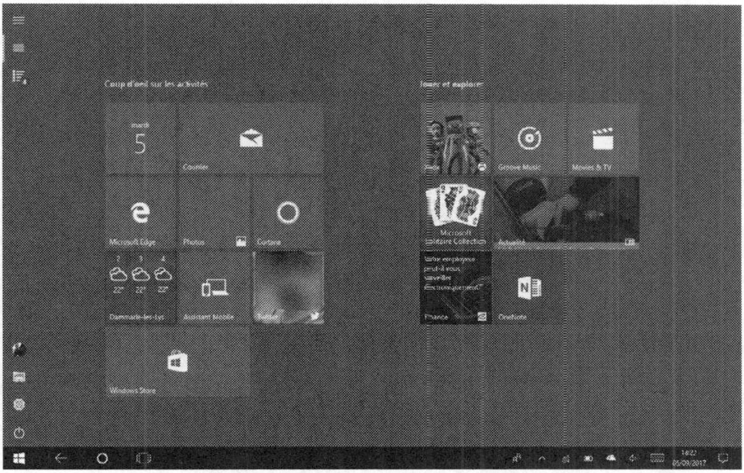

FIGURE 2.2 En mode Tablette, vous accédez prioritairement à des vignettes d'applications.

clavier, se nomme menu Démarrer. Il incarne le centre de votre univers Windows. La partie droite de ce menu risque de vous déconcerter. En effet, elle se compose de vignettes d'applications dont le contenu peut se mettre à jour automatiquement. En fait, le menu Démarrer condense, dans une interface unique, le menu Démarrer et l'écran d'accueil de Windows 8.1.

Vous avez probablement déjà ouvert un certain nombre de fois ce menu Démarrer, mais je vais vous demander un petit peu de patience avant d'aller plus loin :

- La **partie gauche** du menu Démarrer est un ensemble de liens qui devraient sembler à peu près familiers aux utilisateurs de Windows 7 (reportez-vous à la Figure 2.1).

  Si vous êtes en **mode Tablette** et que vous ne voyez pas les vignettes, cliquez ou tapez sur l'icône Vignettes épinglées (la deuxième en partant du haut) (voir la Figure 2.3).

- Les **vignettes** (les carrés ou les rectangles) peuvent avoir quatre tailles : Petites, Moyennes, Larges et Grandes. Certaines d'entre elles sont dynamiques, autrement dit, elles montrent un contenu qui s'actualise régulièrement, comme les actualités, la météo, les messages électroniques, ou encore les photos.
- Les vignettes sont réparties dans des groupes qui peuvent ou non posséder un nom. Vous pouvez les renommer, en supprimer, et en créer.
- Dans la partie inférieure gauche du menu Démarrer « normal », vous trouverez des icônes dont celle de votre avatar (votre nom

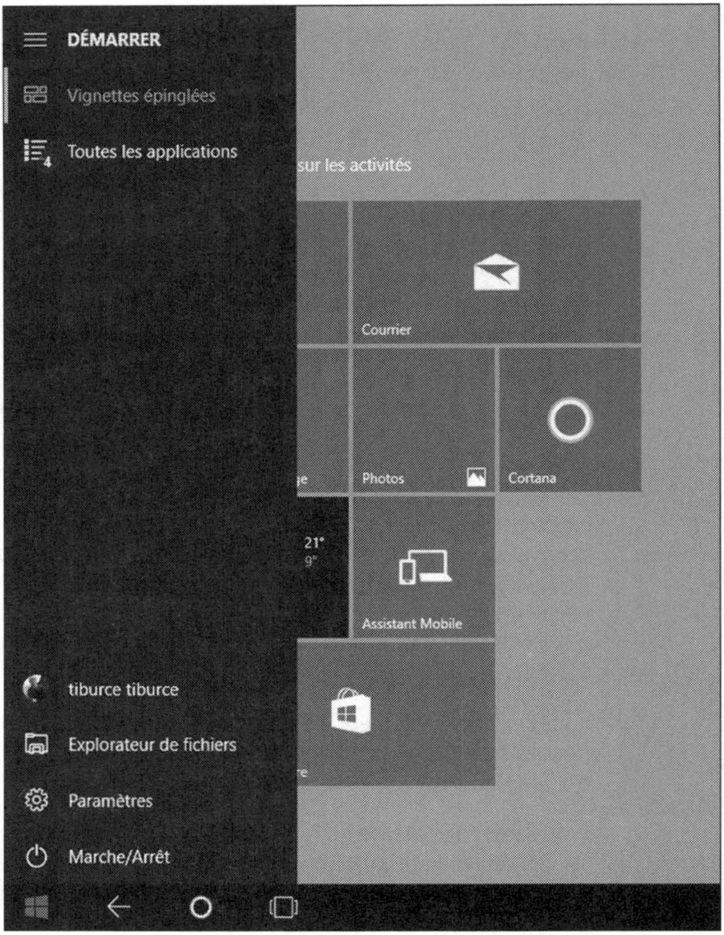

FIGURE 2.3 En mode Tablette, le menu Démarrer est accessible via le bouton à trois barres.

d'utilisateur Windows). Pour une description des comptes Microsoft, et des pour et des contre de leur usage, voyez le Livret II, Chapitre 5.

Votre menu Démarrer

Windows 7 avait un menu Démarrer extrêmement malléable. Vous pouviez faire glisser tous ses composants, et les réorganiser à votre convenance. Il était par exemple possible d'y créer des dossiers imbriqués et d'afficher leur contenu en cascade. Mais c'était du temps de Windows 7.

Par comparaison, le menu Démarrer en lui-même a un format bien plus rigide qui ne peut être modifié que dans quelques proportions spécifiques et pré-programmées (voir la Figure 2.4). Tout cela est donc très différent de ce que connaissaient les utilisateurs de Windows 7 (et Windows 8/8.1, bien sûr, étaient quant à eux dépourvus de menu Démarrer).

FIGURE 2.4 Le menu Démarrer de Windows 10 dans toute sa splendeur.

Changer votre image

La première personnalisation du menu Démarrer consiste à changer l'image qui vous est associée dans la liste verticale des icônes. Il s'agit de votre avatar qui est affiché sur l'écran de connexion lorsqu'un mot de passe d'ouverture de session Windows est associé à votre compte d'utilisateur (votre *avatar*).

Voici comment procéder :

1. **Ouvrez le menu Démarrer par un clic sur le bouton Windows de la Barre des tâches, ou en appuyant sur la touche Windows de votre clavier.**
2. **Cliquez ou tapez sur l'icône de l'avatar en haut de la liste des icônes située sur le bord gauche du menu Démarrer.**
3. **Dans le menu local qui apparaît, choisissez Modifier les paramètres du compte, comme le montre la Figure 2.5.**

Windows va afficher la page Vos informations, dans la rubrique Comptes de l'application Paramètres (voir la Figure 2.6).

4. **Si vous ne savez pas encore quelle image vous voulez choisir, passez à l'Étape 5. Sinon, procédez de la manière suivante :**

   a. Dans la section Créer votre avatar, cliquez sur le bouton Rechercher une valeur et, dans la boîte de dialogue Ouvrir qui apparaît, naviguez jusqu'à la bonne image. Cette boîte de dialogue n'est qu'une autre façade de l'Explorateur de fichiers, que nous avons découvert dans le Livret III, Chapitre 1.

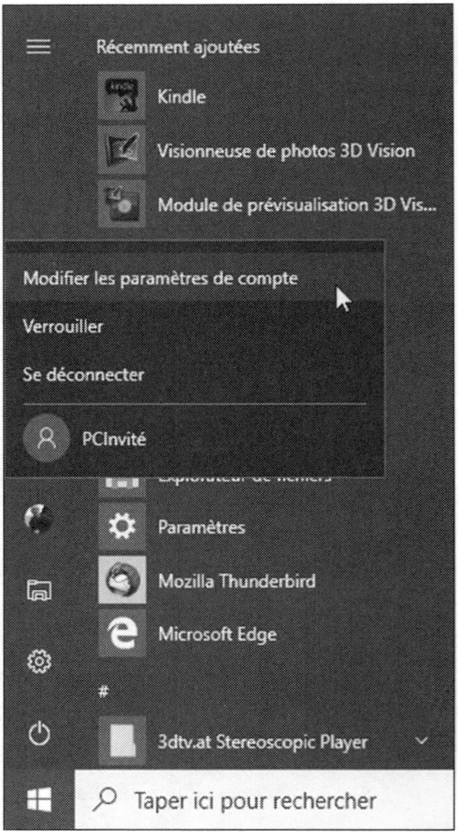

FIGURE 2.5
Pour changer l'avatar de votre compte d'utilisateur.

   b. Lorsque vous avez trouvé votre bonheur, sélectionnez-la puis cliquez ou tapez sur le bouton Choisir une image.

Vous revenez à la fenêtre illustrée sur la Figure 2.6, et votre nouvel avatar remplace l'ancienne image.

5. **Si vous préférez prendre un cliché avec la webcam de votre ordinateur (ou l'appareil photo de votre tablette ou de votre smartphone), refaites votre brushing, brossez vos sourcils, vérifiez le blanchiment de vos dents, et choisissez l'option Caméra de la section Créer votre avatar.**

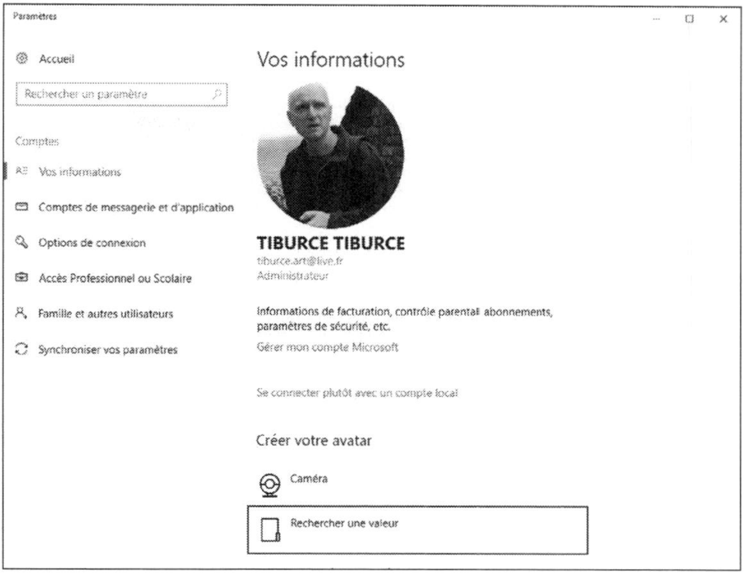

FIGURE 2.6 L'application Paramètres vous permet de changer d'image.

Dans tous les cas, y compris si vous créez un nouveau portrait, le résultat est immédiatement appliqué. Vous n'avez rien à confirmer.

Rien ne vous oblige à mettre une photo de vous-même. Vous pouvez parfaitement utiliser n'importe quelle image, naturellement libre de droits. Essayez par exemple de faire une recherche sur le mot *avatars* dans votre navigateur favori. Cliquez sur le lien servant à afficher les images. Vous allez bien entendu trouver des tas de captures provenant d'un film bien connu, mais aussi quantité de petits dessins amusants. Faites un clic-droit sur ce que vous avez repéré et choisissez l'option Enregistrer l'image. Placez-la dans un dossier que vous pourrez retrouver facilement (par défaut, c'est Images, ce qui est parfait). C'est fait ? Ouvrez l'Explorateur de fichiers et localisez votre futur avatar dans le dossier Images. Faites un clic-droit dessus et choisissez dans le menu Ouvrir avec, puis Paint ou Paint 3D. Une fois l'image ouverte dans une de ces deux applications, servez-vous de l'outil Sélectionner pour délimiter la partie de l'image qui vous intéresse. Ensuite, cliquez sur le bouton Rogner et enregistrez votre travail (de préférence dans un nouveau fichier). Vous n'avez plus qu'à quitter Paint ou Paint 3D, et à reprendre la procédure à l'Étape 1 ci-dessus.

Bien entendu, cette technique peut s'appliquer à n'importe quelle image de votre propre collection. Pensez surtout à utiliser la commande Enregistrer sous de Paint afin de ne pas perdre l'original, et à choisir comme format d'image JPEG ou PNG.

Manipuler les applications les plus utilisées

Vous croyez peut-être que la section qui est affichée en deuxième position dans le menu Démarrer et qui indique « Les plus populaires » contient tout simplement une liste des applications que vous utilisez le plus souvent ? Naïf que vous êtes !

Microsoft (comme d'ailleurs les constructeurs de PC) place ici des éléments qui, normalement, n'ont rien à y faire, et ceux-ci restent en place même s'ils ont disparu depuis longtemps. En fait, tout cela semble être régi par une sorte de compteur dont le mode de fonctionnement échappe au commun des mortels. Et qui semble en outre ne pas se mettre correctement à jour tout le temps.

La seule chose que vous pouvez apparemment faire avec cette liste, c'est de supprimer un lien dont vous ne voulez plus. Pour cela, faites un clic-droit sur une ligne (ou touchez-la et maintenez-la enfoncée), puis choisissez, dans le menu qui s'affiche, Plus/Ne pas afficher dans cette liste. C'est déjà ça.

Vous pouvez décider aussi de vider entièrement cette liste. Voyez un peu plus loin comment procéder.

Contrôler la liste des applications

Même si, comme nous venons de le voir, vous n'avez pas beaucoup de moyens d'intervenir sur la partie supérieure du menu Démarrer, vous disposez quand même de plusieurs options pour le personnaliser davantage.

Pour voir les choix que Windows vous réserve, ouvrez le menu Démarrer. Choisissez ensuite l'icône Paramètres (engrenage), puis Personnalisation, et enfin Accueil. La page correspondante est illustrée sur la Figure 2.7.

Certains des choix qui vous sont proposés peuvent sembler un peu obscurs. Voici ce qu'ils signifient :

» **Afficher occasionnellement les suggestions dans l'écran de démarrage :** Microsoft vous invite parfois à découvrir des applications disponibles sur le Windows Store. Si cela ne vous intéresse pas, désactivez ce commutateur.

» **Afficher les applications les plus utilisées :** Ce sont celles qui apparaissent en haut du menu Démarrer (voir la section précédente). Finalement, je trouve qu'elles sont plutôt utiles. Mais vous avez le droit d'avoir un avis contraire.

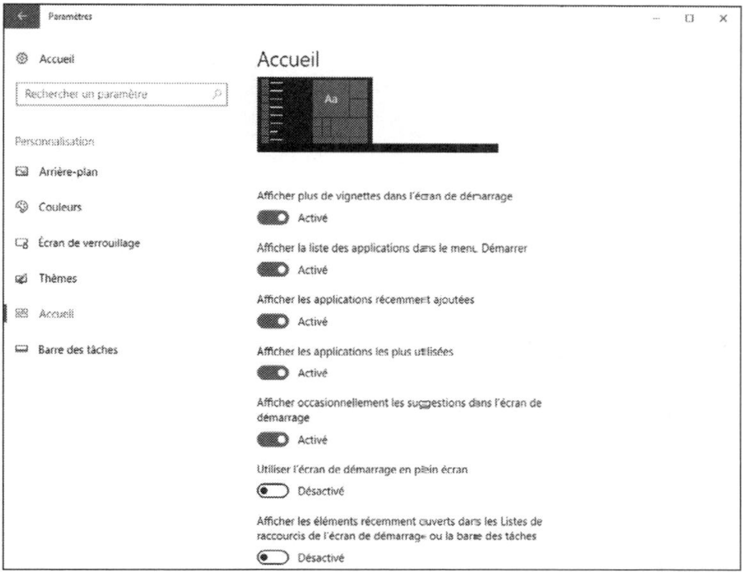

FIGURE 2.7 Les options de Windows pour personnaliser le menu Démarrer.

- **Afficher les applications récemment ajoutées :** Lorsque vous installez un nouveau programme (pardon, une nouvelle application), le menu Démarrer vous le signale en affichant le mot Nouveau à la suite de l'entrée Toutes les applications (en mode Tablette, un point apparaît sur l'icône à trois bandes). C'est un réglage totalement anodin, mais qui peut être pratique pour vous servir de pense-bête.
- **Utiliser l'écran de démarrage en plein écran :** Ce mode est un compromis entre le bureau traditionnel et le mode Tablette. Je le signale, même s'il est peu probable que vous l'utilisiez.
- **Afficher plus de vignettes dans l'écran de démarrage :** Permet d'augmenter le nombre de vignettes sur cet écran.

Cliquez ensuite sur le lien Choisir les dossiers affichés dans l'écran d'accueil. Un autre jeu d'options apparaît (voir la Figure 2.8).

Le terme « écran d'accueil » est employé ici à tort. Entendez « menu Démarrer ». Une coquille qui a échappé aux traducteurs de cette fenêtre des paramètres de Windows 10. De même, certaines fenêtres continuent à utiliser la terminologie Écran de démarrage. De ce fait, considérez qu'il s'agit de la partie droite du menu Démarrer, et cela même si, parfois, nous l'utilisons encore dans ce livre.

Voyez le Tableau 2.1 pour plus d'explications sur ces propositions de Windows.

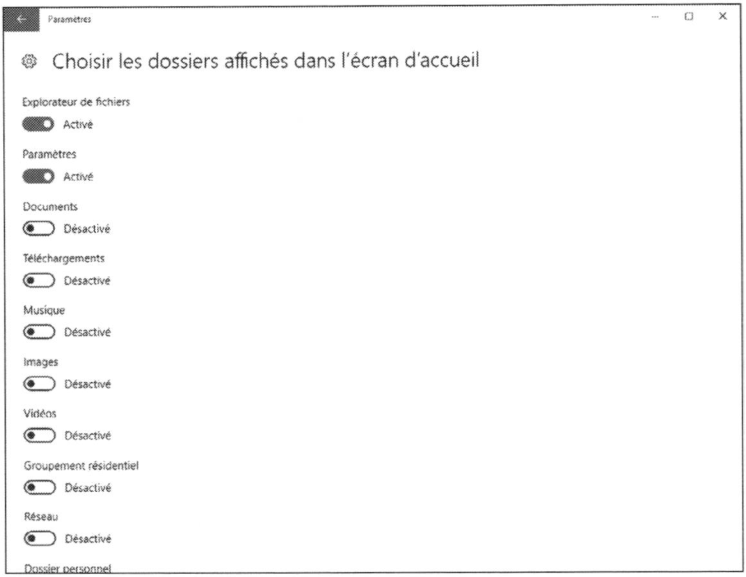

FIGURE 2.8 Il y a une longue liste d'éléments que vous pouvez afficher en bas et à gauche du menu Démarrer.

TABLEAU 2.1 Personnaliser le menu Démarrer.

Option	Ce qu'elle fait
Explorateur de fichiers	Lance l'Explorateur de fichiers comme d'habitude. Le bouton est alors associé à un sous-menu qui permet d'accéder rapidement à des dossiers courants.
Paramètres	Ouvre l'application Paramètres.
Documents	Ouvre votre dossier Documents dans l'Explorateur de fichiers.
Téléchargements	Ouvre votre dossier Téléchargements dans l'Explorateur de fichiers.
Musique	Ouvre votre dossier Musique dans l'Explorateur de fichiers.
Images	Ouvre votre dossier Images dans l'Explorateur de fichiers.
Vidéos	Ouvre votre dossier Vidéos dans l'Explorateur de fichiers.
Groupement résidentiel	Ouvre l'Explorateur de fichiers, le groupe résidentiel étant sélectionné dans le volet de navigation.
Réseau	Ouvre l'Explorateur de fichiers, le réseau étant sélectionné dans le volet de navigation.
Dossier personnel	Ouvre l'Explorateur de fichiers, la rubrique Accès rapide étant sélectionnée dans le volet de navigation.

Vous en déduisez que si sur les illustrations de ce livre vous observez, dans la partie gauche du menu Démarrer, la présence d'icônes qui sont absentes du vôtre, il suffit de les activer dans cette fenêtre des paramètres.

Circuler au milieu des applications

Immédiatement à droite des icônes verticales du menu Démarrer se trouvent la liste des applications et programmes installés sur votre ordinateur.Les éléments sont classés par ordre alphabétique. Dans certains cas, ces programmes sont organisés en groupes logiques (dont la composition est bien entendu décidée par les programmeurs de l'application concernée). Sur la Figure 2.9, par exemple, vous découvrez la longue liste des accessoires Windows installés par défaut en même temps que Windows 10.

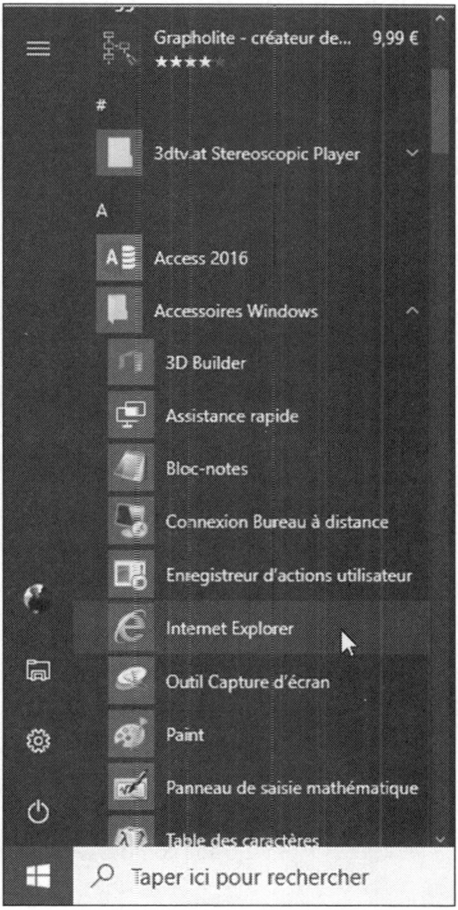

FIGURE 2.9
Vous cherchiez Internet Explorer ? Il se cache maintenant dans les accessoires de Windows.

A priori, il ne semble pas possible de réorganiser les entrées dans la liste des applications (après tout, l'ordre alphabétique, c'est l'ordre alphabétique). Vous pouvez supprimer certains programmes en cliquant droit dessus et en choisissant l'option Désinstaller, mais vous ne pouvez pas déplacer les entrées, créer de nouveaux groupes, ou bien les fusionner, les renommer ou réorganiser leur contenu.

Vous pouvez aussi cliquer sur l'un des en-têtes alphabétiques de la liste (une lettre par exemple) pour afficher le menu sous la forme d'un genre de répertoire téléphonique qui vous permet d'accéder directement aux applications d'après la première lettre de leur nom (voir la Figure 2.10).

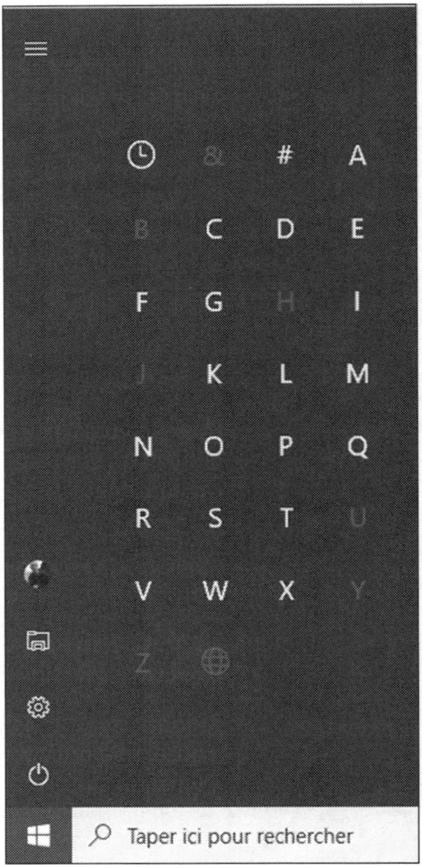

FIGURE 2.10
Accéder plus rapidement à une application ou un programme grâce à cette organisation.

Si vous faites un clic-droit sur (ou tapez et maintenez enfoncée) une des applications de la liste, vous ouvrez un menu contextuel dont le contenu varie. Toutefois, vous y retrouverez un sous-menu commun libellé Plus. Placez le pointeur de la souris dessus pour découvrir les options suivantes :

» **Épingler à la barre des tâches :** Ajoute l'icône du programme à la barre des tâches de manière à pouvoir le lancer plus rapidement.

» **Exécuter en tant qu'administrateur :** Permet d'ouvrir le programme ou l'application en disposant de toutes les autorisations possibles afin d'utiliser l'élément sans aucune limite. L'exécution en tant qu'administrateur n'est permise qu'aux comptes utilisateurs définis en tant que compte administrateur.

» **Ouvrir l'emplacement du fichier :** Ouvre l'Explorateur de fichiers afin d'y afficher l'élément.

» **Ne pas afficher dans cette liste :** Retire la vignette de la liste des applications du menu Démarrer.

En fonction de la position de la vignette dans la liste des applications et des programmes, le contenu du menu contextuel n'est pas tout à fait le même. Ainsi, lorsque vous exécutez ce clic-droit sur une vignette de la section Récemment ajoutées, vous découvrirez les options Supprimer de cette liste et Effacer cette liste. La première commande retire la vignette de cette section du menu Démarrer, la seconde remet la liste à zéro.

En règle générale, il est aussi possible de faire glisser un programme de la liste des applications vers la partie droite du menu Démarrer, ce qui le transforme en vignette. Cependant, le voyage de retour ne semble pas fonctionner, autrement dit, le programme disparaît purement et simplement de la liste des applications. Tenez-vous-en à l'option Épingler au menu Démarrer, et c'est tout.

Certaines icônes de programmes ou d'applications ajoutent des commandes qui leur sont propres. Par exemple, le logiciel de messagerie électronique Thunderbird propose les commandes Rédiger un nouveau message et Ouvrir un carnet d'adresses dans la section Tâches de ce menu contextuel.

Redimensionner le menu Démarrer

Lorsque Windows 10 est installé, il constitue la partie droite du menu Démarrer, c'est-à-dire feu l'écran de démarrage, en y disposant trois ou quatre rangées de vignettes. Combien ? Tout dépend de la résolution de votre affichage. Par conséquent, la composition du menu Démarrer diffère d'un utilisateur à l'autre.

Le menu Démarrer peut être redimensionné, verticalement ou horizontalement. Verticalement, cela a également pour effet d'augmenter ou de diminuer la taille du menu Démarrer. Si vous placez par exemple le pointeur de la souris sur la partie supérieure du menu Démarrer, il prend la forme d'une flèche à deux têtes. Faites-le glisser vers le bas ou vers le haut pour changer la hauteur du menu, comme sur la Figure 2.11.

FIGURE 2.11 Réduction verticale du menu Démarrer.

La hauteur minimale du menu Démarrer semble ne pas dépasser un certain stade. Quand, dans la liste Les plus populaires, il ne reste plus que quatre applications, le menu refuse de descendre davantage (quoique je ne puisse pas affirmer qu'il s'agisse d'une généralité). De même, il ne semble pas possible d'agrandir le menu Démarrer jusqu'à ce qu'il touche le haut de l'écran.

De la même manière, le redimensionnement horizontal s'opère par groupes entiers de vignettes, comme l'illustre la Figure 2.12.

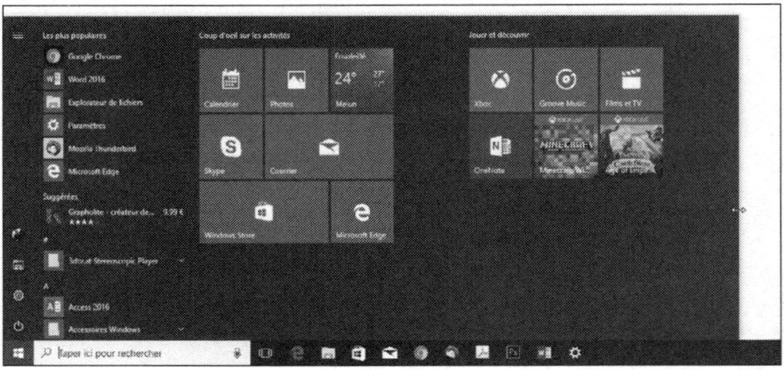

FIGURE 2.12 Agrandissement maximum du menu Démarrer.

Voilà qui clôt (du moins provisoirement) le sujet.

Modifier les vignettes du menu Démarrer

Pour changer de place les vignettes du menu Démarrer (c'est-à-dire l'ancienne section appelée Écran de démarrage), glissez-déplacez-les tout simplement à un autre emplacement. Si vous atteignez le bord inférieur du menu Démarrer, vous créez un nouveau groupe. Demandez à épingler un programme dans le menu Démarrer, et une nouvelle vignette vient automatiquement se ranger dans ledit écran.

Chaque vignette individuelle peut aussi être « recalibrée ». Les actions disponibles dépendent de ce que le créateur d'une application autorise au non. Voyons cela de plus près :

1. **Faites un clic-droit (ou appuyez et maintenant le doigt enfoncé) sur une vignette pour la modifier.**

   Une liste d'actions apparaît. Sur la Figure 2.13, j'ai choisi comme exemple l'application Edge.

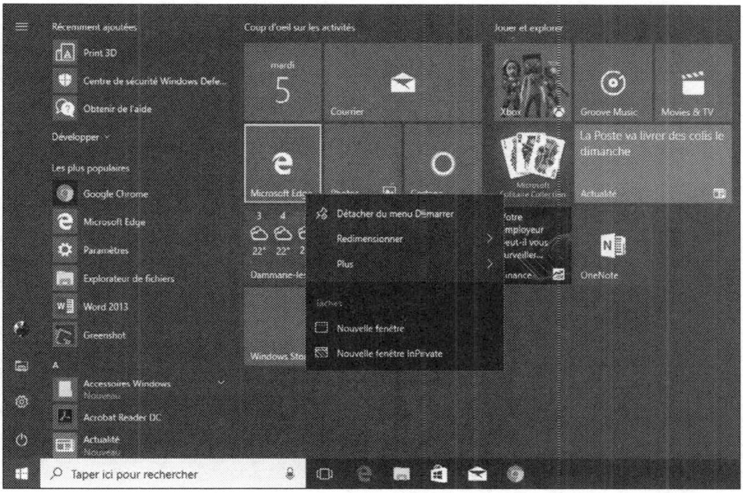

FIGURE 2.13 Vous pouvez contrôler les vignettes individuellement.

2. **Reportez-vous au Tableau 2.2 pour une description des actions qui peuvent vous être proposées. Choisissez ce que vous voulez faire.**

   Il est ainsi possible de supprimer facilement une vignette, ou encore de redimensionner la plupart d'entre elles.

3. **Pour changer le nom d'un groupe de vignettes, cliquez simplement sur son intitulé, puis saisissez un titre qui vous convient mieux.**

   Windows 10 a tendance à appeler par défaut Coup d'œil sur les activités un groupe comprenant les applications Calendrier, Courrier, Photos, Météo, Edge, Skype, *etc.* Peut-être que « Une journée au paradis » vous plairait davantage. Cliquez sur le titre (ou tapez), cliquez sur la croix qui se trouve au bout du champ de saisie pour en effacer le contenu, tapez votre nouveau nom de groupe et appuyez sur la touche Entrée.

   Les changements sont immédiatement appliqués, et ce aussi bien dans le traditionnel menu Démarrer qu'en mode Tablette.

Organiser les vignettes de votre menu Démarrer

La beauté des vignettes du menu Démarrer est la possibilité (dans des limites strictement définies) de les personnaliser et de les organiser à loisir. Si la configuration de base de Windows 10 vous convient, parfait. Vous conservez tout en l'état.

TABLEAU 2.2 Les vignettes et leurs options.

Action	Résultat
Détacher du menu Démarrer	Retire la vignette de la partie droite du menu Démarrer. Cela n'affecte en rien l'application elle-même. Si vous changez d'avis plus tard, faites un clic-droit sur le nom de l'application dans la liste des applications, et choisissez Épingler à l'écran de démarrage.
Désinstaller	Supprime tous les vestiges du programme *via* la page dédiée du Panneau de configuration. Cette action est impossible pour la grande majorité des vignettes d'applications installées par Windows 10 lui-même.
Redimensionner	Change la taille de la vignette selon quatre formats possibles : Grandes (quatre fois la taille d'une vignette standard), Larges (deux fois plus longue qu'une vignette standard), Moyennes (c'est juste la taille des vignettes standard…), et Petites (le quart de la taille d'une vignette standard).
Épingler à la barre des tâches	Sous le sous-menu Plus. Ajoute une icône pour l'application dans la barre des tâches (voyez le Livret III, Chapitre 3).
Désactiver/Activer la vignette dynamique	Là encore, sous le sous-menu Plus. Lance/stoppe l'animation affichée sur la vignette. Désactiver cet affichage dynamique peut aider à économiser la batterie, mais l'intérêt est surtout de ne plus être gêné par ces choses qui changent tout le temps et dont vous n'avez rien à faire (autant peut-être alors les supprimer du menu).
Évaluer et noter	Sous le sous-menu Plus de certaines applications. Cette action ouvre le Windows Store dans lequel vous allez noter et donner un avis sur l'application. Une fois la fiche remplie, comme sur la Figure 2.14, cliquez sur le bouton Soumettre.
Partager	Également dans le sous-menu Plus de certaines applications. Ouvre le Windows Store où vous cliquerez sur le bouton Partager de l'application. Dans la petite incrustation qui apparaît, choisissez comment effectuer ce partage comme Facebook, Courrier, ou bien encore copier le lien que vous publierez sur des réseaux sociaux, ou enverrez par mail.

En revanche, si vous avez envie de mettre votre grain de sel dans tout cela (c'est *votre* menu Démarrer, après tout), vous devez bien entendu réfléchir à ce que vous voulez obtenir.

Ajouter vos propres vignettes

Certains ne se servent jamais des vignettes du menu Démarrer. C'est leur choix et leur droit. Mais, dans le cas contraire, il est plus facile de les organiser si vous les placez sur une table (vous n'avez jamais fait

FIGURE 2.14 Noter et évaluer une application.

du découpage pour voir comment vous pourriez disposer vos meubles ? Moi, si). Vous les mettez ensuite les unes à côté des autres jusqu'à ce que le résultat vous satisfasse. Et c'est parti.

En fait, vous pouvez supprimer toutes les vignettes de l'écran de démarrage. Si vous faites un clic-droit sur chaque vignette et que vous choisissez l'option Détacher du Menu Démarrer, vous finirez par vous retrouver avec zéro vignette. Windows 10 laisse alors une mince bande le long du bord droit du menu (vous avez droit de changer d'avis plus tard), et vous ne pouvez plus redimensionner le menu horizontalement. C'est comme ça la vie.

Ajouter des vignettes au menu Démarrer est on ne peut plus simple. Dans la liste des applications du menu Démarrer, localisez le programme qui vous intéresse. Faites un clic-droit dessus (ou maintenez votre doigt appuyé dessus), et dans le menu contextuel qui apparaît, choisissez l'option Épingler au menu Démarrer, et c'est tout !

Comme nous l'avons vu plus haut, il est aussi possible de cette manière d'ajouter l'icône du programme à la barre des tâches. Et, bien souvent, vous préférerez faire glisser l'application sur le bureau pour créer un raccourci. Pour le reste, c'est vous qui voyez...

Mais avant de passer à un autre sujet, il nous reste un point à voir : comment créer des groupes dans la partie droite du menu Démarrer.

Former et nommer des groupes de vignettes

Lorsque vos vignettes sont mises en place dans la partie droite du menu Démarrer (l'ancien Écran de démarrage), il est facile d'organiser toute cette ménagerie. Pour cela :

1. **Faites glisser (ou tapez, maintenez enfoncées, et faites glisser) les vignettes semblables dans le même groupe.**

   Par exemple, vous pourriez regrouper les vignettes des applications Courrier, Calendrier et Contacts dans un groupe appelé Tâches quotidiennes.

   Ne vous inquiétez pas si vos groupes semblent en désordre. Il est facile de les réorganiser. Concentrez-vous sur la bonne organisation de vos vignettes dans les groupes qui leur correspondent.

   Si vous avez besoin de créer un nouveau groupe, faites glisser une vignette tout en bas du menu Démarrer. Vous allez avoir une barre indiquant qu'un nouveau groupe va être formé. Faites glisser la vignette sous cette barre.

2. **Pour renommer un groupe existant, cliquez (ou tapez) sur son nom. Entrez ensuite le nouveau titre, et validez-le en appuyant sur la touche Entrée du clavier.**

3. **Pour déplacer un groupe, cliquez ou tapez sur le bouton frappé de trois barres horizontales qui s'affiche lorsque le pointeur survole le titre d'une section dans l'écran de démarrage.**

   Faites l'expérience. Elle est simple, disons même évidente.

4. **Il ne vous reste plus qu'à cliquer en dehors du menu Démarrer, ou encore de redimensionner celui-ci pour que vos choix s'appliquent immédiatement.**

Voilà. Vous avez maintenant un menu Démarrer qui correspond exactement à vos besoins et à vos envies.

Finalement, ce n'est pas si mal, non ?

Créer des sous-groupes

Voici une nouveauté de la mise à jour Fall Creator Update d'octobre 2017. Au sein même des groupes, vous avez la possibilité de créer des sous-groupes rassemblant, par exemple, des applications du même genre. C'est ce que vous faites avec votre smartphone.

Voici comment procéder :

1. **Dans la partie droite du menu Démarrer, placez des applications ou des programmes du même genre.**

   Sur la Figure 2.15, j'ai placé des vignettes de programmes de la suite Microsoft Office.

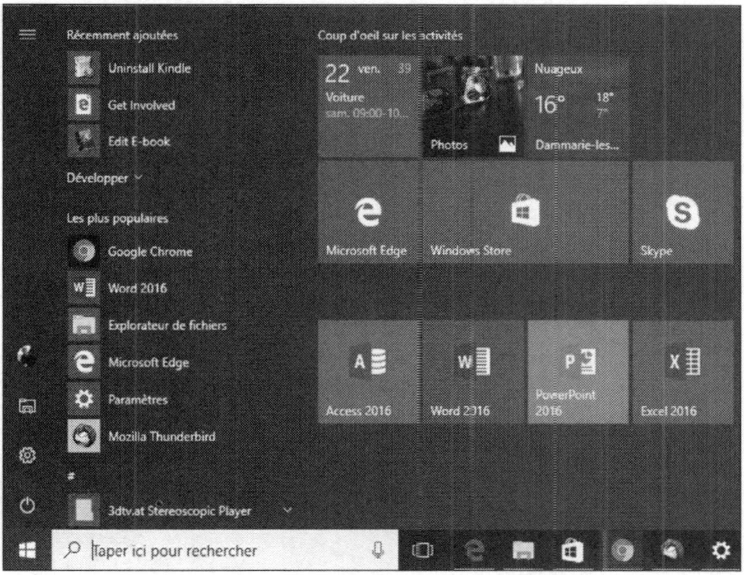

FIGURE 2.15 Des vignettes à regrouper.

2. **Pour créer un sous-groupe, glissez-déposez une vignette sur une autre.**

   Les vignettes apparaissent alors en retrait sous les autres comme le montre la Figure 2.16.

3. **Glissez-déposez les autres vignettes dans ce sous-groupe.**

   Vous vous retrouvez alors avec une seule vignette contenant d'autres vignettes.

4. **Renommez ce groupe contenant ce sous-groupe.**

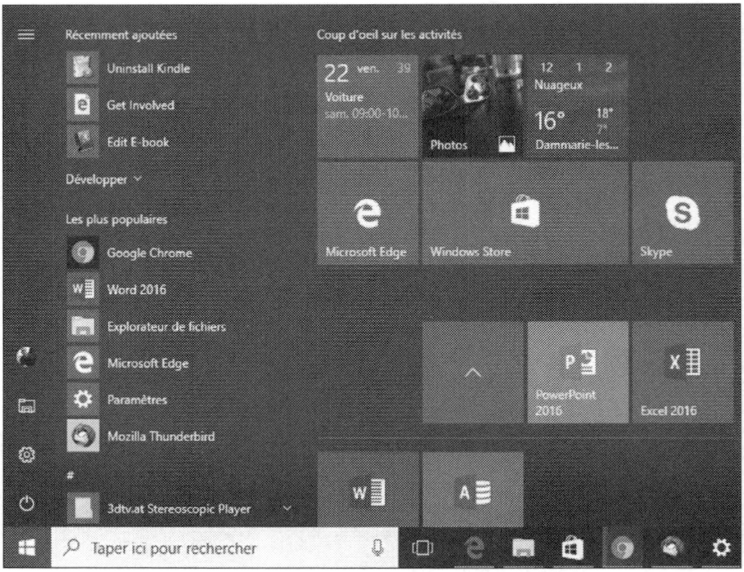

FIGURE 2.16 Un sous-groupe.

Voilà le groupe Bureautique avec un premier sous-groupe, comme sur la Figure 2.17.

5. **Pour ajouter d'autres applications ou programmes, glissez-déposez leur vignette sur celle du sous-groupe.**

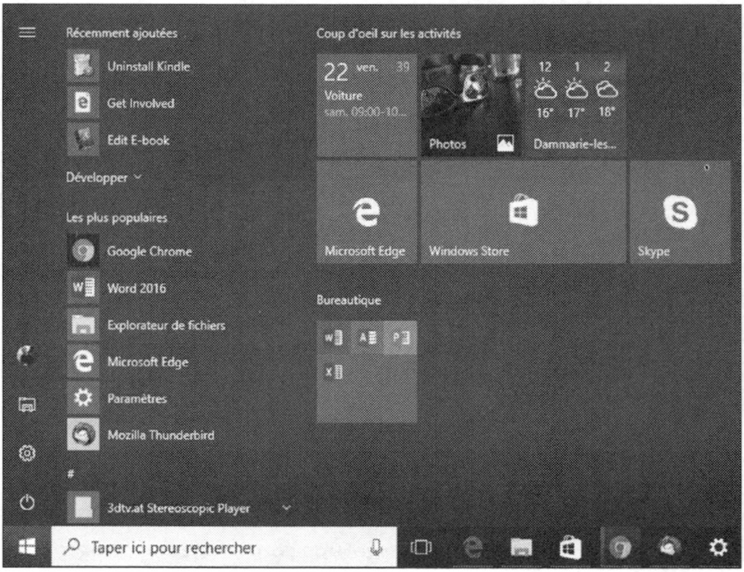

FIGURE 2.17 Le sous-groupe Bureautique.

6. **Pour retirer une vignette d'un sous-groupe, cliquez sur le sous-groupe pour l'ouvrir.**

7. **Glissez-déposez la vignette en dehors du sous-groupe.**

Vous pouvez également faire un clic-droit sur une des vignettes du sous-groupe et, dans le menu contextuel qui apparaît, exécuter la commande Détacher du menu Démarrer.

Chapitre 3

Personnaliser le bureau et la barre des tâches

DANS CE CHAPITRE :

- **Placer des raccourcis sur le bureau**
- **Changer la couleur et l'arrière-plan du bureau**
- **Personnaliser *vraiment* la barre des tâches**

C'est *votre* bureau. Faites-en ce qu'il vous plaît.

Dans ce Livret III, au Chapitre 2, je vous ai montré comment personnaliser le menu Démarrer. Dans ce nouveau chapitre, nous allons voir comment personnaliser le bureau de Windows 10. Par conséquent, jouez, jouez. Vous ne casserez rien dans votre ordinateur et vous arriverez peut-être à concevoir le bureau de vos rêves, en talentueux ébéniste de l'informatique que vous êtes.

Avec les vignettes de Windows 10 qui viennent remplacer (avantageusement) les gadgets de Windows 7, il y a moins de raisons que par le passé d'utiliser le bureau. Pour autant, de nombreux programmes d'installation placent sur le bureau des liens vers leurs applications, en évitant les vignettes du menu Démarrer comme la peste. Et vous pouvez parfaitement avoir vos propres raisons de placer vous aussi des raccourcis sur le bureau.

Quel que soit votre parti pris, la barre des tâches, située tout en bas de votre écran, reste un excellent emplacement pour les icônes des applications et des programmes que vous utilisez fréquemment.

Le bureau, comment ça le bureau ?

Le bureau de Windows peut paraître simple, mais ce n'est pas le cas. Sur la Figure 3.1, par exemple, vous pouvez voir le menu Démarrer et la barre des tâches, avec une icône pour la Corbeille, des images et une application Universelle Windows ouverte sur la droite.

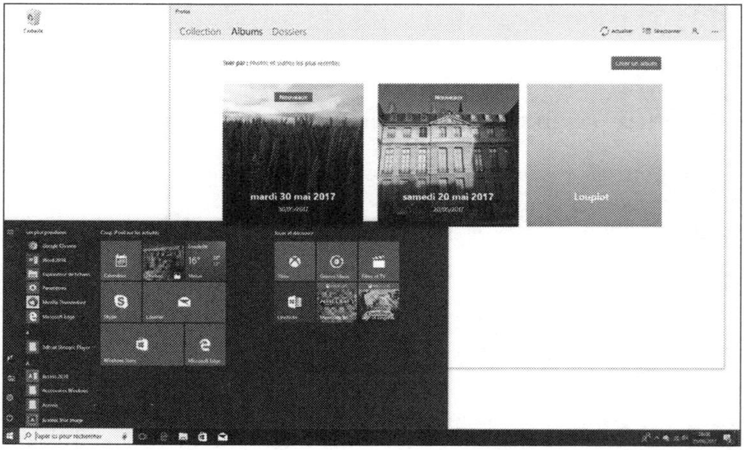

FIGURE 3.1 Le bureau de Windows 10 est beaucoup plus complexe qu'il n'en a l'air.

Sous toutes ces choses, il y a une couleur de fond (du blanc en l'occurrence sur la Figure 3.1, une personnalisation toute… personnelle), et une transition subtile entre les fenêtres.

En fait, le bureau de Windows est composé de plusieurs couches superposées, et il dessine le pointeur de la souris au-dessus de tout le monde.

Vous disposez de quantité d'options pour rendre ce bureau totalement personnel. Commençons par le commencement :

1. **Cliquez ou tapez sur le bouton Démarrer, puis choisissez l'icône Paramètres.**
2. **Dans la fenêtre des paramètres, cliquez sur Personnalisation. .**

   Si Arrière-plan n'est pas actif dans la colonne de gauche de cette fenêtre, cliquez dessus.

   Windows vous montre la page de personnalisation de l'arrière-plan.

Vous afficherez directement ces options en faisant un clic-droit sur un espace vide du bureau. Dans le menu contextuel qui s'affiche, choisissez Personnaliser.

3. **Si vous voulez utiliser comme fond d'écran une image occupant toute la surface de celui-ci (ce que l'on appelait autrement un « papier peint »), passez à l'Étape 5.**

4. **Dans le menu local Arrière-plan, choisissez l'option Couleur unie.**

   Un nuancier apparaît dans la section Choisir votre couleur d'arrière-plan, comme sur la Figure 3.2.

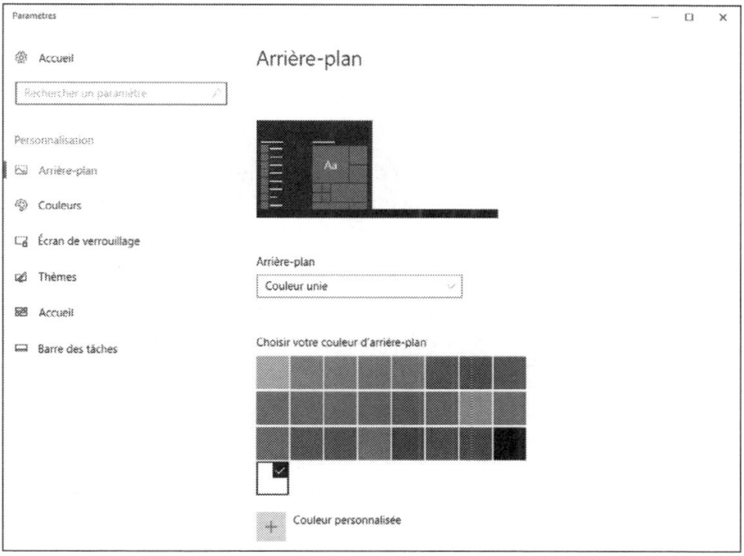

FIGURE 3.2 Si vous ne trouvez pas une image qui vous plaise, vous avez toujours la possibilité d'affecter une couleur unie au bureau en attendant mieux.

5. **Cliquez sur une couleur.**

6. **Si aucune couleur ne vous convient, cliquez sur le bouton Couleur personnalisée.**

   Cliquez sur la couleur à utiliser puis agissez éventuellement sur le curseur de luminance pour définir une teinte plus ou moins sombre.

7. **Si vous voulez plutôt afficher une photo sur l'arrière-plan du bureau, choisissez l'option Image dans le menu local Arrière-plan.**

   Vous pouvez en fait choisir non seulement une image, mais aussi la manière dont elle est affichée sur le bureau (voir la Figure 3.3).

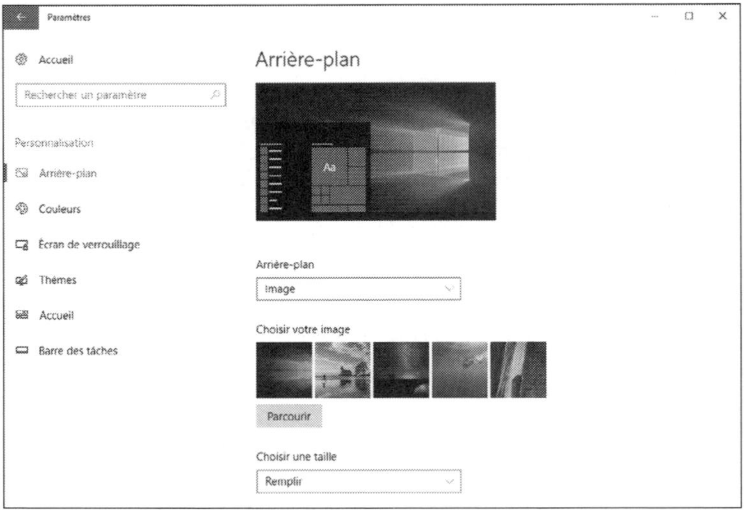

FIGURE 3.3 Utiliser une image comme papier peint.

Vous disposez d'une troisième option, Diaporama. Toutes les images à afficher dans le diaporama doivent être regroupées dans un même album ou dossier. Les albums sont présentés dans le Livret IV, Chapitre 3.

8. **Choisissez une image parmi celles qui sont proposées, ou cliquez sur le bouton Parcourir pour localiser (à l'aide de l'Explorateur de fichiers) celle qui fera votre bonheur.**

   Vous pouvez utiliser n'importe quelle image dès lors qu'elle est enregistrée dans un format courant.

9. **Si votre image est trop petite ou trop grande pour tenir correctement sur l'écran, vous pouvez demander à Windows de la recadrer ou encore de la redimensionner.**

   Utilisez pour cela le menu local Choisir un ajustement. Ses options sont détaillées dans le Tableau 3.1.

10. **Cliquez sur la croix, en haut et à droite de la fenêtre Paramètres pour quitter ces options de personnalisation.**

Dans l'Explorateur de fichiers, Windows vous permet de cliquer droit sur une image, et de sélectionner dans le menu qui apparaît l'option Choisir comme arrière-plan du Bureau. Dans ce cas, Windows fait une copie de l'image, et il la place dans un sous-sous-sous-dossier appelé C:\Utilisateurs\<votre nom>\AppData\Roaming\Microsoft\Windows\Documents récents. Ouf !

TABLEAU 3.1 **Les paramètres de positionnement de l'image.**

Paramètres	Signification
Remplir	Windows étire l'image pour qu'elle occupe tout l'écran, puis il coupe les bords. L'image n'est pas déformée, mais certains de ses bords peuvent donc venir à manquer.
Ajuster	Windows agrandit l'image autant que nécessaire pour qu'elle occupe tout l'écran, puis il affiche la couleur de base sur des bandes courant en haut et en bas (ou sur la gauche et la droite). L'image n'est pas déformée. Elle n'est pas affichée en entier, et vous voyez donc apparaître deux horribles bandes.
Étirer	L'image est étirée pour occuper tout l'écran. Attendez-vous à ce qu'elle soit déformée.
Vignette	L'image est répétée autant de fois que nécessaire pour remplir l'écran. Si elle est trop grande pour tenir à l'écran, vous accédez aux options du paramètre Remplissage.
Centrer	C'est la même chose que le paramètre Ajuster, sauf que les bandes courent sur les quatre bords.
Étendre	Ajuste l'image pour qu'elle remplisse tous les moniteurs actifs, du premier au dernier.

Vous pouvez aussi contrôler quelques aspects des couleurs du bureau, même si vos options sont limitées comparativement aux anciennes versions de Windows. Voici comment donner un peu plus de couleurs à votre vie :

1. **Cliquez ou tapez sur le bouton Démarrer, puis choisissez l'icône Paramètres (engrenage). Ensuite, optez pour Personnalisation. Dans le volet de gauche, activez l'option Couleurs.**

   Une nouvelle fenêtre de propriétés apparaît (voir la Figure 3.4).

2. **Si vous voulez que Windows sélectionne à votre place une couleur d'accentuation (qui sera utilisée sporadiquement pour mettre les choix en surbrillance dans les menus, ou encore comme fond pour les flèches de navigation), cochez l'option Choisir automatiquement une couleur d'accentuation à partir de mon arrière-plan.**

3. **Si vous préférez faire le travail vous-même, désactivez l'option indiquée ci-dessus, et cliquez sur un des carrés du nuancier.**

   Par défaut, Windows utilise un bleu prononcé.

4. **Pour que la couleur choisie apparaisse sur le fond du menu Démarrer, de la barre des tâches et du volet des notifications, cochez l'option correspondante.**

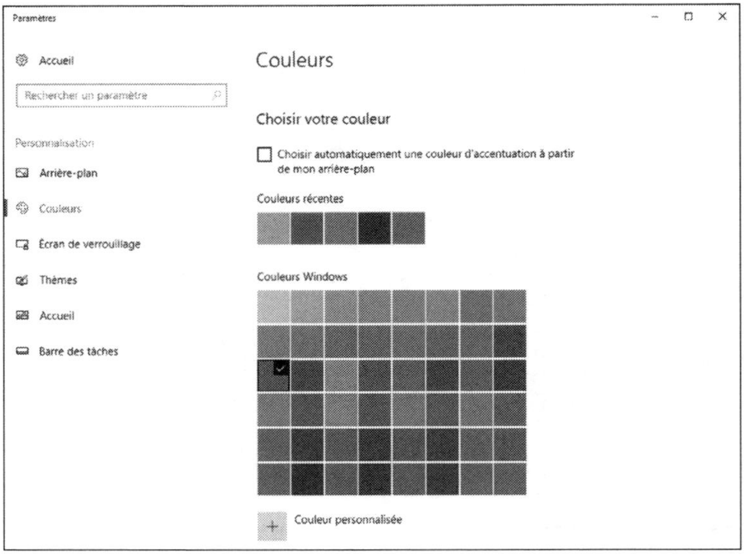

FIGURE 3.4 Choisissez ici une couleur d'accentuation.

MAIS QUE SONT DEVENUS LES THÈMES DE BUREAU ?

Windows 10 conserve des vestiges des anciens thèmes de bureau. D'ailleurs, sur la Figure 3.4, vous pouvez noter la présence d'une option Thèmes dans le volet de gauche. Les *thèmes* sont des collections regroupant arrière-plans, jeu de couleurs et de sons, plus éventuellement un économiseur d'écran. Il suffit donc de choisir un thème pour appliquer au bureau le contenu de sa collection.

Mais, du moins pour l'instant, ces thèmes ne sont plus mis en avant comme c'était le cas avec Windows 7. Vous pouvez choisir cette option, puis Paramètres du thème, dans la page Personnalisation des paramètres, et vous êtes alors transporté vers le Panneau de configuration. Bien que vous puissiez toujours enregistrer votre thème courant, et en télécharger de nouveaux, vous ne disposez plus des anciens contrôles pour personnaliser les composants individuels du thème.

Certes, les thèmes ne seront jamais une priorité, mais Microsoft leur redonnera peut-être un peu de lustre dans une mise à jour plus ou moins lointaine de Windows. Affaire à suivre.

Par défaut, Windows utilise des nuances de gris pour ces éléments.

5. **Pour ajouter de la transparence à l'affichage, activez l'option Effets de transparence.**

   Cet effet est plus agréable qu'un fond opaque. Même si je préférais le mode Aero de Windows 7…

Améliorer la résolution du bureau

Le plus beau et le plus grand moniteur du monde ne vous servira pas à grand-chose si vous êtes incapable de lire le texte qui y est affiché. Windows contient quantité d'utilitaires et de réglages pour vous aider à régler correctement votre écran et améliorer son rendu.

Définir la résolution de l'écran

Je ne compte plus ceux qui me demandent de réparer le nouvel écran qu'ils viennent d'acquérir. L'écran n'a pas l'air de bien fonctionner. C'est la faute de ce #*@! de Windows, sans doute ? Le vieil écran marchait si bien, pourtant !

Neuf fois sur dix, lorsque quelqu'un me signale que son nouvel écran fonctionne mal, je lui demande s'il a ajusté la résolution de l'écran. Invariablement, la réponse est non. Alors voici sous la forme d'un cours express la réponse à l'une des questions que l'on me pose le plus.

Si vous branchez un nouvel écran (ou si vous assemblez un nouvel ordinateur) et que l'affichage semble bizarre, comme une image anamorphosée, un texte flou, une mauvaise définition des photos numériques, et j'en passe, le problème réside vraisemblablement dans l'inadéquation entre la résolution de votre ordinateur et celle de l'écran. La résolution correspond au nombre de points qui peuvent apparaître à l'écran, généralement exprimé sous la forme d'un produit de deux nombres : 1920 x 1080, par exemple. Tout écran plat peut afficher une image optimale dans une résolution bien spécifique ; toute autre résolution produit une image à la qualité dégradée.

Il est facile de vérifier et de modifier la résolution de l'écran :

1. **Cliquez du bouton droit sur un emplacement vide du bureau et, dans le menu contextuel qui apparaît, choisissez Paramètres d'affichage.**

La page Affichage de la rubrique Système des paramètres va s'afficher (voir la Figure 3.5). Notez que si vous utilisez plus d'un écran, ou certains types de cartes vidéo, plusieurs écrans seront éventuellement représentés dans la partie supérieure de la fenêtre.

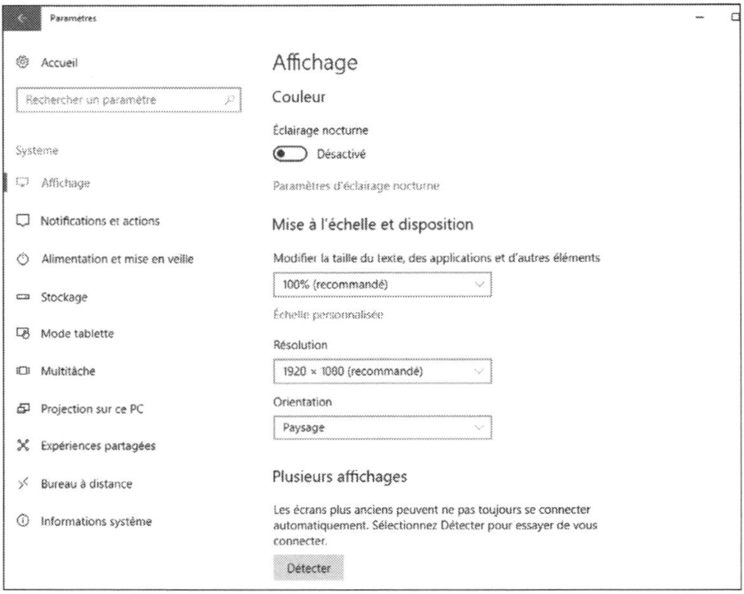

FIGURE 3.5 Demandez à Windows de prendre une bonne résolution (d'écran, bien sûr).

2. **Nous reviendrons sur tous ces réglages à l'Étape 5. Pour l'instant, laissons cela de côté. Tapez ou cliquez sur le lien Paramètres d'affichage avancés, en bas de la fenêtre.**

   Vous voyez s'afficher la page Personnaliser votre écran, illustrée sur la Figure 3.6.

3. **Ouvrez le menu local Résolution, et choisissez la valeur que vous voulez essayer.**

   Si une des options est marquée comme étant recommandée, comme vous le constatez sur l'illustration ci-dessus, cela signifie qu'il s'agit de la résolution conseillée par le constructeur de la machine. C'est donc votre meilleur choix. Voilà pour ce qui concerne la partie facile.

   Et pour la partie difficile ? Si aucune valeur n'est recommandée, vous devez essayer de déterminer la résolution qui convient le mieux à votre écran, sa *résolution native*. Certains moniteurs af-

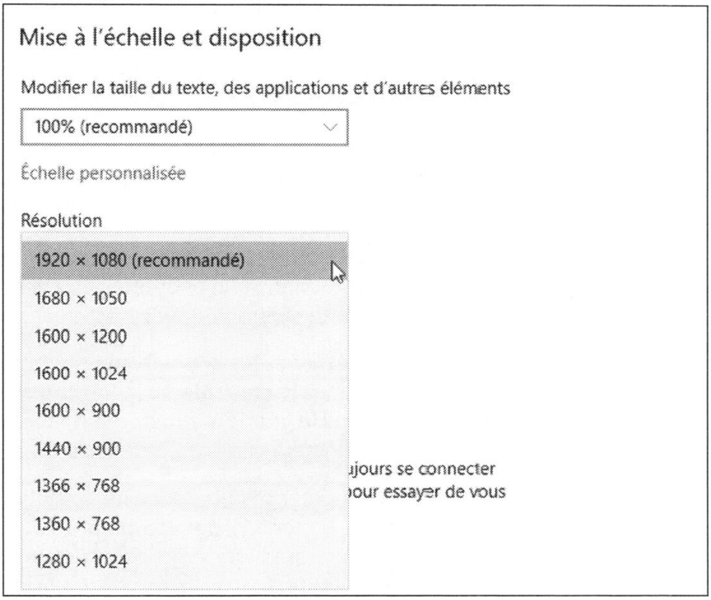

FIGURE 3.6 Choisissez ici la résolution de votre affichage.

fichent cette valeur sur une étiquette. Et tous devraient la fournir dans leur manuel (vous avez bien un manuel, non ?).

Si vous ne connaissez pas la résolution native de votre écran, Google peut vous aider. Tapez par exemple comme critère dans votre moteur de recherche favori **résolution native**, suivi du modèle de votre écran, ou de son numéro de modèle, et vous avez une bonne chance d'obtenir la réponse.

4. **Cliquez sur la flèche, en haut et à gauche de la fenêtre, pour revenir à la page précédente.**

   Vous retrouvez donc la fenêtre illustrée sur la Figure 3.5. Choisissez la bonne résolution, car, si vous en changez, le reste de cette boîte de dialogue est également modifié.

5. **Si vous trouvez qu'il est difficile de lire le texte affiché sur votre écran, faites glisser vers la droite le curseur afin d'augmenter (ou de réduire) la taille des caractères.**

   Si votre vue n'est plus ce qu'elle était (c'est mon cas), vous souhaiterez demander à Windows d'agrandir la taille du texte de tous les éléments à l'écran. Cela peut vous aider, surtout si vous êtes dans un café Internet et que vous avez oublié vos lunettes.

   Cependant, je vous conseille fortement d'utiliser ce réglage avec précaution. En effet, modifier ce facteur d'agrandissement peut considérablement perturber d'anciens programmes. L'effet global peut être glaçant. Allez-y doucement, testez souvent, et revenez très vite à votre valeur par défaut si le résultat ne convient pas, ou pose plus de problèmes qu'il n'en résout.

6. **Si vous voulez verrouiller l'orientation de l'écran, afin qu'il reste en permanence en mode Paysage ou Portrait, choisissez l'option correspondante dans le menu local Orientation.**

   Sauf sur une tablette ou un smartphone, modifier ce réglage n'est certainement pas courant. Sauf, peut-être, si vous avez l'habitude de grimper au plafond sans quitter votre écran des yeux...

7. **Enfin, sur les tablettes et les ordinateurs portables, vous pouvez aussi prendre le contrôle de la luminosité de votre écran en jouant sur la glissière Ajuster le niveau de luminosité.**

   Évitez de trop augmenter celle-ci, car ce ne serait bon ni pour vos yeux, ni pour la batterie, ni pour l'espérance de vie de l'écran. Pour instant, il est vrai aussi que certains moniteurs, sur certaines machines, nécessitent un réglage manuel de la luminosité pour obtenir un rendu optimal.

   Bien entendu, chacun de ces réglages est immédiatement appliqué (sauf l'orientation de l'écran qui demande une confirmation).

   Notez également la présence du réglage Éclairage nocturne. Il permet d'annuler la lumière bleue émise par les écrans et qui fatigue nos yeux, surtout dans le noir.

Utiliser la loupe

Si vous avez besoin de visualiser un texte plus grand que les options ne vous le permettent, vous pouvez toujours faire appel à l'outil Loupe dans les options d'ergonomie. La loupe vous permet d'agrandir tout l'écran par un facteur de 200, 300 ou 400 – ou encore plus si vous le souhaitez (voir la Figure 3.7).

Notez qu'utiliser la loupe ne va pas améliorer la qualité ou la résolution du texte ou des images. La loupe permet de les agrandir, pas de les rendre plus fins.

Voici comment faire un grand zoom sur votre écran :

1. **Cliquez ou tapez sur le bouton Démarrer, puis choisissez l'icône Paramètres et Options d'ergonomie. Dans la colonne de gauche, cliquez sur Loupe.**

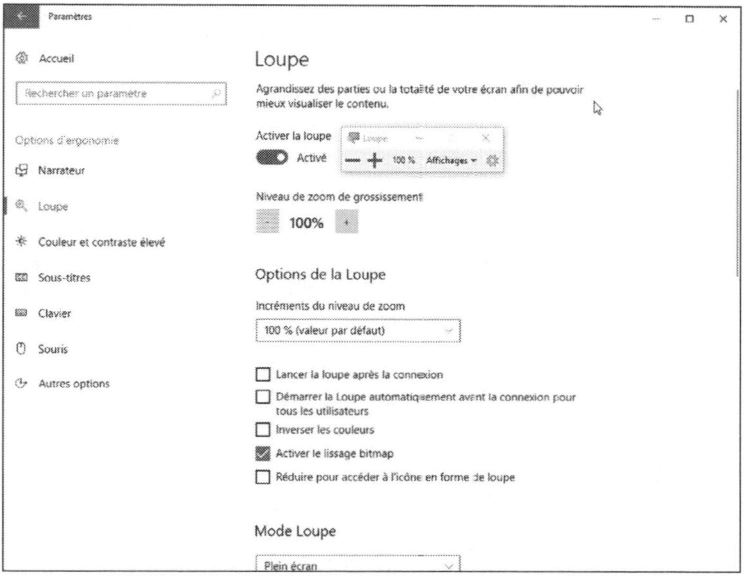

FIGURE 3.7 La loupe peut vous aider à rendre tout ce qui s'affiche sur l'écran très, très grand.

Le contrôle correspondant est illustré sur la Figure 3.8.

2. **Activez le curseur Loupe.**

Immédiatement, tout apparaît avec un facteur d'agrandissement de 200 %.

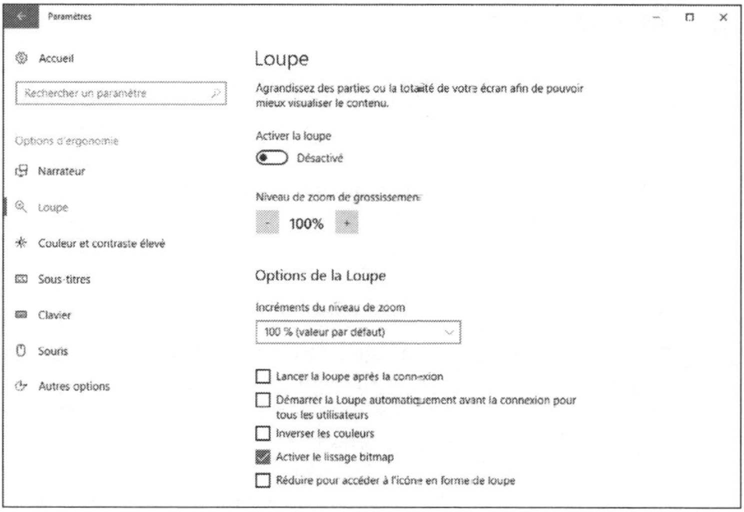

FIGURE 3.8 Les autres options restent grisées tant que vous n'avez pas activé la loupe.

3. **Déplacez-vous pour voir ce qui se passe. C'est assez particulier, non ?**

Faites glisser le pointeur de la souris vers les bords de l'écran pour vous déplacer sur celui-ci. C'est l'une des situations où l'on apprécie vraiment un écran tactile.

4. **Deux petits boutons affichés dans une boîte de contrôle permettent de choisir le facteur de grossissement (si vous ne l'utilisez pas tout de suite, il se replie pour ne montrer que l'icône d'une loupe). Cliquez ou tapez sur le menu local qui indique Affichages et choisissez Loupe.**

Le mode Loupe, illustré sur la Figure 3.7, vous permet de déplacer une fenêtre carrée agrandissant uniquement ce qu'elle survole. Comme une vraie loupe, quoi.

Si vous appuyez par mégarde sur une de ces combinaisons et que l'agrandissement de votre affichage change mystérieusement, vous connaissez maintenant le coupable. Revenez aux options d'ergonomie et désactivez la loupe.

Si ce n'est pas suffisant, vous avez aussi la possibilité de faire appel aux thèmes dits à Contraste élevé. Ils sont disponibles dans la fenêtre Options d'ergonomie des Paramètres (reportez-vous à la Figure 3.8).

Placer des icônes et des raccourcis sur le bureau

Autrefois, si vous vouliez accéder rapidement à un programme (pardon, une application), vous placiez un raccourci vers cet élément sur votre bureau. Aujourd'hui, la vie n'étant pas toujours un long fleuve tranquille, vous avez plus de possibilités. Et, en fait, c'est une bonne chose.

Pour accéder rapidement à un programme ou à une application sous Windows 10, vous pouvez au choix :

- **Épingler une vignette dans la partie droite du menu Démarrer.** C'est généralement facile. Vous commencez par trouver le bon programme (que ce soit *via* le menu Démarrer et son option Toutes les applications, ou encore dans l'Explorateur de fichiers, à moins encore qu'une icône ait déjà été ajoutée à votre bureau lors de l'installation du programme). Ensuite, vous cliquez droit sur son nom, et vous choisissez l'option Épingler au menu Démarrer dans le menu qui apparaît.

» **Placer un raccourci dans la barre des tâches.** C'est la même technique que ci-dessus, si ce n'est que vous choisissez cette fois l'option Épingler à la barre des tâches généralement dans le sous-menu Plus. Bien entendu, cela ne sert pas à grand-chose en mode Tablette, puisque celui-ci n'a pas de barre des tâches...

» **Utiliser Cortana pour rechercher le programme.** Je parle de Cortana dans ce Livret III, au Chapitre 5. C'est, selon moi, la moins bonne option, car elle n'est pas aussi précise que la présence rassurante d'une vignette dans le menu Démarrer, d'une icône dans la barre des tâches ou d'un raccourci sur le bureau.

Si les deux premières méthodes vous laissent de marbre, sachez qu'il n'est pas vraiment plus difficile de coller sur votre bureau un raccourci vers le programme.

En fait, ce qui est bien avec les raccourcis du bureau, c'est que vous pouvez aussi en créer pour des éléments qui sont incapables de se nicher dans le menu Démarrer ou dans la barre des tâches.

Créer des raccourcis

Dans ce Livret III, au Chapitre 1, je vous ai montré comment placer sur votre bureau un raccourci vers un site Web. Il est maintenant temps de passer au niveau supérieur.

Le bureau accepte de recevoir des raccourcis de différente nature :

» Des **programmes** (pardon des applications) traditionnels.

» Des **adresses Web**, comme `www.pourlesnuls.com`.

» Des documents, des feuilles de calcul, des bases de données, des présentations PowerPoint, des images, des fichiers PDF, et plus généralement tout ce qui peut s'ouvrir grâce à un double-clic.

» Des **dossiers** de provenance diverse et variée, y compris de votre appareil photo numérique.

» Des **disques**, qu'ils soient présents sur votre disque dur, ou qu'il s'agisse d'un lecteur de CD, d'une clé USB, *etc.*

» D'autres **ordinateurs** de votre réseau, y compris les dossiers et les fichiers qu'ils contiennent, dès lors qu'ils sont partagés.

» Des **imprimantes** (y compris celles qui sont partagées en réseau), des scanners, des caméras et d'autres dispositifs matériels.

» Des connexions réseau, des cartes d'interface, et ainsi de suite.

Voyons différentes techniques permettant de créer des raccourcis sur le bureau :

1. **Choisissez un programme dans la liste des applications du menu Démarrer.**
2. **Cliquez sur sa vignette et glissez-la sur le bureau, comme le montre la Figure 3.9.**

   La mention Lien apparaît au-dessus de la vignette.

   Vous créez ainsi un lien vers le programme ou l'application Universelle Windows, comme l'illustre la Figure 3.10.
3. **À ce jour (mais la situation pourrait évoluer plus tard), placer un raccourci vers une page Web sur le bureau n'est pas si facile. Du temps de notre jeunesse (enfin presque), il suffisait de faire glisser le contenu de la barre d'adresse sur le bureau. Maintenant, c'est un peu plus complexe.**

   Fort heureusement, je vous explique comment procéder dans ce Livret III, au Chapitre 1, à la section « Créer des raccourcis ».
4. **Pour créer un raccourci vers un document, par exemple un fichier Word sur lequel vous travaillez régulièrement, localisez-le dans l'Explorateur de fichiers. Ensuite,** ***cliquez droit*** **sur son nom, et faites glisser sur le bureau. Relâchez ensuite le**

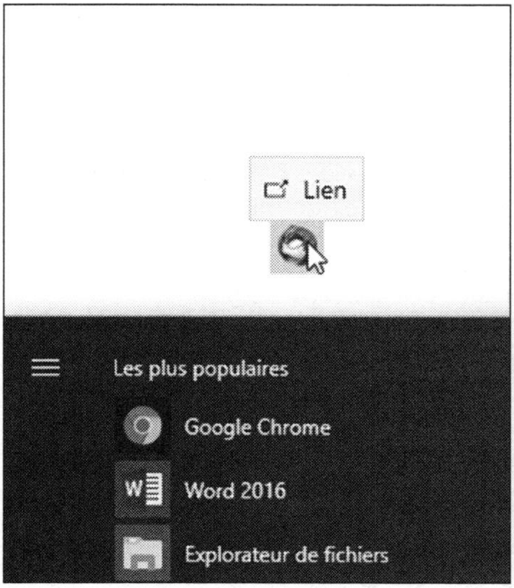

FIGURE 3.9
Pour créer un raccourci d'un programme depuis le menu Démarrer.

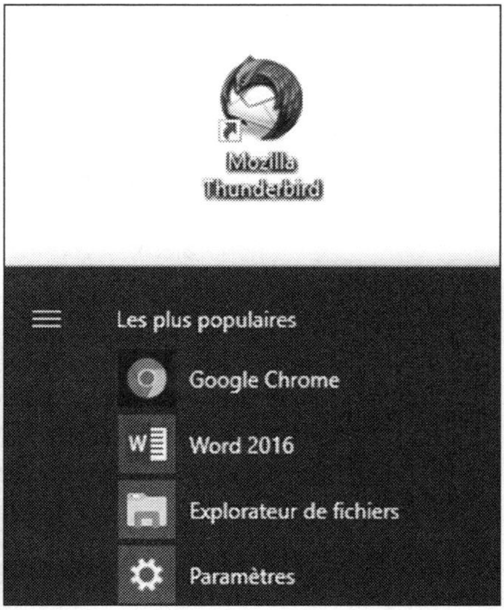

FIGURE 3.10
Le raccourci est bien créé !

bouton de la souris, et choisissez l'option Créer les raccourcis ici.

Si vous vous contentez de faire glisser en appuyant sur le bouton gauche de la souris, vous allez simplement déplacer l'élément.

5. **Procédez exactement de la même manière pour créer un raccourci vers un dossier, un disque, un autre ordinateur de votre bureau (ou même dans un groupe résidentiel). Vous passez par l'Explorateur de fichiers, vous cliquez droit sur le dossier ou disque, et vous faites glisser sur le bureau.**

   Une autre méthode consiste à cliquer droit de manière à ouvrir un menu contextuel, puis à choisir dans celui-ci l'option Créer un raccourci (suivie d'une confirmation) ou encore Envoyer vers, puis Bureau (créer un raccourci).

6. **Le cas des imprimantes et autres périphériques connectés à l'ordinateur repose sur le même principe, mais en un peu plus compliqué encore (enfin, tout est relatif). Cliquez sur le bouton Démarrer, puis sur Paramètres.**
7. **Dans la fenêtre Paramètres Windows, choisissez Périphériques.**
8. **Dans la colonne de gauche, cliquez sur Imprimantes et scanners puis sur le lien Périphériques et imprimantes de la section Paramètres associés.**

   Une boîte de dialogue héritée du Panneau de configuration affiche des icônes représentant les dispositifs matériels attachés à votre ordinateur.

9. **Faites glisser l'icône voulue sur le bureau, et le tour est joué.**

   Vous pouvez ainsi facilement voir l'état de la file d'attente d'une imprimante, ou encore les propriétés de tel ou tel dispositif.

Disposer les icônes sur le bureau

Si vous avez acheté un PC sur lequel Windows est déjà installé, votre bureau est probablement encombré de tant d'icônes que vous n'y voyez plus rien. L'espace sur le bureau est compté, et les fabricants sont bien rémunérés pour mettre des icônes sous vos yeux.

Vous savez quoi ? Vous pouvez toutes les supprimer, sans le moindre regret. Le pire que vous puissiez faire, c'est de supprimer un raccourci vers le programme de support technique du fabricant – mais si jamais vous avez besoin d'accéder à ce programme, le support technique saura vous expliquer comment le retrouver. En fait, la seule icône réellement utile, c'est celle de la corbeille.

Windows vous fournit plusieurs outils pour arranger les icônes sur votre bureau. Si vous cliquez du bouton droit sur un emplacement vide de celui-ci, vous constaterez que vous pouvez :

- **Trier.** Sélectionnez Trier par, puis une option pour trier les icônes par nom, taille ou type d'éléments (dossiers, documents et raccourcis, par exemple) ou par date de modification (voir la Figure 3.11).

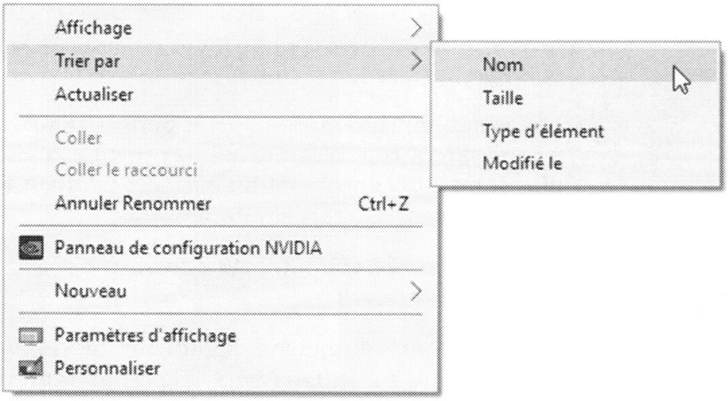

FIGURE 3.11 Trier toutes les icônes de votre bureau en deux clics.

- **Réorganiser.** Sélectionnez Affichage, puis Réorganiser automatiquement les icônes. Autrement dit, demandez à Windows de les ranger selon cet ordre : la première icône figurant dans l'angle supérieur gauche, la seconde directement sous la première, la troisième encore dessous, *etc.*
- **Aligner sur la grille.** Sélectionnez Affichage, puis Aligner les icônes sur la grille. Si vous ne voulez pas que les icônes soient arrangées automatiquement, du moins pouvez-vous choisir de les aligner sur une grille afin de pouvoir visualiser toutes les icônes sans qu'elles se superposent.
- **Dissimuler.** Vous pouvez même sélectionner Affichage, puis Afficher les éléments du Bureau pour décocher cette option. Vos icônes disparaissent alors – mais cela va à l'encontre de la raison d'être des icônes, n'est-ce pas ?
- **Supprimer.** En général, vous pouvez supprimer une icône du bureau en cliquant dessus du bouton droit, puis en sélectionnant Supprimer, ou en cliquant dessus une fois puis en pressant la

touche Suppr de votre clavier. Vous pouvez aussi les glisser-déposer dans la Corbeille.

L'apparence de certaines icônes est gravée dans le marbre. Par exemple, si vous déposez un document Word sur votre bureau, le document hérite de l'icône – l'image – associée à l'application correspondante, Word. Il en va de même pour les classeurs Excel, les documents texte et les fichiers audio enregistrés. Les icônes pour les images ressemblent à l'image, enfin plus ou moins, si vous plissez les yeux.

En revanche, vous pouvez changer comme vous le souhaitez les icônes des raccourcis. Suivez ces étapes :

1. **Cliquez du bouton droit sur un raccourci et, dans le menu contextuel qui s'affiche, sélectionnez Propriétés.**
2. **Dans la boîte de dialogue Propriétés, veillez à activer l'onglet Raccourci. Ensuite, cliquez sur le bouton Changer d'icône.**

   Ce bouton n'est pas disponible pour tous les raccourcis de tous les programmes.
3. **Sélectionnez une icône dans la liste qui vous est présentée, ou cliquez sur le bouton Parcourir pour rechercher d'autres icônes.**

   Windows regorge d'icônes. Reportez-vous au Tableau 3.2 pour savoir où en trouver.
4. **Cliquez sur les boutons OK des boîtes de dialogue qui se succèdent.**

   Windows modifie l'icône pour toujours (du moins, jusqu'à ce que vous la modifiez à nouveau).

TABLEAU 3.2 Des endroits où trouver des icônes.

Contenu	Fichier
Icônes de Windows 10, 7, 8.1, 8 et Vista	C:\Windows\system32\imageres.dll
Tout	C:\Windows\System32\shell32.dll
Ordinateurs	C:\Windows\explorer.exe
Maison	C:\Windows\System32\pifmgr.dll
Dossiers	C:\Windows\System32\syncui.dll
Vieux programmes	C:\Windows\System32\moricons.dll

Vous trouverez des tas et des tas d'icônes sur Internet. Utilisez votre moteur de recherche favori pour effectuer une recherche sur *icônes Windows gratuites.*

Trifouiller la barre des tâches

Les développeurs de Microsoft qui ont travaillé sur la barre des tâches avaient donné au projet un nom secret : Superbar. Si l'on peut toujours se demander dans quelle mesure ils ont été inspirés par macOS, force est de constater que la barre des tâches de Windows 10 est un excellent outil pour qui utilise le bureau. Et maintenant qu'il est possible d'épingler des applications Universelles Windows dans la barre des tâches, celle-ci devient un outil central de productivité pour la plupart d'entre nous.

La « super » barre des tâches de Windows apparaît dans la partie inférieure de l'écran, comme l'illustre la Figure 3.12.

FIGURE 3.12 Une barre qui jongle avec les tâches.

Si vous survolez une icône avec la souris et que cette icône est associée à un programme en cours d'exécution, vous verrez s'afficher des miniatures de toutes les copies de ce programme. Par exemple, sur la Figure 3.12, l'aperçu montre l'onglet ouvert dans Microsoft Edge.

Anatomie de la barre des tâches

Une barre des tâches comporte deux types d'icônes :

- **Les icônes qui ont été épinglées.** Par défaut, la barre des tâches comporte sept icônes : le bouton Démarrer, Cortana (pardon le champ Taper ici pour rechercher) et l'affichage des tâches, suivis de Edge, de l'Explorateur de fichiers et de Windows Store et Courrier (voir en bas de la Figure 3.12). Si vous installez une application, et que vous demandez à son programme d'installation d'ajouter une icône à la barre des tâches, cette icône apparaîtra à côté des autres. Vous pouvez aussi épingler des programmes de votre choix sur la barre des tâches.

Certains installateurs de programmes un peu (très) anciens vous proposent d'ajouter un lien dans la barre dite de lancement rapide. Cela remonte à Windows XP. Dorénavant, si vous acceptez d'ajouter un tel lien, l'icône du programme apparaîtra dans la barre des tâches.

» **Les icônes des programmes en cours d'exécution**. Chaque fois qu'un tel programme est démarré, une icône le représentant apparaît sur la barre des tâches. Si vous exécutez trois copies d'un même programme, une seule icône apparaîtra. Lorsqu'un programme s'arrête, son icône disparaît.

Ce qui est vrai pour les programmes de bureau vaut également pour les applications Universelles Windows.

Vous pouvez facilement voir quels sont les programmes (ou les applications) en cours d'exécution. En effet, Windows souligne leur icône d'un trait fin. Reportez-vous par exemple à l'icône de Microsoft Edge sur la Figure 3.12.

Lorsque plusieurs fenêtres d'un même programme sont ouvertes, l'icône de celui-ci se démultiplie sous la forme d'autant d'ombrages.

La liste des raccourcis

Si vous cliquez du bouton droit sur n'importe quelle icône de la barre des tâches (maintenez-la enfoncée sur un écran tactile), vous verrez s'afficher une liste de choix appelée la Liste des raccourcis, comme sur la Figure 3.13.

Le contenu de la liste des raccourcis varie selon le programme correspondant à l'icône, mais vous y trouverez toujours le nom du programme et une option Épingler à la barre des tâches (ou inversement, Détacher de la barre des tâches, si le programme a déjà été épinglé).

Bien que la liste des raccourcis existe depuis Windows 7, elle reste assez méconnue des utilisateurs. Certains programmes proposent des listes de raccourcis surchargées (comme c'est le cas pour Edge), tandis que d'autres en proposent qui sont minimalistes (c'est d'ailleurs le cas pour la plupart des applications qui ne proviennent pas de chez Microsoft).

Voici les fonctionnalités de base d'une liste des raccourcis :

» **Elle peut afficher l'historique des fichiers ouverts récemment**. Par exemple, celle de WordPad (représentée sur la Figure 3.14) reprend le contenu de la liste des documents récents ouverts dans le programme. Le document actuellement ouvert figure en première position.

» **Il est généralement facile d'épingler un élément dans la liste des raccourcis.** Lorsque vous épinglez un élément, il est conservé dans la liste des raccourcis, que cet élément soit ouvert ou non dans le programme. Pour cela, déplacez votre souris sur la droite de l'élément voulu et cliquez sur la punaise. Cela déplace l'élément dans une section distincte figurant en haut de la liste des raccourcis, et judicieusement intitulée Épinglé.

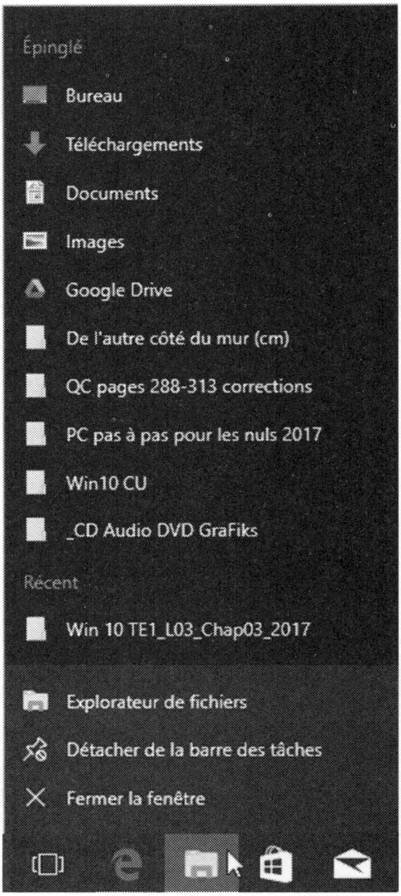

FIGURE 3.13 La liste des raccourcis de l'Explorateur de fichiers.

La liste des raccourcis comporte une fonctionnalité moins évidente. Elle vous permet d'ouvrir une seconde copie d'un programme. Disons que vous souhaitez copier une série d'albums de votre bibliothèque de musiques sur votre disque externe `F:`. Vous commencez par ouvrir l'Explorateur de fichiers et, dans le volet de gauche de celui-ci, vous cliquez sur votre dossier Musique. Cool.

Vous pourriez procéder par copier-coller : vous sélectionnez un album, vous appuyez sur Ctrl + C pour le copier, vous utilisez le volet de gauche de l'Explorateur de fichiers pour vous rendre sur `F:`, et enfin vous appuyez sur Ctrl + V pour le coller. Ouf ! Toutefois, si vous devez copier plusieurs albums, il sera bien plus facile et rapide d'ouvrir une autre copie de l'Explorateur de fichiers et de vous rendre sur `F:` dans cette seconde fenêtre. Vous pourrez alors glisser-déposer autant d'albums que vous le souhaitez du dossier Musique vers votre disque `F:`.

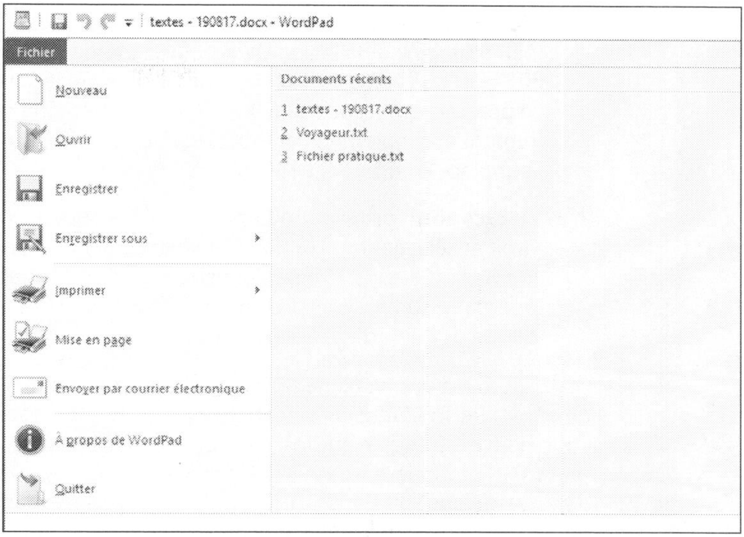

FIGURE 3.14 La liste des raccourcis de WordPad affiche les documents ouverts dernièrement.

Vous avez deux possibilités pour lancer une seconde copie d'un programme en cours d'exécution (dans cet exemple, l'Explorateur de fichiers) :

» Maintenez la touche Maj appuyée et cliquez sur l'icône.

» Cliquez du bouton droit sur l'icône (ou tapez dessus et maintenez appuyé) et sélectionnez le nom du programme.

Dans un cas comme dans l'autre, Windows démarre une copie toute neuve de votre programme (si celui-ci autorise ce genre de fantaisie, bien sûr).

Modifier la barre des tâches

La barre des tâches est l'une des parties de Windows qui se prête le plus à la personnalisation. Voici ce que vous pouvez faire :

» **Épingler un programme.** Cliquez du bouton droit sur le programme et sélectionnez Épingler à la barre des tâches. Oui, vous pouvez cliquer du bouton droit sur l'icône d'un programme en cours dans la barre des tâches pour l'y épingler.

Si vous effectuez cette opération sur l'icône d'un programme affiché dans les applications du menu Démarrer, vous devez pointer sur le menu Plus afin d'accéder à la commande Épingler à la Barre des tâches.

» **Déplacer l'icône d'un programme épinglé.** Faites-la glisser un peu plus loin sur la barre. Vous pouvez même déposer une icône qui n'est pas épinglée au milieu des icônes qui le sont. Lorsque le programme associé à l'icône s'arrête, cette icône disparaît purement et simplement, et toutes les icônes épinglées reprennent leur place comme si de rien n'était.

» **Détacher un programme épinglé.** Cliquez dessus du bouton droit et sélectionnez l'option Détacher de la barre des tâches. (Passez préalablement par le menu Plus si vous effectuez cette opération sur la vignette d'un programme ou d'une application du menu Démarrer.)

Malheureusement, vous ne pouvez pas transformer des documents ou des dossiers individuels en icônes sur la barre des tâches. Toutefois, vous pouvez épingler un dossier dans la liste des raccourcis de l'Explorateur de fichiers, et vous pouvez épingler un document dans cette liste, quelle que soit l'application qui lui est associée. Par exemple, vous pouvez épingler dans la liste une musique associée au Lecteur Windows Media (non, contrairement à certaines rumeurs désobligeantes, il n'a pas disparu de Windows 10, il est juste bien caché dans les applications).

Voici comment épingler un dossier ou un document à un programme de la barre des tâches :

1. **Rendez-vous jusqu'au dossier ou au document que vous souhaitez épingler.**

   Vous pouvez utiliser l'Explorateur de fichiers, ou alors créer un raccourci vers le fichier ou le dossier.

2. **Cliquez sur l'icône du dossier ou du document (ou de son raccourci) et faites-la glisser sur l'icône du programme affichée sur la barre des tâches.**

   Windows vous indique où il va épingler le dossier, le document ou le raccourci, comme sur la Figure 3.15. Sur cette figure, vous constatez que je veux épingler rapidement une image sur l'application WordPad. Lorsque vous procédez de la sorte pour épingler un dossier à l'Explorateur de fichiers, il suffit de glisser et déposer ledit dossier sur la barre des tâches.

3. **Relâchez le bouton de la souris.**

C'est tout.

FIGURE 3.15 Faites glisser un fichier ou un dossier pour l'épingler sur une icône de la barre des tâches.

Il y a un effet de bord peu connu : si vous épinglez un fichier sur un programme dans la barre des tâches, le programme lui-même se retrouve aussi épinglé s'il ne l'était pas déjà.

Travailler avec la barre des tâches

J'ai découvert quelques astuces avec la barre des tâches que vous jugerez peut-être intéressantes :

- Parfois, vous souhaitez fermer tous (ou presque tous) les programmes en cours d'exécution sans que Windows le fasse à votre place. Il est facile de savoir quels programmes sont en cours d'exécution en regardant les icônes qui sont soulignées. Pour fermer toutes les copies d'un programme donné, cliquez du bouton droit sur son icône et sélectionnez Fermer la fenêtre ou Fermer toutes les fenêtres.
- Parfois, si un programme est gelé et refuse de se fermer, vous pouvez plus facilement le forcer à se fermer *via* la barre des tâches.
- La terminologie n'est pas très rigoureuse ici. Normalement, vous devriez pouvoir choisir entre « Quitter le programme » ou « Quitter l'application », « Choisir Fichier->Quitter » ou « Cliquer sur X ». Lorsque vous travaillez avec la barre des tâches, vous dites « Fermer la fenêtre » ou « Fermer toutes les fenêtres ». Cela revient au même.
- Cela ne fonctionne pas avec tous les programmes, mais dans certains cas (dont Word), si vous maintenez la touche Ctrl appuyée et que vous cliquez sur l'icône dans la barre des tâches, le programme va ouvrir le document le plus récemment consulté, ou encore basculer entre les différentes fenêtres ouvertes (cette astuce fonctionne par exemple avec Edge ou l'Explorateur de fichiers).

Si vous placez le pointeur de la souris ou bien cliquez sur la petite barre qui se trouve tout à fait à droite de la barre des tâches, à la suite de l'horloge, toutes les fenêtres affichées sur le bureau sont minimisées. En d'autres termes, vous affichez le bureau. Recommencez, et vos fenêtres réapparaissent. Vous pouvez aussi cliquer droit sur une partie vide de la barre des tâches, et choisir dans le menu qui apparaît l'option Afficher le bureau (vous disposez d'autres modes d'affichage, par exemple pour disposer les fenêtres en cascade, ou encore les empiler les unes au-dessus des autres).

Chapitre 4

Définir et gérer des bureaux virtuels

DANS CE CHAPITRE :

- » **Qu'est-ce qu'un bureau virtuel ?**
- » **Comment construire vos bureaux virtuels ?**
- » **Passer d'un bureau à un autre avec l'Affichage des tâches**
- » **Gérer les bureaux**

Windows 10 n'a pas qu'un seul bureau (remarquez, moi non plus). Il est capable de gérer plusieurs bureaux virtuels, ou bureaux multiples. Vous pouvez par exemple avoir un bureau pour votre travail, un autre pour vos jeux préférés, un troisième pour tout ce qui concerne vos loisirs ou vos hobbies, et même un quatrième pour faire croire que vous travaillez... Vous pouvez exécuter des programmes différents sur chaque bureau, le même programme sur plusieurs bureaux, et organiser le tout à votre convenance. Windows 10 va se charger de tout ce petit monde, en évitant que les applications se marchent mutuellement sur les pieds.

Sur la Figure 4.1, vous pouvez voir trois bureaux virtuels tels qu'ils apparaissent quand vous cliquez sur le bouton Affichage des tâches.

La plupart des gens ont oublié que Windows XP disposait d'une fonction comparable qui pouvait être activée en installant une application, pardon un programme, qui faisait partie de la suite XP PowerToys (il s'agissait d'outils qui avaient été développés par des employés de Microsoft et qui étaient distribués par celui-ci, mais sans aucun support officiel).

Les bureaux virtuels, cela existait en fait aussi sous Windows 7 par le biais d'un programme appelé Sysinternals Desktop, provenant également de Microsoft qui avait racheté ce produit en 2006. Comme dans le cas de XP, ce programme vous permettait de créer jusqu'à quatre bu-

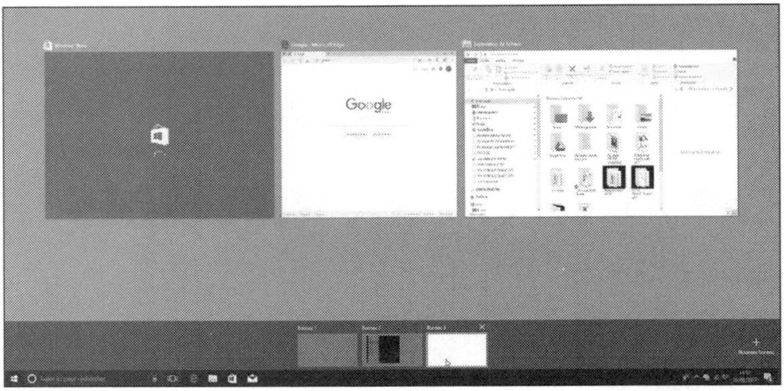

FIGURE 4.1 Ces trois bureaux fonctionnent de manière indépendante.

reaux virtuels auxquels vous pouviez accéder en cliquant sur une icône dans la barre des tâches, ou via une combinaison de touches.

En fait, il existe toute une petite industrie dans le secteur des bureaux virtuels, dont l'arrivée de Windows 10 pourrait bien sonner le glas.

La grande nouveauté, c'est que les bureaux multiples/virtuels, sont maintenant totalement intégrés dans Windows 10 lui-même. Vous n'avez plus besoin d'installer un programme supplémentaire, ou de lancer un truc plus ou moins étrange en arrière-plan. Windows se charge de tout.

Créer des bureaux multiples

Ces quelques notions étant posées, essayez de fabriquer quelques bureaux virtuels. Pour cela :

1. **Ouvrez Windows.**
2. **Démarrez quelques programmes.**

   Lesquels ? Ceux que vous voulez. Trois ou quatre devraient suffire pour cet exercice.
3. **Tapez ou cliquez sur l'icône Affichage des tâches.**

   Cette icône ressemble plus ou moins à une table entourée de deux chaises (vues de haut), juste à droite de Cortana.

   Windows va assombrir le bureau principal et afficher des vignettes d'aperçu de vos programmes, ainsi qu'un bouton « + » en bas et à droite de l'écran (voir la Figure 4.2).

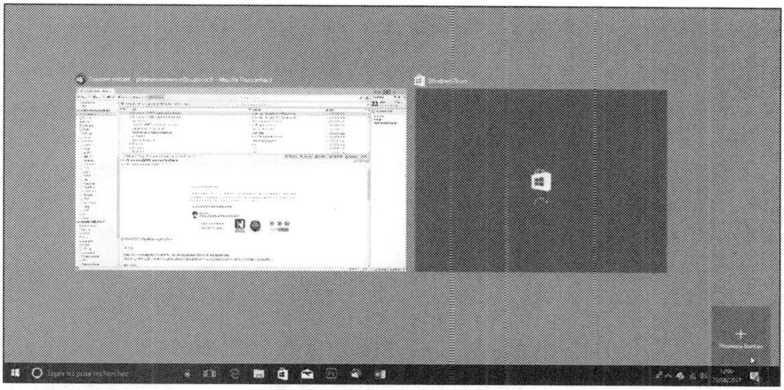

FIGURE 4.2 L'Affichage des tâches affiche une vue en réduction des programmes actifs, ainsi qu'un bouton qui permet de créer de nouveaux bureaux.

4. **Tapez ou cliquez sur le bouton « + Nouveau bureau » afin de créer un bureau supplémentaire.**

   Windows crée en bas de l'écran une vignette représentant le nouveau bureau, et il associe tous les programmes ouverts au Bureau 1, comme l'illustre la Figure 4.3.

FIGURE 4.3 Le premier bureau reçoit tous les programmes actifs lorsque vous en créez un second.

5. **Cliquez sur la vignette intitulée Bureau 2.**

   Vous ne voyez qu'un nouveau bureau grisé et totalement vide.

6. **Ouvrez quelques nouveaux programmes.**

   Il peut s'agir des mêmes programmes que sur le Bureau 1, ou d'applications totalement différentes. Chaque bureau fonctionne indépendamment des autres.

   Bon, d'accord, c'est un peu de la théorie. Disons que *certains* programmes acceptent d'être disséminés sur plusieurs bureaux, et d'autres non.

7. **Cliquez à nouveau sur l'icône Affichage des tâches.**

   Windows vous montre maintenant le contenu du Bureau 2. Le bas de l'écran affiche toujours les vignettes de nos deux bureaux, soit Bureau 1 et Bureau 2 (voir la Figure 4.4).

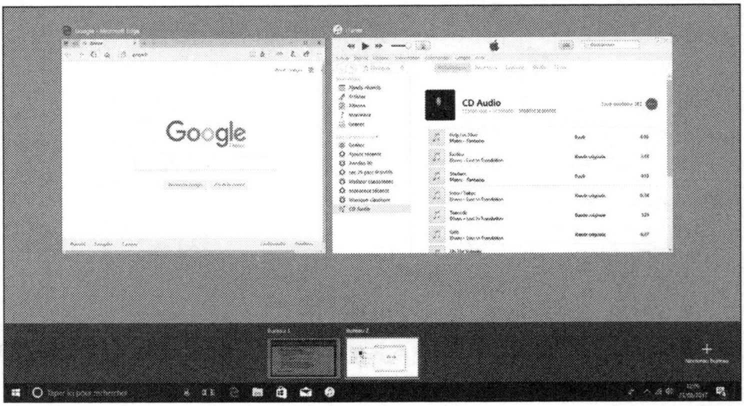

FIGURE 4.4 La vue du Bureau 2.

En mode Tablette, vous ne voyez plus qu'un seul bureau.

8. **Tapez ou cliquez sur la vignette Bureau 1.**

Le premier bureau réapparaît, avec tous ses programmes parfaitement fonctionnels.

Dans le même temps, les programmes placés sur le second bureau stoppent leurs activités. Vous écoutiez de la musique ? Le son est coupé. Vous regardiez une vidéo ? L'image se fige. Notre Bureau 2 vient d'entrer en état d'hibernation.

9. **Cliquez à nouveau sur l'icône Affichage des tâches, puis sur le bouton « + » pour ajouter un bureau supplémentaire. Puis un autre.**

Vous pouvez également utiliser la combinaison de touches Win + Ctrl + D pour créer un nouveau bureau. Dans ce cas, vous n'êtes pas obligé de cliquer préalablement sur l'icône Affichage des tâches.

En théorie, il n'y a pas de limites au nombre de bureaux pouvant être définis simultanément. En pratique, vous ne saurez jamais si c'est vrai.

10. **Pour supprimer un bureau, ouvrez l'Affichage des tâches, survolez avec le pointeur de la souris la vignette du bureau qui est condamné (ou maintenez le doigt appuyé sur cette vignette). Cliquez ou touchez ensuite le bouton de fermeture (X) qui apparaît dans l'angle supérieur droit de la vignette du bureau concerné.**

Lorsque vous supprimez un bureau, toutes les applications qui y étaient actives sont automatiquement transférées sur le bureau de rang immédiatement inférieur.

Interagir entre les bureaux

Si les bureaux ont leur indépendance, ils sont aussi capables de dialoguer entre eux. Tentez l'expérience suivante :

1. **Sur la barre des tâches, cliquez sur l'icône Affichage des tâches.**

   En supposant que trois bureaux sont actifs, l'Affichage des tâches devrait donner une vue comparable à celle de la Figure 4.5.

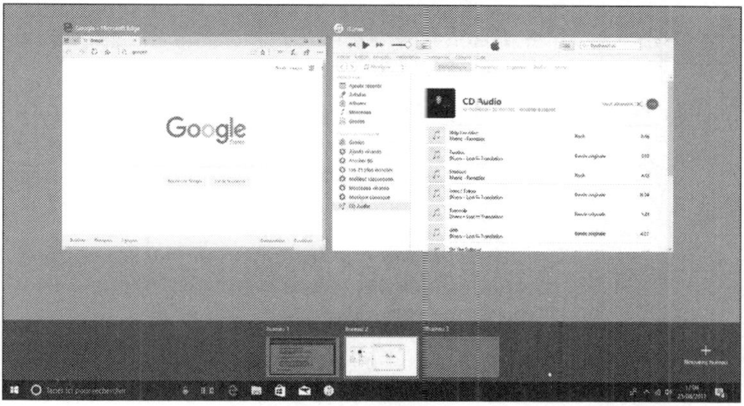

FIGURE 4.5 L'Affichage des tâches avec trois bureaux, le troisième étant sélectionné.

2. **En bas de l'écran, cliquez sur Bureau 1. Appuyez ensuite sur la combinaison Alt + Tab.**

   Le comportement de cette combinaison peut être modifié dans les paramètres. J'y reviendrai dans la prochaine section.

   Vous retrouvez la bonne vieille bascule entre les tâches, qui existe d'ailleurs depuis Windows 95. Alt + Tab vous montre tous les programmes actifs dans une seule vue. Sur la Figure 4.6, par exemple, j'obtiens deux vignettes, chacune correspondant à une application qui s'exécute sur le Bureau 2.

3. **Revenez à l'Affichage des tâches, et appuyez maintenant sur la combinaison touche Windows + Tab.**

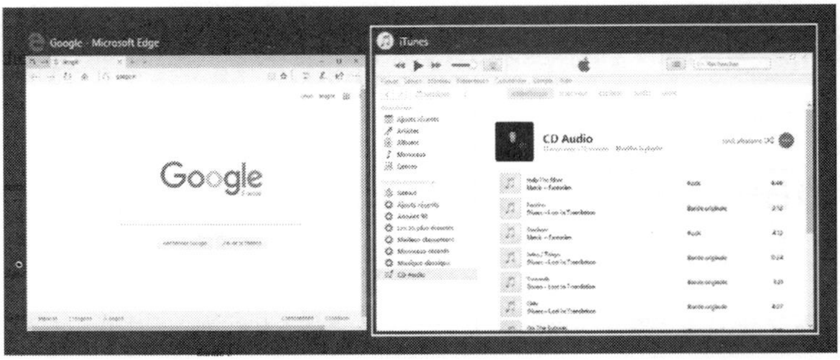

FIGURE 4.6 Alt + Tab permet de circuler entre les programmes qui s'exécutent sur un seul bureau.

Le bureau courant s'affiche. Appuyez à nouveau sur la combinaison de touches Windows + Tab, et vous retrouvez l'Affichage des tâches. Ce raccourci fonctionne donc exactement comme l'icône Affichage des tâches.

4. **Pour passer d'un bureau à un autre, servez-vous des combinaisons Ctrl + Windows + flèche gauche, ou Ctrl + Windows + flèche droite.**

   Ce raccourci est à connaître, mais il n'est pas très commode, puisqu'il ne vous permet pas de voir à l'avance quelles sont les applications actives sur chaque bureau, pas plus qu'il ne vous aide à vous souvenir du nombre actuel de bureaux.

5. **Pour supprimer un bureau et déplacer ses applications vers son voisin de gauche, vous pouvez appuyer sur la combinaison Ctrl + Windows + F4.**

   Bien entendu, vous pouvez aussi le faire en rappelant l'Affichage des tâches, comme nous l'avons vu plus haut.

6. **Pour déplacer un programme actif d'un bureau vers un autre, revenez à la vue Affichage des tâches. Cliquez droit sur la vignette du programme qui doit bouger (ou maintenez le doigt appuyé sur sa vignette). Dans le menu qui s'affiche, choisissez l'option Déplacer vers, puis le nom du bureau de destination.**

   La Figure 4.7 illustre cette action.

   Une autre méthode consiste à faire glisser la vignette du programme vers celle du bureau de destination.

7. **Pour refermer rapidement un bureau, activez l'Affichage des tâches, placez le pointeur de la souris au-dessus de la vignette du bureau qui doit disparaître, puis cliquez sur la croix qui apparaît (voir la Figure 4.8).**

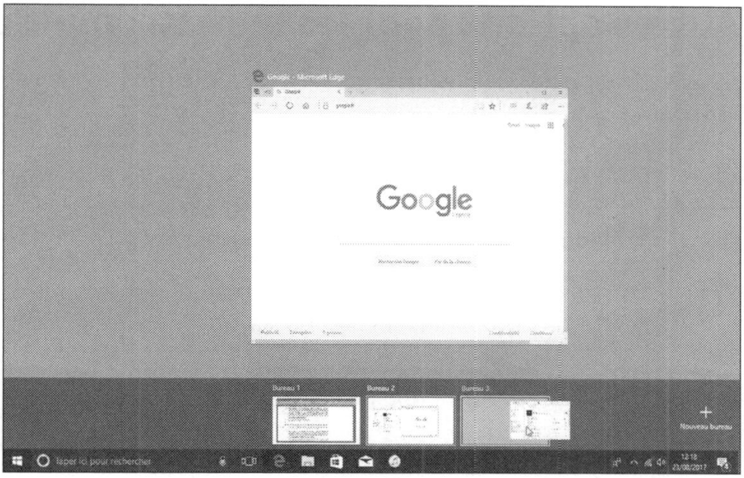

FIGURE 4.7 Déplacer un programme (ou une application) d'un bureau à un autre.

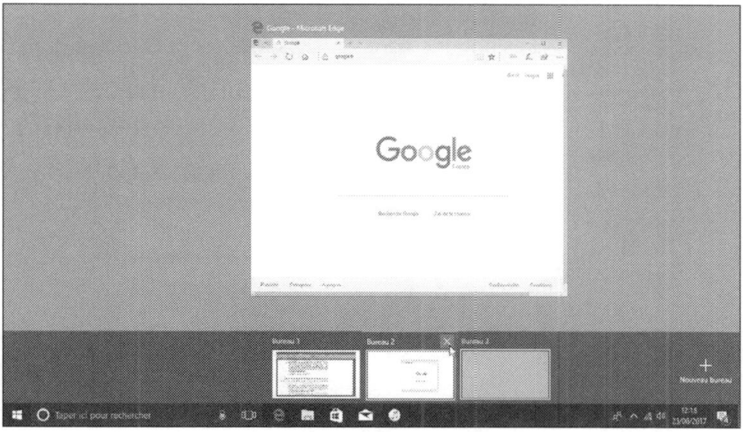

FIGURE 4.8 Pour supprimer un bureau sans refermer les applications associées, cliquez sur la croix qui apparaît au-dessus de sa vignette.

Tous les programmes qui étaient associés à ce bureau sont déplacés vers le précédent (ou vers le bureau principal, s'il n'en reste qu'un).

Si vous placez le pointeur de souris au-dessus de la vignette d'un programme en mode Affichage des tâches, vous constatez qu'une croix apparaît également. C'est un moyen de refermer le programme sans quitter le bureau.

Autres options pour les bureaux multiples

L'application Paramètres de Windows 10 vous permet de modifier (légèrement) le comportement des bureaux multiples.

Notez tout d'abord que Windows vous indique quels sont les programmes actifs dans le bureau courant en plaçant un petit trait coloré sur leur icône dans la barre des tâches.

Vous pouvez modifier cela pour que Windows souligne les icônes de tous les programmes ouverts sur tous les bureaux. Pour cela :

1. **Cliquez ou tapez sur le menu Démarrer, puis choisissez l'icône Paramètres (engrenage).**

   La fenêtre Paramètres apparaît.

2. **Cliquez sur le bouton Système (ou touchez-le), puis sur Multitâche.**

   Les options dont vous disposez sont illustrées sur la Figure 4.9.

3. **Dans la première liste déroulante de la section Bureaux virtuels, choisissez l'option Tous les bureaux (Figure 4.10).**

   Immédiatement, toutes les icônes des applications actives sont soulignées dans la barre des tâches.

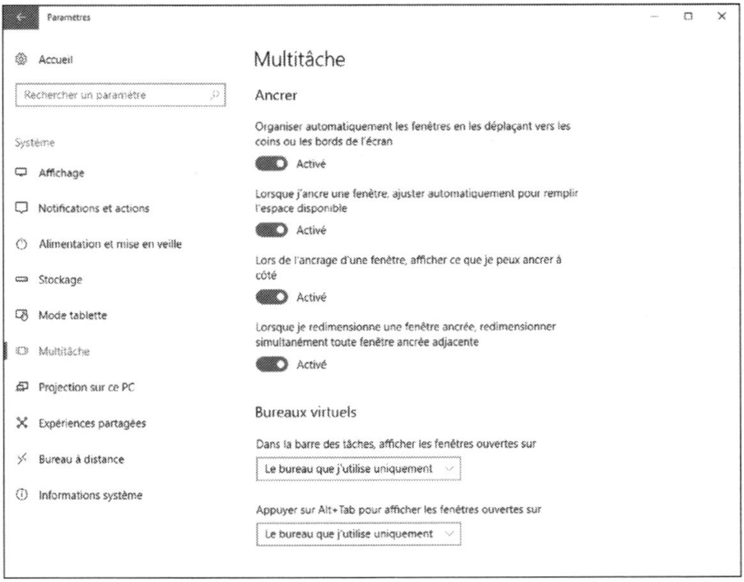

FIGURE 4.9 Choisir les options pour les bureaux virtuels/multiples.

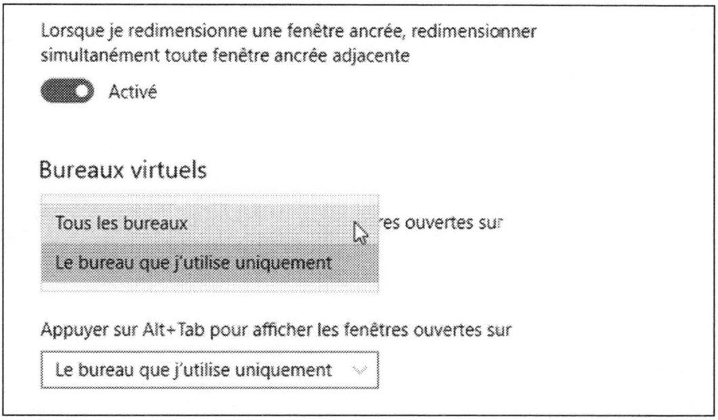

FIGURE 4.10 Pour que les traits de soulignement indiquent tous les programmes ouverts, quel que soit le bureau affiché.

De la même manière, il est possible de demander à ce que la combinaison Alt + Tab aide à circuler uniquement entre les applications actives sur le bureau courant, ou toutes les applications ouvertes sur tous les bureaux.

Chapitre 5

Hey, Cortana !

DANS CE CHAPITRE :

- **Cortana, c'est toute une histoire**
- **Avec Cortana, vous êtes le produit !**
- **Apprendre à Cortana à vous appeler « Patron »**
- **Comment effacer (en partie seulement) la mémoire de Cortana**

« Hey, Cortana ! »

« Bonjour, Patron »

« Apporte-moi un une bière fraîche. »

« Tout de suite. Je débite votre carte Visa de trois euros et trente-cinq centimes ? »

D'accord, Cortana n'en est pas encore là. Et votre bière fraîche vous risquez de l'attendre un moment. C'est juste un rêve (ou un cauchemar) que j'ai fait la nuit dernière. Dans le monde réel, vous risquez fort d'être renvoyé au navigateur Edge et au moteur de recherche Bing, Cortana étant présentement incapable de comprendre votre demande.

Cortana est efficace. Mais elle n'est pas parfaite. (Oui Cortana est une femme.)

C'est le pendant version Microsoft de Siri chez Apple, ou du « OK Google » de... Google. Cependant, elle possède quelques raffinements supplémentaires puisqu'elle intervient dans toutes les recherches que vous faites dans Windows 10. Ce qui présente des avantages et des inconvénients, comme nous le verrons dans ce chapitre.

Au final, Cortana (son frère jumeau s'appelle Bing) est sympathique, serviable et polie. C'est déjà cela.

Cortana, pour la petite histoire

Savez-vous d'où lui vient ce nom, *Cortana* ?

Cortana est un concentré d'intelligence artificielle qui fut un élément important du jeu Halo. Elle vit (ou ce que font les systèmes bourrés d'intelligence artificielle) cinq siècles dans le futur. Dans la série Halo, elle se fond en quelque sorte dans un personnage appelé Master Chief Petty Officer John-117, et, dans cette position, elle tente d'empêcher les installations Halo de se répandre dans toute la galaxie. Les installations Halo, évidemment, détruisent toute forme de vie.

En fait, c'est Cortana qui choisit John-117, pas l'inverse. Elle est censée résider de manière temporaire sur un vaisseau spatial, mais ses plans changent et elle est contrainte d'y rester de manière permanente, apparemment à cause de l'esprit tortueux d'un certain colonel Ackerson.

SI VOUS NE PAYEZ PAS, C'EST PARCE QUE VOUS ÊTES LE PRODUIT

Cortana, en tant que vaisseau amiral de Windows 10, a beaucoup d'atouts pour plaire. Elle est intelligente (artificiellement, s'entend), et elle le devient de plus en plus au fil du temps. Elle est totalement intégrée à Windows, et elle peut vous rendre service dans des tas de domaines.

Mais Cortana, désolé de le dire, a un coût, si ce n'est un prix. Ce prix, c'est votre vie privée.

Pour utiliser efficacement Cortana, vous devez vous connecter à Windows avec un compte Microsoft. Et une fois Cortana mariée à ce compte, une très grande partie de tout ce que vous pouvez faire avec votre machine atterrit dans les bases de données de Microsoft.

Pour certaines personnes, cela n'a aucune importance au regard des services apportés. En fait, et dans un sens très réel, Cortana *ne peut pas faire son travail* si elle ne peut pas regarder dans vos courriers, consulter votre agenda, et garder une trace de ce que vous voyez, écoutez et recherchez. C'est une route à double sens.

Dans ce chapitre, je vous expliquerai comment limiter l'intrusion de Cortana dans votre existence.

Au bout du compte, la décision vous appartient. Mais vous devez bien réfléchir aux conséquences possibles lorsque vous invitez Cortana dans votre machine.

Et, me direz-vous, ce n'est pas pire que ce que font les concurrents de Microsoft, qu'il s'agisse d'Apple, de Google, de Facebook et d'autres…

Comme il n'est pas très recommandé de fâcher Cortana, elle s'infiltre dans le système d'Ackerson, et le fait chanter.

Si cette histoire ressemble peu ou prou à votre existence quotidienne, vous êtes vraiment prêt à parler à Cortana.

Vous avez dit « Hey, Cortana ? »

La première fois que vous faites appel à Cortana, généralement en cliquant dans le champ Taper ici pour rechercher, à droite du bouton Démarrer, elle vous pose une série de questions faciles. Voyons comment cela se passe.

Configurer Cortana

Suivez ces étapes :

1. **Si vous n'avez jamais utilisé Cortana auparavant, n'espérez pas qu'elle réponde à votre « Hey, Cortana ! », ou à tout autre type de phrase ou d'injonction. Vous cliquez dans le champ Taper ici pour rechercher, et c'est là que l'aventure commence.**

   Cortana vous répond par la première étape de sa configuration (voir la Figure 5.1).

   Nous partons ici de l'hypothèse qu'un micro, un micro-casque, ou une webcam est connecté à votre ordinateur. En d'autres termes, vous pouvez parler à Cortana sinon, croyez bien qu'elle n'entendra absolument pas cette voix qui a fait tant de ravage auprès de la gent féminine ou masculine, et peut-être même des deux.

2. **Tapez une question au clavier, ou bien cliquez sur l'icône du micro à droite du champ Taper ici pour rechercher.**

   Très intrigué par la vie intime de Cortana, je lui ai demandé : « Que fais-tu ? ». La réponse obtenue est illustrée sur la Figure 5.2.

Cortana ne m'entend pas !

Il peut arriver que votre micro ne soit pas reconnu, ou que Cortana ne vous entende pas du fait d'un mauvais réglage. Peut-être même avez-vous oublié de brancher le micro ou la webcam ? Par exemple, vous cli-

FIGURE 5.1
Ouvrez la porte à Cortana pour qu'elle rentre dans votre intimité.

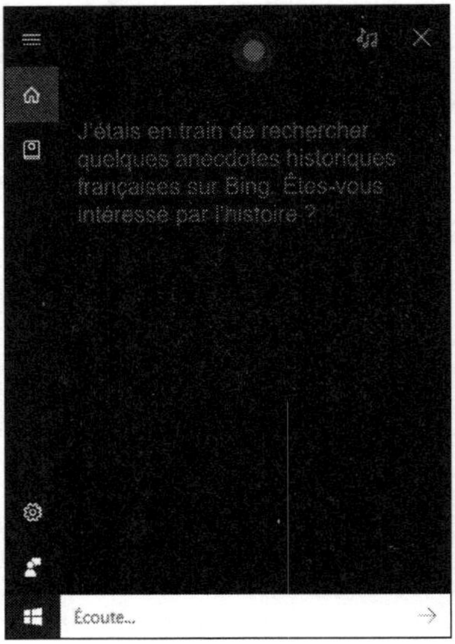

FIGURE 5.2
Une réponse parmi tant d'autres donnée par Cortana.

quez ou touchez l'icône du micro du champ Taper ici pour rechercher, et Cortana vous dit : « Désolé, mais je n'ai rien entendu ».

Il en sera de même si vous balbutiez n'importe quoi ou que vous claquez dans vos doigts.

Voici comment résoudre ce problème :

1. **Cliquez sur le lien Tapotez ici pour vous assurer que Cortana vous entende lorsque Cortana indique qu'elle n'a rien entendu.**

   Cette action lance un assistant de résolution du problème.

2. **Dans mon exemple, Cortana détecte que le micro n'est pas branché, et vous invite donc à le connecter à votre PC, comme le montre la Figure 5.3.**

   Ce micro peut être tout simplement votre webcam !

3. **Branchez la webcam (ou le micro, voire le micro-casque). Si plusieurs sources audio sont détectées, activez celle que vous utilisez, comme la webcam sur la Figure 5.4, et cliquez sur Suivant.**

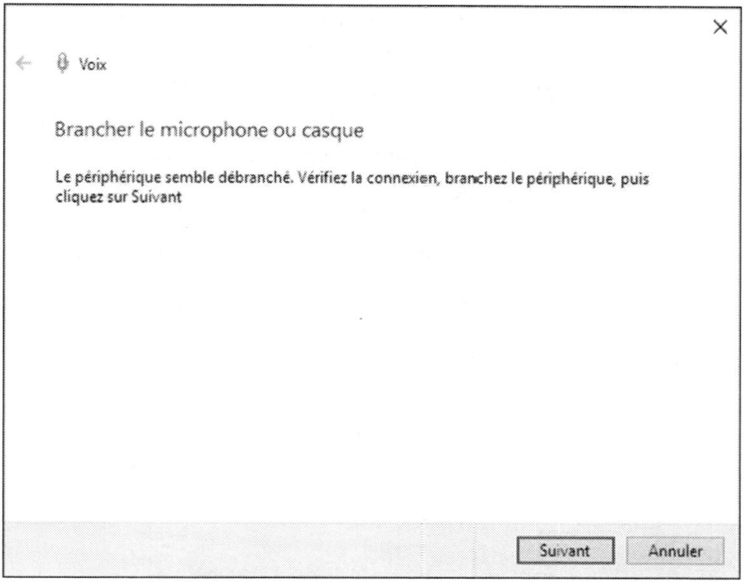

FIGURE 5.3 Branchez le micro ou la webcam et ça fonctionnera mieux.

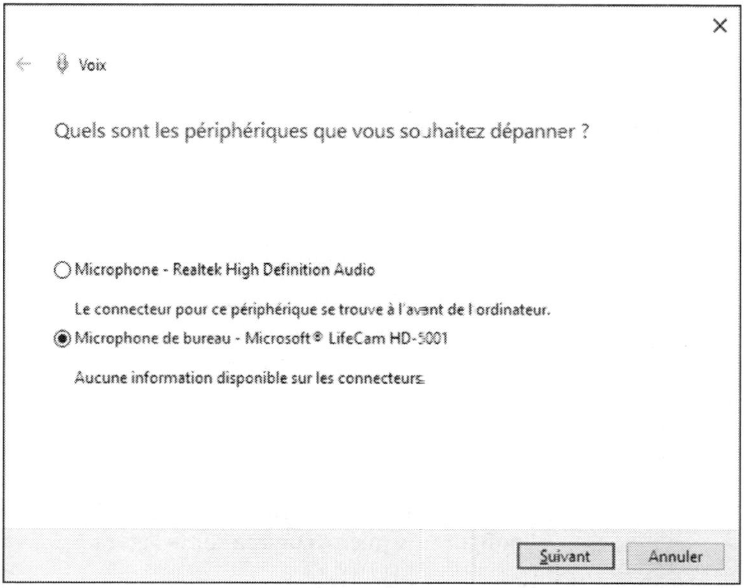

FIGURE 5.4 Indiquez la source audio utilisée pour communiquer avec Cortana.

4. **Si Windows vous propose de configurer le micro pour Cortana, cliquez sur Suivant, et conformez-vous aux instructions.**

   Dans la majorité des cas, une fois la source audio connectée, Windows configure correctement l'audio, et la communication peut immédiatement commencer.

   Toutefois, si Cortana rencontre toujours des difficultés :

5. **Cliquez dans le champ Taper ici pour rechercher.**

6. **Dans la partie gauche de la petite interface de Cortana, cliquez sur l'icône Paramètres (engrenage). Cliquez sur le lien Vérifier le micro.**

   Cette action ouvre les Paramètres Windows et leur nouvelle catégorie Cortana dont l'existence procède de la mise à jour Fall Creator Update de cet automne, comme le montre la Figure 5.5.

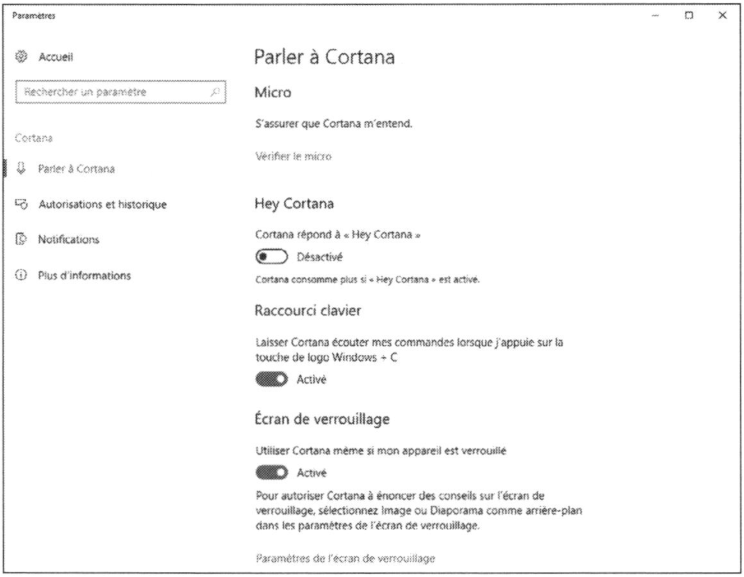

FIGURE 5.5 Si Cortana reste sourde à vos requêtes !

7. **Dans l'assistant de configuration qui s'affiche, cliquez sur Configurer le micro, comme sur la Figure 5.6.**

8. **Dans la nouvelle étape, cliquez sur Cortana ne peut pas m'entendre.**

   La procédure reprend les étapes ci-après.

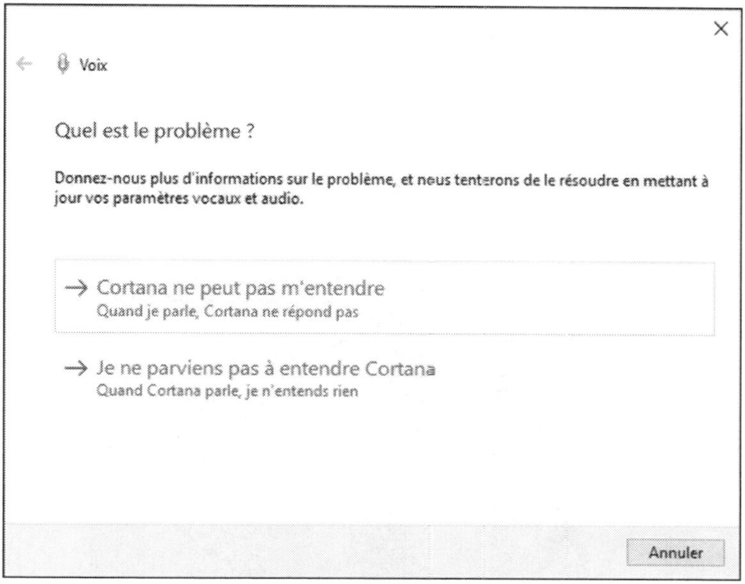

FIGURE 5.6 Pour configurer le micro.

9. **Dès que l'assistant vous le demande, répétez la phrase indiquée.**

10. **Windows va analyser votre voix. Si tout s'est bien passé, vous pouvez cliquer sur Terminer.**

Si Windows n'arrive pas à vous comprendre, voyez les éventuels réglages de niveau de votre micro, ou envisagez d'en acheter un de bonne qualité.

Découvrir Cortana

Cortana est comme un oisillon. Elle adore picorer de nouvelles choses afin de s'améliorer au fil du temps, pour vous proposer des informations susceptibles de vous intéresser, de collecter des renseignements pour vous aider dans vos déplacements, vous alerter lorsque vous avez un rendez-vous, et ainsi de suite.

Pour autant, votre assistante est là tout de suite pour vous rendre service (à Microsoft aussi et surtout, bien sûr). Si vous ouvrez la barre de recherche qui indique Demandez-moi quelque chose (soit en cliquant ou tapant dedans, soit en prononçant les mots fatidiques « Hey, Cortana ! » si elle vous écoute – vous devrez peut-être d'abord cliquer sur l'icône de micro), vous constatez la présence de quatre réglages sous la barre frappée de trois traits.

- **Accueil :** C'est par là que vous commencez pour poser vos questions. Vous noterez la présence de trois icônes dans la section Rechercher en bas de l'interface de Cortana. Ce système d'aide permet de chercher des applications, des documents, et sur le Web, comme le montre la Figure 5.7.

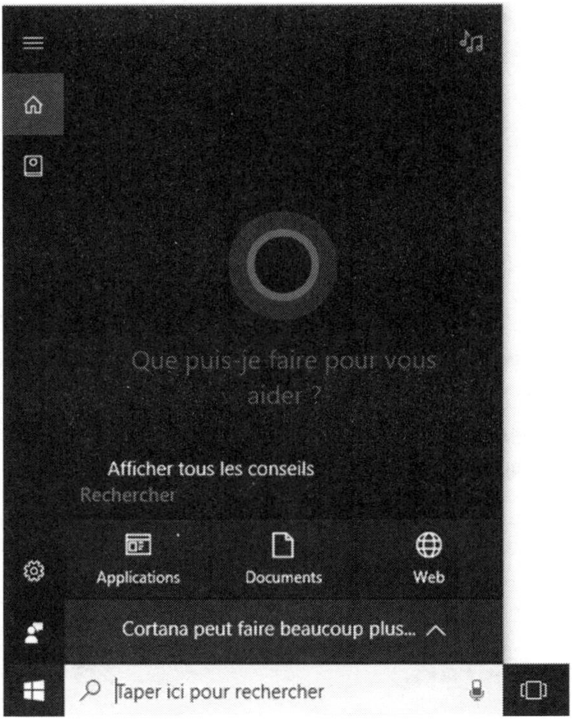

FIGURE 5.7 Bien des types de recherches sont possibles avec Cortana.

- **Carnet de notes :** Vous trouvez ici différentes rubriques correspondant aux centres d'intérêt. C'est également dans cette liste que vous pouvez accéder aux paramètres de Cortana ainsi qu'à quelques données personnelles (voir la Figure 5.8).

  Par exemple, l'entrée À mon sujet, en haut du carnet de notes, vous permet de modifier votre nom, ou encore la manière dont Cortana le prononce. Il me permet également de définir des lieux favoris, y compris l'adresse de mon domicile et de mon lieu de travail.

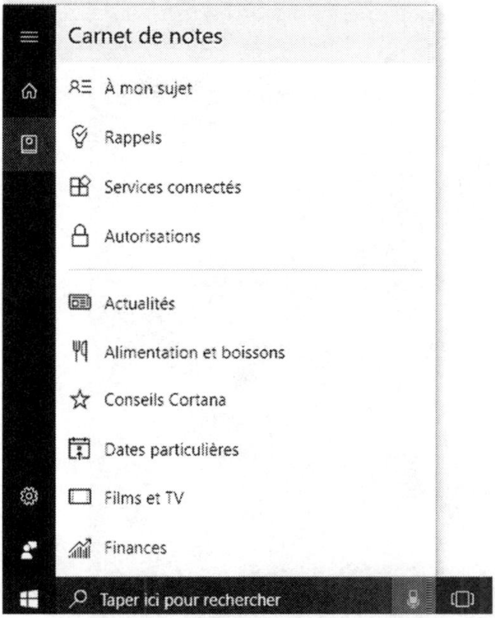

FIGURE 5.8 Le carnet de notes de Cortana et ses options.

Les lieux favoris sont liés à l'application Universelle Windows Cartes. Par exemple, j'ai défini mon lieu de travail à Paris. J'ai ensuite ouvert l'application Cartes et demandé à calculer l'itinéraire de la place du palais des Papes à Avignon jusqu'à mon bureau. Bien.

En suivant les différentes sections, vous pouvez demander à Cortana de vous suggérer des restaurants, des films, bien sûr la météo et les actualités, de fournir des informations d'itinéraire et de trafic pour vos déplacements, et ainsi de suite.

Vous noterez également que c'est ici que vous accédez aux paramètres de Cortana. Nous y reviendrons à la fin de ce chapitre.

» Avec Rappels, vous pouvez demander à Cortana d'enregistrer un rendez-vous (ou simplement un réveil matinal). Dictez ou tapez sur le signe « + » en bas de la fenêtre pour définir l'intitulé, la date ou encore le lieu (voir la Figure 5.9).

» **Paramètres :** Contient l'ensemble des réglages de Cortana, comme expliqué dans la prochaine section.

» **Commentaires :** C'est juste pour dire que vous aimez Cortana, ou que vous avez certaines suggestions à faire.

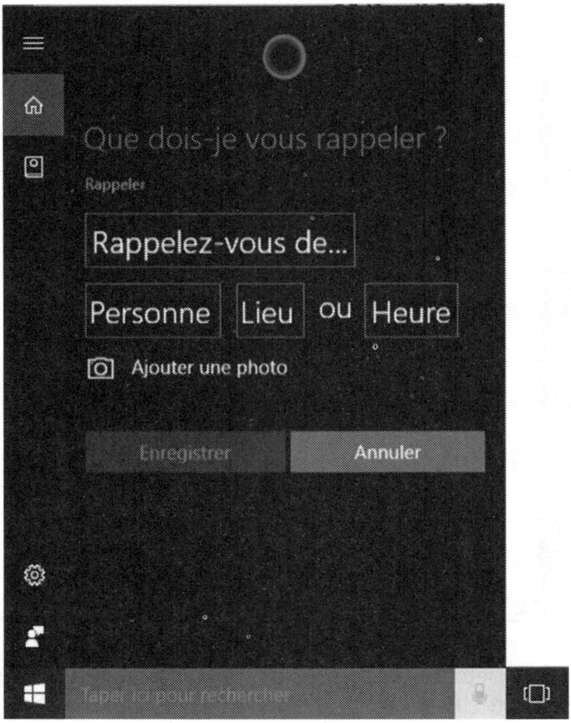

FIGURE 5.9 Cortana peut vous rappeler vos rendez-vous.

Utiliser les réglages de Cortana

La partie la plus importante de Cortana se révèle lorsque vous cliquez dans le champ Taper ici pour rechercher, puis sur l'icône Paramètres (engrenage) ; vous allez voir s'afficher toute une liste de réglages dans la fenêtre des paramètres Windows.

Eh oui ! Depuis la mise à jour Fall Creator Update de cet automne, la fenêtre Paramètres Windows contient une rubrique Cortana. Donc, pour régler cet assistant vocal, soit vous passez par le bouton Paramètres de Cortana, soit par celui du menu Démarrer. Dans ce cas, vous cliquerez sur la rubrique Cortana.

Cortana propose quatre rubriques de paramétrage dans la colonne de gauche : Parler à Cortana, Autorisations et Historique, Notifications, et Plus d'informations.

Voici une rapide présentation de leur contenu :

» **Parler à Cortana :** Contient l'ensemble des réglages permettant d'activer et de configurer la relation vocale que vous entretiendrez avec Cortana. C'est ici que vous activerez Hey Cortana de manière à pouvoir la solliciter en disant ces deux mots magiques à votre webcam ou à votre micro. Vous pouvez également obtenir le même résultat en exécutant le raccourci Windows + C dès lors que vous avez activé cette fonction. Les autres réglages parlent d'eux-mêmes.

» **Autorisation et Historique :** Ces réglages sont sont illustrés à la Figure 5.10. Chaque lien donne accès à des autorisations que vous activez ou non. Vérifiez chaque réglage et voyez si vous acceptez telle ou telle violation de votre vie privée. Mais le plus important ici, c'est de cliquer en haut de la fenêtre sur le lien qui indique Modifier ce que Cortana sait de moi dans le cloud. La section Historique permet de gérer la pérennité ou non des informations détenues par Cortana à votre sujet.

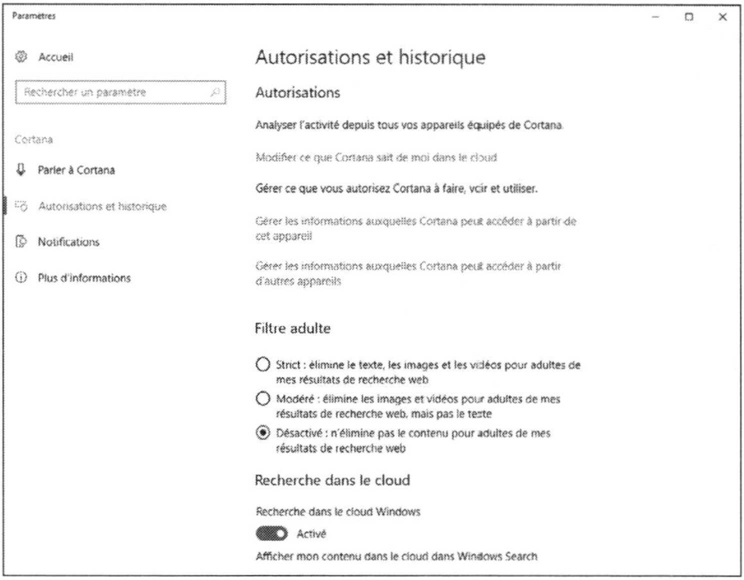

FIGURE 5.10 La gestion des autorisations et de l'historique de Cortana.

Prenez le temps de regarder les types d'informations que Microsoft déclare collecter sur vous, et effacez ce que vous voulez. En revanche, vous n'aurez pas accès aux détails. Mais du moins, vous pourrez supprimer depuis cette page votre historique de recherche (bon d'accord, pas pour les services de la police scientifique ou de la NSA, mais certainement aux yeux de votre conjoint ou de votre patron).

- **Notifications :** Permet de gérer l'envoi de notifications entre appareils. Vous pouvez alors cliquer sur le bouton Gérer les notifications. Cela ouvre Cortana afin d'activer ou de désactiver le chargement des notifications du PC vers le cloud. Pour que les notifications s'affichent aussi sur votre smartphone, cliquez sur le lien Obtenir l'application mobile Cortana pour mon téléphone. Cortana s'ouvre. Indiquez votre numéro de téléphone afin de recevoir le lien de téléchargement.
- **Plus d'informations :** C'est ici que vous modifierez les options de confidentialité de Windows. Le lien renvoie vers la catégorie Général du paramètre Confidentialité.

Alors, Cortana est votre amie ? Ce qui précède devrait finir de vous convaincre qu'elle est l'alliée de Microsoft, pas la vôtre. Mais bon, c'est quand même pratique.

Chapitre 6

La gestion de votre système

DANS CE CHAPITRE :

- **Comprendre les options Rafraîchir, Réinitialiser, les points de restauration et autres noms compliqués**
- **Créer un disque de réinitialisation du mot de passe**
- **Gérer les disques durs magnétiques et SSD**
- **Zipper et compresser**

Windows est un programme d'ordinateur, pas un jouet, qui peut en tant que tel rencontrer des problèmes. L'objectif est de faire en sorte qu'ils ne viennent pas gâcher votre expérience informatique.

La réputation de Windows est celle d'un système instable qui a la fâcheuse manie de planter et de se figer, ce qui interdit de redémarrer l'ordinateur, si bien que vous pouvez avoir l'impression que l'écran est passé par la broyeuse. Microsoft a consacré énormément de temps, d'efforts et d'argent pour apprendre à Windows une certaine forme d'automédication. Vous tirerez parti de cet investissement, si vous savez comment procéder.

Le Livret VII est entièrement consacré aux moyens permettant de garder Windows en bonne santé. Dans ce chapitre, je vous présente quelques concepts de base ainsi que certaines parties de Windows que vous pouvez utiliser de différentes manières. Vous découvrirez aussi comment créer un disque de réinitialisation du mot de passe, lequel pourra vous sauver la mise un jour.

Quelle est la différence entre la restauration, la réparation système, le mode sans échec, la réinitialisation et le redémarrage ?

Toute cette terminologie peut prêter à confusion. Je vais vous expliquer.

Windows 10 intègre trois technologies différentes pour vous tirer d'un mauvais pas. Je les compare à une machine à remonter dans le temps, une transplantation de cerveau et une guerre thermonucléaire globale.

- Tout comme la machine à remonter dans le temps, créer et utiliser des points de restauration vous permet assez facilement de restaurer les paramètres internes de votre PC dans un état antérieur, du temps où tout allait bien.
- Contrairement aux anciennes versions de Windows, les points de restauration ne sont pas créés automatiquement. Il est donc plus difficile de faire fonctionner la machine à remonter le temps dans Windows 10. Mais ne vous inquiétez pas. Le mécanisme est toujours intact et opérationnel. J'y reviendrai plus loin dans ce chapitre.

  Les points de restauration ne sont pas prévus pour restaurer des versions antérieures des fichiers que vous utilisez – c'est le rôle de l'Historique des fichiers (qu'on désigne aussi comme la version Windows de la machine à remontrer dans le temps du Mac). Je traite dans le détail de l'Historique des fichiers au Livret VIII, Chapitre 1.
- Parfois, le problème ne vient pas des paramètres. Ce sont les fichiers de Windows lui-même qui sont endommagés. Dans ce cas, Microsoft vous propose un programme spécialisé qui analyse et répare les fichiers système sans modifier vos paramètres, sans supprimer les programmes installés, et sans détruire vos données.

  Utilisateur de précédentes versions de Windows, vous pouvez déjà avoir fait appel à un disque de réparation du système, redémarré en mode sans échec et accédé à une invite de commande *via* `cmd.exe`, utilisé aussi le mode de restauration depuis un DVD d'installation, ou encore avoir formulé des tas d'incantations pour ressusciter Windows. Vous pouvez aussi recourir à un marabout capable du retour de l'être aimé certes, mais surtout de résoudre vos soucis informatiques à distance. Toutefois, j'ai essayé pour ces deux problèmes, et aucun n'a trouvé sa solution, alors que je pense sincèrement qu'il est plus facile de faire revenir l'être aimé que de réparer Windows. Ces méthodes fonctionnent toujours, mais Microsoft les a rendues bien plus difficiles d'accès, et je ne recommande pas de les utiliser.

Pour l'expérience que j'en ai, la fonction d'actualisation de Windows 10 fonctionne pratiquement tout le temps. C'est à des années-lumière de la réparation système, du mode sans échec et des modes de restauration. Ce devrait être la méthode à utiliser en première instance. Si cela ne fonctionne pas, le monde devient cruel. Recherchez des instructions pour parvenir à démarrer en mode sans échec et lancer une restauration. Bonne chance.

» Si Actualiser ne fonctionne pas et que vous pouvez vous permettre de perdre vos données et les programmes que vous avez

QU'EST-CE QUE LE MODE SANS ÉCHEC ?

Le mode sans échec était autrefois le point d'entrée sur la machinerie interne de Windows. Dans les précédentes versions de Windows, si quelque chose allait de travers, vous pouviez redémarrer une version de Windows aux fonctionnalités très limitées, ce qui vous permettait de diagnostiquer les problèmes et d'installer quelques pilotes de base, mais guère plus.

Le mode sans échec existe toujours dans Windows 10, mais Microsoft a tellement amélioré les choses qu'il n'est plus aussi utilisé qu'auparavant. En particulier, une actualisation revient à procéder à presque tout ce que les gens faisaient en mode sans échec, sans avoir à rentrer dans les détails.

Si vous souhaitez toujours utiliser le mode sans échec, cliquez ou tapez sur le bouton Démarrer, puis sur Paramètres. Choisissez alors Mise à jour et sécurité, puis Récupération. Cliquez alors sur le bouton Redémarrer maintenant. Lorsque vous voyez un écran bleu s'afficher, choisissez Dépannage, puis Options avancées, et enfin Paramètres. Vous pouvez alors cliquer sur le bouton Redémarrer. L'ordinateur redémarre et affiche une liste de propositions. Tapez le chiffre qui correspond à ce que vous voulez faire, par exemple **4** pour activer le mode sans échec, ou **5** pour passer en mode sans échec avec prise en charge du réseau, ou encore **6** pour le mode sans échec avec invite de commande. Vous serez alors connecté à Windows dans le mode sélectionné en utilisant pour cela le compte Administrateur du système. Pour redémarrer normalement, appuyez sur la touche Echap de votre clavier.

Certes, la manœuvre est complexe. Microsoft ne souhaite pas vraiment que vous utilisiez le mode sans échec, à moins que vous ne sachiez exactement ce que vous faites et que vous ne souhaitiez utiliser les vieilles recettes pour y parvenir.

installés, ou si vous voulez nettoyer totalement votre ordinateur avant de le vendre ou de le donner, il vous faudra utiliser la fonction de réinitialisation du système. Elle commence par la phrase « Supprimer tout », et ce n'est pas un vain mot.

La plupart du temps, vous lancez une restauration lorsque votre ordinateur commence à partir en vrille. Vous utilisez la réinitialisation pour vidanger tout le système lorsque vous voulez revendre votre PC. L'une ou l'autre de ces options – ou le recours à des points de restauration – peut vous être proposée lorsque votre ordinateur ne démarre pas bien. Je traite en détail des points de restauration, de l'actualisation et de la réinitialisation au Livret VIII, Chapitre 2.

Créer un disque de réinitialisation du mot de passe

Si quelqu'un oublie son mot de passe, un disque de réinitialisation de celui-ci peut lui sauver la vie en lui permettant de redéfinir un nouveau mot de passe.

Pour tout compte utilisant un mot de passe, prenez le temps de créer un disque de réinitialisation de ce mot de passe. Si vous utilisez plusieurs comptes locaux (par exemple, un compte courant et un compte Administrateur), créez un disque de ce genre pour chaque compte (si vous avez besoin de vous rafraîchir la mémoire au sujet des différents types de compte, reportez-vous au Livret II, Chapitre 4).

Si vous utilisez un compte Microsoft, vous pouvez aussi réinitialiser votre mot de passe en ligne. Rendez-vous sur `account.live.com/ResetPassword.aspx` et suivez les instructions.

Je ne saurais trop insister sur l'importance du disque de réinitialisation du mot de passe, surtout si votre PC ne comporte qu'un compte Administrateur et que c'est un compte Local. Je reçois des messages presque tous les jours de personnes qui ont oublié leurs mots de passe et qui ne peuvent plus accéder à Windows. Cette astuce très simple ne vous prend que quelques minutes, et vous évitera de regretter longtemps de ne pas avoir mémorisé votre mot de passe.

« Disque de réinitialisation du mot de passe » n'est pas en fait le terme approprié. Ce qui vous sauve la vie, c'est en fait un petit fichier très simple, appelé `userkey.psw`, que vous pouvez copier comme n'importe quel fichier. Si vous créez plus d'un « disque de réinitialisation de mot de passe », c'est-à-dire si vous créez en fait plusieurs fichiers `userkey.psw`, gardez une trace permettant d'associer tel fichier à tel compte.

Voici l'idée de base : vous vous connectez à Windows en utilisant n'importe quel mot de passe – du texte, un code PIN, ou encore une image. Lancez l'assistant Mot de passe oublié. Il vous demandera votre mot de passe au format texte, que vous devrez fournir. L'assistant créera alors ce fichier, `userkey.psw`, sur un disque amovible. Vous conserverez ce disque de sorte à pouvoir le retrouver facilement. Si jamais vous oubliez votre mot de passe (texte, PIN ou image), placez ce fichier sur un disque amovible, collez-le dans le lecteur de votre ordinateur, dites les mots magiques et cliquez trois fois la souris. Ça y est ! Vous êtes rentré !

Peu importe que quelqu'un ait modifié votre mot de passe sans que vous le sachiez. Le disque de réinitialisation du mot de passe réinitialise votre mot de passe, *quel que soit le mot de passe*. Du moment que vous disposez d'un compte Local, vous pouvez l'utiliser.

Créer un disque de réinitialisation du mot de passe

Si vous disposez d'un compte Local dont l'accès est protégé par mot de passe, suivez ces étapes pour créer un disque de réinitialisation du mot de passe (c'est-à-dire, un fichier `userkey.psw`) :

1. **Connectez-vous en utilisant le compte concerné.**

   Peu importe le type de mot de passe que vous utilisez.

2. **Assurez-vous de disposer d'une clé USB ou de tout autre média amovible, comme une carte SD ou même un disque dur externe.**

   L'assistant ne crée pas de fichier sur le disque local (pour des raisons évidentes) et il n'en crée pas non plus sur un emplacement accessible *via* le réseau.

3. **Cliquez dans le champ Taper ici pour rechercher, saisissez Disque de réinitialisation, et cliquez sur la proposition Créer un disque de réinitialisation du mot de passe.**

   Cela lance l'assistant Mot de passe oublié, qui vous permet de créer le disque de réinitialisation du mot de passe. Ce petit programme génère un fichier que vous pouvez utiliser pour déverrouiller votre mot de passe et accéder à votre compte, même si votre fille de quatre ans l'a changé en MXYPLFLD.

4. **Suivez les différentes étapes de l'assistant. Sachez que vous aurez à taper votre mot de passe actuel (vous ne l'avez pas encore oublié, j'espère !). Lors de l'étape finale, cliquez sur Terminer.**

   Conservez le fichier `userkey.psw` dans un endroit sûr. Si vous oubliez le mot de passe, ou si quelqu'un le modifie à votre place, suivez les étapes de la section suivante pour vous connecter à votre compte.

Gardez bien ce fichier ! Toute personne disposant du fichier `userkey.psw` peut se connecter à votre place, même si elle ne dispose pas de votre mot de passe.

Réinitialiser votre mot de passe

Vous avez donc suivi les étapes de la section précédente et créé un disque de réinitialisation du mot de passe qui revient en fait à un petit fichier nommé `userkey.psw`. Or, vous venez d'oublier votre mot de passe. Voici comment utiliser ce fichier pour réinitialiser ce dernier :

1. **Copiez le fichier sur un disque amovible quelconque que votre ordinateur peut lire.**

   Ce sera par exemple une clé USB, ou une carte SD, voire un disque dur USB. Vérifiez que le fichier ne se trouve pas dans un dossier ; il doit figurer à la racine.

2. **Faites comme si vous vous connectiez en utilisant votre mot de passe.**

   Si vous avez l'habitude de vous connecter à l'aide d'un mot de passe sous forme d'image, cliquez sur le lien des options dans l'écran de connexion. Cliquez ensuite sur l'icône qui représente une clé pour continuer.

   Comme vous avez oublié votre mot de passe, saisissez n'importe quoi et pressez Entrée.

3. **Lorsque Windows vous signale que le mot de passe n'est pas correct et vous demande de réitérer, cliquez OK.**

4. **Dans l'écran qui suit, cliquez sur Réinitialiser le mot de passe.**

   Avec un compte Microsoft, c'est-à-dire qui utilise une adresse mail, vous devez procéder à la réinitialisation sur le site `https://account.live.com/password/reset`.

Windows affiche l'assistant de réinitialisation du mot de passe. Heureux de tomber dessus, n'est-ce pas ?

5. **Assurez-vous que votre disque de réinitialisation du mot de passe – le disque quelconque sur lequel figure le fichier `userkey.psw` – est connecté au PC, puis tapez ou cliquez sur Suivant.**

6. **Suivez les étapes de l'assistant. Il va très vite vous demander de saisir un nouveau mot de passe (voir la Figure 6.1).**

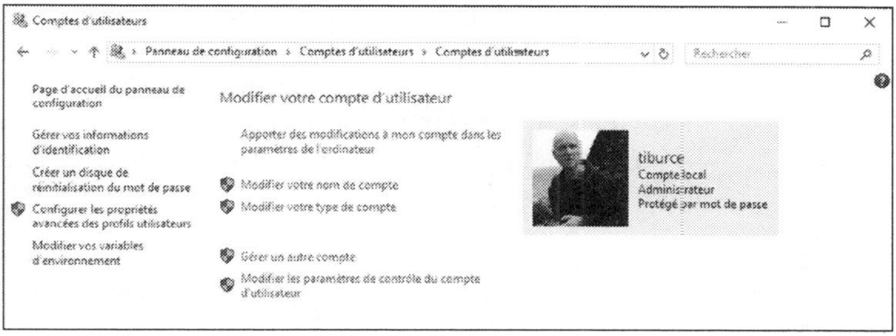

FIGURE 6.1 L'assistant vous force à créer un nouveau mot de passe (ainsi qu'une nouvelle indication).

Vous saisissez ici le nouveau mot de passe pour ce compte ou cet ordinateur. Cela n'affecte pas le disque de réinitialisation du mot de passe, ni le fichier `userkey.psw` qu'il contient.

7. **Saisissez un nouveau mot de passe et (éventuellement) un indice. Tapez ou cliquez sur Suivant, puis sur Terminer. Windows vous renvoie sur l'écran de connexion où vous pouvez vous connecter en utilisant votre nouveau mot de passe.**

Ne perdez pas le fichier `userkey.psw` !

Encore une fois : tant que vous disposez d'un compte Local, le fichier `userkey.psw` vous permettra de vous connecter à votre PC, quel que soit le mot de passe utilisé, la personne qui l'a modifié, ou encore l'instant où il a été modifié.

Gérer les lecteurs de disque

Les lecteurs (disques durs, disques USB, CD, DVD et même ces anciennes disquettes si jamais vous pouvez encore en trouver, ainsi que tout autre support de stockage) semblent générer plus de problèmes informatiques que tous les autres éléments d'un PC. Pourquoi ? Parce qu'ils sont en mouvement (d'accord, pas les clés USB), et que contrairement aux autres éléments qui sont conçus pour l'être (les touches du clavier ou la souris, par exemple), ils sont en mouvement rapide et ultraprécis, jour et nuit.

« Et pourtant, elle tourne » disait Galilée en 1663 avant que l'inquisition ne le force à se renier. Bien sûr, c'est lui qui avait raison, et le fait qu'elle tourne est le cœur du problème.

Comme pour tout autre dispositif mécanique mobile, une once de prévention vaut mieux que dix tonnes de réparations.

Les disques SSD (disques à état solide) comme les « clés » dites USB sont d'une tout autre nature. Les fabricants de SSD mettent généralement à disposition des outils de maintenance pour entretenir leurs produits, mais comme ces disques ne contiennent aucun élément en mouvement, ils ne sont pas sujets aux divagations pouvant affecter les disques mécaniques. Je traite des disques SSD plus loin dans ce chapitre.

Si vous cherchez de l'aide pour installer un nouveau disque dur, vous n'êtes pas au bon endroit. J'explique comment ajouter un nouveau disque dur et le faire reconnaître par Windows 10 dans le Livret VIII, Chapitre 5.

C'est quoi, le formatage ?

Les lecteurs essaient de caser beaucoup de données sur un petit espace, et doivent pour cela être calibrés. C'est l'objet du formatage.

Lorsque vous formatez un disque, vous le calibrez : vous y apposez des marques qui indiquent au PC où il peut stocker et récupérer des données. Chaque disque dur (ou disquette, le cas très échéant) doit être formaté avant de pouvoir être utilisé. Les CD et les DVD doivent eux aussi l'être, si vous utilisez le système de fichiers LFS (*Life File System*) pour y stocker des fichiers. Le fabricant du lecteur aura vraisemblablement formaté votre disque dur pour vous lorsque vous l'achetez. C'est pratique, car chaque fois qu'un disque doit être reformaté, tout ce qui s'y trouve est supprimé irrémédiablement. Absolument tout.

Vous pouvez formater ou reformater un disque dur, autre évidemment que celui qui contient Windows, depuis l'Explorateur de fichiers. Cliquez alors du bouton droit sur le disque dur concerné, puis sélectionnez la commande Formater. Vous pouvez aussi « reformater » des supports réinscriptibles tels que des CD, des DVD, des clés USB, des cartes SD et autres cartes mémoire amovibles de la même manière. Pour reformater le lecteur qui contient Windows, vous devez réinstaller celui-ci. Pour savoir comment installer une version « propre » de Windows, reportez-vous au Livret I, Chapitre 4.

Les outils de maintenance des disques durs

Les disques durs meurent aux pires moments possibles. Un disque dur qui commence à flancher peut exhiber toutes sortes de dysfonctionnements : de la pause très longue lorsque vous essayez d'ouvrir un fichier au crash totalement inexplicable, et autres erreurs dans Windows lui-même.

Windows est livré avec un lot d'outils conçus pour vous aider à préserver la bonne forme de votre disque dur :

» **Les espaces de stockage.** Il s'agit de l'outil le plus intuitif (voir le Livret VII, Chapitre 4), qui conserve des copies de tous les fichiers en cours pour le cas où votre disque dur tomberait en panne. Toutefois, pour utiliser les espaces de stockage efficacement, vous aurez au moins besoin de trois disques durs et de deux fois plus d'espace disque que vous n'avez de données. Tout le monde ne peut pas s'offrir ce luxe.

» **Les outils de base.** Ces outils simples vous permettent de prendre soin efficacement de vos disques durs, et l'un d'eux fonctionne automatiquement une fois par semaine. Vous devriez faire la connaissance du vérificateur de disques, du nettoyage de disques et du défragmenteur de disques, car ils peuvent s'avérer fort pratiques à l'occasion.

  Vous devez être désigné comme Administrateur (voir la section traitant des types de comptes, au Livret II, Chapitre 4) pour faire fonctionner ces outils. J'explique comment vous pouvez tester la présence éventuelle d'erreurs et utiliser le défragmenteur de disques dans les deux sections qui suivent.

» **Le gestionnaire de tâches.** Si vous manquez réellement de place sur votre disque dur, vous pouvez faire appel au Gestionnaire de tâches pour qu'il élimine périodiquement les fichiers temporaires qui vous encombrent grâce au nettoyage de disques. Même si ce gestionnaire a bien d'autres fonctions, la plupart des utilisateurs de Windows n'ont en fait jamais besoin de celles-ci.

Vérifier la présence d'erreurs

Si un disque commence à se comporter étrangement (par exemple, des messages d'erreur s'affichent lorsque vous tentez d'ouvrir un fichier, ou Windows plante aléatoirement, ou la copie d'un simple fichier prend des heures au lieu de prendre quelques minutes), demandez à Windows de vérifier la présence d'erreurs.

Si vous utilisez Windows depuis longtemps (voire même, si vous avez connu DOS), vous reconnaîtrez sans doute dans les étapes suivantes le vénérable outil CHKDSK, maintenant présenté dans des habits neufs.

Voici les étapes à suivre pour vérifier la présence d'erreurs sur un disque :

1. **Depuis la barre des tâches, ouvrez l'Explorateur de fichiers, puis cliquez dans le volet de navigation sur la ligne qui indique Ce PC.**
2. **Cliquez du bouton droit sur le lecteur qui vous pose des problèmes et sélectionnez Propriétés dans le menu contextuel qui s'affiche.**

   Vous verrez la boîte de dialogue Propriétés du lecteur s'afficher.
3. **Dans l'onglet Outils, cliquez sur le bouton Vérifier, dans la section Vérifier des erreurs (voir la Figure 6.2).**

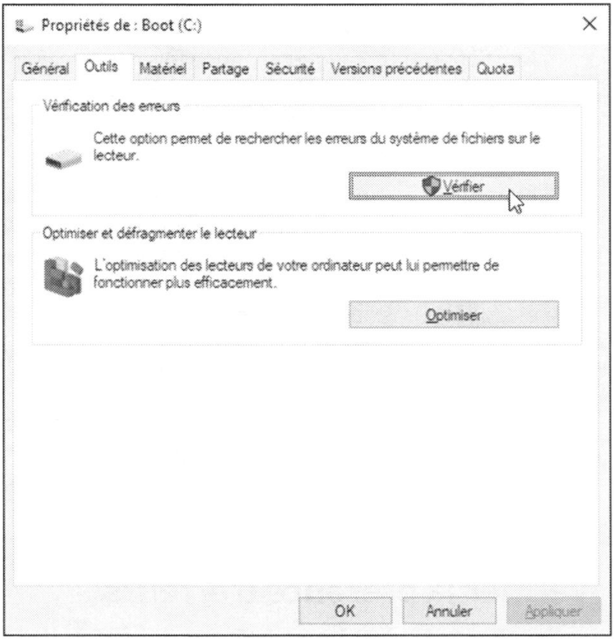

FIGURE 6.2 Lancer une vérification d'un disque dur.

Windows peut vous signaler que vous n'avez pas besoin de vérifier ce lecteur, car il n'y a pas détecté d'erreurs. Toutefois, si vous êtes sceptique, vous pouvez continuer.

4. **Tapez ou cliquez sur Analyser le lecteur.**

   Windows vous signale les problèmes qu'il rencontre et vous demande l'autorisation de les régler.

Défragmenter un lecteur

Autrefois, défragmenter votre disque dur (demander à Windows d'arranger les fichiers pour que les divers morceaux qui le composent se trouvent les uns à côté des autres) était un véritable challenge. Windows ne pratiquait pas la défragmentation automatique, et peu de gens osaient se lancer dans l'aventure. Il en résultait que le disque dur ressemblait à un patchwork fait de morceaux de fichiers dans le plus grand désordre. Dans les rares occasions où un utilisateur de Windows lançait la défragmentation, il fallait éventuellement des heures pour rassembler les morceaux – et l'effet semblait loin d'être déterminant pour améliorer les performances du système.

Windows 7 a changé cela en programmant silencieusement une défragmentation hebdomadaire du disque. Windows 10 perpétue cette tradition. Pour défragmenter votre disque dur, vous n'avez donc rien à faire.

Windows ne défragmente pas automatiquement les disques SSD, c'est-à-dire les supports de stockage sans parties mécaniques. En fait, les SSD n'ont pas besoin de défragmentation. Ils ont aussi une durée de vie limitée, si bien qu'il n'est pas nécessaire de leur infliger un traitement sans intérêt.

Si vous souhaitez en savoir plus sur les agissements de votre PC tandis qu'il procède à une défragmentation, vous pouvez visualiser ainsi le rapport produit :

1. **Dans l'onglet Outils de la boîte de dialogue Propriétés, cliquez sur le bouton Optimiser.**

   Windows affiche la fenêtre Optimiser les lecteurs (voir la Figure 6.3).

2. **Pour une analyse en temps réel, qui affiche la défragmentation en cours, tapez ou cliquez sur Analyser.**

3. **Pour réorganiser les fichiers d'une manière plus optimale, cliquez sur Optimiser.**

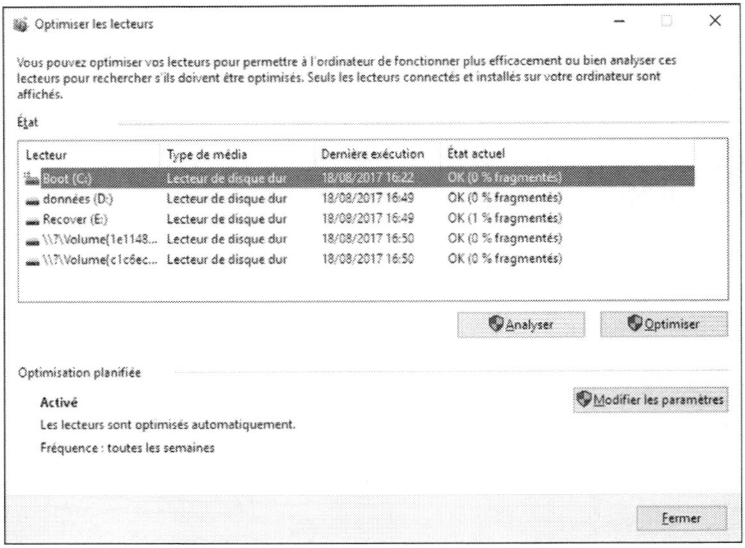

FIGURE 6.3 Windows fournit un rapport sur ses activités de défragmentation.

4. Si vous souhaitez modifier la programmation de la défragmentation automatique, cliquez sur Modifier les paramètres. Lorsque vous avez terminé, cliquez sur Fermer.

La défragmentation se déroule chaque semaine, à moins que vous ne le spécifiiez autrement.

Maintenir des SSD

Les SSD sont des disques d'un tout autre genre. Inutile de tenter de vérifier leur intégrité avec CHKDSK même si vous le pouviez, car les résultats ne seraient pas concluants et vous ne feriez que les solliciter à outrance. Pas question non plus de les défragmenter, car ces disques sont déjà défragmentés, ou totalement fragmentés (selon la manière dont vous le voyez) et qu'il n'y a donc rien à y faire.

La plupart des SSD sont fabriqués avec de la mémoire Flash NAND, c'est-à-dire une mémoire qui ne perd pas son contenu lorsque le courant est coupé. Quoiqu'un SSD puisse tenir dans l'emplacement d'un disque dur et qu'il se comporte essentiellement comme un disque dur, la technologie est totalement différente.

Si les experts débattent encore pour dire que les SSD sont *bien plus* fiables que les disques durs, presque tout le monde convient qu'ils sont *plus* fiables que ces derniers. Et il ne fait aucun doute qu'ils sont incomparablement plus rapides. Passez votre lecteur C: d'un plateau de disque dur mécanique à un SSD, et vous n'en croirez pas vos yeux.

Les SSD disposent de contrôleurs qui gèrent tout. Les données sont stockées sur les SSD comme elles sont stockées sur les disques durs, et nombre d'outils conçus pour ces derniers fonctionnent parfaitement avec les SSD. Le contrôleur doit se charger de toutes les tâches qui incombent à celui qu'on trouve sur un disque dur. Par exemple, si vous souhaitez effacer un disque dur, vous pouvez le formater ou juste supprimer les fichiers qui s'y trouvent. Si vous souhaitez effacer un SSD, vous devrez utiliser les outils du fabricant, au risque que des données demeurent sur le disque.

Windows désactive les outils Windows Defrag, Superfetch et ReadyBoost sur les SSD – vous ne verrez jamais Windows initier une défragmentation sur un SSD, par exemple – et il peut démarrer en totale transparence depuis un SSD. Cela permet d'accélérer le démarrage et de limiter l'usage du SSD.

Si vous disposez d'un SSD ou si vous en récupérez un plus tard, vous devriez vous rendre sur le site Web du fabricant et récupérer les outils qu'il peut proposer pour prendre soin de l'engin. Windows est très capable de s'en charger, mais les fabricants ont plus d'un tour dans leur sac. La boîte à outils SSD d'Intel, disponible sur `https://downloadcenter.intel.com/download/26837` est l'un des ensembles d'outils les plus connus, mais vous ne devriez l'utiliser que sur les SSD d'Intel.

Zipper et compresser

Windows gère deux différents types de compression. La distinction n'est pas évidente, mais elle est importante, alors suivez-moi bien.

La compression de fichiers réduit la taille d'un fichier en supprimant des parties de celui-ci qui ne sont pas utilisées, et donc en ne stockant que le minimum d'informations nécessaires pour reconstituer ce fichier – l'extraire – dans son état initial. Cela prend un certain temps, car l'ordinateur doit effectuer de savants calculs pour éliminer les informations superflues du fichier avant de le stocker, mais aussi pour le restaurer dans son état original lorsque quelqu'un souhaite y accéder. Toutefois, la compression permet de réduire considérablement la taille d'un fichier. Cette taille est souvent réduite de moitié – voire moins, dans bien des cas.

Comment fonctionne la compression ? Cela dépend de la méthode qui est utilisée. Dans un type de compression connue sous le nom d'encodage Huffman, les lettres qui apparaissent fréquemment dans un fichier (c'est-à-dire des lettres telles que le *e* dans un fichier de traitement de texte) sont réduites de sorte qu'elles n'occupent plus qu'une toute petite place dans le fichier, tandis que les lettres qui apparaissent moins fréquemment (par exemple, le *x*) peuvent occuper toute la place affectée par défaut à une lettre. Ainsi, plutôt que d'allouer huit bits (un bit vaut 1 ou 0) pour coder chaque lettre du document, quelques lettres ne mobiliseront que deux 1 et 0, tandis que d'autres pourront en mobiliser 15. Le résultat net est une réduction de la taille du fichier une fois compressé. C'est compliqué, et les mathématiques que cela implique sont fort intéressantes.

Windows connaît deux techniques de compression des fichiers :

- » Les fichiers peuvent être compressés et placés dans un *Dossier compressé*. L'icône d'un fichier Zip représente un dossier avec une fermeture éclair (un zip).
- » Les dossiers, ou même des disques entiers, peuvent être compressés en utilisant des fonctionnalités de compression intégrées au système de fichiers Windows (NTFS).

C'est ici que les choses se compliquent nettement.

La compression du système de fichiers NT (NTFS) est intégrée au système de fichiers de Windows : vous ne pouvez l'utiliser que sur les disques NTFS, et la compression disparaît lorsque vous déplacez (ou copiez) le fichier sur un autre disque. Figurez-vous la compression NTFS comme une fonctionnalité inhérente au disque dur lui-même. Ce n'est pas exactement le cas, puisque c'est Windows qui travaille derrière, mais cette image peut vous aider à vous souvenir des limitations de la compression NTFS.

Quoique Microsoft essaie de vous faire croire que la compression par *Dossier compressé* est basée sur les dossiers, elle ne l'est pas. Un dossier compressé n'est qu'un fichier – et non un dossier –, mais c'est un fichier d'un type particulier, nommé fichier Zip. Si vous avez déjà rencontré des fichiers Zip sur Internet (ils comportent une extension `.zip` et sont fréquemment manipulés à l'aide de programmes tels que mon 7Zip favori - `www.7zip.com`), vous savez exactement de quoi je veux parler. Les fichiers Zip contiennent un ou plusieurs fichiers compressés, et ils utilisent le type le plus fréquent de compression qui se rencontre sur Internet. Pensez aux dossiers compressés (zippés) comme à des fichiers Zip, et si vous avez déjà utilisé des fichiers Zip, vous comprendrez immédiatement les limites et les bizarreries des dossiers compressés (zippés). Microsoft les appelle « dossiers », car c'est censé être plus facile pour l'utilisateur de comprendre. Vous êtes le juge.

Si Windows vous affiche les extensions des noms de fichiers (voyez mes remarques à ce sujet dans la section traitant de l'affichage des extensions de noms de fichiers au Livret III, Chapitre 1), vous verrez immédiatement que les dossiers compressés (zippés) sont en fait de simples fichiers Zip.

La compression de type Zip est très utilisée, notamment parce qu'elle permet de réduire le volume des données à transmettre d'un endroit à un autre. La compression NTFS n'est pas aussi courante. Elle est plus difficile à mettre en œuvre, et les disques durs sont devenus si bon marché que les gens ont rarement besoin d'y recourir.

Si vous essayez de compresser un lecteur qui contient Windows lui-même (normalement, votre lecteur `C:`), vous ne pouvez pas compresser les fichiers qui sont utilisés par Windows.

Le Tableau 6.1 établit une comparaison rapide entre les compressions Zip et NTFS.

TABLEAU 6.1 Comparaison entre la compression NTFS et la compression de dossiers (Zip).

NTFS	Zip
Pensez à la compression NTFS comme à une fonctionnalité du disque dur.	La technologie Zip fonctionne sur n'importe quel fichier, quel que soit le support sur lequel il est stocké.
Dès que vous déplacez un fichier compressé en NTFS vers un autre emplacement (par exemple, pour l'envoyer en pièce jointe par un courriel), le fichier est décompressé automatiquement et vous ne pouvez rien y faire : vous enverrez un fichier volumineux, car non compressé.	Vous pouvez déplacer le dossier compressé (zippé), car c'est un fichier Zip comportant l'extension de nom de fichiers `.zip` et il restera compressé. Si vous envoyez un fichier Zip sous la forme d'une pièce jointe par courriel, il sera transféré sur Internet sous la forme d'un fichier compressé. La personne qui le recevra pourra accéder directement au fichier dans Windows ou utiliser un produit tel que 7Zip ou WinZip pour cela.
La compression NTFS ralentit l'ordinateur. Windows doit compresser et décompresser les fichiers à la volée, ce qui consomme du temps de calcul.	Les fichiers Zip ralentissent très peu l'ordinateur. Nombre de programmes (par exemple, les antivirus) lisent les fichiers Zip directement.
La compression NTFS est utile si vous n'avez plus de place sur un disque formaté en NTFS.	Les dossiers compressés (c'est-à-dire, les fichiers Zip) adoptent un format presque universel que vous pouvez donc utiliser pratiquement n'importe où.

NTFS	Zip
Vous devez disposer d'un compte Administrateur pour utiliser la compression NTFS.	Vous pouvez créer, copier ou déplacer des fichiers Zip comme tout autre fichier, avec les mêmes restrictions en termes de sécurité.
Vous pouvez utiliser la compression NTFS sur des lecteurs entiers, des dossiers ou des fichiers en particulier. Ils ne peuvent pas être protégés par mot de passe.	Vous pouvez zipper des fichiers, des dossiers ou (plus rarement) des disques, et ils peuvent être protégés par mot de passe.

Compresser avec NTFS

Suivez ces étapes pour compresser un lecteur entier avec NTFS :

1. **Vérifiez que vous utilisez un compte Administrateur.**

   Reportez-vous au Livret II, Chapitre 4.

2. **Ouvrez l'Explorateur de fichiers depuis la barre des tâches. Dans le volet de navigation à gauche de la fenêtre, cliquez sur la ligne qui indique Ce PC.**
3. **Sur la gauche, tapez et maintenez appuyé (ou cliquez du bouton droit) sur le lecteur que vous souhaitez compresser. Sélectionnez Propriétés et cliquez sur l'onglet Général.**
4. **Cochez la case qui indique Compresser ce lecteur pour augmenter l'espace disponible (voir la Figure 6.4). Cliquez ensuite sur OK.**

   Windows vous demande de confirmer que vous souhaitez compresser tout le lecteur. Il peut ensuite prendre un certain temps pour procéder à la compression ; cela peut parfois prendre des jours. Bonne chance.

Suivez ces étapes pour utiliser la compression NTFS sur un dossier :

1. **Vérifiez que vous utilisez un compte Administrateur.**

   Reportez-vous au Livret II, Chapitre 4.

2. **Ouvrez l'Explorateur de fichiers depuis la barre des tâches. Dans le volet de navigation à gauche de la fenêtre, cliquez sur la ligne qui indique Ce PC.**

3. **Sur la gauche, tapez et maintenez appuyé (ou cliquez du bouton droit) sur le dossier que vous souhaitez compresser. Sélectionnez Propriétés et cliquez sur le bouton Avancé.**

4. **Cochez la case qui indique Compresser le contenu pour libérer de l'espace disponible (voir la Figure 6.5). Cliquez ensuite sur OK.**

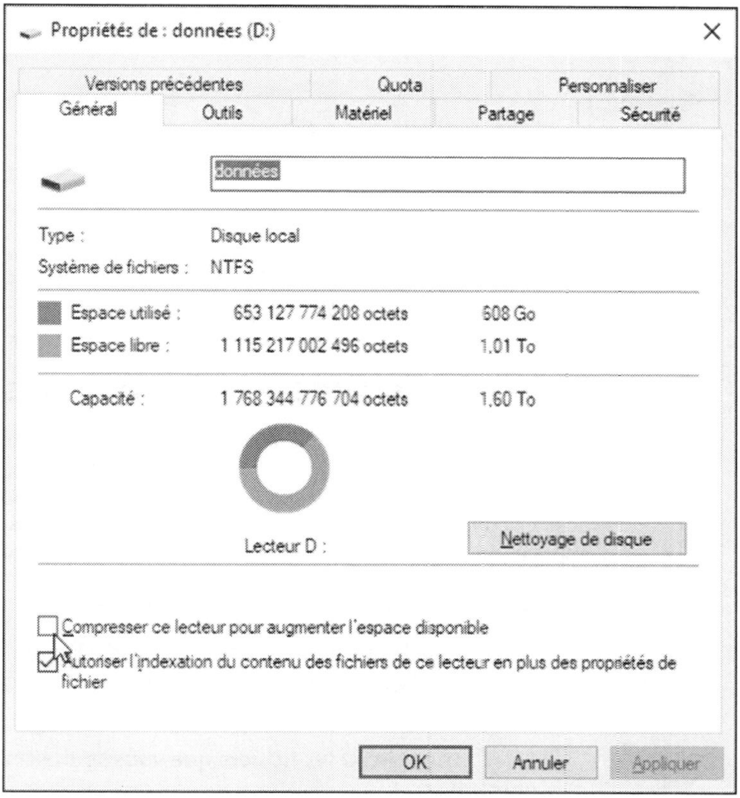

FIGURE 6.4 Utiliser la compression NTFS sur un disque entier.

Windows vous demande de confirmer que vous souhaitez compresser le dossier. À moins que ce dernier ne soit énorme, la compression ne devrait prendre que quelques minutes.

Pour décompresser le dossier, ouvrez de nouveau la boîte de dialogue Attributs avancés (cliquez du bouton droit sur le fichier ou le dossier, sélectionnez Propriétés, cliquez sur le bouton Avancé) et décochez Compresser le contenu pour augmenter l'espace disponible.

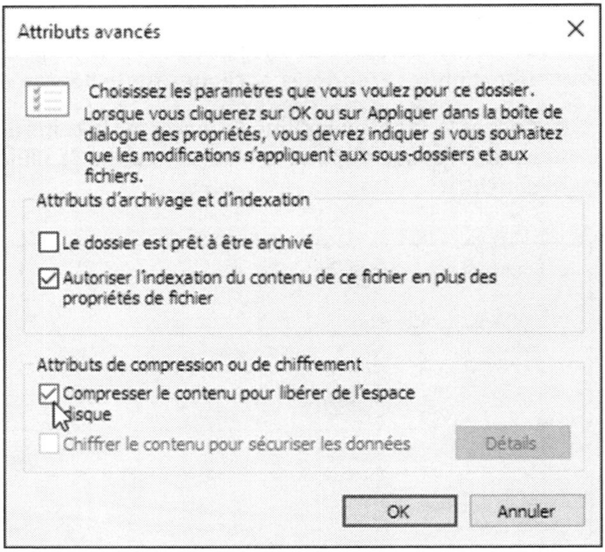

FIGURE 6.5 Utiliser la compression NTFS sur un dossier.

Zipper facilement avec l'option Dossier compressé

La manière la plus simple pour créer un fichier Zip, c'est-à-dire un dossier compressé, consiste à simplement taper dessus à et maintenir appuyé (ou cliquer dessus du bouton droit). Voici comment :

1. **Naviguez jusqu'aux fichiers à compresser.**

   La méthode la plus simple consiste à ouvrir l'Explorateur de fichiers et à cliquer sur Ce PC, puis sur le disque, et enfin le dossier voulu.

2. **Sélectionnez le ou les fichiers que vous souhaitez compresser ensemble.**

   Vous pouvez taper et maintenir appuyé, ou cliquer en maintenant Ctrl appuyé pour sélectionner les fichiers un par un, ou cliquer et maintenir la touche Maj appuyée pour sélectionner un groupe contigu de fichiers.

3. **Tapez et maintenez appuyé (ou cliquez du bouton droit) sur n'importe lequel des fichiers sélectionnés et choisissez Envoyer vers, puis Dossier compressé (voir la Figure 6.6).**

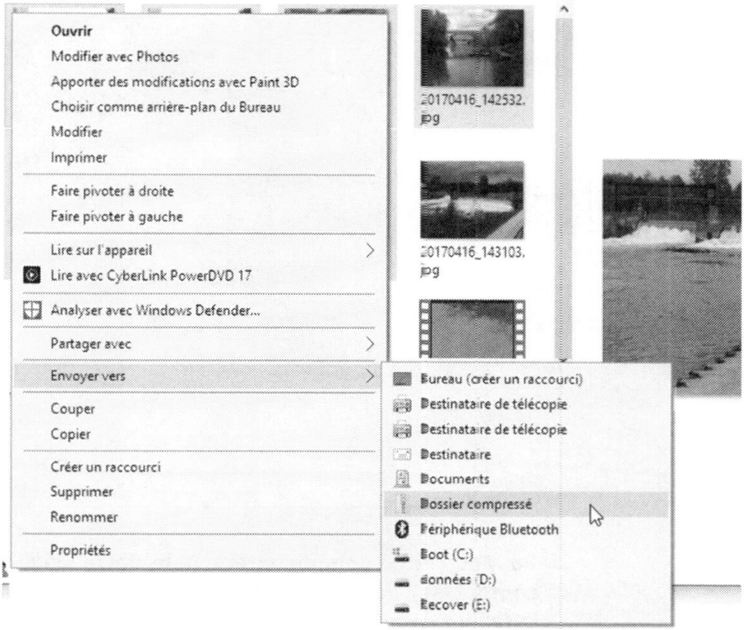

FIGURE 6.6 Sélectionnez les fichiers que vous voulez placer dans un fichier Zip, cliquez droit et sélectionnez Envoyer vers, puis Dossier compressé.

Windows réagit en créant un nouveau fichier Zip, comportant l'extension de nom de fichier `.zip`, et en plaçant des copies des fichiers sélectionnés dans ce nouveau fichier.

L'Explorateur de fichiers va alors montrer le résultat en le représentant à l'aide d'une icône figurant un dossier traversé par une fermeture éclair. Si vous cliquez une fois sur cette icône, l'Explorateur de fichiers va afficher un onglet supplémentaire appelé Outils de dossier compression, avec pour l'essentiel une seule fonctionnalité liée : Extraction.

Si vous faites un double-clic sur ce pseudo dossier, vous allez voir apparaître quelque chose de semblable à ce qu'illustre la Figure 6.7.

Le nouveau fichier est un fichier comme tous les autres : vous pouvez le renommer, le copier, le supprimer, l'envoyer sous forme de pièce jointe, l'enregistrer sur Internet ou lui appliquer tout autre traitement que vous appliqueriez à un fichier classique.

4. **Pour ajouter un autre fichier à votre dossier compressé, glissez-déposez ce fichier sur l'icône du dossier en question.**

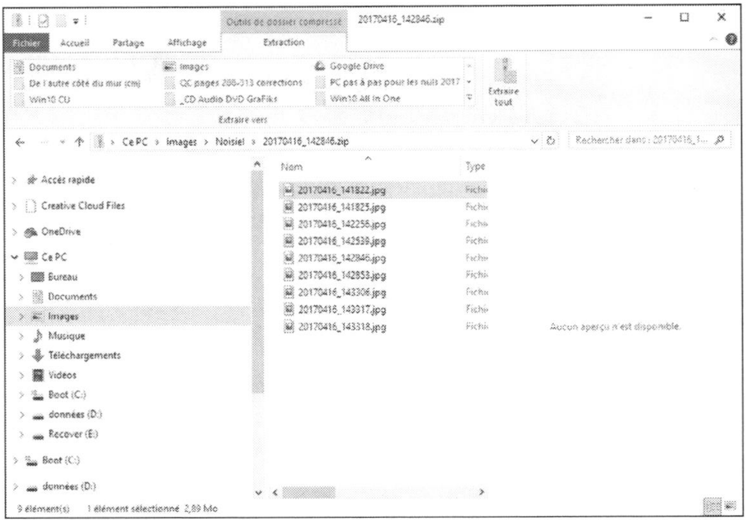

FIGURE 6.7 Double-cliquez sur un fichier zippé, et vous accéderez à un onglet contextuel Outils du dossier compressé.

5. **Pour copier un fichier contenu dans votre fichier Zip (dossier compressé), double-cliquez sur l'icône de ce dernier et traitez le fichier comme vous traiteriez un fichier classique.**

   La même remarque s'applique si vous voulez supprimer un ou plusieurs fichiers de l'*archive* Zip.

6. **Pour copier tous les fichiers de votre fichier Zip (le pseudo dossier compressé), cliquez sur l'onglet Extraction, puis sur le bouton Extraire tout dans le ruban de l'Explorateur de fichiers.**

   De là, vous pouvez sélectionner un emplacement différent de ceux proposés pour choisir le dossier de destination.

Par défaut, l'icône Extraire tout vous recommande d'extraire tous les fichiers dans un nouveau dossier portant le nom du fichier Zip, ce qui ne manque pas de perturber le commun des mortels. À moins que vous ne donniez un nom différent au dossier compressé, vous vous retrouverez avec deux dossiers qui portent le même nom sur votre bureau. Évitez-vous des problèmes en spécifiant un nom de dossier différent lorsque vous extrayez les fichiers.

IV

À la poursuite des applications Universelles Windows

Chapitre 1

Utiliser les applications Courrier et Calendrier

DANS CE CHAPITRE :

» **Windows 10 et ses nouvelles applications de productivité**

» **Découvrir les applications Courrier et Mon Calendrier**

» **Naviguer dans l'application Courrier**

» **L'application Mon Calendrier**

Les applications dites de « productivité », autrement dit Courrier, Calendrier et Contacts, ont subi d'énormes changements depuis l'époque de Windows 7. Autrefois, Courrier, Calendrier et Contacts formaient en gros une seule et même application, une situation très semblable à celle de Microsoft Office, dans laquelle Outlook couvre toutes les bases. Cette application s'appelait en ces temps Windows Live Mail, même si elle servait à gérer aussi bien le courrier électronique que les contacts et l'agenda. Elle fonctionnait raisonnablement bien, mais elle était vieille et lourde, tout en manquant de nombreuses fonctionnalités.

Avec Windows 8, Microsoft a scindé Windows Live Mail en trois applications « Metro » séparées (donc Courrier, Calendrier et Contacts). En fait, elles étaient toutes connectées, mais elles avaient chacune leur propre vignette, et travaillaient plus ou moins chacune dans leur coin. Bref, c'était horrible. Microsoft avait promis d'améliorer les choses. Mais, comme toujours, les promesses n'engagent que ceux qui les croient.

Que ce soit dans Windows 8 ou dans Windows 8.1, ces applications n'ont pas fait le poids face à Gmail et bien d'autres. Et face à la désertion des utilisateurs, Microsoft a tenté de les rattraper par le collet en changeant Hotmail, à la mauvaise réputation, par Outlook.com.

Avec Windows 10, Microsoft s'est débarrassée des applications « Metro » de Windows 8. Et personne ne le regrette, moi le premier. Ce qui a émergé, ce sont pour faire court deux applications (une qui couvre en fait Courrier et Calendrier, et l'autre appelée Contacts) qui fonctionnent plus ou moins de la même manière sur les PC, les portables, les tablettes, et même les smartphones sous Windows 10.

Les nouvelles applications Universelles Windows Courrier et Calendrier forment comme une double application, avec deux vignettes, qui partagent les mêmes comptes de messagerie. Ce chapitre vous fait découvrir Courrier et Calendrier, tandis que nous retrouverons Contacts au prochain chapitre.

Avant de vous décider...

Si vous ouvrez l'application Universelle Windows Courrier, et en supposant que vous y avez déjà défini un ou plusieurs comptes de messagerie, vous allez voir s'afficher une fenêtre semblable (quoi qu'évidemment très différente dans son contenu) à celle qui est illustrée sur la Figure 1.1.

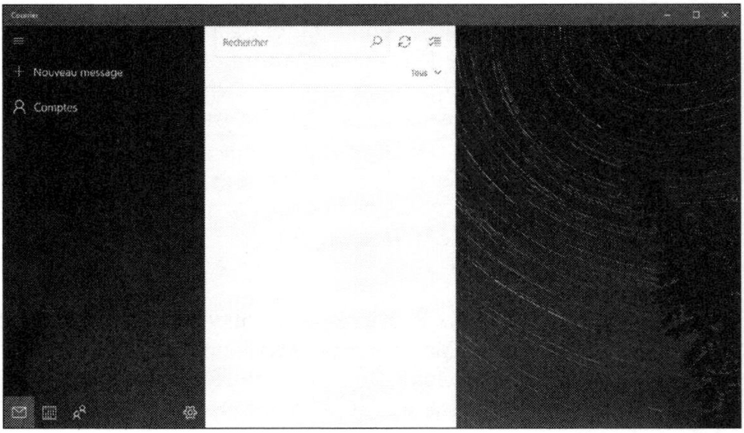

FIGURE 1.1 Aperçu de l'application Universelle Windows Courrier.

Il se peut, quand vous ouvrez l'application Courrier sur votre PC, que le volet de gauche soit ouvert, ou que l'aperçu des messages dans la partie droite de la fenêtre n'apparaisse pas. Il y a aussi des différences entre la vue standard sur PC et le mode Tablette, selon la taille de votre écran ou encore l'orientation de celui-ci.

Courrier est-elle l'application dont vous avez besoin ? Bonne question. La réponse dépend bien entendu de la manière dont vous souhaitez gérer vos messages et votre agenda.

Quelques options de messagerie

L'application Universelle Courrier a ses bons et ses mauvais côtés, et surtout ce n'est pas forcément celle qui correspond le mieux à vos besoins.

Pour compliquer la situation, vous n'êtes pas tenu à utiliser l'application Courrier uniquement avec votre compte Microsoft. Vous pouvez en effet lui ajouter toutes sortes d'autres comptes, par exemple Gmail, iCloud ou Yahoo!, ou celui qui vous est délivré par votre fournisseur d'accès Internet. De plus, vous avez aussi la possibilité d'accéder à votre compte Microsoft sur n'importe quel système en ouvrant la page `Outlook.com` dans votre navigateur préféré (voir la Figure 1.2).

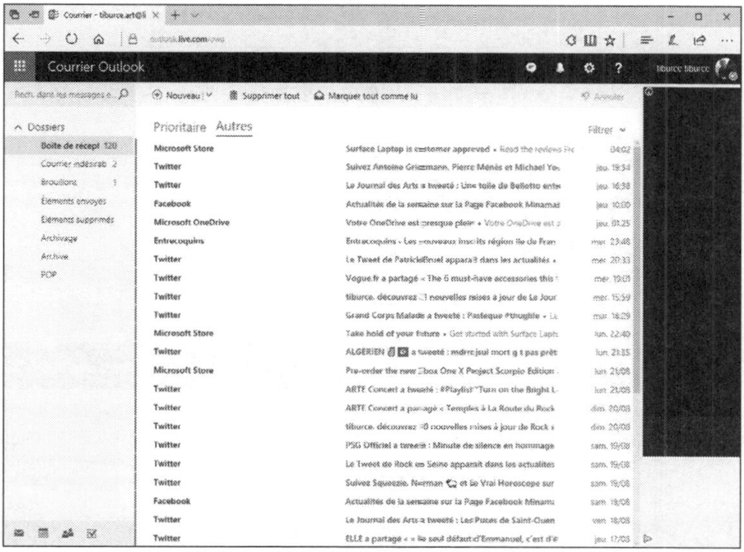

FIGURE 1.2 La messagerie, c'est aussi sur Outlook.com (remarquez les publicités sur la droite).

Dans le même temps, vous pouvez aussi parfaitement préférer Gmail (ou un autre service de messagerie) et vous en tenir là. D'ailleurs, les versions de Gmail destinées aux smartphones et aux tablettes sont parfaitement capables de traiter n'importe quel type de compte, y compris Microsoft ou autre (voir la Figure 1.3).

Google propose aussi maintenant un très bon client de messagerie appelé Inbox.

L'application Universelle Courrier de Windows 10 fonctionne comme une sorte de point de collecte. Par exemple, elle récupère les messages de votre compte Hotmail/Outlook.com, et elle envoie ceux que vous rédigez *via* Hotmail/Outlook.com. Mais elle peut aussi recevoir et envoyer vos messages *via* Gmail. Mais, lorsqu'elle ne rencontre pas de problème, elle ne détruit pas votre courrier. Autrement dit, tous vos messages restent stockés sur Hotmail/Outlook.com ou Gmail. Même s'il peut y avoir quelques subtilités, vous pouvez dans la plupart des cas utiliser Courrier le matin, passer à Gmail ou Hotmail/Outlook.com quand vous êtes au bureau, et revenir à Courrier en rentrant le soir. Et il ne manquera rien.

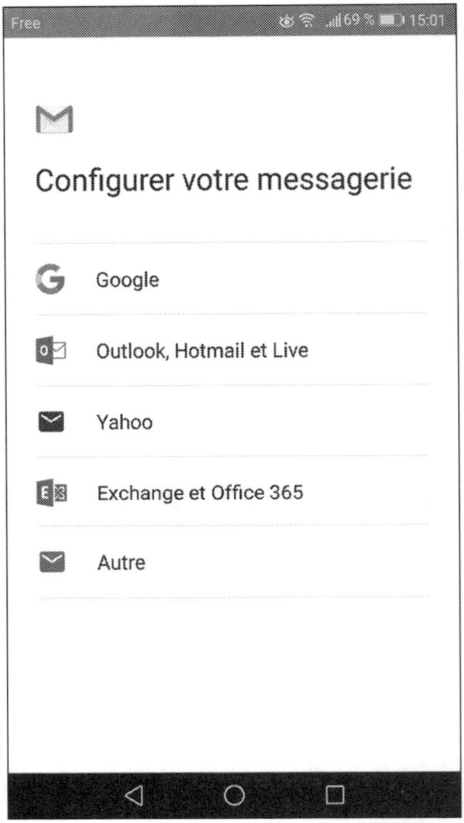

FIGURE 1.3
Sur un smartphone, vous pouvez ajouter n'importe quel type de compte de messagerie à Gmail.

Bien. Mais le fait est aussi que vous pouvez ajouter votre compte Hotmail/Outlook.com à Gmail, ou encore ajouter votre compte Gmail à Hotmail/Outlook.com. En fait, vous avez la possibilité d'intégrer pratiquement n'importe quel type de compte à Hotmail/Outlook.com comme à Gmail. Par conséquent, l'idée de se servir de l'application Courrier comme « point de collecte » n'est pas une véritable justification puisque Gmail comme Hotmail/Outlook.com sont parfaitement capables de faire la même chose.

Le principal bénéfice à tirer de l'application Universelle Courrier plutôt que de HotMail/Outlook.com ou Gmail, c'est qu'elle stocke vos messages récents sur votre ordinateur (Gmail sous Google Chrome en est aussi capable, mais cela nécessite une configuration particulière). Si vous n'avez pas accès à l'Internet, vous ne pourrez pas récupérer vos nouveaux messages ou envoyer vos réponses, mais du moins l'application Courrier pourra-t-elle afficher vos messages récents.

Le reste est aussi une question de préférence quant à l'interface utilisateur. Là, c'est vous qui choisissez. Mais il est vrai que les messageries évoluent fréquemment, et que la vérité d'aujourd'hui ne sera pas forcément celle de demain...

Hotmail/Outlook.com comme Gmail sont supérieures à l'application Courrier sur plusieurs aspects :

- » Hormail/Outlook.com et Gmail conservent tous vos messages, tout le temps, du moins si vous les archivez. Avec l'application Courrier, la durée de vie de vos messages n'est pas assurée, d'autant qu'elle ne comporte pas (du moins à ce jour) de commande d'archivage.
- » Gmail et Hotmail/Outlook.com affichent davantage d'informations à l'écran. L'application Courrier a été largement conçue pour les systèmes tactiles, avec de grands blocs sur lesquelles il est (relativement) facile de taper, Gmail comme Hotmail/Outlook.com sont bien plus adaptées à l'utilisateur de la souris.

Jusqu'ici, je vous ai parlé de l'application Universelle Courrier, de Gmail et d'Outlook.com. Mais il existe bien entendu quantité d'autres solutions pour gérer votre messagerie et votre agenda. Citons rapidement :

- » **Microsoft Outlook :** C'est le compagnon de Microsoft Office depuis les temps préhistoriques. Outlook est très puissant, très complexe, bourré d'options (dont certaines sont difficilement compréhensibles, et dont la plupart ne sont jamais utilisées). Mais c'est aussi le seul qui soit capable de gérer des centaines de milliers de messages. Outlook est la Rolls-Royce de la messagerie, avec tout ce que cela implique de positif comme de négatif.
- » **Outlook Web App :** Ce n'est pas réellement Outlook, mais les types chargés du marketing chez Microsoft voudraient vous le faire croire. Cette application est associée à Exchange Server (ainsi qu'à certaines versions d'Office 365) et est destinée aux grandes entreprises qui veulent que leur personnel puisse accéder à leur messagerie d'entreprise sans passer par Outlook.
- » **Votre FAI :** Votre FAI, c'est votre fournisseur d'accès Internet. Il a forcément une messagerie destinée à ses clients, généralement accessible depuis un portail Web ou une adresse Internet spécifique. Cependant, l'interface est généralement assez pauvre et les fonctionnalités limitées par rapport à Gmail ou Hotmail/Outlook.com.
- » **Autres alternatives gratuites :** Citons pour mémoire Mozilla Thunderbird et Eudora. Mais il y en a des tas d'autres qui ont des supporters enthousiastes et passionnés.

La messagerie de l'iPad n'est pas sensationnelle. En revanche, elle a l'avantage par rapport à l'application Courrier de pouvoir fusionner facilement plusieurs boîtes de réception. Si vous possédez un iPad, vous pouvez vous servir de l'application maison quand vous êtes en déplacement et que vous n'attendez pas l'arrivée de messages très importants. Et Gmail est aussi disponible pour les iPad et les iPhone...

Et les agendas ?

Là aussi, il y a pléthore de programmes, d'applications ou d'outils dédiés à la gestion des emplois du temps. Je mettrais ceux-ci en exergue :

» **Google Calendar :** Bien intégré dans la galaxie Google (surtout avec Google Drive), il est réputé pour être à la fois suffisamment puissant et facile à utiliser (voir la Figure 1.4). De plus, il a le gros avantage d'offrir une synchronisation instantanée et efficace, ce qui vous permet d'y accéder à partir de n'importe quel ordinateur, tablette, smartphone ou presque tout autre objet connecté (`calendar.google.com`).

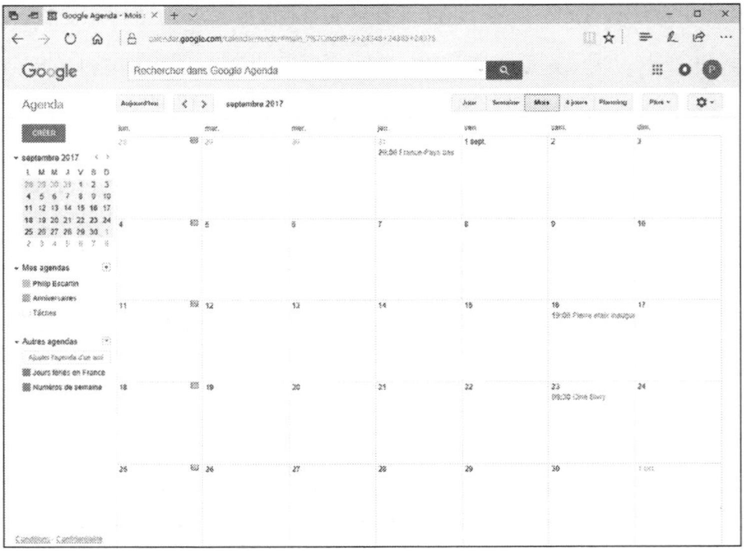

FIGURE 1.4 L'agenda Google est facilement accessible sur de nombreux dispositifs.

Il existe aussi Google Agenda destiné aux entreprises et axé sur le travail collaboratif. Ce service est payant. Soyez vigilant, car Google est très malin. Si vous recherchez l'agenda Google gratuit pour les particuliers, il faut chercher Calendar !

- **Hotmail/Outlook.com :** Il accompagne la messagerie éponyme (selon le même principe que Google et ses apps). Ce calendrier est raisonnablement puissant et intégré, et vous pouvez partager votre agenda avec vos contacts ou d'autres personnes (voir la Figure 1.5).
- **Outlook :** J'ai dit plus haut qu'Outlook était la Rolls-Royce des messageries. Et, comme dans toute voiture de luxe qui se respecte, les accessoires sont fournis. Et donc ici l'agenda, avec tellement d'options qu'on pourrait y consacrer un livre entier.

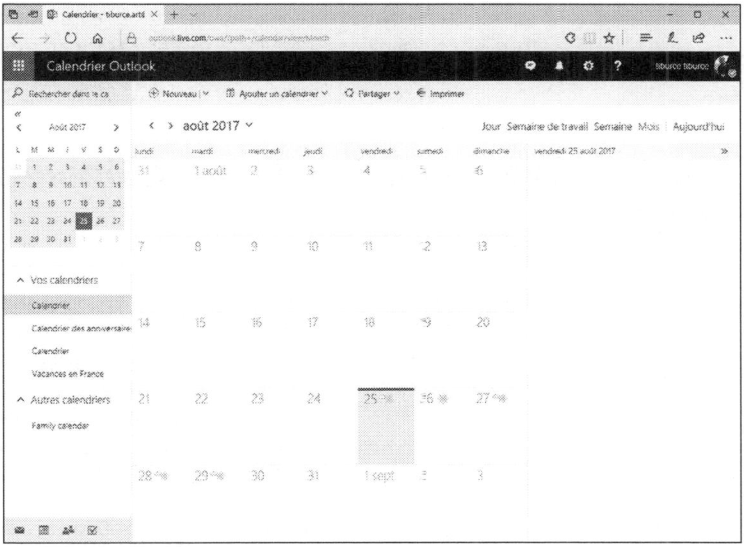

FIGURE 1.5 Le calendrier Hotmail/outlook.com a de nombreux points communs avec l'agenda Google.

Si vous devez planifier une conférence en réservant une salle et en ayant à gérer une centaine de participants, qui se servent tous d'Outlook, son agenda est évidemment ce qu'il vous faut. Pour votre quotidien, enregistrer les anniversaires de la famille, ou les prochains matchs de foot du petit dernier, n'importe quel agenda/calendrier fera parfaitement l'affaire.

Si l'on reprend la question de départ, on peut facilement résumer la situation assez simplement :

- Les outils de productivité de Windows 10 (Courrier et Calendrier) sont suffisants si vous n'avez pas de gros besoins.

  Si vous possédez un iPad ou un iPhone, il sera généralement préférable de vous servir des applications intégrées, ou de celles que vous pourriez trouver sur l'App Store. Et si vous possédez un smartphone ou une tablette Android, Gmail comme l'agenda Google seront certainement vos meilleurs alliés.

» Les services disponibles en ligne, comme Hotmail/Outlook.com et Gmail, sont plus universels que les applications Universelles Windows, ou que les messageries maison. Dès que vous pouvez disposer d'une connexion Internet fiable, ce sont sans aucun doute les outils les plus simples, efficaces et pratiques à la fois que vous puissiez trouver.

» Et si vous avez à gérer des hordes de comptes, de messages, de rendez-vous, d'agendas et toutes ces sortes de choses, il ne fait aucun doute que le plus puissant de tous reste Outlook. Et, après tout, vous n'avez pas à explorer toutes ces fonctionnalités pour vous en servir !

À la découverte de l'application Universelle Courrier

Désormais, la barre des tâches affiche une vignette Courrier qui prend la forme d'une enveloppe ouverte. La première fois que vous cliquez sur cette vignette ou sur la vignette de l'application Courrier dans la partie droite du menu Démarrer, Windows vous propose d'ajouter un compte. Si vous êtes connecté avec un compte Microsoft, deux clics devraient suffire pour que vous accédiez à la fenêtre principale de l'application (reportez-vous à la Figure 1.1).

Si Windows ne vous incite pas à créer un compte, procédez-y tout simplement par un clic sur Comptes dans le volet gauche, puis sur Ajouter un compte dans le volet droit qui s'affiche alors.

Si vous utilisez un compte local, donc inconnu de Microsoft (voyez le Livret II, Chapitre 5), ou si vous demandez à ajouter un compte de messagerie supplémentaire, l'application Courrier vous propose les choix illustrés sur la Figure 1.6.

Le Tableau 1.1 décrit les options vous devriez choisir en fonction du fournisseur de messagerie que vous utilisez.

Dans le cas d'un compte local (vous ne voulez probablement pas être pisté par Microsoft, comme l'explique le Livret II, Chapitre 4), il vous sera demandé si vous voulez transformer celui-ci en compte Microsoft.

Soyez prudent ! Si vous tapez votre mot de passe une seconde fois, Windows va prendre cela pour une permission de transformer votre compte local en compte Microsoft. Cliquez simplement sur le lien qui indique votre ferme volonté de vous connecter à votre compte Microsoft plus tard. Beaucoup plus tard…

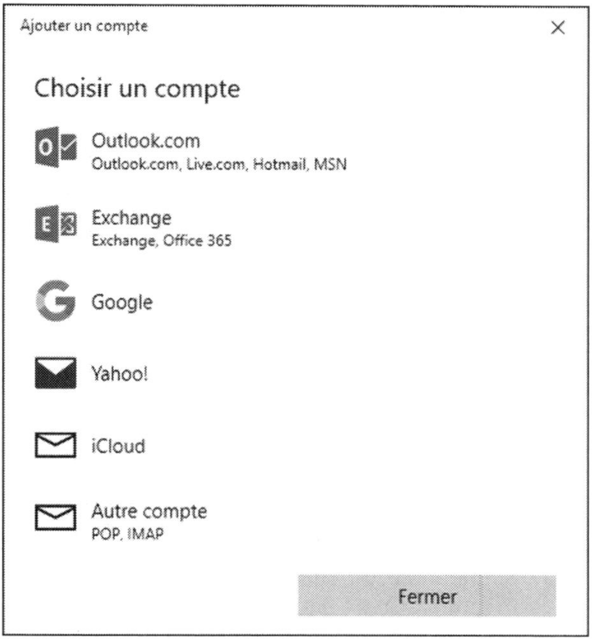

FIGURE 1.6 L'application Universelle Courrier reconnaît pratiquement n'importe quel type de compte.

TABLEAU 1.1 Types de comptes de messagerie.

Utilisez ce type	Pour ce service de messagerie
Outlook.com	Concerne les comptes délivrés par Microsoft. Ils se terminent par un suffixe du style `@outlook.com`, `@live.com`, `@hotmail.com`, ou encore `@msn.com`. Dans certains cas, ce suffixe peut également se terminer en .fr.
Exchange	Il est destiné aux messageries gérées *via* un serveur d'entreprise, ou si vous utilisez Office 365 pour gérer vos messages.
Google	Si vous avez un compte Google, autrement dit qui se termine par `@gmail.com`. Il se peut aussi que votre entreprise utilise les services Google Apps for Business.
Yahoo!	Entendez ici Yahoo! Mail. Si vous avez déjà créé un compte sur Yahoo! Mail et se terminant de facto par `@yahoo.fr`, vous pouvez demander à Courrier d'en gérer le contenu.

Utilisez ce type	Pour ce service de messagerie
iCloud	Pour ceux qui jouent sur les deux tableaux, avec une adresse qui se termine par `@icloud.com`, `@me.com` ou encore `@mac.com`.
Autre compte	Pour n'importe quel autre type de compte, en particulier de type POP3 ou IMAP. Par exemple, la ou les adresses de messagerie qui sont associées à votre abonnement Internet sont normalement dites POP3. Normalement, l'application devrait être parfaitement capable de configurer automatiquement tous les réglages nécessaires. Sinon, vous devrez piocher dans la configuration avancée.
Configuration avancée	Uniquement si vous possédez un compte Exchange ActiveSync, ou bien si l'application n'a pas réussi à trouver votre adresse, ce qui est rare.

Dans tous les cas, vous finissez par vous retrouver devant la page principale de l'application, telle qu'elle est illustrée sur la Figure 1.1 (les détails peuvent varier selon la largeur de l'écran si vous êtes en mode Tablette, et ainsi de suite).

La disposition standard de l'application présente trois colonnes :

- Le volet de gauche affiche des icônes dont le sens apparaît plus clairement si vous cliquez ou tapez sur le « hamburger » (les trois barres, en haut et à gauche). Comme l'illustre la Figure 1.7, le signe « + » sert à créer un nouveau message. La ligne Comptes vous permet de choisir le compte que vous voulez utiliser dans le cas où vous en auriez défini plusieurs. L'icône de dossier a à peu près le même effet que le hamburger, avec une présentation un peu différente. L'enveloppe sert à revenir à la messagerie. Dans ce cas, Courrier et Calendrier s'ouvrent chacun dans une fenêtre. Le fait de cliquer sur l'une ou l'autre icône bascule vers la fenêtre Courrier (si vous cliquez sur l'enveloppe) et la fenêtre Calendrier (si vous cliquez sur le calendrier). En dessous de l'icône Calendrier, il y a l'icône Contacts, qui ouvre l'application du même nom. Vous y gérez vos contacts. Enfin, la roue dentée des paramètres, que nous retrouverons dans la prochaine section.
- La colonne du milieu liste les messages de la boîte sélectionnée dans le volet de gauche (en cliquant sur le « hamburger » ou sur l'icône de dossier). Par défaut, l'application Courrier affiche votre boîte de réception.
- La colonne de droite montre le contenu du message actuellement sélectionné.

Créer un message

Lorsque vous répondez à un message, l'application Courrier configure de manière typique une réponse à l'expéditeur (ou une réponse à toutes les personnes concernées) selon une disposition en trois colonnes, comme l'illustre la Figure 1.8. De même, si vous cliquez sur l'icône « + », en haut et à gauche de la fenêtre, Courrier affiche un nouveau message totalement vierge. Dans les deux cas, il vous suffit de commencer à saisir votre message (bien entendu, vous devrez aussi choisir le ou les destinataires dans le cas d'un nouveau message).

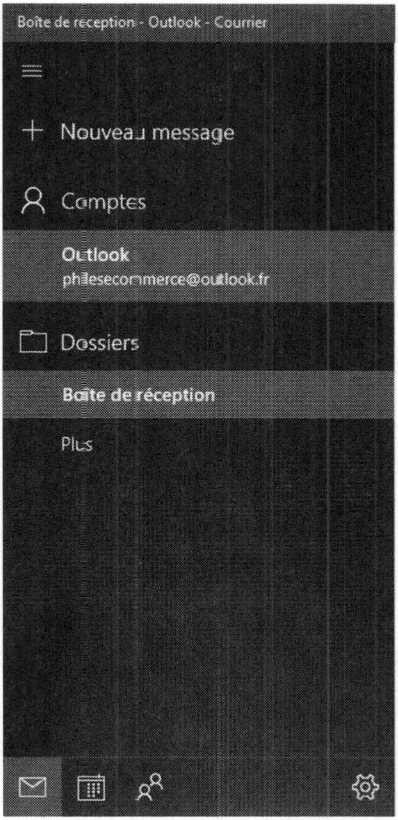

FIGURE 1.7
Cliquez ou tapez sur l'icône marquée de trois traits (ou sur celle qui représente un dossier) pour choisir la boîte que vous voulez consulter.

Voici un rapide tour d'horizon des options dont vous disposez lorsque vous créez votre message :

» **Formatage du texte :** Par défaut, Courrier utilise pour le texte que vous saisissez la police de caractères Calibri en corps 11. C'est un choix tout à fait adapté dans l'immense majorité des cas. Et, par pitié, oubliez la police Comic Sans qui est une insulte à l'intelligence humaine ! Si vous voulez modifier cette mise en forme, il vous suffit de sélectionner la partie du texte voulue, puis de cliquer sur la petite pointe qui suit l'icône de soulignement – le S souligné (voir la Figure 1.9).

  Les amis du clavier disposent évidemment toujours de leurs bons vieux raccourcis, en particulier :

  - *Ctrl+G* active/désactive la mise en caractères gras.
  - *Ctrl+I* active/désactive la mise en italique.

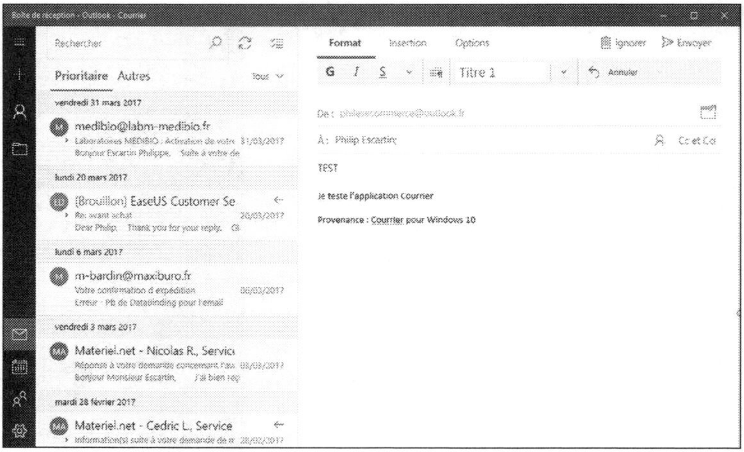

FIGURE 1.8 L'application Courrier vous permet de créer un message ou de répondre à un contact.

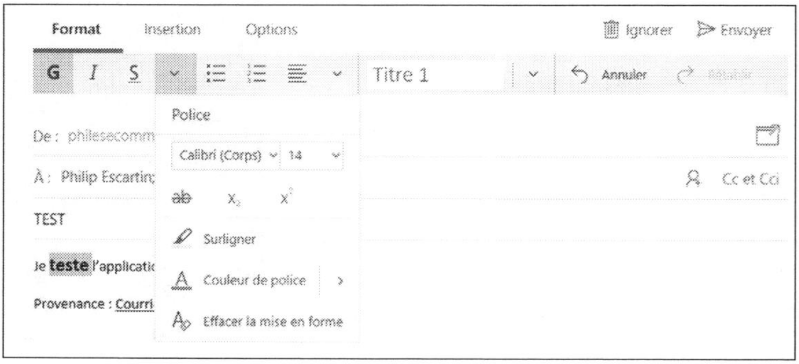

FIGURE 1.9 Sélectionnez le texte et appliquez-lui votre formatage de la manière habituelle.

- *Ctrl+U* active/désactive le soulignement (malgré la lettre S soulignée dans les outils de mise en forme).
- *Ctrl+Z* annule la dernière action.
- *Ctrl+Y* rétablit la dernière action annulée.
- Évidemment, les grands classiques *Ctrl+C* (copier), *Ctrl+X* (couper) et *Ctrl+V* (coller) sont toujours au rendez-vous.

Vos émoticônes favorites sont également au rendez-vous. Tapez par exemple :-) et vous obtiendrez un visage souriant.

» **Listes à puces ou numérotées, et autres options de mise en forme :** Sélectionnez le ou les paragraphes que vous voulez modifier, cliquez ensuite sur le bouton de formatage correspondant (juste avant Titre 1), puis choisissez les options voulues (voir la Figure 1.10).

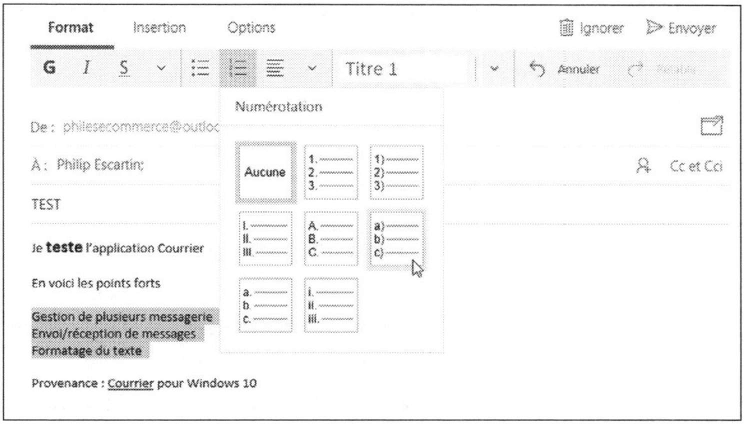

FIGURE 1.10 Sélectionnez vos paragraphes, puis transformez-les en listes à puces ou numérotées.

- **Ajouter une pièce jointe :** Cliquez ou tapez sur l'onglet Insertion, en haut de la fenêtre, puis choisissez Fichiers (l'icône du trombone). Dans la fenêtre de l'Explorateur de fichiers qui apparaît, naviguez jusqu'au fichier voulu, puis cliquez sur Ouvrir (le mot est mal choisi).
- **Définir un indicateur de priorité :** Cliquez ou tapez sur l'onglet Options, en haut de la fenêtre, puis sur un des deux symboles affichés dans la partie droite de la barre d'outils de l'onglet Options.

Quand vous avez terminé, cliquez ou tapez sur l'icône Envoyer située dans la partie supérieure droite de la fenêtre. Le message est transféré dans la boîte d'envoi, d'où il est prêt à partir lors de la prochaine synchronisation (en principe, l'envoi devrait être immédiat).

Si vous décidez en cours de route que non, finalement, vous n'allez pas envoyer le message que vous aviez commencé à rédiger, il vous suffit de cliquer ou taper sur l'icône Ignorer (la corbeille) située à gauche d'Envoyer.

Vous n'avez besoin de rien faire pour conserver un brouillon d'un message en cours de rédaction. L'application Courrier le fait automatiquement pour vous.

Rechercher un message

Retrouver un message que vous voulez consulter à nouveau n'est pas compliqué, à condition de veiller à deux détails très importants :

- **Si vous avez défini plusieurs comptes, commencez par activer celui dans lequel vous voulez effectuer une recherche.**

L'application Courrier n'affichant qu'un seul compte à la fois, vous ne risquez pas de trouver grand-chose d'intéressant si vous ne choisissez pas le bon compte.

» **N'utilisez pas Cortana.** Elle n'est pas (encore) capable de relever le défi.

Pour effectuer une recherche dans vos messages :

1. **Activez le compte qui contient le message que vous voulez retrouver.**

   Cliquez sur l'icône des trois traits, à gauche de la fenêtre, et sélectionnez le compte voulu dans la section Comptes.

2. **En haut de la seconde colonne, cliquez ou tapez dans le champ Rechercher.**

3. **Tapez votre critère de recherche et appuyez sur la touche Entrée (ou cliquez à nouveau sur l'icône de la loupe).**

La portée de la recherche effectuée par l'application Courrier n'est pas clairement définie. Normalement, elle devrait porter sur tous les messages auxquels vous pouvez accéder. Si Courrier ne trouve pas de réponse, il vous propose de poursuivre la recherche en ligne.

L'application Courrier et ses paramètres

L'application Universelle Courrier n'offre pas des hordes de réglages, mais certains ont leur importance. Pour les révéler, cliquez ou tapez sur l'icône qui représente une roue dentée, en bas et à gauche de la fenêtre. Le volet Paramètres va apparaître (voir la Figure 1.11).

Ajouter un nouveau compte de messagerie

L'application Courrier, comme nous l'avons vu plus haut dans ce chapitre, est capable de reconnaître et de gérer à peu près n'importe quel type de compte de messagerie.

Pour ajouter (ou supprimer) un compte :

1. **Ouvrez le volet des paramètres en cliquant sur la roue dentée.**

   Reportez-vous à la Figure 1.11.

2. **Cliquez ou tapez sur l'option Gérer les comptes.**

La liste des comptes déjà définis s'affiche (voir la Figure 1.12).

3. **Cliquez ou tapez sur la ligne Ajouter un compte.**

   La liste des types de comptes s'affiche (reportez-vous à la Figure 1.6).

4. **Tapez ou cliquez sur le type du compte que vous voulez ajouter (reportez-vous au Tableau 1.1).**

5. **La fenêtre qui s'affiche ensuite varie en fonction de l'origine du compte. Par exemple, la Figure 1.13 illustre le cas d'un compte Microsoft. Vous devez saisir votre adresse de messagerie, cliquer sur Suivant, puis saisir votre mot de passe, et enfin Se connecter.**

   L'application Courrier est capable de se débrouiller avec à peu près n'importe quoi, à condition évidemment que l'adresse de messagerie *et* le mot de passe que vous saisissez soient tous deux corrects.

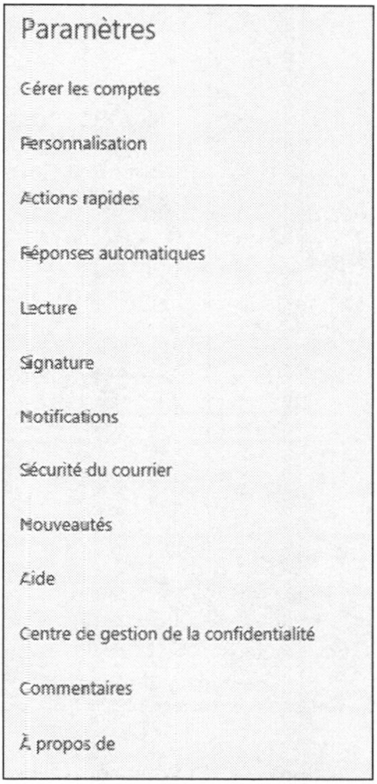

FIGURE 1.11 Les paramètres de l'application Courrier.

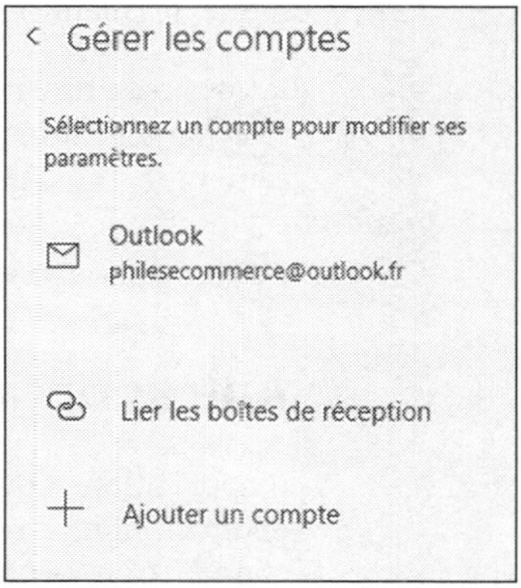

FIGURE 1.12 Ajouter ou modifier un compte.

Si vous voulez modifier les détails concernant un compte, reprenez les deux premières étapes ci-dessus, puis cliquez ou tapez sur le nom du compte à personnaliser. La fenêtre illustrée sur la Figure 1.14 va s'afficher.

Vous pouvez y renommer le compte à votre convenance, modifier sa configuration ou encore le supprimer (uniquement dans l'application Courrier, bien entendu).

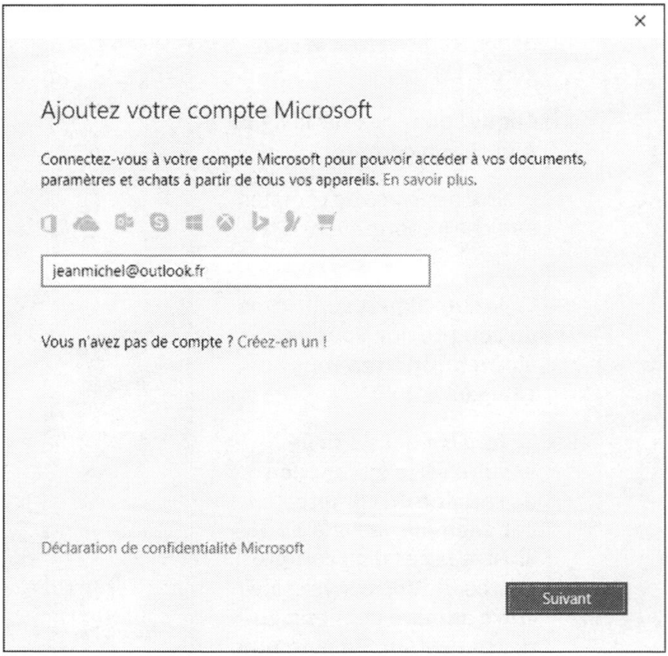

FIGURE 1.13 Ajouter un compte Microsoft à l'application Courrier.

Si vous choisissez l'option Modifier les paramètres de synchronisation de boîte aux lettres, vous pourrez redéfinir le mode et la périodicité de la synchronisation, le nom utilisé pour l'envoi des messages, ou encore choisir si la synchronisation concerne ou nom la messagerie électronique, le calendrier ou encore les contacts (voir la Figure 1.15).

Je vous recommande vivement de décocher la case qui indique Toujours télécharger l'intégralité du message et les images Internet. C'est précisément là, ainsi que dans les pièces jointes, que les méchants adorent se dissimuler. Vous pourrez toujours télécharger manuellement les images des messages qui sont dignes de confiance.

Autres options

L'application Courrier propose quelques autres paramètres qu'il peut (ou non) être intéressant de personnaliser, ou du moins utiles à connaître. Vous pouvez en particulier :

- » Changer l'image qui apparaît en arrière-plan dans le panneau de droite lorsqu'aucun message n'est sélectionné.
- » Définir la réponse à un balayage vers la gauche ou vers la droite (mettre un indicateur, supprimer et ainsi de suite).

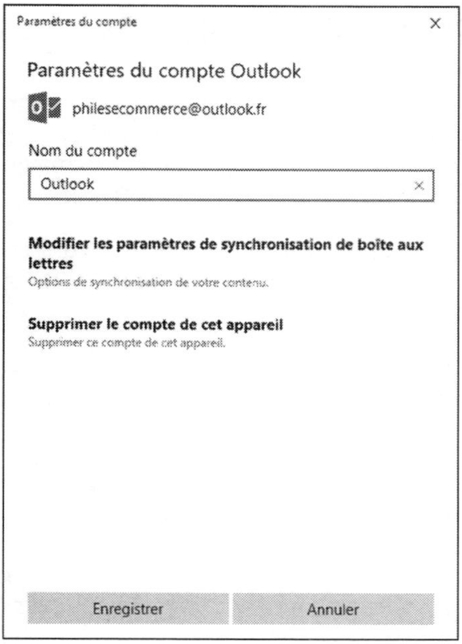

FIGURE 1.14 Modifier ou supprimer un compte.

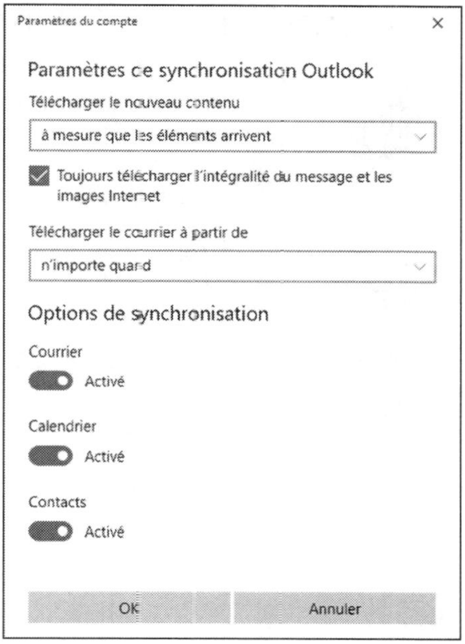

FIGURE 1.15 Configurer les options de synchronisation d'un compte.

- » Demander à organiser les messages par conversation (l'effet le plus évident est de montrer ou masquer les brouillons).
- » Définir des réponses automatiques en cas d'absence.
- » Demander à ouvrir automatiquement l'élément suivant lorsque vous en avez terminé avec le message courant.
- » Contrôler la manière dont les messages sont marqués comme étant lus.
- » Définir une « signature » qui sera automatiquement ajoutée à la fin de tous les messages que vous envoyez.
- » Afficher l'en-tête des nouveaux messages dans le Centre de notifications, et même émettre un signal sonore lorsque du courrier arrive sur votre bureau.

L'application Mon Calendrier, l'autre agenda

Voici une nouveauté de la mise à jour Fall Creator Update, l'application Mon Calendrier, une application plus performante que l'historique Calendrier de Windows 10. Elle est installée dans la partie droite du menu Démarrer dans le groupe de vignettes Coup d'œil sur les activités.

Si cette application n'est pas installée, ouvrez le Windows Store et, dans le champ Rechercher, tapez Mon Calendrier. Ensuite, Installez-la gratuitement.

Il est toujours possible d'utiliser Calendrier, mais nous préférons consacrer ici Mon calendrier qui est bien plus efficace et convivial que l'ancienne version de cette application.

Le mode de fonctionnement de l'application Mon Calendrier est simple et direct. Après tout, ce n'est qu'un agenda électronique (voir la Figure 1.16).

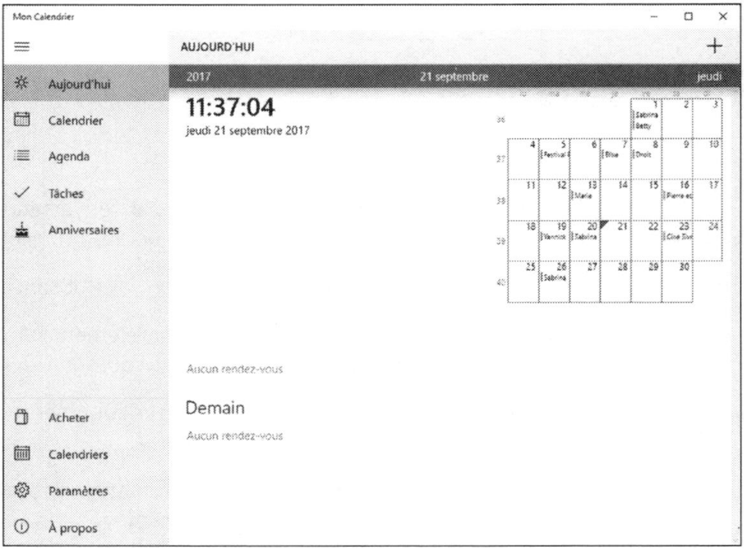

FIGURE 1.16 L'application Mon Calendrier.

Il se peut cependant que l'affichage se trouve rempli d'événements en double, voire en triple, comme des anniversaires, des jours fériés légaux, et ainsi de suite. La raison en est simple : vous avez associé plusieurs comptes à l'application Courrier, par exemple, et ces comptes ont des entrées communes.

Mais ne paniquez pas.

Si vous voyez des quantités d'entrées dupliquées, c'est que vous avez ajouté plusieurs comptes dans l'application Universelle Courrier/Calendrier, et chaque compte contient certaines entrées identiques. Par défaut, l'application Mon Calendrier affiche tout ce qu'elle trouve. Mais il n'est pas bien difficile de clarifier la vue, au moins partiellement. Voici comment vous pouvez réorganiser votre calendrier :

1. **Ouvrez l'application Mon Calendrier depuis la partie droite du menu Démarrer.**

   Vous pouvez également la démarrer depuis les applications Courrier et Contacts. Vous pouvez également saisir Mon Calendrier dans le champ Taper ici pour rechercher de Cortana.

   La fenêtre de l'application apparaît (reportez-vous à la Figure 1.16).

2. **Dans la colonne de gauche, cliquez sur Calendrier, puis décochez les types d'entrée que vous ne voulez pas voir, comme sur la Figure 1.17.**

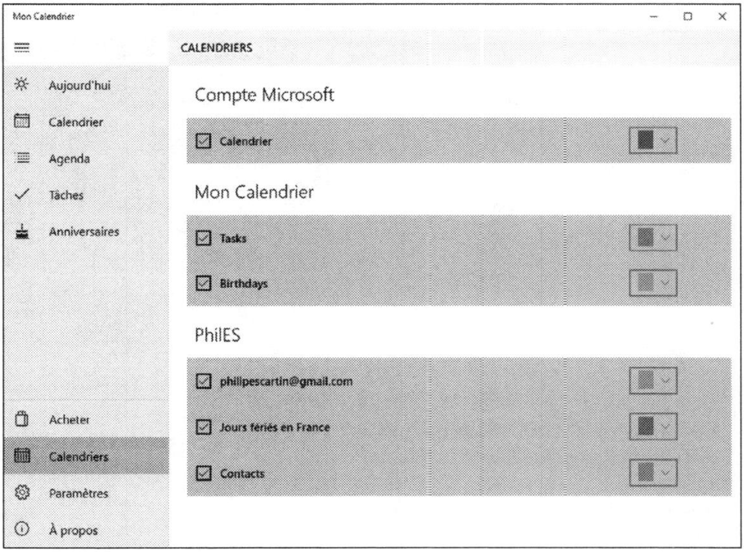

FIGURE 1.17 Clarifiez l'affichage en décochant les « calendriers » qui ne vous intéressent pas.

3. **Revenez ensuite au calendrier en cours par un clic sur Aujourd'hui (par exemple).**

En haut de la fenêtre, vous disposez de plusieurs options pour choisir le mode de présentation du calendrier :

- » **Aujourd'hui :** Vous renvoie à la date courante.

» **Calendrier :** Permet d'afficher le calendrier en cours en Jour, Semaine, Mois et Année. Il suffit de cliquer sur les onglets illustrés à la Figure 1.18 :

- **Jour :** Affiche un calendrier quotidien. La petite flèche qui suit l'intitulé vous permet de sélectionner une période courant d'une à six journées successives (selon la taille de votre écran). Si vous n'êtes pas placé sur la date du jour, il semble que l'application choisisse systématiquement le premier jour disponible dans la fenêtre.
- **Semaine :** Comme ci-dessus, mais en allant comme vous vous en doutez du lundi au dimanche suivant.
- **Mois :** Couvre un mois en entier.
- **Année :** Affiche tous les mois de l'année afin de sélectionner plus rapidement celui que vous souhaitez consulter. Cliquez simplement sur le mois qui vous intéresse.

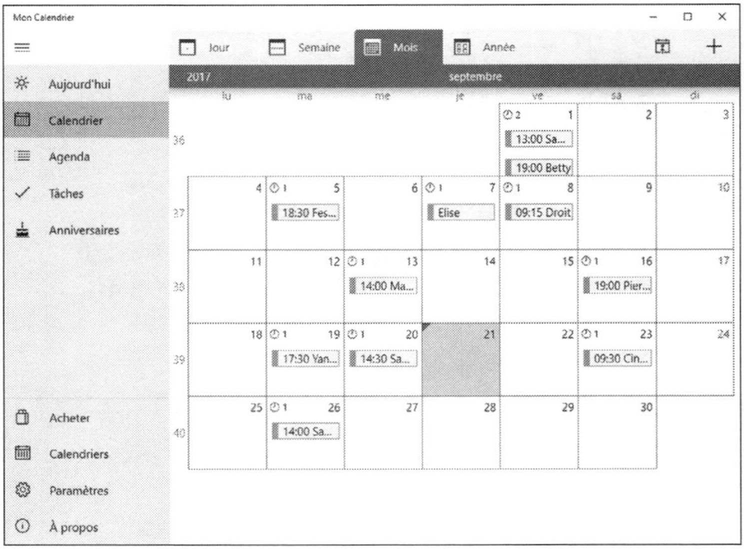

FIGURE 1.18 Le mode Calendrier propose plusieurs manières d'afficher le calendrier.

Pour passer d'un mois à un autre en mode d'affichage Mois, faites tourner la molette de votre souris, ou bien appuyez sur les flèches directionnelles de votre clavier. Sur un écran tactile, faites glisser le contenu de la fenêtre vers le haut ou le bas.

Pour atteindre rapidement la date du jour en cours, cliquez sur l'icône située à gauche du signe + dans la partie supérieure droite de Mon Calendrier.

Ajouter des rendez-vous (et autres)

Pour ajouter un nouvel événement dans un calendrier, il suffit de taper ou cliquer sur le bouton « + », en haut et à droite de la fenêtre. Cette action ouvre une interface de définition d'un nouveau rendez-vous comme sur la Figure 1.19.

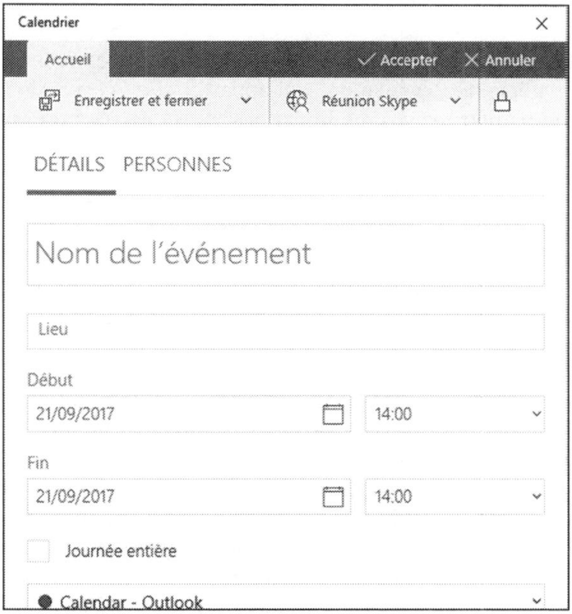

FIGURE 1.19 Créer un nouvel événement dans le calendrier.

Les entrées se comprennent facilement, sauf pour quelques points :

- **Indiquez le nom de l'événement, le lieu, le début et la fin.** Utilisez les icônes des calendriers pour changer la date, et utilisez les menus locaux pour définir les heures de début et de fin. Si le rendez-vous dure toute la journée, cochez simplement la case Journée entière.
- **Vous devez choisir un calendrier, autrement dit un compte de messagerie pour choisir comment effectuer la synchronisation.** L'application Mon calendrier se connecte immédiatement au compte que vous choisissez pour y enregistrer le nouvel événement.
- **Vous pouvez, le cas échéant, ajouter une ou plusieurs adresses de messagerie en cliquant sur l'onglet Personne.** Dans ce cas, l'application Mon Calendrier générera automati-

quement un message d'invitation qui sera envoyé au(x) destinataire(s) de l'invitation en leur demandant de confirmer leur présence.

» **Les onglets Format et Révision** permettent de mettre en forme le texte et d'effectuer une correction orthographique.

Lorsque vous avez terminé, cliquez ou tapez sur le bouton Enregistrer et fermer de l'onglet Accueil.

Pour modifier un événement, cliquez dessus dans le calendrier. Dans la fenêtre de l'événement qui apparaît cliquez sur Modifier en haut à droite. Apportez vos modifications, puis cliquez sur Enregistrer et fermer.

Il est aussi possible de saisir des rendez-vous ou des événements en faisant appel à Cortana (voir le Livret III, Chapitre 5). Ce n'est pas très pratique, ni assez complet pour un événement un peu complexe. Les événements ainsi définis s'affichent dans le calendrier associé à votre compte Microsoft. Mais ils ne peuvent être ni modifiés ni supprimés dans l'application Calendrier. Seule Cortana a le droit de le faire...

Mon calendrier dispose de nombreuses autres options comme Agenda qui permet d'accéder à vos événements. Cliquez ou touchez l'événement à éditer, il s'ouvre dans sa propre fenêtre. Tâches permet de gérer vos... tâches. Il sera facile de créer des listes de choses à faire, de personnes à appeler, de tâches professionnelles, *etc.* Anniversaires liste les dates d'anniversaire de vos contacts. Impossible d'oublier un anniversaire désormais. Acheter propose d'acheter l'application Mon calendrier pour éviter les publicités. Paramètres permet de configurer l'application selon vos besoins, comme limiter les calendriers à afficher.

En guise de conclusion ?

L'application Mon Calendrier est un agenda bien plus sophistiqué que l'assez médiocre Calendrier de Windows 10.

Sur le versant positif des choses, il convient tout de même de souligner que l'application Universelle Windows Courrier/Calendrier (c'est vous qui voyez) est capable de vous envoyer des rappels dans le Centre de notifications (voir le Livret II, Chapitre 3 pour plus de détails).

Et si vous avez besoin d'une application, tournez-vous par exemple vers l'agenda Google, ou encore ce que vous propose votre iPhone/iPad si ce matériel a votre préférence.

Au-delà de la messagerie électronique

Pour terminer ce chapitre, je me dois de reconnaître que les systèmes de messagerie tels que nous avons pu les connaître par le passé (et même aujourd'hui) connaissent de grandes évolutions.

Par exemple, avec des réseaux dits sociaux tels Facebook, Twitter et d'autres, la manière de communiquer évolue à une vitesse insoupçonnée il y a quelques années. Les frontières entre messagerie classique, messagerie instantanée, SMS, MMS et autres s'estompent rapidement. Sans même parler des appels vidéo.

Par conséquent, je ne peux que vous conseiller de ne pas vous enfermer dans tel ou tel système, ou telle ou telle solution maison. Sachez vous adapter en fonction de vos besoins en communication. Utilisez les outils qui vous conviennent le mieux. Si ce sont ceux de Windows 10, c'est très bien. Mais les autres, c'est très bien aussi.

Chapitre 2

Gérer vos contacts

DANS CE CHAPITRE :

- » **Windows 10 et les contacts ?**
- » **Travailler avec vos contacts**
- » **Créer de nouveaux contacts**
- » **Épingler des contacts à la barre des tâches**

Autrefois, pouvoir gérer une seule liste de contacts, avec leurs adresses, leur messagerie, leurs numéros de téléphone, le tout bien à jour, était l'un des grands arguments de l'univers PC.

Aujourd'hui, tout cela est bel est bien terminé, et nous constatons que nos listes de contacts finissent par être envahies d'entrées périmées et d'informations inutiles. Pire, les listes de contacts que nous stockons sur différents périphériques s'avèrent incapables de se synchroniser. Vos contacts Facebook, Skype, Gmail, Twitter, Outlook, ceux qui sont enregistrés sur la carte SIM de votre téléphone, et d'autres encore ne communiquent pas entre elles, pire même, car chacune ignore l'existence de l'autre. Dans un sens, ce n'est pas plus mal, car sinon vous finiriez sans doute par passer votre temps à gérer des notifications, des alertes, et ainsi de suite.

Changer un détail quelque part, comme modifier une adresse de messagerie dans Gmail, n'a aucune incidence sur les autres listes. Cela signifie simplement que Gmail est à jour, et pas les autres.

J'aimerais bien pouvoir vous dire que Microsoft a fabriqué une meilleure liste de contacts, mais c'est faux. L'application Universelle de Windows 10, modestement appelée Contacts, est un gadget. Elle évoluera peut-être dans un avenir incertain, mais il n'y a pas de quoi retenir son souffle en attendant ce jour.

Certes, cela fait très longtemps que Microsoft propose ce genre d'application ou d'outil. Mais, à moins de travailler exclusivement avec Outlook, il n'a jamais réussi à être meilleur que les autres.

Les contacts sous Windows 10

En fait, l'application Universelle Windows appelée modestement Contacts sert simplement à gérer une liste de contacts. Point. Normalement, l'application est aussi capable d'importer d'autres listes à partir de diverses autres sources, en provenance par exemple d'Office 365, d'Exchange, d'Outlook.com, de Gmail ou encore d'iCloud. Microsoft promet d'étendre le champ de ces « ponts » entre systèmes, mais rien ne dit que cet engagement sera tenu, ni quand.

Si vous configurez Contacts avec un compte Hotmail/Outlook.com, Gmail ou Exchange Server, tous les contacts associés à ces comptes sont normalement déjà importés dans l'application. Et si vous définissez plusieurs comptes Hotmail/Outlook, par exemple, tous les contacts provenant de ces comptes sont (toujours normalement) fusionnés dans votre liste.

Ajouter des comptes à l'application Contacts

Avant d'ajouter un compte à l'application Contacts, vous devez faire attention aux effets de bord que cela peut avoir sur d'autres applications Universelles Windows. Retenez ces points particuliers :

» **Compte Google :** Vos contacts Gmail peuvent être importés, mais pas vos « amis » Google+ (qui n'a d'ailleurs jamais rencontré la faveur du grand public). De plus, cela ajoute votre compte Gmail à l'application Universelle Courrier.

» **Compte Hotmail/Outlook :** Vos contacts sont importés (ce qui vaut également pour Windows Live), et le compte est ajouté à l'application Universelle Courrier.

» **Autres comptes :** Vous trouverez cette rubrique par un clic sur Configuration avancée dans la boîte de dialogue Choisir un compte. Vous pourrez alors ajouter d'autres types de comptes (de type POP3 ou IMAP), mais les contacts qui leur sont éventuellement associés ne devraient pas être importés dans l'application Contacts. En revanche, la connexion est également intégrée à l'application Courrier.

Maintenant que vous connaissez les implications, vous êtes prêt à ajouter de nouveaux comptes. Voyons donc comment procéder :

1. **Lancez l'application Contacts depuis sa vignette dans le menu Démarrer, sous la lettre C.**

Vous irez parfois plus vite en tapant Contacts dans le champ de recherche de Cortana, ou en disant la phrase suivante : « Peux-tu démarrer l'application Contacts ? »

Dans les deux cas, l'application apparaît (voir la Figure 2.1).

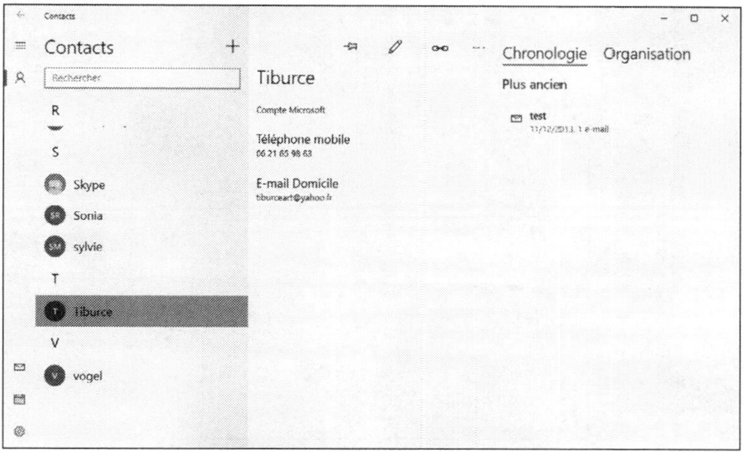

FIGURE 2.1 L'application Contacts et sa fenêtre principale.

Si vous avez déjà défini un compte, vous pourrez peut-être voir un message vous demandant si vous voulez en ajouter un nouveau. Dans ce cas, passez à l'Étape 3.

2. **Dans l'écran principal de l'application Contacts, cliquez sur l'icône Paramètres (engrenage) située en bas et à gauche.**

   Le panneau Paramètres apparaît avec notamment une option appelée Ajouter un compte (voir la Figure 2.2).

   Réfléchissez bien à ce que vous voulez faire et obtenir. Modifier des tas de contacts un par un est une tâche qui peut très vite devenir pénible. De plus, même si Contacts essaie de détecter les entrées en double, il n'est pas capable de traiter celles qui ne présentent qu'une légère différence.

3. **Si vous voulez continuer, cliquez ou tapez sur Ajouter un compte.**

   La boîte de dialogue illustrée sur la Figure 2.3 va apparaître (c'est d'ailleurs presque la même que dans l'application Courrier).

   Le Tableau 2.1 précise les options dont vous disposez.

4. **Choisissez le type de compte que vous voulez ajouter, et suivez les instructions qui vous sont données.**

À l'arrivée, vous devriez retrouver votre liste de contacts, éventuellement pleine de doublons. Voyez le petit truc qui suit.

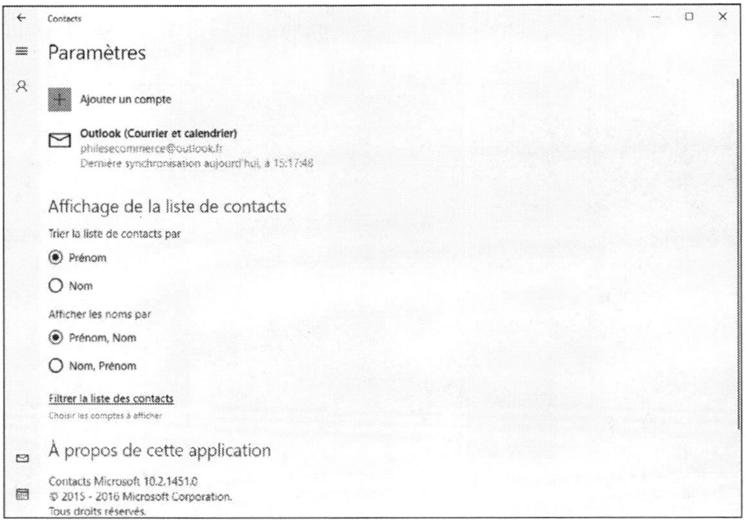

FIGURE 2.2 Les paramètres de l'application Contacts.

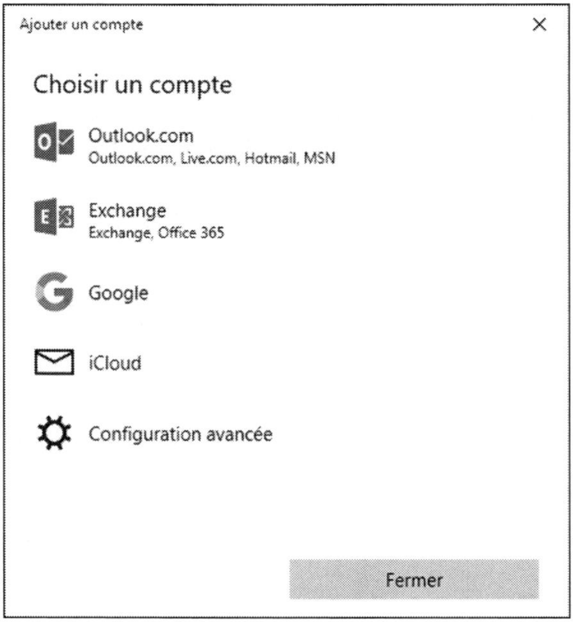

FIGURE 2.3 Choisissez le type de compte à ajouter.

TABLEAU 2.1 L'application Contacts et les types de comptes.

Utilisez ce type de compte	Pour ce service de messagerie
Outlook.com	Concerne les comptes délivrés par Microsoft. Ils se terminent par un suffixe du style `@outlook.com`, `@live.com`, `@hotmail.com`, ou encore `@msn.com`. Dans certains cas, ce suffixe peut également se terminer en .fr.
Exchange	Il est destiné aux messageries gérées *via* un serveur d'entreprise, ou si vous utilisez Office 365 pour gérer vos messages.
Google	Si vous avez un compte Google, autrement dit qui se termine par `@gmail.com`.
iCloud	Pour ceux qui jouent sur les deux tableaux, avec une adresse qui se termine par `@icloud.com`, `@me.com` ou encore `@mac.com`.
Configuration avancée	Pour un compte Exchange ActiveSync, ou pour un autre compte POP ou IMAP (c'est-à-dire un type de compte non listé dans la boîte de dialogue Ajouter un compte).

Si vous avez ajouté trop de comptes à votre liste de contacts, vous pouvez limiter les dégâts sans avoir à supprimer laborieusement les entrées individuelles en trop. Voici comment :

1. **Ouvrez l'application Universelle Contacts.**
2. **Dans l'écran principal (revoyez la Figure 2.1), cliquez sur l'icône Paramètres (engrenage) en bas à gauche.**

   Vous voyez la boîte de dialogue illustrée sur la Figure 2.2.

3. **Si nécessaire, faites défiler le contenu du volet Paramètres et cliquez sur le lien Filtrer la liste des contacts.**

   Les options illustrées sur la Figure 2.4 s'affichent.

4. **Cochez ou décochez les cases correspondant aux comptes que vous voulez activer ou désactiver de manière à ne voir que les contacts qui vous intéressent.**

   L'option « Masquer les contacts sans numéro de téléphone » (en haut de cette boîte de dialogue) est désactivée par défaut. En d'autres termes, l'application Contacts affiche par défaut tout le monde, que les personnes soient ou non associées à un numéro de téléphone.

5. **Cliquez sur Terminer.**

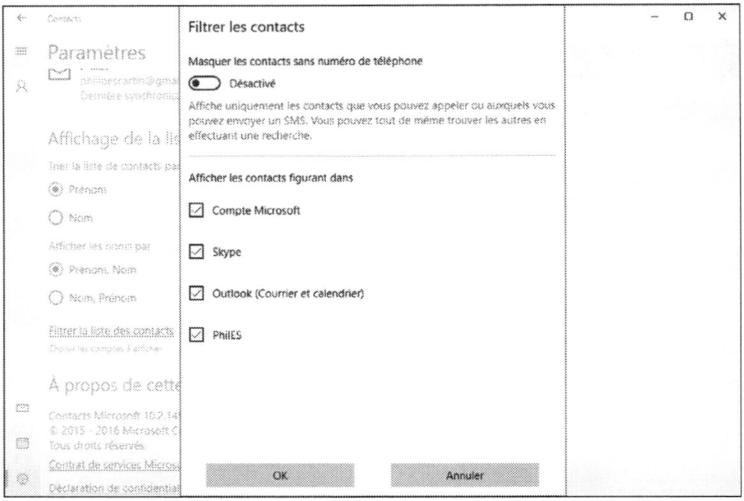

FIGURE 2.4 Désactivez ici tous les contacts provenant d'une certaine source.

Éditer un contact

Si vous voulez modifier l'information associée à un contact, suivez ces étapes :

1. **Ouvrez l'application Universelle, puis cliquez ou tapez sur le nom du contact que vous voulez éditer.**

   Les détails de la fiche du contact apparaissent (voir la Figure 2.5).

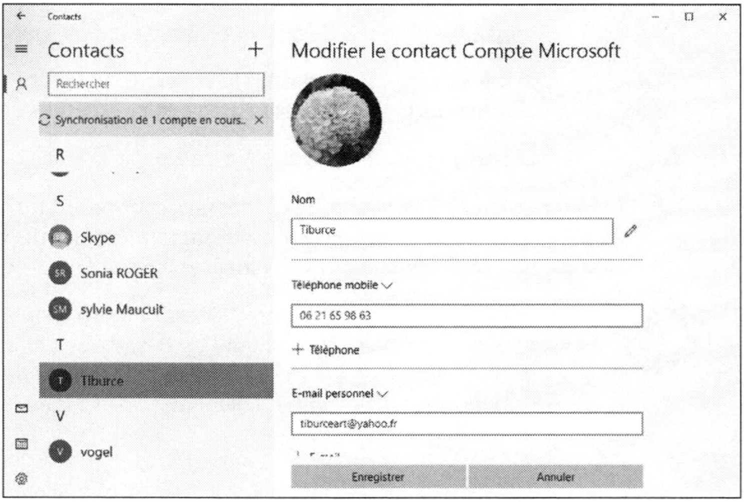

FIGURE 2.5 Éditer la fiche d'un contact.

2. **Cliquez ou tapez sur l'icône qui représente un crayon.**

La fenêtre d'édition apparaît (voir la Figure 2.6).

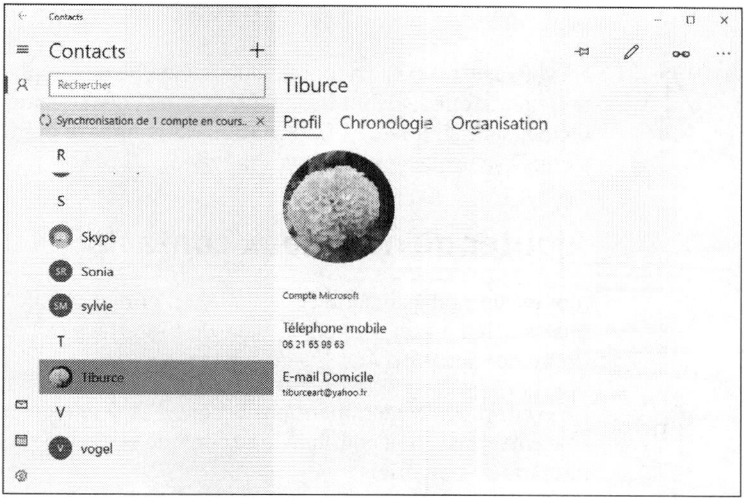

FIGURE 2.6 Modifiez ici les informations de votre contact.

3. **Modifiez les informations qui doivent être mises à jour.**

La liste des champs dont vous disposez est décrite un peu plus loin dans ce chapitre.

Lorsque l'icône d'un crayon est présente à droite d'un champ de saisie, elle donne accès à des rubriques supplémentaires. Par exemple, si vous cliquez sur cette icône présente à droite du champ de saisie du nom du contact, vous aurez la possibilité d'entrer un prénom, un deuxième prénom, un surnom, etc.

4. **Très important : Cliquez sur le bouton Enregistrer en bas de la fiche pour sauvegarder vos modifications, ou sur Annuler pour garder la fiche dans l'état qui était le sien avant de vouloir la modifier.**

Si vous ne sauvegardez pas explicitement vos modifications, celles-ci ne seront pas enregistrées !

Non, Contacts ne fait pas partie de ces applications du XXIe siècle qui sont capables de repérer automatiquement les changements qui interviennent dans la vie de vos contacts et qui savent mettre à jour leurs données immédiatement et sans que vous ayez besoin de tout reprendre manuellement...

Rechercher un contact

C'est très simple : vous cliquez dans le champ Rechercher, en haut à gauche de la fenêtre de l'application Contacts, et vous tapez ce que vous voulez retrouver.

Ne vous leurrez pas. La fonction de recherche de l'application Contacts ne regarde que le début des noms. Ce n'est généralement pas un problème, sauf si, lors de l'importation, le nom et le prénom ont été fusionnés sans que vous en soyez prévenu.

Ajouter de nouveaux contacts

Ajouter un nouveau contact est un jeu d'enfant puisqu'il suffit de cliquer sur le bouton + situé en haut de l'interface et immédiatement à droite du mot CONTACTS.

Un contact n'a évidemment pas besoin d'être une personne physique. Une entreprise, une boutique, une clinique et ainsi de suite sont autant de contacts potentiels.

Par défaut, l'application trie les contacts selon le prénom puis le nom. Pour inverser cet ordre, ouvrez la page des paramètres et choisissez le mode voulu sous la rubrique Trier la liste de contacts par. Vous pouvez également choisir si l'affichage se fait en montrant les noms en premier au lieu des prénoms.

Pour ajouter un nouveau contact :

1. **Ouvrez l'application Contacts.**

   L'écran principal apparaît (reportez-vous à la Figure 2.1).

2. **Cliquez ou tapez sur le signe « + », en haut et vers la gauche de la fenêtre, au même niveau que le nom de l'application, c'est-à-dire CONTACTS.**

3. **Dans le menu local Enregistrer dans, choisissez le compte avec lequel vous voulez associer le nouveau contact, comme sur la Figure 2.7.**

   Le menu local n'est présent que si vous disposez de plusieurs comptes.

   Vous pouvez choisir n'importe quel compte qui a déjà été identifié dans l'application Courrier. De plus, l'adresse de messagerie que vous définissez pour un nouveau contact devrait, en toute logique, être immédiatement disponible dans l'application Courrier.

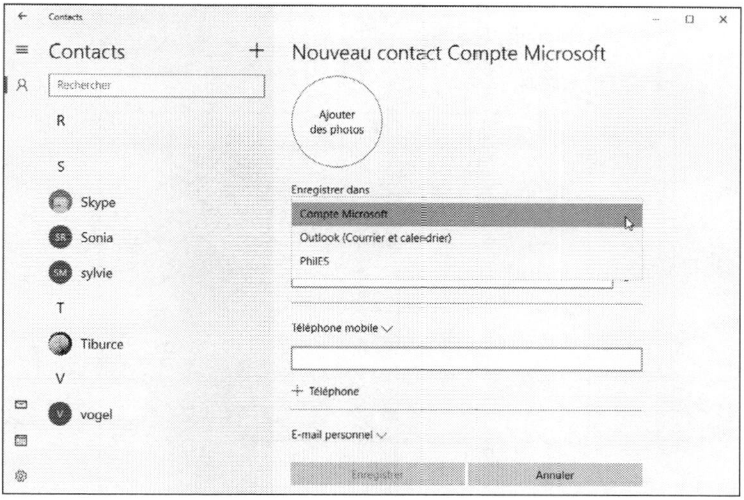

FIGURE 2.7 Enregistrer le contact dans le compte approprié.

4. **Commencez par saisir le prénom et le nom, sans oublier que, par défaut, l'application Contacts effectue un tri dans l'ordre alphabétique des prénoms.**

   Pour plus de précisions, cliquez sur l'icône de crayon, à droite du champ Nom. Vous pouvez alors apporter toutes les précisions qui peuvent être utiles dans la série de champs qui apparaît (voir la Figure 2.8). Cliquez sur Terminé pour revenir à la fenêtre principale.

5. **Si vous connaissez l'adresse de messagerie de votre contact, choisissez-en le type (une adresse personnelle, de bureau ou autre) en cliquant ou tapant sur la petite pointe, puis saisissez-la dans le champ.**

   Vous pouvez définir plusieurs adresses en cliquant ou tapant sur le bouton « + ».

6. **Procédez de même pour enregistrer un ou plusieurs numéros de téléphone (mobile, professionnel, fax, et ainsi de suite).**

7. **Vous avez, selon le même principe, la possibilité d'ajouter une ou plusieurs adresses, qu'il s'agisse du domicile, du lieu de travail, etc.**

   Lorsque vous entrez une adresse complète, celle-ci apparaît ensuite dans la fiche du contact sous l'appellation Carte Domicile, ou encore Carte Bureau. Cliquez dessus, et l'application Universelle Cartes va afficher son emplacement.

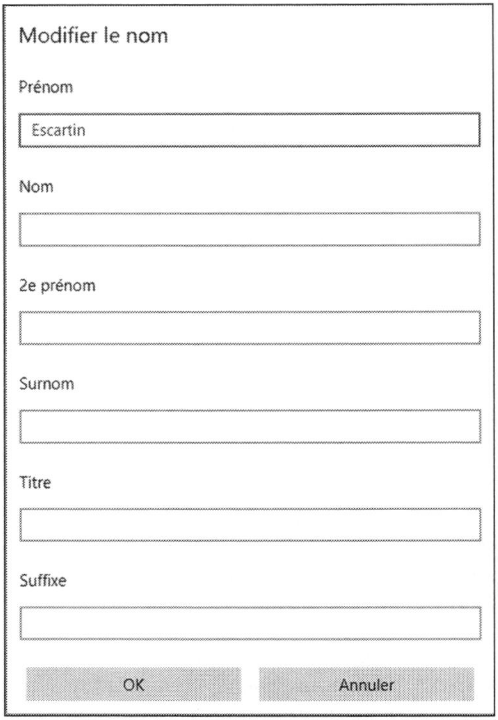

FIGURE 2.8 Prénom, nom, surnom, titre, etc. Tout est possible pour décrire complètement un contact.

8. **Pour compléter vos informations, cliquez sur Autre. Vous pouvez de cette manière ajouter de nouveaux champs : Site Web, Société, Fonction, Lieu du bureau, Proche, Enfants, Date de naissance, Anniversaire ou encore Notes.**

9. **Quand vous avez terminé, cliquez sur le bouton Enregistrer en bas de la fiche.**

L'application Contacts va enregistrer toutes ces données, en les coordonnant si nécessaire avec l'application Universelle Courrier.

Contacts peut être utile, mais elle n'est certainement pas au niveau. En particulier, elle n'est pas du tout adaptée si vous avez besoin d'accéder à tous vos contacts sur plusieurs appareils et/ou systèmes. À dire vrai, les adresses Gmail étant très simples à créer et à utiliser, il faut reconnaître que les outils fournis par Google sont bien plus agréables et efficaces (voyez ce qu'en dit votre smartphone ou votre tablette, ou reportez-vous au site `contacts.google.com`).

Épingler des contacts à la barre des tâches

Voici une nouvelle fonctionnalité introduite par la mise à jour Fall Creator Update. Il s'agit de l'icône Contacts située au début de la Zone de notification. Lorsque vous cliquez dessus pour la première fois, vous accédez au contenu illustré à la Figure 2.9. Cliquez sur Prise en main. Vous avez alors le choix entre les onglets Contacts et Applications. Ce dernier permet d'ajouter des applications répertoriant certains de vos contacts. L'onglet Contacts permet d'ajouter des contacts comme ceci :

FIGURE 2.9 C'est ici que vous ajouterez des contacts à la barre des tâches.

1. **Cliquez sur l'onglet Contacts.**

   Une liste de suggestions de contacts est proposée. Ils proviennent des applications répertoriées dans l'onglet Applications.

2. **Pour ajouter des contacts à la barre des tâches, cliquez dans le champ Rechercher et épingler des contacts en bas de cette interface.**

3. **Choisissez les contacts dans la liste, ou bien tapez un nom dans le champ Rechercher pour trouver plus rapidement un contact spécifique, comme sur la Figure 2.10.**

4. **Cliquez sur son nom.**

   Une icône portant les initiales du contact ou son avatar s'affiche à gauche de l'icône Contacts.

FIGURE 2.10
Rechercher rapidement un contact à épingler.

FIGURE 2.11
Utilisation du contact dans une des applications proposées ou ajoutées.

5. **Pour utiliser ce contact dans une des applications qui l'utilise, cliquez sur cette icône et choisissez-la dans le menu local qui apparaît, comme sur la Figure 2.11.**

   Par défaut, les applications sont Contacts, Courrier et Skype.

6. **Ainsi, pour envoyer un mail à ce contact, par exemple, cliquez sur Courrier.**

   Une mini-interface de l'application Courrier apparaît. Les champs De et À sont bien remplis avec les bonnes informations de l'expéditeur et du destinataire.

   Utilisez cette mini-interface exactement comme l'application Courrier, en tapant un objet et un message, comme sur la Figure 2.12.

7. **Tapez l'objet et le message, puis cliquez sur l'icône d'envoi en bas à droite (avion en papier).**

Vous ne pouvez pas envoyer de pièces jointes. Cette fonctionnalité est faite pour des messages rapides et spontanés.

8. **Pour annuler le message, cliquez sur l'icône de la corbeille.**

9. **Pour supprimer un contact épinglé à la barre des tâches, faites un clic-droit sur son icône. Dans le menu contextuel qui apparaît, exécutez la commande Détacher de la barre des tâches.**

Vous pouvez également créer des contacts dans cette petite interface. Il suffit de cliquer sur les trois points à droite du champ Rechercher et épingler des contacts. Dans le menu local qui s'affiche, choisissez Nouveau contact, comme sur la Figure 2.13. Cette action ouvre l'application Contact avec une fiche vierge prête à être remplie. Indiquez les infos requises et cliquez sur Enregistrer. Pour l'épingler à la barre des tâches, vous devez répéter la procédure ci-dessus.

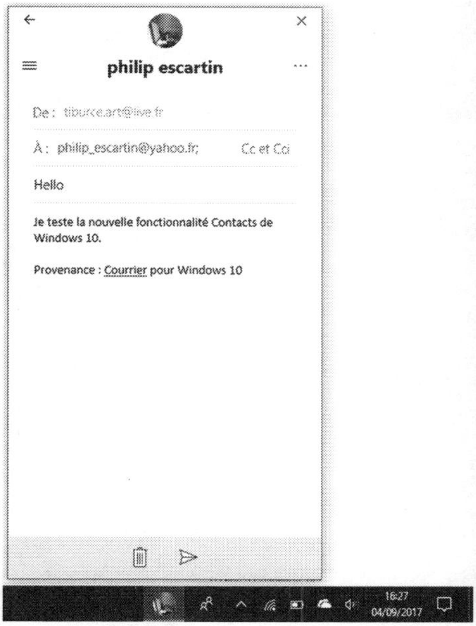

FIGURE 2.12
Un message rapide prêt à être expédié.

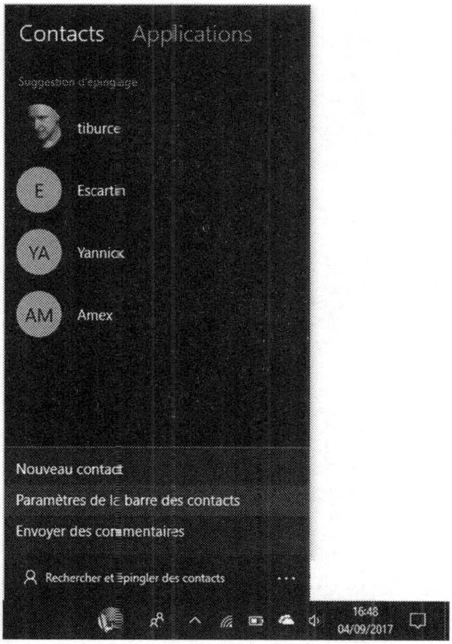

FIGURE 2.13
Pour créer un contact.

Chapitre 3

L'application Photos de Windows 10

DANS CE CHAPITRE :

- » **Tour d'horizon de l'application Photos**
- » **Ajouter des photos**
- » **Utiliser des albums**
- » **Travailler avec les photos en ligne**

L'application Photos de Windows 10 a pour fonction d'afficher correctement vos photos en plein écran, avec quelques fonctions d'édition qui, de version en version, tendent à se sophistiquer davantage. De ce fait, Photos conviendra à de nombreux utilisateurs de Windows.

Ce chapitre présente les forces et les faiblesses de Photos. Un petit tour d'horizon vous guidera pour naviguer dans l'application. J'expliquerai ensuite comment apporter de petites modifications à vos photos, et comment importer des photos à partir de votre appareil photo (ou de votre téléphone). Vous verrez également comment organiser vos clichés en albums.

Finalement, si l'application Photos n'est pas celle dont vous rêviez, et à moins que vos besoins ne soient très modestes, nous découvrirons ensemble quelques perles gratuites sur Internet. Vous seriez surpris de voir tout ce qui est disponible, gratuitement s'entend.

L'application Photos, ce qu'elle peut faire… ou pas

Photos vous permet d'afficher simplement vos clichés. Voilà ce qu'on y trouve :

» un emplacement centralisé pour afficher les photos organisées selon leur source – votre ordinateur, ou votre compte OneDrive.

» de l'aide pour rechercher une photo.

» un moyen d'afficher vos photos en fonction des dates.

La section suivante, « Tour d'horizon de l'application Photos », détaille les différentes sources des photos et explique comment rechercher ou changer l'affichage de vos images. La section « Éditer vos photos » vous montrera comment appliquer quelques modifications (simples) à vos clichés. La section « Ajouter des photos », plus loin dans ce chapitre, vous indiquera comment créer des albums, et ce que vous pouvez en faire. Et la dernière section vous introduira dans le fabuleux monde des applications disponibles sur Internet pour vous aider à gérer, éditer et partager les meilleurs souvenirs de votre vie.

L'application Photos est raisonnablement efficace, mais elle souffre des mêmes problèmes de navigation que la plupart des applications fournies en standard avec Windows 10. Par exemple, essayez de copier plusieurs photos d'un dossier à un autre du bout des doigts, et vous m'en direz des nouvelles.

Si vous essayez d'importer des photos sur votre PC depuis un appareil numérique, sachez que Windows dispose d'un outil intégré pour réaliser cette opération.

Tour d'horizon de l'application Photos

Si vous souhaitez partir à la découverte de l'application Photos :

1. **Dans la partie droite du menu Démarrer, touchez ou cliquez sur la vignette Photos.**

   Vous pouvez également demander à Cortana de démarrer Photos. Elle vous affichera alors la liste des programmes contenant ce terme dans leur libellé.

   L'écran principal de l'application apparaît, comme l'illustre la Figure 3.1.

   Microsoft s'efforce consciencieusement de tuer et d'enterrer les bibliothèques dans Windows 10. Si vous n'avez pas pris le contrôle de votre bibliothèque d'images (voir le Livret VII, Chapitre 3), vous disposez uniquement de votre dossier personnel Images. L'affichage par défaut de l'application Photos est donc formé du contenu de ce dossier (que les photos soient physi-

FIGURE 3.1 L'application Photos fusionne, par défaut, les fichiers image du dossier Images de votre disque dur et de OneDrive.

AFFICHER DES VIDÉOS ET DES DOSSIERS RÉSEAU

L'application Photos n'affiche pas toutes les vidéos et photos. Tout dépend de la manière dont Photos fonctionne à l'arrière-plan pour afficher les images. Les points suivants devraient éclaircir quelques mystères :

- **Photos affiche tous les fichiers image ou vidéo de votre dossier Images Windows ou OneDrive.** Même si Photos affiche des vidéos, celles-ci doivent se trouver dans votre dossier Images (et non votre dossier Vidéos) pour apparaître dans Photos. Les fichiers vidéo de votre dossier Vidéos n'apparaissent pas du tout dans Photos, même si cela peut sembler un peu bizarre. Voilà l'occasion de remarquer que l'application Films et TV n'a rien à voir avec l'application Photos : elle affiche vos vidéos dans une minuscule section, perdue au milieu d'une quantité impressionnante de films à acheter ou à louer. Pour en savoir plus, passez au Livret IV, Chapitre 6. Toutefois, nous verrons qu'il est très facile d'ajouter des dossiers à Photos, dont le dossier Vidéo.
- **Si votre dossier Images de votre PC contient un lien vers un dossier stocké sur un réseau, Photos n'y accède pas.** Cela signifie qu'il faudra là aussi ajouter ce dossier aux dossiers dans lesquels Photos doit rechercher des images. Ainsi, il sera possible d'indiquer le dossier Photos du disque dur de votre box Internet par exemple.

Vous en déduisez que, par défaut, seuls deux dossiers sont concernés, mais qu'il est possible d'en ajouter d'autres.

quement stockées sur votre machine, ou qu'elles se trouvent simplement sur OneDrive).

Le mode Collection est une simple liste dans l'ordre chronologique inverse de toutes les images (et de toutes les vidéos) stockées dans votre dossier Images, combinées avec les images et les vidéos des divers dossiers de OneDrive.

Le mode Dossiers donne accès aux dossiers répertoriés par Photos. Ils sont au nombre de deux par défaut, c'est-à-dire Images (sur votre PC) et Images (sur One Drive).

Les photos et vidéos enregistrées sur votre disque en dehors du dossier Images ne sont pas incluses.

2. **Pour rechercher une photo spécifique, cliquez sur une des dates afin de lister tous les mois répertoriés, et faites défiler l'affichage jusqu'à ce que vous retrouviez le mois de l'année durant lequel elle a été prise (voir la Figure 3.2).**

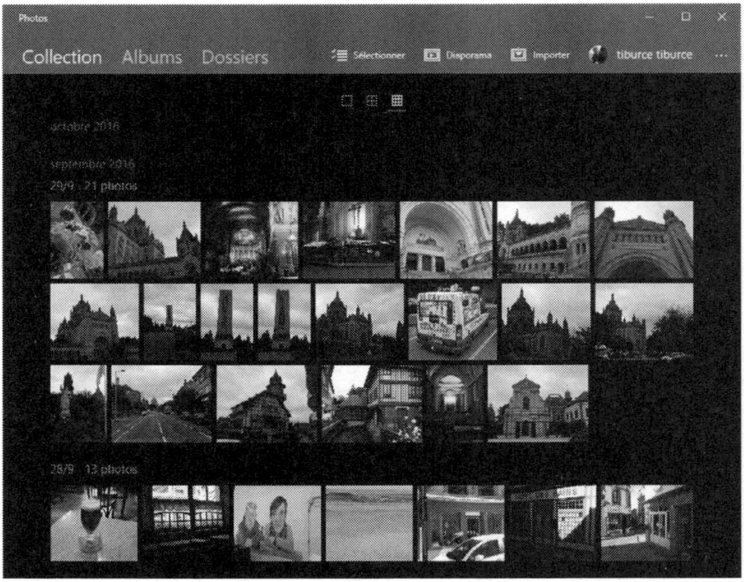

FIGURE 3.2 L'application Photos ne dispose pas de fonction de recherche. Vous devez donc faire défiler la liste pour retrouver la date de prise vue d'une certaine photo.

Si vous cherchez une *meilleure* application pour la gestion de vos photos, voyez par exemple `photos.google.com`. Cela vous donnera une bonne idée de ce que ce type d'outil devrait savoir-faire.

Utilisez les trois icônes situées au-dessus des images pour afficher un nombre plus ou moins grand de vignettes.

L'application Photos peut afficher une grande variété de formats de photos et de vidéos dont AVI, BMP, GIF (y compris les GIF animés), JPG, MOV, MP4, MPEG, MPG, PCX, PNG, de nombreux fichiers RAW, TIF, WMF, et les fichiers WMV. S'il manque le format MKV, cela devrait largement couvrir vos besoins.

Ajouter des dossiers dans Photos

Nous vous avons mis l'eau à la bouche en vous annonçant qu'il était possible d'indiquer à Photos d'autres sources d'image. Voici comment procéder :

1. **Ouvrez Photos comme expliqué dans la précédente section.**
2. **Dans la partie supérieure droite, cliquez sur l'icône des trois petits points.**
3. **Dans le menu local qui apparaît, choisissez Paramètres.**
4. **Dans la section Sources, cliquez sur Ajouter un dossier, comme le montre la Figure 3.3.**
5. **Dans la boîte de dialogue Sélectionner un dossier, parcourez vos différents disques durs et dossiers pour localiser celui contenant des photos ou des vidéos à répertorier dans Photos.**

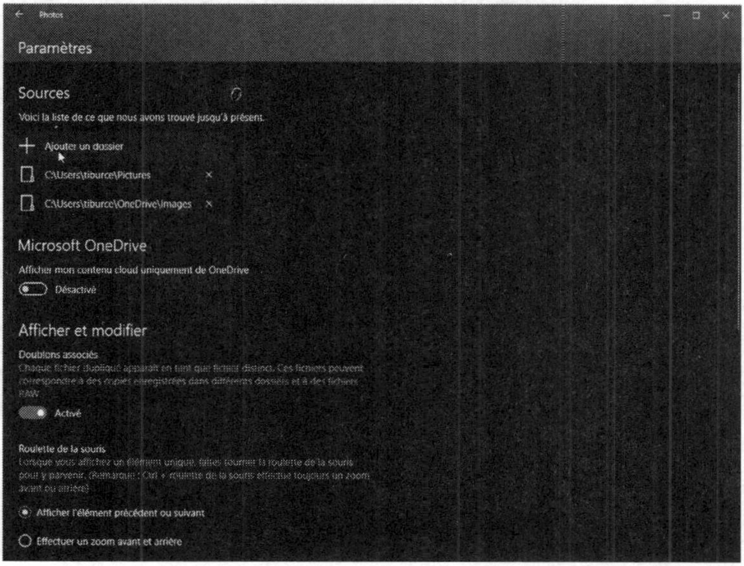

FIGURE 3.3 Pour ajouter un dossier à Photos.

Comme expliqué plus haut, utilisez cette fonction pour ajouter le dossier Vidéos de votre PC, ou bien encore Photos de votre box Internet.

6. **Cliquez sur le dossier, puis sur Ajouter ce dossier à Images.**

   Le dossier s'ajoute à la liste des dossiers consultés par Photos.

7. **Pour retirer un dossier, accédez aux paramètres comme expliqué à l'Étape 3.**

8. **Dans la section Sources, cliquez sur le bouton X affiché à droite de chaque dossier, comme sur la Figure 3.4.**

   Bien entendu, le dossier n'est pas supprimé de votre disque dur mais simplement de la liste des dossiers dans lesquels Photos doit rechercher des images ou des vidéos.

Le fait de supprimer un dossier fait que les photos qu'il contient ne sont plus accessibles depuis Photos. Il vous faudra alors passer par l'Explorateur de fichiers pour consulter le dossier en question, et ainsi y retrouver les images.

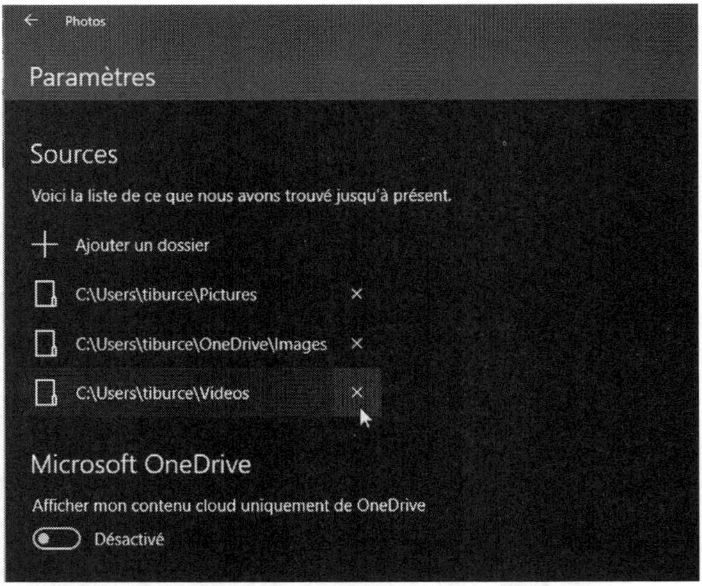

FIGURE 3.4 Supprimer un dossier de Photos.

Modifier des photos

Bien qu'il soit difficile de retrouver facilement un cliché avec l'application Photos, vous disposez de quelques fonctions d'édition qui peuvent suffire à de nombreux photographes amateurs. Voici comment modifier vos images :

1. **Naviguez jusqu'à la photo que vous voulez corriger et cliquez ou tapez sur son aperçu.**

   Une barre d'outils apparaît (voir la Figure 3.5).

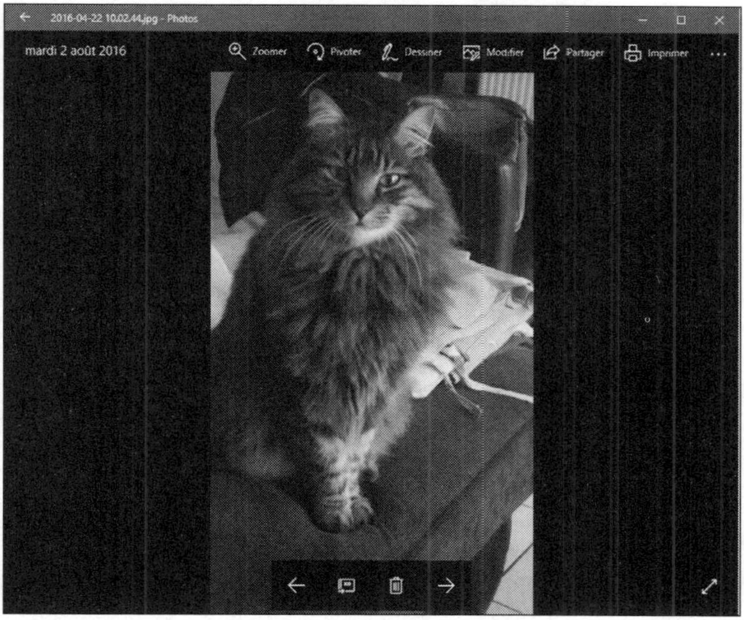

FIGURE 3.5 Sélectionnez une photo pour commencer à la modifier.

2. **Les outils proposés permettent (de gauche à droite) de partager la photo (à condition bien entendu d'avoir un programme capable de le faire), de zoomer, de lancer un diaporama, de dessiner dessus, de la modifier, ou de la faire pivoter. Les petits points qui terminent la ligne permettent d'accéder à d'autres options. Les boutons affichés en bas de l'image permettent de revenir à la photo précédente, d'ajouter la photo à un album, de la supprimer, ou de passer à la photo suivante.**

En résumé, Photos vous propose une approche directe pour visualiser ou éditer vos photos sans avoir à passer par l'Explorateur de Photos.

3. **Cliquez sur l'icône Modifier (celle qui ressemble à un crayon posé sur un cadre).**

   Vous voyez apparaître une série de réglages sur le côté droit (voir la Figure 3.6).

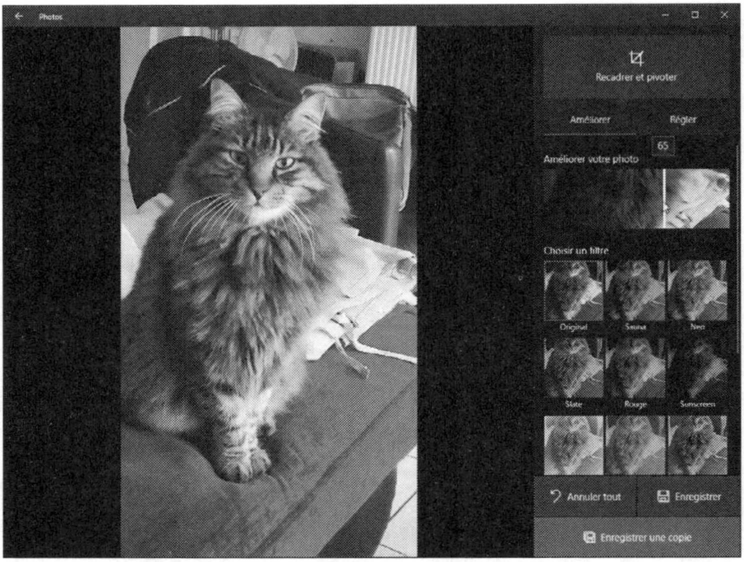

FIGURE 3.6 Pour améliorer et personnaliser une photo.

4. **Pour appliquer une amélioration automatique, donc décidée par Photos, cliquez sur la vignette Améliorer votre photo de l'onglet Améliorer, et faites glisser la barre verticale blanche vers la gauche ou la droite pour réduire ou augmenter l'impact de l'effet.**

5. **Si le résultat de l'amélioration ne vous convient pas, et que vous souhaitez retrouver l'image d'origine, cliquez sur le bouton Annuler tout en bas à droite de la fenêtre.**

6. **cliquez sur l'icône Enregistrer une copie pour sauvegarder le résultat dans un nouveau fichier.**

   Cette icône représente deux disquettes superposées. Si vous savez du moins à quoi ressemble une disquette (il y en aussi une autre, mais là c'est pour enregistrer, et donc remplacer le fichier d'image).

Ne vous tirez pas une balle dans le pied. Choisissez Enregistrer une copie, et non Enregistrer. Après, vous disposez d'assez d'espace pour conserver plusieurs versions d'une même photo, et il sera toujours temps de choisir la meilleure plus tard.

7. **Pour recadrer l'image ou la faire pivoter, cliquez sur le bouton éponyme.**

   Utilisez les différents outils qui s'affichent sur le côté droit pour appliquer les modifications. Pour recadrer, agissez directement sur les poignées de redimensionnement rondes et blanches situées aux quatre coins de la photo, comme le montre la Figure 3.7.

FIGURE 3.7 Rogner, pivoter, et plus si affinités.

8. **Validez par un clic sur le bouton OK.**

   Pour ne pas appliquer vos modifications dans cette interface de Photos, appuyez sur la touche Echap de votre clavier.

9. **Pour appliquer un filtre, faites défiler le contenu de cette section de Photos, et cliquez sur la vignette du filtre qui vous intéresse, comme sur la Figure 3.6 plus haut).**

Les filtres ne sont pas cumulatifs. Vous devez donc enregistrer la modification pour modifier de nouveau l'image et lui appliquer un filtre.

10. **Pour effectuer un réglage manuel, notamment quand le réglage automatique ne donne pas un bon résultat, cliquez sur l'onglet Régler.**

Dans cet onglet, illustré à la Figure 3.8, vous agirez sur des paramètres de lumière, de couleur, sur la clarté, le vignettage, vous corrigerez les yeux rouges et les défauts de la peau.

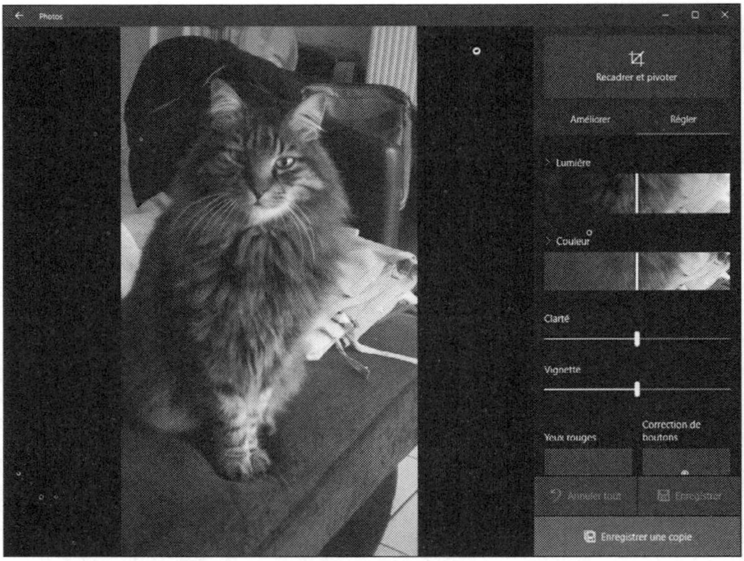

FIGURE 3.8 Appliquer des réglages personnalisés.

11. **Cliquez sur le petit chevron situé à gauche de chaque paramètre pour accéder à différents réglages.**

Vous pourrez ainsi améliorer la luminosité, le contraste, et déboucher les ombres. Vous corrigerez la couleur afin de réduire une couleur dominante, ou rendre simplement l'image plus froide ou plus chaude. Avec le paramètre Clarté, vous accentuerez la netteté de l'image. Vignette ajoute des angles sombres ou clairs à la photo.

En vous déplaçant vers le bas de la fenêtre, un signe « + » apparaît. Il vous permet de zoomer sur la photo pour mieux vous rendre compte des détails. Vous pouvez également zoomer sur l'image en faisant tourner la roulette de votre souris.

12. **Lorsque vous avez terminé vos modifications, cliquez sur Enregistrer une copie afin de préserver l'originale intacte et de disposer d'une version modifiée.**

13. **Enfin, cliquez sur la flèche en haut à gauche pour quitter le mode de modification et revenir à la collection des images.**

Paramétrer l'application Photos

L'application Photos dispose de quelques réglages que vous pouvez (ou non) trouver utiles.

Pour les voir, cliquez ou tapez sur l'icône des trois points en haut à droite, et choisissez Paramètres. Vous obtenez une liste d'options (voir la Figure 3.9).

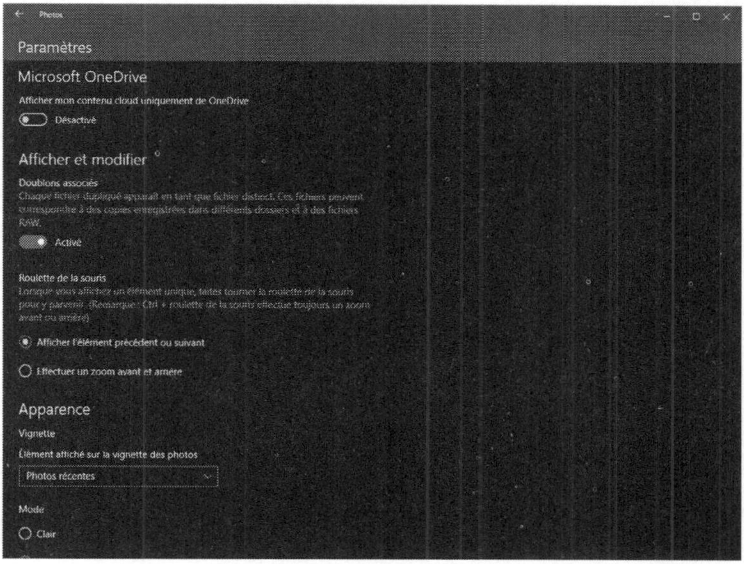

FIGURE 3.9 Les réglages de l'application Photos.

Certains paramètres ne sont pas vraiment évidents. Voyons cela d'un peu plus près :

- **Sources :** Reportez-vous à la section « Ajouter des dossiers dans Photos » plus haut dans ce chapitre pour comprendre le fonctionnement de ce paramètre.
- **Microsoft OneDrive :** Permet de choisir le compte Microsoft dont Photos affichera le contenu des images de OneDrive. Ensuite, indiquez si tous les dossiers du compte OneDrive doivent être pris en compte ou uniquement le dossier Images.

La synchronisation entre OneDrive et Photos peut alors prendre beaucoup de temps.

» **Doublons associés :** Si vous êtes équipé d'un appareil photo numérique capable d'enregistrer un cliché dans deux formats différents (typiquement un au classique format JPEG, et un autre dans un format RAW, ou brut), cette option vous permet de visualiser les deux.

Chaque constructeur d'appareil photo numérique a sa propre vision du format RAW, qui permet de retravailler les clichés avec des programmes spécialisés. Je ne peux pas vous affirmer que Photos soit capable de relire tous les formats RAW. Et si vous ne comprenez pas de quoi je parle, c'est tout simplement que vous n'êtes pas concerné…

» **Roulette de la souris :** Indiquez si la roulette doit faire un zoom avant ou passer d'une photo à l'autre. En mode de modification, la roulette effectue un zoom.

» **Vignettes :** Permet de choisir entre l'affichage d'une seule photo ou des photos récentes sur la vignette de l'application affichée dans la partie droite du menu Démarrer. Dans le cas d'une seule photo, vous pouvez sélectionner la photo à afficher, puis cliquer sur le bouton Choisissez la photo.

» **Mode :** Permet de définir la luminosité de l'interface. Vous avez le choix entre Clair, Sombre, et Utiliser les paramètres système.

Ajouter des photos

Il existe trois manières d'ajouter des images à votre collection dans Photos :

» **Ajouter des photos à OneDrive :** Effectuer cette opération depuis le bureau se limite à un simple glisser-déposer. Et l'Explorateur de fichiers se débrouille également très bien avec cela.

» **Utiliser l'application Importer des photos :** Importez des photos d'un appareil photo ou de n'importe quel périphérique amovible, y compris une clé USB, une carte SD ou même un disque dur externe raccordé. Reportez-vous à cet effet à la section « Importer des photos d'un appareil photo ou d'un disque dur externe ».

» **Ajouter des photos à votre bibliothèque Images :** C'est la méthode « à l'ancienne », que j'utilise pour ajouter des photos à l'application Photos (en plus de OneDrive). Il suffit d'utiliser l'Explorateur de fichiers pour copier des photos ou des vidéos dans le dossier Images. Rappelez-vous que l'application Photos ne vous montre pas le contenu de votre dossier Vidéos.

Importer des photos d'un appareil photo (ou d'un disque dur externe)

Si vous voulez importer des photos dans votre PC depuis votre iPhone, iPad, smartphone ou tablette Android ou Windows 10, vous n'êtes pas au bon endroit.

Certes, lorsque vous branchez l'appareil sur un port USB de votre ordinateur, l'application Photos va se lancer par défaut et rechercher ce que contient le dispositif externe. Une fois l'analyse terminée, il vous propose d'importer tout en bloc dans le dossier Images associé à OneDrive.

Si Photos ne s'ouvre pas et qu'à la place vous voyez apparaître l'Explorateur de fichiers, cliquez sur son bouton de fermeture. Ensuite, démarrez Photos. Cliquez sur son bouton Importer. Si Photos vous demande de préciser le périphérique à analyser, cliquez sur celui contenant les photos à importer.

FIGURE 3.10 Importer des photos et des vidéos à partir d'un appareil numérique connecté à un port USB du PC.

Dans la fenêtre qui apparaît, décochez les vignettes des photos que vous ne voulez pas importer, comme le montre la Figure 3.10. Cliquez sur Continuer. Choisissez alors d'importer dans des dossiers organisés par mois ou par jour. Enfin, cliquez sur Importer.

Vous avez la possibilité de cocher l'option Supprimer les éléments depuis <nom du périphérique> après l'importation. Nous vous le déconseillons. En effet, si l'importation tourne mal, vous risquez de perdre vos photographies. Il est donc préférable de supprimer les photos de votre support une fois que vous aurez vérifié que les photos ont été correctement importées sur votre ordinateur.

À part cela, vous n'avez aucun contrôle sur cette importation, et vous risquez de vous retrouver au milieu d'une bouillie de photos à l'arrivée.

Je vous conseille plutôt de repérer le nom de votre appareil dans l'Explorateur de fichiers, d'y sélectionner manuellement ce que vous voulez sauvegarder, et de copier votre sélection dans le dossier de votre choix.

L'autre solution consiste à choisir dans le menu Démarrer l'application Universelle Windows appelée Assistant mobile. Une fois ouvert, cliquez le type de système d'exploitation qui fait fonctionner votre smartphone. Ajoutez un compte Microsoft. Refusez de vous connecter à votre mobile depuis ce compte Microsoft. Votre smartphone apparaît dans la partie inférieure de la fenêtre. Cliquez alors sur Importez des photos et des vidéos dans l'application Photos, comme sur la Figure 3.11.

Je vous l'avais bien dit : Microsoft veut que vous utilisiez OneDrive !

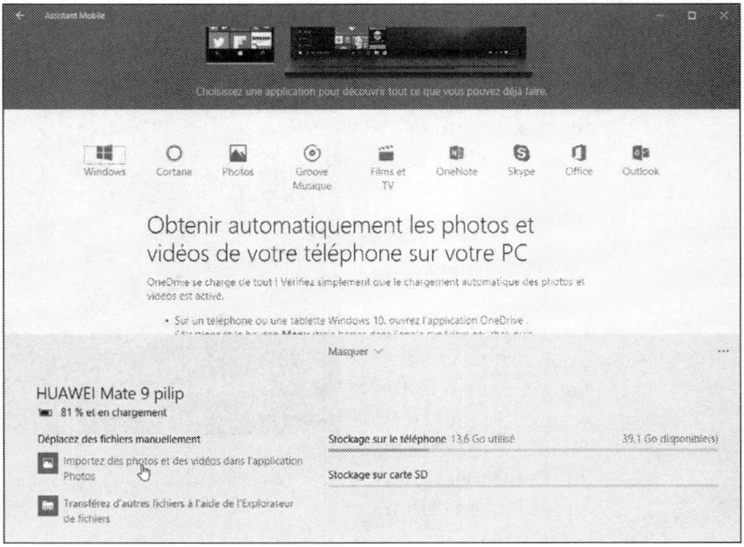

FIGURE 3.11 Windows 10 et son Assistant mobile.

Pour modifier le comportement pas défaut de Windows, procédez de la manière suivante :

1. **Cliquez ou tapez sur le bouton Démarrer, puis choisissez l'icône Paramètres.**
2. **Dans la fenêtre Paramètres, cliquez sur Périphériques.**
3. **Dans le volet de gauche, choisissez l'option Exécution automatique.**
4. **Dans le volet de droite, choisissez l'action à accomplir dans les menus locaux Lecteur amovible et Carte mémoire (voir la Figure 3.12).**

   Si comme indiqué plus haut dans ce chapitre l'Explorateur de fichiers s'ouvre quand vous insérez une carte mémoire, c'est ici que vous allez demander à Windows 10 de démarrer Photos.

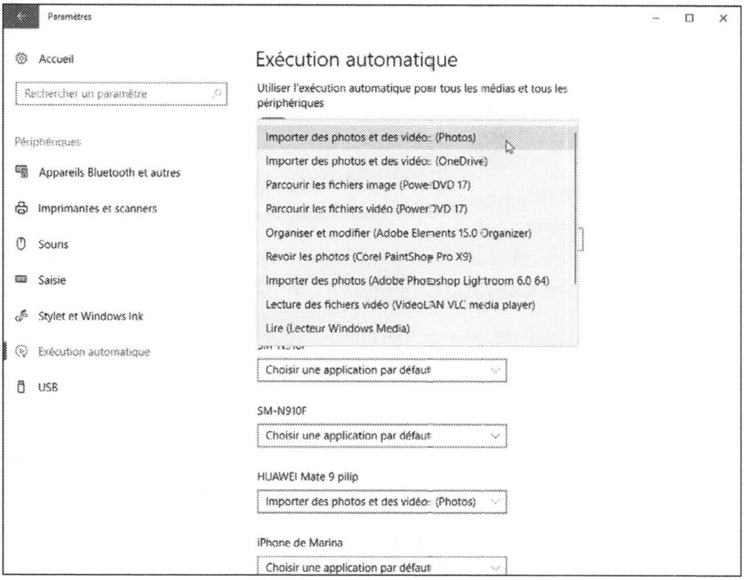

FIGURE 3.12 Choisissez dans les paramètres l'action par défaut de Windows.

Travailler avec les albums

Une fois vos photos visibles dans le mode Collection, Windows continue son travail pour les classer sous forme d'albums. Cela lui prend… un certain temps.

Cela étant fait, vous pouvez consulter l'album concocté par Windows, et utiliser par exemple l'outil de modification (le crayon) afin de changer la photo dite de couverture, ou encore le titre par défaut (voir la Figure 3.13).

FIGURE 3.13 Le mode Album de l'application Photos.

Voici comment créer un album :

1. **Dans l'interface des albums, cliquez sur le bouton Créer un album.**

   Par cette action, Photos bascule en mode Collections pour vous laisser cocher les photos à ajouter au nouvel album.

2. **Parcourez la collection des images, et cochez les vignettes des photos à ajouter à l'album.**

3. **Une fois ces photos sélectionnées, cliquez sur le bouton Ajouter.**

   Les Photos apparaissent dans l'album, comme sur la Figure 3.14.

4. **Renommez l'album par un clic sur le texte Nouvel album. Tapez le nom, et validez en appuyant sur la touche Entrée.**

5. **Pour changer la photo de couverture de l'album, cliquez sur l'icône Modifier, puis sur le bouton Modifier la couverture.**

6. **Cochez l'image à utiliser comme couverture de l'album, puis sur le bouton OK.**

7. **Cliquez Ajouter ou supprimer des photos pour retirer des images qui ne vous conviennent pas, ou pour enrichir l'album d'autres photos.**

   Dans l'ensemble des photos, vous décocherez celles à retirer, et cocherez celles à ajouter.

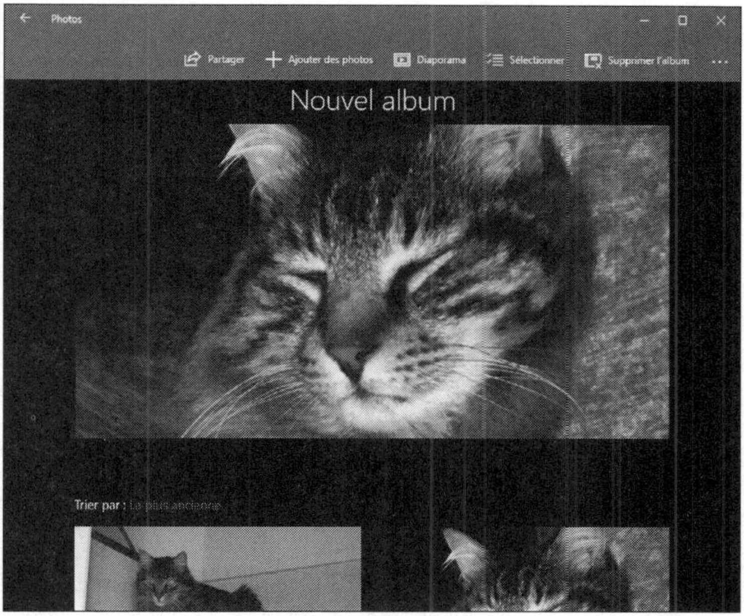

FIGURE 3.14 Un nouvel album.

8. **Validez par un clic sur OK.**

9. **Utilisez les outils de la partie supérieure de l'album :**

   - **Partager :** Permet d'ajouter le contenu à OneDrive ou de créer un Sway, c'est-à-dire une présentation interactive.
   - **Ajouter des photos :** Permet d'enrichir l'album de nouvelles photographies.
   - **Diaporama :** Diffuse le contenu de l'album sous la forme d'un diaporama.
   - **Sélectionner :** Permet de cocher des vignettes afin de les imprimer, de les partager, de les ajouter à un autre album, ou encore de les supprimer.
   - **Supprimer l'album :** Pour supprimer l'album.

Vos photos et les nuages Internet

Il existe des centaines, si ce n'est des milliers, de sites Web et d'applications pour toutes les plates-formes imaginables, qui vous permettent de transférer vos photos et vos vidéos *quelque part*, de les trier et/ou de les catégoriser automatiquement, de leur ajouter des informations, ou encore de les éditer.

Plus de 900 milliards de photos sont ainsi téléchargées chaque année vers ces nuages Internet. Bien entendu, la première motivation est de faire de la place pour d'autres photos et vidéos, la seconde de partager immédiatement vos meilleurs moments avec la terre entière (pardon, vos *amis*), et la troisième de conserver une copie de sauvegarde des précieux clichés. La quatrième n'est pas une motivation, mais un oubli : votre appareil est configuré pour envoyer automatiquement vos clichés dans les nuages, et vous n'y avez tout simplement pas fait attention.

Voici quelques-unes des options dont vous disposez pour démultiplier la consommation d'énergie mondiale :

» **OneDrive :** Je l'aborde dans le Livret VI, Chapitre 4 et le traite plus en détail dans le Livret VIII, Chapitre 1. À la base, vous disposez gratuitement de 5 Go, mais vous pouvez en obtenir plus, par exemple en souscrivant un abonnement Office 365 ou en payant pour un espace de stockage supplémentaire. OneDrive est pleinement intégré à Windows 10 et à son Explorateur de fichiers, mais vous pouvez aussi y accéder en vous connectant à votre compte Microsoft sur le site `onedrive.live.com`. De plus, Microsoft propose des applications dédiées sur à peu près tous les systèmes plus ou moins mobiles existants : Android, Mac OS X, iOS, Windows Phone ou encore Xbox.

» **Flickr** (`www.flickr.com`) **:** Un temps sur le déclin, le site de référence pour les photographes professionnels ou amateurs éclairés a repris du poil de la bête depuis qu'il est passé dans le giron de Yahoo!. Les applications dédiées aux smartphones et aux tablettes ne sont pas parmi les meilleures, mais elles offrent des fonctions d'édition intéressantes.

» **iCloud** (`www.icloud.com`) **:** Contrairement à Windows, l'écosystème d'Apple propose un excellent programme de gestion et d'édition des photographies. Cependant, les formules d'abonnement d'Apple sont (comme toujours) assez chères et, de surcroît, iCloud s'intègre mal dans Windows. Mais ce n'est pas vraiment surprenant…

» **Dropbox** (`www.dropbox.com`) **:** C'est un nuage réputé pour ces capacités de sauvegarde et de synchronisation des photos et des vidéos avec les appareils mobiles. Par contre, ce service ne propose aucun outil pour la retouche des photos.

» **Google Photos (**`photos.google.com`**)** : Le service de Google reste mon préféré. Il est gratuit (du moins dans la limite d'environ 15 Go, autant que vous voulez si vous acceptez que la taille de vos clichés soit automatiquement ajustée), disponible partout et toujours (puisqu'il vous suffit d'y accéder dans n'importe quel navigateur à l'aide de votre compte Gmail), il propose des fonctions d'édition suffisantes pour des corrections simples, et il vous permet aussi de créer facilement des albums ou encore de raconter des « histoires » à partir de ce que vous y stockez. Simple, mais efficace.

» **Instagram :** C'est le système de partage de photos en ligne le plus populaire chez les utilisateurs de smartphones. Vous pouvez instantanément publier et modifier vos images depuis votre téléphone. Si votre compte Instagram est lié à votre compte Facebook, la publication sur Instagram est immédiatement annoncée sur Facebook.

Un dernier mot : vous pouvez parfaitement utiliser tous ces services en même temps. Mais songez tout de même que la charge du transfert automatique de vos photos et vidéos sur plusieurs « nuages » en même temps pourrait bien empêcher votre smartphone ou votre tablette de faire quoi que ce soit d'autre. Et qu'à la fin, vous pourriez bien avoir tellement la tête dans les nuages que vous seriez incapable de vous y retrouver !

Pensez à vérifier dans les options du service que la sauvegarde est effectuée uniquement lorsque l'appareil fonctionne en Wi-Fi...

Chapitre 4

Notez tout avec OneNote

DANS CE CHAPITRE :

- » **Une application Universelle Windows pour tablette et pour PC**
- » **Utiliser OneNote, avec ou sans stylet**
- » **Gérer vos blocs-notes**
- » **Configurer OneNote**

Si vous n'avez jamais utilisé OneNote, vous avez manqué la première application Microsoft totalement orientée vers la mobilité et le nuage (cloud) Internet. Au début, OneNote était un appendice de Microsoft Office. Il a pris ensuite son envol pour devenir partie intégrante de Windows 10. Il s'agit certainement de l'application Universelle Windows la plus avancée, quoique Microsoft Edge la rattrape rapidement.

OneNote n'est pas qu'une application Windows. Loin de là. Il est depuis longtemps disponible sur les iPhone, les iPad, les smartphones et tablettes Android, ainsi que d'autres appareils portables. Utilisé en conjonction avec OneDrive (voir le Livret VIII, Chapitre 1), vous pouvez utiliser OneNote pour vous parler à vous-même (autrement dit, pour transférer tout un tas de choses entre votre PC, votre tablette et votre smartphone), et l'interface de OneNote rend tout cela étonnamment facile.

Pour bien comprendre OneNote, il n'est pas inutile de comprendre d'où il vient et comment il a évolué. C'est un cas unique dans le panthéon de Microsoft.

OneNote a débuté comme programme intégré à Office 2003 dans la version de Windows XP dite Tablet PC. Ses développeurs pensaient sans doute à l'époque avoir créé l'application ultime pour les systèmes disposant d'un stylet. Mais, en réalité, ce n'était qu'une ébauche qui a pris environ une dizaine d'années pour arriver à maturité. En fait, ni le matériel ni le logiciel n'étaient encore à la hauteur à cette époque reculée.

OneNote est aujourd'hui devenu un produit robuste, destiné aussi bien à la foule des adeptes du toucher et glisser, que de tous ceux qui continuent à vivre dans le monde des claviers et des souris. Certes, il existe d'autres excellentes alternatives, comme Evernote, mais OneNote fait très bien son travail, et il est présent dans Windows 10.

Utiliser OneNote, avec ou sans stylet

Ce qu'il y a de bien, avec OneNote, c'est qu'il est installé en même temps que Windows 10. Il vous suffit pour l'ouvrir de cliquer ou de taper sur le bouton Démarrer, puis sur la vignette OneNote présente dans la partie droite du menu Démarrer.

Si pour une raison obscure OneNote était absent de cette partie droite, localisez-le sous la lettre O du menu Démarrer. Enfin, vous pouvez passer par le champ de recherche de Cortana pour demander le démarrage de cette application.

La première fois que vous allez le lancer, il devrait vous présenter un étrange écran de bienvenue qui, sur la Figure 4.1, présente les nouveautés de OneNote.

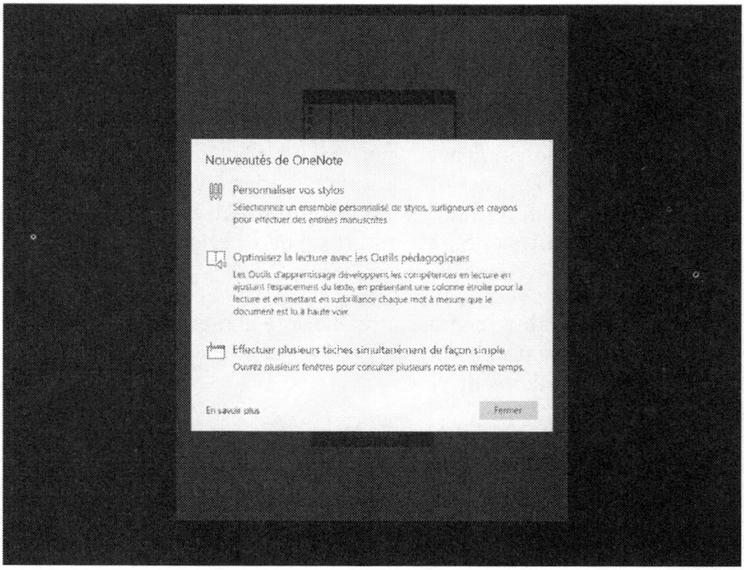

FIGURE 4.1 Si vous êtes déjà connecté à OneDrive, OneNote est paré pour le lancement.

Cliquez sur le bouton Fermer, puis sur Suivant pour connaître le fonctionnement général de l'application. Enfin, cliquez sur OK. Pour éviter cette lecture, cliquez immédiatement sur le bouton de fermeture (X) de ce minidiaporama. Vous voici dans l'interface de OneNote.

Il est possible que OneNote vous demande de vous connecter à votre compte Microsoft. Cliquez alors sur Compte personnel. Dans la boîte de dialogue qui apparaît, entrez votre identifiant (l'adresse mail de votre compte Microsoft) et votre mot de passe. Cliquez sur Continuer. Ensuite, cliquez sur le lien qui permet de n'utiliser votre compte qu'avec cette application. Enfin, cliquez sur Commencer à utiliser OneNote. Il est également possible qu'un bandeau apparaisse dans la partie supérieure de l'écran vous incitant à vous connecter. Vous vous retrouverez alors dans la même boîte de dialogue que si OneNote affichait une invitation à cette connexion à un compte Microsoft.

OneNote travaille avec des blocs-notes, de même que Word travaille avec des documents, Excel avec des feuilles de calcul, ou encore PowerPoint avec des présentations. Un bloc-notes contient des sections. Dans chaque section, il y a des pages. Et sur chaque page, il peut y avoir... de nombreuses choses. Des notes que vous tapez, des captures d'écran, des photos, des enregistrements vocaux, des pages Web, des tableaux, des fichiers attachés, des liens Web. Bref, des tas et des tas de choses.

Vous pouvez enregistrer un bloc-notes pratiquement n'importe où. Si vous choisissez un emplacement auquel d'autres personnes peuvent potentiellement accéder (OneDrive est presque incontournable, mais un PC de votre réseau domestique ou professionnel convient aussi), vous pouvez décider de partager vos blocs-notes de manière à ce qu'ils puissent être visualisés et/ou modifiés par quelqu'un d'autre.

Faites l'essai. Je suis certain que vous constaterez que OneNote est facile à utiliser.

Créer des blocs-notes, des sections et des pages

Voyons comment créer votre tout premier bloc-notes :

1. **Cliquez ou tapez sur le bouton Démarrer, puis sur la vignette de OneNote du menu Démarrer.**

   Vous pouvez également taper OneNote dans le champ de recherche de Cortana, ou bien lui poser directement cette question : « Peux-tu démarrer OneNote ? ». Si Office est installé sur votre ordinateur, Cortana vous proposera de choisir entre OneNote, c'est-à-dire l'application du Bureau, ou OneNote 2016 qui est la version OneNote d'Office 2016. Pour les besoins de cet exemple, choisissez l'application OneNote.

Pour apprendre à utiliser OneNote 2016, consultez le livre sur Office 2016 dans ma collection *pour les nuls*.

Si vous avez déjà exécuté cette manœuvre, vous devriez pouvoir accéder à l'exemple proposé par défaut avec l'application (voir la Figure 4.2).

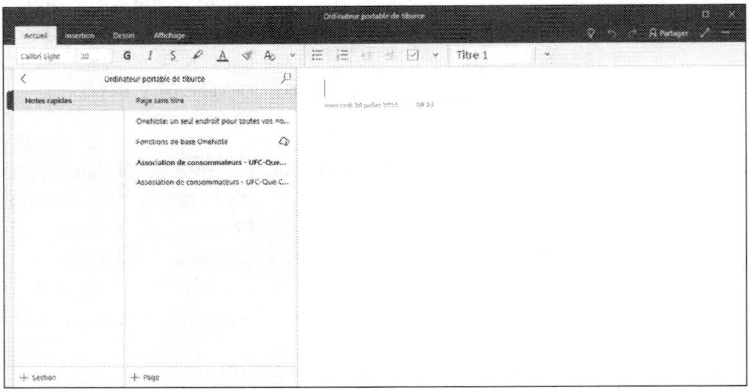

FIGURE 4.2 OneNote est à vos ordres.

Pour voir comment OneNote fonctionne, cliquez sur le lien Regarder la vidéo de 2 minutes.

2. **Si nécessaire, cliquez sur le chevron présent dans la partie supérieure gauche de OneNote.**

   Des « boutons » apparaissent alors en bas de l'interface, comme le montre la Figure 4.3.

FIGURE 4.3 Cliquez sur le bouton « + » et donnez un nom à votre nouveau bloc-notes.

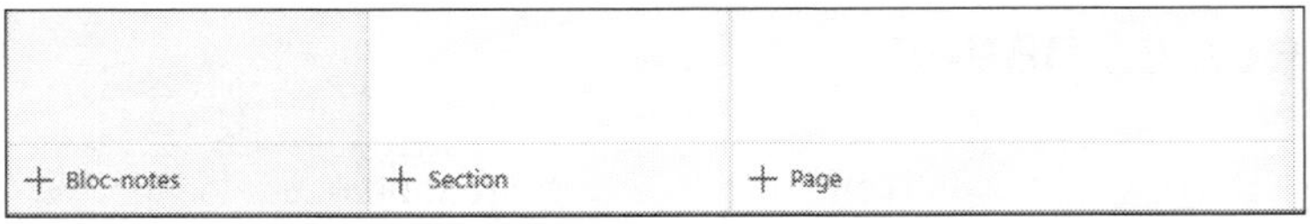

3. **Cliquez ou tapez sur le signe « + Bloc-notes ».**

   OneNote va ouvrir une petite boîte de dialogue dans laquelle vous allez donner un nom au nouveau bloc-notes.

4. Tapez un nom et cliquez sur Créer un bloc-notes.

OneNote va créer le bloc-notes qui apparaît dans la colonne de gauche, et placer un lien vers celui-ci dans le dossier Documents de OneDrive.

Si le nouveau bloc-notes n'est pas affiché dans le sous-dossier Documents du dossier OneDrive de l'Explorateur de fichiers, cela tient au fait que la synchronisation entre la version Internet et du bureau de OneDrive n'a pas été réalisée. Pour l'effectuer, tapez OneDrive dans le champ de recherche de Cortana, et cliquez sur la vignette OneDrive Application de bureau qui apparaît dans la liste des résultats. Il est probable que Windows 10 vous demande votre identifiant et votre mot de passe de compte OneDrive. Dès que la connexion est faite, les deux versions de OneDrive vont se synchroniser. Vous verrez alors le fichier de votre bloc-notes aussi bien dans le dossier Documents de OneDrive en ligne que dans l'Explorateur de fichiers.

Sur la Figure 4.4, par exemple, mon nouveau bloc-notes s'appelle Cinéma.

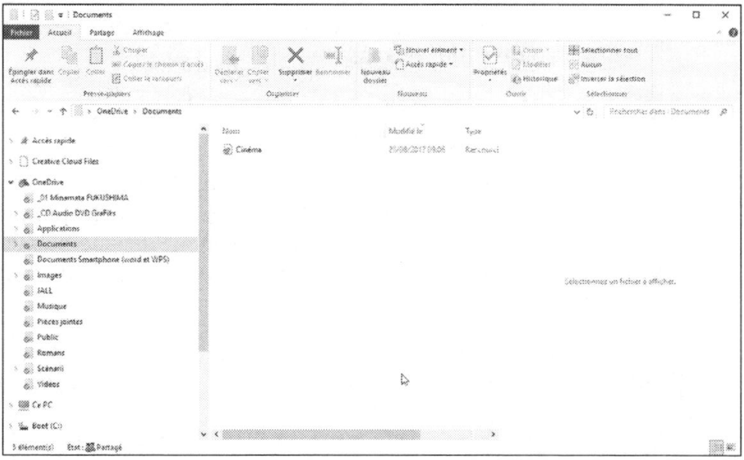

FIGURE 4.4 Le nouveau bloc-notes est bien sauvegardé sur OneDrive.

C'est fait, vous avez votre bloc-notes. Il est temps de lui ajouter quelques sections. C'est aussi facile que d'ouvrir un nouvel onglet dans un navigateur Web.

1. Dans la fenêtre du bloc-notes, cliquez-droit (ou maintenez le doigt appuyé) sur l'onglet qui devrait indiquer par défaut Nouvelle section 1. Choisissez ensuite l'option Renommer.

Comme l'illustre la Figure 4.5, cette action ouvre un menu qui vous permet également de supprimer une section, ou encore d'en changer la couleur.

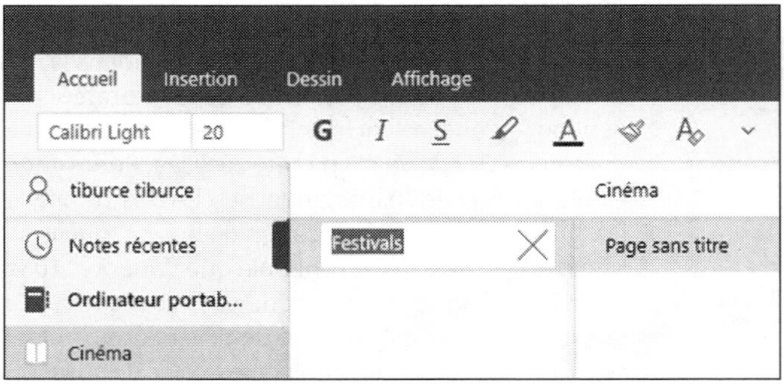

FIGURE 4.5 Renommer un onglet, pardon une section.

2. **Tapez un nouveau nom, modifiez la couleur associée au bloc-notes si vous le souhaitez, et appuyez sur Entrée.**

   Le nouveau nom s'affiche sur l'onglet.

3. **Pour ajouter une nouvelle section, cliquez ou tapez sur le bouton « + Section » en bas de la colonne des sections de votre Bloc-notes.**

   Je vous le disais, c'est exactement le même principe qu'avec les onglets d'un navigateur.

Pour ajouter des pages à une section, cliquez sur « + Page » situé en bas de la colonne des pages. Par défaut, une nouvelle page indique Sans titre. Faites un clic-droit sur ce nom et, dans le menu contextuel qui apparaît, choisissez Renommer la page. Donnez un nom à votre page (voir la Figure 4.6).

OneNote sauvegarde tout automatiquement. Vous n'avez donc pas besoin de vous préoccuper de l'enregistrement de vos blocs-notes.

Les outils de mise en forme du texte, sous la barre d'onglets, fonctionnent exactement comme dans un traitement de texte. Sur la Figure 4.7, par exemple, j'ai simplement inséré un tableau et tapé quelques mots au clavier. Le formatage depuis l'onglet Accueil s'effectue facilement.

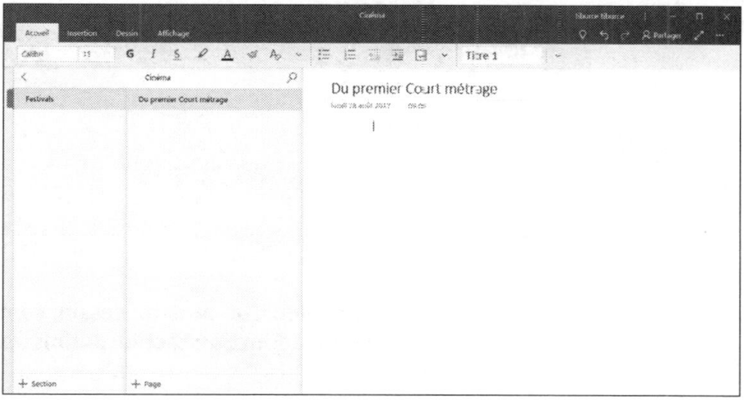

FIGURE 4.6 Une page renommée.

FIGURE 4.7 OneNote a tout d'un éditeur de texte classique.

Embellir une page OneNote

Vous n'avez pas vraiment besoin d'un stylet pour rédiger vos notes ou pour dessiner dans OneNote, même si cela peut être utile. Vos doigts peuvent éventuellement y suffire, et votre souris comme votre clavier feront également très bien l'affaire. L'avantage d'un stylet pour dessiner, c'est qu'il réagit en fonction de la pression exercée, ce qui autorise des traits bien plus précis qu'avec la souris (mais, après tout, il existe nombre de tablettes graphiques bon marché pour ce genre d'exercice).

Si vous voulez dessiner sur une page OneNote, il vous suffit de suivre ces étapes :

1. **Ouvrez la page que vous voulez décorer. Cliquez ensuite sur l'onglet Dessin, en haut de la fenêtre.**

   OneNote affiche les outils ainsi que la palette de couleurs illustrés sur la Figure 4.8.

FIGURE 4.8 Dessiner de manière un peu intensive est plus facile avec un stylet (ou une tablette graphique), mais la souris convient également.

2. **Sélectionnez une couleur, un outil de dessin, comme par exemple le stylet ou la fonction tactile, définissez une épaisseur, et lancez-vous.**

   L'illustration de la Figure 4.9 laisse certes à désirer par sa qualité graphique, mais elle montre qu'il est facile de légender une page et de mettre en valeur certains éléments.

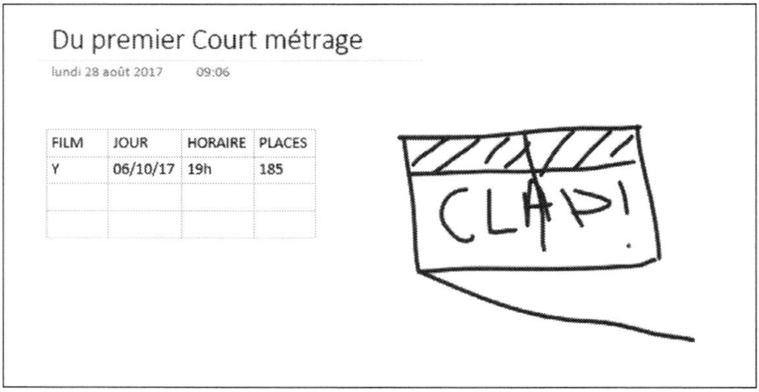

FIGURE 4.9 Dessiner est facile, même avec la souris (à défaut d'être joli).

3. **Si vous n'aimez pas ce que vous venez de dessiner, appuyez sur Ctrl + Z.**

   Cela annule le dernier élément tracé. Vous pouvez également vous servir de la gomme pour effacer traits et textes.

À nouveau, n'oubliez pas que OneNote sauvegarde tout en temps réel. Vous n'avez pas à vous en préoccuper.

L'icône qui se trouve à l'extrême gauche du ruban associé à l'onglet Dessin permet soit de sélectionner du texte, par exemple pour le formater à l'aide des outils de l'onglet Accueil, soit de créer une zone dans laquelle vous pourrez taper quelque chose ou encore insérer une image (son fonctionnement est plus évident si vous avez quelque chose à coller – cliquez droit pour révéler cette option).

La seconde icône, le lasso, sert à entourer des éléments pour les sélectionner afin de les copier, de les déplacer ou encore de les supprimer.

Je vous laisse vous amuser un peu avec les outils de OneNote. Voyez par exemple comment l'onglet Insertion vous permet d'insérer dans vos pages des tableaux, des images, des liens Web, voire même des fichiers traités en tant que pièces jointes (comme dans un message électronique) ou directement affichés dans la page s'ils sont au format PDF.

Communiquer avec OneNote

La version de OneNote livrée avec Windows 10 n'est pas aussi puissante que sur la plupart des autres plates-formes. En revanche, sa connexion avec Microsoft Edge est pratiquement totale.

Transférer une page Web de Microsoft Edge ne présente aucune difficulté, mais il faut tout de même un peu de préparation pour que les choses se passent en douceur. Voici comment procéder :

1. **Lorsque vous envoyez une page de Microsoft Edge à OneNote, elle est placée dans un bloc-notes spécifique. Rien de surprenant à cela. Pour sélectionner ce bloc-notes, ouvrez le menu de OneNote (l'icône composée de trois traits). Dans le volet qui s'affiche, choisissez l'option Paramètres.**

   Nous reviendrons sur ces paramètres dans la prochaine section.

2. **Choisissez Options dans le volet de droite. Tout en bas de la liste des options, cliquez ou tapez sur le bouton Choisir un bloc-notes pour les notes rapides.**

   OneNote vous demande de sélectionner un emplacement par défaut pour les nouvelles notes.

3. **Choisissez le bloc-notes voulu dans la liste, puis cliquez sur OK.**

   Vous êtes maintenant prêt pour le partage entre Edge et OneNote.

4. **Lancez maintenant Edge, et naviguez vers la page Web que vous voulez sauvegarder dans OneNote.**

   Sur la Figure 4.10, j'ai choisi un site consacré aux festivals de cinéma.

5. **Dans Edge toujours, cliquez ou tapez sur l'icône Partager, à droite de la barre d'adresse.**

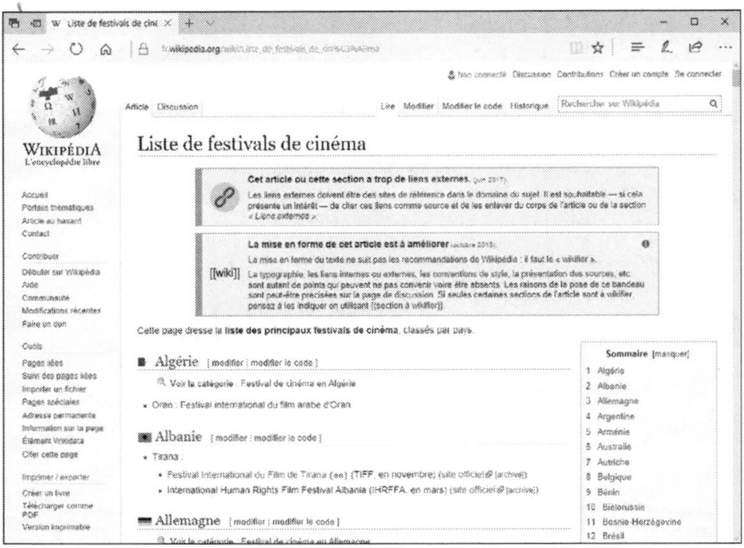

FIGURE 4.10 La page que je veux enregistrer dans OneNote.

Un volet surgit à droite de la fenêtre. Il vous propose à minima les options OneNote et Courrier.

6. **Choisissez comme proposition de partage OneNote.**

   OneNote répond en affichant une sorte d'aperçu au-dessus duquel vous pouvez éditer le titre et ajouter une note.

7. **Cliquez ou tapez sur le bouton Envoyer.**

   OneNote va mouliner un peu, puis montrer votre page Web sous l'onglet Notes rapides du bloc-notes que vous avez sélectionné lors de l'Étape 3 (voir la Figure 4.11).

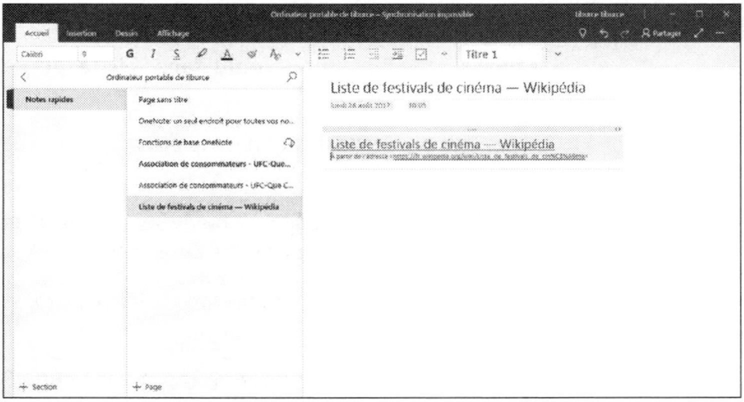

FIGURE 4.11 Le partage entre Microsoft Edge et OneNote s'effectue parfaitement.

Pour gagner du temps et de la place, OneNote ne retient que les éléments essentiels de la page et il inclut un lien permettant d'afficher celle-ci dans sa totalité dans le navigateur par défaut.

Si vous voulez stocker la totalité d'une page, cliquez dans Edge sur l'icône Écrire une note Web, tracez éventuellement quelque chose, puis cliquez sur l'icône de disquette. Vous n'avez plus qu'à choisir comme destination OneNote, puis le bloc-notes de destination, et à cliquer sur Envoyer. La note apparaîtra dans l'application, comme sur la Figure 4.12.

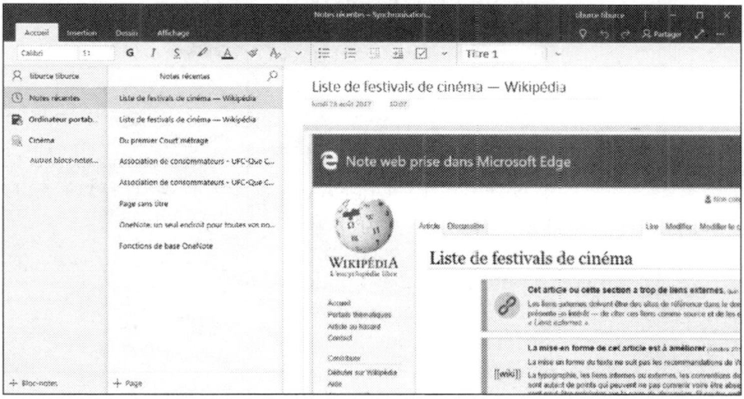

FIGURE 4.12 Une note Web de Microsoft Edge partagée dans OneNote.

Configurer OneNote

OneNote propose une poignée d'options que vous voudrez peut-être modifier un jour. Ou pas. Pour les voir, suivez ces étapes :

1. **Ouvrez OneNote, puis cliquez ou tapez sur le bouton du menu (les trois traits, en haut et à gauche de la fenêtre).**

   Les paramètres s'affichent dans un volet, à gauche de la fenêtre.

2. **Choisissez Paramètres.**

3. **Dans le volet Paramètres qui apparaît sur la droite, choisissez Options.**

   Les autres réglages sont sans intérêt particulier. Vous voyez s'afficher le volet illustré sur la Figure 4.13.

4. **Si vous ne voulez pas que vos notes soient systématiquement synchronisées avec OneDrive, désactivez l'option**

Synchroniser les blocs-notes automatiquement.

Certes, il n'y a pas vraiment de raisons particulières pour justifier ce choix et revenir des années en arrière. Mais il peut y avoir des circonstances particulières, par exemple si vous ne voulez pas que vos collègues s'aperçoivent que vous avez écrit n'importe quoi dans le bloc-notes communautaire.

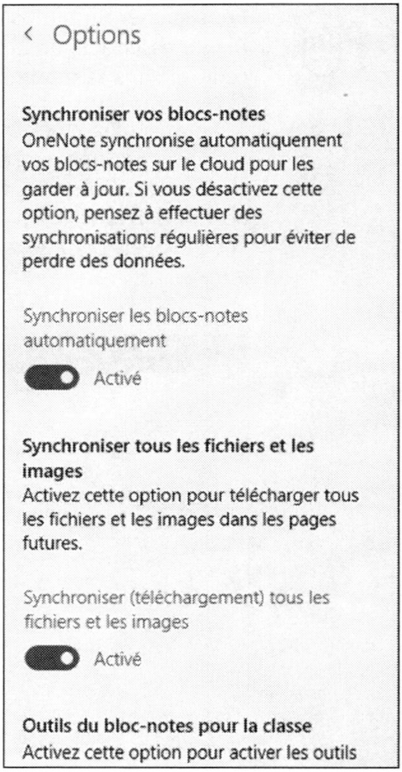

FIGURE 4.13 OneDrive dispose de quelques options qui peuvent être utiles.

Dans ce chapitre, OneNote a simplement été survolé. Vous aurez peut-être l'occasion de constater que cette application offre différents visages, et différentes fonctionnalités, selon le système sur lequel vous avez à l'utiliser. Ainsi, OneNote en ligne (`www.onenote.com`) n'est pas exactement le même que OneNote sur iPad, qui lui-même diffère de la version pour les smartphones, et ainsi de suite.

Mais n'hésitez surtout pas à aller plus loin avec cet excellent outil de prise de notes.

Chapitre 5

L'application Cartes

DANS CE CHAPITRE :

- **Comprendre les fonctions de base de Cartes**
- **Télécharger des cartes**
- **Configurer Cartes**

L'histoire des rapports entre Microsoft et la cartographie est à la fois ancienne et tortueuse. On ne compte plus les versions développées, puis abandonnées, par Microsoft au fil des années. Sachez donc que l'application Cartes de Windows 10 est basée sur l'outil maison de Nokia, appelé HERE.

Lorsque Microsoft a racheté la partie téléphonie de Nokia, le système de cartographie HERE est resté dans le giron de celui-ci. En fait, HERE pourrait bien connaître à l'avenir des évolutions majeures, un consortium regroupant les plus grands constructeurs automobiles allemands (BMW, Mercedes et Audi) cherchant à développer la voiture de demain (mais pas de Monsieur tout le monde). Il est donc difficile de dire quels seront les rapports entre les nouveaux propriétaires de HERE et Microsoft…

Cartes est une application Universelle Windows, ce qui signifie qu'elle fonctionne aussi bien sur un PC que sur un smartphone ou une tablette sous Windows 10. Ce que vous voyez sur votre ordinateur peut donc être répliqué sur l'écran de votre smartphone, et réciproquement.

Cartes et ses fonctions de base

Si vous avez déjà utilisé Google Maps (moi, c'est tous les jours) ou l'application Apple Maps (ma femme, c'est tous les jours), vous savez déjà à peu près ce que Cartes (que ni elle ni moi n'utilisons) va vous proposer.

Classique, vous disposez de deux modes d'affichage principaux :

» **Route :** C'est une bonne vieille carte traditionnelle, du moins à première vue (voir la Figure 5.1).

» **Aérien :** C'est la vue satellite du terrain, sur laquelle viennent se superposer les axes routiers (voir la Figure 5.2).

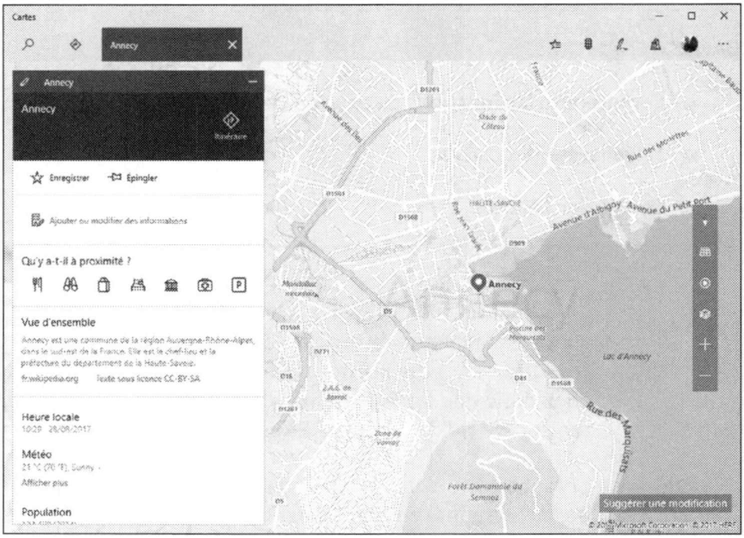

FIGURE 5.1 Une vue de la région d'Annecy en mode Route.

Pour passer de l'une à l'autre, cliquez dans le bandeau d'outils vertical situé sur la droite, sur l'icône qui représente une pile de feuilles de papier.

Au moins en théorie, les vues routières et aériennes peuvent être complétées par des informations sur le trafic actuel, représenté par des couleurs allant du vert au rouge. Mais ce service supplémentaire n'est ni infaillible, ni toujours utile. De plus, lorsque des travaux, des bouchons ou un accident sont signalés, il n'est pas rare que le problème soit déjà résolu depuis un certain temps lorsque vous arrivez sur les lieux…

Si vous voulez voir autour de vous, cliquez sur l'icône Afficher mon emplacement (celle qui se trouve juste au-dessus de la pile de papiers). Avec un appareil mobile équipé d'un GPS, la localisation sera précise. En revanche, avec un ordinateur, vous risquez fort de vous retrouver annexé à un important nœud de réseau Internet de votre opérateur. Si la localisation n'est pas activée sur votre PC, Cartes affiche alors un message vous indiquant cet état de fait. Cliquez sur le bouton Paramètres. Cela ouvre les Paramètres Windows de localisation. Activez

FIGURE 5.2 La même vue en mode Aérien.

l'option Service d'emplacement. Cliquez de nouveau sur l'icône de localisation de Cartes.

Il existe également une vue basculée sur 3D, que vous pouvez activer ou désactiver en cliquant sur l'icône de grille, au-dessus de la localisation. Cela peut vous donner une apparence, ou plutôt une illusion de relief, comme l'illustre la Figure 5.3. Tant d'efforts pour si peu ?

Vous disposez bien entendu des modes de contrôle classiques : faites glisser pour vous déplacer sur la carte et tournez la molette de la souris pour zoomer. Le bouton droit permet de passer d'un plan 2D à 3D, ce qui n'est pas si facile à maîtriser. Avec un écran tactile, touchez et faites glisser, ou effectuez un pincement ou un écartement. Par contre, je n'ai pas encore réussi à faire tourner la carte avec mes doigts.

L'icône de boussole remet la carte dans le droit chemin, donc orientée nord-sud. Elle révèle aussi deux autres commandes pour opérer un pivotement vers la gauche ou vers la droite.

Naviguer avec l'application Cartes

Si vous attendez de cartes la même expérience qu'avec Google Maps, vous risquez fort d'être déçu.

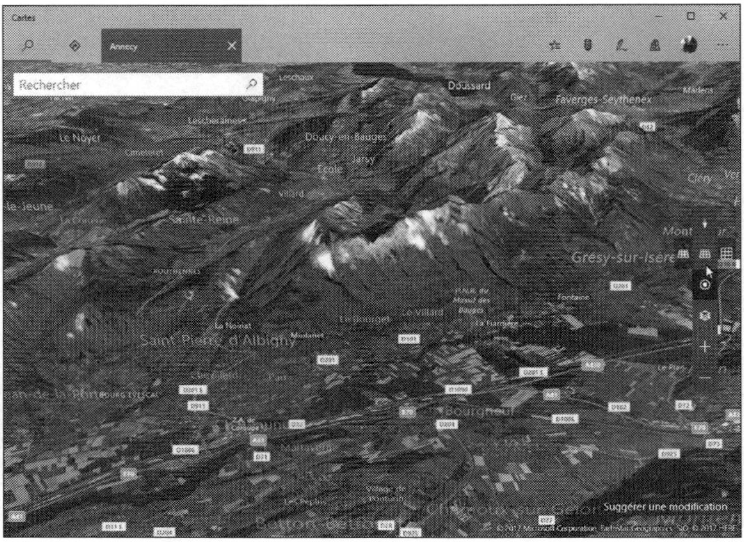

FIGURE 5.3 Elles n'ont pas l'air si hautes que cela, les Alpes !

Cartes ne propose en effet que quelques options dans son menu (les trois points en haut et à gauche de la fenêtre). Ces choix sont illustrés sur la Figure 5.4.

Dans la partie supérieure de l'interface, vous disposez des éléments suivants :

- **Rechercher** affiche un panneau, qui reprend notamment un historique des lieux visités récemment, plus quelques critères courants (voir la Figure 5.5).
- **Itinéraire** vous permet, comme son nom l'indique, de demander à calculer un itinéraire entre deux lieux. Vous saisissez votre point départ, votre arrivée, et l'application Cartes va vous proposer un trajet détaillé (et correct) ainsi qu'un temps de route estimé (voir la Figure 5.6). Vous disposez d'options plutôt complètes, puisqu'elles vous permettent même d'éviter les voies non goudronnées (du moins, pour ce qu'en savent les bases de données sous-jacentes).

  Cliquez sur le bouton Atteindre, près du temps estimé, et la navigation peut commencer (voir la Figure 5.7). En revanche, l'aide à la conduite se fait sans voix féminine ou masculine pour vous tenir compagnie.
- **Favoris** sert bien entendu à gérer des endroits préférés pour les retrouver plus rapidement ensuite.

» **Villes 3D** vous propose une liste de villes prédéfinies qui ont eu droit à une séance de numérisation photographique de style simili 3D. Vous pouvez choisir un pays, puis un nom dans un classement en ordre alphabétique. Au hasard, disons Marseille (voir la Figure 5.8).

La vue peut être plus ou moins déformée selon la perspective. Et si vous essayez de sortir des limites de la zone numérisée (du moins si Cartes ne plante pas avant d'aller jusque-là), vous risquez fort de voir d'étranges blocs qui ne sont pas sans rappeler un jeu célèbre…

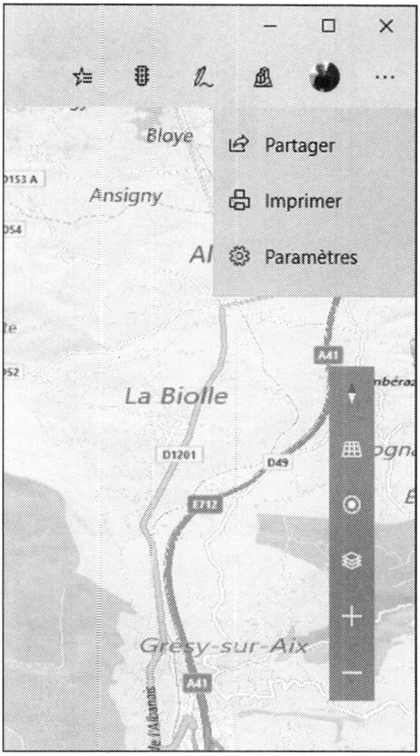

FIGURE 5.4
Les options de l'application Cartes.

Vous avez aussi la possibilité de voir certaines rues en mode *Streetside* (voir la Figure 5.9), qui correspond à l'affichage *streetview* bien connu. Il est également possible de demander à calculer un itinéraire vers ce lieu, ou encore de trouver des restaurants, des idées de sortie ou des magasins à proximité (voir la Figure 5.10). Bien entendu, toutes ces données sont fournies par divers partenaires, pas forcément désintéressés dans l'affaire.

Enfin, pour accéder aux paramètres de Cartes, cliquez sur les trois petits points situés dans la partie supérieure de l'interface, puis sur Paramètres. Vous pourrez notamment y choisir les unités de mesure, activer ou désactiver l'historique des recherches (et même l'effacer), choisir un mode d'affichage pour la navigation, et constater que Microsoft collecte des données pour améliorer ses services. Mais ce n'est pas une option…

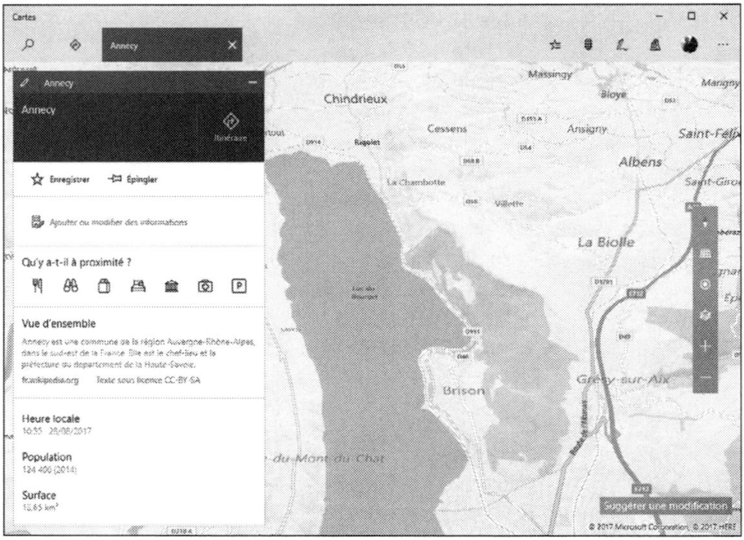

FIGURE 5.5 Lancer une recherche dans Cartes.

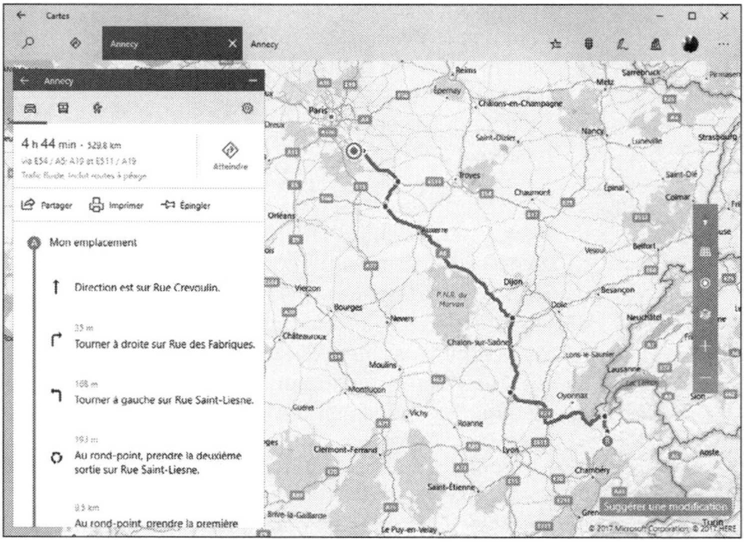

FIGURE 5.6 Cartes vous fournit des instructions détaillées pour vos itinéraires routiers (voire en transport en commun, et parfois à pied).

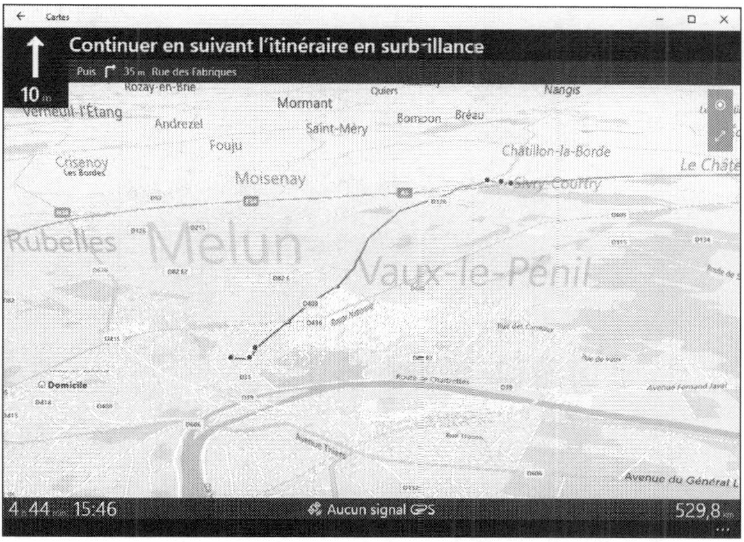

FIGURE 5.7 L'application Cartes peut vous servir de GPS, mais en silence. Où es-tu, Cortana ?

FIGURE 5.8 Vue 3D sur Notre Dame de la Garde.

FIGURE 5.9 Streetside vous permet de vous promener dans certains lieux.

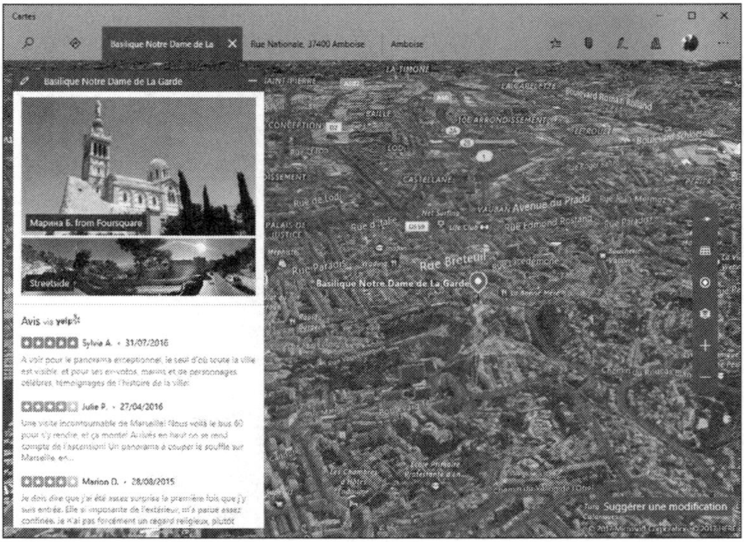

FIGURE 5.10 Choisissez votre prochaine sortie.

Cartes hors ligne

L'application Cartes vous permet de télécharger des cartes entièrement disponibles hors connexion.

Suivez ces étapes :

1. **Depuis l'application Cartes, cliquez ou tapez sur les trois petits points. Dans le menu local qui apparaît, choisissez Paramètres.**
2. **Dans le volet des paramètres, cliquez ou tapez sur le bouton Choisir les cartes de la section Cartes hors connexion.**

   Vous êtes transporté dans l'application Paramètres, plus précisément dans la page Cartes hors connexion de la rubrique Système (voir la Figure 5.11).

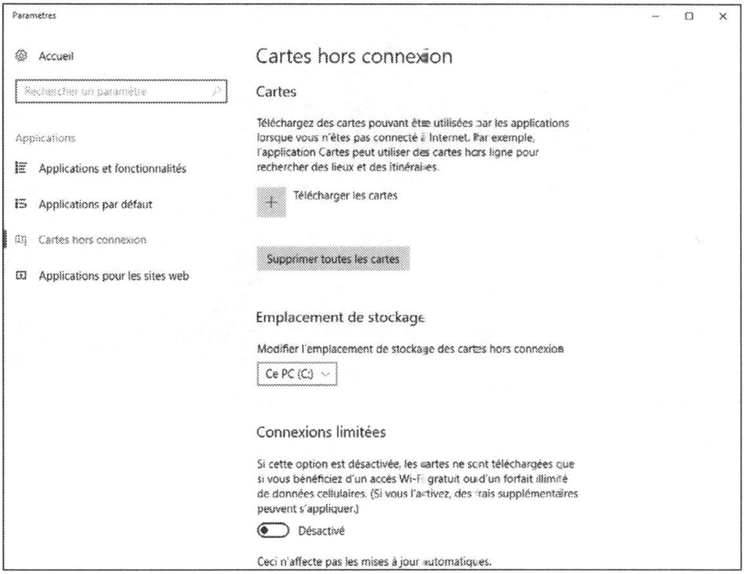

FIGURE 5.11 Les cartes sont téléchargées depuis l'application Paramètres.

3. **Cliquez sur le bouton Télécharger les cartes.**

   Vous pouvez alors choisir un continent puis un pays. Pour certains pays, comme la France, l'Allemagne, l'Italie, la Russie, la Chine, l'Inde, le Brésil, le Canada ou les USA, vous devrez en plus sélectionner une région ou un état.

   Tous les pays ne sont pas répertoriés… Par exemple, le Japon est à ce jour rayé de la carte !

   Windows va lancer le chargement de la carte demandée.

   Vous devez quitter l'application Cartes pour que l'opération se déroule correctement.

4. Une fois le téléchargement terminé, vous pouvez ouvrir à nouveau Cartes et naviguer à l'aide de la carte ainsi mémorisée, sans avoir besoin d'être connecté à l'Internet.

Ne vous attendez tout de même pas à des miracles, comme l'illustre cette vue assez agrandie d'une rue du sud de l'Australie (voir la Figure 5.12).

FIGURE 5.12 La qualité de cartes hors connexion de HERE/Microsoft n'est pas ce qui se fait de mieux.

Chapitre 6

Le multimédia

DANS CE CHAPITRE :

- » **Comprendre comment Spotify et d'autres ont changé l'industrie du multimédia**
- » **Écouter votre musique et regarder vos vidéos**
- » **Naviguer dans les applications Groove Musique, et Films et TV**

Microsoft a depuis bien longtemps essayé de promouvoir un lecteur multimédia décent pour jouer aussi bien de la musique que des vidéos. Pour autant, depuis des années aussi, les utilisateurs de Windows se sont servis d'autres applications, notamment du remarquable VLC (une création d'origine française) ou encore du lecteur d'iTunes, et de bien d'autres lecteurs gratuits bien souvent livrés par le constructeur de l'ordinateur.

Avec Windows 10, Microsoft tente de redresser la barre en proposant notamment son nouveau service, Groove Musique (voir la Figure 6.1). D'accord, Apple a gagné des millions avec iTunes, et maintenant avec son service de streaming musical (autrement dit de diffusion en direct). Et d'autres ont aussi fait leur place au soleil...

Avec Windows 8 et 8.1, Microsoft essayait désespérément de vous vendre de la musique. L'application s'appelait alors Xbox Music. Certes, elle a changé de nom, et Microsoft s'y prend d'une manière plus subtile. Mais l'enjeu est le même. Autrement dit, de vous vendre une forme d'abonnement permettant de fidéliser, si possible pour longtemps, des utilisateurs consentants et monnayables (et la concurrence est extrêmement vive dans ce domaine, comme d'ailleurs dans bien d'autres).

En fait, l'industrie classique de la diffusion de musique (et de vidéo)) est très largement en perte de vitesse, la vente de CD (ou de DVD) ayant reculé dans des proportions impressionnantes ces dernières années. La musique « numérique » (mais les CD, c'était déjà du numérique), c'est-à-dire celle que vous pouvez écouter depuis n'importe quel appareil fixe, portable ou mobile, a pris le pas sur les supports de stockage « physiques ». Et la tendance est manifestement irréversible.

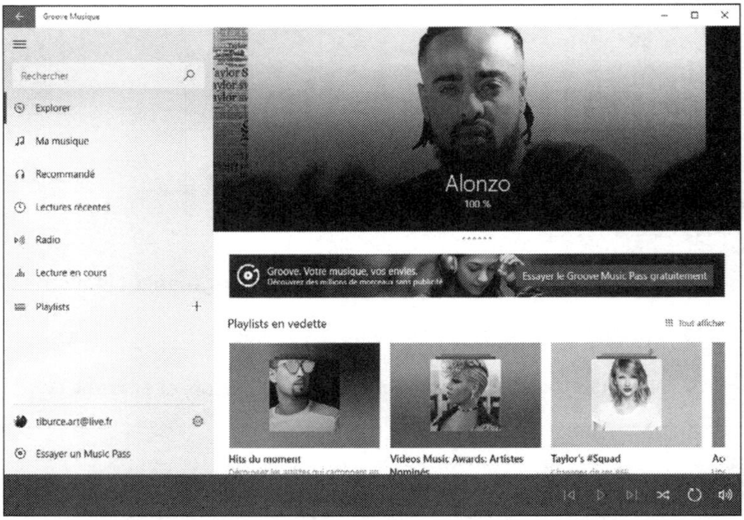

FIGURE 6.1 Microsoft fait la promotion de son service Groove Musique.

Si la musique a engagé le processus de dématérialisation, la télévision ensuite, et le cinéma plus tard, suivent la même pente. D'accord, *Game of Thrones* est une remarquable série. Mais *Arte*, par exemple, propose de son côté de superbes documentaires. Alors ? Est-ce une question purement générationnelle ? Certainement pas. C'est évidemment un sujet sociétal, culturel et humain qui outrepasse largement le cadre de ce livre.

Mais savoir si vous avez un vrai choix, et quel choix, est tout de même une affaire qui dépasse largement le cadre individuel... Restons-en là. Je ne peux faire autrement que constater l'évolution des choses, et vous parler de la manière dont Microsoft tente de s'y adapter, une fois de plus.

Spotify, Microsoft... et les autres

Si l'un des premiers services de diffusion musicale fut Pandora, dès le début des années 2000, il faut plutôt le considérer comme une sorte de « super radio intelligente », capable de répondre à vos souhaits en vous proposant des musiques adaptées à vos goûts (personnellement, j'aime bien découvrir ce que je ne connais pas encore). Hélas, aujourd'hui Pandora n'est plus disponible qu'aux USA, en Australie, et en Nouvelle-Zélande.

Mais le plus connu internationalement est certainement Spotify. Apparu en 2008, il répond à une logique différente en permettant aux utilisateurs de choisir ce qu'ils veulent écouter. Avec un catalogue de plus de 20 millions de titres, il y a de quoi faire ! Spotify propose de multiples fonctions pour créer ses playlists et les partager. Avec ses 60 millions de souscripteurs, dont environ 15 millions payant un abonnement mensuel, Spotify est une référence en la matière.

Le français Deezer fonctionne d'ailleurs de la même manière depuis de nombreuses années également. Et il convient aussi de citer un autre « streamer » français, Qobuz, plus orienté sur le haut de gamme et la qualité audio, qui va du classique MP3 pour sa formule de base, aux enregistrements haute résolution en passant par la qualité CD. Avec un catalogue de 30 millions de titres, Qobuz couvre tous les genres et les styles musicaux.

Et, comme il se doit, les « grands » du marché ne pouvaient pas passer à côté de la manne. En commençant par Apple, avec iTunes et maintenant Apple Music, puis Google, avec Play Music, et évidemment Microsoft, d'abord avec Xbox Music, et désormais avec Groove Musique.

La bataille se mène en particulier sur le prix des abonnements, le standard tournant aujourd'hui autour des 10 euros en individuel et de 15 en abonnement familial. L'enjeu étant, il semblerait, de passer sous la barre des 5 euros. Qui aura le courage, et peut-être la folie, de franchir le pas ? L'avenir le dira.

Et, pour le reste, Microsoft est clairement le petit Poucet de la bande, n'ayant jamais réussi à mettre véritablement le pied dans ce marché considérable.

Windows 10 vous permet d'écouter votre musique, celle qui est enregistrée sur votre appareil ou sur votre réseau. Il propose pour cela son application Universelle Groove Musique. Bien entendu, le but premier de Microsoft est de vous faire acheter de la musique... Mais Groove Musique est aussi un lecteur. Et il en existe bien d'autres qui sont gratuits et d'excellente qualité, comme VLC ou encore Foobar2000.

En revanche, il est peu probable que vous trouviez des applications Universelles dédiées, proposées par d'autres fournisseurs de contenu. Spotify n'a pas envie de se mettre sur les rangs. Deezer non plus, et Apple s'en tient à iTunes. Qobuz a son propre programme de bureau. Et, de toute manière, les yeux des uns et des autres sont surtout tournés vers les tablettes et les smartphones. Donc essentiellement vers iOS et Android.

Dans tous les cas, vous pouvez aussi accéder à pratiquement tous ces services depuis votre navigateur Web. Ce n'est ni honteux, ni horrible, même si la version purement Internet n'a généralement pas toutes les fonctionnalités que l'on peut retrouver dans une application spécialisée.

Vous connaissez maintenant les données du problème...

Récupérer votre musique et vos films

Si voulez *vraiment* acheter de la musique, des films ou des séries TV auprès de Microsoft, la démarche est simple : vous vous connectez avec votre compte sur Windows Store, vous faites votre choix, vous payez, et votre sélection se retrouve comme par enchantement dans les applications Groove Musique et Films et TV. En effet, aucun achat direct n'est possible depuis Groove Musique puisque cette plateforme fonctionne sur un principe d'abonnement, exactement comme Deezer et Spotify.

Si vous possédez déjà votre propre collection de musiques et de vidéos et que vous voulez pouvoir les jouer dans les applications Universelles Groove Musique/Films et TV, les choses risquent d'être un peu plus compliquées. En particulier si vous souhaitez y accéder à distance.

La réponse consiste alors à stocker tout ce qui vous intéresse dans votre nuage OneDrive (dans la limite bien entendu de l'espace dont vous disposez). Pour cela :

1. **Commencez par accéder à l'ordinateur qui contient vos musiques et vos vidéos (ou qui peut y accéder).**

   Si vous avez déjà des titres achetés sur iTunes, ou auprès de Google ou encore d'Amazon, ou bien de Qobuz ou autres, vous devrez les télécharger sur votre ordinateur si ce n'est déjà fait. Chaque vendeur propose une méthode différente pour effectuer ces téléchargements (en fait, certains ne les autorisent même pas). Assurez-vous à minima que les titres ne sont pas protégés en lecture, autrement dit attachés à un certain système ou programme.

2. **Quand c'est fait, connectez-vous à OneDrive (`www.onedrive.live.com`) en utilisant le compte Microsoft de la machine sur laquelle vous voulez rendre votre musique et vos vidéos disponibles.**

   Vous pouvez y procéder depuis l'Explorateur de fichiers. Il suffit de vérifier que sa version OneDrive est bien en cours d'exécution afin de synchroniser les fichiers locaux, c'est-à-dire ceux qui sont dans le dossier OneDrive de votre ordinateur et les fichiers distants, c'est-à-dire ceux qui sont sur le OneDrive de Microsoft.

(En fait, il s'agit des mêmes fichiers puisque la version PC de One-Drive reflète le contenu de ce stockage à distance.) Vous savez que OneDrive est synchronisé lorsque des cercles verts avec une coche blanche s'affichent à la base des dossiers OneDrive dans l'Explorateur de fichiers. Sinon, tapez OneDrive dans Cortana, puis cliquez sur la vignette OneDrive Application du bureau qui apparaît.

3. **Ouvrez le dossier Musique (ou Music) de votre compte One-Drive. Cliquez ensuite sur le bouton Charger (celui qui est précédé d'une flèche montant pour indiquer que vous vous voulez envoyer quelque chose vers le nuage, pas l'autre).**

   Si vous utilisez l'Explorateur de fichiers, ouvrez le dossier Musique du dossier OneDrive, et copiez-collez vos fichiers musicaux dans des sous-dossiers (ou directement en racine).

   Vous pouvez facilement créer de nouveaux dossiers dans votre page OneDrive. Cliquez pour cela sur le bouton Nouveau, puis Dossier.

4. **Pendant que vous y êtes, créez un dossier appelé Vidéos sur votre compte OneDrive (s'il n'existe pas encore). Procédez comme ci-dessus pour transférer vos vidéos (MP4, AVI et ainsi de suite) sur OneDrive.**

   Les fichiers vidéo étant généralement assez lourds, voire même très lourds, vous devez faire attention à leur « poids » pour ne pas saturer votre espace OneDrive.

Bien entendu, si la seule musique que vous écoutez a été achetée chez Microsoft (levez la main, les deux au fond de la salle !), vous n'avez pas à vous préoccuper de tout cela.

N'oubliez pas que toute cette procédure peut également se faire dans le dossier OneDrive de Windows 10. Si vous êtes connecté à votre compte Microsoft, la synchronisation entre votre PC et le cloud de Microsoft sera automatique.

N'oubliez pas aussi que si vous n'envisagez pas d'accéder à votre musique à distance, il est inutile d'occuper l'espace de stockage de votre compte OneDrive (limité à 5 Go gratuit). Dans ce cas, stockez vos fichiers MP3 (mais aussi vidéo) sur un des disques durs de votre ordinateur, et indiquez à Groove Musique de ne répertorier que ce contenu spécifique.

Découvrir l'application Universelle Groove Musique

Donc votre musique est sagement rangée dans le dossier Musique de votre ordinateur, ou sur un autre disque dur directement connecté à votre PC ou du moins facilement accessible sur votre réseau, ou encore sur OneDrive. Vous êtes donc prêt à passer aux travaux pratiques. Voyons comment :

1. **Tapez ou cliquez sur l'icône Groove Musique dans la partie droite du menu Démarrer.**

   Elle se situe dans le groupe Jouer et découvrir.

   Rien ne vous empêche de poser la question suivante à Cortana : « Peux-tu démarrer Groove Musique ? ». Et le miracle se réalise.

   L'application se lance, et elle commence par rechercher vos fichiers musicaux. Selon l'importance de votre audiothèque, l'opération peut prendre, comment dire, un *certain* temps.

2. **Si l'application ne trouve pas toutes les musiques stockées sur votre système, demandez-lui de pousser les choses plus loin en cliquant ou tapant sur le lien Indiquer l'emplacement de recherche de la musique.**

   L'application ouvre une petite fenêtre pas très « groove » comme celle illustrée sur la Figure 6.2.

3. **Cliquez ou tapez sur le signe « + », et naviguez dans l'Explorateur de fichiers vers le dossier à ajouter.**

   Vous pouvez également éliminer un dossier en trop en cliquant sur la croix qui se trouve à droite de la case correspondante.

4. **Sélectionnez le dossier, puis validez par un clic sur le bouton Ajouter ce dossier à Musique, comme sur la Figure 6.3.**

5. **Cliquez sur le bouton Terminé.**

   Le contenu du dossier est alors répertorié dans le programme.

6. **Si Groove Musique n'a pas répertorié les musiques stockées sur OneDrive, cliquez sur le lien M'indiquer la procédure à suivre de la section Utiliser OneDrive pour écouter votre musique où que vous soyez.**

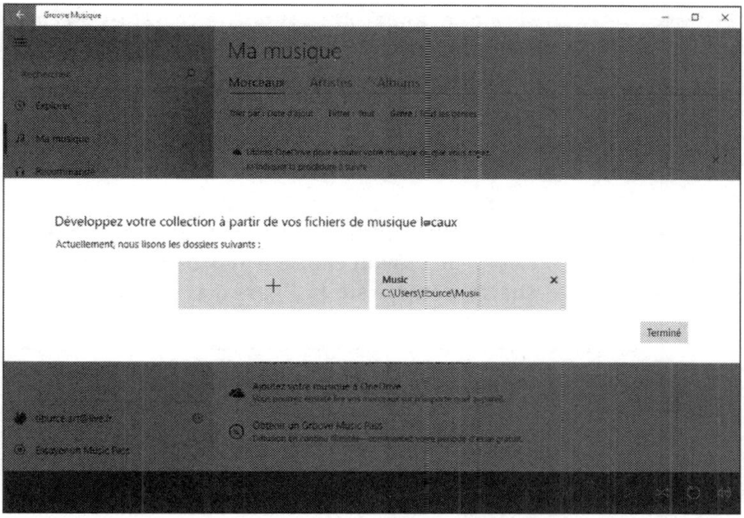

FIGURE 6.2 Choisissez ici les emplacements dans lesquels Groove Musique doit rechercher votre musique.

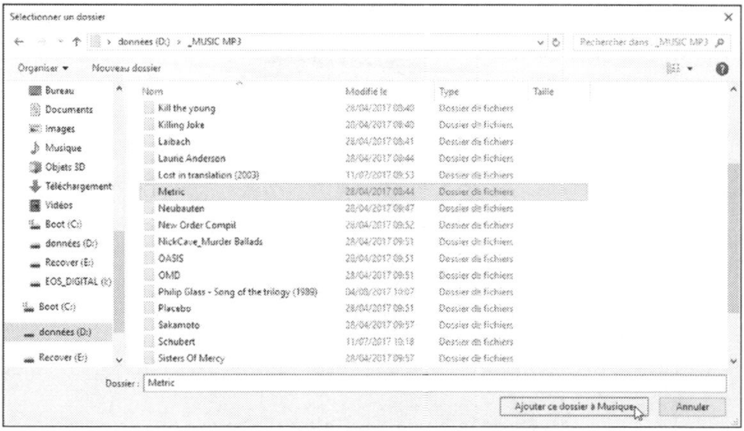

FIGURE 6.3 Ajouter ce dossier à Groove Musique.

Cette action ouvre ou vous demande d'ouvrir votre navigateur Web par défaut. Il ne vous reste plus qu'à suivre les instructions qui s'affichent.

7. **Pour mieux choisir les titres à écouter, cliquez sur l'onglet Albums. Il s'affiche alors sous forme de vignettes représentant la pochette dudit Album.**

Cette pochette est normalement téléchargée en tâche de fond par Groove Musique.

8. **Si l'album apparaît sans pochette, faites un clic-droit sur sa vignette. Dans le menu contextuel qui s'affiche, choisissez Modifier les infos.**

   Cela ouvre une boîte de dialogue répertoriant toutes les informations sur l'album.

9. **Si vous possédez un fichier image de la pochette (ou si vous souhaitez changer celle appliquée par défaut), cliquez sur l'icône du crayon en bas à gauche de la vignette de la pochette, comme sur la Figure 6.4.**

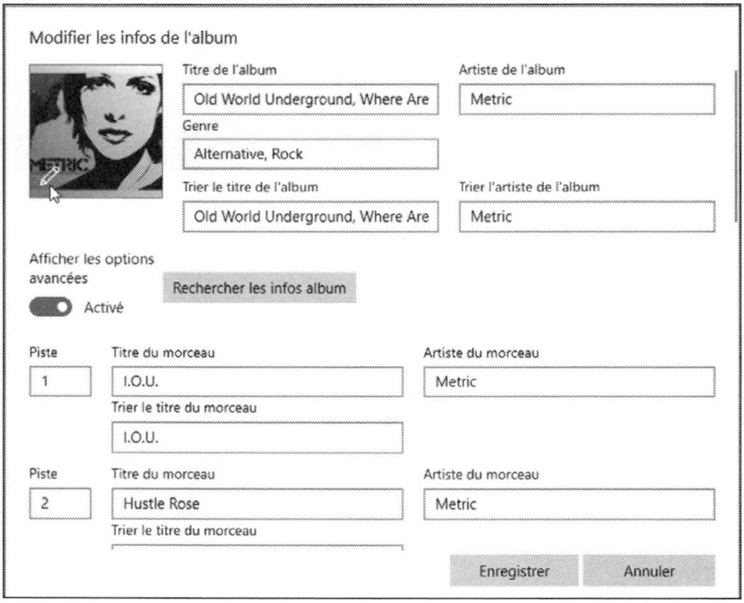

FIGURE 6.4 Pour modifier manuellement la pochette.

10. **Dans la boîte de dialogue Ouvrir qui apparaît, parcourez votre disque dur et localisez le fichier graphique de cette pochette, puis cliquez sur Ouvrir.**

    Voilà ! La nouvelle pochette est en place.

11. **Pour que Groove Musique cherche lui-même la pochette et les noms des morceaux, activez Afficher les options avancées, et cliquez sur Rechercher les infos sur l'album.**

12. **Dans la boîte de dialogue qui apparaît, cliquez sur la proposition qui se rapproche le plus de votre version de l'album, puis cliquez sur Terminer, comme sur la Figure 6.5.**

13. Pour écouter un album complet, placez le pointeur de la souris sur sa pochette, et cliquez sur le bouton Tout lire (triangle dirigé vers la droite), comme sur la Figure 6.6.

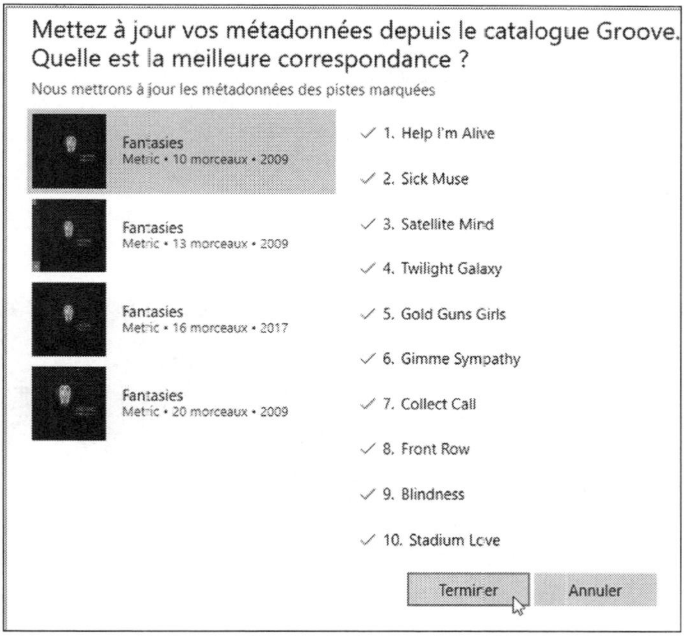

FIGURE 6.5 Les informations trouvées par Groove Musique.

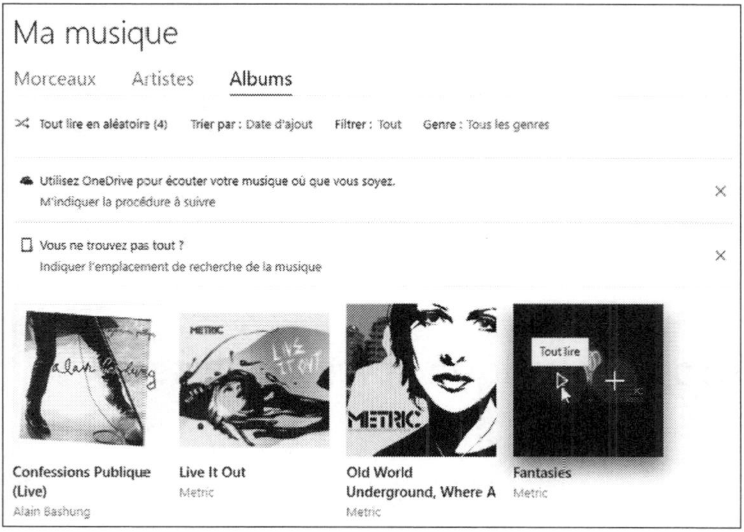

FIGURE 6.6 Écouter un album.

14. **Pour écouter un titre spécifique, cliquez sur la vignette de l'album, placez le pointeur de la souris sur un titre, et cliquez sur le bouton de lecture qui apparaît, comme sur la Figure 6.7.**

    À la fin de ce titre, Groove Musique enchaînera avec le suivant.

    Contrôlez la lecture avec la barre de transport qui apparaît en bas de la fenêtre. Elle permet d'avancer, de revenir en arrière, de mettre en pause, de modifier le volume sonore, ou encore d'activer les modes de lecture aléatoire ou répétition.

En fait, c'est exactement comme dans n'importe quelle application de même type.

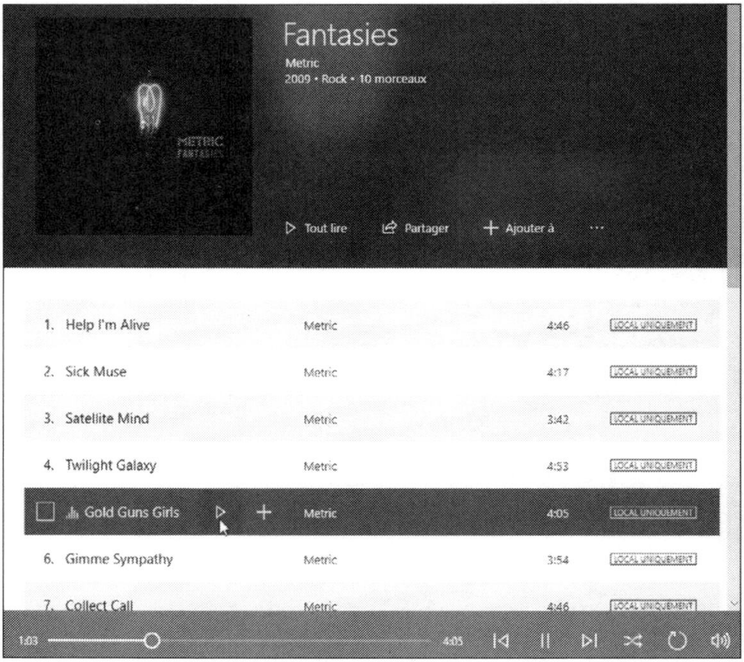

FIGURE 6.7 Lire un titre.

Groove Musique et les playlists

Une playlist, vous le savez forcément, est une liste de titres que vous voulez traiter comme une compilation. Vous choisissez les morceaux que vous voulez aligner les uns derrière les autres, quelle que soit leur provenance, et vous les écoutez normalement du début à la fin. C'est aussi simple que cela.

Les programmes spécialisés offrent généralement des tas de fonctionnalités pour créer, modifier et gérer les playlists. Voici comment créer des playlists avec Groove Musique :

1. **Si nécessaire, ouvrez le volet de gauche par un clic sur le bouton représentant trois traits horizontaux en haut à gauche de l'interface.**
2. **Cliquez sur le bouton Créer une playlist (le signe « + »).**
3. **Dans la boîte de dialogue Nommer cette playlist, cliquez dans le champ Nommer cette playlist, puis sur le bouton Créer une playlist, comme sur la Figure 6.8.**

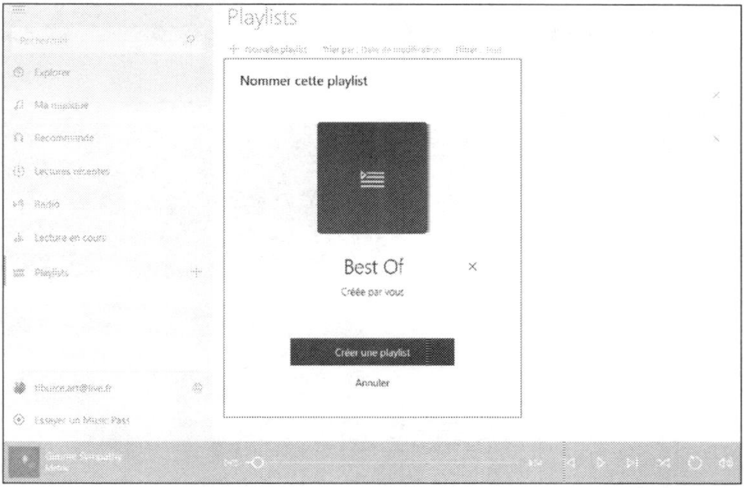

FIGURE 6.8 Créer une liste de lecture.

   Le nom de votre nouvelle playlist apparaît dans le volet de gauche, et une interface de gestion de cette liste s'affiche sur la droite.

4. **Pour ajouter des chansons à votre playlist, cliquez sur le lien Accéder à Albums de la section Ajouter des morceaux de ma collection, illustré à la Figure 6.9.**
5. **Ouvrez un des albums, puis glissez-déposez un ou plusieurs titres sur le nom de votre liste de lecture affichée dans la colonne de gauche, comme le montre la Figure 6.10.**

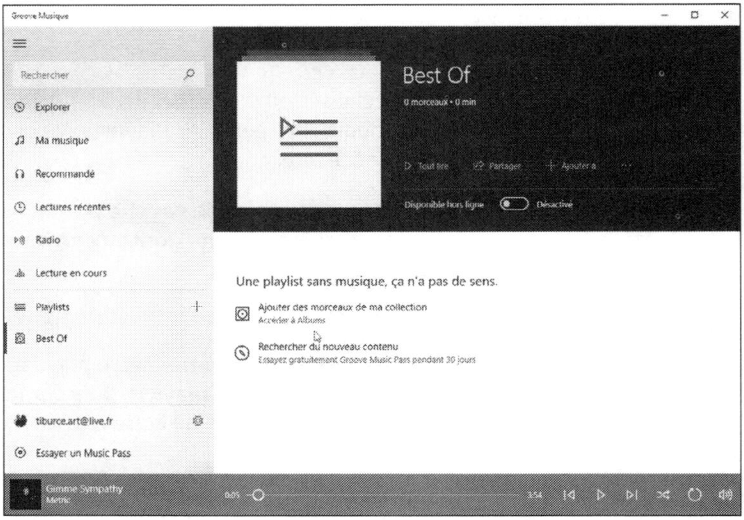

FIGURE 6.9 Pour alimenter une playlist en titres.

FIGURE 6.10 Alimenter une playlist par glisser-déposer.

6. **Une autre technique consiste à cliquer sur le bouton + d'un titre, puis sur le nom de la playlist affichée dans le menu local qui apparaît.**

7. **Enfin, vous pouvez faire un clic-droit sur un titre et, dans le menu contextuel qui apparaît, choisir Ajouter à/<Nom de la playlist>.**

8. **Vous pouvez maintenant cliquer ou taper sur le nom de la playlist dans le volet de gauche, puis lancer la musique, ajouter la playlist à une autre playlist, la renommer, la partager, ou la télécharger sur un autre appareil. Vous pouvez aussi l'épingler au menu Démarrer (appelé écran d'accueil dans Groove Musique), et même la supprimer en exécutant un clic-droit sur son nom.**

9. **Pour gérer le contenu de la playlist, cliquez ou tapez sur son nom, puis cochez un ou plusieurs titres.**

   Une série d'options simples s'affiche en bas de la fenêtre de l'application (voir la Figure 6.11).

FIGURE 6.11 Les outils de Groove Musique pour gérer le contenu d'une playlist.

Si vous cliquez sur un titre stocké sur OneDrive, ou même sur plusieurs titres pourtant stockés sur votre disque dur, Groove Musique vous propose d'en effectuer le téléchargement.

Les paramètres de l'application Groove Musique (la roue dentée) ont essentiellement pour vocation de vous inciter à acheter de la musique chez Microsoft *via* ce qu'il appelle le Groove Music Pass. Et donc aussi à saisir vos informations de paiement…

Acheter de la musique

Si vous y tenez absolument (vous n'avez peut-être pas d'autre choix), voyez ce que vous propose le catalogue de Windows Store Cliquez sur la vignette Windows Store de la barre des tâches, puis sur l'onglet Musique (voir la Figure 6.12).

Si le catalogue de Microsoft est conséquent, il n'est pas forcément à la hauteur de la concurrence, du moins pour l'instant. Notez cependant que la formule Groove Music Pass vous permet d'écouter en streaming (donc uniquement en diffusion en mode continu) un extrait de chaque titre de l'album. La Xbox n'est évidemment pas non plus oubliée. Vous pouvez également télécharger vos titres sur quatre appareils au plus. Par contre, si votre souscription s'arrête, vous ne pourrez plus accéder à ces titres.

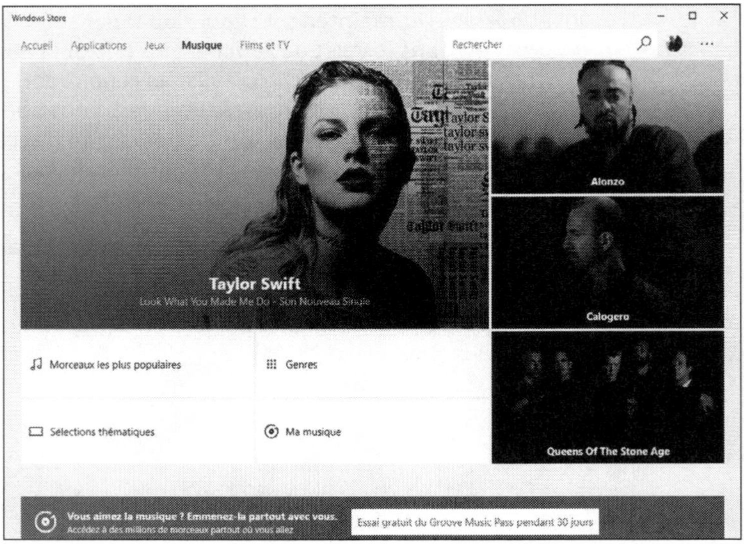

FIGURE 6.12 Windows Store et son catalogue musical.

Cela étant posé, achetez de la musique sur Windows Store s'effectue comme dans pratiquement n'importe quel autre système de même type. Vous cliquez ou tapez sur un album, et vous accédez à la page correspondante (voir la Figure 6.13).

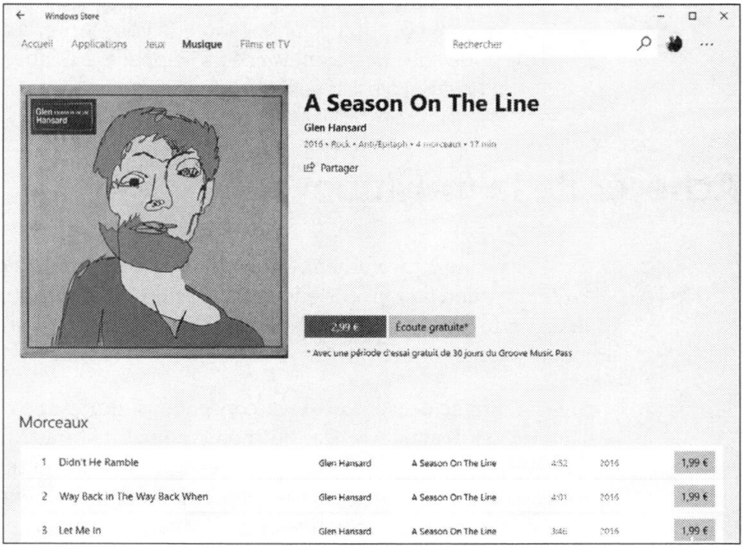

FIGURE 6.13 Accéder au contenu d'un album sur Windows Store.

Vous pouvez alors :

- Acheter l'album entier en cliquant sur son prix à droite de la vignette de l'album.
- Acheter un titre spécifique en cliquant également sur son prix dans la liste des titres.
- Écouter un extrait de l'album ou d'un titre en cliquant sur le triangle symbolisant la fonction de lecture.
- Partager vos découvertes avec qui vous voulez.

Vous en savez maintenant assez pour être en mesure de choisir le fournisseur et les applications qui vous conviennent le mieux afin d'écouter votre musique préférée dans les meilleures conditions possibles.

L'application Films et TV

L'application Universelle Films et TV fonctionne exactement selon le même principe que Groove Musique, sauf qu'elle risque de vous conduire bien plus vite à Windows Store, une fois passées les vidéos maison que Films et TV est capable de détecter – plus ou moins bien d'ailleurs (voir la Figure 6.14).

FIGURE 6.14 L'interface de l'application Universelle Films et TV.

Pour afficher vos vidéos personnelles, cliquez sur l'onglet Personnel. Vous pouvez alors voir le contenu du dossier Dossiers vidéo, d'un stockage amovible, ou de serveurs multimédias. Ajoutez des dossiers à répertorier en cliquant sur + dans la section Tout fonctionne comme pour Groove Musique.

Si vous cliquez ou tapez sur une de vos vidéos pour la lire, la platine qui occupe le bas de l'écran comporte quelques icônes de gestion de la lecture (voir la Figure 6.15).

FIGURE 6.15 Lire une vidéo avec l'application Films et TV.

La première icône permet de régler le volume, la deuxième de sélectionner un fichier de sous-titre, la troisième permet de revenir en arrière de 10 secondes, la quatrième de mettre en lecture et en pause, la cinquième d'afficher la vidéo en plein écran, et la dernière donne accès à quelques options comme Diffuser sur l'appareil qui permet d'envoyer la vidéo vers un appareil compatible Miracast (il peut s'agir d'un téléviseur, d'une chaîne de *home cinema*, d'un boîtier connecté en réseau, ou encore d'une clé insérée dans un port USB de votre téléviseur). L'option Ajuster en étirant règle le rapport largeur/hauteur de l'image. Enfin, Répéter permet une lecture en boucle du film.

Si vous avez la vague intention de louer ou d'acheter des films auprès de Microsoft, autant vous rendre directement sur Windows Store pour juger de ce que vous propose le catalogue. Celui-ci est encore vraiment limité, et les sources d'approvisionnement ne manquent pas...

Et, pour ce qui concerne la partie lecture de l'application Universelle Films et TV, dire qu'elle est extrêmement légère est un euphémisme.

Pour regarder *vos* films sur votre PC, autant se tourner tout de suite vers un programme comme VLC, une référence en la matière.

Mauvaise nouvelle : Windows 10 ne sait plus lire les DVD. Officiellement, ils seraient dépassés avec l'explosion du streaming. Bonne nouvelle : VLC sait les lire (d'autres programmes aussi, bien entendu). Autre bonne nouvelle à l'intention des anciens : le Lecteur Windows Media n'a pas disparu ! Microsoft l'a simplement dissimulé dans le menu Démarrer. Bien entendu, vous pouvez taper le nom de cette application dans Cortana, ou lui demander d'ouvrir le Lecteur Windows Media. Oui, mais voilà, le Lecteur Windows Media ne lit plus les DVD.

V

Un monde à découvrir avec Windows 10

Chapitre 1

Close to the... Edge

DANS CE CHAPITRE :

- **Microsoft Edge le nouveau navigateur Web de Windows 10**
- **Les tenants et les aboutissants de Edge**
- **Naviguer avec Edge**
- **Configurer Edge**

Oula ! un titre en anglais... OK, là c'est une référence que tout le monde ne chopera pas au passage. « Close to the Edge » est l'album du groupe de rock progressif Yes sorti en 1972. Désolé, mais je n'ai pas pu résister. Tout cela pour vous dire qu'Edge est le nouveau navigateur Web introduit par Microsoft dans Windows 10 est rapide, léger et, ce qui est le plus important, a jeté aux oubliettes tout le lourd bagage, et le lourd passif aussi, d'Internet Explorer.

J'ai déjà eu l'occasion au début de ce livre de dire tout le mal que je pensais d'Internet Explorer. Autrefois, Microsoft s'est servie de sa domination dans le marché des navigateurs Web pour produire toutes sortes de produits exclusifs, uniquement dédiés à son navigateur maison, et convaincre les développeurs de travailler avec eux. ActiveX, Silverlight, et tant d'autres qui n'auraient jamais dû voir le jour, et qui ont conduit Internet Explorer sur une pente dangereuse.

La plupart de ceux qui développaient pour le Web ont fini par réagir pour s'abstraire des contraintes imposées par Microsoft, et à construire des sites qui pouvaient trouver l'hospitalité dans n'importe quel navigateur. Et si ce n'avait pas été le cas, leurs sites se seraient étiolés au fil du temps. Avec Edge, tous les navigateurs jouent plus ou moins dans la même cour. Et c'est vraiment une nouvelle rafraîchissante.

De mise à jour en mise à jour, Edge s'améliore est n'a plus grand-chose à envier à Google Chrome, ou encore à Firefox. La récente mise à jour Fall Creator Update ne dément pas cette évolution constante du nouveau navigateur Web de Microsoft.

Des mises à jour mineures pouvant émailler la vie de Windows 10, la version d'Edge installée sur votre PC risque d'être sensiblement différente de celle décrite dans ce chapitre, et elle le sera sans doute encore plus dans quelques mois. Même si le fond reste identique, il est fort possible que le costume soit retouché…

Les différents aspects de Edge

Voyons tout de suite ce que le petit dernier de la bande a dans le ventre :

1. **Cliquez sur l'icône Edge (le gros E) située à droite du champ Taper ici pour rechercher.**

   Vous pouvez aussi demander à Cortana d'ouvrir Edge, ou bien de cliquer sur sa vignette dans la partie droite du menu Démarrer.

   Edge s'ouvre en cherchant à attirer votre attention (voir la Figure 1.1).

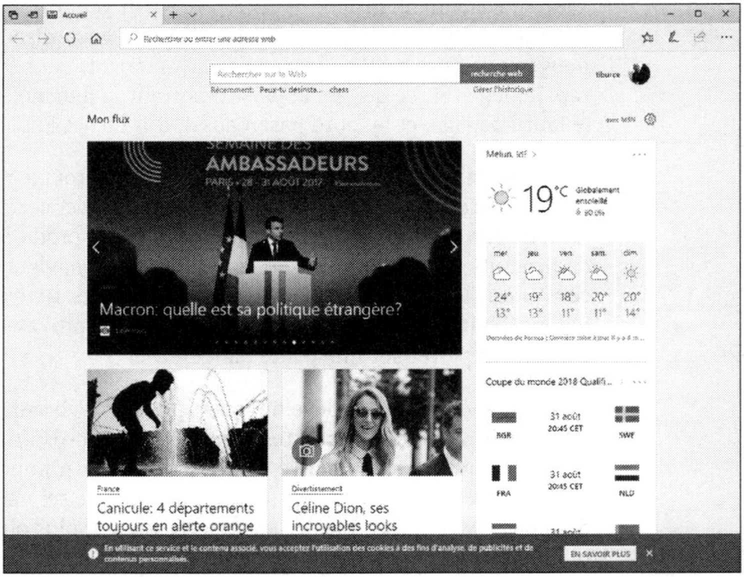

FIGURE 1.1 Edge vous souhaite la bienvenue.

Lorsque vous démarrez Edge immédiatement après une mise à jour majeure, sa page d'accueil vous en présente les nouveautés. Sinon, par défaut, Edge affiche le contenu de MSN ou le moteur de recherche Bing. Nous verrons comment changer tout cela.

2. **Dans le champ Rechercher sur un site Web, tapez l'objet de votre recherche.**

   Inutile de taper une adresse complète. Par exemple, pour trouver le site Web de la collection Pour les Nuls, j'ai tapé Pour les nuls.

3. **Dans la liste des propositions (Figure 1.2), cliquez sur celle qui se rapproche le plus de votre recherche.**

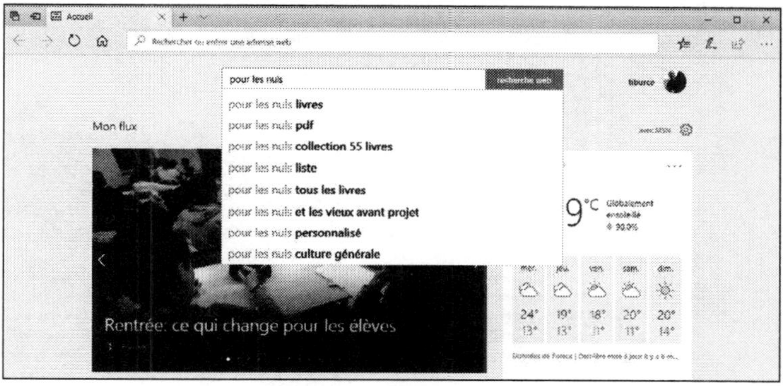

FIGURE 1.2 Les propositions de Bing.

4. **Dans les résultats obtenus par le moteur de recherche Bing, cliquez sur le lien qui semble pouvoir vous communiquer l'information recherchée, comme sur la Figure 1.3.**

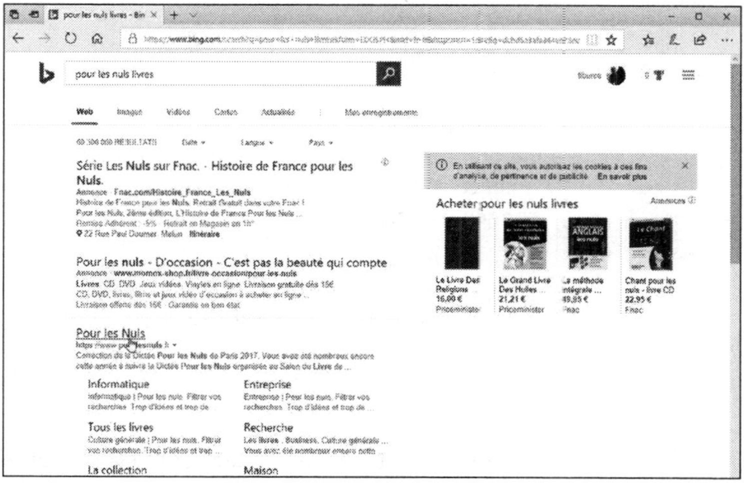

FIGURE 1.3 Voici le lien pour le site Web des Nuls.

Vous devez vous convaincre vous-même qu'Edge fonctionne comme exactement n'importe quel autre navigateur que vous avez déjà pu utiliser.

5. **S'il est activé, cliquez sur le bouton du mode Lecture (l'espèce de livre ouvert en haut à droite de la barre d'adresse).**

   Dans ce mode, les pubs ainsi que tous les éléments dont vous n'avez pas besoin sont désactivés (voir la Figure 1.4).

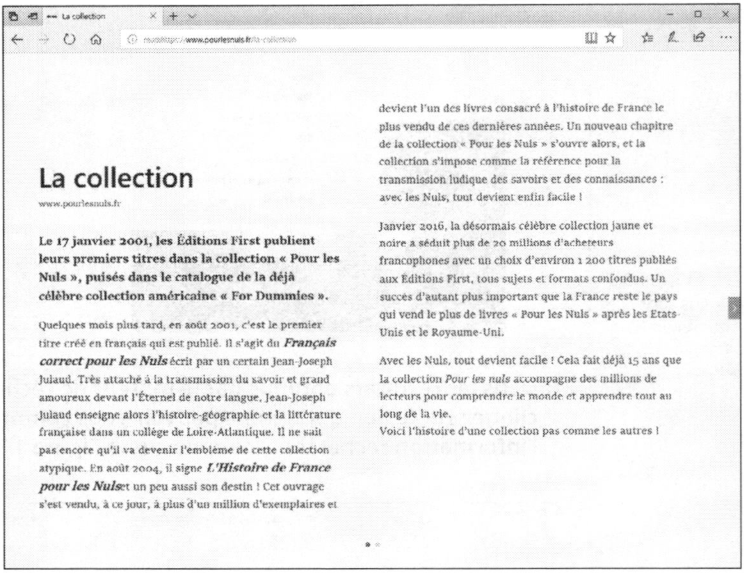

FIGURE 1.4 Le mode Lecture, sans liens ni publicités, ne vous laissant que l'essentiel.

6. **Cliquez à nouveau sur le bouton du mode Lecture pour revenir aux images, aux publicités, et ainsi de suite. Cliquez ensuite sur le bouton « + » qui se trouve sur la droite de la rangée d'onglets.**

   Edge va afficher une nouvelle page vierge. Celle-ci vous propose des vignettes de sites réputés vous convenir (disons en priorité, de ceux qui ont les moyens de vous faire cliquer). Bien entendu, les sites récemment visités sont aussi là, et le flux d'actualités proposé par Microsoft montre également le bout de son nez (voir la Figure 1.5).

7. **Dans la barre d'adresses indiquant Rechercher ou entrer une adresse web située sous les onglets, saisissez l'adresse de votre choix.**

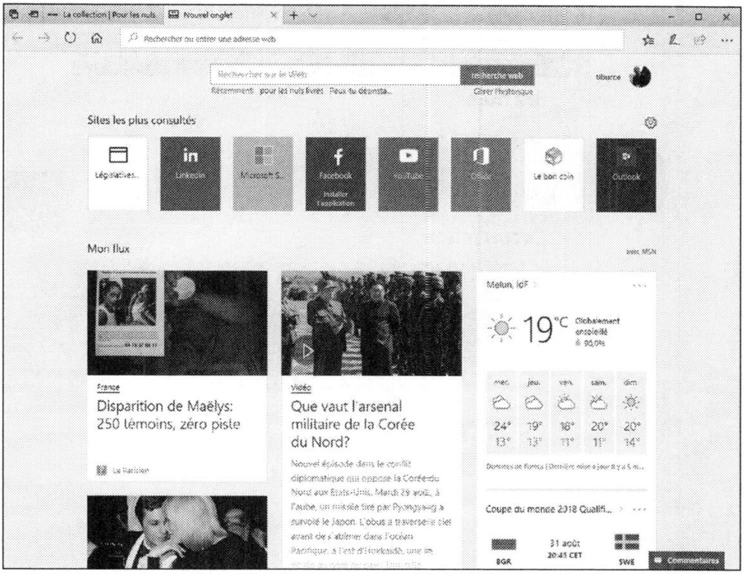

FIGURE 1.5 Les « cartes » du flux d'actualités vous sont proposées par Cortana.

8. **Dans la page qui va s'afficher, sélectionnez un mot ou un ensemble de mots pour lequel vous voudriez avoir plus de renseignements. Cliquez droit (ou maintenez enfoncé), et choisissez dans le menu qui s'affiche l'option Interroger Cortana au sujet de <mot(s) sélectionné(s)>.**

   Un volet va apparaître sur le bord droit de la fenêtre (voir la Figure 1.6). Vous pouvez alors consulter les informations fournies, cliquer sur des liens, ou encore poursuivre votre recherche avec Bing.

   Certains sites se sont même adaptés de manière à proposer un lien direct avec Cortana. Mais ils sont encore très rares.

9. **Cliquez sur l'icône d'étoile, à droite de la barre d'adresse.**

   Cela ouvre une fenêtre qui vous permet d'enregistrer l'adresse de la page courante dans votre dossier Favoris, ou dans tout autre dossier de votre choix (voir la Figure 1.7). Il est également possible ici d'ajouter le site à votre liste de lectures.

10. **Cliquez sur l'étoile, mais cette fois choisissez Liste de lectures et cliquez sur le bouton Ajouter.**

   Une petite bulle devrait vous indiquer que la page est bien enregistrée.

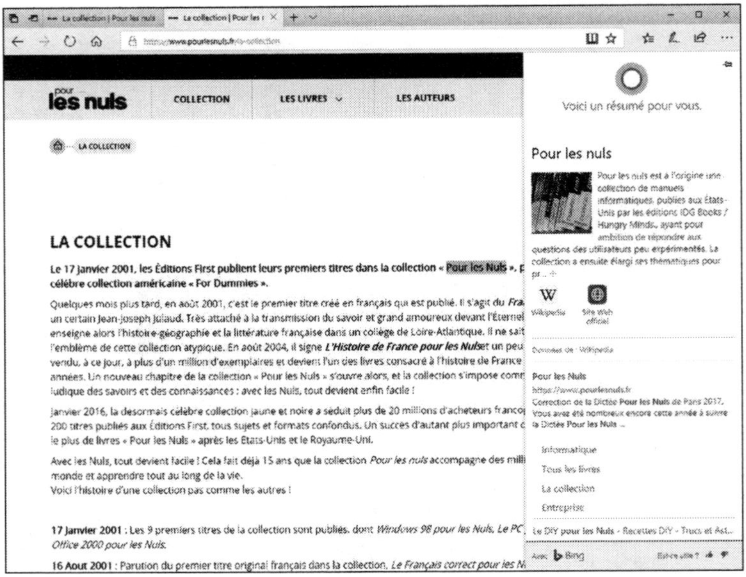

FIGURE 1.6 Cortana est partout, même dans Edge.

FIGURE 1.7 Ajoutez facilement une page Web à vos favoris ou votre liste de lectures.

11. Cliquez maintenant dans la barre d'outils sur l'icône que Microsoft appelle Hub (celle marquée de trois traits). Choisissez le second bouton du volet qui s'affiche.

Vous constatez que votre page est bien proposée et que vous allez pouvoir retrouver votre recette au moment de préparer le repas (voir la Figure 1.8).

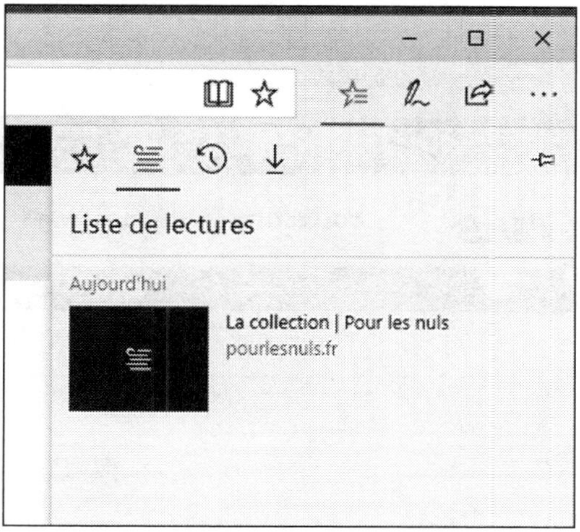

FIGURE 1.8 La Liste de lectures est copiée sur votre ordinateur et listée dans le volet de droite.

Le volet Hub vous permet également d'accéder à l'historique des pages visitées, ainsi qu'à la liste des fichiers que vous avez pu télécharger.

Mettre des onglets de côté

Une des grandes nouveautés d'Edge est la possibilité de mettre des onglets de côté. Il s'agit d'une fonctionnalité très utile lorsque vous faites des recherches et que vous souhaitez centraliser, dans un seul espace, plusieurs pages Web. Elles y resteront, et vous pourrez les retrouver à loisir jusqu'à ce que vous les supprimiez. Cela peut faire penser à des favoris temporaires. Voici comment mettre de côté des onglets et les gérer :

1. **Rendez-vous sur une page Web avec Microsoft Edge.**
2. **Pour consulter cette page en la mettant de côté, cliquez sur l'icône identifiant une page Web avec une petite flèche dirigée vers la gauche, comme sur la Figure 1.9.**

   La page (ou l'onglet, peu importe en effet) est alors stockée dans un espace d'Edge.
3. **Pour afficher les onglets ainsi mis de côté, cliquez sur l'icône située en haut à gauche de la fenêtre d'Edge.**

   Les vignettes des onglets mis de côté apparaissent, comme sur la Figure 1.10.

FIGURE 1.9 Pour mettre de côté le contenu d'un onglet.

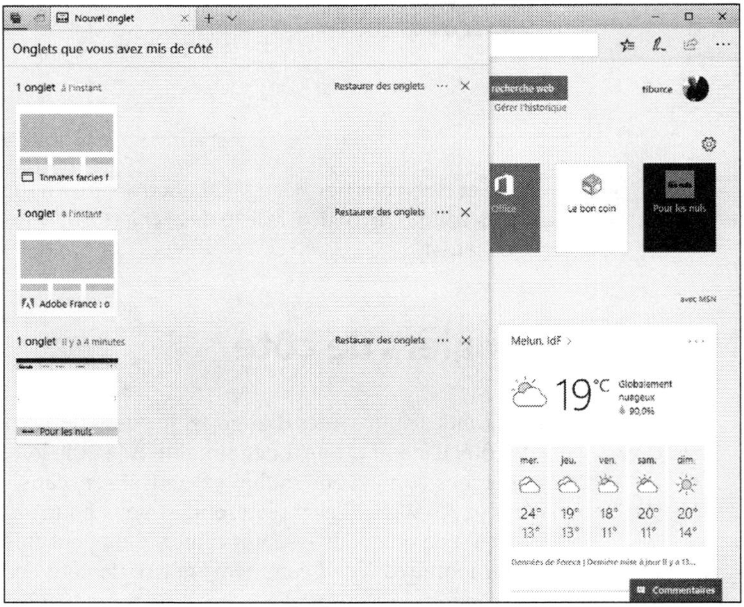

FIGURE 1.10 Trois onglets mis de côté.

4. **Pour ouvrir un onglet, cliquez sur sa vignette ou sur le lien Restaurer les onglets.**

   Il disparaît de la liste des onglets mis de côté, et s'ouvre dans Edge. Pour le replacer dans la liste, il vous faudra de nouveau cliquer sur l'icône illustrée à la Figure 1.9.

5. **Pour supprimer un onglet de la liste des onglets mis de côté, cliquez sur le bouton X situé en bas à droite sur la vignette, ou le bouton X localisé à droite du lien Restaurer les onglets.**

6. **Pour sortir de la liste des onglets mis de côté sans afficher une des pages ainsi stockées, cliquez simplement sur l'onglet Nouvel onglet d'Edge.**

Les onglets mis de côté restent en place tant que vous ne les supprimez pas. Vous pouvez donc quitter Edge sans souci. Ils seront présents dès que vous l'utiliserez de nouveau.

Épingler des sites à la barre des tâches

Pour accéder rapidement à vos sites préférés, vous avez la possibilité de les épingler à la barre des tâches. Ainsi, ils apparaîtront sous la forme de vignettes de la barre des tâches exactement comme un programme ou une application que vous y auriez placé. Voici comment procéder :

1. **Affichez le site dans Microsoft Edge.**

   Il suffit de saisir son adresse dans la barre d'adresses du navigateur.

2. **Une fois le site affiché, cliquez sur l'icône Paramètres en haut à droite de la fenêtre d'Edge (trois points).**

3. **Dans le menu local qui s'affiche, exécutez la commande Épingler cette page à la barre des tâches, comme le montre la Figure 1.11.**

   Une icône du site apparaît dans la barre des tâches, comme sur la Figure 1.12, où vous voyez le logo de l'éditeur de logiciel Adobe.

4. **Cliquez sur cette icône pour démarrer Microsoft Edge et afficher cette page.**

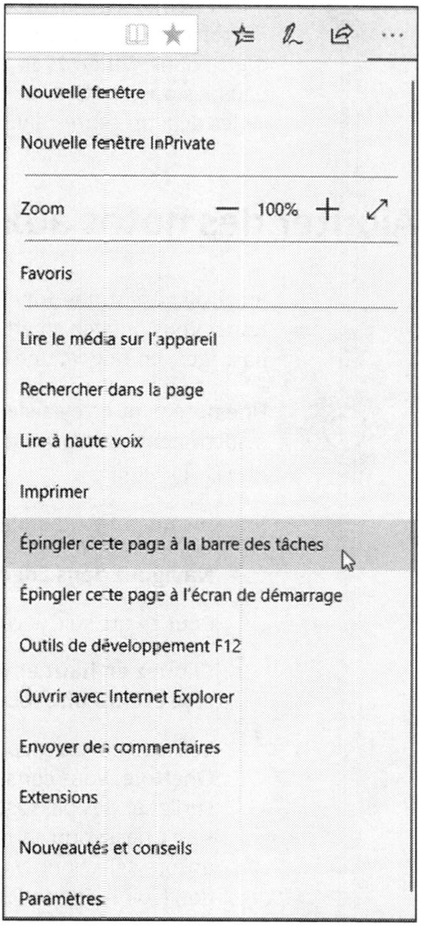

FIGURE 1.11 Pour épingler une page Web à la barre des tâches.

Si Edge est déjà ouvert, la page s'affichera dans un nouvel onglet.

5. **Pour enlever cette icône de la barre des tâches, faites un clic-droit dessus et, dans le menu contextuel qui apparaît, exécutez la commande Détacher de la barre des tâches.**

FIGURE 1.12 L'icône du site apparaît.

Vous pouvez répéter cette procédure pour épingler une page Web au menu Démarrer. Cette fois, à l'Étape 3, choisissez Épingler cette page à l'écran de démarrage. (Oui, je sais, cette terminologie n'a plus de raison d'être dans Windows 10, mais visiblement tout n'a pas été harmonisé dans les applications de ce système d'exploitation.) L'icône s'ajoute à celles déjà présentes dans la partie droite du menu Démarrer.

Ajouter des notes aux pages Web

Edge dispose d'une fonctionnalité unique dans le monde des navigateurs. Vous pouvez en effet annoter vos pages Web ou en surligner des passages, en fait *via* une liaison entre Edge et OneNote.

Une note peut être saisie au clavier, ou dessiner sur l'écran, ce qui est évidemment plus pratique avec l'écran tactile d'une tablette qu'avec un PC classique.

Prenons un petit exemple :

1. **Naviguez dans Edge vers la page que vous voulez annoter.**

   Pour ce qui suit, je conserverai le même exemple que ci-dessus.

2. **Cliquez en haut et vers la droite de l'écran sur l'icône qui représente une feuille sur laquelle est placé un crayon.**

   L'affichage change pour présenter des outils dans le style de OneNote. Vous constatez que vous pouvez ainsi tracer du texte, surligner des passages (en choisissant une couleur et une épaisseur), passer un coup de gomme, rédiger une note au clavier, ou encore sélectionner une région à partager avec une autre application (voir la Figure 1.13).

3. **Quand vous avez terminé, cliquez en haut et vers la droite sur l'icône de disquette pour enregistrer la page dans votre**

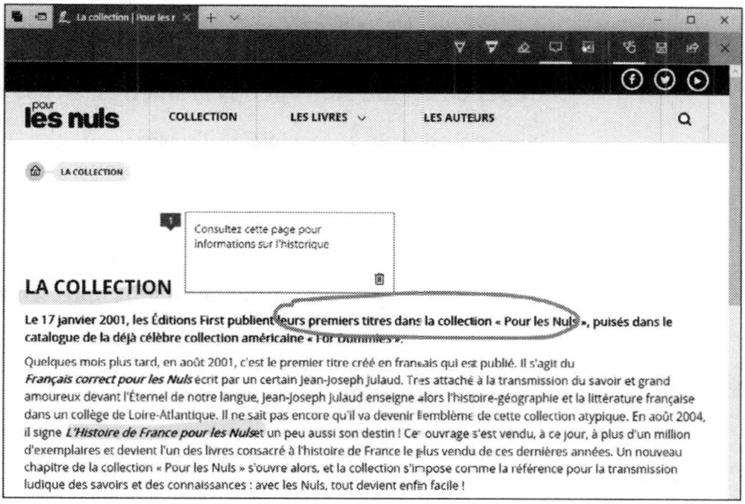

FIGURE 1.13 Annoter et commenter une page Web.

Liste de lectures, ou sur le bouton Partager (à droite du bouton Enregistrer) pour en faire profiter vos amis.

Vous pouvez également enregistrer la page annotée directement dans OneNote pour vous en resservir plus tard en dehors du navigateur.

Edge et ses réglages

Microsoft Edge est encore jeune, mais il grandit rapidement. Comme tout autre navigateur, il est appelé à évoluer dans le temps, mais ses réglages et paramètres essentiels ne devraient pas trop bouger.

Faisons donc un petit tour d'horizon :

1. **Lancez Edge et ouvrez une page à votre convenance.**
2. **Cliquez ensuite sur le bouton Paramètres (les trois points, tout à fait à droite de la barre d'adresse).**

   Un nouveau volet va s'afficher sur le bord droit de l'écran (voir la Figure 1.14).

   Vous constatez que les options qui vous sont proposées ressemblent comme deux gouttes d'eau à celles que vous retrouvez dans les autres navigateurs. La seule subtilité réside dans la commande Épingler cette page à l'écran de démarrage, qui affiche la page courante sous forme d'une vignette dans la partie droite du menu Démarrer. Sans parler de Ouvrir avec Internet Explorer, ce qui vous ferait faire un grand saut dans le passé.

3. **Tapez ou cliquez sur l'option Paramètres, en bas du volet.**

   Vous accédez ainsi aux réglages de Microsoft Edge (voir la Figure 1.15).

   Pour l'essentiel, chaque réglage fait ce qu'il dit. Nous allons donc nous en tenir à l'essentiel dans ce qui suit.

4. **Choisissez ce qui doit s'afficher lorsque vous lancez Edge.**

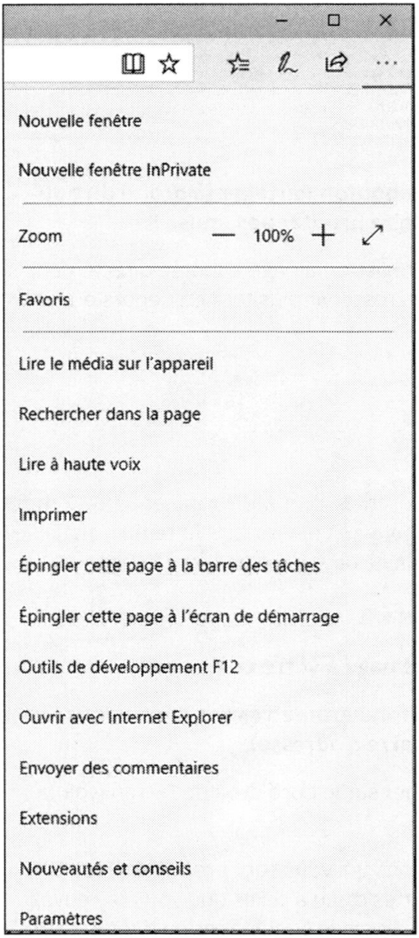

FIGURE 1.14
Le menu de Edge est simple et classique.

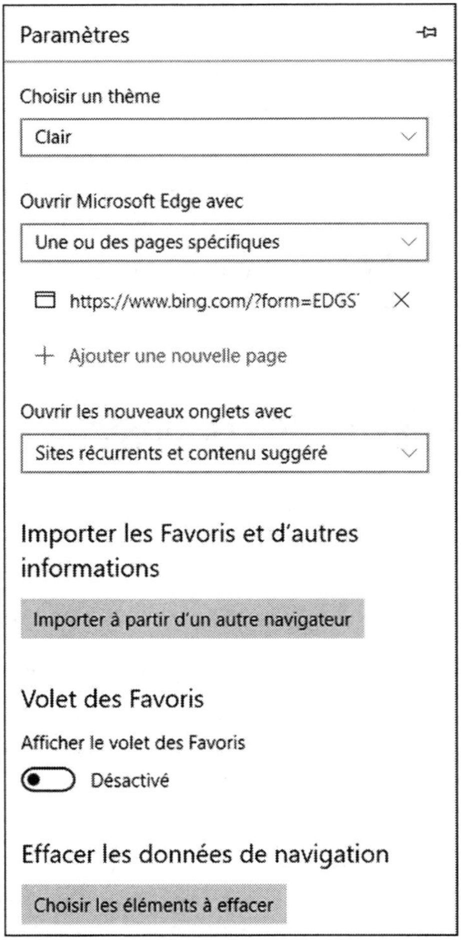

FIGURE 1.15
Edge et ses paramètres.

Vous pouvez vous contenter d'une ou plusieurs pages totalement prédéfinies, mais vous préférez certainement opter pour une version plus personnelle en choisissant l'option Une ou des pages spécifiques. Vous pouvez alors entrer ou copier l'adresse d'une page en cliquant dans le champ Entrer une adresse Web puis sur le bouton « + », ou bien supprimer une page qui ne vous intéresse plus en cliquant sur la croix correspondante (reportez-vous à la Figure 1.15).

5. **En bas du volet Paramètres, vous pouvez** effacer vos données de navigation et choisir quelques options pour l'affichage des Listes de lectures (voir la Figure 1.16).

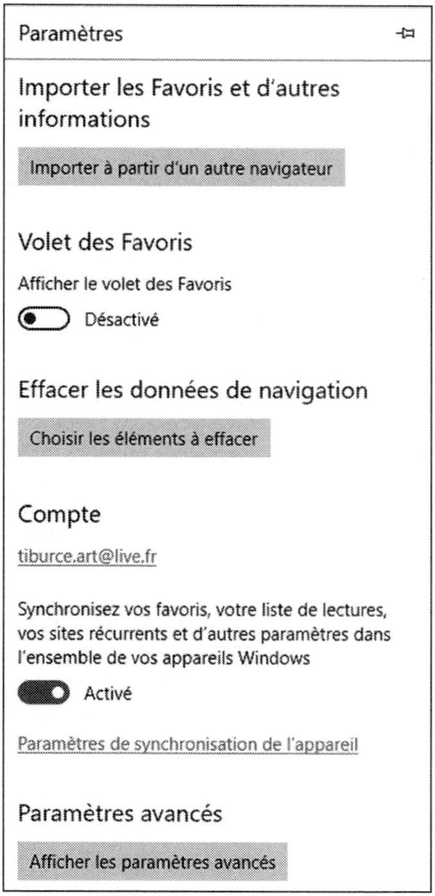

FIGURE 1.16 Les paramètres d'Edge, suite.

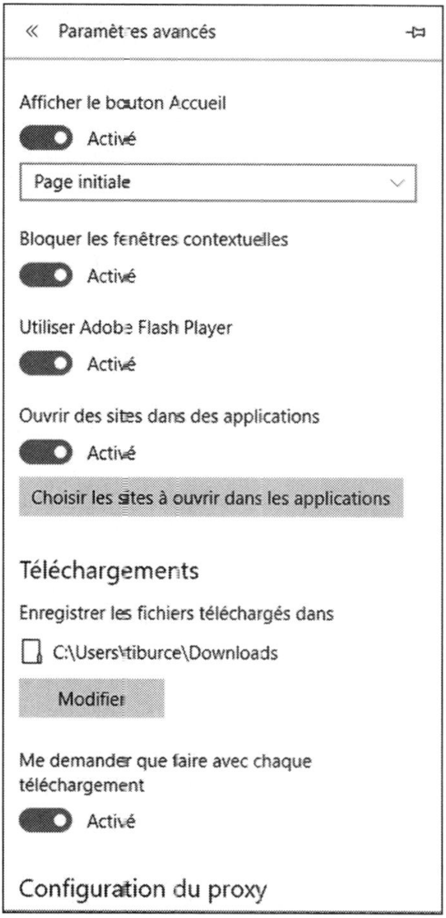

FIGURE 1.17 Edge et ses paramètres avancés.

6. **Cliquez sur le bouton Afficher les paramètres avancés.**

Vous découvrez une nouvelle série de réglages dont la Figure 1.17 vous donne un large aperçu.

Vous pouvez en particulier ici :

- Affichez à côté de la barre d'adresse un bouton Accueil pour afficher votre page de démarrage.
- Bloquer les fenêtres contextuelles (dites aussi pop-up, car elles surgissent inopinément pour vous pourrir l'existence) et désactiver Flash Player, ce qui est hautement recommandé, à moins que vous ne visitiez pas des sites qui en font un large usage (autre qu'afficher des tas de publicités dont vous n'avez rien à faire).
- Ouvrir des sites dans des applications : Cette option ouvre la fenêtre Applications pour les sites Web des Paramètres Windows. Cela va permettre de désactiver des applications qui s'ouvrent dans leur propre interface afin de les ouvrir dans Edge, comme Groove Musique.
- Enregistrer les fichiers téléchargés dans : Cliquez sur Modifier pour indiquer un autre emplacement de stockage que le dossier Téléchargements (Downloads) de Windows 10.
- Enregistrer les mots de passe que vous utilisez sur certains sites si vous le souhaitez. Personnellement, je trouve cela risqué, même si ces mots de passe sont évidemment codés. Et c'est encore plus vrai pour les entrées dans les formulaires.
- Ne vous posez même pas de questions sur l'option Envoyer des demandes Do Not Track. Censé demander aux sites Web de ne garder aucune trace de votre passage, ce mode est extrêmement controversé et d'une efficacité qui reste encore à prouver, d'autant que tout cela ne repose que sur la bonne volonté des développeurs… Autrement dit, il ne deviendra un standard que le jour où les annonceurs renonceront aux publicités sur l'Internet. Autrement dit, quand les poules auront des dents !
- Vraisemblablement, vous allez laisser active l'option qui vous propose l'aide de Cortana…
- Le choix du moteur de recherche par défaut est plus important. Comme il se doit, Microsoft place Bing au premier plan. Mais vous pouvez cliquer sur cette liste pour ajouter un nouveau moteur de recherche choisi dans une liste très restrictive. Allons, disons Google et c'est à peu près tout.

- Il n'y a aucune raison particulière pour changer la valeur par défaut des autres réglages. Si votre connexion Internet est un peu poussive, vous pouvez modifier la fonction de prédiction de page pour gagner un peu de rapidité, mais n'espérez pas démultiplier votre vitesse de navigation.

Chapitre 2

Utiliser Skype avec Windows 10

DANS CE CHAPITRE :

- » **Trouver Skype**
- » **Créer un compte Skype**
- » **Se connecter avec Skype**
- » **Plus loin avec Skype**

Tout le monde connaît Skype, l'outil de communication et de messagerie toutes distances, téléphonie et messages instantanés inclus. Mais tout le monde ne sait pas que cette application mondialement célèbre a débuté (comme toute *start-up* qui se respecte) il y a environ une dizaine d'années en Estonie. Deux des principaux acteurs du développement de Skype (le danois Janus Friis et le suédois Niklas Zennstrom) étaient d'ailleurs également à l'origine du programme de partage de fichiers Kazaa.

Plus tard, Microsoft a racheté Skype pour une véritable fortune (on parle de 8,5 milliards de dollars). Skype a atterri à Redmond, mais la plupart des vrais techniciens vivent toujours à Tallin et à Tartu en Estonie.

En dépit de toutes les apparences, donc, Skype est un produit Microsoft. Disons, pour environ un pour cent.

Si Skype est bien connu pour servir d'outil de téléphonie, ce n'est que l'une de ses facettes. Il est également capable de gérer votre messagerie instantanée (y compris l'envoi de SMS vers un téléphone) ou encore des appels vidéo. Vous pouvez aussi utiliser Skype à partir d'un téléphone fixe, mais dans ce cas, la gratuité n'est plus de mise.

Microsoft s'efforce de connecter Skype à toutes sortes de produits, qu'il s'agisse de vos contacts Windows, de vos connexions avec Office et autres. Skype fonctionne très bien sur les iPhone et les iPad, sur les smartphones et les tablettes Android, mais il a historiquement toujours rencontré des problèmes avec Windows.

Microsoft a passé un bon bout de temps pour transformer Skype en une application de style Metro dédiée à Windows 8.1. Mais en juillet 2015, il a annoncé que le développement était repoussé aux calendes grecques. Vous avez donc uniquement le choix entre l'application de bureau (voyez l'adresse `www.skype.com`) et la version Web, celle-ci laissant notoirement à désirer.

En fait, les utilisateurs de Skype se comptent en centaines de millions (on parlait en 2010 de 663 millions d'utilisateurs dûment enregistrés). Mais, comme Facebook ou Twitter, cela ne dit rien sur la quantité de personnes qui s'en servent couramment, si ce n'est quotidiennement.

Explorer les alternatives à Skype

Avant d'installer et d'utiliser Skype sur votre machine Windows 10, vous devez réaliser qu'il est disponible sur à peu près tout ce que vous pouvez imaginer : iPhone, iPad, smartphones et tablettes Android, Windows XP et plus, Windows Phone, Mac OS X, Xbox One, BlackBerry, bref sur pratiquement tout ce qui existe aujourd'hui. Et, du moins au moment où ce livre est écrit, toutes ces versions sont meilleures que celle qui est proposée sous Windows.

Pour avoir utilisé Skype sur de multiples systèmes, je suis convaincu que son meilleur usage reste le classique téléphone, et que pour ce qui concerne la vidéo, rien ne vaut une tablette ou une *phablette* dotée d'un écran de bonne taille.

Si vous en restez à la version bureau de Windows, vos choix sont très restreints. Skype fonctionne bien avec un portable équipé d'une caméra, mais la qualité sonore des communications n'y est pas vraiment bonne (merci, M. Larsen). D'un autre côté, si vous possédez un iPad, une tablette Android ou un smartphone doté d'un grand écran, votre taux de satisfaction devrait être bien supérieur. Vous téléchargez l'application, vous l'installez, et c'est parti.

Skype reste scotché à ses anciennes manies, autrement dit à des comptes d'utilisateurs qui lui sont spécifiques. Un jour peut-être, vous pourrez l'utiliser avec votre vrai numéro de téléphone sans que cela ne vous coûte un bras, mais encore faudrait-il pour cela que Microsoft change de stratégie.

Alors, avez-vous d'autres alternatives pour appeler vos amis ou votre lointaine famille ? La réponse est évidemment oui. De nos jours, tout le monde ou presque téléphone d'une manière ou d'une autre en VOIP (pour *Voice Over Internet Protocol*), autrement dit en faisant passer les communications sur la connexion Internet de la famille ou de l'entreprise (c'est ce que l'on appelle un abonnement *téléphone compris*). Par conséquent, tout programme capable d'utiliser ce type de canal est susceptible de faire l'affaire. Prenons quelques exemples :

» **Facebook Messenger et Facebook Vidéo :** Si vous avez un compte Facebook, le *messager* maison fonctionne très bien. En fait, vous n'avez même plus véritablement le choix : Messenger s'installe que vous le vouliez ou non. C'est qu'on ne rigole pas avec le respect de la vie privée chez Facebook (je sais, c'est de l'humour). Au fait, le principal concurrent, WhatsApp, fait maintenant partie de la maison Facebook. On n'est jamais trop prudent, d'autant que la part de marché de WhatsApp croît au même rythme que le désamour des adolescents pour Facebook. Mais ils ne savent pas encore qu'ils ne font que quitter une pièce de la maison pour une autre...

» **Viber :** Lui aussi, et ses centaines de millions d'utilisateurs (plus de 600 millions ?), vous permet d'envoyer des appels téléphoniques un peu partout dans le monde. Et votre identifiant Viber, c'est votre numéro de téléphone...

Je ne parle même pas ici des services disponibles en Chine (comme WeChat) ou venus d'ailleurs (comme Tango). Pas plus que je ne mentionne Google Hangouts, le bras armé de Google+ que la célèbre firme semble ranger au rayon des oubliettes. Ou encore le FaceTime d'Apple qui ne fonctionne qu'avec les matériels de la firme à la pomme.

En route vers Skype

Une fois passées les remarques qui précèdent (après tout, si vous voulez communiquer sous Windows 10, c'est à vous de choisir la solution qui vous convient le mieux), il est temps de voir de plus près comment le voyage avec Skype se déroule.

Si vous utilisez un compte local pour accéder à Windows, Skype va vous demander immédiatement d'entrer un compte Microsoft. Si vous voulez utiliser Skype, vous devez utiliser un compte Microsoft !

Voici comment vous procurer Skype :

1. **Ouvrez votre navigateur Web, et tapez** `www.skype.com/fr` **dans la barre d'adresse. Validez avec la touche Entrée.**

2. **Dans la page Web de Skype qui s'affiche, cliquez sur le bouton Télécharger Skype, comme le montre la Figure 2.1.**

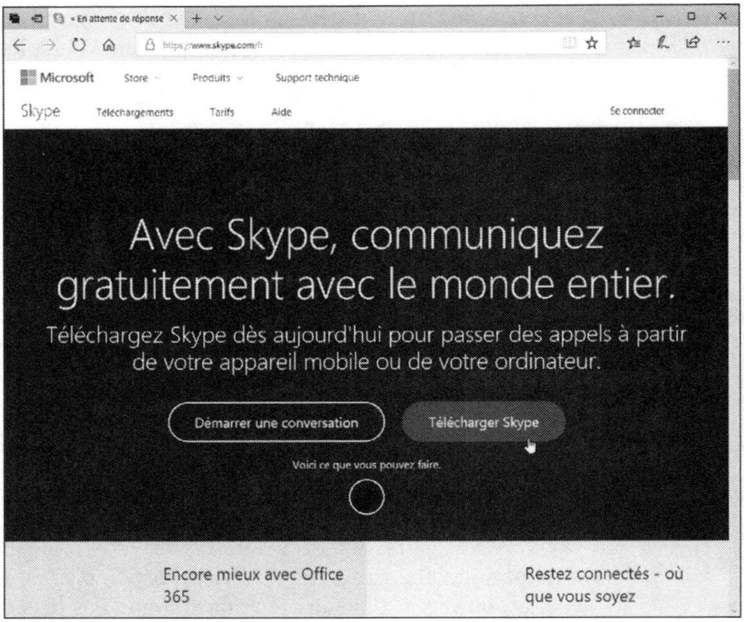

FIGURE 2.1 Téléchargez Skype depuis Windows 10.

3. **Dans la nouvelle page, choisissez le type de périphérique sur lequel installer Skype (en l'occurrence Ordinateur), et cliquez sur le bouton Lancer Skype maintenant pour utiliser l'application Windows 10, ou sur Télécharger de la section Si vous préférez utiliser la version classique de Skype.**

   Pour cette procédure, nous utiliseront cette version dite de bureau. Donc nous cliquons sur Télécharger.

4. **Cliquez ou tapez sur Enregistrer ou Enregistrer sous (si vous souhaitez choisir l'emplacement de stockage de l'installateur de Skype).**

   Pendant le téléchargement, lisez le contenu de la page qui explique comment installer Skype.

5. **Cliquez sur Exécuter.**

   L'assistant d'installation apparaît.

6. **Vérifiez que la fenêtre d'installation vous propose bien comme langue le français, puis cliquez ou tapez sur J'accepte – suivant.**

7. **Comme on n'est jamais aussi bien servi que par soi-même, l'installateur souhaiterait que vous fassiez de Bing votre moteur de recherche par défaut, et de MSN votre page d'accueil. Bien entendu, vous allez décocher ces deux « propositions » avant de cliquer ou taper sur Continuer.**

   En fait, vous avez très bien compris que Bing vous suit déjà partout (n'est-ce pas, Cortana ?). Remarquez au passage que le programme d'installation vous propose d'ouvrir votre page d'accueil sous Internet Explorer, Firefox, Chrome et Safari. Il est où, Edge ? Il appartient à qui au fait Skype ?

   Maintenant, l'installation peut se poursuivre tranquillement. Lorsqu'elle est terminée, une nouvelle icône apparaît sur votre bureau.

8. **Skype s'ouvre automatiquement. Il vous propose de vous connecter en saisissant un pseudo maison à l'ancienne mode ou un compte Microsoft à la nouvelle mode (voir la Figure 2.2).**

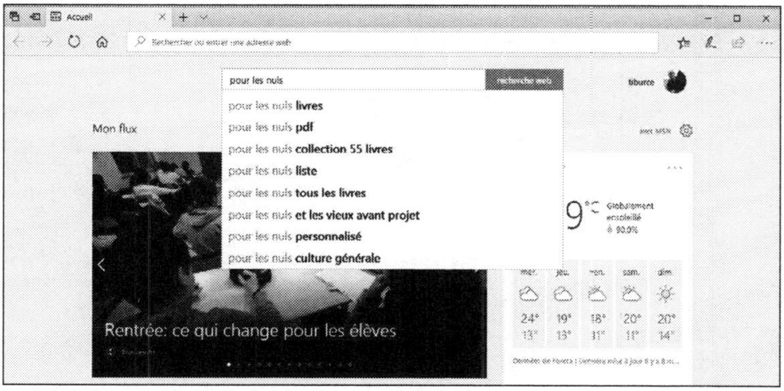

FIGURE 2.2 La fenêtre de connexion de Skype.

Il est aussi possible de se connecter avec un identifiant Facebook, ou encore de créer un compte tout neuf.

9. **Tapez le nom du compte Microsoft que vous allez utiliser ainsi que votre mot de passe, puis cliquez ou tapez sur le bouton Se connecter.**

   Si vous ne souhaitez pas utiliser votre compte Microsoft, cliquez sur le lien Créer un compte afin de créer un compte spécifique pour Skype. Conformez-vous alors aux instructions qui apparaissent.

Il se peut qu'au passage Skype vous propose divers écrans, comme le « Contrat de confiance » long comme un jour sans pain, vous propose de vous pourrir encore plus la vie en vous envoyant des billets doux par mail ou par SMS (non, mille fois non) et ainsi de suite. Activez bien entendu aussi la case qui demande à ne plus jamais recevoir tout cela.

Il se peut également que le pare-feu de Windows apparaisse en vous indiquant qu'il a bloqué certaines fonctionnalités du programme. Autorisez évidemment l'accès, sans oublier que Skype c'est aussi Microsoft, tout comme le pare-feu de Windows…

10. **Une fois dans l'interface de Skype, testez vos haut-parleurs, votre micro et votre webcam (Figure 2.3). Si tout se passe bien, vous pouvez cliquer ou taper sur le bouton Continuer.**

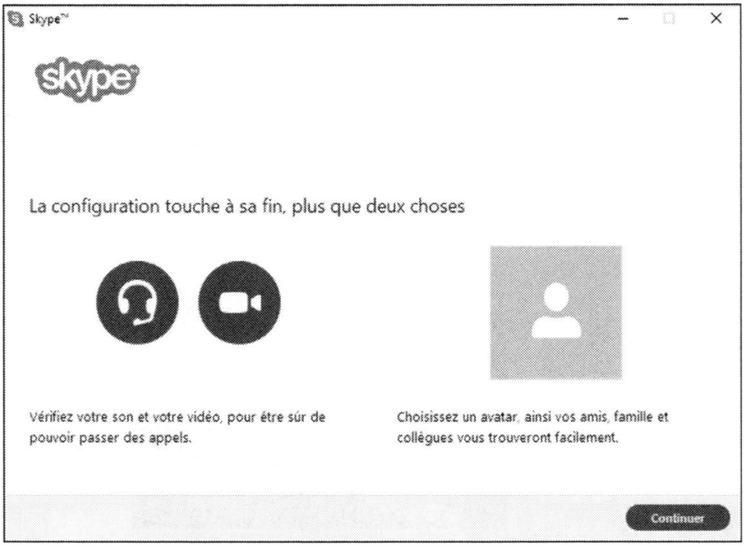

FIGURE 2.3 Vérifiez le son et la vidéo.

Si vous ne parvenez pas à utiliser votre webcam, ou si cette étape de configuration n'apparaît pas, ouvrez le menu Outils, et choisissez Options. Dans le volet gauche, cliquez sur Paramètres audio. Dans la liste Microphone, sélectionnez celui de votre webcam, comme à la Figure 2.4.

Ajoutez ensuite une photo de profil. Soit vous prenez une photo avec votre webcam, soit vous cliquez sur Parcourir pour utiliser

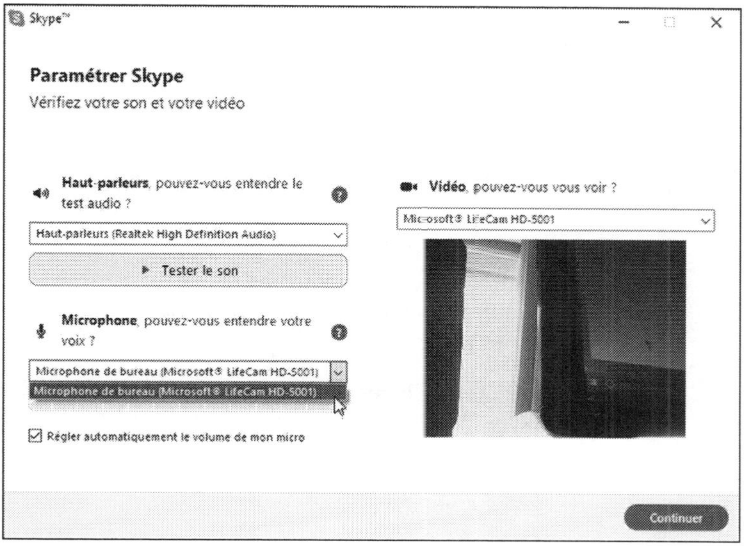

FIGURE 2.4 Choisir le micro de votre Webcam.

une image stockée sur votre ordinateur. Cliquez ensuite sur Utiliser cette image.

Skype gardera en mémoire un certain nombre d'images dont il affichera les vignettes dans la section Vos images précédentes.

Il ne vous reste plus qu'à cliquer sur le bouton Commencez à utiliser Skype, comme sur la Figure 2.5.

FIGURE 2.5 Les réglages sont terminés.

Félicitations. Vous venez de terminer l'installation de Skype. Et un jour, peut-être, Microsoft se décidera-t-elle à intégrer pleinement Skype dans Windows.

Skype, premier contact

Chaque version de Skype, qu'elle soit de bureau, Web, destinée à iOS ou à Android, et ainsi de suite, offre une manière légèrement différente de travailler ou d'afficher l'interface, mais les fonctionnalités de base restent les mêmes.

Commencez par taper le nom de quelqu'un dont vous savez qu'il utilise Skype dans le champ Rechercher, à gauche de la fenêtre. En cas de succès, cela devrait vous conduire à la fenêtre principale de Skype, illustrée sur la Figure 2.6.

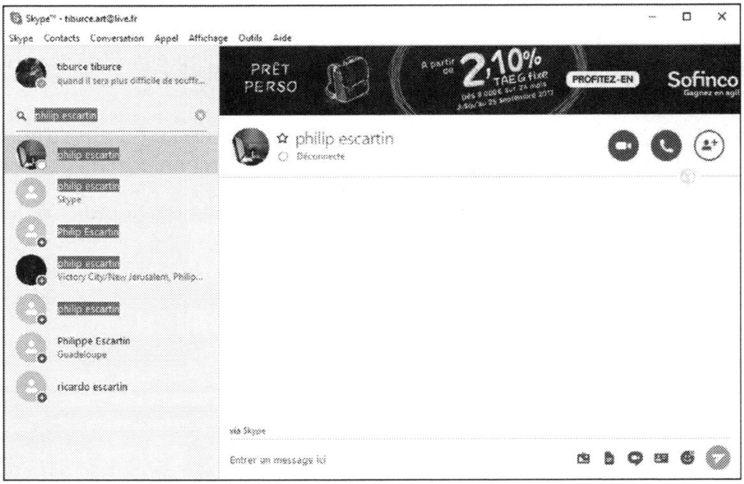

FIGURE 2.6 La page d'appel de base de Skype.

Vous pouvez voir deux boutons en haut et à droite de la fenêtre, ainsi que deux sections dans la partie principale de l'écran. Voici ce qu'ils signifient :

- **Bouton de téléphone :** Il permet de placer un « vrai » appel téléphonique vers un « vrai » combiné téléphonique. Skype propose des formules payantes pour téléphoner « en vrai ».
- **Bouton de caméra :** C'est pour lancer un appel en visiophonie.

» **Rechercher :** C'est la loupe affichée à gauche de la fenêtre. Cliquez ou tapez ici et commencez à saisir un nom pour voir la liste de toutes les personnes correspondantes enregistrées sur Skype.

» **Contacts :** Liste vos contacts à vous, ceux que vous pouvez appeler. Ajouter quelqu'un à votre liste de contacts n'est pas une rue à sens unique. Vous devez demander son autorisation à la personne, faute de quoi vous ne pourrez pas l'appeler. Voyez à ce sujet la prochaine section.

Si vous comprenez comment gérer chacun de ces points sur tous les dispositifs que vous utilisez (ordinateur de bureau ou portable, tablette, smartphone, montre connectée, télévision branchée et ainsi de suite), vous savez déjà 90 % de tout ce qu'il y a comprendre de Skype.

Ajouter un contact

Avant de pouvoir appeler quelqu'un, vous devez lui lancer une invitation à vous rejoindre. Lui ou elle doit alors accepter cette proposition pour que la connexion puisse s'établir.

La méthode exacte varie en fonction de la version de Skype que vous utilisez. Dans la plupart des cas, vous devez d'abord passer par votre liste de contacts. Dans ce qui suit, nous allons évidemment en rester à la version de bureau liée à Windows :

1. **Dans l'écran de base, utilisez le champ Rechercher pour trouver la personne que vous voudriez ajouter comme contact (reportez-vous à la Figure 2.6).**

   Étant donné l'énorme quantité d'utilisateurs de Skype dans le monde, cette recherche n'est pas forcément une partie de plaisir, surtout si vous ne possédez que des informations partielles sur les coordonnées Skype de votre futur contact. Vous pouvez utiliser un nom propre, un nom de contact Skype ancienne génération, ou encore une adresse de messagerie.

   Une fois la personne localisée, la fenêtre de Skype devrait ressembler à celle illustrée sur la Figure 2.6.

2. **Cliquez sur le bouton Ajouter aux contacts.**

   Skype formule un message type qu'il vous propose de transmettre à la personne. Si vous cliquez ou tapez sur Envoyer, Skype expédie l'invitation qu'il mémorise dans votre liste d'appels (voir la Figure 2.7).

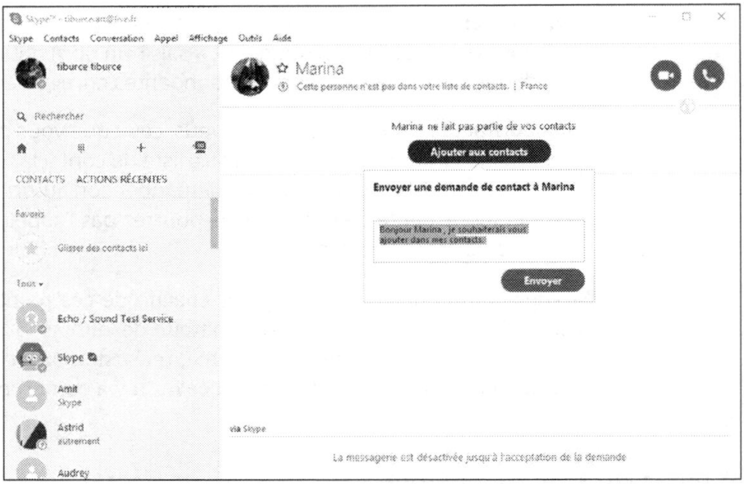

FIGURE 2.7 Pour ajouter un contact, encore faut-il qu'il vous en donne la permission.

FIGURE 2.8 Répondre à une demande d'ajout de contact avec Skype.

Cela se déroule exactement de la même manière pour vous, comme le montre la Figure 2.8.

3. **Attendez.**

Si votre futur contact est connecté à Skype, il va recevoir votre message et pourra cliquer sur Accepter ou sur Décliner (voir la Figure 2.8). Dans le premier cas, vous allez pouvoir communiquer immédiatement. Dans le second cas, vous venez de fâcher quelqu'un.

Une nouvelle fois, la manière dont votre futur (?) correspond répond varie légèrement selon la version de Skype.

4. **Continuez à ajouter d'autres amis, ou plutôt contacts Skype, et vous êtes paré pour les communications mondialisées.**

Si vous quittez Skype en cliquant sur sa croix de fermeture, le programme continue tout de même à mener sa vie en arrière-plan. Si vous recevez un appel, il va afficher une notification, mais il indiquera à vos correspondants que vous n'êtes pas connecté. Skype pose son icône vers la droite de la barre des tâches, pour vous rappeler qu'il est toujours là et bien vivant.

Vous ne voulez pas être dérangé par des appels ou des messages ? Ouvrez le menu Skype. Pointez sur Statut et choisissez une des options comme déconnecté, absent, à ne surtout pas déranger, et même comme étant invisible.

Vous avez vos contacts. Il suffit de cliquer ou taper sur le nom de la personne que vous voulez contacter, puis de saisir votre message dans le champ situé en bas et dans la partie droite de la fenêtre. C'est aussi simple que cela.

Quelques conseils à l'usage des novices

Par défaut, les personnes peuvent vous envoyer une requête si vous possédez un nom Skype d'ancienne génération (à oublier), en tapant votre véritable nom dans le champ Rechercher (à supposer que vous n'avez pas trop de sosies virtuels), ou encore en entrant votre adresse de messagerie. Vous n'avez évidemment pas à répondre à une demande de contact.

Skype n'est pas trop gourmand en ce qui concerne la collecte de vos données personnelles, et normalement, les autres utilisateurs ne devraient pas pouvoir y accéder (du moins à ce jour).

Pour voir ce que Skype retient de vous, cliquez ou tapez sur votre nom dans le coin supérieur gauche de la fenêtre (il est probablement suivi de la mention Connecté). Vous devriez voir s'afficher quelque chose de semblable à l'illustration de la Figure 2.9.

Microsoft affiche des publicités (souvent dans le genre « rencontres coquines ») en haut de la fenêtre. N'en tenez pas compte, d'autant qu'il n'y a pas de moyen connu pour les désactiver.

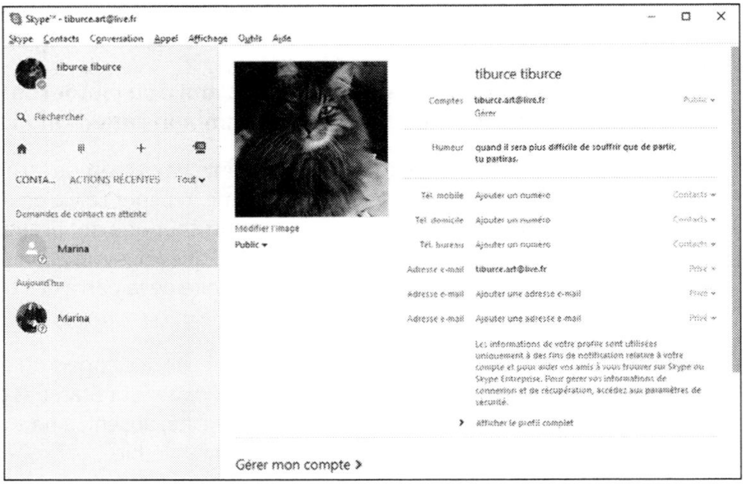

FIGURE 2.9 Les informations collectées par Skype sont assez minimales.

Les appels téléphoniques entre contacts Skype sont gratuits (du moins tant que vous restez dans les limites de l'application sur un ordinateur, une tablette ou un smartphone). Mais Skype a bien d'autres options payantes. Elles sont d'ailleurs généralement intéressantes pour des appels longue distance. Pour en savoir plus à ce sujet, visitez le site `skype.com/fr`, et cliquez dans le bandeau du haut sur le lien Tarifs.

Ne soyez pas naïf. Les conversations avec Skype ne sont absolument pas sécurisées. Ce que vous tapez, dites ou filmez peut être lu, écouté et vu par Microsoft, la NSA, la sûreté du territoire et ainsi de suite. Point.

De nouvelles fonctionnalités apparaissent régulièrement. Par exemple, un traducteur en temps réel est en cours de développement. Un jour prochain, vous pourrez enfin vous comprendre au téléphone avec votre vendeur chinois ! Décidément, on n'arrête pas le progrès.

Chapitre 3

Actualités, finances, sport... et bien d'autres encore

DANS CE CHAPITRE :

- **Bing est partout**
- **Suivre le fil de l'actualité**
- **Vos finances et vous**
- **Des infos pour les amateurs de sport**

Bien que vos vignettes puissent être disséminées ici et là dans la partie droite du menu Démarrer, trois des applications Universelles installées par défaut avec Windows 10 sont en réalité de simples portails vers des informations qui sont délivrées par Bing, le moteur de recherche de Microsoft. D'autres peuvent s'y ajouter plus tard, ou le sont déjà au moment où vous lisez ce livre. Mais, dans tous les cas, il s'agit de formes *d'agrégateurs* d'informations sur lesquels vous n'avez qu'une maîtrise très relative.

Ce genre d'application Universelle demande peu d'efforts à Microsoft, et elles ne lui coûtent pas non plus une fortune. À la base, ce que vous voyez dans ces applications constitue une façon d'enrober des données disponibles sur le Web, et configurées de manière à travailler avec le moteur de recherche de Microsoft, Bing. Tous ces contenus sont en réalité contrôlés par les serveurs de Bing, et ils sont envoyés selon une certaine mise en forme sur votre écran lorsque vous le demandez.

L'application Actualité affiche sous une forme très visuelle, les dernières dépêches d'agence, ainsi que de courts articles conçus pour être lus rapidement et manipulés facilement sur un écran tactile. Nous allons découvrir dans ce chapitre cette application Universelle type, et en voir plusieurs options importantes.

Dans la même veine, Finance, qui n'est plus installée par défaut avec Windows 10, et que vous devrez donc télécharger depuis le Windows Store (sauf si les choses ont changé depuis que nous avons écrit ces lignes), affiche les tendances et résultats des places financières, ou encore des tas de graphiques pas vraiment tactiles, et pas vraiment non plus compréhensibles pour le commun des mortels. Nous verrons donc comment suivre les cours susceptibles de vous intéresser, et comment explorer d'autres informations économiques.

L'application Sport répond aux mêmes exigences que MSN Finance. Elle est destinée aux amateurs de sports qui pourront suivre les résultats susceptibles de les intéresser.

Bing (brother) is watching you

Ces trois applications suivent exactement le même schéma de fonctionnement :

» **La première page contient une grande photo.** C'est généralement celle qui apparaît dans la vignette du menu Démarrer. Elle est censée marquer d'une pierre blanche le principal fait du moment (ou ce que Bing estime être l'information choc du jour).

» **Il y a des vignettes de différentes tailles pour annoncer les articles.** En règle générale, les articles sont courts, et même, disons, superficiels. Les utilisateurs d'écrans tactiles sont des gens pressés, c'est bien connu (quoique Finance affiche généralement un graphique ou des statistiques avant les articles économiques).

» **Chaque application propose toute une liste de rubriques censées vous permettre de personnaliser les informations qui vous sont envoyées.**

» **La source de toutes ces informations, c'est Bing. Et n'en doutez pas, derrière Bing, il y a des équipes d'êtres humains.** Et bien entendu, aussi des partenariats avec des fournisseurs de contenus. Les uns et les autres peuvent ou non fournir des informations vraiment intéressantes *pour vous*, ou vraiment importantes *en général*.

Juste pour ceux qui n'auraient pas encore compris : ces applications sont incapables de faire quoi que ce soit si vous n'êtes pas connecté à l'Internet. Sinon, comment Bing irait-il chercher tout cela dans les nuages de Microsoft ?

Les applications Microsoft Bing sont simplement des coquilles. Pour remplir celles-ci, elles doivent aller à la pêche dans les ordinateurs de Microsoft pour vous rapporter des produits frais (parfois aussi, moins frais). Toutes les informations qu'elles vous proposent pourraient parfaitement être retrouvées dans un navigateur Web en passant par d'autres canaux.

Vous n'êtes pas naïf, et vous savez très bien que, comme dans tous les services d'informations, il y a des filtres, il y a ce vers quoi on veut vous attirer, et il y a aussi tout ce que l'on ne vous dira pas. Le politiquement correct domine, et le socialement dangereux n'a pas bonne presse. D'accord, si c'est pour lire qu'un halluciné a vu débarquer des extraterrestres verts et avec trois doigts qui lui ont transmis un message à l'intention de l'humanité entière, autant avoir un bon filtre...

Les dernières nouvelles avec Bing

L'application Actualité présente l'intérêt de proposer des options de personnalisation assez intéressantes.

Parcourir les nouvelles

Fondamentalement, l'application Actualité est un *agrégateur* d'informations. Autrement dit, elle présente dans son propre format des informations en provenance de sources variées (sources dont le nom apparaît dans les diverses vignettes).

Prêt pour une petite visite guidée ? Allons-y :

1. **Ouvrez le menu Démarrer, et cherchez la vignette de l'application Actualité, sous la lettre A.**

   Vous pouvez également demander vocalement à Cortana de démarrer l'application Actualité, ce à quoi elle répondra : « Voici l'application Actualité » et elle l'ouvrira.

2. **Tapez ou cliquez sur la vignette de l'application Actualité.**

   Toutes les applications citées dans ce chapitre ouvrent un écran de démarrage qui vous invite à sélectionner une liste de sujets qui vous intéressent plus particulièrement. Si vous souhaitez dresser cette liste, cliquez sur le bouton Démarrer de l'application, sinon cliquez sur Ignorer.

3. **Cliquez ou tapez sur les sujets qui vous intéressent (voir la Figure 3.1), et validez votre choix par un clic sur Terminé en haut à droite.**

   Actualité peut vous proposer d'activer des notifications qui vous tiendront informé sur la survenance d'évènements de grande

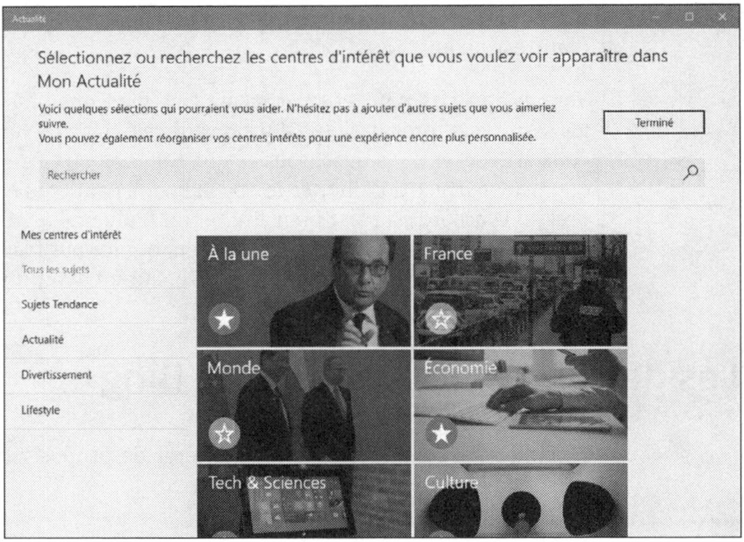

FIGURE 3.1 Sélectionnez vos centres d'intérêt.

ampleur. Pour obtenir ces notifications, cliquez sur Oui, sinon cliquez sur Désactiver. Vous pourrez les réactiver ultérieurement.

La fenêtre de l'application apparaît. Un bandeau placé en haut propose une série de rubriques (très classiques dans ce type d'outil). Pour chaque rubrique, vous voyez en règle générale une grande vignette (le sujet principal) et d'autres d'un format inférieur, ou simplement remplies de texte. Sur la Figure 3.2, par exemple, j'ai choisi de cliquer sur la rubrique Monde.

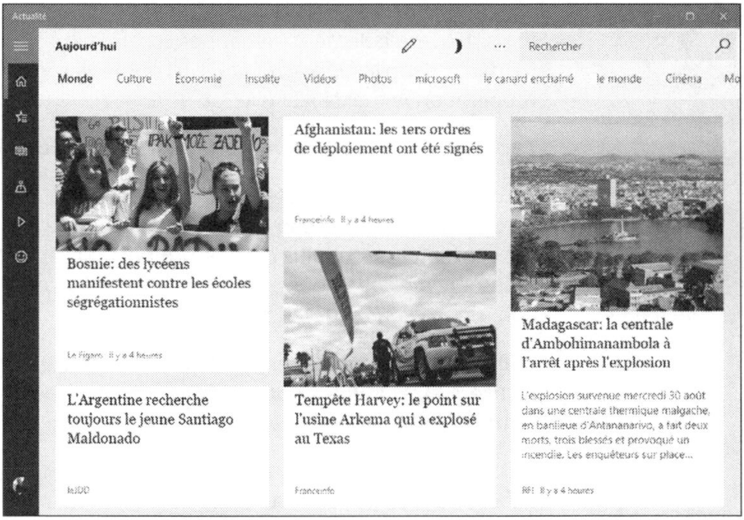

FIGURE 3.2 Une rubrique de l'application Actualité.

Si vous utilisez une tablette, vous réalisez immédiatement que le texte ne peut pas être agrandi ou réduit par un geste d'écartement ou de pincement. Curieusement, c'est possible pour les images.

Pour lire un article en entier, vous effleurez l'écran tactile vers le haut ou vers le bas, ou bien vous faites rouler la molette de votre souris. Pour passer d'un article à un autre dans la même rubrique, effleurez l'écran vers la gauche ou vers la droite, ou bien encore cliquez sur les flèches qui apparaissent sur les bords de la fenêtre.

Les infos, c'est gratuit, mais c'est payant quand même. C'est pourquoi vous retrouvez des publicités sur toutes les pages.

4. **Revenez à la page principale en cliquant ou tapant sur la flèche placée en haut et à gauche de la fenêtre. Vous pouvez également cliquer sur l'icône de la maison (Aujourd'hui) et ainsi revenir à Mon actualité.**

   Nous reviendrons un peu plus loin sur l'icône Mes centres d'intérêt, celle en forme d'étoile.

5. **À titre de curiosité, lancez Microsoft Edge et ouvrez si nécessaire un nouvel onglet.**

   Vous devriez voir s'afficher une page de recherche (Où aller ensuite ?) qui indique notamment Mon flux d'actualités avec MSN. Si ce n'est pas le cas, cliquez sur le bouton Accueil (icône d'une maison) en haut à gauche. Ce flux d'actualités reprend la majorité des informations d'Actualité, mais dans un format de présentation différent (voir la Figure 3.3).

   Vous pouvez également renouveler l'expérience en vous rendant sur le site de Bing (`www.bing.com`) et en activant dans le bandeau affiché en haut de la page le lien Actualités.

Choisir vos centres d'intérêt

Si vous cliquez ou tapez sur l'icône étoilée, dans la barre d'icônes menu située sur le côté gauche d'Actualité, vous allez constater que Microsoft a activé par défaut un groupe générique de thèmes qui ne font pas forcément partie de vos véritables centres d'intérêt (voir la Figure 3.4).

Si vous cliquez ou tapez sur une des étoiles blanches dans un cercle vert de l'une des grandes vignettes, vous la désactivez. Elle va afficher à la place le même symbole, mais en noir et blanc. La rubrique correspondante va disparaître du bandeau affiché en haut de la fenêtre principale.

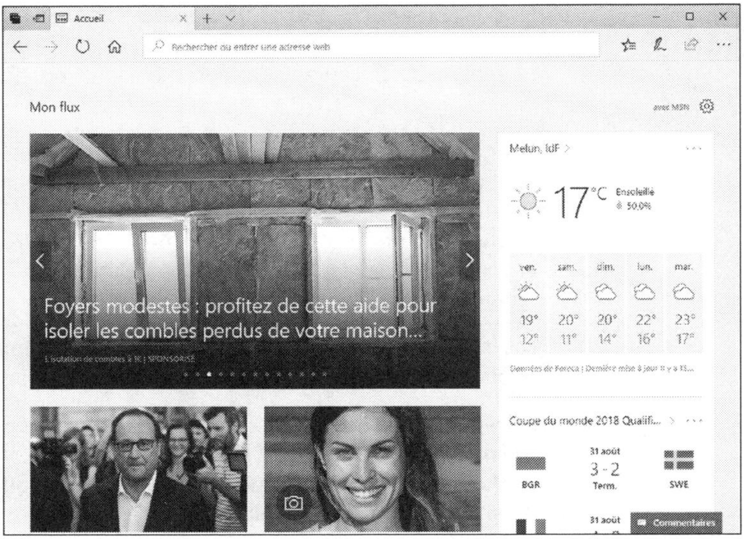

FIGURE 3.3 L'application Actualité et les Flux d'actualités de MSN, ce sont les mêmes informations moulinées par Microsoft.

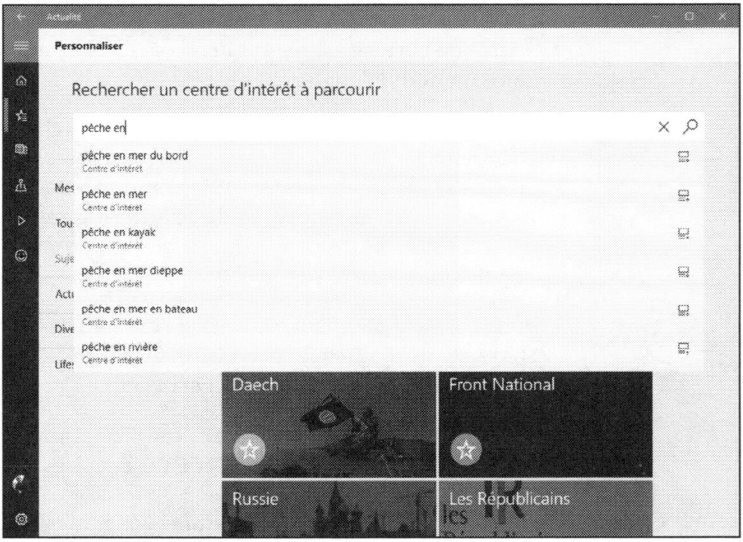

FIGURE 3.4 Vous pouvez personnaliser vos centres d'intérêt dans l'application Actualité.

Parcourez les « super rubriques » Sujets tendance, Actualité, Divertissement, Style ou encore Tous les sujets pour faire votre marché, et afficher uniquement ce qui vous intéresse réellement (mais partir à la découverte de sujets un peu nouveaux pour vous n'est pas une mauvaise idée).

Essayons d'aller un peu plus loin que ces classiques carcans que vous imposent les sites d'informations. Essayez ceci :

1. **Si nécessaire, ouvrez à nouveau l'application Actualité et affichez sa page d'accueil.**

   Pour accéder à la page d'accueil, cliquez sur l'icône de la maison située dans la partie supérieure gauche de la fenêtre.

2. **Cliquez dans le champ Rechercher en haut à droite, et tapez quelque chose qui correspond à un de vos centres d'intérêt, mais qui n'est proposé nulle part ailleurs.**

   Par exemple, si taquiner le poisson en mer fait partie de vos grandes passions, commencez à saisie **pêche en**. Très vite, la liste qui s'affiche vous propose une série de choix tournant autour de la pêche en mer (voir la Figure 3.5).

FIGURE 3.5 Pour définir vos propres centres d'intérêt, lancez une recherche.

3. **Une fois votre critère bien défini, appuyez sur la touche Entrée. Cliquez ou tapez ensuite sur l'icône d'étoile, à gauche du champ Rechercher.**

   Immédiatement, cette nouvelle rubrique vient se rajouter en bas de la liste Mes centres d'intérêt.

4. **Cliquez ou tapez sur l'icône de la maison située dans la partie gauche de la fenêtre. Vous constatez que la pêche en mer vient prendre sa place sur un pied d'égalité, dans le bandeau, à côté des rubriques À la une, France, Monde et ainsi de suite (voir la Figure 3.6).**

Créer un centre d'intérêt personnalisé revient en fait à sauvegarder un critère de recherche qui va servir à Bing pour vous proposer une série de résultats, mais avec un formatage plus sophistiqué que si vous aviez saisi le même critère dans Microsoft Edge.

FIGURE 3.6 Avec l'application Actualité, vous pouvez choisir vos centres d'intérêt, rien que vos centres d'intérêt, et peut-être même tous vos centres d'intérêt.

5. Cliquez sur un des articles de votre nouvelle catégorie de manière à en afficher le contenu.

Observez la Figure 3.7. Vous observez que tout se passe comme si vous vous trouviez dans un navigateur Web, Microsoft Edge en l'occurrence. En fait, c'est bien ce qui se passe. L'espace principal de la fenêtre Actualité est maintenant occupé par le contenu du site d'où provient l'article choisi. D'ailleurs, si vous cliquez sur un lien dans la page courante, vous allez vous déplacer dans le site hôte, quelle que soit la destination de ce lien.

Remarquez la présence de deux nouvelles icônes en haut de la fenêtre. La première, un globe terrestre, ouvre Microsoft Edge pour y afficher l'article à consulter, et la seconde, un maillon de chaîne, copie dans le Presse-papiers de Windows le lien vers la page du fournisseur de contenu.

Ce mode de fonctionnement est commode, mais il implique que l'application Actualité connaisse les mêmes restrictions ou éventuels problèmes que Microsoft Edge (ou d'autres navigateurs). Par exemple, si un certain contenu ou type de contenu est bloqué dans un site (peut-être que celui-ci tente d'exécuter Silverlight), vous verrez s'afficher un avertissement vous indiquant que les vidéos ne peuvent pas être affichées, car vous n'avez pas la bonne version de Silverlight. Et vous ne pouvez rien y faire.

La morale de l'histoire ? Ou bien l'application Actualité vous suffit, ou vous utiliserez un autre portail ou agrégateur d'informations.

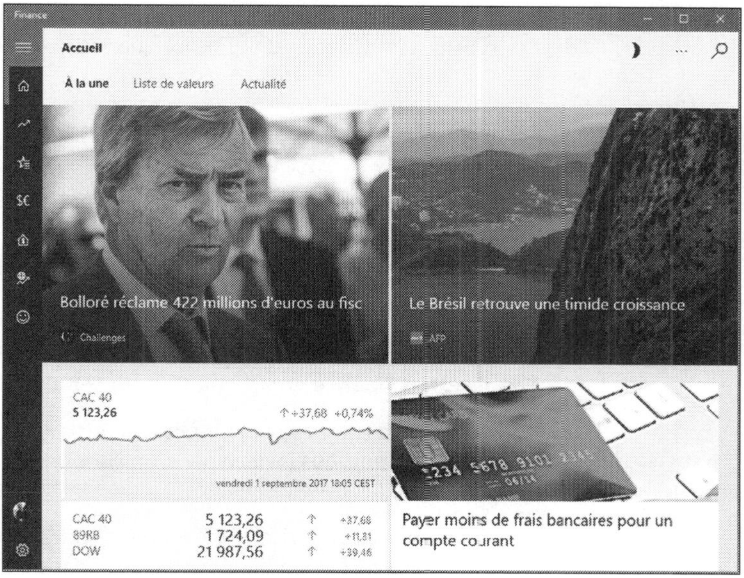

FIGURE 3.7 Consulter un article dans un centre d'intérêt personnalisé.

Il peut s'agir du portail de votre fournisseur d'accès Internet, ou encore d'un service dédié, comme le très bon Flipboard (`www.flipboard.com`). L'application gratuite proposée dans Windows Store est moins évoluée que les versions de Flipboard sur iOS et Android, mais elle reste de très bonne facture.

Organiser vos centres d'intérêt

La disposition des centres d'intérêt par défaut est prédéfinie par Microsoft, et ceux que vous ajoutez viennent prendre place à la fin de la liste.

Vous pouvez cependant facilement changer cette disposition :

1. **Dans le volet de gauche de l'application Actualité, cliquez sur l'icône étoilée. La page de vos centres d'intérêt apparaît.**

   Reportez-vous à la Figure 3.1.

2. **Cliquez ou tapez sur une vignette, et maintenez la pression.**
3. **Faites glisser la vignette vers un nouvel emplacement.**

   Elle vient s'insérer à la position choisie.

4. **Recommencez avec les autres vignettes jusqu'à ce que vous soyez satisfait du résultat.**

C'est tout. Revenez à la page principale, et vous allez constater que la liste des rubriques s'affiche selon l'ordre que vous venez de définir.

Finance, les dessous de vos sous

L'application Universelle Windows Finance est la sœur de l'application Universelle Windows Actualité, mais spécialisée dans son domaine.

En voici une petite visite guidée :

1. **Dans le menu Démarrer, cliquez ou tapez sur la vignette de l'application Finance en affichant le contenu de la lettre F.**

   Tout se déroule comme pour l'application Actualité avec un écran de démarrage qui vous invite à personnaliser l'application. Pour accéder immédiatement à Finance, cliquez sur Ignorer.

   Finance peut vous proposer d'activer des notifications qui vous tiendront informé des dernières actualités financières. Pour obtenir ces notifications, cliquez sur Oui.

   Comme pour l'application Actualité, vous voyez s'afficher une grande vignette pour le sujet principal du jour, ainsi que diverses autres vignettes de plus petite taille, montrant une photo légendée, du texte ou encore un graphique économique (voir la Figure 3.8).

2. **Cliquez directement sur les icônes alignées verticalement sur le bord gauche de la fenêtre, ou bien tapez ou cliquez sur les trois barres du menu afin d'afficher leur libellé si vous ne les avez pas encore bien identifiées.**

   Le volet de navigateur vous propose plusieurs options qui viennent compléter la page d'informations principale (voir la Figure 3.9).

3. **Revenez à l'écran principal (icône de la maison), et cliquez sur un article pour en voir le contenu.**

   Vous constatez que la présentation (et les publicités) ainsi que la manière de circuler entre les articles ou les rubriques sont strictement identiques à ce que propose l'application Actualité (voir la Figure 3.10).

4. **Dans le volet de gauche, tapez ou cliquez sur l'icône étoilée, la Liste de valeurs.**

FIGURE 3.8 Saurez-vous prendre les bonnes décisions avec l'application Finance.

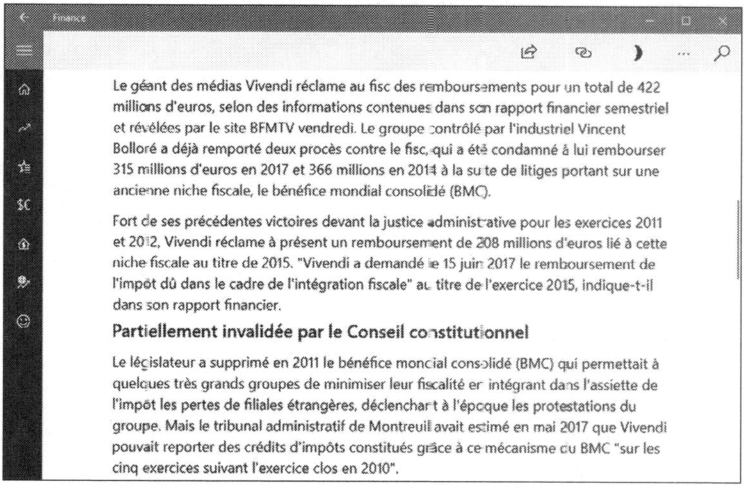

FIGURE 3.9 Naviguer dans l'application Finance.

En fait, le principe est à peu près le même que définir des centres d'intérêt dans Actualité, si ce n'est qu'ici vous pouvez demander à suivre des actions, des fonds ou encore des indices.

5. **Dans le champ Rechercher des valeurs (icône de la loupe en haut à droite), saisissez alors le nom d'une action.**

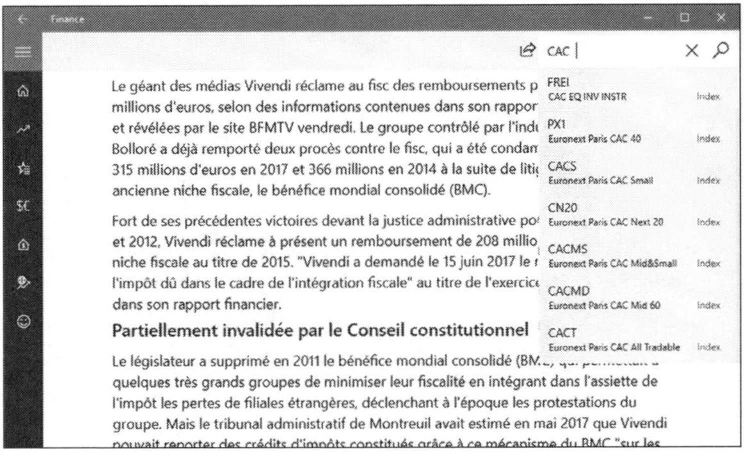

FIGURE 3.10 Actualité et Finance boivent toutes deux le lait de Bing.

Au fur et à mesure de votre saisie, l'application vous propose une liste plus ou moins étendue de choix (voir la Figure 3.11).

6. **Lorsque vous avez défini quelles sont vos actions préférentielles, leurs cours ainsi des informations récentes s'affichent dans la fenêtre.**

   Cliquez ou tapez sur le bouton Principaux composants pour en savoir plus sur le bénéfice par action et autres données comptables

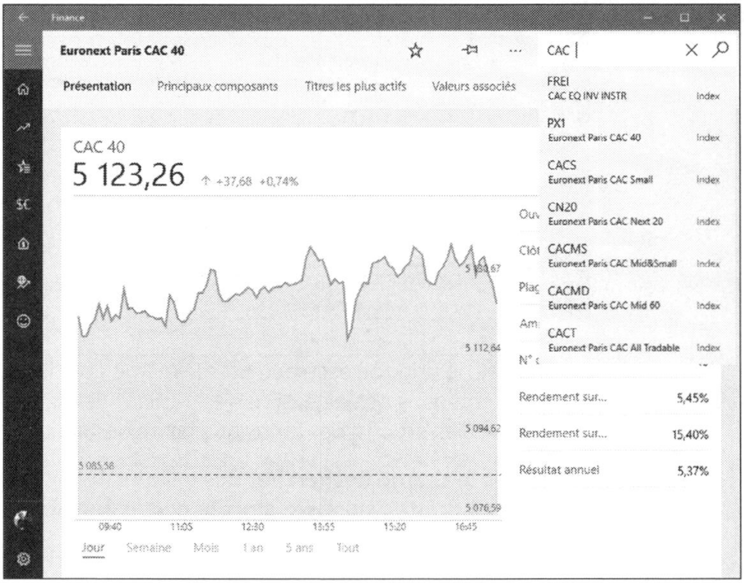

FIGURE 3.11 Rechercher une valeur à suivre.

7. **Pour obtenir des renseignements beaucoup plus poussés sur telle ou telle société, cliquez sur la ligne correspondante. Par exemple, la rubrique Statistiques clés fournit des données détaillées, ainsi que des conseils d'analystes, par toujours bons à suivre d'ailleurs (voir la Figure 3.12).**

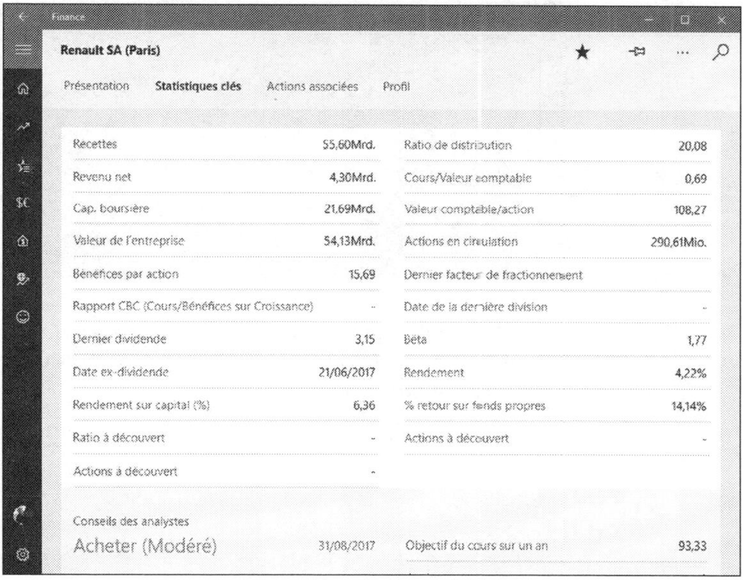

FIGURE 3.12 Vous vouliez savoir comment se porte Renault ?

8. **Cliquez sur la flèche, en haut et à gauche, jusqu'à ce que vous reveniez à la page principale.**

9. **Cliquez maintenant dans le volet de gauche sur l'icône Devises.**

   Vous voyez apparaître un convertisseur de devises (voir la Figure 3.13). Par défaut, il propose comme monnaies l'Euro et le Dollar américain, mais vous pouvez en changer dans les listes affichées en haut de colonne, ou encore inverser la conversion en cliquant ou tapant sur la flèche double.

   Vous pouvez bien entendu définir un montant quelconque pour la conversion en le saisissant dans le champ correspondant d'une des deux monnaies.

   La rubrique Taux de change affiche une liste de parité entre la monnaie principale (par défaut l'euro) et de nombreuses autres devises.

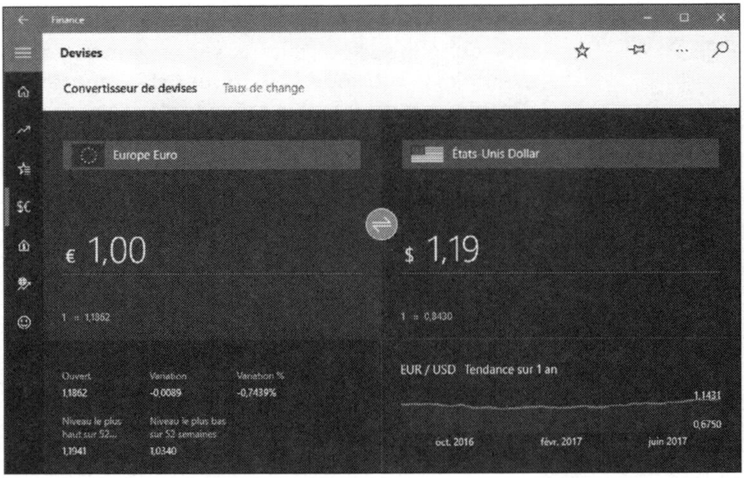

FIGURE 3.13 Convertir un montant quelconque entre deux monnaies.

10. Dans le volet de gauche, cliquez ou tapez sur l'icône de la petite maison (cinquième icône en partant du haut), Calcul de prêt hypothécaire.

Certes, ce petit outil ne vaut pas un tableau Excel en bonne et due forme, mais il a le mérite d'être facilement accessible et de proposer une vue graphique simple (voir la Figure 3.14).

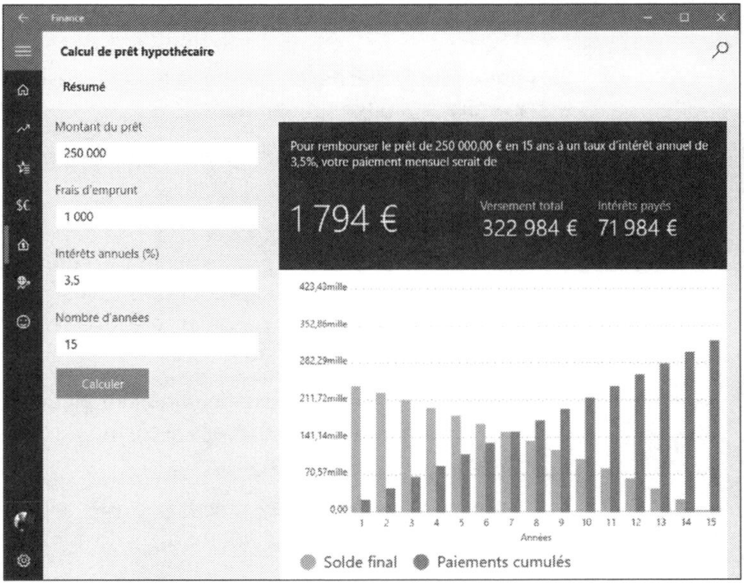

FIGURE 3.14 Le calculateur de prêt hypothécaire fonctionne, et c'est ce qu'on lui demande.

Et si le sujet vous intéresse, l'application Finance est aussi capable de vous donner une vue (presque) instantanée sur les cours des grandes bourses mondiales (voir la Figure 3.15).

FIGURE 3.15 Boursicoteurs mondialisés, suivez les cours des principales places financières.

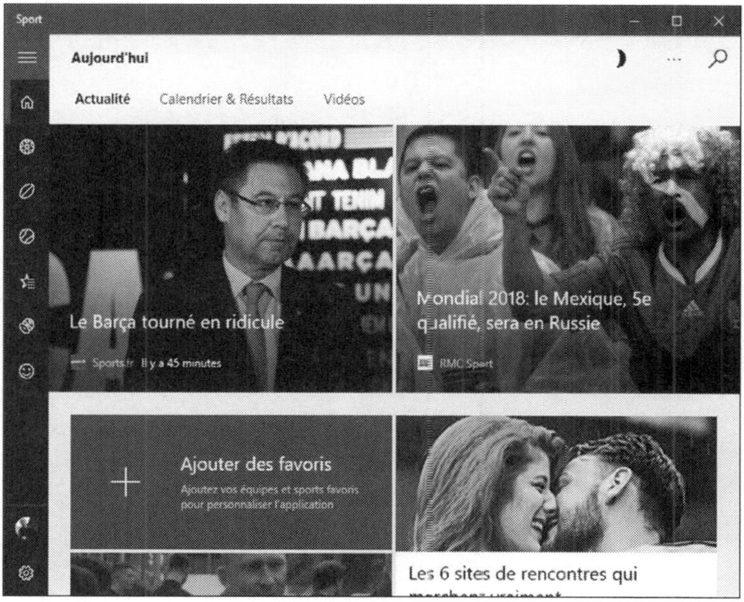

FIGURE 3.16 Comme les autres applications Bing, Sport se présente sous forme de grande vignette (et de quelques publicités aussi).

Une application pour les fans de sport

Comme vous vous en doutez déjà, le mode de présentation et de fonctionnement de l'application Sport suit exactement les mêmes règles qu'Actualité et Finance. Personnellement, je la trouve juste... mieux (voir la Figure 3.16). Mais après tout, chacun a ses préférences, non ?

Avant de cliquer dans le volet de gauche, n'hésitez pas à faire défiler tout le contenu de la fenêtre. Vous constaterez que c'est un journal des sports plutôt copieux.

Le volet de navigation se limite par défaut à quelques sports phares (le football, le rugby et le tennis, tous les autres étant renvoyés ailleurs sous l'intitulé très général Autres sports).

Chapitre 4
Windows Store

DANS CE CHAPITRE :

- » **Windows Store et ses applications**
- » **Déambuler dans les rayons de Windows Store**
- » **Mettre à jour les comptes et les préférences**
- » **Mais où sont les jeux ?**

L'utilisation du Windows Store de Microsoft est identique à celle de l'App Store d'Apple ou sur le Play Store de Google.

Il faut bien reconnaître que le contenu de Windows Store est loin d'être au niveau de ses concurrents. Je déteste annoncer des mauvaises nouvelles, mais la vérité oblige à dire que les développeurs travaillent massivement pour créer des applications iOS et Android, et que Windows est très loin d'être au premier rang de leurs préoccupations. Que cela change à l'avenir reste à voir. Microsoft travaille pour tenter de rattraper son retard, mais c'était déjà le cas il y a des années de cela.

La raison de cette situation est simple : l'argent. Il y a des fortunes à se faire en développant de bonnes applications pour l'App Store et le Play Store. De même, on peut se faire une quantité raisonnable d'argent en développant des applications qui s'exécutent sous Facebook, et même des applications qui s'exécutent à l'intérieur des navigateurs Web. À ce jeu-là, Microsoft ressemble plus à une petite tirelire qu'à un coffre-fort bien rempli.

Windows Store a été lancé par Microsoft en même temps que Windows 8. C'est, sur le même modèle que l'App Store ou le Play Store, un gros réservoir, extensible à l'infini (ou presque), d'applications en tous genres dédiées à l'univers Windows.

Initialement, sa vocation était d'être la seule source à proposer des applications dans le style « Metro » (qu'on appelle aujourd'hui des applications Universelles Windows). Mais, maintenant, Windows Store vous en vend de toutes les sortes, y compris des programmes qui fonctionnent uniquement sur le bureau de Windows.

Les applications pullulent par les temps qui courent. Développées par un nombre grandissant d'éditeurs tiers, elles peuvent vous être utiles, et elles sont assurément profitables à Microsoft (et encore plus à Apple avec son App Store, ou à Google avec Play Store) qui empoche 30 % de leur prix au passage.

Pour autant, Windows Store continue à être décevant pour la plupart des gens. Les grands noms du domaine y apparaissent à une vitesse glaciale. Par exemple, il aura fallu environ un an pour y trouver une version officielle de Facebook, et les grands noms du jeu font plus que traîner les pieds. Petit à petit, Microsoft bouche certains des trous. Il paie même certains développeurs aux idées nouvelles, et il cajole les anciens du mieux qu'il peut. Mais ne soyez pas surpris si vous entendez parler d'une super appli disponible sur l'App Store ou sur Play Store et que vous n'en trouvez pas la trace sur Windows Store. Cela arrive tout le temps.

La seule manière d'obtenir des applications Universelles Windows consiste à les télécharger et à les installer depuis Windows Store. Certes, les grands constructeurs peuvent parfaitement intégrer directement de telles applications dans leurs machines sous Windows. Mais, pour le commun des mortels, comme vous et moi, Windows Store est incontournable : c'est l'alpha et l'oméga des applications Universelles Windows.

Ça peut faire quoi une application Universelle Windows ?

Plus Windows Store prendra de l'âge, et plus vous y trouverez d'applications. Celles-ci sont capables de faire énormément de choses, mais avant que l'une d'elles puisse être mise en vente (voire être distribuée gratuitement) dans le Windows Store, elle doit répondre à certaines exigences.

Voici ce qu'il faut savoir des applications provenant de Windows Store :

» **Vous pouvez télécharger aussi bien des applications Universelles (donc supposées être capables de s'exécuter sous n'importe quelle version de Windows 10, y compris ses versions mobiles) que des programmes utilisables sur le classique bureau.**

Si vous recherchez des programmes pour le bureau, vous pourrez les trouver non seulement sur Windows Store, mais aussi sur les sites Internet habituels, ceux des éditeurs notamment. Rien de nouveau de ce côté-là.

En revanche, si vous recherchez une application Universelle, vous devrez la télécharger depuis Windows Store.

» **Les applications Universelles Windows ne peuvent être mises à jour que depuis Windows Store.** Lorsqu'une ou plusieurs mises à jour sont disponibles, un chiffre apparaît sur la vignette Windows Store. Il indique le nombre d'applications concernées. Reportez-vous à la section « Configurer les comptes et préférences de Windows Store », plus loin dans ce chapitre.

Par défaut, les applications installées depuis Windows Store sont configurées pour se mettre à jour automatiquement.

» **Avant d'extraire ou d'envoyer des données personnelles, les applications recourant à des services basés sur l'Internet doivent demander l'autorisation à l'utilisateur.**

» **Les applications peuvent s'utiliser sur cinq appareils à la fois.** Par exemple, si vous achetez la dernière version du jeu vidéo *Angry Birds*, vous pourrez utiliser cette version sur, au plus, cinq appareils tournant sous Windows 10 (ordinateurs, tablettes ou encore smartphones) sans aucun surcoût. Des pictogrammes indiquent les appareils sur lesquels elles peuvent fonctionner.

» **Microsoft n'accepte aucune application dite « pour adultes ».**

» **Une application ne doit placer qu'une seule vignette dans la partie droite du menu Démarrer (encore heureux !).**

» **Une application doit démarrer en cinq secondes au maximum et se fermer en moins de deux secondes.** Microsoft veut que les applications soient rapides, sans lenteurs.

À ces prérequis de base pour toutes les applications s'ajoutent les informations suivantes :

» **Les outils fournis par Microsoft permettent aux développeurs de créer des versions d'évaluation de leurs applications, permettant aux utilisateurs de les essayer avant d'acheter.** Les versions d'évaluation peuvent être limitées de diverses manières : durée de fonctionnement réduite à un mois, nombre d'utilisations limité…

Les versions d'évaluation ne datent pas d'hier. Microsoft est très pointilleuse sur le fait que les développeurs doivent annoncer clairement ce qui est limité et ce qui se passe après avoir dépassé cette limite.

- **Lorsqu'une application plante ou ne fonctionne plus, vous pouvez vous plaindre auprès de Microsoft, mais c'est l'éditeur qui en assume pleinement la responsabilité.** Bien que Microsoft agisse en tant que distributeur et vendeur, en réalité, il n'achète, ni ne vend, ni ne garantit quoi que ce soit. La licence d'utilisation d'une application Universelle Windows est établie entre le vendeur (l'éditeur, par exemple) et l'acheteur. Microsoft reste complètement en dehors de la transaction.
- **Bon nombre d'applications incitent à acheter davantage : des niveaux de jeu plus élevés, des fonctionnalités nouvelles, davantage de contenu,** *etc.* Microsoft s'est inspirée d'Apple : les ordres d'achat générés par les applications doivent transiter par Windows Store. Tout passe par Microsoft.

Ne confondez pas Windows Store, qui est directement lié à l'écran d'accueil de Windows, avec Microsoft Store, qui existe à la fois sur l'Internet et dans le réel. Des boutiques Microsoft commencent à apparaître aux États-Unis (encore une lumineuse idée piquée à Apple). Là-bas, la boutique en ligne `www.microsoftstore.com` est une extension virtuelle des boutiques Microsoft réelles.

Parcourir Windows Store

Pour rechercher des applications Universelles dans la boutique virtuelle de Microsoft, touchez ou cliquez sur l'icône de Windows Store dans la barre des tâches (ou sur sa vignette du menu Démarrer).

Dans les deux cas, vous accédez à l'application Universelle qui vous vend d'autres applications Universelles, comme l'illustre la Figure 4.1.

Voici quelques conseils pour vous aider avant que vous ne vous lanciez dans le shopping en ligne :

- **Vous avez besoin d'un compte Microsoft pour faire autre chose que des recherches basiques.** Sans un tel compte, vous ne pourrez même pas télécharger un programme gratuit (Microsoft a besoin de savoir quelles applications sont installées sur votre machine). Bien que vous puissiez accéder au Windows Store depuis un compte local, toute tentative d'achat se soldera par l'affichage du message illustré sur la Figure 4.2 vous invitant à vous connecter avec un compte Microsoft.

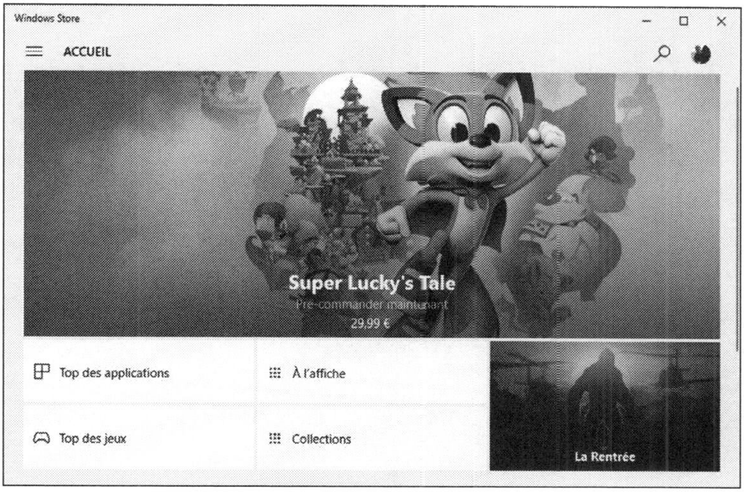

FIGURE 4.1 Windows Store, la boutique virtuelle de Microsoft.

L'ESPRIT DU WINDOWS STORE

Microsoft gère Windows Store comme une classique boutique et, pour cette raison, il vérifie tout ce qui est mis en vente. Microsoft peut, pour diverses raisons, rejeter une application proposée à la vente.

À deux exceptions près, Windows Store est le *seul* endroit où vous pourrez vous procurer des applications Universelles Windows (voyez le Livret I, Chapitre 2 pour une description des applications Universelles Windows).

Ces deux exceptions sont :

» La possibilité, pour de grandes entreprises, de placer leurs propres programmes sur des appareils tournant sous Windows grâce à une technique appelée *sideloading,* c'est-à-dire le téléchargement direct. Théoriquement, cette opération n'est possible que sur des appareils étroitement incorporés à un réseau d'entreprise.

» Le *jailbreaking* de l'appareil. Ce terme, emprunté à la téléphonie, est l'équivalent d'un bidouillage consistant à contourner les barrières matérielles ou logicielles établies par le fabricant. Il fait perdre la garantie de l'appareil et met fin au support technique de Microsoft.

Le *désimlockage* – avec ou sans *jailbreaking* – permet de débloquer un appareil de téléphonie mobile afin qu'il puisse utiliser une carte SIM de n'importe quel opérateur. Un ordinateur désimlocké risque toutefois de ne plus pouvoir se connecter à un réseau.

Je ne recommande pas le *jailbreaking* d'un ordinateur. Mais si vous trouvez une application à laquelle vous tenez beaucoup, et que Microsoft refuse de la vendre dans Windows Store, le *jailbreaking* est peut-être la seule solution. Google vous aidera.

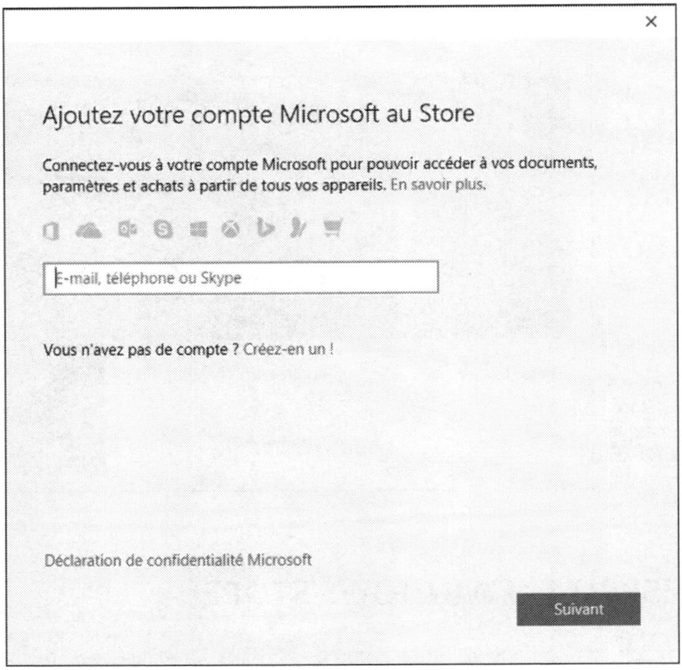

FIGURE 4.2 Connectez-vous à votre compte Microsoft pour acheter sur Windows Store.

Si vous choisissez d'utiliser un compte local et que vous avez besoin de vous connecter à Windows Store avec un compte Microsoft, commencez par en créer un, comme cela est expliqué au Livret II, Chapitre 5. Utilisez alors la fenêtre illustrée sur la Figure 4.2 pour vous connecter à chaque application séparément. De cette manière, Windows vous avertira chaque fois que vous tenterez d'accéder à un autre emplacement qui nécessite un compte Microsoft.

» **Pour acheter une application,** touchez ou cliquez sur sa vignette. L'écran d'achat (disons plus largement de téléchargement) apparaît immédiatement. C'est ce qu'illustre la Figure 4.3, ici dans le cas de l'application Photoshop Elements 15.

Des sections permettent de voir des captures d'écran, de lire un descriptif de l'application, des évaluations et des avis, ainsi que divers détails. En faisant défiler le contenu de la fenêtre, vous obtiendrez des informations complémentaires sur l'éditeur, un lien vers son site Web ou vers une messagerie, le numéro de la version courante, les autorisations à concéder ou encore les langues prises en charge (voir la Figure 4.4).

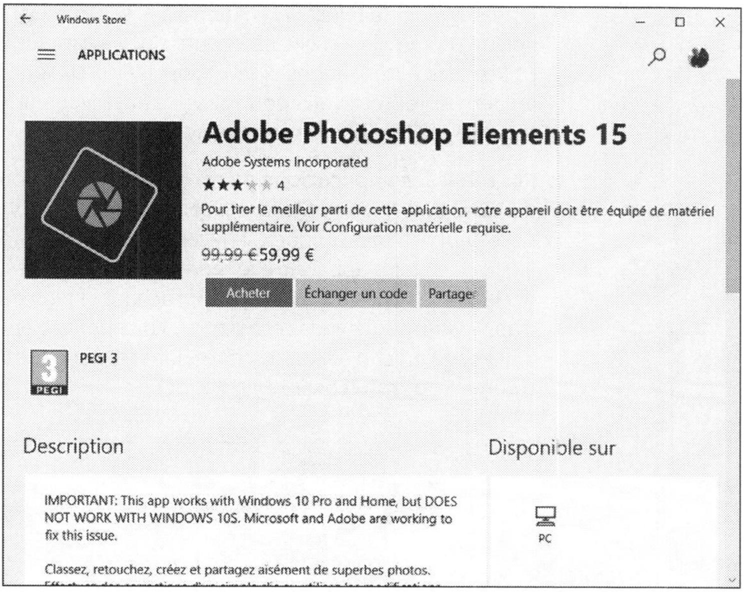

FIGURE 4.3 La page d'achat d'un article en vente dans Windows Store.

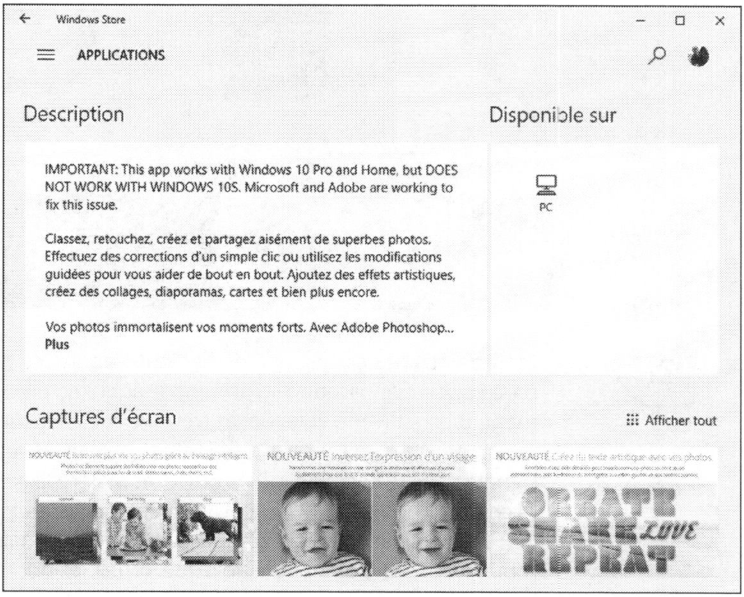

FIGURE 4.4 Tout savoir (ou presque) sur une application.

Ne vous laissez pas impressionner par la notation sous forme d'étoiles, et par les avis affichés en bas de la fiche de l'application. Comment accorder du crédit à quatre avis sur une application qui a sans doute été téléchargée des milliers de fois. En revanche, la langue de l'article – si elle est mentionnée – est plus intéressante. La liste des autorisations d'utilisation est aussi digne d'intérêt. Et, en dernier ressort, vous pourrez vous aussi vous plaindre sur la page si l'application ne répond pas à votre attente.

» **Pour voir les applications par groupes,** rendez-vous sur la page d'accueil du Windows Store, ouvrez le menu local Type et choisissez Applications. Cliquez si nécessaire sur le bouton Plus de filtres pour faire apparaître le menu local Catégories. Ouvrez-le et choisissez une catégorie se rapprochant le plus du genre d'applications que vous recherchez. Vous pouvez ensuite affiner davantage en choisissant un filtre dans le menu local Catalogues, comme Top gratuit (voir la Figure 4.5).

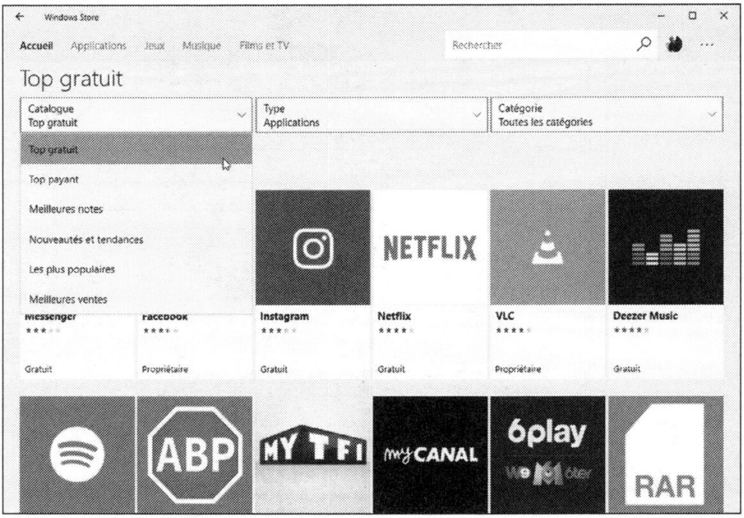

FIGURE 4.5 Naviguez dans le « top » des applications gratuites ou payantes, ou choisissez votre catégorie.

Méfiez-vous des coups marketing. Tout d'abord, ce n'est pas parce qu'une application se prétend gratuite qu'elle l'est réellement. Bien souvent, vous devez très vite commencer à débourser un peu d'argent pour pouvoir aller plus loin (ce qui doit être signalé dans le descriptif). Plus grave, et malgré la vigilance de Microsoft, certains petits malins arrivent à placer sur Windows Store des applications qui semblent alléchantes, mais qui dissimulent en réalité une petite arnaque. N'hésitez donc jamais à jeter un coup d'œil sur le site d'un éditeur dont vous n'avez jamais entendu parler. C'est parfois fort instructif… En cas de doute, passez votre chemin. Il y a forcément une autre application, parfaitement viable, qui correspond à ce que vous recherchez.

UNE APPLICATION KINDLE SOUS WINDOWS ?

L'application Kindle n'est plus disponible sur le Windows Store ! Pour l'installer sur votre PC, vous devez passer par le site Amazon. Pour cela, il suffit de vous rendre à l'adresse suivante : `https://www.amazon.fr/gp/digital/fiona/kcp-landing-page/ref=klp_mn`. Bien entendu, elle est gratuite.

L'application Kindle fonctionne de la même manière que beaucoup d'autres du même genre : sitôt après l'avoir installée, vous devez vous identifier avec votre nom d'utilisateur et votre mot de passe. Ne vous méprenez pas : ce n'est pas votre compte Microsoft ou votre compte Local qui intéresse Amazon, mais votre compte Kindle.

Après avoir fourni vos identifiants de compte Kindle, tous les livres électroniques achetés sur Amazon sont aussitôt disponibles. Lors de la rédaction de ce livre, l'application présentait quelques problèmes mineurs : le défilement était peu commode, la bibliothèque difficile à bien parcourir, et il n'était pas possible d'aller sur le Kindle Store depuis l'application (vous deviez passer par votre navigateur favori). Mais ces inconvénients devraient être éradiqués peu à peu.

Rechercher dans Windows Store

Vos recherches s'effectuent directement dans l'application Universelle Windows Store. Voici comment procéder :

1. **Pour taper votre demande dans le champ Rechercher, cliquez sur l'icône de la loupe en haut et à droite de la fenêtre.**

   Windows Store affiche les résultats ainsi qu'une liste de rubriques dans le volet gauche qui va permettre d'affiner la recherche.

2. **Pour pouvoir parcourir les applications en sérialisant votre recherche, cliquez sur Afficher tout, au-dessus et à droite des vignettes des applications (ou des jeux, ou de tout ce que vous voulez).**

3. **Pour trouver des applications dans une catégorie spécifique, cliquez sur Plus de filtres, puis ouvrez le menu local Genre. Enfin, cliquez sur catégorie recherchée.**

   Si vous ne cliquez pas sur Afficher tout, le menu local Genre devient Catégorie.

   Toujours avec le mot **cuisine**, j'ai cliqué sur la catégorie Alimentation et cuisine, comme le montre la Figure 4.7. Je constate que

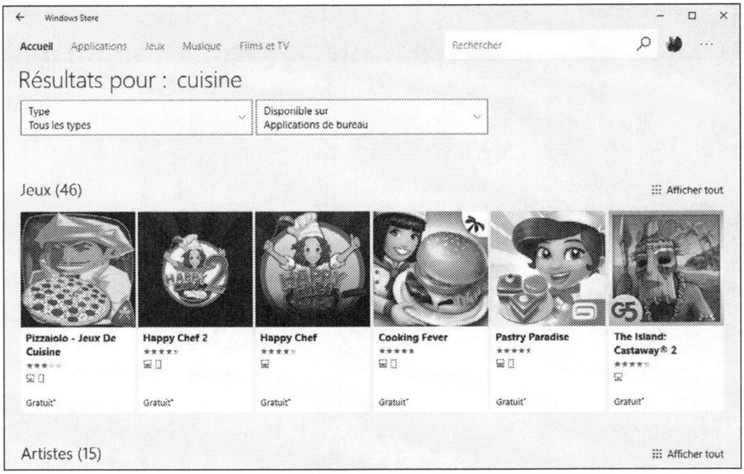

FIGURE 4.6 Rechercher dans une catégorie spécifique.

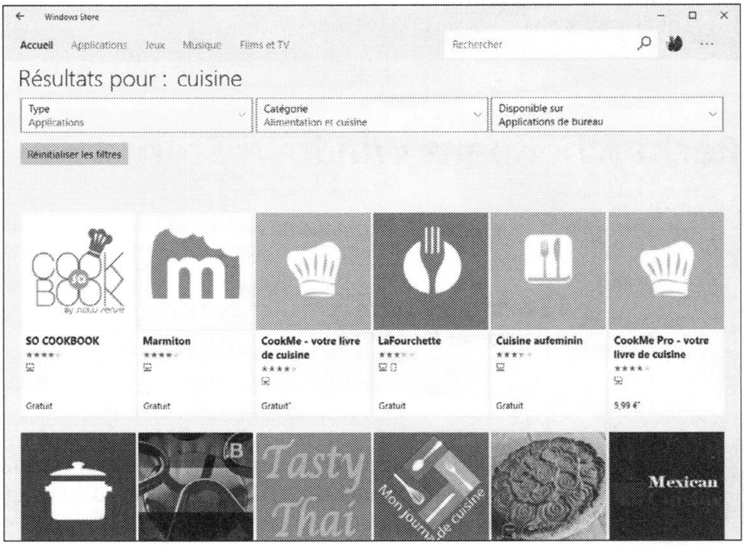

FIGURE 4.7 Choisir une catégorie pour affiner la recherche dans les applications.

de nombreuses applications me sont proposées. En revanche, la catégorie Enfants et famille ne renvoie aucun résultat (on ne mange pas en famille, chez Windows Store ?), tandis que Santé et bien-être donne un seul résultat sur la cuisine des œufs.

4. **Enfin, dans le menu local Disponible sur, choisissez le matériel de destination.**

   Ainsi, pour mon PC, je choisis Applications de bureau.

Pour quitter une catégorie et revenir à la liste générale, ouvrez le menu local Catégorie et choisissez Toutes les catégories.

Mettre à jour vos applications sur Windows Store

Microsoft met à jour toutes sortes de choses *via* Windows Store. Cela concerne non seulement les applications que vous avez téléchargées ou achetées dans la boutique virtuelle, mais aussi les applications Universelles Windows intégrées à Windows 10.

Normalement, cette mise à jour devrait s'effectuer automatiquement. Mais vous devriez vérifier de temps à autre ce qu'il en est pour vous assurer que vous êtes absolument *up to date*. Pour cela :

1. **Ouvrez l'application Windows Store.**

   Son icône réside par défaut dans votre barre des tâches. Sinon, cliquez sur sa vignette dans le menu Démarrer.

2. **Si ce n'est déjà fait, connectez-vous avec votre compte Microsoft.**

3. **Cliquez sur les trois points en haut à droite. Dans le menu local qui apparaît, choisissez Téléchargements et mise à jour, comme sur la Figure 4.8.**

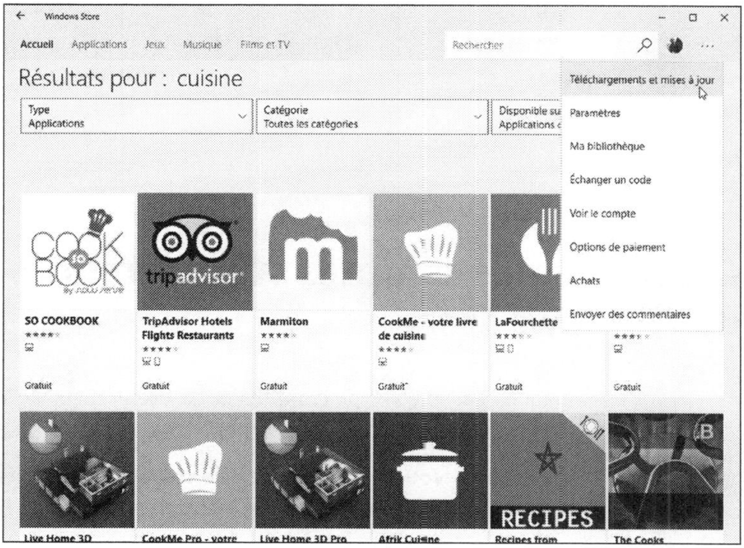

FIGURE 4.8 Pour voir les applications installées sur votre ordinateur et les mises à jour disponibles.

4. **Dans la partie supérieure droite de la fenêtre, cliquez sur le bouton Obtenir des mises à jour, comme sur la Figure 4.9.**

   Windows va alors lancer la mise à jour des applications. Pour l'interrompre en cas d'erreur de votre part, cliquez sur le lien Tout suspendre.

   Pour annuler une mise à jour en particulier, cliquez sur la croix (X) affichée à droite de son nom.

   Bien entendu, vous pouvez procéder application par application, notamment si vous avez vu dans les avis publiés sur Windows Store qu'une certaine mise à jour était déconseillée. De plus, il peut parfois arriver que le chargement et l'installation se passent mal. Dans ce cas, faites un nouvel essai, ou laissez tomber.

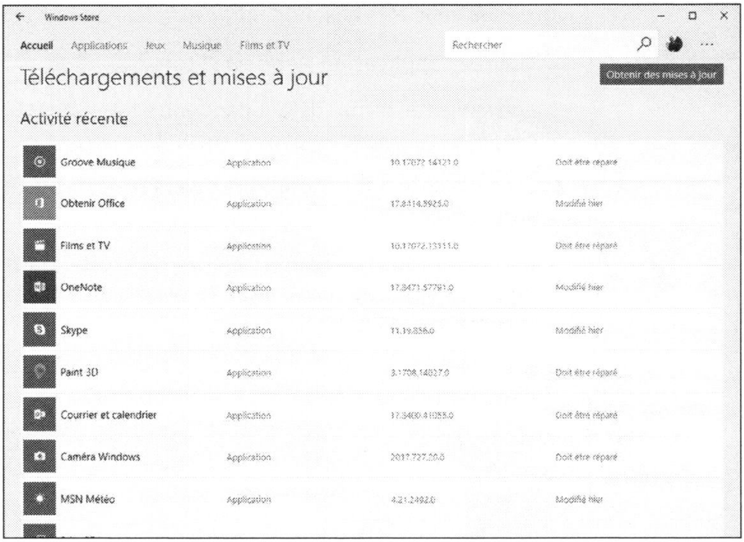

FIGURE 4.9 Télécharger une ou toutes les mises à jour.

Configurer les comptes et préférences de Windows Store

Quelques paramètres de comptes et de préférences de Windows Store sont configurables. Voici comment :

1. **Assurez-vous si nécessaire que votre compte Microsoft est actif et ouvrez l'application Windows Store.**

2. **Cliquez ou tapez sur les trois points en haut à droite et, dans le menu local qui apparaît, choisissez la commande Paramètres.**

Les paramètres de Windows sont peu nombreux, mais éventuellement utiles (voir la Figure 4.10). Il n'y a pas de raisons particulières pour désactiver la mise à jour des applications et l'affichage dynamique des vignettes. Si vous activez l'option Autorisations hors connexion, vous ferez de votre ordinateur le PC qui exécute les jeux ou les applications dont les licences d'utilisation sont limitées, et cela même lorsque vous n'êtes pas connecté à Internet. Cela signifie que vous ne pourrez pas utiliser ces applications sur une autre machine que celle-ci. Vous pouvez gérer vos appareils par un clic sur le lien du même nom. Cette action ouvre Microsoft Edge (ou votre navigateur Web par défaut) qui se connecte à votre compte Microsoft. Jusqu'à dix périphériques peuvent être déclarés. Si vous atteignez cette limite, et que vous souhaitez ajouter un nouveau matériel, commencez par en supprimer un de la liste Applications et jeux. Pour cela, cliquez simplement sur le lien Supprimer situé à droite du nom de l'appareil. Dans la boîte de dialogue qui apparaît, confirmez votre action par un clic sur Supprimer.

L'accès à vos appareils peut également s'effectuer depuis l'option Comptes.

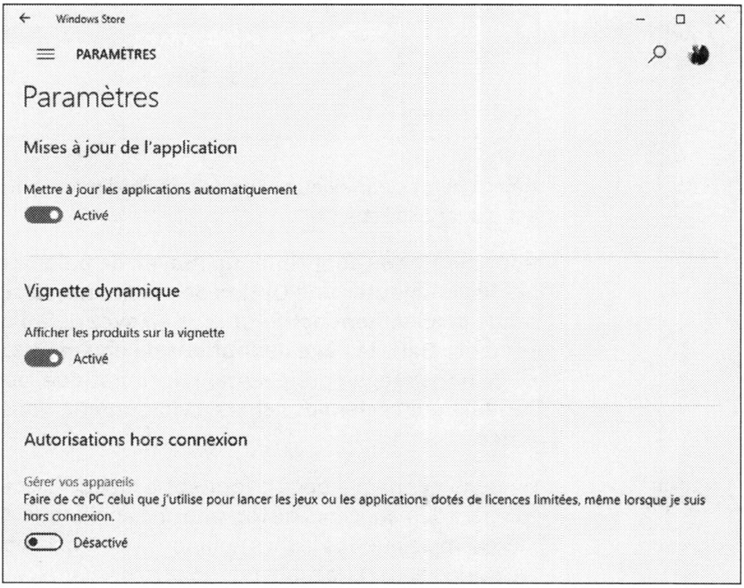

FIGURE 4.10 Windows Store et ses paramètres.

3. **Reprenez l'Étape 2, mais choisissez cette fois Voir le compte.**

La page associée à votre compte Microsoft s'ouvre dans le navigateur par défaut. Vous pouvez y changer votre nom d'utilisateur, votre mot de passe, vérifier vos achats, ou encore gérer les appareils enregistrés pour ce compte (voir la Figure 4.11).

Vos ordinateurs et autres appareils sont associés à votre compte Microsoft. Lorsque vous vous connectez depuis une machine différente en utilisant le même compte Microsoft, vous pouvez télécharger et installer les applications

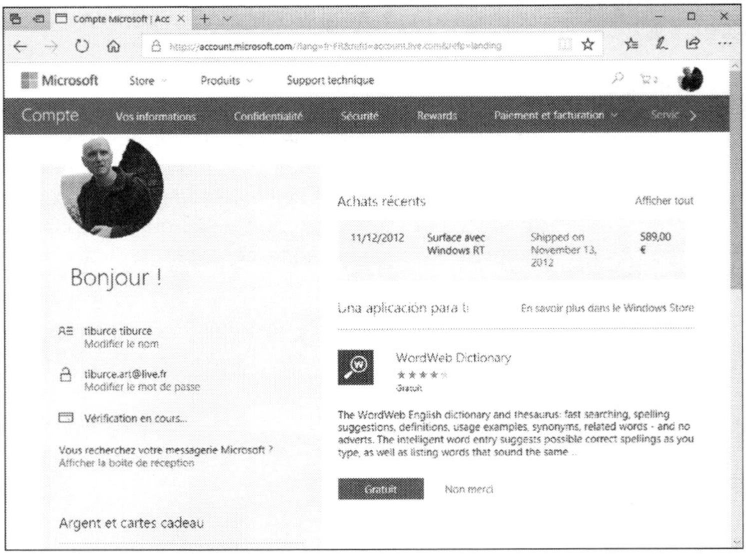

FIGURE 4.11 Gérer votre compte Microsoft depuis Windows Store.

déjà achetées par ailleurs. Le nom de l'ordinateur qui les reçoit est ajouté à la liste.

4. **Pour ajouter ou supprimer un moyen de paiement, cliquez sur le lien Ajouter une Option de paiement (ou sur votre mode de paiement actuel si vous en avez défini un antérieurement). Dans la page des options de paiements, ajoutez une carte bancaire, un prélèvement automatique, ou un compte PayPal pour régler vos achats. Évidemment, vous n'êtes tenu à rien.**

Vous devriez demander à ce que votre mot de passe vous soit toujours demandé lors de l'achat d'une application. Cela évitera par exemple que vos jeunes enfants dévalisent la boutique de jeux vidéo en vous laissant une colossale facture.

5. **Cliquez sur les trois points en haut à droite et, dans le menu local qui apparaît, choisissez Ma bibliothèque.**

   Vous affichez alors les applications liées à votre compte Microsoft, pas nécessairement à un appareil en particulier.
   Il vous suffit donc de cliquer sur la ligne d'une application que vous voulez installer sur un nouvel appareil pour ouvrir la page correspondante

Une application donnée peut être installée sur cinq appareils au total (ordinateurs, tablettes ou encore smartphones).

Et les jeux ?

Et les jeux, me direz-vous ? Oui, les jeux. Je sais bien que c'est l'essentiel du chargement des applications sur toutes les boutiques en ligne. Le point d'entrée, c'est donc évidemment la catégorie Jeux de Windows Store. Là, c'est vous qui voyez.

De plus, les PC sous Windows constituent une excellente plate-forme pour des tas de jeux de haute volée. Vous savez certainement les retrouver, et les acheter sur les sites de leurs éditeurs. Là aussi, c'est vous qui voyez.

Oui, mais les jeux qui sont fournis avec Windows 10 ? Bonne question. Pour trouver la réponse, ouvrez le menu Démarrer, faites défiler son contenu et cliquez sur Microsoft Solitaire Collection. Voilà. Vous découvrez une application Universelle Windows de plus, et le moins que l'on puisse dire, c'est qu'elle n'a pas grand-chose de passionnant à vous proposer.

En fait, Microsoft essaie en priorité de vous embarquer dans son écosystème Xbox Live en vous demandant si nécessaire de saisir les coordonnées de votre compte. Soit vous êtes déjà fan et vous acceptez, sinon vous vous contentez de jouer en tant qu'invité. Si vous avez une Xbox, vous connaissez déjà Xbox Live et vous savez pourquoi vous acceptez la proposition.

Dans le cas contraire, vous aurez pour l'essentiel droit à quelques variantes de solitaire, comme l'illustre la Figure 4.12.

Si vous vous êtes connecté, vous pourrez obtenir d'autres jeux gratuits en faisant défiler le contenu de la fenêtre pour atteindre la catégorie Autres jeux. Si le Sudoku, le Mahjong ou le démineur font partie de vos passe-temps favoris, vous pourrez vous en donner à cœur joie.

FIGURE 4.12 Windows 10 et sa collection de solitaires.

VI

Travailler sur le bureau

Chapitre 1

Faire le tour du bureau

DANS CE CHAPITRE :

- » **Utiliser le Bureau**
- » **Naviguer dans ce labyrinthe qu'est votre ordinateur**
- » **Travailler avec l'Explorateur de fichiers, les fichiers et les dossiers**
- » **Visualiser**
- » **Partager des dossiers**
- » **Toucher à la barre des tâches**
- » **Recycler**
- » **Créer des raccourcis**

Ce chapitre explique comment vous frayer un chemin parmi les fenêtres sur le bureau – la partie de Windows 10 que vous utilisez lorsque vous n'êtes pas en mode Tablette. Si vous êtes un vieil habitué de Windows, vous aurez déjà acquis l'essentiel de ce qui va être expliqué ici – comme interagir à la souris avec les boîtes de dialogue, et autres éléments d'une interface graphique. Si vous débutez avec Windows 10, vous découvrirez comment ce système d'exploitation permet de naviguer parmi vos fichiers et vos dossiers, d'utiliser la barre des tâches, de créer des raccourcis, et bien plus encore.

Avant toute chose, vous devez comprendre que Windows 10 reprend presque tout ce qui se trouvait dans Windows 7 (abandonnant en grande partie le contenu de Windows 8 où le bouton Démarrer n'avait de Démarrer que le nom). En revanche, la partie Bureau à proprement parler rejoint celle de Windows 8 et Windows 7. Si vous appréciez ce bureau – parce que vous l'utilisez depuis des années, parce que vous avez besoin d'une interface plus adaptée au clavier et à la souris, ou tout simplement parce que vous n'appréciez pas les écrans tactiles –, vous pouvez vous contenter de l'utiliser pour l'essentiel.

Si vous souhaitez faire le tour de l'interface du bureau de Windows 10, continuez votre lecture.

Le tour du propriétaire

Votre PC est un vaste espace où vous pouvez vous égarer facilement. Microsoft a dépensé des millions de dollars pour s'assurer que Windows vous orientera dans la bonne direction et vous guidera pour accomplir toutes sortes d'activités.

Et surprise, cela fonctionne effectivement en partie.

Connaître les points chauds du bureau

Au Chapitre 1 du Livret II, j'ai expliqué comment faire le tour de Windows.

Je ne vais pas revenir sur tout ce qui a déjà été dit, mais je vais faire un petit rappel sur la manière de naviguer dans le bureau en utilisant seulement le clavier et la souris. Pour la plupart de ceux qui utilisent Windows pour faire du « vrai travail », la souris et le clavier – et toujours plus souvent le micro – sont les outils par excellence.

Voici les combinaisons de touches essentielles à la navigation. Vous devriez prendre le temps de les mémoriser (je les utilise tout le temps) :

» Cliquez sur l'icône Windows à gauche de la barre des tâches, ou appuyez sur la touche Windows de votre clavier pour ouvrir le nouveau menu Démarrer. Vous pourrez y lancer des applications récemment utilisées ou ajoutées, ou bien naviguer dans la liste des programmes pour localiser celui que vous souhaitez exécuter.

Cependant, force est de constater que pour localiser rapidement une application, il faut revenir au bon vieux principe de Windows 8, mais en passant cette fois par le champ de recherche de Cortana situé immédiatement à droite du bouton Démarrer. Cliquez dans ce champ ou appuyez sur la touche Windows du clavier, et saisissez directement les premières lettres du programme ou de l'application. Cliquez ensuite sur sa vignette qui s'affiche dans le volet de recherche.

Puisque nous parlons de Cortana, cette belle voix féminine prête à réaliser tous vos désirs… informatiques, vous pourrez donner vocalement des ordres à Windows 10. Il suffit qu'une webcam ou qu'un microphone soit connecté à votre PC. Dès lors, cliquez sur l'icône du micro de Cortana et dites-lui une phrase du genre : « Peux-tu démarrer Microsoft Word ? ». La belle ne manquera pas de s'exécuter. Vous pourrez également configurer Cortana pour qu'elle s'active sans cliquer sur l'icône du micro, et en disant simplement « Hey Cortana ». Pour en savoir davantage à ce sujet, consultez le Livret III, Chapitre 5.

- Alt + Tab fait apparaître la boîte de dialogue pour basculer d'une application ouverte à une autre. Maintenez alors la touche Alt appuyée, et pressez autant de fois que nécessaire sur Tab pour activer la vignette des programmes de gauche à droite. Lorsque vous voyez que la vignette du programme qui vous intéresse est active, relâchez la touche Alt. Sa fenêtre s'affiche au premier plan.

La partie gauche et droite de la barre des tâches offre les possibilités suivantes :

- En bas à gauche : le bouton Windows, c'est-à-dire le bouton Démarrer de Windows 10 donne accès au menu Démarrer (Figure 1.1). Vous y trouvez la liste des programmes récemment utilisés et ajoutés, la liste alphabétique des applications et des programmes installés sur votre PC, ainsi que des icônes sur la gauche du menu Démarrer, d'accès aux paramètres, à l'Explorateur de fichiers, une icône de votre avatar qui donne accès à un menu local pour vous déconnecter et changer de compte d'utilisateur, et enfin le menu local Marche/Arrêt. Les icônes présentes dans cette partie du menu Démarrer peuvent être personnalisées.

Si vous souhaitez afficher l'équivalent (ou presque) de l'ancien écran Accueil de Windows 8.1, cliquez sur l'icône représentant trois traits horizontaux empilés située en haut à gauche du menu Démarrer. Les icônes apparaissent alors avec leur libellé comme sur la Figure 1.2.

De plus, si vous cliquez du bouton droit sur ce bouton, vous retrouvez des options identiques à celle du bouton Démarrer de Windows 8.1. Ces options intéressent les paramètres de Windows 10. Ainsi, vous pouvez rapidement accéder à des catégories spécifiques du Panneau de configuration du système, comme le montre la Figure 1.3. Vous pouvez accéder à ce menu en pressant la touche Windows + X.

Depuis la mise à jour Creator update, il n'y a plus d'accès direct au Panneau de configuration dans ce menu contextuel du bouton Démarrer. Si vous tenez absolument à accéder à ce panneau, vous devrez taper Panneau dans le champ Taper ici pour recher-

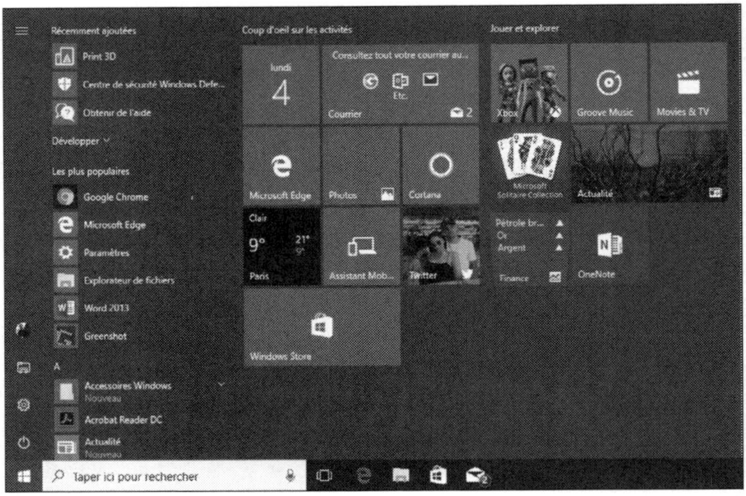

FIGURE 1.1 Le nouveau bouton Démarrer de Windows 10.

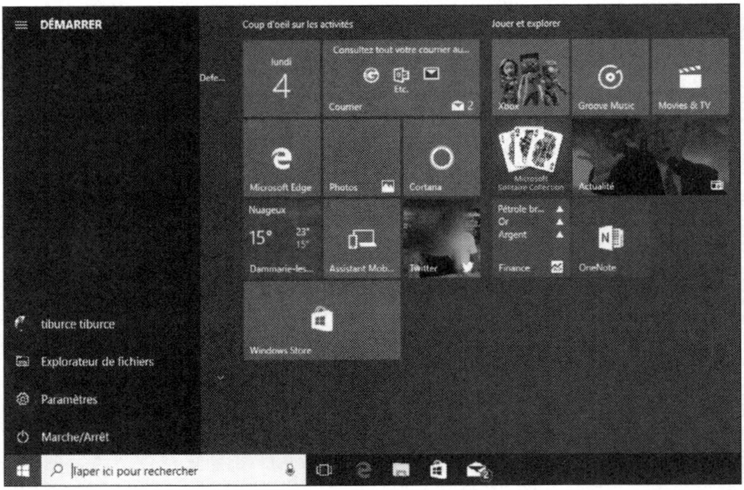

FIGURE 1.2 La version « Accueil » du menu Démarrer.

cher. Cliquez ensuite sur le résultat Panneau de configuration. N'effectuez pas cette demande vocalement, car Cortana ne semble pas comprendre ce que vous souhaitez.

Ancrer une fenêtre sur le bureau

Tout comme Windows 8, Windows 10 comprend quelques fonctionnalités basées sur le « geste » qui peuvent vous faire gagner un temps précieux. La plus connue est Aero Snap, une fonctionnalité qui fonctionne particulièrement bien.

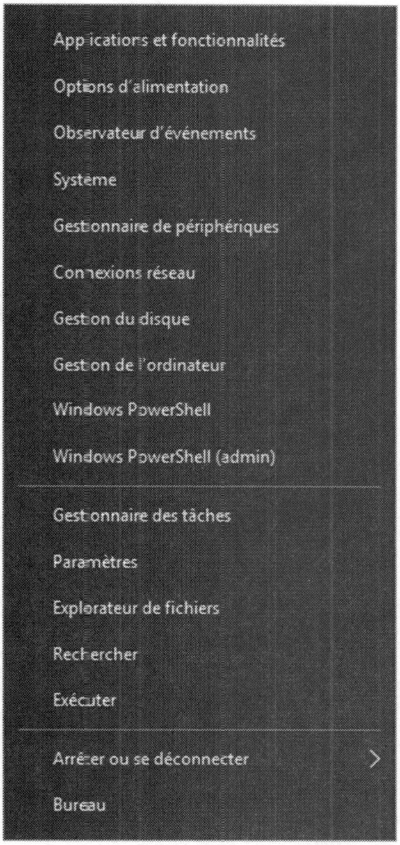

FIGURE 1.3
Le menu contextuel du bouton Démarrer.

Sur le bureau, Aero Snap permet de placer facilement vos fenêtres côte à côte :

1. **Cliquez sur la barre de titre d'une fenêtre et glissez-la complètement sur le bord gauche de l'écran.**

   Aussitôt que la souris se heurte au côté de l'écran, Windows 10 redimensionne la fenêtre de sorte qu'elle occupe la moitié gauche de l'écran, et il la cale tout contre le côté gauche.

2. **Répétez l'Étape 1 avec une autre fenêtre que vous glissez cette fois sur le bord droit.**

   Il suffit ainsi de deux glisser-déposer pour placer côte à côte un document Word et une feuille de calcul, ou une page Web et un Explorateur de fichiers, comme sur la Figure 1.4. Les deux fenêtres étant juxtaposées, vous pouvez facilement faire glisser des éléments de l'une à l'autre et les redimensionner, les réduire et les agrandir comme n'importe quelle fenêtre.

Aero Snap n'est pas le seul geste permis sur le bureau. Testez les astuces suivantes pour manipuler les fenêtres :

» Si vous glissez une fenêtre tout en haut de l'écran, elle est agrandie pour occuper tout l'écran (je sais : vous pouvez aussi le faire en double-cliquant sur la barre de titre).

Double-cliquez de nouveau sur la barre de titre et la fenêtre reprend sa taille et sa position précédente, sauf si vous double-cliquez sur la barre de titre d'une des deux fenêtres juxtaposées.

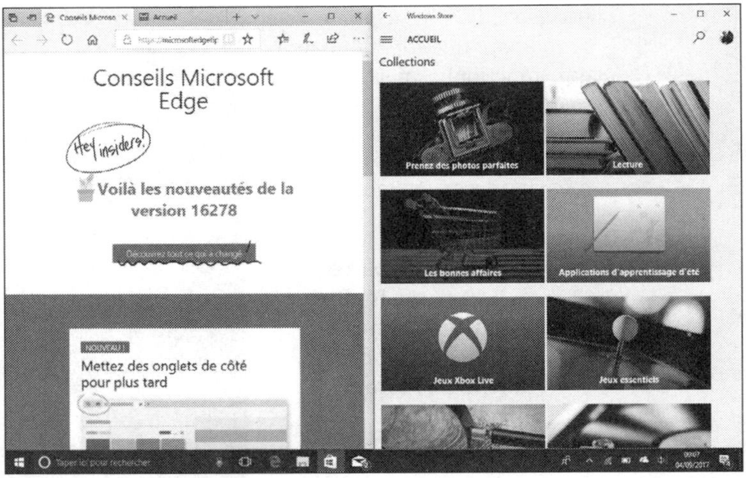

FIGURE 1.4 Il vous suffit de deux glisser-déposer pour juxtaposer les fenêtres de deux programmes sur le bon vieux bureau.

Dans ce cas, la fenêtre s'ouvre en plein écran. Alors, lorsque vous répétez le double-clic elle se réduit à la taille précédente sans reprendre sa place à côté de l'autre fenêtre. Cette fois, elle se positionne au-dessus, mais légèrement décalée.

» Cette astuce ne fonctionne que si vous disposez d'une souris : si vous cliquez sur la barre de titre de la fenêtre et que vous la secouez, toutes les autres fenêtres affichées se réduisent en un bouton de la barre des tâches.

Vous pouvez aussi mettre en œuvre les astuces expliquées dans cette section si vous ne disposez pas de souris en pressant les combinaisons de touches suivantes :

» Aero Snap gauche : Windows + flèche gauche

» Aero Snap droite : Windows + flèche droite

» Agrandir : Windows + flèche haut

Lorsque les deux fenêtres sont juxtaposées, vous devez exécuter deux fois de suite ces raccourcis pour obtenir le résultat indiqué. En effet, la première exécution se contente de « sortir » la fenêtre de la juxtaposition.

Lorsque vous relâchez la touche Windows des deux premières combinaisons indiquées, Windows 10 affiche à droite ou à gauche de la fenêtre du programme les vignettes des applications et des programmes en cours d'exécution. Il vous suffit alors de cliquer sur la vignette du programme ou de l'application que vous souhaitez juxtaposer. Ne faites rien de spécial si vous ne souhaitez pas placer une autre fenêtre à côté de celle que vous venez de positionner à droite ou à gauche du bureau.

Paramétrer la souris

Si vous êtes gaucher, vous pouvez invertir les actions des boutons gauche et droit de la souris. Autrement dit, vous pouvez dire à Windows de traiter le bouton gauche de la souris comme s'il s'agissait du bouton droit, et de traiter le droit comme s'il s'agissait du gauche. L'inversion peut s'avérer pratique pour quelques gauchers, mais la plupart des gauchers que je connais (dont mon premier fils) préfèrent conserver les boutons tels quels, car il est plus facile d'utiliser les autres ordinateurs si vos doigts sont entraînés à les manipuler de manière standard.

La fonctionnalité Windows Verrouillage du clic s'avère pratique si vous rencontrez des difficultés pour maintenir le bouton gauche appuyé tout en déplaçant la souris – un problème classique rencontré par les utilisateurs de tablettes qui n'ont pas trois mains. Lorsque Windows utilise Verrouillage du clic, vous pouvez maintenir le bouton gauche appuyé un temps (vous pouvez dire à Windows combien de temps exactement) et Windows verrouillera le bouton afin que vous puissiez vous focaliser sur le déplacement de la souris sans avoir à maintenir le bouton appuyé.

Suivez ces étapes pour invertir les boutons gauche et droit ou activer Verrouillage du clic :

1. **Cliquez sur le bouton Démarrer, puis sur l'icône Paramètres (engrenage).**
2. **Dans la fenêtre Paramètres Windows, cliquez sur Périphériques.**
3. **Dans le volet gauche de la nouvelle fenêtre qui apparaît, cliquez sur Souris.**

   Vous verrez s'afficher les propriétés de la souris comme sur la Figure 1.5.

4. **Si vous souhaitez inverser les fonctions des boutons gauche et droit de la souris, choisissez Gauche ou Droite dans le menu local Choisir le bouton principal.**

   Notez que les fonctions des boutons gauche et droit changent immédiatement, si bien que vous devrez cliquer *le bouton droit* pour décocher la case !

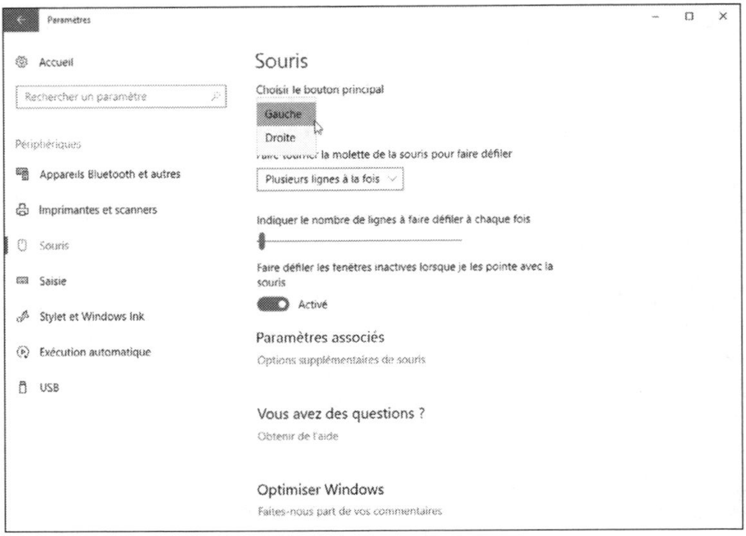

FIGURE 1.5 Inversez les boutons gauche et droit d'un clic de souris.

5. **Si vous souhaitez activer Verrouillage du clic, cliquez sur le lien Options supplémentaires de souris.**

6. **Dans la boîte de dialogue Propriétés de souris qui apparaît, cochez la case Activer le verrouillage du clic, comme le montre la Figure 1.6.**

   Vous pouvez cliquer sur le bouton Paramètres pour ajuster le temps durant lequel vous devrez maintenir le bouton appuyé avant que Verrouillage du clic ne prenne la relève.

7. **Cliquez sur Ok.**

   Les modifications prennent effet immédiatement.

Explorer les fichiers et les dossiers

« Qu'est-ce qu'un fichier ? » Je voudrais bien avoir perçu un euro chaque fois que l'on m'a posé cette question.

Un fichier, c'est, euh, une chose. Voilà, c'est ça. Une chose. Une chose qui contient des trucs. Pourquoi ne posez-vous pas des questions plus faciles comme « Qu'est-ce qu'un paragraphe ? » ou « Quel est le sens de la vie ? »

Plus sérieusement, cette section a pour objet de répondre à vos questions sur les bases de l'interface de Windows 10 : les termes de base, les

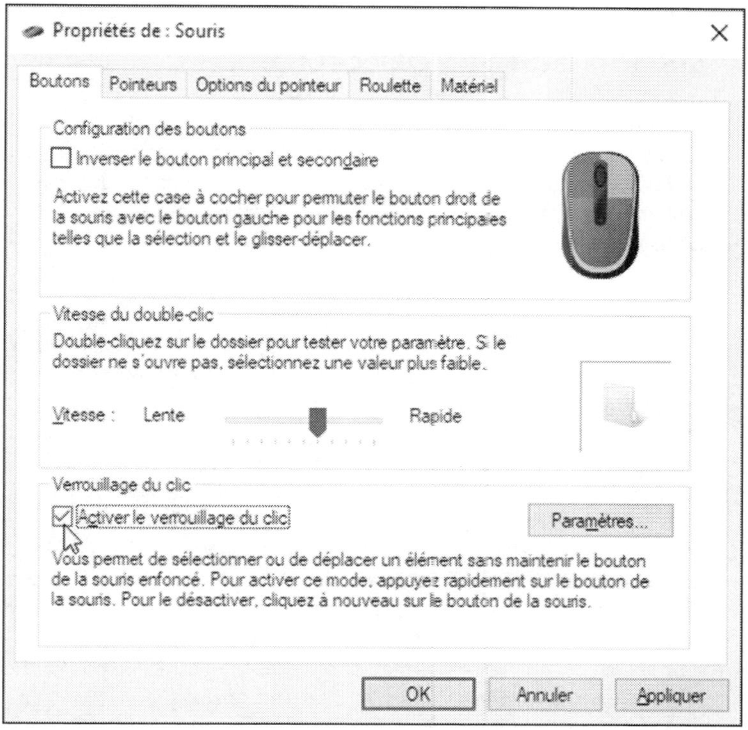

FIGURE 1.6 Verrouiller le clic de la souris.

techniques de navigation de base, les solutions de base pour organiser les 76 choses que vous avez dispersées sur le bureau, et plus encore.

La terminologie de base

Un *fichier* est un élément de base. Comme tous les éléments de base (les protons, les départements, *etc.*), toute tentative pour en donner une définition définitive se heurte à une difficulté, celle de comprendre d'abord en quoi l'élément consiste. Il suffira de dire qu'un document Word est un fichier. Qu'un classeur Excel est un fichier. Que la photo que votre cousin vous a envoyée par courriel l'autre jour est un fichier. Chaque piste du dernier album de Minamata est un fichier, mais c'est aussi le cas de chaque piste de chaque album jamais enregistré.

Les noms de fichiers et de dossiers peuvent être fort longs, mais ils ne peuvent contenir les caractères suivants :

```
/ \ : * ? « < > |
```

ORGANISER SES DOSSIERS

Des dossiers bien organisés peuvent vous permettre de conserver la trace de vos données. Si vous dispersez vos fichiers n'importe où, aucun système de fichiers au monde ne pourra vous aider. Toutefois, les dossiers posent un problème fondamental. Permettez-moi de vous donner un exemple.

Supposons que vous teniez une boutique de sandwiches. Vous prenez une photo de la vitrine. Où allez-vous ranger la photo ? Quel dossier devriez-vous utiliser ? La réponse : il n'y a pas de bonne réponse. Vous pourriez ranger la photo avec tous vos autres trucs relatifs à la boutique – les documents, les factures, les fiches de paie, les menus. Vous pourriez la coller dans le dossier Images, que Windows fournit par défaut. Vous pourriez aussi la coller dans le dossier Documents publics ou Images publiques de sorte que ceux qui utilisent votre PC ou ceux qui se connectent à votre réseau puissent accéder à la photo de la vitrine. Vous pourriez créer un dossier nommé Photos et y ranger les photos par ordre chronologique (c'est ce que je fais), ou alors vous pourriez créer un dossier `Boutique` dans le dossier `Photos` et coller la photo dans `\Boutique\Photos`.

Ce dilemme « où-le-ranger-et-où-le-trouver » se rencontrait dans toutes les versions de Windows, et vous ne disposiez jusqu'alors que d'une assistance partielle pour organiser vos données. Avec les bibliothèques de Windows 10 et la fonctionnalité Rechercher sur le Web et dans Windows qui fonctionne comme vous pourriez l'espérer, vous avez une chance de retrouver le fichier perdu depuis si longtemps, surtout si vous avez annoté les images et les photos. Reportez-vous au Chapitre 3 du Livret VII pour découvrir comment travailler avec les bibliothèques.

Les fichiers peuvent être énormes. Ils peuvent être minuscules. Ils peuvent même être vides.

Les *dossiers* contiennent des fichiers ou d'autres dossiers. Les dossiers peuvent être vides. Un simple dossier peut contenir des millions – oui, littéralement des millions – de fichiers et de dossiers.

Si vous souhaitez travailler sur les fichiers et les dossiers, vous devez interagir avec *l'Explorateur de fichiers*. Lorsque vous souhaitez demander à Windows d'effectuer des tâches comme lui dire où ranger vos photos de mariage, comment broyer vos fichiers, dans quel répertoire se rendre, vous utilisez généralement l'Explorateur de fichiers.

Si vous cliquez sur l'icône située sur la barre des tâches à droite de celle de Microsoft Edge, vous ouvrirez l'Explorateur de fichiers, tout configuré pour vous donner accès à vos bibliothèques. L'Explorateur de fichiers se présente comme sur la Figure 1.7.

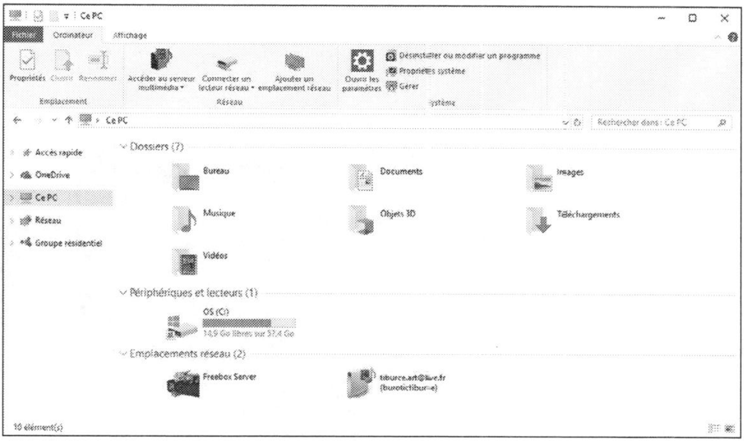

FIGURE 1.7 L'Explorateur de fichiers dans son état natif.

Vous voyez la première ligne de texte dans les fenêtres, celle qui dit « Fichier, Ordinateur (ou Accueil en fonction de l'élément sur lequel vous avez cliqué dans l'Explorateur de fichiers), Partage, Affichage » ? Si vous cliquez sur ces derniers, l'Explorateur affiche un bandeau d'icônes qui vous offre diverses options. C'est le *Ruban* de l'Explorateur de fichiers. Vous pouvez l'afficher en permanence en cliquant sur l'icône en forme de flèche vers le bas qui se trouve dans l'angle supérieur gauche.

Certaines personnes détestent le Ruban, tandis que d'autres l'adorent. Personnellement, je le désactive quand je passe dans l'Explorateur de fichiers pour effectuer certaines tâches – copier des fichiers, en déplacer ou en renommer. Toutefois, si j'ai besoin de faire quelque chose d'inhabituel, et que j'ai besoin d'un peu d'aide, j'active le Ruban. Cela fait de moi un paria dans les cercles des geeks ; les vrais geeks n'utilisent pas les rubans, du moins c'est ce qu'on me dit. Parfois, je suis nul ; ça arrive à tout le monde.

Le contenu des onglets du Ruban varie en fonction de l'élément sélectionné dans l'Explorateur de fichiers.

Naviguer

Comme vous pouvez le constater sur la Figure 1.8, l'Explorateur de fichiers contient une foule d'options, nombre d'entre elles étant destinées à la navigation. L'Explorateur de fichiers vous aide à vous promener des manières suivantes :

» **Cliquez sur un dossier pour visualiser les fichiers et les dossiers qu'il contient**. Sur le côté gauche de la fenêtre de l'Explo-

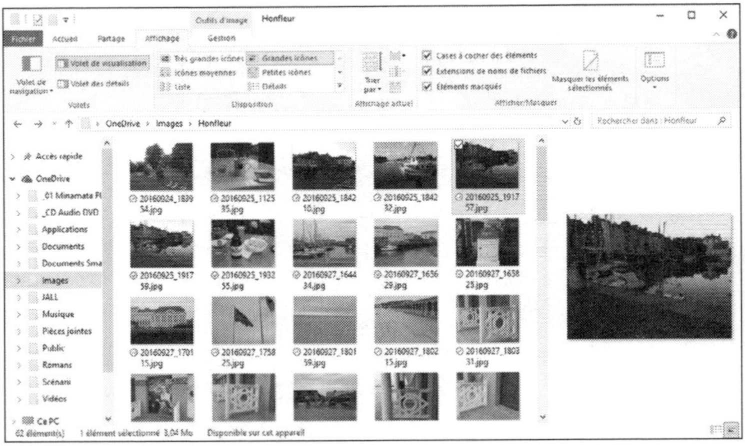

FIGURE 1.8 L'Explorateur de fichiers vous aide à naviguer.

rateur (voir Figure 1.7), vous pouvez cliquer sur un vrai dossier (comme Bureau ou Téléchargements) ; un raccourci que vous avez glissé-déposé dans la liste Favoris sur la gauche ; une bibliothèque Windows, comme celle des documents, des musiques, des images ou des vidéos, qui sont prédéfinies ; d'autres ordinateurs de votre groupe de travail ; d'autres lecteurs sur votre ordinateur ; d'autres ordinateurs sur le réseau.

» **Utilisez la barre de navigation ou les flèches haut et bas pour vous balader**. Tout en haut de la fenêtre de l'Explorateur de fichiers (voir Figure 1.7), vous pouvez cliquer sur les flèches pour sélectionner des dossiers disponibles, ou cliquer sur la flèche orientée vers le haut pour remonter d'un niveau dans la hiérarchie des dossiers.

» **Les détails apparaissent en bas**. Si vous cliquez sur un fichier ou un dossier une fois dans la grande zone qui figure sur la droite, des détails sur le fichier ou le dossier en question apparaissent dans la boîte Détails qui figure en bas de la fenêtre de l'Explorateur de fichiers. Si vous double-cliquez sur un dossier affiché dans la colonne de droite (ou central si vous avez affiché le volet de visualisation), le dossier devient votre dossier courant, ce qui signifie que vous pouvez en visualiser le contenu. Si vous double-cliquez sur un document, il s'ouvre (par exemple, si vous double-cliquez sur un document Word, Windows va lancer Word, lequel va démarrer en ouvrant le document pour que vous puissiez immédiatement travailler avec).

» **Presque toutes les actions que vous souhaiterez accomplir avec des fichiers ou des dossiers figurent dans le Ruban, tout en haut**. Il vous faudra éventuellement cliquer sur les onglets pour passer de Fichier à Accueil, Partage, Affichage ou Gestion. Nombre des actions que vous souhaiterez accomplir sont accessibles en cliquant du bouton droit sur le fichier ou le dossier. Certaines personnes trouvent plus facile d'utiliser le Ruban ; d'autres préfèrent cliquer du bouton droit.

» **Ouvrez autant de copies de l'Explorateur de fichiers que vous le souhaitez**. Cela peut s'avérer très utile si vous êtes un peu dispersé comme moi… Je veux dire, si vous appréciez d'être multitâches, souhaitant pouvoir regarder à plusieurs endroits simultanément. Cliquez du bouton droit sur l'icône de l'Explorateur de fichiers qui figure sur la barre des tâches, sélectionnez Explorateur de fichiers, et une copie totalement indépendante de l'Explorateur de fichiers apparaîtra, prête à l'utilisation. Vous pouvez aussi ouvrir directement un dossier récemment utilisé proposé dans ce menu local de l'Explorateur de fichiers.

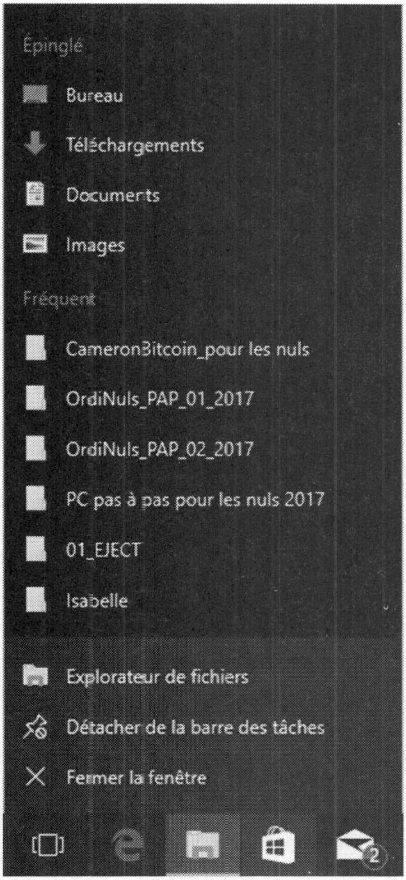

FIGURE 1.9 Ouvrir une fenêtre standard de l'Explorateur de fichiers.

Épingler des dossiers à l'Explorateur de fichiers

Nous savons que pour ouvrir une nouvelle fenêtre neutre de l'Explorateur de fichiers, il suffit d'effectuer un clic-droit sur son icône de la barre des tâches puis, dans le menu contextuel qui apparaît, de choisir simplement Explorateur de fichiers, comme à la Figure 1.9.

Vous observez aussi la présence, dans ce menu contextuel, d'une liste de dossiers récemment (disons plutôt régulièrement) ouverts. Il suffit de cliquer dessus pour que l'Explorateur de fichiers affiche immédiatement le contenu du dossier concerné. Cette liste est temporaire et va donc évoluer en fonction de vos activités. Si vous souhaitez garder en permanence un dossier dans ce menu contextuel de l'Explorateur de fichiers, vous devez l'y épingler en suivant cette procédure :

1. **Ouvrez le menu contextuel de l'Explorateur de fichiers en effectuant un clic-droit sur son icône.**
2. **Dans la liste Fréquent, faites un clic-droit sur le dossier que vous souhaitez garder en permanence dans ce menu contextuel de l'Explorateur de fichiers.**
3. **Dans le menu contextuel qui apparaît, choisissez Épingler à cette liste, comme à la Figure 1.10.**

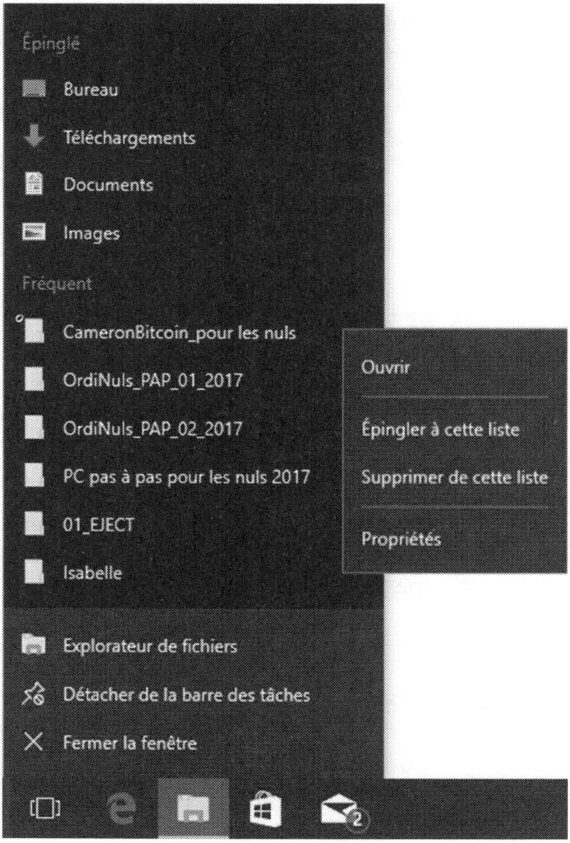

FIGURE 1.10 Pour épingler un dossier à l'Explorateur de fichiers.

Une autre technique consiste à ne pas exécuter un clic-droit, mais à positionner le pointeur de la souris sur le dossier à épingler. Ensuite, cliquez sur l'icône de la punaise qui apparaît à droite de son nom.

Quelle que soit la méthode utilisée, le dossier apparaît dans la liste Épinglé, comme le montre la Figure 1.11.

Pour retirer un dossier des listes Épinglé et Fréquent, faites un clic-droit sur le dossier concerné et, dans le menu contextuel qui apparaît, exécutez la commande Détacher de cette liste ou Supprimer de cette liste.

Si vous agissez sur un dossier de la liste Épinglé, vous pouvez vous contenter de placer le pointeur de la souris sur l'icône du dossier, puis de cliquer sur l'icône de la punaise ornée d'un symbole d'annulation.

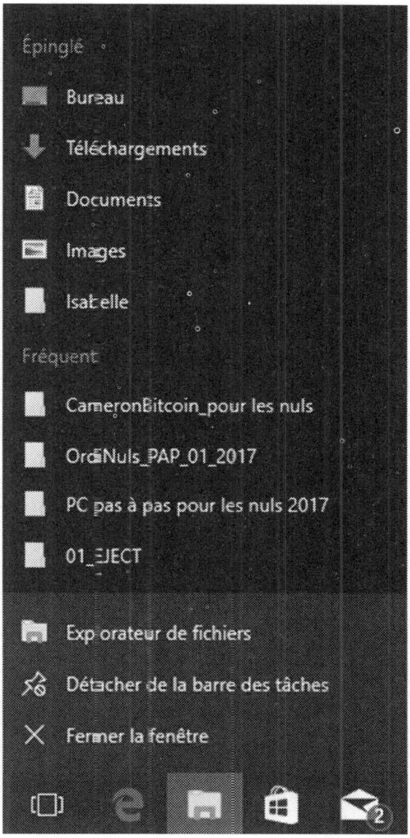

FIGURE 1.11
Un dossier épinglé à l'Explorateur de fichiers.

Visualiser les détails et les extensions des noms de fichiers

L'affichage Grandes icônes (voir la Figure 1.12) est *a priori* impressionnant et encombré. Si vous en avez assez de faire défiler toutes ces icônes, cliquez sur l'icône qui ressemble à des points et des tirets, dans le coin inférieur droit. Vous accéderez alors à l'affichage succinct représenté sur la Figure 1.13.

Une autre technique consiste à cliquer sur l'onglet Affichage de l'Explorateur de fichiers. Ensuite, dans le groupe Disposition, cliquez sur Détails (Figure 1.13).

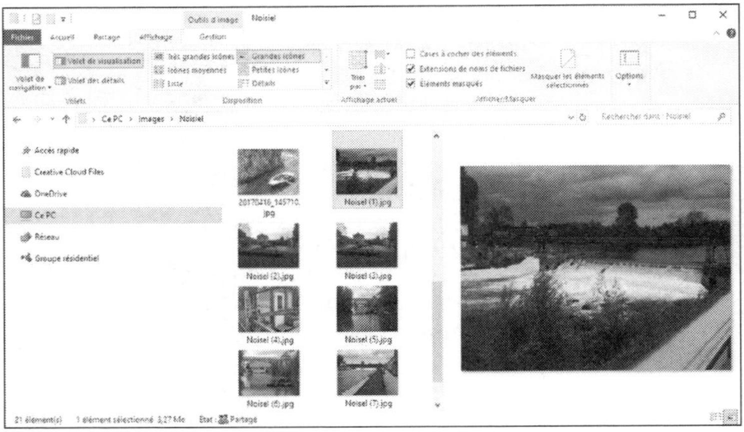

FIGURE 1.12 Affichage du contenu d'un dossier sous la forme de grandes icônes.

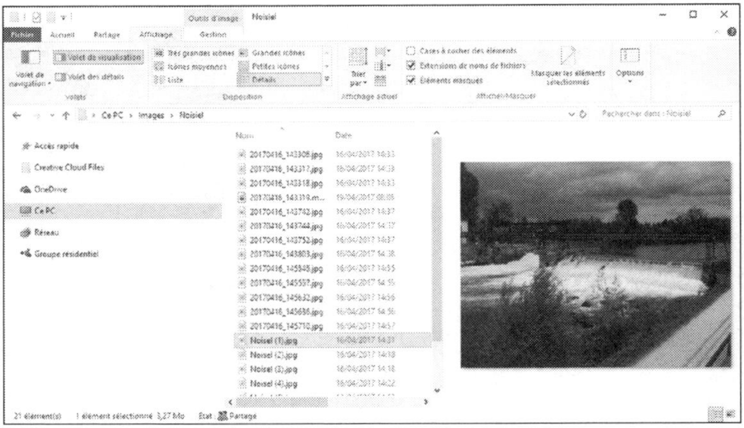

FIGURE 1.13 L'affichage Détails est plus épuré.

Windows propose divers affichages très graphiques – Très grandes icônes, Grandes icônes, Icônes moyennes et Petites icônes – qui s'avèrent pratiques si vous recherchez parmi des images. Toutefois, dans la plupart des cas, les icônes ne font que gêner votre navigation. De plus, si vous devez jeter un œil sur de nombreuses images, vous préférerez probablement utiliser le programme Photos, ou les publier sur Flickr.

Dans l'affichage Détails, vous pouvez trier les fichiers en cliquant sur l'en-tête d'une colonne (Nom ou Date, par exemple). Vous pouvez cliquer du bouton droit sur cet en-tête et sélectionner Autres pour modifier l'affichage (supprimer la colonne Type, par exemple, pour la remplacer par la colonne Mots-clés).

AFFICHER LES EXTENSIONS DE NOMS DE FICHIERS

Si vous consultez la bibliothèque Documents sur votre ordinateur et que vous ne parvenez pas à visualiser les trois – ou quatre – lettres qui forment le suffixe d'un nom de fichier (comme `.doc`, `.xls`, `.jpg`, et ainsi de suite), ne paniquez pas ! Il vous suffit de demander à Windows de les afficher.

À mon avis, tout utilisateur de Windows devrait contraindre Windows à afficher les noms de fichiers intégralement, c'est-à-dire avec l'extension (généralement trois ou quatre lettres) qui figure à la fin. Je me suis battu avec Microsoft à ce sujet durant de nombreuses années. Excusez-moi si j'y mets un peu d'ardeur, mais j'estime que *tout le monde* devrait pouvoir visualiser les extensions de noms de fichiers. C'est la seule manière de savoir ce qui va se passer lorsque vous double-cliquez sur un fichier. C'est le seul moyen de renommer un fichier sans vous emmêler les pinceaux. Et surtout, vous avez besoin de connaître ces extensions pour votre sécurité.

Cliquez sur l'icône en bas de la barre des tâches qui ressemble à un dossier. Lorsque l'Explorateur de fichiers apparaît, cliquez sur l'onglet Affichage et vous verrez apparaître le Ruban représenté sur la Figure 1.12. Dans le groupe Afficher/Masquer, cochez les cases Extensions de noms de fichiers et Éléments cachés.

Visualiser

Dans le groupe Volets de l'onglet Affichage, l'Explorateur de fichiers dispose d'un bouton sur la gauche qui vous permet d'activer le Volet de visualisation. C'est une bande apparaissant le long du bord droit de la fenêtre qui, dans de nombreux cas, vous permet de visualiser le fichier que vous avez sélectionné. Reportez-vous à la Figure 1.14.

Certains adorent la fonctionnalité de visualisation. D'autres la détestent. La visualisation prend du temps : vous risquez de vous tourner les pouces pendant que Windows y procède. La meilleure solution est donc de la désactiver quand vous n'en avez pas absolument besoin. Utilisez le bon outil pour ce travail : si vous visualisez beaucoup de fichiers d'images et que vous n'avez pas besoin de les glisser-déposer, utilisez la Galerie de photos de Windows, la nouvelle application Photos, ou bien encore Flickr.

Voici comment afficher et masquer ce volet :

1. **Ouvrez l'Explorateur de fichiers.**

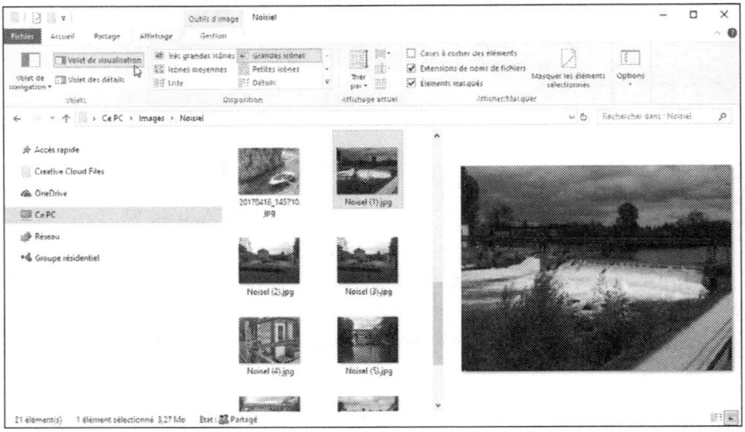

FIGURE 1.14 Le volet Visualisation sur la droite affiche une prévisualisation du contenu de certains fichiers.

2. **Cliquez sur son onglet Affichage.**
3. **Dans le groupe Volets, cliquez sur Volet de visualisation.**
4. **Pour masquer le Volet de visualisation, répétez cette procédure.**

LES ONGLETS DE L'EXPLORATEUR DE FICHIERS

Lorsque vous cliquez sur certains types de dossiers ou de fichiers, une sorte de « super-onglet » apparaît dans l'Explorateur de fichiers au-dessus des onglets Accueil, Partage et Affichage habituels. Il s'agit officiellement d'*onglets contextuels*, parce qu'ils changent – apparaissent et disparaissent – en fonction du contexte que vous visualisez.

Dans la Figure 1.15, par exemple, j'ai sélectionné un fichier image. L'Explorateur de fichiers ouvre l'onglet Outils d'image auquel s'ajoute l'onglet Gestion. Cliquez dessus pour accéder à des options propres aux fichiers image.

Créer des fichiers et des dossiers

Généralement, vous créez de nouveaux fichiers et dossiers lorsque vous utilisez un programme. Ainsi, vous créez de nouveaux documents Word lorsque vous utilisez Word, ou vous créez un dossier pour ranger les classeurs de vos nombreux comptes en banque en utilisant Excel. Les programmes contiennent généralement les outils pour créer des nouveaux fichiers et dossiers accessibles *via* les boîtes de dialogue Fichier->Enregistrer et Fichier->Enregistrer sous. Cliquez ici et là et vous trouverez ces commandes.

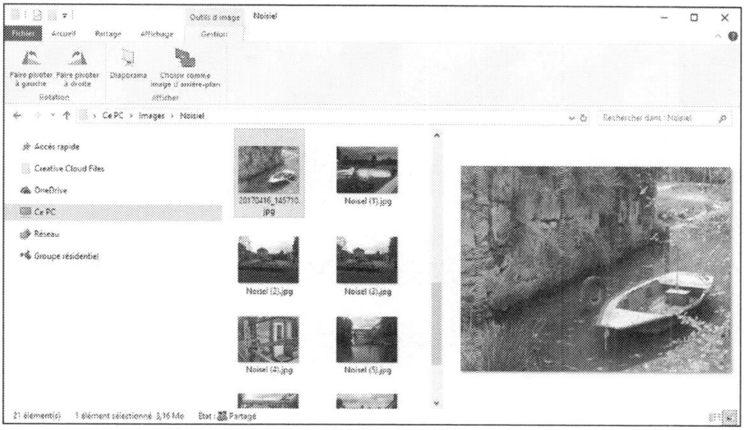

FIGURE 1.15 Les super-onglets proposent des options propres à l'élément sélectionné.

Vous pouvez aussi créer un nouveau fichier ou dossier directement dans un dossier existant sans vous compliquer la vie. Suivez ces étapes :

1. **Dans l'Explorateur de fichiers, rendez-vous à l'endroit où vous souhaitez créer le nouveau fichier ou dossier.**

   Par exemple, si vous souhaitez coller un nouveau dossier New Wave dans votre dossier Musique, cliquez sur le lien Musique sous Bibliothèques ou sous Ce PC (si les bibliothèques ne sont pas affichées).

2. **Cliquez sur l'onglet Accueil.**
3. **Cliquez sur le bouton Nouveau dossier.**

   Cette action crée instantanément un dossier dont le nom par défaut, Nouveau dossier, est sélectionné, comme sur la Figure 1.16.

4. **Profitez de la sélection du nom Nouveau dossier, pour taper le nom du dossier, New Wave dans notre hypothèse, que vous validerez en appuyant sur la touche Entrée du clavier.**

Copier, déplacer et modifier des fichiers et des dossiers

Il est facile de modifier des fichiers et des dossiers (renommer, supprimer, déplacer et copier) en utilisant le ruban Accueil tant que vous disposez des autorisations nécessaires (reportez-vous à la section « Partager des dossiers dans le dossier Public », plus loin dans ce chapitre).

Voici comment copier ou déplacer un ou plusieurs fichiers et dossiers :

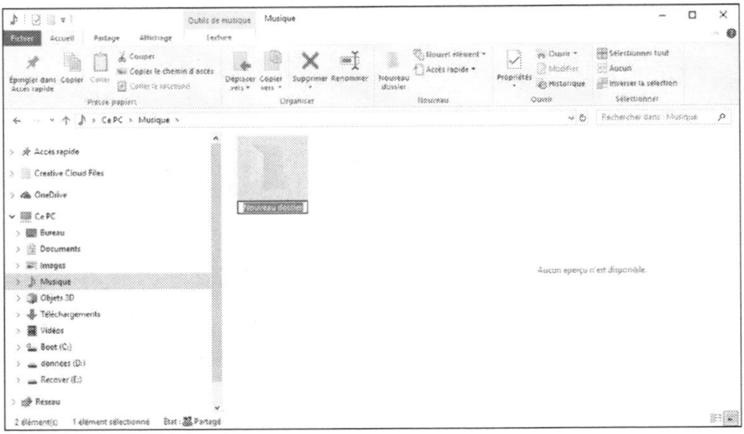

FIGURE 1.16 Il ne reste plus qu'à renommer le nouveau dossier.

1. **Pour afficher l'Explorateur de fichiers, cliquez sur l'icône du dossier en bas dans la barre des tâches.**

2. **Lorsque l'Explorateur de fichiers apparaît, cliquez sur l'onglet Accueil.**

   Cela affiche le ruban Accueil.

3. **Naviguez jusqu'à l'endroit où se trouve le(s) fichier(s) et/ou le(s) dossier(s) que vous souhaitez copier ou déplacer.**

   Si vous souhaitez déplacer ou copier des dossiers ou des fichiers depuis plus d'un endroit, répétez les Étapes 3 à 6 en cueillant vos fichiers et dossiers comme du muguet.

4. **Sélectionnez le(s) fichier(s) ou dossier(s) que vous souhaitez déplacer ou copier.**

   Vous pouvez utiliser les astuces classiques sous Windows :

   - Sélectionnez un seul fichier ou dossier en cliquant dessus.
   - Maintenez la touche Ctrl enfoncée pour sélectionner plusieurs éléments qui ne sont pas les uns à côté des autres.
   - Maintenez la touche Maj enfoncée pour sélectionner un groupe d'icônes voisines. Cliquez sur la première, maintenez la touche Maj appuyée, puis cliquez sur la dernière.
   - Vous pouvez même tracer un cadre de sélection entourant les éléments que vous souhaitez sélectionner.

5. **Dans le ruban Accueil, cliquez sur l'icône Copier vers ou Déplacer vers.**

La Figure 1.17 représente ce que vous devriez observer à l'écran.

FIGURE 1.17 Un moyen facile pour copier ou déplacer des fichiers et/ou des dossiers avec le ruban Accueil.

6. **Si la destination que vous souhaitez apparaît dans la liste, sélectionnez-la. Autrement, sélectionnez Choisir un emplacement tout en bas du menu local.**

   Choisir un emplacement affiche la boîte de dialogue Copier les éléments ou Déplacer les éléments qui vous permet de spécifier si vous souhaitez copier ou déplacer des dossiers et des fichiers.

Les étapes précédentes vous montrent comment effectuer une copie ou un déplacement des plus simples. Toutefois, ce n'est pas le moyen le plus rapide. Si vous souhaitez aller vite (ce que la plupart des gens désirent après avoir copié ou déplacé des fichiers une centaine de fois), et que vous disposez d'un clavier, il vous suffira de vous souvenir des combinaisons de touches les plus généralement utilisées dans Windows.

» Sélectionnez les fichiers ou dossiers et pressez Ctrl + C pour les copier (autrement dit, maintenez la touche Ctrl enfoncée, et appuyez sur la touche C).

» Sélectionnez les fichiers ou les dossiers et exécutez le raccourci clavier Ctrl + X pour les « couper ».

» Rendez-vous à l'emplacement où vous souhaitez placer ou déplacer les fichiers ou les dossiers et exécutez Ctrl + V pour les y coller. Si vous avez choisissez Ctrl + C, vous aurez alors copié les fichiers ou les dossiers. Si vous avez exécuté Ctrl + X, vous aurez alors « coupé » les fichiers ou les dossiers : ils auront été déplacés dans l'emplacement que vous avez choisi et donc supprimés de l'emplacement d'origine.

De même, si vous disposez d'une souris, vous pouvez cliquer du bouton droit sur un fichier ou un groupe de fichiers ou de dossiers et sélectionner Copier ou Couper dans le menu contextuel qui apparaît, puis vous rendre à un autre emplacement, cliquer du bouton droit et sélectionner Coller.

Si vous souhaitez organiser de différentes manières un fichier sur votre ordinateur et/ou votre réseau domestique, ne copiez-collez pas ce fichier à différents emplacements. Enregistrez-le à l'emplacement le plus approprié, et utilisez les bibliothèques pour créer un unique emplacement où vous pourrez trouver les fichiers qui sont enregistrés sur votre système ou votre réseau. Les bibliothèques peuvent sembler un peu complexes, mais je pense que vous serez content d'apprendre à les utiliser. Reportez-vous au Chapitre 3 du Livret VII pour plus d'informations à ce sujet.

Gérer les conflits de copier-coller

Avant que Windows ne commence à copier ou déplacer des fichiers, il compare les noms de ces fichiers avec ceux des fichiers (et des dossiers) déjà stockés dans le répertoire de destination. Si vous tentez de copier un fichier nommé `Chose.xlsx` dans un dossier qui contient déjà un fichier nommé ainsi, Windows rencontre un problème.

Lorsque Windows détecte qu'un nom est ainsi dupliqué, il affiche la boîte de dialogue Remplacer ou ignorer les fichiers représentée sur la Figure 1.18, laquelle propose les options suivantes :

» **Remplacer les fichiers dans le dossier de destination**. Sélectionnez cette option et vos anciens fichiers seront remplacés par les nouveaux qui portent le même nom.

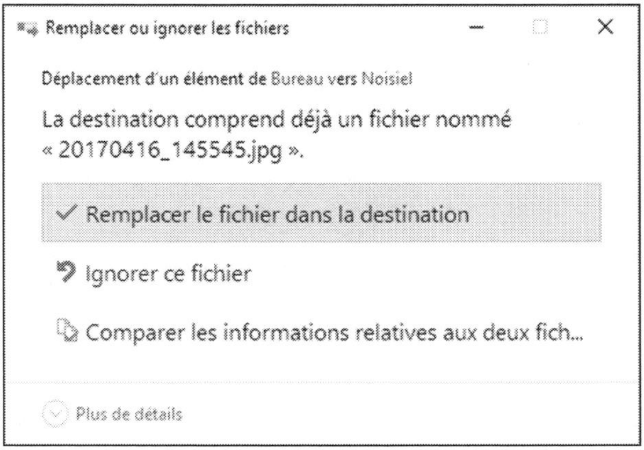

FIGURE 1.18 Windows a besoin que vous indiquiez ce que vous souhaitez faire avec les fichiers qui portent le même nom.

» **Ignorer ces fichiers.** Les vieux fichiers demeurent intacts.

» **Comparer les informations relatives aux deux fichiers.** Cette option provoque l'ouverture d'une boîte de dialogue Conflits de fichiers telle que celle représentée sur la Figure 1.19. Windows ne vous demande pas de résoudre les conflits de noms posés par des dossiers et des fichiers : il va créer de nouveaux dossiers ou fichiers ou ajouter du contenu aux dossiers existants automatiquement. Toutefois, vous devrez spécifier les fichiers que vous souhaitez conserver et ceux que vous souhaitez remplacer.

Dans la boîte de dialogue Conflits de fichiers, vous pouvez :

- Cocher une case en haut pour sélectionner tous les fichiers de l'emplacement source ou de l'emplacement de destination.
- Cocher une case à côté de chaque fichier que vous souhaitez conserver. Les fichiers non cochés sont remplacés.

» Si vous cochez les deux, Windows va rajouter un (1), avec les parenthèses, à la fin du nom du fichier source.

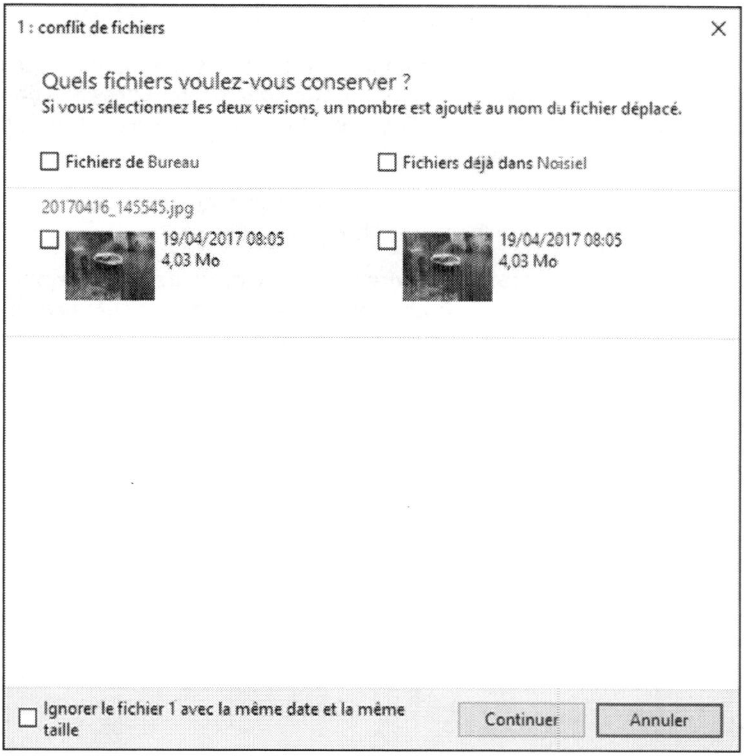

FIGURE 1.19 Résoudre les conflits manuellement ; sélectionnez les fichiers que vous souhaitez.

» Cochez la case en bas pour ignorer les fichiers qui ont la même date et la même heure. Si des fichiers ont le même nom, mais que leur date ou heure diffèrent, Windows copie les fichiers et rajoute `(1)`, `(2)`, *etc.* à la fin du nom du fichier source.

Contrôler le gestionnaire de copie

Windows 10 propose un gestionnaire de copie qui vous aide à conserver la trace des travaux de copie (et de déplacement) qui prennent du temps. Le gestionnaire de copie est essentiellement décoratif, mais il dispose d'une fonctionnalité importante : il vous permet de suspendre ou d'annuler une copie (ou un déplacement).

C'est une fonctionnalité importante, car, comme vous le découvrirez bientôt, si vous essayez de lancer deux copier/déplacer sur le même périphérique, ces opérations ralentissent considérablement. C'est tout particulièrement notable sur les disques durs où les têtes de lecture doivent valser sur les plateaux, ainsi que sur les lecteurs USB et autres périphériques dont la bande passante est limitée. Suspendre l'une des tâches permet d'accélérer l'autre.

Voici comment le gestionnaire de copie fonctionne :

1. **Lorsqu'une copie ou un déplacement est en cours, vous pouvez contempler une barre de progression dans la boîte de dialogue. Cliquez sur le bouton Plus de détails qui se trouve en bas.**

   Vous voyez alors s'afficher la boîte de dialogue Actions en cours, représentée sur la Figure 1.20.

2. **Pour suspendre une tâche de copie ou de déplacement, cliquez sur l'icône Pause (un double trait vertical). Pour l'annuler, cliquez sur l'icône X.**

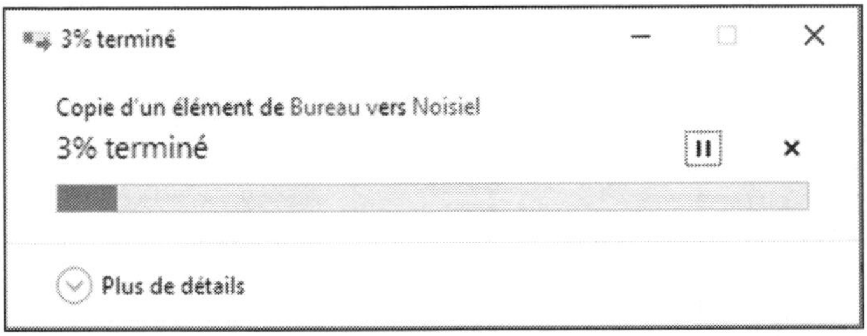

FIGURE 1.20 Lorsqu'une copie ou un déplacement est en cours, vous pouvez en visualiser tous les détails.

RESSUSCITER LES FICHIERS AVEC L'HISTORIQUE DES FICHIERS

Vous venez d'écraser accidentellement un fichier ? Ne vous inquiétez pas, cela arrive tout le temps : vous copiez une feuille de calcul d'un endroit à un autre, et vous écrasez la bonne version en la remplaçant par une version qui remonte à la semaine précédente.

Si vous avez activé la fonctionnalité Historique des fichiers, il est raisonnablement facile de récupérer un fichier écrasé, déplacé ou « supprimé de manière permanente ». Reportez-vous au Chapitre 1 du Livret VIII.

Supprimer et renommer les fichiers

Il est très facile de supprimer et de renommer les fichiers avec le ruban Accueil. Sélectionnez les fichiers ou les dossiers que vous souhaitez supprimer, et tapez ou cliquez sur le bouton Supprimer qui se trouve juste à côté de l'icône Copier vers.

Vous pouvez aussi simplement presser la touche Suppr ou cliquer du bouton droit et choisir Supprimer.

Si vous utilisez le bouton Supprimer, vous aurez deux choix : Placer dans la corbeille et Supprimer de façon définitive. Lorsque vous recyclez, c'est-à-dire que vous placez dans la corbeille, vous ne supprimez rien : vous envoyez juste dans la corbeille, dont je traite dans la section « Recycler », plus loin dans ce chapitre.

Et même si vous supprimez un fichier ou un dossier de manière permanente, devinez quoi : il se trouve toujours sur le disque dur, et quelqu'un pourra sans doute le ressusciter avec un outil de récupération de type Recuva.

Partager des dossiers dans le dossier Public

C'est bien de partager, n'est-ce pas ? Votre maman vous a appris à partager, non ? Tout ce que vous devez savoir sur le partage vous a été enseigné en maternelle – comme partager votre crayon favori avec votre meilleur ami, et le récupérer mâché comme un chewing-gum.

Windows propose deux moyens pour partager des fichiers et des dossiers :

- **Déplacez les fichiers et les dossiers que vous souhaitez partager dans le dossier \Public.** Le dossier \Public est une sorte de gros pot de confiture ou tout le monde vient puiser : laissez un fichier ou un dossier dans \Public, de sorte que tous ceux qui utilisent votre ordinateur puissent y accéder. Le dossier \Public est accessible aux personnes de votre groupe résidentiel, mais vous avez peu de contrôle sur l'identité de ceux qui peuvent accéder aux fichiers et dossiers qu'il contient (un groupe résidentiel facilite le partage entre ordinateurs Windows sur le réseau ; reportez-vous au Chapitre 5 du Livret VII pour les détails).
- **Partager individuellement les fichiers ou les dossiers, sans les déplacer.** Lorsque vous partagez un fichier ou un dossier, vous pouvez indiquer à Windows qu'il doit partager le dossier avec tout le monde dans votre groupe résidentiel, avec les autres utilisateurs qui peuvent se connecter à votre ordinateur, ou alors tout utilisateur que vous désignez, en indiquant s'il pourra juste le lire ou le modifier, voire le supprimer. Rentrer dans le détail de ces niveaux d'autorisation est hors de portée de cet ouvrage, mais j'en parle au Chapitre 5 du Livret VII, en abordant aussi les groupes résidentiels.

Cette section se focalise sur le partage de dossiers et de fichiers *via* le dossier \Public.

Tout fichier ou dossier que vous placez dans le dossier \Public, ou tout dossier figurant dans le dossier \Public, peut être visualisé, modifié ou supprimé par quiconque utilise votre ordinateur, quel que soit son compte, qu'il doive ou non se connecter à votre ordinateur. De plus, quiconque peut accéder à votre ordinateur *via* le réseau disposera d'accès limités. Le dossier \Public est un gros pot de confiture où tout le monde peut se servir.

Pour plus de détails, dont des informations importantes sur les réseaux publics et les domaines de grandes entreprises, reportez-vous au livre *Créer un réseau pour les Nuls*, par Doug Lowe.

Disons que votre dossier \Musiques contient un album et que vous souhaitez y donner accès à tous ceux qui peuvent accéder à votre ordinateur, soit en se connectant dessus à l'aide d'un autre compte, soit en se connectant à votre groupe résidentiel. La manière la plus simple pour partager cet album est de le déplacer dans votre dossier Bibliothèques\Musique\Musique publique (vous pourriez le coller dans votre dossier OneDrive, mais vous devriez alors gérer les autorisations pour spécifier qui peut y accéder, et quand). Voici comment déplacer un fichier dans l'un des dossiers Public :

1. **Lancez l'Explorateur de fichiers**

   Pour cela, cliquez sur l'icône en bas à gauche sur la barre des tâches qui ressemble à un dossier.

2. **Rendez-vous jusqu'au dossier ou au fichier que vous souhaitez placer dans un de vos dossiers Public.**

   Sur la Figure 1.21, je me suis rendu jusqu'à mon dossier Musique, où se trouve un dossier nommé Alain Bashung suivi du nom de l'album *Dimanches à l'Élysées*.

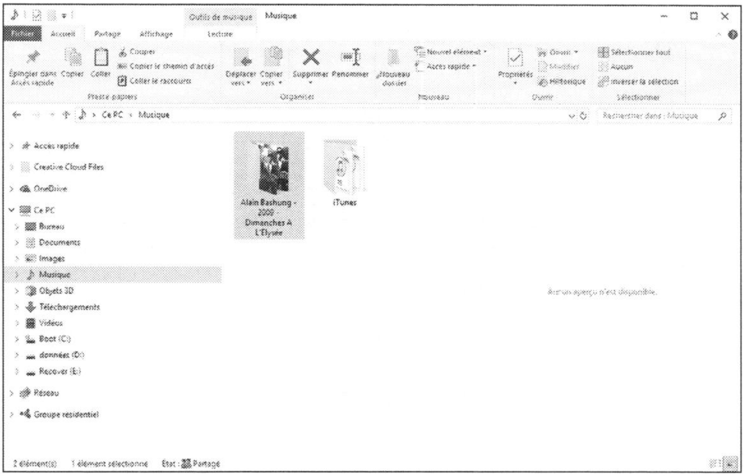

FIGURE 1.21 Il suffit d'un clic et d'un glisser-déposer pour partager un fichier ou un dossier en le déplaçant dans l'un des dossiers de la bibliothèque Musique publique.

3. **Voici la partie délicate. Ouvrez, dans le volet de navigation de l'Explorateur de fichiers, le contenu de Ce PC.**

4. **Ensuite, cliquez sur la flèche située à gauche du disque C:.**

5. **Faites défiler le contenu du disque C: dans le volet de navigation, et cliquez sur la petite flèche située à gauche d'Utilisateurs.**

6. **Cliquez alors sur la petite flèche située à gauche de votre nom d'utilisateur, et enfin sur la petite flèche située à gauche de Publique.**

   Vous verrez une liste de tous les dossiers que la bibliothèque contient. Sur la Figure 1.22, le dossier qui nous intéresse se nomme Musique publique.

7. **Cliquez et glissez-déposez le fichier ou le dossier de son emplacement actuel dans le dossier approprié.**

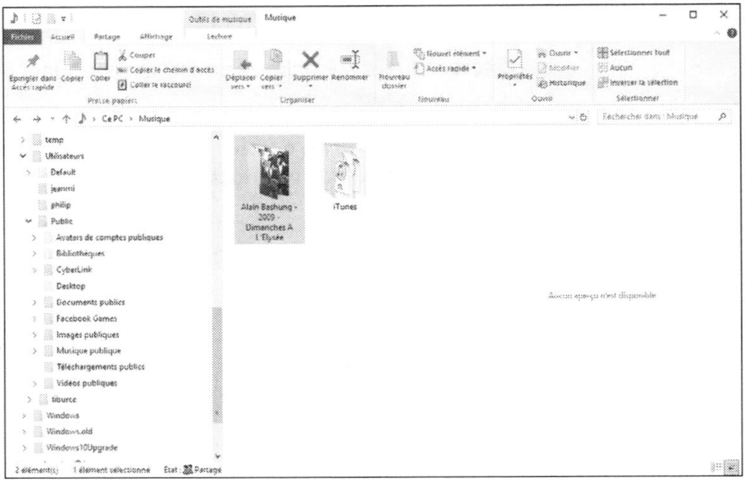

FIGURE 1.22 La hiérarchie des sous-dossiers du dossier Utilisateurs.

Sur la Figure 1.23, j'ai glissé-déposé le dossier Alain Bashung depuis le dossier Musique dans le dossier Musique publique, tout en maintenant la touche Ctrl enfoncée afin de créer une copie et non pas de déplacer le dossier.

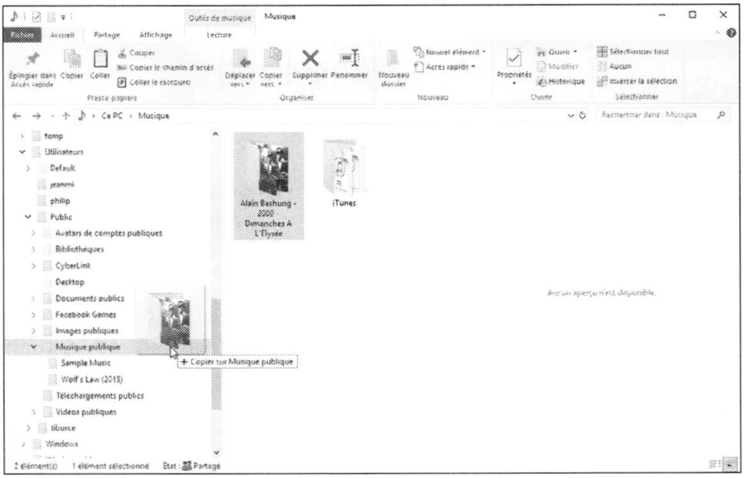

FIGURE 1.23 Copie d'un dossier dans le dossier Musique publique.

À partir de maintenant, quiconque a accès à mon dossier Musiques publiques peut écouter les pistes de cet album.

Les fichiers et les dossiers d'un dossier \Public sont aussi accessibles depuis les autres ordinateurs connectés à votre réseau, groupe de travail ou domaine, selon la configuration de votre réseau. Reportez-vous au Chapitre 5 du Livret VII et à l'ouvrage *Créer un réseau pour les Nuls* pour des exemples.

Vous pouvez déplacer des fichiers et des dossiers dans le dossier \Public en utilisant l'Explorateur de fichiers à l'ancienne manière. Rendez-vous dans le dossier, pressez Ctrl + X ou cliquez du bouton droit et sélectionnez Couper, puis rendez-vous dans le dossier Public approprié en utilisant les chevrons sur la gauche du nom de la bibliothèque. Collez le fichier ou le dossier en utilisant le ruban, Ctrl + V ou Coller dans le menu qui apparaît quand vous cliquez du bouton droit, selon vos habitudes productives.

Toucher à la barre des tâches

Windows comporte une barre des tâches hautement personnalisable, mais assez laide, représentée sur la Figure 1.24. J'en parle en détail au Chapitre 3 du Livret III.

FIGURE 1.24 La barre des tâches de Windows 10.

La barre des tâches prend une plus grande importance dans Windows 10, car elle marque le retour du bouton Démarrer.

Gardez ces points à l'esprit lorsque vous travaillez avec la barre des tâches :

- **Les programmes et les applications en cours d'exécution** sont identifiés par un signe de soulignement bleu.
- **Cliquez du bouton droit sur une icône pour accéder à la liste des raccourcis de l'application**. La liste des raccourcis peut contenir la liste des documents ouverts dernièrement avec l'application. Elle peut afficher l'historique d'un navigateur. La liste des raccourcis n'est pas toujours pleinement utilisée, mais elle devrait l'être plus à l'avenir puisque la barre des tâches prend plus d'importance.

  Si vous cliquez sur une icône, le programme s'ouvre, comme vous pourriez vous y attendre. Mais si vous souhaitez ouvrir une seconde copie du programme – par exemple, une autre copie d'Internet Explorer –, vous ne pouvez pas simplement cliquer sur l'icône. Vous devez cliquer du bouton droit et sélectionner le nom de l'application.

» **Vous pouvez déplacer les icônes dans la barre des tâches** par simple glisser-déplacer.

La barre des tâches de Windows comporte beaucoup de fonctionnalités, mais il en est une que vous apprécierez entre toutes si jamais l'espace sur votre écran est restreint.

En effet, la barre des tâches dispose d'une fonctionnalité de masquage automatique qui la réduit à une ligne jusqu'à ce que le pointeur de votre souris touche le bas de l'écran. Aussitôt que cela survient, la barre des tâches apparaît. Voici comment apprendre à la barre des tâches à se masquer toute seule :

1. **Cliquez du bouton droit sur un emplacement vide de la barre des tâches.**
2. **Sélectionnez Paramètres de la barre des tâches.**
3. **Dans la fenêtre Paramètres (Barre des tâches) qui apparaît, activez l'option Masquer automatiquement la barre des tâches en mode bureau.**

   Le réglage s'applique instantanément.
4. **Cliquez sur le bouton de fermeture (X) de la fenêtre des paramètres.**

La barre des tâches est pleine de surprises. Découvrez-les au Chapitre 2 du Livret II.

Recycler

Lorsque vous supprimez un fichier, il ne se perd pas dans les limbes. Il survit dans un état intermédiaire entre la suppression et l'oubli. C'est le purgatoire, ou plus précisément : la corbeille.

Lorsque vous supprimez un fichier ou un dossier de votre disque dur – soit en sélectionnant le fichier ou le dossier dans l'Explorateur de fichiers avant d'appuyer sur la touche Suppr, d'utiliser le bouton Supprimer de l'onglet Accueil de l'Explorateur de fichiers, ou encore de cliquer du bouton droit avant de sélectionner Supprimer –, Windows ne supprime rien. Il se contente de marquer le fichier ou le dossier comme supprimé, mais il n'y apporte pas d'autres modifications.

Les fichiers et les dossiers sur clés, cartes SD et lecteurs réseaux ne se perdent pas non plus dans les limbes. La corbeille ne fonctionne pas avec les clés, les cartes SD ou les lecteurs connectés à d'autres ordinateurs sur votre réseau. Ceci étant, si vous supprimez accidentellement des données de votre clé ou d'une carte mémoire, il reste un espoir.

Suivez ces étapes pour fouiller dans la corbeille et ressusciter un fichier :

1. **Double-cliquez sur l'icône de la corbeille sur le bureau Windows.**

   L'Explorateur de fichiers affiche le contenu de la corbeille, comme sur la Figure 1.25.

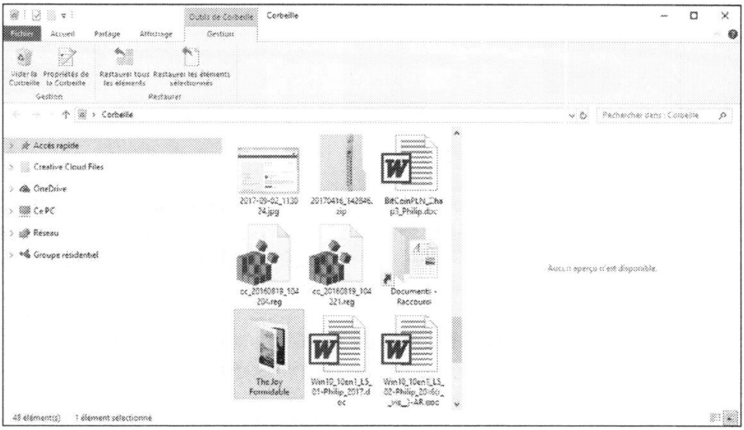

FIGURE 1.25 Restaurez les fichiers les uns après les autres, ou en masse.

2. **Pour restaurer un fichier ou un dossier, sélectionnez-le et cliquez sur Restaurer les éléments sélectionnés.**
3. **Pour restaurer la totalité des fichiers de la corbeille, inutile de sélectionner préalablement des fichiers ou des dossiers. Cliquez simplement sur le bouton Restaurer tous les éléments.**

Si vous ne pouvez pas trouver ce que vous recherchez dans la corbeille, suivez les étapes détaillées au Chapitre 1 du Livret VIII pour voir si vous ne pourriez pas tirer quelque chose de la fonctionnalité Historique de fichiers de Windows. Si vous n'avez pas encore activé cette fonctionnalité, c'est le moment ou jamais.

Pour récupérer l'espace que les fichiers et les dossiers figurant dans la corbeille occupent, cliquez sur l'icône Vider la corbeille. Windows vous demande si vous souhaitez vraiment vous débarrasser de ces fichiers de manière définitive. Si vous dites Oui, ils disparaîtront... sauf que Recuva vous permettra éventuellement de les récupérer.

Créer des raccourcis

La vie est parfois plus simple quand on sait emprunter des raccourcis (tant qu'ils fonctionnent !) Il en va de même dans le monde de Windows, où les raccourcis pointent sur des choses qui peuvent être démarrées. Par exemple, vous pouvez créer un raccourci pour l'application Paint 3D et le placer sur le bureau. Double-cliquez sur ce raccourci, et ce programme démarrera comme si vous vous étiez rendu dans le menu Démarrer, aviez saisi `paint 3D` puis pressé Entrée.

Vous pouvez créer des raccourcis qui renvoient sur les choses suivantes :

- » **Des programmes** de toutes sortes.
- » **Des adresses Web**, telles que `https://www.editionsfirst.fr/`.
- » **Des documents, des feuilles de calcul, des bases de données, des présentations PowerPoint et tout autre chose** qui peut être lancée depuis l'Explorateur de fichiers en double-cliquant dessus.
- » **Des morceaux de texte** dans les documents, les feuilles de calcul, les bases de données et les présentations.
- » **Des dossiers** (dont ces curieux dossiers dans les appareils photo numériques, le dossier Polices, et d'autres encore dont vous n'avez pas idée).
- » **Des lecteurs** (disques durs, lecteurs CD et clés, par exemple).
- » **D'autres ordinateurs sur votre réseau, et des lecteurs et des dossiers sur ces derniers**, tant qu'ils sont partagés.
- » **Des imprimantes** (dont celles qui sont reliées aux ordinateurs connectés à votre réseau), **des scanners, des appareils photo et autres périphériques**.
- » **Des connexions réseau, des cartes d'interface et tout le reste du même genre**.

Vous pouvez créer des raccourcis de diverses manières.

Supposons que vous souhaitiez utiliser le programme WordPad de Windows en permanence, et que vous souhaitiez ajouter un raccourci vers cette dernière sur votre bureau. Voici un moyen facile pour y parvenir :

1. **Appuyez la touche Windows de votre clavier pour ouvrir le menu Démarrer.**

   Vous pouvez également cliquer directement sur le bouton Démarrer.

2. **Saisissez immédiatement `wordpad`.**

   Windows affiche la vignette du programme dans le volet droit du menu Démarrer, comme sur la Figure 1.25.

FIGURE 1.26 Les résultats de la recherche lorsque vous saisissez paint.

3. **Cliquez du bouton droit sur WordPad.**

4. **Dans le menu contextuel qui apparaît, choisissez Ouvrir l'emplacement du fichier, comme le montre la Figure 1.27.**

   Windows vous renvoie sur le bureau, dans le dossier des accessoires Windows, comme sur la Figure 1.26.

5. **Cliquez du bouton droit sur WordPad et sélectionnez Envoyer vers/Bureau (Créer un raccourci).**

FIGURE 1.27 Rendez-vous directement où réside l'application.

Un raccourci vers WordPad apparaît sur votre bureau.

Windows ajoute une icône de l'application WordPad sur votre bureau. L'icône comporte une flèche, sorte d'indice pour montrer que l'icône est un raccourci vers la calculatrice. Chaque fois que vous double-cliquez sur le raccourci vers la calculatrice de votre bureau, vous lancez la calculatrice.

Une fois que vous disposez d'un raccourci sur le bureau, il est facile d'ajouter l'icône de ce dernier à la barre des tâches. Cliquez simplement du bouton droit et sélectionnez Épingler à la barre des tâches.

Vous pouvez épingler un raccourci à la barre des tâches *via* le volet de recherche du bouton Démarrer. Une fois la vignette affichée, faites un clic-droit dessus et, dans le menu contextuel qui apparaît, choisissez Épingler à la barre des tâches.

Vous pouvez utiliser une procédure identique pour créer des raccourcis vers un fichier, un dossier, un programme ou un document sur votre ordinateur ou tout autre ordinateur de votre réseau.

Croyez-moi ou non, Windows regorge de raccourcis. On en trouve partout sous la surface. Par exemple, chaque icône de la barre des tâches est un raccourci. Comme vous l'aurez peut-être remarqué, les programmes que vous trouvez lorsque vous lancez une recherche dans l'écran d'accueil à base de vignettes sont souvent des raccourcis. L'écran d'accueil est essentiellement composé de raccourcis, si bien cachés que vous ne pouvez les atteindre. Ne vous gênez pas pour faire des expériences avec les raccourcis. Au pire des cas, vous pourrez toujours les supprimer. Ce faisant, vous supprimez bien le raccourci, et non le fichier original.

La mise en veille

Windows 10 a été conçu pour ne pas avoir besoin d'être arrêté.

En matière de veille, le seul paramètre que la plupart des gens ont besoin de modifier est le délai d'inactivité au terme duquel Windows affiche l'écran de veille. Sur le bureau, ce paramètre est associé à l'économiseur d'écran, car la désactivation de l'écran permet à l'ordinateur de fonctionner plus longtemps. Voici un moyen facile pour ajuster ce délai :

1. **Cliquez du bouton droit à un emplacement vide du bureau et sélectionnez Personnaliser.**

   Windows ouvre la fenêtre Personnalisation.

2. **Dans le volet gauche de cette fenêtre, cliquez sur Écran de verrouillage.**
3. **Faites défiler le contenu volet droit, et cliquez sur le lien Paramètres de l'écran de veille, comme à la Figure 1.28.**

   La boîte de dialogue Paramètres de l'écran de veille s'affiche. J'en traite au Chapitre 2 du Livret VI.

4. **Dans la partie inférieure de cette boîte de dialogue, cliquez sur le lien Modifier les paramètres d'alimentation.**

   Windows affiche la boîte de dialogue Options d'alimentation, représentée sur la Figure 1.29.

5. **Sélectionnez l'une des options d'alimentation.**

   La seule différence notable entre Usage normal et Économie d'énergie sur un ordinateur de bureau porte sur le délai d'inactivité avant que Windows n'éteigne l'écran : dans le premier cas, il l'éteint au bout de dix minutes ; dans le second, il l'éteint au bout de cinq minutes. Dans les deux cas, le disque dur est ralenti au bout de vingt minutes.

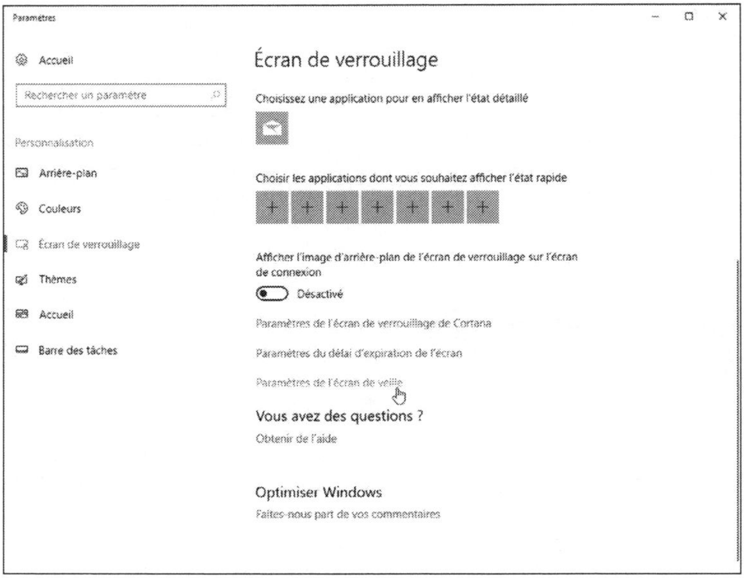

FIGURE 1.28 Pour paramétrer l'écran de veille.

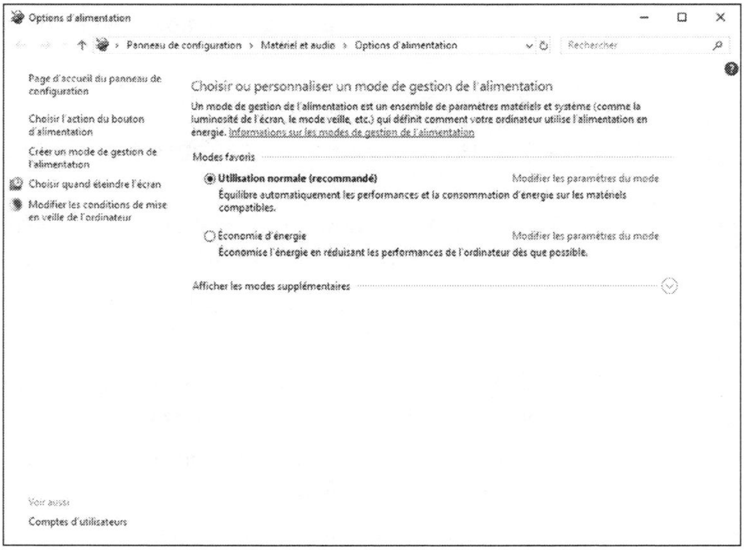

FIGURE 1.29 Modifiez les options de l'alimentation.

6. Cliquez sur le X pour quitter la boîte de dialogue des options d'alimentation.

Vos modifications prennent effet immédiatement.

Chapitre 2

Personnaliser le bureau

DANS CE CHAPITRE :

» **Tripatouiller votre barre des tâches**

» **Prendre le contrôle de chaque niveau du bureau**

» **Une balade dans les thèmes**

» **Contrôler la Zone de notification**

Le bureau de Windows 10 est comme le bureau de votre maison. Vous l'aménagerez comme bon vous semblera.

Malgré ce que vous pensez, il n'est pas aussi facile qu'il y paraît pour un ordinateur d'afficher des fenêtres à l'écran. En fait, le bureau de Windows se compose de six couches distinctes pour produire une vue. Vous pouvez prendre le contrôle de chacune d'elles, comme je vais vous l'expliquer dans ce chapitre.

De plus, dans ce chapitre, je vous montre les petites excentricités que la barre des tâches de Windows 10 vous autorise. Le retour du menu Démarrer modifie sensiblement l'importance de la barre des tâches prise sous Windows 8. Toutefois, elle constitue toujours le moyen le plus simple de contrôler des programmes sur le bureau.

Je traite aussi de l'arrière-plan du bureau, des thèmes, et des écrans de veille. Plein de trucs cool

Reconnaître les niveaux du bureau

Le bureau Windows – c'est-à-dire, la collection de choses que vous contemplez sur votre écran – est composé de six couches (voir la Figure 2.1, qui les représente toutes).

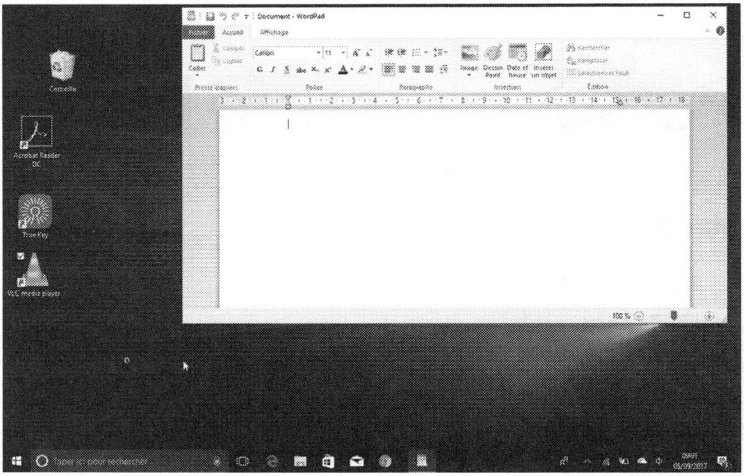

FIGURE 2.1
Le bureau de Windows 10.

Les thèmes du bureau affectent cinq des six couches tout à la fois. Je traite des thèmes du bureau dans la section « Utiliser les thèmes du bureau », plus loin dans ce chapitre.

Voici à quoi correspondent les six couches en question :

- **Couche 1**. Pour commencer, le bureau de Windows a une *couleur de base*, c'est-à-dire une couleur unie qui n'est visible qu'à condition de ne pas afficher d'image sur le bureau ou d'avoir alors choisi une image qui n'occupe pas toute la surface de l'écran. La plupart des gens ne voient jamais cette couleur de base, car l'arrière-plan du bureau (souvent une image) le recouvre entièrement. Je vais vous expliquer comment modifier la couleur de base et toutes les autres couleurs de Windows – pour les boîtes de dialogue, la barre des tâches et ainsi de suite – dans la section suivante.
- **Couche 2**. Par-dessus la couleur de base, on trouve *l'arrière-plan* de Windows (Microsoft l'appelait aussi *papier peint*, si bien que vous rencontrerez souvent ce terme). Sur la Figure 2.1, vous voyez l'image installée par défaut par Windows 10.

  Ceux qui vous ont vendu votre ordinateur ont éventuellement remplacé cet arrière-plan par une image publicitaire, comme la photo de l'ordinateur que vous avez acheté. Je vous explique comment la remplacer par l'image que vous souhaitez dans la section « Choisir un arrière-plan », plus loin dans ce chapitre.
- **Couche 3**. Windows place toutes les icônes du bureau sur la couche d'arrière-plan du bureau et sous tout le reste. Le bureau

par défaut de Windows 10 ne comporte qu'une icône, celle de la corbeille. Si vous avez acheté un PC sur lequel Windows 10 est préinstallé, le fabricant aura sans doute rajouté plein d'autres icônes sur le bureau. Vous pouvez facilement vous en débarrasser. Je vous explique comment dans la section « Contrôler les icônes », plus loin dans ce chapitre.

» **Couche 4**. Par-dessus les icônes, vous trouvez (enfin !) les fenêtres des programmes. Ce sont les fenêtres dans lesquelles fonctionnent Word, l'Explorateur de fichiers, le Lecteur Windows Media et ainsi de suite.

» **Couche 5**. Vous trouvez ensuite la souris, qui vit dans une couche par-dessus celle des fenêtres des programmes. La souris partage sa couche avec le système de notification de Windows – des infobulles peuvent apparaître dans le coin supérieur droit quand le besoin s'en fait sentir. Elles apparaissent donc par-dessus les fenêtres des programmes.

» **Couche 6**. Pour finir, vous trouvez l'écran de veille. Il ne se déclenche que si vous avez indiqué à Windows de l'activer après une certaine période d'inactivité de votre ordinateur. Je traite de ce sujet dans la section « Choisir des écrans de veille », plus loin dans ce chapitre.

Si plus d'un utilisateur utilise votre PC, chacun peut personnaliser chacune des six couches selon ses goûts, et Windows se souviendra de ces personnalisations pour les activer de nouveau lorsque l'utilisateur correspondant se connectera.

Choisir la gamme de couleurs du bureau

Windows est livré avec 48 nuances de couleurs. « Automatique » (qui a une tendance au gris) est celle activée par défaut. Vous pouvez adopter une autre de ces gammes ou alors en créer une vous-même. Suivez ces étapes pour changer la gamme de couleurs :

1. **Cliquez du bouton droit sur un emplacement vide du bureau et sélectionnez Personnaliser.**

   La fenêtre des paramètres Windows affiche la catégorie Personnalisation avec le paramètre Arrière-plan actif.

2. **Dans le volet gauche, cliquez sur Couleurs.**

   Windows affiche les options de couleur et d'apparence dans le volet droit (voir Figure 2.2).

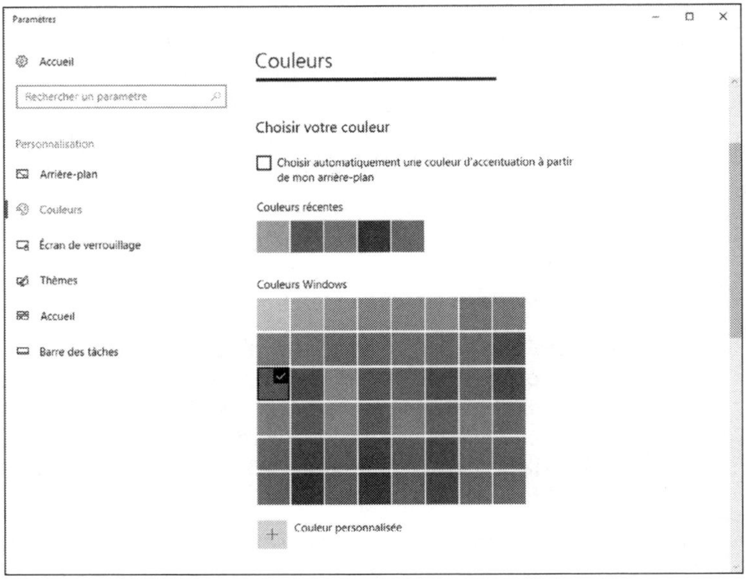

FIGURE 2.2 Les 48 gammes de couleurs – ainsi qu'un nombre potentiellement infini d'alternatives – figurent ici.

3. **Cliquez sur un des indicateurs de couleur carrés de la section Couleurs Windows.**

   Pour laisser Windows sélectionner la couleur en fonction de votre arrière-plan, cochez l'option Choisir automatiquement une couleur d'accentuation à partir de mon arrière-plan.

   Les modifications prennent effet instantanément.

4. **Quittez cette fenêtre de personnalisation par un clic sur son bouton de fermeture (X), situé dans l'angle supérieur droit.**

   Votre gamme de couleurs est immédiatement appliquée.

Choisir un arrière-plan

L'arrière-plan du bureau n'a rien de magique. En fait, Windows peut afficher n'importe quelle image sur le bureau – une grande, une petite, une belle, une laide – et même une image que vous aurez choisie directement sur le Web. Si vous souhaitez utiliser plusieurs images, Windows peut les faire défiler les unes après les autres. Et si vous utilisez deux écrans juxtaposés, Windows peut utiliser une image pour chacun d'eux. Voici comment personnaliser l'arrière-plan de votre bureau :

1. **Cliquez du bouton droit sur un emplacement vide du bureau et sélectionnez Personnaliser.**

   La fenêtre Personnalisation apparaît. Si nécessaire, cliquez sur Arrière-plan dans le volet gauche, comme le montre la Figure 2.3.

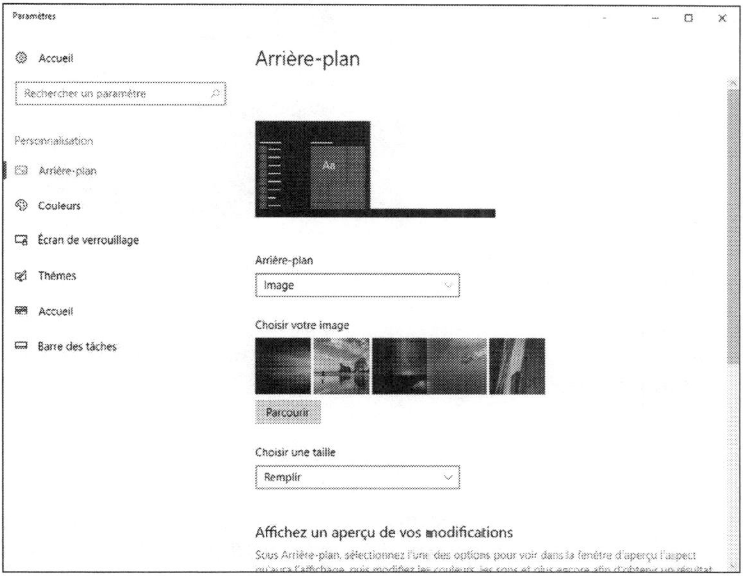

FIGURE 2.3 Personnaliser l'arrière-plan du bureau.

2. **Dans le volet droit, ouvrez le menu local Arrière-plan.**

   N'oubliez pas que c'est seulement le bureau. Rien ne change dans les vignettes ou dans le fond de l'écran d'accueil.

   Windows vous propose trois choix d'arrière-plan, comme le montre la Figure 2.4 : Image, Couleur unie, et Diaporama.

3. **Choisissez entre Image, Couleur unie, et Diaporama :**

   Image : Choisissez une image d'arrière-plan dans la section Choisir votre image.

N'oubliez pas que faire défiler des images en arrière-plan peut rapidement ralentir vos activités quotidiennes. Les propriétaires de tablette et de portables devraient éviter d'utiliser un diaporama, car cela tire sur la batterie.

La catégorie Couleur unie permet de modifier la couleur de base du bureau (voir la section « Reconnaître les niveaux du bureau », plus tôt dans ce chapitre). La couleur de base est celle que vous

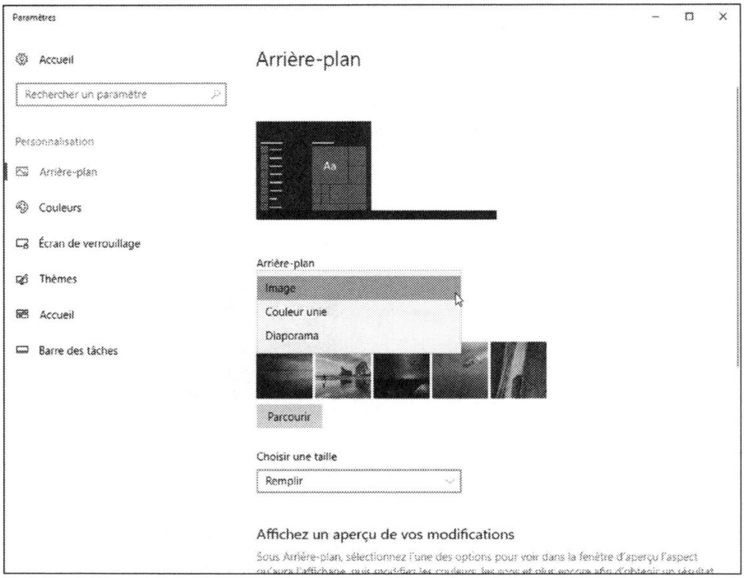

FIGURE 2.4 Sélectionnez ici un type d'arrière-plan.

pouvez voir sur le bureau lorsque l'arrière-plan ne le recouvre pas intégralement.

4. **Si votre image est trop grande ou trop petite pour l'écran, vous pouvez demander à Windows de la faire tenir dans cet espace.**

   Utilisez la liste déroulante Choisir une taille, située en bas de la boîte de dialogue.

   Pour des détails, reportez-vous au Tableau 2.1.

5. **Comme vos nouveaux paramètres sont appliqués instantanément, vous n'avez plus qu'à cliquer sur le bouton X pour fermer la boîte de dialogue Personnalisation.**

   Si vous avez choisi Diaporama, il commence immédiatement sur votre bureau

Appliquer un thème

Si vous souhaitez utiliser l'une des combinaisons d'arrière-plan de couleur de fenêtre, de sons et d'écran de veille, vous pouvez faire votre choix parmi les thèmes qui vous sont proposés. Il sera alors très facile d'adapter ce thème à vos besoins en le personnalisant.

TABLEAU 2.1 Les paramètres de positionnement de l'image.

Paramètres	Signification
Remplir	Windows étire l'image pour qu'elle occupe tout l'écran, puis il coupe les bords. L'image n'est pas déformée, mais certains de ses bords peuvent donc venir à manquer.
Ajuster	Windows agrandit l'image autant que nécessaire pour qu'elle occupe tout l'écran, puis il affiche la couleur de base sur des bandes courant en haut et en bas (ou sur la gauche et la droite). L'image n'est pas déformée. Elle n'est pas affichée en entier, et vous voyez donc apparaître deux bandes horribles.
Étirer	L'image est étirée pour occuper tout l'écran. Attendez-vous à ce qu'elle soit déformée.
Vignette	L'image est répétée autant de fois que nécessaire pour remplir l'écran. Si elle est trop grande pour tenir à l'écran, vous accédez aux options du paramètre Remplissage.
Centrer	C'est la même chose que le paramètre Ajusté, sauf que les bandes courent sur les quatre bords.
Étendre	Windows effectue une sorte de zoom de manière à couvrir la totalité de l'écran, rognant ainsi certaines parties de l'image.

Appliquer un thème par défaut

Il s'agit d'appliquer un ensemble de réglages prédéfinis par Windows, c'est-à-dire un arrière-plan, un jeu de couleurs, des éléments audio, et enfin un pointeur de souris. Voici comment procéder :

1. **Cliquez du bouton droit sur un emplacement vide du bureau et sélectionnez Personnaliser.**
2. **Dans le volet gauche de la fenêtre Personnalisation, cliquez sur Thèmes.**

   Vous accédez à la boîte de dialogue Personnalisation illustrée à la Figure 2.5.
3. **Cliquez sur la vignette d'un des thèmes proposés par Windows dans la section Appliquer un thème.**

   Le lien Obtenir plus de thèmes dans le Windows Store vous renvoie vers une gigantesque collection de thèmes.
4. **Une fois le thème appliqué, quittez simplement cette boîte de dialogue par un clic sur son bouton de fermeture (X).**

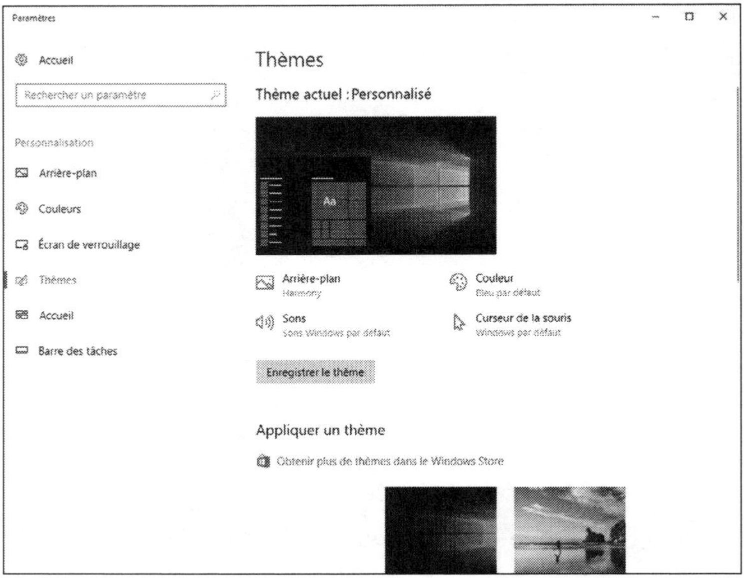

FIGURE 2.5 Appliquer un thème.

Personnaliser un thème

L'application d'un thème prédéfini peut servir de base à la création d'un thème personnalisé. Ainsi, après avoir suivi les étapes précédentes (ou pas si vous intervenez immédiatement), vous allez procéder comme ceci :

1. **Pour changer l'arrière-plan appliqué par un thème, cliquez sur Arrière-plan sous l'aperçu du bureau, comme le montre la Figure 2.6.**

   Vous accédez aux options de personnalisation de l'arrière-plan présentées plus haut dans ce chapitre. Choisissez le type d'arrière-plan dans le menu local Arrière-plan, puis réglez ses différents paramètres.

2. **Cliquez sur Thèmes (colonne de gauche) pour poursuivre la personnalisation des éléments de Windows.**

3. **Pour modifier le jeu de couleurs, cliquez sur Couleur.**

   Nous avons expliqué ces options plus haut dans ce chapitre.

4. **Cliquez une nouvelle fois sur Thèmes, et cette fois choisissez un modèle de sons par un clic sur Sons.**

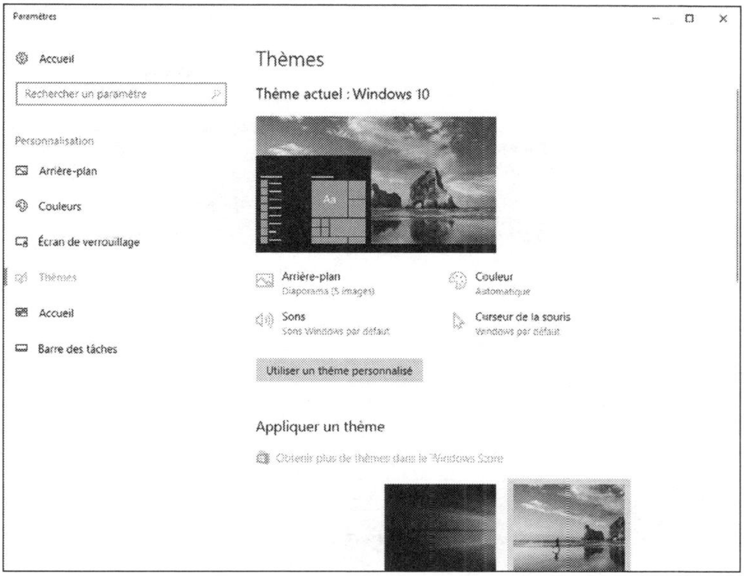

FIGURE 2.6 Les éléments du thème par défaut que vous pouvez personnaliser.

Vous accédez à une boîte de dialogue héritée du Panneau de configuration de Windows et illustrée à la Figure 2.7. Le modèle de sons appliquera des signaux sonores spécifiques à certains événements Windows afin d'attirer votre attention sur une action à réaliser ou sur la survenance d'un problème.

5. **Choisissez un modèle de sons dans le menu local éponyme.**

   Vous pouvez ensuite changer les sons individuellement. Pour cela, cliquez sur un événement comme Alerte de niveau de batterie critique, puis choisissez un son dans le menu local Sons. Pour écouter le son avant de le valider, cliquez sur le bouton Tester.

6. **Une fois le modèle choisi et les sons attribués, cliquez sur le bouton OK.**

   Vous pouvez sauvegarder un modèle de sons personnalisés en cliquant sur le bouton Enregistrer sous. Donnez-lui un nom dans la boîte de dialogue qui s'affiche et validez-le par un clic sur OK. Il s'ajoutera à la liste Modèles de sons.

7. **Revenu dans les thèmes Windows, cliquez sur Curseur de la souris.**

   Là encore, une boîte de dialogue issue du Panneau de configuration apparaît : Propriétés de : souris. Elle fonctionne sensiblement comme pour le son. Vous appliquez un modèle prédéfini que vous personnalisez en cliquant sur les différents types de cur-

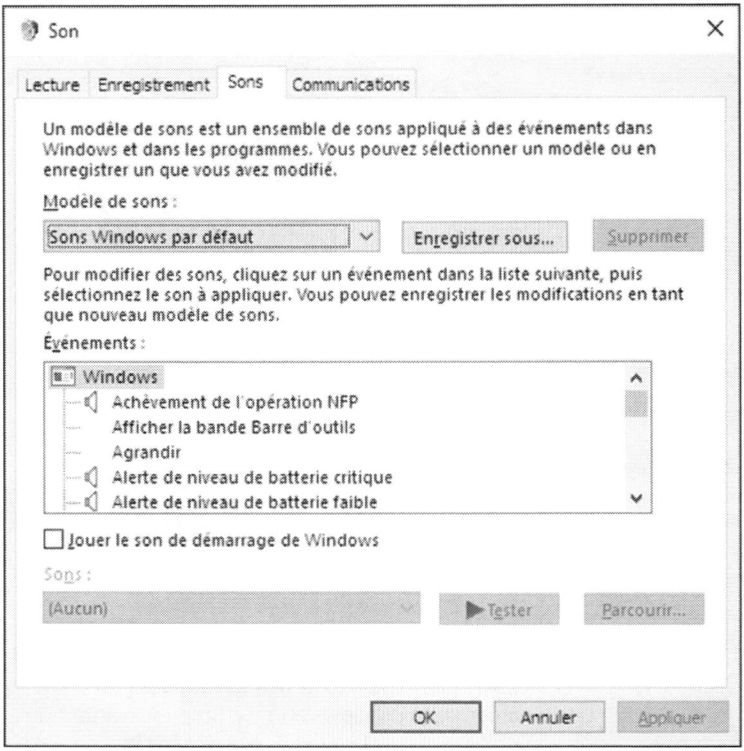

FIGURE 2.7 Pour définir un modèle de sons.

seurs (liste Personnaliser), puis en cliquant sur le bouton Parcourir afin de choisir un autre curseur stocké dans le dossier Cursors de Windows.

8. **Une fois les types de curseurs définis, cliquez sur OK.**

9. **De retour dans la fenêtre des thèmes de Windows, cliquez sur le bouton Enregistrer le thème afin de le sauvegarder.**

   Ainsi, vous pourrez de nouveau appliquer ce thème si un autre utilisateur change le vôtre par inadvertance, ou si vous aimez varier les thèmes de Windows.

10. **Dans la boîte de dialogue qui apparaît, nommez le thème, et cliquez sur Enregistrer.**

    Une vignette de Votre thème s'ajoute à la liste Appliquer un thème, comme le montre la Figure 2.8.

11. **Pour supprimer un thème, commencez par vérifier qu'il n'est pas actuellement appliqué. Faites un clic-droit sur sa**

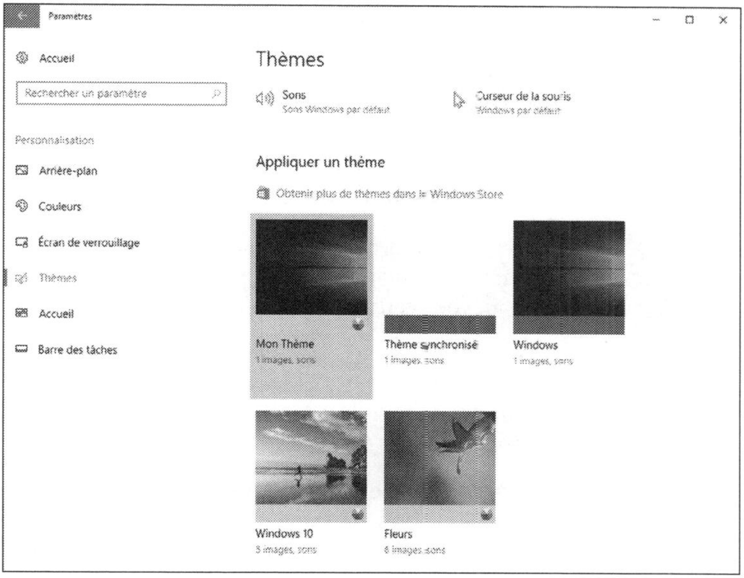

FIGURE 2.8 Un thème personnalisé enregistré.

vignette et, dans le menu contextuel qui apparaît, exécutez la commande Supprimer.

Votre thème personnalisé peut être partagé avec la communauté des utilisateurs de Windows et des utilisateurs de votre ordinateur. Pour cela, appliquez votre thème. Ensuite, faites un clic-droit sur sa vignette et exécutez la commande Enregistrer le thème pour le partage. Dans la boîte de dialogue Enregistrer sous, choisissez un dossier de stockage et donnez-lui un nom, puis cliquez sur le bouton Enregistrer. Il ne vous reste plus qu'à envoyer ce fichier à toute personne avec qui vous souhaitez le partager.

Contrôler les icônes

Par défaut, le bureau de Windows ne comprend qu'une icône : la corbeille. Microsoft a réalisé que la plupart des gens appréciaient un bureau propre, libéré d'icônes – mais il a aussi réalisé que dissimuler la corbeille pouvait induire presque tout le monde en confusion. Par conséquent, Microsoft est parvenue à un compromis en vidant le bureau, exception faite de la corbeille : des vignettes d'un côté et une corbeille de l'autre. Que demander de plus ?

Si vous avez acheté un PC sur lequel Windows est déjà installé, votre bureau est probablement encombré de tant d'icônes que vous n'y voyez plus rien. L'espace sur le bureau est compté, et les fabricants sont bien rémunérés pour mettre des icônes sous vos yeux. Vous savez quoi ? Vous pouvez toutes les supprimer, sans le moindre regret. Le pire que vous puissiez faire, c'est de supprimer un raccourci vers le programme de support technique du fabricant – mais si jamais vous avez besoin d'accéder à ce programme, le support technique saura vous expliquer comment le retrouver.

Windows vous fournit plusieurs outils pour arranger les icônes sur votre bureau. Si vous cliquez du bouton droit sur un emplacement vide du bureau, vous constaterez que vous pouvez :

» **Trier**. Sélectionnez Trier par, puis une option pour trier les icônes par nom, taille ou type (dossiers, documents et raccourcis, par exemple) ou par date à laquelle l'icône a été dernièrement modifiée.

» **Réorganiser**. Sélectionnez Affichage->Réorganiser automatiquement les icônes. Autrement dit, demandez à Windows de les ranger avec ordre, la première icône figurant dans l'angle supérieur gauche, la seconde directement sous la première, la troisième encore dessous, *etc.*

» **Aligner sur la grille**. Sélectionnez Affichage->Aligner les icônes sur la grille. Si vous ne voulez pas que les icônes soient arrangées automatiquement, du moins pouvez-vous choisir Aligner les icônes sur la grille afin de visualiser toutes les icônes sans qu'elles se superposent.

» **Dissimuler**. Vous pouvez même sélectionner Affichage->Afficher les éléments du bureau pour désélectionner l'option Afficher les éléments du bureau. Vos icônes disparaissent alors – mais cela contredit assez la raison d'être des icônes, vous ne trouvez pas ?

Si, un jour, vous ne voyez plus d'icônes sur le Bureau, ne paniquez pas inutilement. Pensez à effectuer un clic-droit sur un espace vide du bureau et à choisir Affichage/Afficher les éléments de bureau.

» En général, vous pouvez supprimer une icône du bureau en cliquant dessus du bouton droit, puis en sélectionnant Supprimer, ou en cliquant dessus une fois puis en appuyant sur la touche Suppr de votre clavier.

L'apparence de certaines icônes est prédéfinie : par exemple, si vous déposez un document Word sur votre bureau, le document hérite de l'icône – l'image – associée à l'application correspondante, Word. Il en va de même pour les classeurs Excel, les documents texte et les fichiers audio enregistrés. Les icônes pour les images ressemblent à l'image, plus ou moins, si vous plissez les yeux.

En revanche, vous pouvez changer comme vous le souhaitez les icônes des raccourcis (je parle des raccourcis au Chapitre 1 du Livret VI). Suivez ces étapes pour modifier une icône – c'est-à-dire, l'image – d'un raccourci :

1. **Cliquez du bouton droit sur l'icône d'un raccourci et, dans le menu contextuel qui apparaît, sélectionnez Propriétés.**
2. **Dans l'onglet Raccourci de la boîte de dialogue Propriétés qui apparaît, cliquez sur le bouton Changer d'icône.**
3. **Sélectionnez une icône dans la liste qui vous est proposée, ou cliquez sur le bouton Parcourir pour rechercher d'autres icônes.**

   Windows regorge d'icônes. Reportez-vous au Tableau 2.2 pour savoir où en trouver.

TABLEAU 2.2 Des endroits où trouver des icônes.

Contenu	Fichier
Icônes de Windows 10, 8 et 7	C:\Windows\system32\imageres.dll
Tout Computers	C:\Windows\System32\shell32.dll
Ordinateurs	C:\Windows\explorer.exe
Maison	C:\Windows\System32\pifmgr.dll
Dossiers	C:\Windows\System32\syncui.dll
Vieux programmes	C:\Windows\System32\moricons.dll

4. **Cliquez sur le bouton OK des deux boîtes de dialogue qui se succèdent.**

   Windows modifie l'icône pour toujours (du moins, jusqu'à ce que vous la modifiez encore).

Vous trouverez des tas et des tas d'icônes sur Internet. Utilisez votre moteur de recherche favori pour effectuer une recherche sur *icônes Windows gratuites*.

Choisir des écrans de veille

Les écrans de veille n'ont d'autre utilité que de vous distraire. Il y a 10 ou 15 ans de cela, ces écrans de veille présentaient une vraie utilité : il empêchait l'écran de « brûler » le phosphore aux endroits les plus fréquemment utilisés. De nos jours, les écrans ne sont plus exposés à ce problème : les écrans LCD n'utilisent pas de phosphore, si bien qu'il n'y a rien à y brûler.

Maintenant que Windows peut lui-même faire tourner un diaporama en arrière-plan, la demande pour des écrans de veille est en chute libre. Les écrans de veille rallongent le délai d'inactivité au-delà duquel l'écran est éteint, si bien que vous consommerez plus d'électricité si vous en utilisez que si vous n'en utilisez pas ; autrement, ils sont inoffensifs.

Suivez ces étapes pour choisir un écran de veille :

1. **Cliquez du bouton droit sur un emplacement vide du bureau et sélectionnez Personnaliser.**
2. **Dans le volet gauche de la fenêtre Personnalisation, cliquez sur Écran de verrouillage.**
3. **Dans le volet droit, cliquez sur le lien Paramètres de l'écran de veille situé tout en bas de la boîte de dialogue.**

   Windows affiche la boîte de dialogue Paramètres de l'écran de veille (voir Figure 2.9).
4. **Sélectionnez un écran de veille dans le menu local Écran de veille.**
5. **Cliquez sur le bouton Aperçu pour visualiser ce que l'écran de veille peut produire.**

   Vous n'aimez pas ? Bougez la souris, tapez sur l'écran pour retourner à la boîte de dialogue Paramètres de l'écran de veille et en sélectionner un autre, ou cliquez sur le bouton Paramètres pour ajuster l'écran de veille courant.
6. **Sélectionnez le nombre de minutes durant lequel vous souhaitez attendre avant que l'écran de veille ne se déclenche.**

   Notez que l'écran de veille se déclenchera après ce nombre de minutes d'inactivité, que vous utilisiez le bureau ou l'écran d'accueil en vignettes.

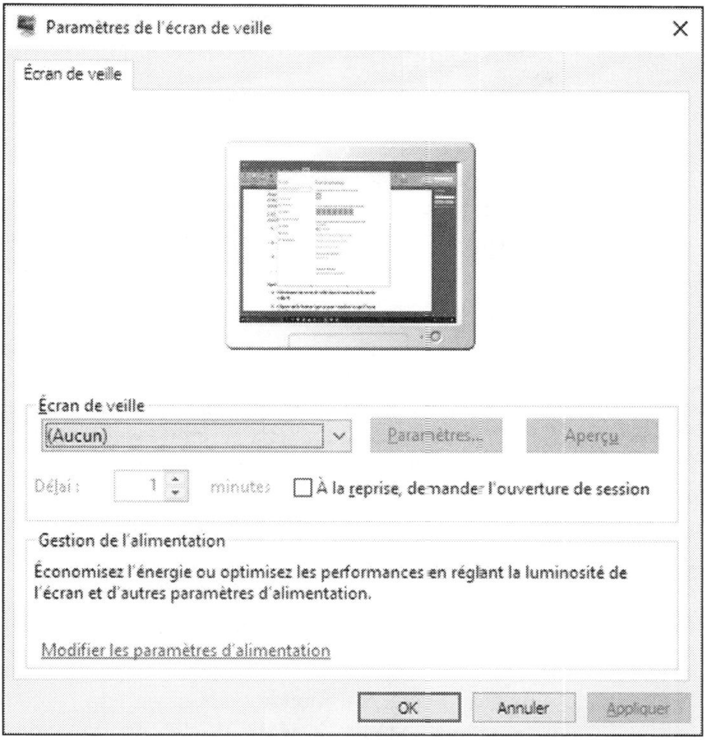

FIGURE 2.9 Sélectionnez et configurez un écran de veille ici.

7. **Cochez ou décochez la case À la reprise, demander l'ouverture de session.**

   Ce paramètre peut prêter à confusion. En fait, il contrôle ce qui apparaît quand l'ordinateur se « réveille » après le déclenchement de l'écran de veille :

   - *Si la case À la reprise, demander l'ouverture de session est cochée :* Lorsque le PC est de nouveau activé, Windows bascule sur l'écran de connexion. Si l'utilisateur s'était connecté ou dispose d'un compte qui nécessite un mot de passe, il doit le saisir de nouveau pour retourner dans Windows (je traite des mots de passe dans la section sur les paramètres de l'utilisateur au Chapitre 2 du Livret II).
   - *Si la case À la reprise, demander l'ouverture de session n'est pas cochée :* Lorsque le PC est de nouveau activé, Windows retourne dans l'état où il se trouvait quand l'écran de veille a démarré : soit le bureau, soit les vignettes. L'utilisateur qui était connecté reste connecté.

8. **Lorsque vous êtes satisfait de vos réglages de l'écran de veille, cliquez sur le bouton OK.**

L'écran de veille se déclenchera chaque fois que le délai d'inactivité aura été dépassé.

Pour vous débarrasser de l'écran de veille, répétez la précédente procédure. Une fois la boîte de dialogue Paramètres de l'écran de veille affichée, ouvrez le menu local Écran de veille et choisissez Aucun. Cliquez sur le bouton OK et votre écran ne se mettra plus jamais en veille.

Si vous souhaitez télécharger des écrans de veille sur Internet, vous devez être averti d'un problème : la grande majorité des écrans de veille « gratuits » que vous trouvez sur le Web comportent des logiciels espions, des publicités et autres genres de logiciels malveillants qui sont installés lorsque vous installez l'écran de veille. Même si Windows 10 assure assez bien la protection de votre PC (voyez SmartScreen, au Chapitre 3 du Livret IX), ne baissez pas votre garde, et refusez d'installer ce qui semble un tant soit peu suspect.

Y voir clair sur votre bureau

Le plus grand écran du monde ne vous servira pas à grand-chose si vous ne pouvez pas lire le texte affiché. Windows contient une série d'utilitaires et de paramètres fort pratiques pour améliorer l'affichage à l'écran.

Modifier la résolution de l'écran

Je ne compte plus ceux qui me demandent de réparer le nouvel écran qu'ils viennent d'acquérir. L'écran n'a pas l'air de bien fonctionner. C'est la faute de ce #*@! de Windows, sans doute ? Le vieil écran marchait si bien, pourtant !

Neuf fois sur dix, lorsque quelqu'un me signale que son nouvel écran fonctionne mal, je lui demande s'il a ajusté la résolution de l'écran. Invariablement, la réponse est non. Alors voici sous la forme d'un cours express la réponse à l'une des questions que l'on me pose le plus.

Si vous branchez un nouvel écran (ou si vous assemblez un nouvel ordinateur) et que l'écran semble bizarre, le problème réside vraisemblablement dans l'inadéquation entre la résolution de votre ordinateur, c'est-à-dire les possibilités de sa carte graphique, et celle de l'écran. La résolution correspond au nombre de points qui peuvent apparaître à l’écran, généralement exprimé sous la forme d’un produit de deux nombres : 1920 x 1080, par exemple. Tout écran plat peut afficher une image optimale dans une résolution bien spécifique ; toute autre résolution produit une image qui n’est pas optimale.

Il est facile de modifier la résolution de l’écran :

1. **Cliquez du bouton droit sur un emplacement vide du bureau et sélectionnez Paramètres d’affichage.**

   Si besoin, cliquez sur Affichage dans le volet gauche.

2. **Si nécessaire, faites défiler le contenu du volet droit de cette fenêtre, et ouvrez le menu local Résolution.**

3. **Choisissez la résolution correspondant à celle de votre carte graphique, comme à la Figure 2.10.**

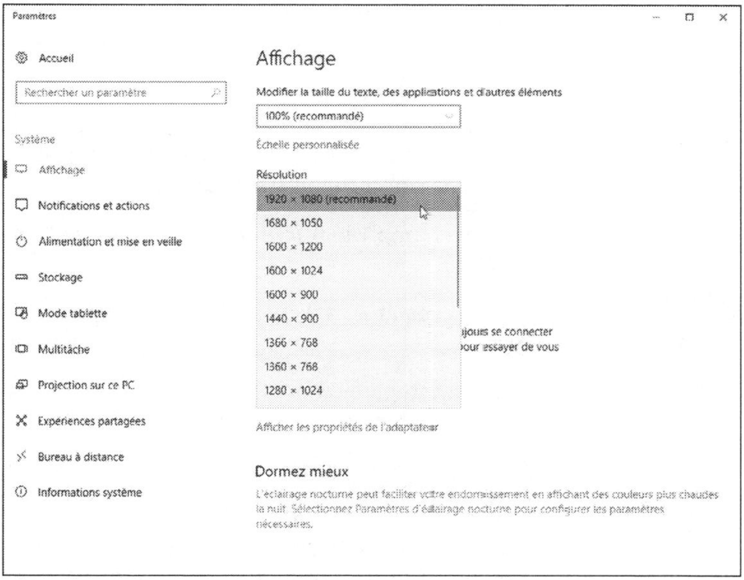

FIGURE 2.10 Choisissez la résolution recommandée.

La résolution idéale est proposée en fonction des capacités de votre écran et de votre carte graphique. Celle qui est la mieux adaptée à votre ordinateur s’affiche avec la mention « recommandée » entre parenthèses. Testez d’autres résolutions si celle qui est recommandée ne donne pas les résultats escomptés. Cela ne devrait pas arriver. C’est cette résolution qui assure la meilleure qualité d’affichage de n’importe quel élément de Windows 10, des vidéos, et des photos.

Le problème est que la résolution optimale, si elle affine les images, réduit considérablement leur taille d'affichage. Ainsi, le contenu des fenêtres et des boîtes de dialogue peut devenir difficile à lire, et les icônes complexes à déchiffrer. Vous pouvez appliquer une résolution inférieure à celle recommandée. Dans ce cas, les éléments seront bien plus visibles, mais leur qualité d'affichage risque d'être exécrable. C'est normal, car moins il y a de pixels pour afficher un contenu, notamment des images, et plus la qualité d'affichage est dégradée.

Activer et ajuster ClearType

L'affichage du texte peut aussi mériter d'être ajusté.

ClearType, la technologie propriétaire de Microsoft pour améliorer l'apparence du texte à l'écran, est intégrée à Windows depuis de nombreuses années – et plus exactement depuis Windows XP. Très simplement, ClearType affiche aussi clairement que possible le texte sur n'importe quel écran fabriqué ces dix dernières années.

Vous pouvez ajuster ClearType de sorte qu'elle fonctionne mieux sur votre écran en fonction de l'éclairage. N'oubliez pas que ClearType n'affecte pas l'interface en vignettes de Windows : elle ne concerne que le bureau. Voici comment ajuster ClearType :

1. **Dans le champ Taper ici pour rechercher de Cortana, saisissez Clear.**
2. **Dans les résultats affichés, cliquez sur Ajuster le texte ClearType.**

   L'assistant d'optimisation d'affichage du texte ClearType entre en action.
3. **Veillez à cocher la case Activer ClearType, et cliquez sur Suivant.**
4. **Cliquez de nouveau sur Suivant pour valider les informations que l'assistant communique à propos de votre écran.**
5. **Conformez-vous aux instructions qui se succèdent, comme sur la Figure 2.11.**
6. **À la fin de cette calibration, cliquez sur Terminer.**

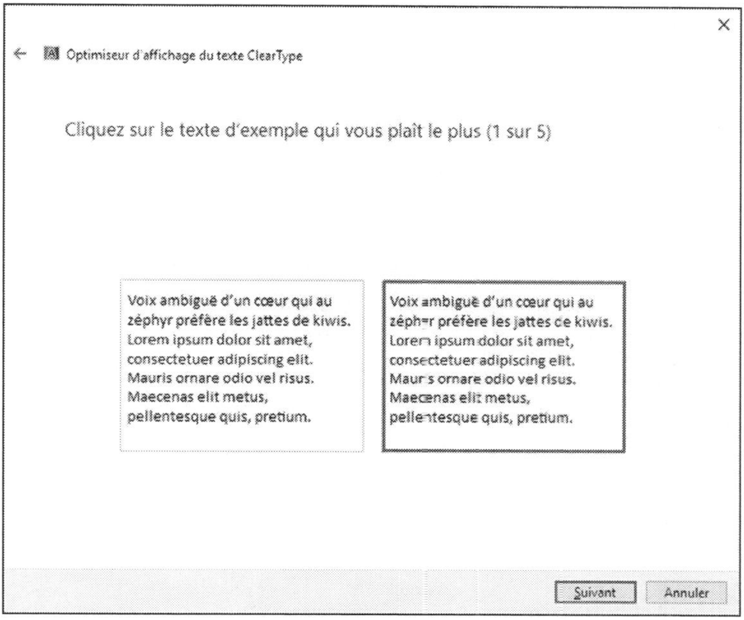

FIGURE 2.11 L'assistant d'ajustement ClearType en action.

Afficher de plus grandes polices

Si votre vue n'est plus ce qu'elle était (c'est mon cas), vous souhaiterez demander à Windows d'agrandir la taille du texte de tous les éléments à l'écran. Cela peut vous aider, surtout si vous êtes dans un café Internet et que vous avez oublié vos lunettes.

Pour ajuster la taille des polices, accédez à la fenêtre Affichage illustrée à la Figure 2.12. Dans le menu local Modifier la taille du texte, des applications et d'autres éléments, choisissez un pourcentage d'affichage de 125, 150, ou 175 %. Si ces pourcentages prédéfinis n'affichent pas le texte comme vous le souhaitez, cliquez sur le lien Échelle personnalisée. Tapez n'importe quelle valeur entre 101 et 500 %.

Utiliser la loupe

Si vous avez besoin de visualiser un texte plus grand que les options en la matière vous le permettent, ouvrez les Paramètres Windows et cliquez sur Options d'ergonomie. Ensuite, dans la colonne de gauche, cliquez sur Loupe. Basculez le commutateur sur Activé, comme le montre la Figure 2.13. Une mini-interface Loupe s'affiche avec des boutons + et – et un menu local Affichages. L'icône de l'engrenage ouvre les ré-

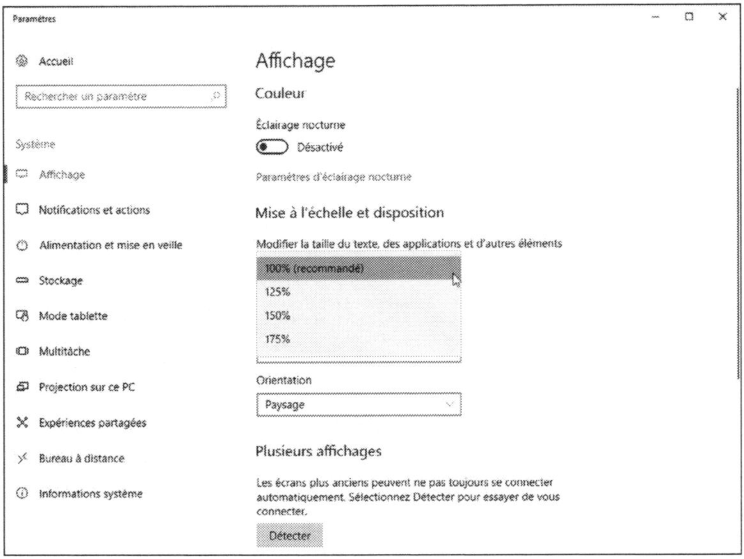

FIGURE 2.12 Windows dispose d'un paramètre qui ressemble à la fonction « Zoom » de certains programmes.

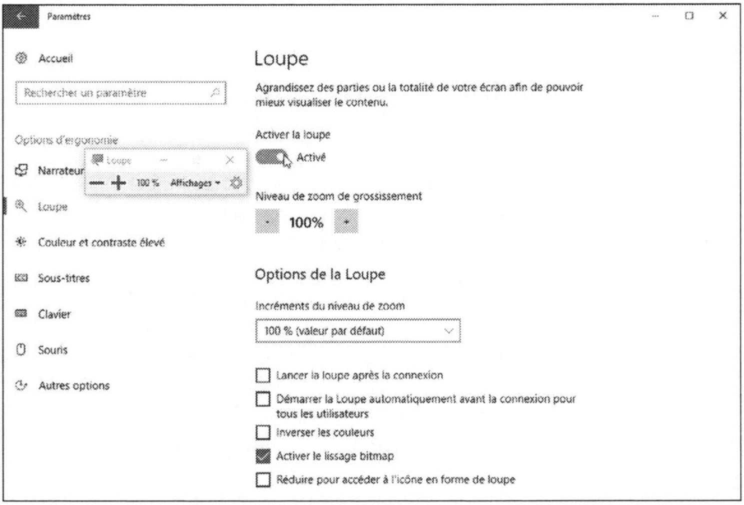

FIGURE 2.13 La loupe de Windows pour les malvoyants.

glages Loupe du Paramètres Windows. La loupe vous permet d'agrandir tout l'écran par un facteur de 200, 300 ou 400 – ou encore plus si vous le souhaitez.

Notez qu'utiliser la loupe ne va pas améliorer la qualité ou la résolution du texte ou des images. La loupe permet de les agrandir, pas de les rendre plus fins.

Pour quitter ce mode, cliquez sur le bouton de fermeture X de cette mini-interface, ou bien basculez le commutateur Activer la loupe sur Désactivé.

Si ces remèdes ne font pas l'affaire, cliquez sur Couleur et contraste élevé afin d'adapter l'interface de Windows à vos problèmes visuels. Activez l'option Appliquer le filtre de couleur, et choisissez un thème dans le menu local de la section Contraste élevé. Les thèmes de cette liste jouent sur la couleur pour faire ressortir le texte. Ces thèmes sont disponibles dans la liste des thèmes (voir Figure 2.14).

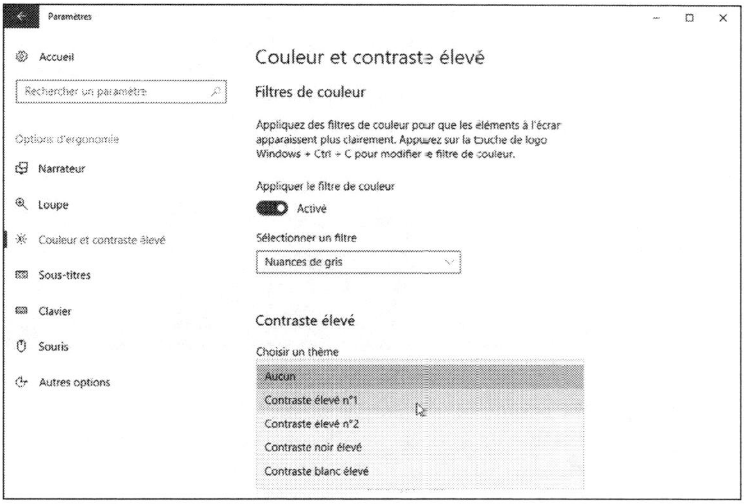

FIGURE 2.14 Les thèmes disponibles.

Tripatouiller la barre des tâches

Les développeurs de Microsoft qui ont travaillé sur la barre des tâches avaient donné au projet un nom secret : Superbar. Si l'on peut toujours se demander dans quelle mesure ils ont été inspirés par Mac OS, force est de constater que la barre des tâches de Windows 10 est un excellent outil pour qui utilise le bureau. Avec le retour du menu Démarrer et de sa partie droite avec des vignettes d'applications, la barre des tâches et les icônes de raccourcis figurant sur le bureau ne constituent plus les seules solutions proposées par Windows 8 et qui consistaient à passer par l'écran Applications accessibles depuis l'écran d'accueil.

Cette section vous explique comment tirer parti des fonctionnalités de la barre des tâches.

La super barre des tâches de Windows se trouve tout en bas de votre écran, comme sur la Figure 2.15.

FIGURE 2.15 La barre des tâches jongle avec les tâches.

Si vous survolez une icône avec la souris et que cette icône est associée à un programme en cours d'exécution, vous verrez s'afficher des miniatures de toutes les copies de ce programme. Par exemple, sur la Figure 2.16, Microsoft Edge s'exécute, et trois fenêtres du programme sont ouvertes simultanément. Survolez l'icône d'Edge avec votre souris et vous pourrez cliquer sur une miniature pour afficher l'onglet spécifique.

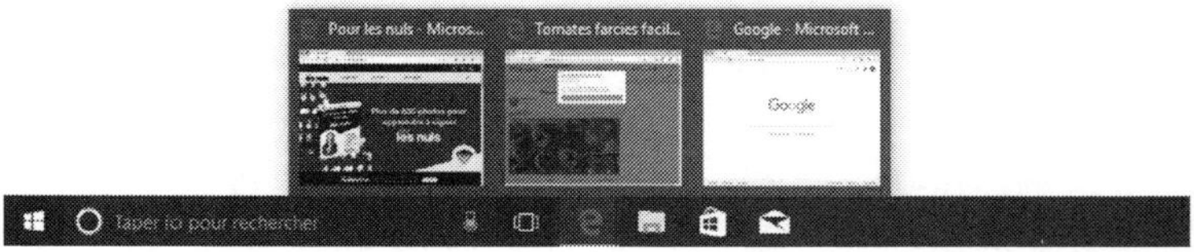

FIGURE 2.16 Les miniatures de plusieurs occurrences d'Internet Explorer.

En revanche, si ces pages Web sont ouvertes dans plusieurs onglets d'une seule fenêtre de Microsoft Edge, vous ne verrez qu'une seule miniature qui affichera le contenu de l'onglet actif.

Anatomie de la barre des tâches

Une barre des tâches comporte deux types d'icônes :

- **Les icônes qui ont été épinglées**. Par défaut, la barre des tâches comporte trois icônes, une pour Internet Explorer, une pour l'Explorateur de fichiers, et une dernière pour le Lecteur Windows Media. Si vous installez un programme et que vous demandez au programme d'installation d'ajouter une icône à la barre des tâches, cette icône apparaîtra à côté. Vous pouvez aussi épingler des programmes de votre choix sur la barre des tâches.

  Les installateurs de programmes parmi les plus anciens vous proposent d'ajouter un lien dans la barre de lancement rapide. Cela remonte à Windows XP. Dorénavant, si vous acceptez d'ajouter un tel lien, l'icône du programme apparaîtra dans la barre des tâches.

Si vous installez la suite Office 2016, des icônes des programmes seront automatiquement placées sur la barre des tâches de Windows 10.

» **Les icônes des programmes en cours**. Chaque fois qu'un programme est démarré, une icône le représentant apparaît dans la barre des tâches. Si vous exécutez trois copies d'un même programme, une seule icône apparaîtra. Lorsqu'un programme s'arrête, l'icône correspondante disparaît. Les applications en vignettes n'apparaissent jamais dans la barre des tâches.

En général, vous ne pouvez pas faire la différence entre les icônes de programmes épinglés et celles de programmes en cours d'exécution, sauf que les seconds figurent sur la droite tandis que les premiers sont centralisés sur la gauche. Toutefois, il existe un autre indice : Windows souligne les icônes des programmes en cours d'exécution. Si vous exécutez plus d'une copie d'un même programme, vous constaterez que Windows rajoute une autre icône derrière l'icône affichée en la décalant légèrement sur la droite. Cette indication est très subtile. Regardez attentivement les icônes de la barre des tâches pour la remarquer.

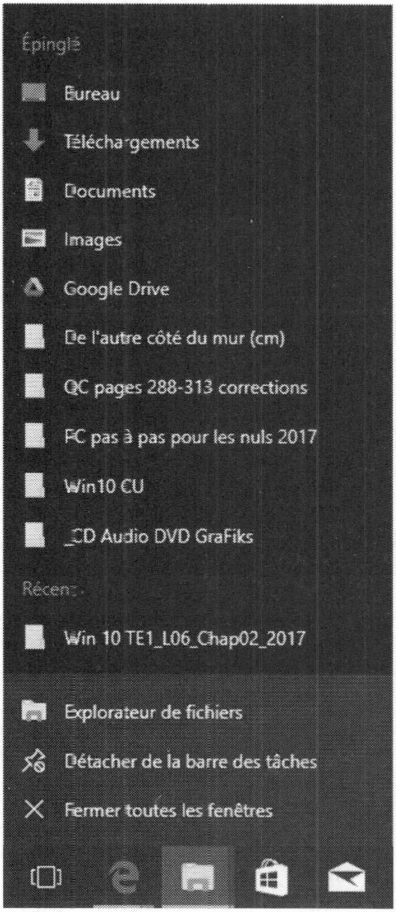

FIGURE 2.17 La liste des options de l'Explorateur de fichiers.

La liste des raccourcis

Si vous cliquez du bouton droit sur n'importe quelle icône de la barre des tâches, un menu contextuel affiche un ensemble d'options liées à l'application elle-même, comme le montre la Figure 2.17.

Le contenu de la liste des raccourcis varie selon le programme correspondant à l'icône, mais vous y trouverez toujours le nom du programme et une option Épingler à la barre des tâches (ou inversement, Détacher de la barre des tâches, si le programme a déjà été épinglé).

Voici les fonctionnalités de base d'une liste des raccourcis :

- **La liste des raccourcis peut afficher l'historique des fichiers ouverts récemment.** Par exemple, elle reprendra le contenu de la liste Documents récents qui figure dans le programme. Le document actuellement ouvert figure en première position.
- **Il est généralement facile d'épingler un élément dans la liste des raccourcis.** Lorsque vous épinglez un élément, il est rajouté dans la liste des raccourcis présents dans la section Épinglé, que cet élément soit ouvert ou non dans le programme. Pour épingler un élément, déplacez votre souris sur la droite de ce dernier et cliquez sur la punaise. Cela déplace l'élément dans une section distincte figurant en haut de la liste des raccourcis. Si vous épinglez un document Word dans la vignette de la barre des tâches de Word (quand le programme est ouvert bien évidemment), il vous suffira de faire un clic-droit sur cette vignette, puis de cliquer sur le document épinglé pour l'ouvrir dans ce logiciel de traitement de texte.

La liste des raccourcis comporte une fonctionnalité qui n'est pas si évidente à utiliser. Elle vous permet d'ouvrir une première copie d'un programme. Disons que vous souhaitez copier une série d'albums de votre bibliothèque de musiques sur votre disque externe `F:`. Vous pourriez copier-coller – sélectionner un album, presser Ctrl + C pour le copier, utiliser la liste sur la gauche de l'Explorateur de fichiers pour vous rendre sur `F:`, puis presser Ctrl + V pour le coller. Toutefois, si vous devez copier plusieurs albums, il sera bien plus facile et rapide d'ouvrir une autre copie de l'Explorateur de fichiers et de vous rendre sur `F:` dans cette seconde fenêtre. Vous pourrez alors glisser-déposer des albums du dossier Musiques dans le dossier `F:`.

Vous avez deux possibilités pour ouvrir une deuxième fenêtre d'un programme en cours d'exécution (dans cet exemple, l'Explorateur de fichiers) :

- Maintenez la touche Maj appuyée et cliquez sur l'icône.
- Cliquez du bouton droit sur l'icône (ou tapez dessus et maintenez appuyé) et sélectionnez le nom du programme.

Dans un cas comme dans l'autre, Windows démarre une copie de votre programme.

Ces techniques ne fonctionnent pas avec Microsoft Edge la nouvelle version d'Internet Explorer de Windows 10.

Modifier la barre des tâches

La barre des tâches est l'une des parties de Windows qui se prête le plus à la personnalisation. Voici ce que vous pouvez faire :

- **Épingler un programme** sur la barre des tâches en cliquant du bouton droit sur le programme et sélectionnez Épingler à la barre des tâches. Oui, vous pouvez cliquer du bouton droit sur l'icône de la barre des tâches d'un programme en cours d'exécution.
- **Déplacer l'icône d'un programme épinglé** en le glissant-déposant. Vous pouvez même glisser-déposer une icône qui n'est pas épinglée au milieu des icônes qui le sont. Lorsque le programme associé à l'icône s'arrête, cette icône disparaît et toutes les icônes épinglées reprennent leur place.
- **Détacher un programme épinglé** en cliquant dessus du bouton droit et en sélectionnant Détacher de la barre des tâches.

Malheureusement, vous ne pouvez pas transformer des documents ou des dossiers individuels en icônes sur la barre des tâches. Toutefois, vous pouvez épingler un dossier dans la liste des raccourcis de l'Explorateur de fichiers, et vous pouvez épingler un document dans cette liste, quelle que soit l'application qui lui est associée. Par exemple, vous pouvez épingler une musique associée à Windows Media Player dans la liste.

Voici comment épingler un dossier ou un document sur la vignette de l'application ou du programme qui permet de l'ouvrir :

1. **Démarrez l'application ou le programme qui permet d'utiliser le fichier que vous souhaitez épingler.**

   Si le programme ou l'application est épinglé à la barre des tâches, inutile de le démarrer préalablement.

   Dans cet exemple, j'exécute le Lecteur Windows Media.

2. **Rendez-vous jusqu'au dossier ou au document que vous souhaitez épingler.**

   Vous pouvez utiliser l'Explorateur de fichiers pour vous y rendre, ou alors créer un raccourci vers le fichier ou le dossier.

3. **Glissez-déposez le dossier ou le document (ou son raccourci) sur la vignette du programme ou de l'application présente sur la barre des tâches.**

   Windows vous indique où il va épingler le dossier, le document ou le raccourci, comme sur la Figure 2.18. Vous constatez qu'il indique que le fichier va être épinglé au Lecteur Windows Media.

4. **Relâchez le bouton de la souris.**

FIGURE 2.18 Glissez-déposez un fichier ou un dossier pour l'épingler sur une icône de la barre des tâches.

Un effet de bord méconnu : si vous épinglez un fichier sur un programme dans la barre des tâches, le programme lui-même est aussi épinglé à la barre des tâches s'il ne l'était pas déjà.

Créer vos propres petites barres d'outils

Vous pouvez transformer un de vos dossiers en barre d'outils, laquelle résidera dans la barre des tâches. C'est intéressant si vous devez fréquemment vous rendre dans un certain dossier et que vous ne souhaitez pas parcourir tout le chemin jusque-là systématiquement. Tout se passe comme si vous rajoutiez un menu contextuel dans la barre des tâches. Ce menu vous renvoie directement sur le dossier auquel il correspond, les sous-dossiers apparaissant comme des éléments du menu. Vous pouvez alors naviguer jusqu'à atteindre des fichiers.

La barre d'outils que vous créez n'est pas intégrée à la barre des tâches de Windows comme si vous l'y aviez épinglée. Autrement dit, elle n'apparaît pas sous la forme d'une icône ; elle apparaît sur le côté droit de la barre des tâches, sous la forme du nom du dossier correspondant. Lorsque vous cliquez sur ce nom, vous voyez apparaître une liste contenant les sous-dossiers et les fichiers du dossier.

Pour créer le contenu du dossier que vous pouvez observer, j'ai ajouté un dossier nommé Programmes importants sur mon bureau. J'ai placé trois dossiers dans ce dossier, nommés Programmes d'édition, Programmes de dessin et Programmes de musiques. Dans le dossier

Programmes d'édition, j'ai ajouté des raccourcis vers WordPad et Bloc-notes.

Une fois que j'ai épinglé le dossier Programmes importants à la barre des tâches, il me suffit de cliquer sur les chevrons se trouvant à droite du nom du dossier pour afficher un menu contextuel contenant la liste des sous-dossiers. Si je clique sur un des sous-dossiers, j'accède à la liste des fichiers qu'il contient.

Pour ajouter une nouvelle barre d'outils à la barre des tâches de Windows :

1. **Cliquez sur un emplacement vide de la barre des tâches et sélectionnez Barre d'outils->Nouvelle barre d'outils, comme sur la Figure 2.19.**

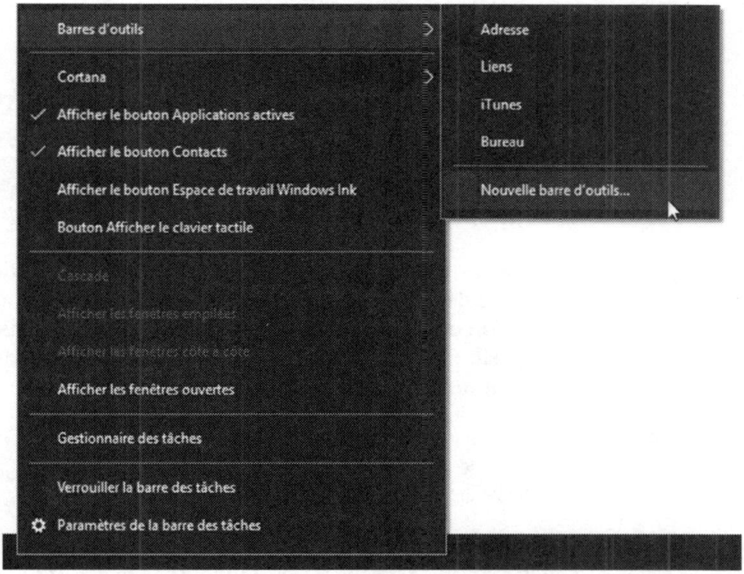

FIGURE 2.19 Pour créer une nouvelle barre d'outils.

La boîte de dialogue Nouvelle barre d'outils – Choisir un dossier apparaît, comme sur la Figure 2.20.

2. **Naviguez jusqu'au dossier dont vous souhaitez faire la racine du menu contextuel, cliquez dessus une fois, puis cliquez sur Sélectionner un dossier.**

Le dossier prend place à gauche de la Zone de notification de Windows 10. La Figure 2.21 montre le résultat produit lorsque j'ai ajouté le dossier Programmes importants à ma barre des tâches.

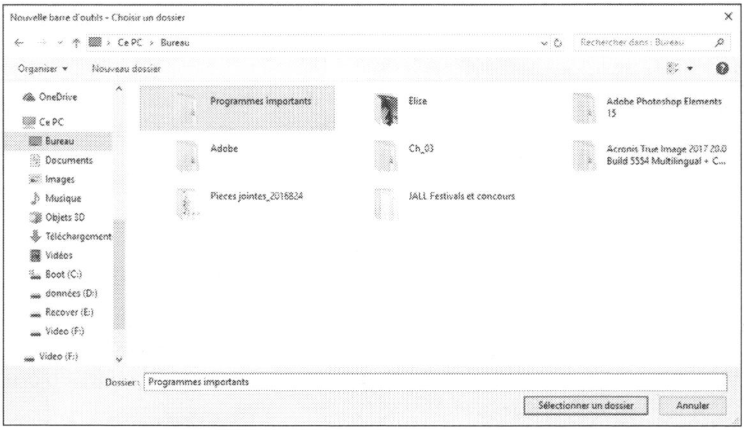

FIGURE 2.20 Sélectionnez le dossier racine à ajouter à la barre des tâches.

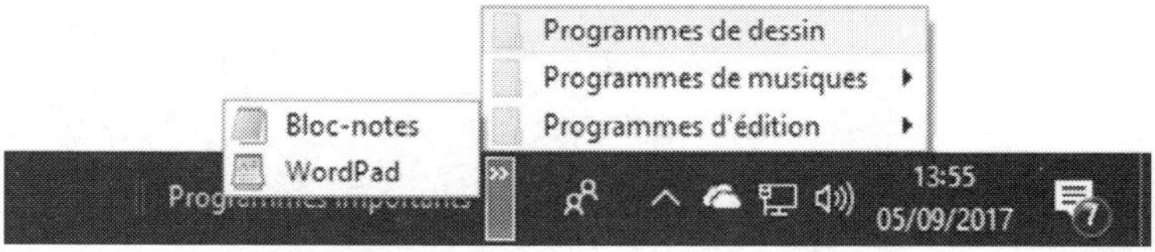

FIGURE 2.21 La barre d'outils Programmes importants ajoutée à la barre des tâches.

3. **Si vous souhaitez déplacer la barre d'outils, vérifiez que la barre des tâches est déverrouillée (cliquez du bouton droit sur un emplacement vide de cette barre, puis désélectionnez l'option Verrouiller la barre des tâches). Glissez-déposez alors la nouvelle barre d'outils où vous le souhaitez.**

   Si vous jouez avec la barre d'outils, vous verrez que Windows limite le positionnement et le dimensionnement de la barre d'outils assez drastiquement.

4. **Lorsque vous êtes satisfait du résultat, cliquez du bouton droit sur un emplacement vide de la barre des tâches et sélectionnez Verrouiller la barre des tâches.**

   Essayez d'utiliser votre nouvelle barre d'outils pour vous y habituer.

Si vous changez d'avis et que vous souhaitez vous débarrasser de la nouvelle barre d'outils, cliquez du bouton droit sur un emplacement vide de la barre des tâches, sélectionnez Barre d'outils, puis désélectionnez l'option qui mentionne la nouvelle barre d'outils. La barre d'outils disparaît. Si vous souhaitez de nouveau l'utiliser, il faudra la recréer.

Travailler avec la barre des tâches

J'ai découvert quelques astuces avec la barre des tâches que vous jugerez peut-être intéressantes :

- Lorsque vous survolez avec la souris une icône, vous voyez apparaître les miniatures des copies du programme (voir Figure 2.16). Normalement, elles disparaissent lorsque vous déplacez la souris, mais si vous cliquez sur l'icône du programme une seule fois, les miniatures resteront affichées tant que vous n'aurez pas cliqué ailleurs.
- Parfois, vous souhaitez fermer tous (ou presque tous) les programmes en cours d'exécution sans que Windows le fasse à votre place. Il est facile de savoir quels programmes sont en cours d'exécution en regardant les icônes qui sont encadrées (voir Figure 2.16). Pour fermer toutes les copies d'un programme donné, cliquez du bouton droit sur son icône et sélectionnez Fermer la fenêtre ou Fermer toutes les fenêtres.

  Parfois, si un programme est gelé et qu'il refuse de se fermer, vous pouvez facilement le forcer à se fermer *via* la barre des tâches.

  La terminologie n'est pas très rigoureuse ici. Normalement, vous devriez pouvoir choisir entre « Quitter le programme », « Choisir Fichier->Quitter » ou « Cliquer sur le X ». Lorsque vous travaillez avec la barre des tâches, vous dites « Fermer toutes les fenêtres ». Cela revient au même.
- Cela ne fonctionne pas avec tous les programmes, mais dans certains cas (dont Word), si vous maintenez la touche Ctrl enfoncée et que vous cliquez sur l'icône dans la barre des tâches, le programme va ouvrir le document le plus récemment consulté.

Si vous déplacez votre souris dans l'angle inférieur droit et que vous cliquez, Windows réduira toutes les fenêtres ouvertes. Cliquez de nouveau, et Windows affichera toutes ces fenêtres qu'il avait réduites. Vous pouvez aussi cliquer du bouton droit sur un espace vide de la barre des tâches et, dans le menu contextuel qui apparaît, sélectionnez Afficher le bureau.

Enfin, n'oubliez pas la présence de l'icône Contacts qui précède la Zone de notification dont le fonctionnement est expliqué au Chapitre 2 du Livret IV.

Contrôler la Zone de notification

Windows vous donne un certain contrôle sur le contenu de la Zone de notification – un groupe d'icônes qui apparaît près de l'horloge. La Zone de notification affiche une icône qui permet d'accéder à la liste des notifications du système d'exploitation.

Activer ou désactiver les icônes

Windows est livré avec une série d'icônes de notification – pour la résolution des problèmes, le réseau et la glissière permettant d'ajuster le volume du son. C'est tout. Si vous notez l'existence d'autres icônes, c'est que le fabricant de votre ordinateur les a probablement ajoutées. Lorsque vous installez un nouveau programme qui fait figurer une icône dans la Zone de notification, l'icône est placée dans une réserve à laquelle vous pouvez accéder en cliquant sur la flèche orientée vers le haut, sur le côté gauche des icônes.

1. **Cliquez sur la flèche orientée vers le haut sur le côté gauche des icônes.**

   Vous accéderez alors à toutes les icônes de notification disponibles. Si la flèche orientée vers le haut n'apparaît pas, bravo ! C'est qu'aucune icône de notification ne vient ralentir l'ordinateur.

   Si vous constatez qu'une icône dont vous avez tout le temps besoin figure dans la liste, glissez-déposez là dans la Zone de notification, à côté de l'horloge. Si vous changez ultérieurement d'avis, vous pourrez toujours glisser-déposer l'icône de nouveau dans la liste de la Zone de notification.

2. **Faites un clic-droit sur un espace vide de la barre des tâches. Dans le menu contextuel qui apparaît, choisissez Paramètres de la barre des tâches.**

3. **Faites défiler le contenu de la fenêtre afin d'afficher la section Zone de notification.**

4. **Cliquez sur le lien Sélectionner les icônes à afficher dans la Barre des tâches.**

   Windows affiche alors l'ensemble des icônes affichables ou non dans la Zone de notification, comme le montre la Figure 2.22.

5. **Basculez le commutateur des icônes sur Activé ou Désactivé pour les afficher ou non dans cette Zone de notification.**

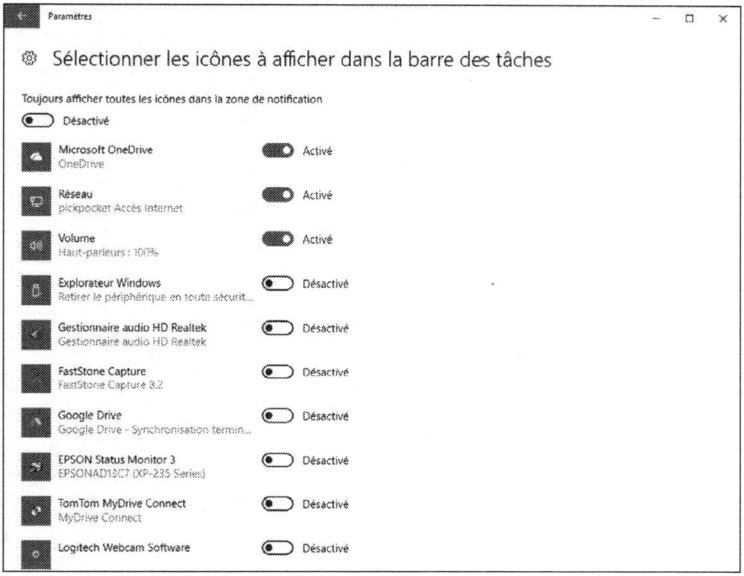

FIGURE 2.22 Contrôlez ici les icônes de la Zone de notification.

6. **Pour afficher toutes les icônes, activez le commutateur Toujours afficher toutes les icônes dans la Zone de notification.**

7. **Vos modifications sont automatiquement enregistrées. Quittez cette fenêtre par un clic sur son bouton de fermeture (X).**

Windows dispose de méthodes de notification assez sophistiquées de nos jours, bien plus pratiques que les vieilles icônes de la Zone de notification. En particulier, on trouve des notifications sur l'écran de connexion, et des bulles de notification qui apparaissent dans l'angle haut droit de l'écran.

Le Centre de notifications

Windows 10 cherche à vous maintenir informé de bien des choses qui se déroulent dans la vie d'un système d'exploitation. Ainsi, de temps à autre, et en fonction d'actions de votre part ou de vos logiciels, des notifications apparaîtront brièvement dans la partie inférieure droite de votre écran, c'est-à-dire au niveau de la sacro-sainte Zone de notification.

Le souci est que vous avez beau être vigilant, vous risquez de ne pas toujours voir et entendre (oui, ces notifications émettent un signal sonore) les notifications en question. De plus, elles peuvent survenir à un moment où vous n'êtes pas devant votre écran. Heureusement, une petite icône centralise ces alertes. Voici comment les afficher :

1. **Cliquez sur l'icône d'une bulle de bande dessinée située dans la Zone de notification.**

2. **Dans la liste des notifications illustrée à la Figure 2.23, vous constatez qu'un grand nombre d'informations peuvent apparaître.**

3. **Pour accéder à des informations complémentaires sur une des notifications, cliquez sur le petit chevron situé à droite de l'une d'elles afin d'en connaître l'origine.**

4. **Pour supprimer une notification, placez le pointeur de la souris sur son icône, puis cliquez sur le bouton X qui apparaît au-dessus de celle du chevron.**

5. **Pour supprimer toutes les notifications, cliquez sur Tout effacer juste au-dessus de la matrice d'icônes en bas du Centre de notifications.**

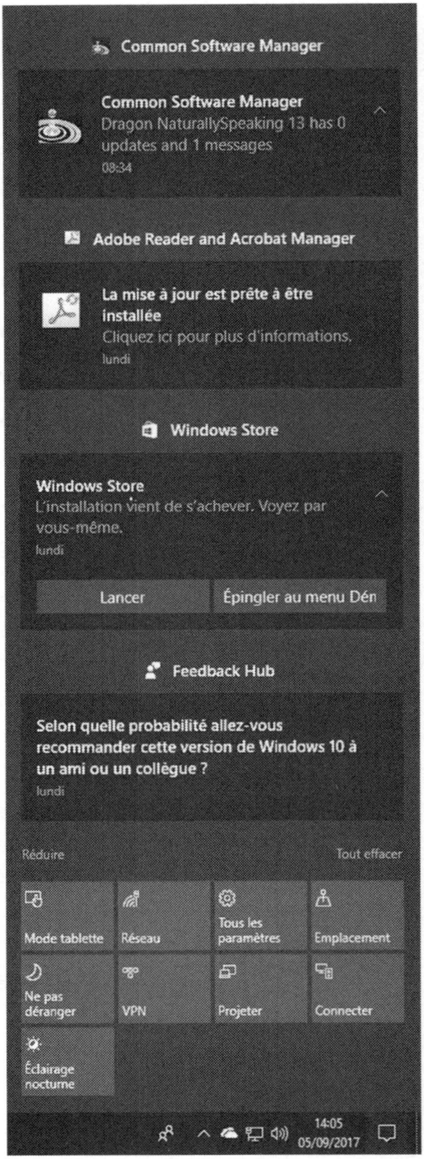

FIGURE 2.23
Une sorte d'historique des notifications de Windows 10.

6. **Si nécessaire, cliquez sur l'information de la zone Sécurité et maintenance pour résoudre un problème détecté par Windows 10.**

Si le Centre de notifications n'affiche pas de section Sécurité et maintenance, c'est qu'aucun problème notoire n'a été détecté.

Dans ce cas, le système ouvre la boîte de dialogue dans laquelle vous pouvez résoudre ledit problème.

La partie inférieure du Centre de notification permet d'activer et de désactiver certaines fonctions de votre ordinateur, comme basculer en mode tablette, activer/désactiver le Bluetooth ou le Wi-Fi, accéder à tous les paramètres, *etc.*

Chapitre 3

Maintenir votre système

DANS CE CHAPITRE :

- » **Réparer, restaurer, réinitialiser...**
- » **Créer un disque de réinitialisation du mot de passe**
- » **Maintenir des disques durs et des SSD**
- » **Zipper et compresser**

Windows est un logiciel qui peut en tant que tel rencontrer des problèmes. Toute l'astuce, c'est de vous assurer qu'ils ne deviendront pas les vôtres !

Windows est bien connu pour « crasher » et se figer, ce qui interdit de redémarrer l'ordinateur, ou alors de mélanger tout, si bien que vous auriez l'impression que l'écran est passé par la broyeuse. Microsoft a consacré énormément de temps et d'argent pour apprendre à Windows à se soigner lui-même. Vous pouvez tirer parti de cet investissement – si vous savez comment procéder.

Le Livret VIII est intégralement consacré aux moyens permettant de maintenir Windows en bonne santé. Dans ce chapitre, je vous présente quelques concepts de base ainsi que certaines parties de Windows que vous pouvez utiliser de différentes manières. Si vous vous connectez à Windows *via* un compte Local (par opposition à un compte Microsoft, qui se présente toujours comme une adresse de courriel), vous découvrirez aussi comment créer un disque de réinitialisation du mot de passe, lequel pourra vous sauver la mise un jour.

Quelle est la différence entre la restauration, la réparation système, le mode sans échec, l'actualisation et le redémarrage ?

Toute cette terminologie peut prêter à confusion. Je vais vous expliquer.

Windows 8 intégrait trois technologies différentes pour vous tirer d'un mauvais pas. Je les compare à une machine à remonter dans le temps, une transplantation de cerveau et une guerre thermonucléaire globale.

- Tout comme la machine à remonter dans le temps, créer et utiliser des points de restauration vous permet assez facilement de restaurer les paramètres internes de votre PC dans un état antérieur, du temps où tout allait bien.

  Les points de restauration ne sont pas prévus pour restaurer des versions antérieures des fichiers que vous utilisez – c'est le rôle de l'Historique des fichiers (qu'on désigne aussi comme la version Windows de la machine à remontrer dans le temps du Mac). Je traite dans le détail de l'Historique des fichiers au Chapitre 1 du Livret VIII.

- Parfois, le problème ne vient pas des paramètres. Ce sont les fichiers de Windows qui sont abîmés. Dans ce cas, Microsoft vous propose un programme nommé **Actualiser** qui analyse et répare les fichiers système sans modifier vos paramètres, sans supprimer les programmes installés, sans détruire vos données.

  Utilisateur de précédentes versions de Windows, vous pouvez avoir déjà utilisé un disque de réparation du système, redémarré en mode sans échec et accédé à une invite de commande *via* `cmd.exe`, utilisé le mode de restauration depuis un DVD d'installation ou encore avoir formulé des incantations pour ressusciter Windows. Étant passé par là, je compatis. Ces méthodes fonctionnent toujours, mais Microsoft les a rendues bien plus difficiles d'accès, et je ne recommande pas de les utiliser.

  Pour l'expérience que j'en ai, Actualiser de Windows 8 fonctionnait la plupart du temps. C'est à des années-lumière de la réparation système, du mode sans échec et des modes de restauration.. Si Actualiser ne fonctionne pas, le monde devient cruel. Recherchez des instructions pour parvenir à démarrer en mode sans échec et lancer une restauration. Bonne chance.

- Sous Windows 10, point d'Actualiser. Vous ne pourrez que le **Réinitialiser** avec conservation ou non des fichiers.

La plupart du temps, vous lancez une restauration lorsque votre ordinateur commence à partir en vrille. Vous utilisez la réinitialisation pour vidanger tout le système lorsque vous allez vendre votre PC. L'une ou l'autre de ces options – ou le recours à des points de restauration – peut vous être proposée lorsque votre ordinateur ne démarre pas bien. Je traite en détail des points de restauration, de l'actualisation et de la réinitialisation au Chapitre 2 du Livret VIII.

Utiliser un disque de réinitialisation du mot de passe

Si quelqu'un oublie son mot de passe, un disque de réinitialisation du mot de passe peut lui sauver la vie en lui permettant de réinitialiser un mot de passe auquel il n'aurait autrement jamais accès.

Si vous disposez d'un compte Local (et non d'un compte Microsoft), et que ce compte comporte un mot de passe (n'importe lequel), peu importe que vous ayez vous-même spécifié ce mot de passe ou que quelqu'un l'ait fait pour vous : vous devriez prendre un instant pour créer un disque de réinitialisation du mot de passe. Si vous utilisez plusieurs comptes locaux (par exemple, un compte courant et un compte Administrateur), créez un disque de ce genre pour chaque compte (si vous avez besoin de vous rafraîchir la mémoire au sujet des différents types de compte, reportez-vous au Chapitre 4 du Livret II).

Si vous utilisez un compte Microsoft, vous pouvez aussi réinitialiser votre mot de passe en ligne. Rendez-vous sur `account.live.com/ResetPassword.aspx` et suivez les instructions.

Je ne saurais trop insister sur l'importance du disque de réinitialisation du mot de passe, surtout si votre PC ne comporte qu'un compte Administrateur et que c'est un compte Local. Je reçois des courriels presque tous les jours de personnes qui ont oublié leurs mots de passe et qui ne peuvent plus rentrer dans Windows. Cette astuce très simple, qui ne vous prend que quelques minutes, vous évitera de regretter longtemps de ne pas avoir mémorisé votre mot de passe.

« Disque de réinitialisation du mot de passe » n'est pas le terme approprié. Ce qui vous sauve la vie, c'est en fait un petit fichier très simple, `userkey.psw`, que vous pouvez copier comme n'importe quel fichier. Si vous créez plus d'un « disque de réinitialisation de mot de passe », c'est-à-dire si vous créez en fait plusieurs fichiers `userkey.psw`, gardez une trace permettant d'associer tel fichier à tel compte.

Voici l'idée de base : vous vous connectez à Windows en utilisant n'importe quel mot de passe – du texte, un PIN, une image. Lancez l'assistant Mot de passe oublié. Il vous demandera votre mot de passe au format texte, que vous devrez fournir. L'assistant créera alors ce fichier, `userkey.psw`, sur un disque amovible. Vous conserverez ce disque de sorte à pouvoir le retrouver facilement. Si jamais vous oubliez votre mot de passe (texte, PIN ou image), placez ce fichier sur un disque amovible, collez-le dans le lecteur de votre ordinateur, dites les mots magiques et cliquez trois fois la souris. Ça y est ! Vous êtes rentré !

Peu importe que quelqu'un ait modifié votre mot de passe sans que vous le sachiez. Le disque de réinitialisation du mot de passe réinitialise votre mot de passe, *quel que soit le mot de passe*. Du moment que vous disposez d'un compte Local, vous pouvez l'utiliser.

Créer un disque de réinitialisation du mot de passe

Si vous disposez d'un compte d'administrateur Local ou associé à un compte Microsoft, dont l'accès est protégé par mot de passe, suivez ces étapes pour créer un disque de réinitialisation du mot de passe (c'est-à-dire, un fichier `userkey.psw`) :

1. **Connectez-vous en utilisant le compte.**

   Peu importe le mot de passe que vous utilisez.

2. **Assurez-vous de disposer d'une clé USB ou de tout autre média amovible, comme une carte SD ou même un disque dur externe.**

   L'assistant ne crée pas de fichier sur le disque local (pour des raisons évidentes) et il n'en crée pas non plus sur un emplacement accessible *via* le réseau.

3. **Insérez un support amovible (clé USB par exemple), et cliquez dans le champ Taper ici pour rechercher de Cortana, et saisissez Créer un disque.**

4. **Dans la liste des résultats de Cortana, cliquez sur Créer un disque de réinitialisation du mot de passe.**

   Cette action démarre l'Assistant mot de passe oublié.

5. **Suivez l'assistant. À l'étape finale, cliquez sur Terminer.**

   Conservez le fichier `userkey.psw` dans un endroit sûr. Si vous oubliez le mot de passe, ou si quelqu'un le modifie à votre place, suivez les étapes de la section suivante pour vous connecter à votre compte.

Gardez bien ce fichier ! Toute personne disposant du fichier `userkey.psw` peut se connecter à votre place, même si elle ne dispose pas de votre mot de passe.

Je sens une question envahir l'esprit de certains utilisateurs : « Mais comment créer un disque de réinitialisation d'un autre compte du même ordinateur ? ». Eh bien, chers amis... c'est inutile ! En effet, puisque vous êtes l'administrateur de ce PC, l'important est de pouvoir accéder à votre compte d'administrateur. C'est lui qui donne droit de vie ou de mort aux autres comptes. Donc, si vous perdez le mot de passe d'un autre compte, vous modifierez le mot de passe oublié en accédant simplement aux paramètres de ce compte *via* votre compte d'administrateur. Par conséquent, pour les autres comptes de l'ordinateur, un disque de réinitialisation ne sert à rien. Vous n'en créerez que pour les comptes d'administrateurs.

Réinitialiser votre mot de passe

Vous avez donc suivi les étapes de la section précédente et créé un disque de réinitialisation du mot de passe qui revient en fait à un petit fichier nommé `userkey.psw`. Or, vous venez d'oublier votre mot de passe. Voici comment utiliser ce fichier pour réinitialiser ce dernier :

1. **Utilisez le support amovible sur lequel vous avez sauvegardé ce fichier de réinitialisation du mot de passe.**

   Vous pouvez très bien le copier sur un autre support que celui utilisé pour la création du fichier .psw. Ce sera par exemple une clé USB, ou une carte SD, voire un disque dur USB. Vérifiez que le fichier ne se trouve pas dans un dossier ; il doit figurer à la racine.

2. **Faites comme si vous vous connectiez en utilisant votre mot de passe habituel.**

3. **Sous le champ de saisie du mot de passe, cliquez sur le lien J'ai oublié mon mot de passe.**

   Cela démarre un assistant visuel et vocal (la douce voix de Cortana).

4. **Assurez-vous que votre disque de réinitialisation du mot de passe – le disque quelconque sur lequel figure le fichier** `userkey.psw` **– est connecté au PC, puis tapez ou cliquez sur Suivant.**

5. **Suivez les étapes de l'assistant. À la dernière, l'assistant vous demande de saisir un nouveau mot de passe.**

   Vous saisissez ici le nouveau mot de passe pour ce compte ou cet ordinateur. Cela n'affecte pas le disque de réinitialisation du mot de passe, ni le fichier `userkey.psw` qu'il contient.

6. **Saisissez un nouveau mot de passe et un indice. Tapez ou cliquez sur Suivant, puis sur Terminer. Windows vous renvoie sur l'écran de connexion où vous pouvez vous connecter en utilisant votre nouveau mot de passe.**

Ne perdez pas le fichier `userkey.psw` !

Encore une fois : tant que vous disposez d'un compte Local, le fichier `userkey.psw` vous permettra de vous connecter à votre PC, quels que soient le mot de passe utilisé, la personne qui l'a modifié, l'instant où il a été modifié.

Entretenir les lecteurs

Les lecteurs (disques durs, disques USB, CD, DVD et même ces anciennes disquettes si jamais vous pouvez encore en trouver, ainsi que tout autre support de stockage) semblent générer plus de problèmes informatiques que tous les autres éléments d'un PC. Pourquoi ? Parce qu'ils sont en mouvement, et que contrairement aux autres éléments qui sont conçus pour l'être (les touches du clavier ou la souris, par exemple), ils sont en mouvement rapide et ultraprécis, jour et nuit.

Les disques SSD (disques à état solide) sont d'une tout autre nature. Les fabricants de SSD mettent généralement à disposition des outils de maintenance pour entretenir leurs produits, mais ils ne contiennent aucun élément en mouvement, si bien qu'ils ne sont pas sujets aux problèmes affectant les disques mécaniques. Je traite des disques SSD plus loin dans ce chapitre.

Si vous cherchez de l'aide pour installer un nouveau disque dur, vous n'êtes pas au bon endroit. J'explique comment ajouter un nouveau disque dur et le faire reconnaître par Windows 10 au Chapitre 5 du Livret VIII.

Qu'est-ce que le formatage ?

Les lecteurs essaient de caser beaucoup de données sur un petit espace, et doivent pour cela être calibrés. C'est l'objet du formatage.

Lorsque vous formatez un disque, vous le calibrez : vous y apposez des marques qui indiquent au PC où il peut stocker et récupérer des données. Chaque disque dur (ou disquette) doit être formaté avant de pouvoir être utilisé. Les CD et les DVD doivent eux aussi l'être, si vous utilisez le système de fichiers LFS pour stocker des fichiers. Le fabricant du lecteur aura vraisemblablement formaté votre disque dur pour vous lorsque vous l'achetez. C'est pratique, car chaque fois qu'un disque doit être reformaté, tout ce qui s'y trouve est supprimé irrémédiablement. Absolument tout.

Vous pouvez formater ou reformater un disque dur ou tout autre disque qui contient Windows depuis l'Explorateur de fichiers, soit depuis l'écran d'accueil, soit depuis la barre des tâches du bureau. Cliquez alors du bouton droit sur le disque dur, puis sélectionnez Formater. Vous pouvez aussi « formater » des supports réinscriptibles tels que des CD, des DVD, des clés USB et autres cartes mémoire amovibles de la même manière. Pour reformater un lecteur qui contient Windows, vous devez réinstaller Windows. Pour savoir comment installer une version propre de Windows, reportez-vous au Chapitre 4 du Livret I.

Une présentation des outils de maintenance de disque dur

Les disques durs meurent aux moments les plus fâcheux. Un disque dur qui commence à flancher peut exhiber toutes sortes de dysfonctionnements : de la pause très longue lorsque vous essayez d'ouvrir un fichier au crash totalement inexplicable et d'autres erreurs rencontrées par Windows.

Windows est livré avec un lot d'outils conçus pour vous aider à préserver la bonne forme de votre disque dur :

» **Les espaces de stockage**. Il s'agit de l'outil le plus intuitif (voir Livret VIII, Chapitre 4), qui conserve des copies de tous les fichiers en instance, pour le cas où votre disque dur tomberait en panne. Toutefois, pour utiliser les espaces de stockage efficacement, vous aurez au moins besoin de trois disques durs et deux fois plus d'espace disque que vous n'avez de données. Tout le monde ne peut pas s'offrir ce luxe.

» **Les outils de base**. Ces outils simples vous permettent de prendre soin efficacement de vos disques durs, et l'un d'eux fonctionne automatiquement une fois par semaine. Vous devriez faire la connaissance du vérificateur de disques, du nettoyage de disques et du défragmenteur de disques, car ils peuvent s'avérer fort pratiques à l'occasion.

Vous devez être désigné Administrateur (voir la section traitant des types de comptes, au Chapitre 4 du Livret II) pour faire fonctionner ces outils. J'explique comment vous pouvez utiliser le défragmenteur de disques dans les deux sections qui suivent.

Vérifier la présence d'erreurs

Si un disque commence à se comporter étrangement (par exemple, des messages d'erreur s'affichent lorsque vous tentez d'ouvrir un fichier, ou Windows plante aléatoirement, ou la copie d'un simple fichier prend des heures au lieu de prendre quelques minutes), demandez à Windows de vérifier la présence d'erreurs.

Si vous utilisez Windows depuis longtemps (voire même, si vous avez connu DOS), vous reconnaîtrez sans doute les étapes suivantes qui permettent de lancer l'outil CHKDSK.

Voici les étapes à suivre pour vérifier la présence d'erreurs sur un disque :

1. **Ouvrez l'Explorateur de fichiers, et accédez au lecteur que vous souhaitez tester.**
2. **Dans le volet de navigation (à gauche), cliquez du bouton droit sur le lecteur qui vous pose des problèmes et sélectionnez Propriétés.**

   Vous verrez la boîte de dialogue Propriétés du lecteur s'afficher.
3. **Dans l'onglet Outils, cliquez sur le bouton Vérifier de la section Vérification des erreurs, comme sur la Figure 3.1.**

   Windows peut vous signaler que vous n'avez pas besoin de vérifier ce lecteur, car il n'y a pas détecté d'erreurs. Toutefois, si vous êtes sceptique, vous pouvez continuer.
4. **Cliquer sur Analyser le lecteur.**

   Windows vous signale les problèmes qu'il rencontre et vous demande l'autorisation de les régler.

Défragmenter un lecteur

De temps en temps, il est convenu de défragmenter votre disque dur – demander à Windows d'arranger les fichiers pour les divers morceaux qui le composent et qui se trouvent les uns à côté des autres. Windows ne permettant pas la défragmentation automatique, peu de gens y procédaient. Il en résultait que le disque dur ressemblait à un patchwork fait de morceaux de fichiers dans le plus grand désordre. Dans les rares occasions où un utilisateur de Windows lançait la défragmentation, il fallait éventuellement des heures pour rassembler les morceaux – et l'effet semblait loin d'être déterminant pour améliorer les performances du système.

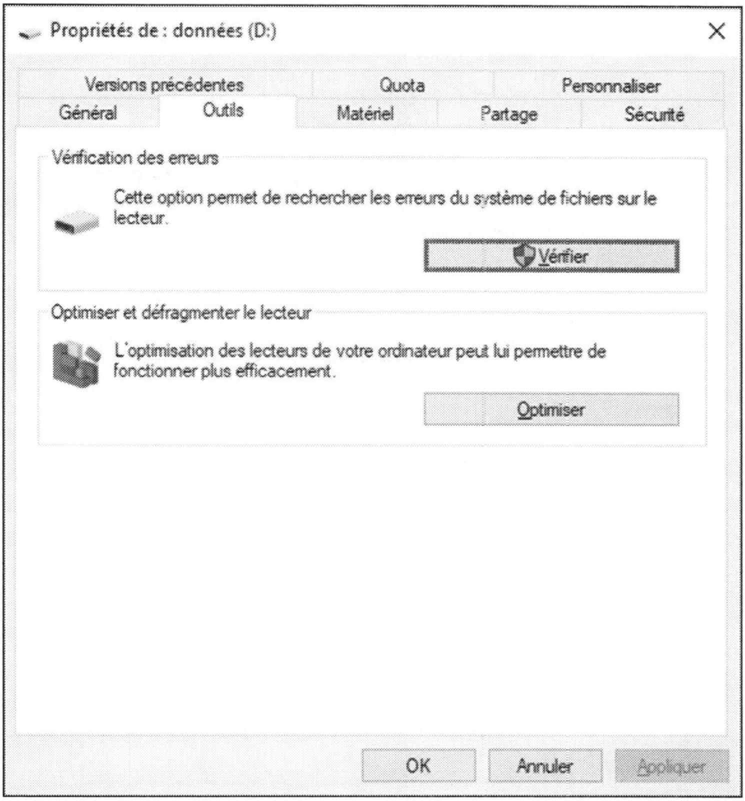

FIGURE 3.1 Lancer une vérification du disque.

Pour défragmenter votre disque dur, vous n'avez rien à faire… sympa non ?

Windows ne défragmente pas automatiquement les SSD, c'est-à-dire les supports de stockage sans parties mécaniques. Les SSD n'ont pas besoin de défragmentation. Ils ont aussi une durée de vie limitée, si bien qu'il n'est pas nécessaire de leur infliger un traitement sans intérêt.

Si vous souhaitez en savoir plus sur les agissements de votre PC tandis qu'il procède à une défragmentation, vous pouvez visualiser ainsi le rapport produit :

1. **Ouvrez l'Explorateur de fichiers et, dans le volet de navigation, faites un clic-droit sur l'icône du lecteur à défragmenter.**
2. **Dans le menu contextuel qui apparaît, choisissez Propriétés.**

3. **Dans la boîte de dialogue qui apparaît, cliquez si nécessaire sur l'onglet Outils.**
4. **Dans la section Optimiser et défragmenter le lecteur, cliquez sur le bouton Optimiser.**
5. **Dans la liste de tous les lecteurs connectés à votre ordinateur, repérez celui qui affiche un gros pourcentage de fragmentation, et cliquez sur Optimiser (voir la Figure 3.2).**

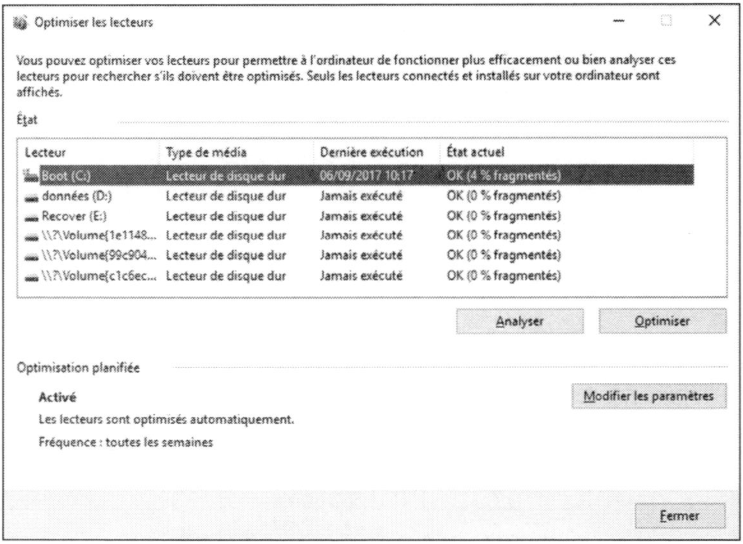

FIGURE 3.2 Un rapport complet des activités de défragmentation.

Le bouton Analyser permet de revérifier l'état de fragmentation des disques.

6. **Si vous souhaitez modifier la programmation de la défragmentation automatique, cliquez sur Modifier les paramètres. Lorsque vous avez terminé, cliquez sur Fermer.**

La défragmentation se déroule chaque semaine à moins que vous ne le spécifiiez autrement.

Maintenance des SSD

Les SSD sont des disques d'un tout autre genre. Vous ne tenterez pas de vérifier leur intégrité avec CHKDSK même si vous le pouviez, car les résultats ne seraient pas concluants et vous ne feriez que les solliciter à outrance. Vous ne tenterez pas non plus de les défragmenter, car ces disques sont déjà défragmentés ou totalement fragmentés (selon la manière dont vous le voyez) et qu'il n'y a pas lieu de n'y rien changer.

La plupart des SSD sont faits avec de la mémoire Flash NAND, c'est-à-dire une mémoire qui ne perd pas son contenu lorsque le courant est coupé. Quoiqu'un SSD puisse tenir dans l'emplacement d'un disque dur et qu'il se comporte essentiellement comme un disque dur, la technologie est totalement différente.

Si les experts débattent encore pour dire que les SSD sont *bien plus* fiables que les disques durs, presque tout le monde convient qu'ils sont plus fiables que ces derniers. Et il ne fait aucun doute qu'ils sont incomparablement plus rapides. Passez votre lecteur C: d'un plateau de disque dur mécanique à un SSD, et vous n'en croirez pas vos yeux.

Les SSD disposent de contrôleurs qui gèrent tout. Les données sont stockées sur les SSD comme elles sont stockées sur les disques durs, et nombre d'outils conçus pour ces derniers fonctionnent parfaitement avec les SSD. Le contrôleur doit se charger de toutes les tâches qui incombent à celui qu'on trouve sur un disque dur. Par exemple, si vous souhaitez effacer un disque dur, vous pouvez le formater ou juste supprimer les fichiers qui s'y trouvent. Si vous souhaitez effacer un SSD, vous devrez utiliser les outils du fabricant, au risque que des données demeurent sur le disque.

Windows désactive les outils Windows Defrag, Superfetch et ReadyBoost sur les SSD – vous ne verrez jamais Windows initier une défragmentation sur un SSD, par exemple – et il peut démarrer en totale transparence depuis un SSD. Cela permet d'accélérer le démarrage et de limiter l'usage du SSD.

Si vous disposez d'un SSD ou si vous en récupérez un plus tard, vous devriez vous rendre sur le site Web du fabricant et récupérer les outils qu'il peut proposer pour prendre soin de l'engin. Windows en prend bien soin de lui-même, mais les fabricants ont plus d'un tour dans leur poche. La boîte à outils SSD d'Intel, disponible sur `http://downloadcenter.intel.com/Detail_Desc.aspx?lang=fra&changeLang=true&DwnldId=18455` est l'un des ensembles d'outils les plus connus, mais vous ne devriez l'utiliser que sur les SSD d'Intel.

Zipper et compresser

Windows gère deux différents types de compression. La distinction n'est pas évidente, mais elle est importante, alors suivez-moi bien.

La compression de fichiers réduit la taille d'un fichier en supprimant les parties d'un fichier qui ne sont pas utilisées, en ne stockant que le minimum d'informations nécessaires pour reconstituer ce fichier – l'extraire – dans son état initial. Cela prend un certain temps, car l'ordinateur doit effectuer de savants calculs pour éliminer les informations superflues du fichier avant de le stocker, de même qu'il doit en effectuer pour restaurer le fichier dans son état original lorsque quelqu'un souhaite y accéder. Toutefois, la compression permet de réduire considérablement la taille d'un fichier. Cette taille est souvent réduite de moitié – voire moins, dans bien des cas.

Comment fonctionne la compression ? Cela dépend de la méthode de compression que vous utilisez. Dans un type de compression connue sous le nom d'encodage Huffman, les lettres qui apparaissent fréquemment dans un fichier (c'est-à-dire des lettres telles que le *e* dans un fichier de traitement de texte) sont réduites de sorte qu'elles n'occupent plus qu'une toute petite place dans le fichier, tandis que les lettres qui apparaissent moins fréquemment (par exemple, le *x*) peuvent occuper toute la place affectée par défaut à une lettre. Ainsi, plutôt que d'allouer huit bits (un bit vaut 1 ou 0) pour coder chaque lettre du document, quelques lettres ne mobiliseront que deux 1 et 0, tandis que d'autres pourront en mobiliser 15. Le résultat net est une réduction de la taille du fichier une fois compressé. C'est compliqué, et les mathématiques que cela implique sont fort intéressantes.

Les deux techniques de compression de fichiers de Windows :

» Les fichiers peuvent être compressés et placés dans un *Dossier compressé*. L'icône d'un fichier Zip représente un dossier avec une fermeture éclair (un zip).

» Les dossiers, ou même des disques entiers, peuvent être compressés en utilisant des fonctionnalités de compression intégrée au système de fichiers Windows (NTFS).

Les choses deviennent alors compliquées.

La compression du système de fichiers NT (NTFS) est intégrée au système de fichiers : vous ne pouvez l'utiliser que sur les disques NTFS, et la compression disparaît lorsque vous déplacez (ou copiez) le fichier sur un autre disque. Figurez-vous la compression NTFS comme une fonctionnalité inhérente au disque dur lui-même. Ce n'est pas exactement le cas – c'est Windows qui travaille derrière –, mais cette image peut vous aider à vous souvenir des limitations de la compression NTFS.

Quoique Microsoft puisse vous faire croire que la compression par *Dossier compressé* est basée sur les dossiers, elle ne l'est pas. Un dossier compressé n'est qu'un fichier – et non un dossier –, mais c'est un fichier d'un type particulier, nommé fichier Zip. Si jamais vous tombez sur des fichiers Zip sur Internet (ils comportent une extension `.zip` et sont fréquemment manipulés à l'aide de programmes tels que mon 7Zip favori, `www.7zip.com`), vous savez alors exactement de quoi je veux parler. Les fichiers Zip contiennent un ou plusieurs fichiers compressés, et ils utilisent le type le plus fréquent de compression qui se rencontre sur Internet. Pensez aux dossiers compressés (zippés) comme à des fichiers Zip, et si vous n'avez jamais utilisé des fichiers Zip, vous comprendrez immédiatement les limites et les bizarreries des dossiers compressés (zippés). Microsoft les appelle « dossiers », car c'est censé être plus facile pour l'utilisateur de comprendre. Vous en serez juge.

Si Windows vous affiche les extensions des noms de fichiers (voyez mes remarques à ce sujet dans la section traitant de l'affichage des extensions de noms de fichiers au Chapitre 1 du Livret VI), vous verrez immédiatement que les dossiers compressés (zippés) sont, en fait, de simples fichiers Zip.

Zip est très utilisé, notamment parce qu'il permet de réduire le volume des données à transmettre d'un endroit à un autre. La compression NTFS n'est pas si utilisée. Elle est plus difficile à utiliser, et les disques durs sont devenus si bon marché que les gens ont rarement besoin d'y recourir.

Le Tableau 3.1 établit une comparaison rapide entre les compressions Zip et NTFS.

Vous devez disposer d'un compte Administrateur pour utiliser la compression NTFS. Vous pouvez créer, copier ou déplacer des fichiers Zip comme tout autre fichier, avec les mêmes restrictions en termes de sécurité.

Vous pouvez utiliser la compression NTFS sur des lecteurs entiers, des dossiers ou des fichiers en particulier. Ils ne peuvent pas être protégés par mot de passe. Vous pouvez zipper des fichiers, des dossiers ou (plus rarement) des disques, et ils peuvent être protégés par mot de passe.

Si vous essayez de compresser un lecteur qui contient Windows (normalement, votre lecteur `C:`), vous ne pouvez pas compresser les fichiers qui sont utilisés par Windows.

Compresser avec NTFS

Suivez ces étapes pour compresser un lecteur entier avec NTFS :

1. **Vérifiez que vous utilisez un compte Administrateur.**

TABLEAU 3.1 Comparaison entre la compression NTFS et la compression de dossiers (Zip).

NTFS	Zip
Pensez à la compression NTFS comme à une fonctionnalité du disque dur.	La technologie Zip fonctionne sur n'importe quel fichier, quel que soit le support sur lequel il est stocké.
Dès que vous déplacez un fichier compressé en NTFS d'un lecteur NTFS (par exemple, pour l'envoyer en pièce jointe par un courriel), le fichier est décompressé automatiquement et vous ne pouvez rien y faire : vous enverrez un fichier volumineux, car non compressé.	Vous pouvez déplacer le dossier compressé (zippé), car c'est un fichier Zip comportant l'extension de nom de fichiers `.zip` et il restera compressé. Si vous envoyez un fichier Zip sous la forme d'une pièce jointe par courriel, il sera transféré sur Internet sous la forme d'un fichier compressé. La personne qui le recevra pourra accéder directement au fichier dans Windows ou utiliser un produit tel que WinZip pour cela.
La compression NTFS ralentit l'ordinateur. Windows doit compresser et décompresser ces fichiers à la volée, ce qui consomme du temps de calcul.	Les fichiers Zip ralentissent très peu l'ordinateur. Nombre de programmes (par exemple, les antivirus) lisent les fichiers Zip directement.
La compression NTFS est utile si vous n'avez plus de place sur un disque formaté en NTFS.	Les dossiers compressés (c'est-à-dire, les fichiers Zip) adoptent un format presque universel que vous pouvez donc utiliser bientôt n'importe où.

Reportez-vous au Chapitre 4 du Livret II.

2. **Ouvrez l'Explorateur de fichiers par un clic sur l'icône du dossier de la barre des tâches.**

3. **Dans le volet de navigation, faites un clic-droit sur le lecteur que vous souhaitez compresser. Dans le menu contextuel qui apparaît, choisissez Propriétés et cliquez sur l'onglet Général.**

4. **Cochez Compresser ce lecteur pour augmenter l'espace disponible. Cliquez ensuite sur OK.**

   Windows vous demande de confirmer que vous souhaitez compresser tout le lecteur. Windows peut prendre un certain temps pour procéder à la compression ; cela peut parfois prendre des jours. Bonne chance.

Suivez ces étapes pour utiliser la compression NTFS sur un dossier :

1. **Vérifiez que vous utilisez un compte Administrateur.**

   Reportez-vous au Chapitre 4 du Livret II.

2. **Cliquez sur l'icône du dossier de la barre des tâches pour exécuter l'Explorateur de fichiers.**

3. **Dans le volet de navigation (gauche), cliquez du bouton droit sur le dossier que vous souhaitez compresser. Sélectionnez Propriétés et cliquez sur le bouton Avancé.**

4. **Sélectionnez Compresser le contenu pour libérer de l'espace disque. Cliquez ensuite sur OK.**

   Windows vous demande de confirmer que vous souhaitez compresser le dossier. À moins que ce dernier ne soit énorme, la compression ne devrait prendre que quelques minutes.

Pour décompresser le dossier, ouvrez de nouveau la boîte de dialogue Propriétés avancées (cliquez du bouton droit sur le fichier ou le dossier, sélectionnez Propriétés, cliquez sur le bouton Avancé) et décochez Compresser le contenu pour augmenter l'espace disponible.

Zipper facilement avec l'option Dossier compressé

La manière la plus simple pour créer un fichier Zip, c'est-à-dire un dossier compressé, consiste à simplement taper dessus à et maintenir appuyé (ou cliquer dessus du bouton droit). Voici comment :

1. **Ouvrez l'Explorateur de fichiers, et naviguez jusqu'aux fichiers que vous souhaitez compresser.**

2. **Sélectionnez le ou les fichiers que vous souhaitez zipper ensemble.**

   Vous pouvez taper et maintenir appuyé, ou cliquer en maintenant Ctrl appuyé pour sélectionner les fichiers un par un, ou cliquer et maintenir Maj appuyé pour en sélectionner un ensemble.

3. **Tapez et maintenez appuyé (ou cliquez du bouton droit) sur n'importe lequel des fichiers sélectionnés et choisissez Envoyer vers -> Dossier compressé.**

   Windows réagit en créant un nouveau fichier Zip, comportant l'extension de nom de fichiers `.zip`, et en plaçant des copies des fichiers sélectionnés dans le nouveau dossier Zip. L'Explorateur de fichiers sélectionne le fichier et affiche un onglet contextuel Outils du dossier compressé, représenté sur la Figure 3.3.

   Le nouveau fichier est un fichier comme tous les autres : vous pouvez le renommer, le copier, le supprimer, l'envoyer sous

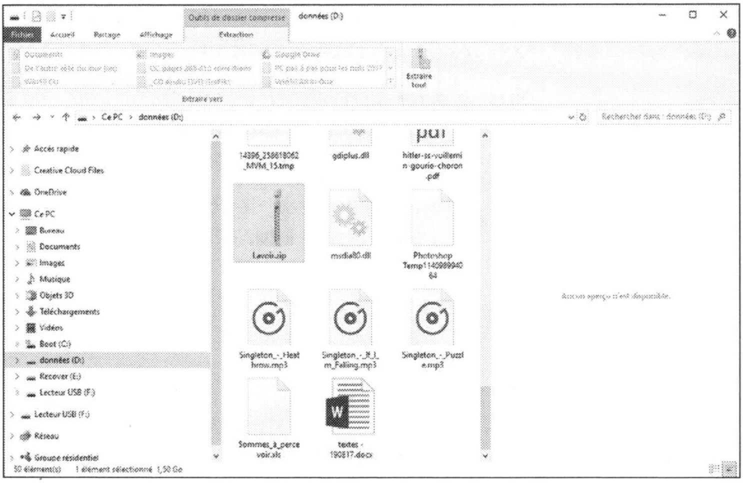

FIGURE 3.3 Cliquez sur un fichier zippé, et vous accéderez à un onglet contextuel Outils du dossier compressé.

forme de pièce jointe, l'enregistrer sur Internet ou lui appliquer tout autre traitement que vous appliqueriez à un fichier classique.

4. **Pour ajouter un autre fichier à votre dossier compressé, glissez-déposez ce fichier sur l'icône du dossier en question.**
5. **Pour copier un fichier contenu dans votre fichier Zip (dossier compressé), double-cliquez sur l'icône de ce dernier et traitez le fichier comme vous traiteriez un fichier classique.**
6. **Pour copier tous les fichiers de votre fichier Zip (dossier compressé), cliquez sur l'onglet Extraction dans le ruban de l'Explorateur de fichiers.**

   De là, vous pouvez choisir l'emplacement ou cliquer sur l'icône Extraire tout pour sélectionner un emplacement différent de ceux proposés.

Par défaut, l'icône Extraire tout vous recommande d'extraire tous les fichiers dans un nouveau dossier portant le nom du fichier Zip, ce qui ne manque pas de perturber le commun des mortels. À moins que vous ne donniez un nom différent au dossier compressé, vous vous retrouverez avec deux dossiers qui portent le même nom sur votre bureau. Évitez-vous des problèmes en spécifiant à l'assistant un nom de dossier différent lorsque vous extrayez les fichiers.

Chapitre 4

Les navigateurs Web

DANS CE CHAPITRE :

- **Choisir un navigateur Web**
- **Windows 10 et son Microsoft Edge**
- **Chrome une alternative à Microsoft**
- **Rechercher sur le Web et prendre le contrôle**
- **Utiliser les outils de référence du Web**

Il n'y a pas encore si longtemps, Web rimait avec Internet Explorer. Ce temps est désormais révolu dans la logique d'innovation de Windows 10 qui veut imposer aux utilisateurs son nouveau navigateur Web appelé Microsoft Edge.

Certes, Internet Explorer est toujours utilisable sous Windows 10, mais Microsoft a remplacé son icône de la barre des tâches par celle d'Edge afin de rendre l'accès à Internet Explorer plus complexe.

Signe des temps, ce chapitre ne traitera donc pas d'Internet Explorer, et se concentrera sur Microsoft Edge, tout en vous présentant une alternative appelée Chrome, le navigateur Web de Google de plus en plus utilisé.

Quel est le meilleur navigateur ?

On doit me poser la question dix fois par semaine.

La réponse courte : ça dépend.

La réponse longue : ça dépend de nombreuses choses.

QU'EST-CE QU'UNE ADRESSE IP ?

Lorsque vous vous connectez à Internet pour interagir avec un site Web, ce dernier doit être en mesure de vous retrouver. Plutôt que d'utiliser des noms (*Le super PC de Jean*), Internet vous repère à l'aide de nombres, comme 207.46.222.182, quelque chose qui ressemble à un numéro de téléphone (ici, c'est une des adresses de Microsoft). Lorsque vous vous rendez sur un site Web, vous laissez derrière vous votre adresse IP. C'est le seul moyen dont le site Web dispose pour revenir vers vous. Rien d'effrayant là-dedans : c'est la base sur laquelle Internet fonctionne.

Quoique votre adresse IP ne soit pas votre propriété, l'adresse IP des ordinateurs connectés à Internet *via* une liaison haut débit change peu. Cette adresse peut changer lorsque vous éteignez et rallumez votre routeur, ce que vous faites rarement. En conséquence, votre adresse IP reste plus ou moins la même.

L'adresse IP identifie le périphérique qui est connecté à Internet. Dans les entreprises et les foyers, cette adresse est celle du routeur, et non des ordinateurs connectés à Internet. Si vous utilisez une connexion mobile (3G ou 4G), l'adresse IP est associée à votre opérateur de téléphonie, et non à vous. Dans certains pays en voie de développement, le pays ne dispose que d'un nombre limité d'adresses IP et toutes les connexions sont gérées comme si elles s'effectuaient sur un réseau interne.

La sécurité

Sans aucun doute, la sécurité est le premier critère sur lequel vous devez vous baser pour choisir un navigateur Web. Vous souhaitez par-dessus tout éviter que votre PC soit l'objet d'attaques alors que vous avez à peine regardé une page Web infectée.

Les jours où Microsoft faisait la une pour les failles de sécurité d'Internet Explorer sont derrière nous. Même s'il est vrai qu'Internet Explorer, et sous peu Edge, concentre les assauts plus d'autres, n'oubliez jamais que Chrome fait lui aussi l'objet d'attaques spécifiques.

IE, Edge, et Chrome ne sont pas les seuls navigateurs Web disponibles. D'aucuns ne jurent que par Safari (le navigateur d'Apple) ; d'autres par Opera. Personnellement, je n'aime pas Safari, mais j'apprécie Opera.

Le respect de la confidentialité

La confidentialité est un sujet sur lequel les navigateurs se différencient. Pour autant que je puisse le dire, personne ne sait avec certitude quelles données produites par votre utilisation sont conservées par les éditeurs de navigateurs, mais il semble bien que :

- » Si vous activez la fonctionnalité Sites suggérés ou le filtre SmartScreen dans Internet Explorer (voir la section consacrée à Internet Explorer et Edge), IE et Edge envoient l'historique de votre navigation à Microsoft, où elle est conservée et analysée.
- » Google conserve des informations sur les sites que vous visitez avec Chrome.

En général, les éditeurs de navigateurs ne peuvent pas vous suivre directement à la trace, en tant qu'individu ; ils ne peuvent suivre que votre adresse IP (voir l'encadré « Qu'est-ce qu'une adresse IP ? »). Microsoft et Google mixent des informations qu'ils récupèrent auprès de plusieurs sources. Comme Microsoft l'indique dans l'engagement sur la vie de privé de son navigateur Web :

« Afin de vous offrir une expérience plus cohérente et personnalisée dans vos interactions avec Microsoft, les informations collectées *via* un service Microsoft peuvent être combinées à des informations recueillies *via* d'autres services Microsoft. »

Il est amusant que cette déclaration ne mentionne pas la publicité ciblée.

Google fait la même chose : il collecte activement des informations lorsque vous utilisez un produit Google ou que vous vous rendez sur un site Google, dont le site de recherche et le navigateur.

Choisir un navigateur

Sachant tous les avantages et les inconvénients, quel navigateur devriez-vous choisir ?

Quoique chaque version de chaque navigateur soit différente, les versions des différents navigateurs présentent quelques caractères généraux :

- » **Edge** de Microsoft est un navigateur Web nouvelle génération qui facilite la navigation et dont l'interface est adaptée au mode tablette. Évidemment comme toutes les applications de Windows 10, Microsoft Edge est utilisable sur le Bureau. Un de ses grands avantages est de fonctionner de concert avec Cortana le système « intelligent » qui gère vos recherches sur le PC, le Web, tout en étant capable de vous rappeler un rendez-vous ou bien encore de vous dire si vous devez sortir ou non avec un parapluie. Microsoft Edge, comme nous le verrons dans ce chapitre, reprend une des grandes philosophies de Chrome qui consiste à taper l'objet de vos recherches directement dans la barre d'adresse du programme.

» **Chrome** sort généralement premier des tests sur la sécurité. Capable par lui-même de lire les PDF, de jouer les Flash et d'exécuter des programmes Java, Chrome n'a pas besoin pour cela d'extensions, notoirement grevées de failles de sécurité. Chrome a aussi été pionnier en matière de nouvelles fonctionnalités et d'adoption de nouveaux standards. Il permet de transporter vos paramètres d'un PC à un autre.

Votre choix n'est pas exclusif. Vous pouvez facilement faire fonctionner simultanément Internet Explorer, Edge, et Chrome. Voici comment je procède :

» Si je veux ajouter un favori, j'utilise généralement Chrome, en restant identifié. Son interface des favoris est celle que je préfère – et je peux faire voyager mes paramètres avec moi, où que j'aille, car je suis identifié. Si j'ai des problèmes pour lire un nouveau site avec Internet Explorer ou Edge, Chrome parviendra généralement à le lire.

» Edge est encore trop récent pour que mon expérience de la navigation me permette de juger de son efficacité. Cependant, après quelques essais, je le trouve adapté à tous ceux qui ne font que des recherches sommaires, et qui n'ont pas envie de se prendre la tête avec une configuration trop complexe. De plus, son interface ravira tous ceux qui utilisent un écran tactile et privilégie l'affichage en mode tablette de Windows 10.

Désigner un navigateur par défaut

Lorsque vous installez Windows 10, Edge est désigné comme navigateur par défaut, et son icône est installée à droite de la zone de recherche (Cortana) de Windows sur la barre des tâches. *De facto*, la version typique de bureau d'Internet Explorer n'est pas visible et devra être recherchée manuellement comme nous le verrons plus loin dans ce chapitre.

Aussitôt que vous avez installé Chrome, le navigateur vous propose de devenir votre navigateur par défaut. Il vous propose aussi généralement d'arrêter de vous le demander. J'utilise toujours cette option.

Toutefois, voici comment changer de navigateur par défaut :

1. **Cliquez sur le bouton Démarrer puis, dans le menu Démarrer, choisissez Paramètres (engrenage).**
2. **Dans la fenêtre Paramètres Windows, cliquez sur Applications.**
3. **Dans la colonne de gauche Applications, choisissez Applications par défaut.**

   Vous accédez aux applications définies par défaut par Windows 10, comme sur la Figure 4.1.

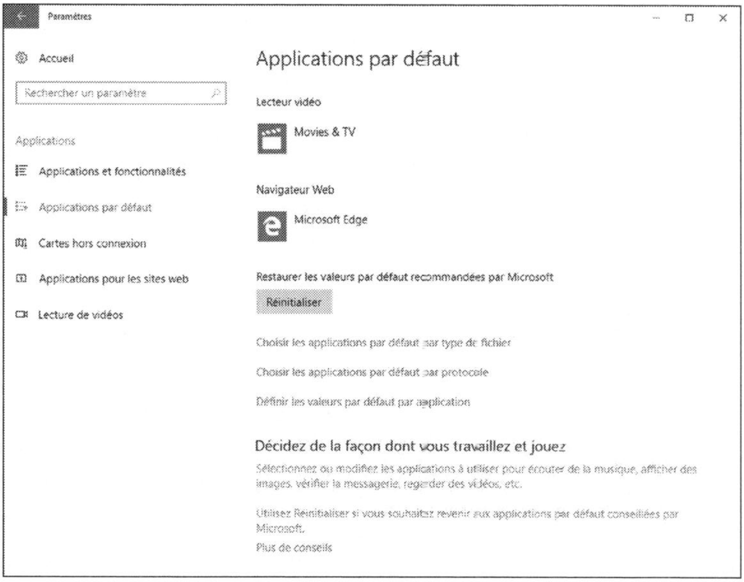

FIGURE 4.1 Applications et fonctionnalités par défaut.

4. **Faites défiler le contenu de la fenêtre afin de localiser la section Navigateur Web.**
5. **Cliquez sur la vignette Microsoft Edge puis, dans le menu local Choisir une application qui apparaît, cliquez sur le nom d'un autre navigateur comme Chrome (Figure 4.2).**

   Notez la présence d'Internet Explorer dans cette liste.

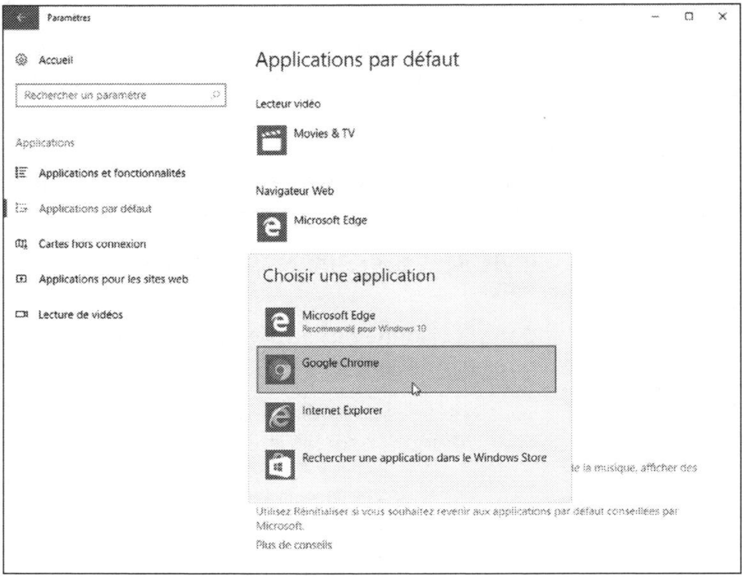

FIGURE 4.2 Spécifiez ici votre navigateur par défaut.

6. **Fermez la fenêtre des paramètres par un clic sur la croix X en haut à droite.**

   Le navigateur que vous avez choisi devient le navigateur par défaut.

Microsoft Edge

Microsoft Edge est le tout nouveau navigateur Web de Microsoft. Sa conception en fait l'outil idéal pour surfer avec Windows 10 en mode tablette, c'est-à-dire tactile. Toutefois, son interface s'accommode très bien du Bureau. D'ailleurs, ne vous y trompez pas puisque Microsoft a imposé Edge comme navigateur par défaut de son nouveau Windows. La Figure 4.3 montre l'interface de Microsoft Edge.

Les caractéristiques d'Edge

Si vous n'avez pas installé d'autres navigateurs, Edge sera votre navigateur Web Windows 10 par défaut. Bien entendu si, volontairement ou accidentellement vous avez déclaré un autre navigateur par défaut, vous devez mettre en œuvre la pro-cédure précédente pour faire de Microsoft Edge votre navigateur par défaut. Entre autres choses, cela

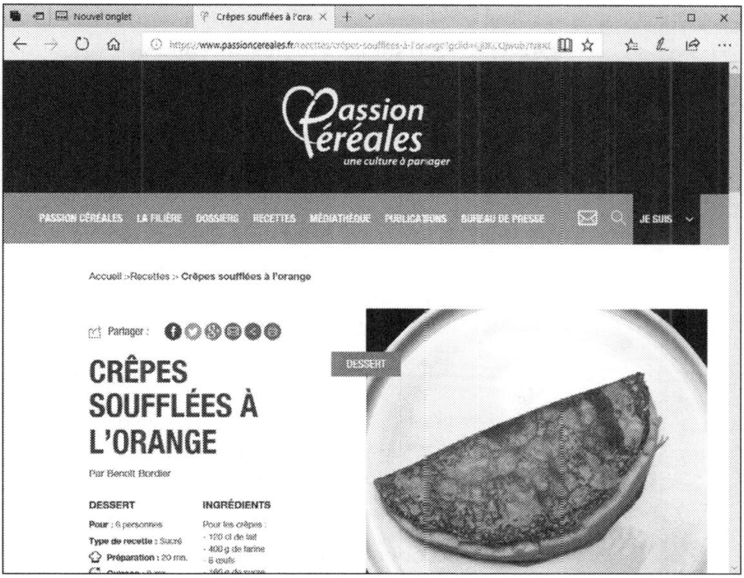

FIGURE 4.3 Le tout nouveau et tout beau Microsoft Edge.

signifie que lorsque vous cliquez sur un lien figurant dans un document ou un courriel, c'est Edge qui s'exécute pour afficher la page à l'écran.

Qu'est-ce que Microsoft Edge a de plus que les autres ? Ce n'est peut-être pas là qu'il faut chercher une réponse. Pour vous vendre une soupe, n'importe quel commerçant vous la vantera avec des termes bien souvent éculés, mais qui fonctionnent toujours comme « extraordinaire », « révolutionnaire » et j'en passe.

Voyons en quelques points les apports d'Edge par rapport à Internet Explorer :

- Une interface épurée plutôt conçue pour le tactile, mais qui sera aussi exploitable à la souris donc en mode Bureau de Windows 10.
- Edge met à votre disposition ce qu'il appelle le Hub. Il s'agit d'un bouton situé dans la partie supérieure droite de l'interface et qui donne accès à vos favoris, vos téléchargements, vos listes de lecture, et votre historique.
- Edge permet de mettre de côté des onglets que vous consulterez ultérieurement sans pour autant encombrer vos favoris. Cette fonction est idéale lorsque vous collectez des informations temporaires afin de ne pas perdre la trace d'un contenu important.

- Edge autorise l'épinglage de sites au menu Démarrer (partie droite) et/ou sur la barre des tâches.
- Effectuez vos recherches depuis la barre d'adresse en saisissant directement du texte. Vous obtenez une liste de résultats, mais aussi de votre historique de navigation. Par exemple, si vous saisissez **météo Paris**, vous obtenez des résultats immédiats.
- Prenez des notes ! Microsoft Edge permet d'annoter les pages Web, et de surligner du contenu. Vous pourrez alors enregistrer une version annotée de la page que vous partagerez avec des amis, ou que vous ajouterez à vos listes de lecture.
- Créer des listes de lecture afin de consulter des pages Web hors ligne.
- Facilitez-vous la découverte du contenu des pages en passant en mode lecture. Votre attention ne sera pas détournée par d'autres éléments.
- Edge fonctionne poings et mains liés avec Cortana, l'assistant intelligent de Windows 10. Cortana vous aidera à effectuer des réservations et vous fournira des itinéraires vers un lieu spécifique.

Naviguer avec Edge

L'un des principaux intérêts d'Edge est d'être intuitif pour un débutant, et de pouvoir se piloter au doigt et à l'œil. Il suffit de quelques conseils sur les outils pour trouver son chemin sur le Web comme un pro.

La Figure 4.4 vous décrit les principales fonctionnalités de l'interface de Microsoft Edge.

Contenu de la fenêtre d'Edge

Comme vous pouvez le constater, Edge propose de nombreuses fonctionnalités dans un espace assez réduit. Les éléments que vous utiliserez le plus sont décrits dans cette liste :

- **Onglets mis de côté :** Ouvre un espace contenant des onglets mis de côté grâce à la fonction présentée ci-après.
- **Définir les onglets mis de côté :** Cliquez sur ce bouton pour que le contenu de l'onglet actuellement affiché soit enregistré sous l'icône Onglets mis de côté présentée ci-dessus.

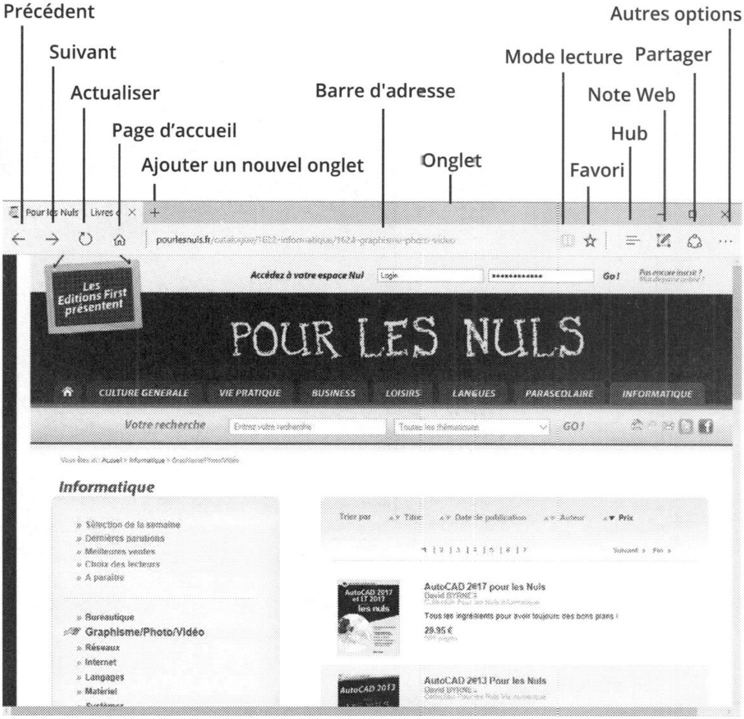

FIGURE 4.4 La fenêtre d'Edge comprend tout ce dont vous avez besoin pour surfer sur le Web.

- **Onglet :** Vous pouvez ouvrir de multiples pages simultanément, chacune figurant dans un onglet. Pour créer un nouvel onglet, cliquez sur le premier onglet vide sur la droite (signe +).
- **Les flèches Précédent et Suivant :** Rendez-vous à la page vue antérieurement ou postérieurement. ; faites un clic-droit sur ces boutons pour accéder à la liste des pages visitées.
- **Rafraîchir :** Si vous pensez que le contenu de la page a changé, cliquez sur cette icône pour qu'Edge la recharge.
- **Accueil :** Cliquez sur ce bouton pour revenir à la page d'accueil d'Edge.
- **La barre d'adresse :** Elle vous permet de saisir l'adresse Web d'une page à laquelle vous souhaitez vous rendre directement, mais aussi n'importe quelle requête. En fonction de celle-ci, l'assistant Cortana de Windows 10 vous suggérera des actions à réaliser.
- **Mode Lecture :** Permet d'afficher l'essentiel d'une page comme le montrent les deux illustrations de la Figure 4.5. La page norma-

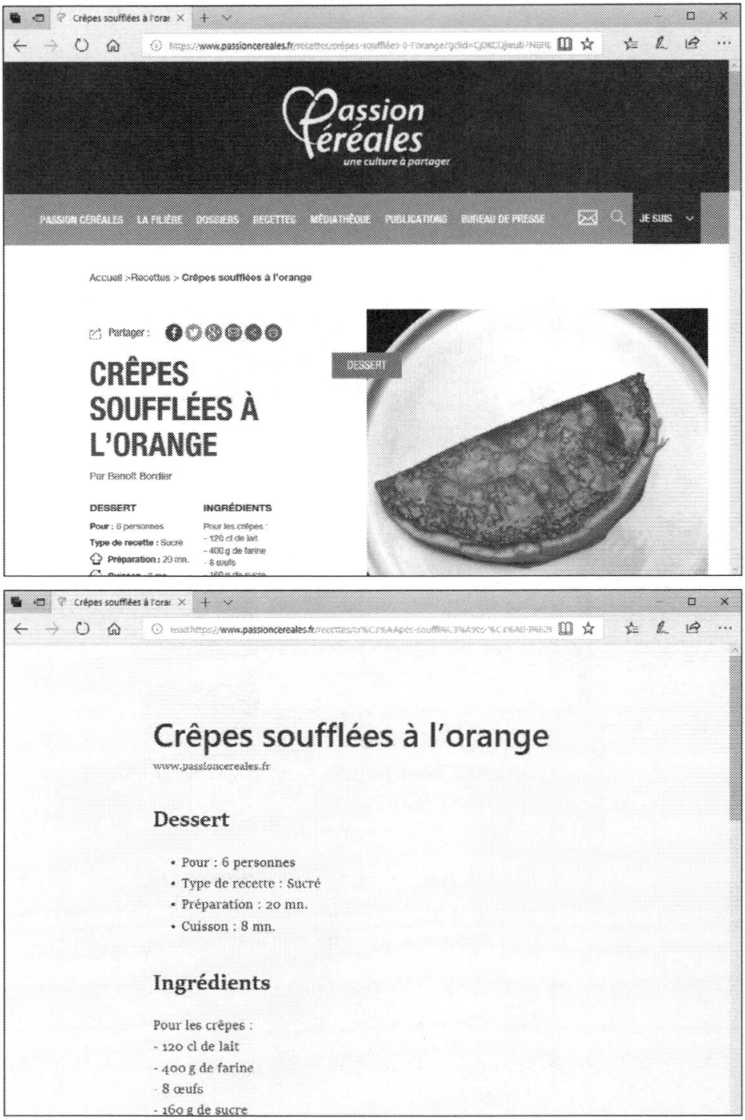

FIGURE 4.5
Une page Web standard (en haut) et son affichage en mode lecture (en bas).

lement affichée (en haut) et cette même page en mode lecture (en bas).

» **Icône des favoris** : Vous permet de créer un favori, d'en consulter et d'en organiser la liste, ainsi que de consulter l'historique de votre navigation.

- **Hub :** Cliquez sur ce bouton pour afficher un menu local donnant accès à des icônes qui afficheront vos favoris, vos listes de lecture, votre historique, et vos téléchargements.
- **Note Web :** Ouvre une barre d'outils qui permet d'annoter, griffonner, et de surligner du contenu dans une page Web. Vous pourrez aussi marquer un contenu à partager avec des amis et des collaborateurs. Vous enregistrerez cette note dans OneNote de la suite Office, dans vos favoris, ou dans une de vos listes de lecture afin de la consulter ultérieurement.
- **Partager :** Cliquez sur cette icône pour accéder au volet Partager qui s'affiche sur le bord droit de Windows rappelant la barre des charmes de Windows 8. Là, vous aurez la possibilité de partager la page Web par mail avec l'application Courrier, Liste de lecture, OneNote, Twitter et d'effectuer un rappel Cortana.
- **Paramètres :** Drôle de nom pour une fonction. C'est un peu l'idée du fourre-tout. Dans les anciennes versions d'Internet Explorer, on parlait d'outils. Ce bouton renferme un menu local qui donne accès à des commandes de zoom, d'impression, *etc.*, ainsi qu'au paramétrage d'Edge.

Naviguer avec les onglets

Les onglets permettent d'afficher différentes pages Web sans ouvrir plusieurs occurrences d'Edge. Vous constaterez que si vous exécutez Microsoft Edge depuis le menu contextuel de son bouton dans la barre des tâches, vous n'ouvrirez pas une nouvelle fenêtre, mais afficherez simplement la fenêtre en cours. Donc, avec Edge, la navigation par onglets est obligatoire. Ils constituent une aide essentielle à la navigation, car il est très facile de passer d'un onglet à un autre. Si vous n'avez jamais utilisé d'onglets dans un navigateur, vous vous demandez sans doute pourquoi en faire tant de cas. La Figure 4.6 montre une fenêtre d'Edge avec trois onglets affichant chacun une page Web.

Vous pouvez ajouter un nouvel onglet Edge de quatre manières :

- En cliquant sur le signe + situé à droite de l'onglet actif. Vous créez ainsi un onglet vide affichant une page de suggestions de sites.
- En maintenant la touche Ctrl enfoncée et en cliquant sur un lien dans une page.
- En pressant Ctrl + T pour créer un nouvel onglet. Lorsqu'il est ouvert, vous pouvez y naviguer comme vous le feriez dans n'importe quelle fenêtre de navigateur.

FIGURE 4.6 Trois onglets utilisés dans Edge.

- » En cliquant du bouton droit sur un lien et en sélectionnant Ouvrir dans un nouvel onglet.

De plus, la page Web que vous consultez peut spécifier que certains des liens qu'elle contient doivent ouvrir un nouvel onglet plutôt que de remplacer le contenu de l'onglet courant.

Pourquoi j'apprécie les onglets ? Je peux organiser une seule fenêtre sous la forme d'un ensemble d'onglets puis créer des favoris pour l'ensemble. Cela me permet d'ouvrir d'un seul clic tous mes sites Web favoris, mes sites de recherche, mes sites de finance. Tandis que mon navigateur charge les pages, je peux vaquer à mes occupations et revenir lorsque tout est chargé et prêt à être consulté.

Vous souhaitez vraiment ouvrir une nouvelle fenêtre d'Edge, car les onglets vous impressionnent ? Alors dans ce cas, faites un clic-droit sur un lien. Dans le menu contextuel qui apparaît, exécutez la commande Ouvrir dans une nouvelle fenêtre, comme le montre la Figure 4.7.

Vous pouvez réorganiser l'ordre des onglets en glissant-déposant n'importe quel onglet où il vous convient.

Vous pouvez également détacher un onglet afin d'afficher son contenu dans une nouvelle fenêtre d'Edge. Pour cela, commencez par réduire la taille de la fenêtre du navigateur si elle est ouverte en plein écran. Ensuite, glissez-déposez l'onglet sur un espace vide du bureau. Deux fenêtres d'Edge sont désormais ouvertes.

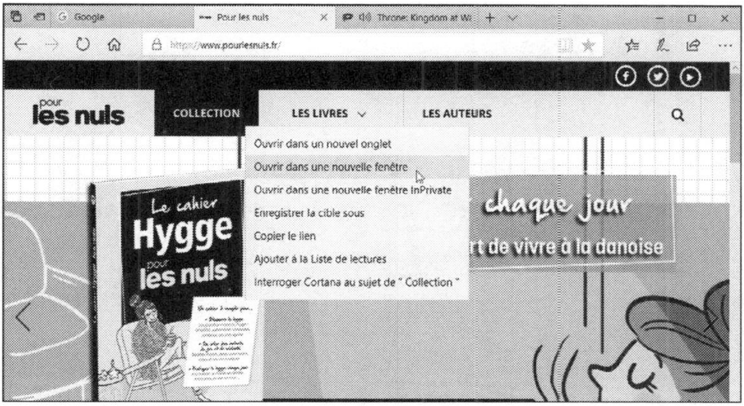

FIGURE 4.7 Ouvrir un contenu dans une nouvelle fenêtre.

Mettre des onglets de côté

Voici une nouveauté d'Edge. Plutôt que de créer des favoris, vous avez la possibilité de placer certains onglets dans une sorte de mémoire interne au navigateur Web. Vous pourrez ainsi rapidement afficher la page à laquelle renvoie ce contenu. Voici comment procéder :

1. **Dans un onglet ou plusieurs, affichez le contenu d'un ou plusieurs sites Web.**
2. **Cliquez sur le bouton Définir ces onglets à part en haut à gauche.**
3. **Répétez cette opération pour d'autres pages Web.**

   Si plusieurs onglets sont ouverts en même temps, ils seront tous ajoutés aux onglets mis de côté.
4. **Pour consulter ces onglets, cliquez sur le bouton Onglets que vous avez mis de côté en haut à gauche.**

   L'ensemble de ces onglets s'affiche comme sur la Figure 4.8.
5. **Pour restaurer les onglets et ainsi les retirer de cette liste, cliquez sur le lien du même nom.**
6. **Pour ne restaurer qu'un onglet de la liste, cliquez simplement sur sa vignette.**
7. **Pour supprimer un onglet sans le restaurer, placez le pointeur de la souris sur sa vignette et cliquez sur le bouton X qui apparaît en bas à droite.**

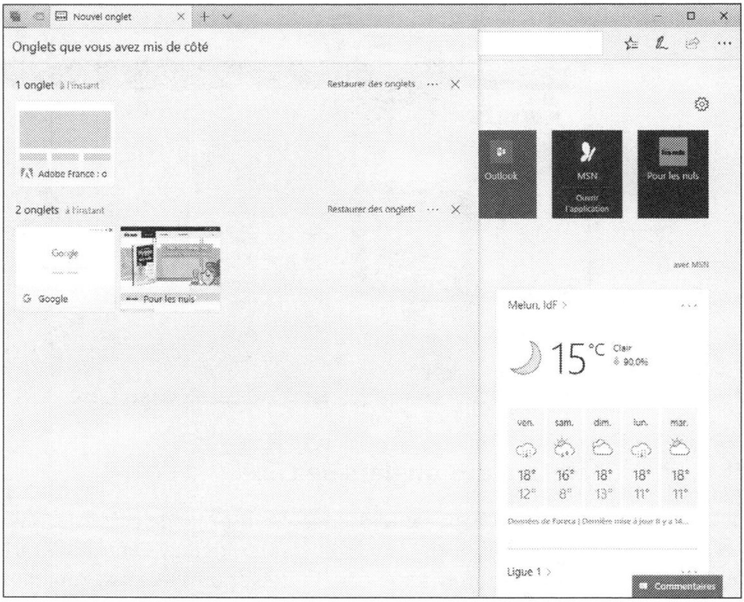

FIGURE 4.8 Les onglets mis de côté.

Utiliser la barre d'adresse

Vous connaissez certainement les fonctionnalités essentielles d'un navigateur, ou du moins pouvez-vous deviner à laquelle correspond tel élément de l'interface. Toutefois, vous n'êtes pas forcément au courant de ces subtilités :

» Lorsque vous saisissez quelque chose dans la barre d'adresse, Edge analyse le texte et tente de déterminer s'il figure dans la liste des sites de votre historique ou de vos favoris. Il vous propose alors spontanément de compléter l'adresse. Faites attention à ce qu'il vous propose, car cela peut vous faire économiser de la saisie.

La recherche se fait par défaut avec le moteur de recherche Bing. Vous pouvez en définir un autre, Google par exemple, comme cela est expliqué plus loin dans ce chapitre.

» Cliquez sur un lien et la page Web décide de charger la nouvelle page dans l'onglet du navigateur ou dans un nouvel onglet. Les gens ne savent pas que c'est la page qui décide de la manière dont une page est ainsi affichée. Sachez que vous pouvez contourner ce fonctionnement :

- Maintenez Maj appuyé et cliquez pour charger la nouvelle page dans une nouvelle fenêtre du navigateur.

- Maintenez Ctrl appuyé et cliquez pour charger la nouvelle page dans un nouvel onglet de la fenêtre courante du navigateur. De même, si vous saisissez du texte dans le champ de recherche et que vous pressez Ctrl + Entrée, les résultats apparaîtront dans un nouvel onglet.

» Même si la page détourne les boutons du navigateur permettant d'accéder aux pages précédentes et suivantes, vous pouvez toujours revenir en arrière (ou en avant) en cliquant tout en maintenant appuyée la touche de direction, puis en sélectionnant la page à laquelle vous souhaitez accéder.

Vous pouvez afficher l'historique de toutes les pages que vous avez visitées ces dernières semaines en pressant Ctrl + H. Pour rechercher un mot ou une phrase dans la page, pressez Ctrl + F. Pour forcer votre navigateur à recharger une page Web (récupérer la dernière version, même si une version est stockée sur votre ordinateur), pressez F5. Si vous souhaitez vous assurer que vous disposez bien de la dernière version même si par erreur elle a été datée antérieurement à la version que vous consultez, procédez à un rechargement en pressant Ctrl + F5.

Économiser de l'espace, perdre du temps

Si l'Historique est pratique pour retrouver rapidement des pages Web, il consomme pas mal d'espace disque. Ces fichiers temporaires n'existent que pour accélérer votre accès à Internet : lorsqu'Edge doit afficher une page que vous avez antérieurement visitée, il vérifie qu'il n'existe pas une copie de cette page dans le dossier des fichiers temporaires de navigation et l'y récupère pour l'afficher plutôt que d'avoir à en attendre le téléchargement.

Suivez ces étapes pour purger le dossier des fichiers temporaires d'Edge :

1. **Démarrez Edge par un clic sur son icône de la barre des tâches.**
2. **Cliquez sur l'icône Hub (étoile filante).**
3. **Dans le Hub qui apparaît, cliquez sur l'icône Historique (qui ressemble à une horloge).**
4. **Cliquez ensuite sur le lien Effacer tout l'historique.**

   Cette action ouvre le volet Effacer les données de navigation, illustré à la Figure 4.9.
5. **Sélectionnez les types de données que vous souhaitez supprimer, puis cliquez sur le bouton Effacer.**

Vous ne risquez rien, mais les pages Web que vous revisiterez prendront plus de temps pour s'afficher. Pour des conseils sur les cookies, reportez-vous à la section suivante.

6. **Quittez ce volet par un clic sur n'importe quelle zone de l'interface.**

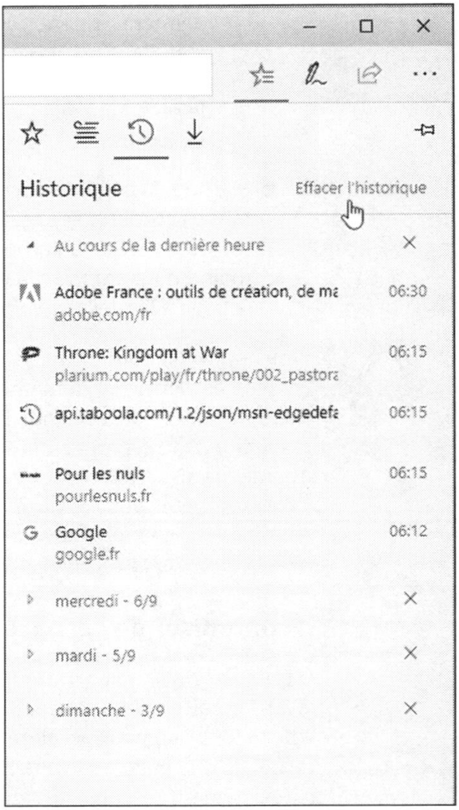

FIGURE 4.9
Pour effacer les fichiers temporaires d'Edge.

Gérer les cookies

Comme vous le savez peut-être déjà, un *cookie* est un fichier texte qu'un site Web conserve sur votre ordinateur. Le site Web peut conserver des informations dans son propre cookie (par exemple, la date et l'heure de votre dernière visite, ou la page que vous avez consultée en dernier, ou votre numéro de compte). En théorie, un site Web ne peut lire et modifier que ses propres cookies : le cookie fournit un moyen au site pour stocker de l'information sur votre ordinateur et la récupérer ultérieurement, en utilisant les services de votre navigateur.

En général, c'est une bonne chose. Les cookies peuvent rendre la vie plus facile en limitant les actions à entreprendre pour accéder à un site. Par ailleurs, la plupart des sites utilisant des paniers d'achats ont besoin de cookies.

Du fait de problèmes récurrents, de la colère d'utilisateurs ne comprenant pas ce qui leur arrivait et de l'évolution de la législation dans de nombreux pays, les cookies contiennent dorénavant peu d'informations utiles. En général, ils conservent la trace de paramètres inoffensifs, et éventuellement un nombre généré aléatoirement pour vous tracer dans la base de données de l'entreprise. Les méchants ne trouvent plus dans les cookies que des données banales, voire inutiles.

Qu'est-ce qu'un cookie tiers ?

Les *cookies tiers* ont une valeur commerciale, car ils peuvent être utilisés pour tracer votre navigation sur le Web. Voici comment. Supposons que ZDNet (`www.zdnet.com`) vend une annonce à DoubleClick. Lorsque vous vous rendez sur une page de ZDNet (on y trouve des annonces « minuscules » sous la forme d'images d'un pixel de côté), ZDNet et DoubleClick peuvent ajouter des cookies sur votre ordinateur. ZDNet ne peut récupérer que son cookie, et DoubleClick ne peut récupérer que le sien. Toutefois, DoubleClick peut ainsi apprendre que vous avez visité le site ZDNet pour vous renseigner sur les téléphones fonctionnant avec Android.

Disons maintenant que DealTime (`www.dealtime.com`) vend une annonce à DoubleCick. Si vous vous rendez sur une page de DealTime (qui contient aussi une « annonce » minuscule sous forme d'image d'un pixel de côté), DealTime et DoubleClick peuvent accéder à leurs cookies respectifs. DealTime est assez malin pour demander à DoubleClick si vous vous êtes intéressé aux téléphones sous Android, et vous proposer en conséquence des remises. Ou alors, une compagnie d'assurance peut apprendre que vous avez recherché des informations sur le psoriasis. Ou encore, un concessionnaire automobile peut découvrir que vous vous êtes intéressé à la dernière Stutzmobile.

Multipliez ces petits exemples par 10, 100 ou 100 000 et vous comprendrez comment un cookie tiers peut être utilisé pour collecter beaucoup d'informations à votre sujet *via* vos pratiques de navigation. Rien d'illégal ou d'immoral là-dedans. Toutefois, certaines personnes (dont moi-même) peuvent y voir un problème. Au passage, savez-vous que Google possède DoubleClick ?

Je ne m'énerve plus trop sur les cookies maintenant. Si vous n'avez jamais tenté de les utiliser en programmant, vous devez être en train de bâiller en lisant ces lignes. Toutefois, ils peuvent réellement servir à des usages pernicieux.

Supprimer les cookies

Les cookies n'ont rien à voir avec le pourriel – vous recevrez toujours le même pourriel si vous demandez à votre navigateur de rejeter tous les cookies qu'on lui demande de créer. Les cookies n'espionnent pas votre PC ; ils ne vont pas fouiller dans vos comptes en banque ; ils ne conservent pas une liste des sites... imagés que vous pouvez visiter. Ils sont réellement utiles, mais comme nombre d'autres concepts de l'informatique, les cookies peuvent être utilisés par certaines entreprises de manières qui interpellent. Si vous vous inquiétez des cookies et que vous souhaitez vraiment savoir comment ils fonctionnent, reportez-vous à ce chapitre.

Pour supprimer les cookies dans Edge, suivez les instructions prodiguées antérieurement dans la section « Économiser de l'espace, perdre du temps » pour afficher le volet de suppression de l'historique de navigation (voir Figure 4.8). Vérifiez que vous avec coché Cookies et données de sites Web enregistrées, et cliquez sur Effacer. Edge supprime tous vos cookies.

Modifier la page de démarrage

Chaque fois que vous démarrez Edge, le programme affiche une page Web. Cette page correspond à la page spécifiée comme *page de démarrage* sur votre navigateur.

Microsoft spécifie le flux d'actualité MSN comme page d'accueil par défaut d'Edge (voir Figure 4.10), une page bien connue pour l'extrême densité des publicités qu'elle contient.

Si la contemplation de cette page d'actualités ne vous passionne pas, vous pouvez facilement modifier la page d'accueil. Voici comment :

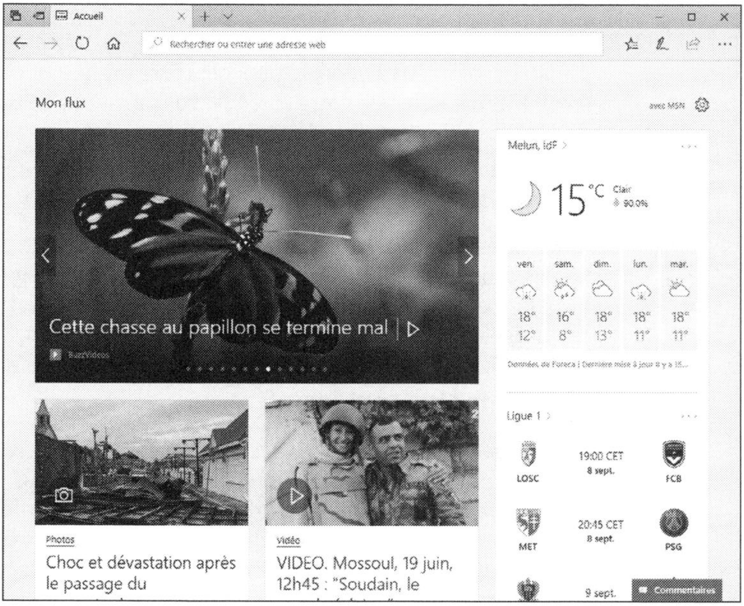

FIGURE 4.10 Le flux d'actualités MSN est la page d'accueil par défaut d'Edge.

1. **Démarrez Edge.**
2. **Rendez-vous sur la page ou les pages que vous souhaitez utiliser pour page de démarrage et copiez son adresse.**

   Vous pourriez le faire après l'Étape 3, mais pourquoi pas maintenant si vous êtes sûr de vous.

3. **Cliquez sur l'icône Paramètres (les trois points), et dans le menu local qui apparaît, choisissez Paramètres.**
4. **Dans le menu local Ouvrir Microsoft Edge avec, choisissez Une ou des pages spécifiques.**
5. **Dans le champ Indiquer une URL situé sous le menu local, collez l'adresse copiée à l'Étape 2, et validez en cliquant sur l'icône de la disquette.**

   Si vous souhaitez qu'Edge s'ouvre avec plusieurs onglets affichant chacun une page spécifique, cliquez sur le lien Ajouter une nouvelle page, et répétez cette procédure.

6. **Quittez ce volet par un clic sur n'importe quelle partie de l'interface.**
7. **Quittez Edge et relancez-le.**

   La page qui s'affiche au démarrage est bien celle dont vous venez d'indiquer l'adresse.

Activer les fonctionnalités essentielles

Microsoft a appliqué à Edge les fonctionnalités essentielles d'Internet Explorer :

- **Edge analyse les extensions et vous signale dans quelle mesure elles ralentissent votre système**, chaque fois que vous lancez Edge. En général, vous n'accédez à l'analyse que lorsque vos extensions posent des problèmes.
- **La fonctionnalité des sites suggérés (ou suggestions de Bing) examine les touches que vous pressez** et les envoie à Microsoft (Bing) qui retourne des suggestions de sites correspondants à la volée. Les suggestions sont prioritairement basées sur l'historique de votre navigation. Pour activer les suggestions de sites, cliquez sur l'icône Plus (trois points en haut à droite), et choisissez Paramètres. Cliquez ensuite sur Afficher les paramètres avancés. Faites défiler le contenu du volet éponyme, et si nécessaire bas-

culez le commutateur Afficher les suggestions de recherche et de sites à mesure que je tape en position Activé.

- **Le filtre SmartScreen – le filtre collaboratif d'Edge contre l'hameçonnage – maintient une liste noire perpétuellement à jour** des sites Web identifiés par d'autres utilisateurs d'IE comme des sites possibles d'hameçonnage. Avant de vous faire accéder à un site, le filtre SmartScreen en recherche l'adresse dans sa liste noire et vous avertit si le site a été identifié comme un site à risques. Il analyse aussi la page à la recherche de « comportement à risques » et vous avertit si le site apparaît suspect. Il vérifie aussi les fichiers avant que vous ne les téléchargiez et vous avertit que le fichier n'est « pas fréquemment téléchargé » s'il n'est apparu que depuis peu sur la liste blanche de Microsoft.

  Pour activer le filtre SmartScreen, cliquez sur l'icône Paramètres (trois points) et choisissez Paramètres, puis cliquez sur le bouton Afficher les paramètres avancés. Si nécessaire, basculez en position Activé le commutateur Me protéger contre les sites et téléchargements malveillants avec Windows Defender SmartScreen.

- **La navigation InPrivate** vous permet de naviguer n'importe où sur le Web sans laisser aucune trace de vos pérégrinations sur votre PC. Peu importe qu'il s'agisse de la page du candidat à une élection que vous détestez ou le site des fans d'une star de séries à l'eau de rose, la navigation InPrivate vous assure qu'aucun détail n'est conservé sur votre machine. Pour ouvrir une fenêtre de ce type dans Edge, il suffit de cliquer sur l'icône Paramètres. Ensuite, cliquez logiquement sur Nouvelle fenêtre InPrivate.

  Ce genre de protection ne sert qu'à éviter de laisser des traces sur votre PC. Les sites que vous visitez conservent la trace de votre adresse IP (voir la section précédente « Le respect de la confidentialité » dans ce chapitre, pour plus de détails). Selon la manière dont vous vous connectez à Internet, votre adresse IP peut généralement être remontée jusqu'au routeur que vous utilisez.

Rechercher sur le Web

Vous ne serez pas trop surpris d'apprendre qu'Edge utilise par défaut le moteur de recherche Bing de Microsoft. Si vous aimez Bing, chapeau bas. Mais si vous souhaitez opter pour Google (ou tout autre moteur de recherche), sachez que c'est remarquablement difficile.

Voici la méthode la plus simple pour basculer de Bing à Google avec Edge.

1. **Démarrez Edge.**
2. **Cliquez sur l'icône Paramètres (les trois points en haut à droite).**
3. **Dans le menu local qui apparaît, choisissez Paramètres.**
4. **Dans le volet Paramètres, cliquez sur le bouton Afficher les paramètres avancés.**
5. **Faites défiler le contenu du volet et, dans la section Rechercher dans la barre d'adresses avec, cliquez sur le bouton Changer de moteur de recherche. Dans la liste des moteurs qui apparaît, cliquez sur Google.**
6. **Quittez et validez ces nouveaux paramètres par un clic à l'extérieur de ce volet.**

À partir de maintenant, vous pouvez saisir vos termes de recherche dans la barre d'adresse ou la section Où aller ensuite ? d'Edge. Le moteur de recherche Google vous fera ses suggestions.

Créer des listes de lecture

Les listes de lecture permettent de stocker des pages Web auxquelles vous accéderez en un clic de souris. Ces listes peuvent également se composer de pages annotées que vous pourrez alors consulter hors ligne, c'est-à-dire sans être connecté à Internet. Cette fonction permet par exemple de stocker des pages que vous n'avez pas le temps de consulter immédiatement, et que vous lirez plus tard à tête reposée. Les listes de lecture sont idéales pour répertorier des pages lors de recherches personnelles pour une thèse, un mémoire, ou pour se documenter sur un sujet très précis.

Voici comment créer, consulter, et gérer des listes de lecture :

1. **Démarrez Microsoft Edge, et naviguez sur le net.**
2. **Dès qu'une page attire votre attention, cliquez sur l'icône d'ajout aux favoris (étoile).**
3. **Dans le menu local qui apparaît, cliquez sur l'icône Listes de lecture, comme à la Figure 4.11.**
4. **Renommez cette page si vous le souhaitez, et cliquez sur le bouton Ajouter.**

FIGURE 4.11 Pour ajouter une page Web à vos listes de lecture.

5. **Pour consulter la page ainsi ajoutée, cliquez sur l'icône Hub (à droite de l'étoile), puis sur Listes de lecture, et enfin sur la page Web à consulter comme à la Figure 4.12.**

   La page s'affiche. Prenez connaissance de son contenu !

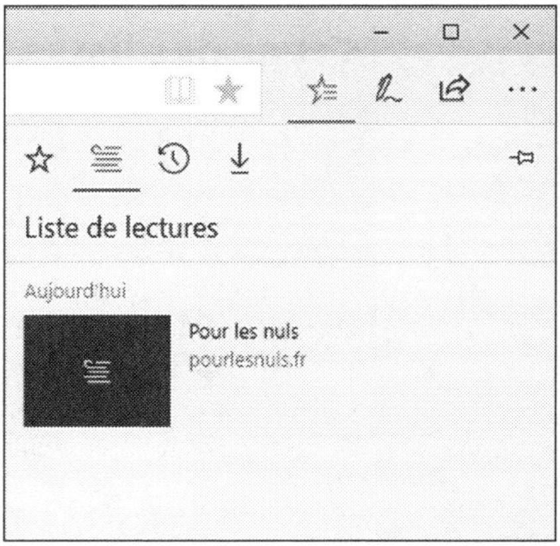

FIGURE 4.12 Consulter vos listes de lecture.

6. **Pour supprimer une page de vos listes de lecture, accédez aux listes *via* l'icône du Hub (comme précédemment). Faites un clic-droit sur le visuel d'une page et, dans le menu contextuel qui apparaît, exécutez la commande Supprimer.**

Annoter des pages

L'annotation est une grande nouveauté uniquement disponible dans Microsoft Edge, c'est-à-dire que la version Internet Explorer classique, que nous étudierons par la suite, ne le permet pas.

Cette fonction met à votre disposition les outils suivants :

- **Stylet :** Il permet d'écrire directement sur la page Web. Si vous disposez d'une tablette graphique, l'écriture n'en sera que facilitée.
- **Surligneur :** Comme son nom l'indique, il permet de surligner les éléments les plus importants d'une page.
- **Gomme :** Pour effacer vos annotations et autre surlignage.
- **Note :** Permet de saisir une note sur une sorte de sticker virtuel qui prend place sur la page.
- **Marquer :** La fonction Marquer pour partage permet de mettre en évidence une zone de la page et ainsi de l'extraire afin de la conserver à titre personnel, ou bien de l'envoyer à des collaborateurs.

Voici comment annoter des pages avec les outils de Microsoft Edge :

1. **Accédez à une page Web dont vous souhaitez annoter le contenu.**

   Les pages idéales pour l'annotation sont celles qui contiennent du texte, comme un journal.

2. **Basculez ensuite en mode lecture par un clic sur l'icône du livre située à droite de la barre d'adresses.**

3. **Une fois en mode lecture, cliquez sur l'icône Ajouter des notes (un stylo sur une feuille).**

   Vous basculez alors en mode annotation. Une barre d'outils fait son apparition dans la partie supérieure d'Edge, comme le montre la Figure 4.13.

4. **Pour écrire une note à main levée, activez le stylet, et cliquez sur sa petite flèche (ou faites un clic-droit sur le stylet) afin de choisir sa couleur et sa taille. Écrivez directement sur la page avec la souris ou le stylet d'une tablette graphique.**

   Je ne vous cache pas qu'écrire à la souris est un vrai cauchemar.

5. **Pour surligner un texte, activez l'outil Surligneur, puis faites glisser le pointeur de la souris sur le texte à surligner, comme à la Figure 4.14.**

FIGURE 4.13 : Pour annoter les pages Web.

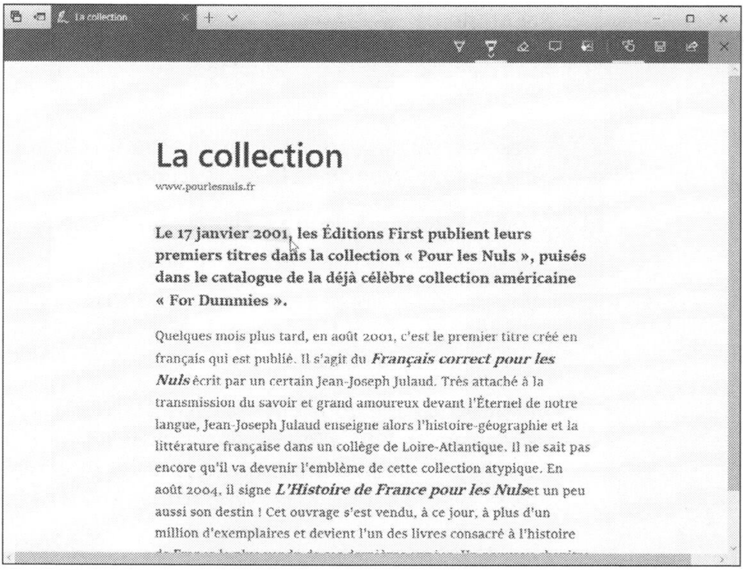

FIGURE 4.14 Surlignez du texte dans une page Web.

Comme pour le stylet, vous pouvez choisir la couleur et la taille du surlignage.

6. **Si votre note ou le surlignage ne vous convient pas, activez l'outil Gomme et faites glisser le pointeur de la souris sur l'élément à effacer.**

7. **Pour taper une note, activez l'outil idoine dont l'icône ressemble à une bulle de bande dessinée.**

8. **Cliquez sur la page. Dans la zone de texte qui apparaît, saisissez votre note.**

   Elle se valide automatiquement dès que vous cliquez sur une autre zone de la page.

   Pour supprimer une note en cours d'édition, cliquez sur l'icône de la poubelle située en bas à droite de la note. Attention, car cette action est irréversible. La suppression est impossible une fois la page sauvegardée !

9. **Pour extraire un élément de la page, cliquez sur l'icône Marquer pour partage.**

10. **Comme l'indique alors l'incrustation qui apparaît sur la page, faites glisser le pointeur de la souris sur la zone à copier, comme sur la Figure 4.15.**

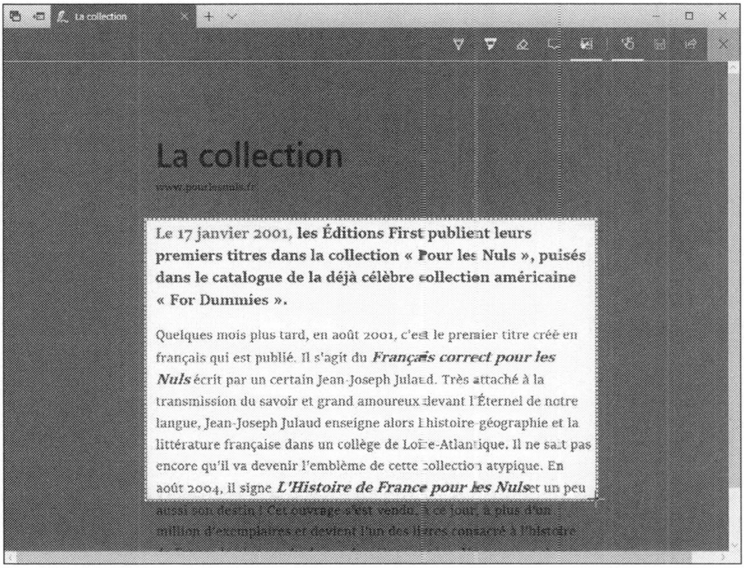

FIGURE 4.15 Extraire un élément de la page.

L'extraction n'aura lieu qu'à l'enregistrement de votre action, comme l'explique la prochaine étape.

11. **Quel que soit le type d'annotation réalisé, enregistrez-la ou partagez-la :**

    - **Enregistrer :** Cliquez sur l'icône de la disquette ! Choisissez alors de sauvegarder les annotations dans OneNote (suite Office), dans vos favoris, ou dans vos listes de lecture.
    - **Partager :** Cette action ouvre le volet Partager qui permet un partage *via* l'application Courrier, OneNote, et Twitter.

12. **Pour sortir du mode des annotations, cliquez sur Quitter.**
13. **Consultez vos annotations *via* l'icône Hub.**

    La Figure 4.16 montre une zone d'une page extraite avec l'outil Marquer pour partager.

Optimiser Google Chrome

Installer Chrome est un jeu d'enfant :

1. **Avec n'importe quel navigateur (même en vignette), rendez-vous sur** `https://www.google.fr/chrome/`

FIGURE 4.16 Consulter un élément annoté avec Edge.

Vous trouverez également un bouton de téléchargement sur le moteur de recherche Google.

Vous tomberez sans doute sur un gros bouton bleu Télécharger Google Chrome.

2. **Cliquez sur le bouton Télécharger Chrome.**

3. **Lisez la licence d'utilisation (bon courage), et cliquez ensuite sur le bouton Accepter et installer.**

4. **En bas d'Edge, cliquez sur Exécuter ou Enregistrer selon le navigateur que vous utilisez pour télécharger Chrome.**

   L'installateur est téléchargé en une ou deux minutes, puis il affiche une page Bienvenue dans Google Chrome. Vous pouvez alors l'utiliser, comme sur la Figure 4.17.

FIGURE 4.17 Google Chrome dispose de tous les contrôles classiques, facilement accessibles.

5. **La première fois que vous utilisez Chrome, il vous demande si vous souhaitez vous enregistrer pour Chrome. Si vous souhaitez que vos paramètres de Chrome soient mémorisés pour être activés sur n'importe quel ordinateur, tablette ou téléphone que vous utilisez, enregistrez-vous avec un ID Google tel qu'une adresse Gmail.**

   J'ai choisi de le faire. La synchronisation de Chrome entre terminaux est l'un de ses plus grands avantages.

Naviguer avec Chrome

On navigue avec Chrome comme on navigue avec Edge ou Internet Explorer. Chrome fonctionne comme Edge en ce sens que vous saisissez l'objet de vos recherches directement dans la barre d'adresse.

Toutes les astuces sur Edge ou Internet Explorer que j'ai mentionnées dans les précédentes sections fonctionnent aussi dans Chrome. Vous n'êtes jamais obligé de saisir **http://**, et presque jamais **www**, et saisir quelque chose comme **pourlesnuls** avant de presser Ctrl + Entrée vous renvoie directement sur `http://www.pourlesnuls.com`.

Si vous vous contentez d'appuyer sur Entrée, Chrome affichera le moteur de recherche Google.

Si vous souhaitez changer la page d'accueil dans Chrome, rendez-vous sur les pages que vous utilisez. Cliquez sur les trois traits verticaux dans la partie supérieure droite, et sélectionnez Paramètres. Un nouvel onglet apparaît, qui contient divers paramètres de Chrome. Faites défiler le contenu de cette page jusqu'à la section Au démarrage, sélectionnez l'option Ouvrir une page spécifique ou un ensemble de pages spécifiques, puis tapez ou cliquez sur le lien Utiliser les pages actuelles. Vous accéderez à une liste telle que celle représentée sur la Figure 4.18. Vérifiez qu'elle contient les bonnes pages, puis tapez ou cliquez OK.

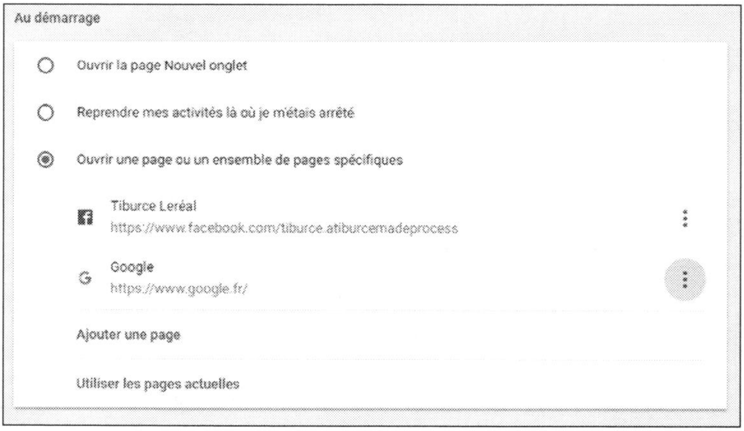

FIGURE 4.18 Les paramètres pour la page d'accueil se règlent dans l'onglet Paramètres.

Vous pouvez spécifier l'URL, c'est-à-dire l'adresse d'une page qui ne figure pas dans cette liste. Cliquez sur Ajouter une page, et entrez son adresse dans le champ Saisissez l'URL.

Et voici ce qu'il y a de magique avec Chrome : si vous vous êtes enregistré auprès de Chrome à l'aide d'un ID Google (tel que votre adresse Gmail), toute modification de la page d'accueil que vous apportez ici se reflétera sur tous les ordinateurs – PC, tablettes ou téléphones – que vous utilisez, où que vous soyez.

Les fonctionnalités suivantes sont utiles lorsque vous naviguez avec Chrome :

- » **Le moteur de recherche par défaut**. Le moteur de recherche par défaut est très facile à modifier bien que Chrome, œuvre de Google, propose ce même Google comme moteur de recherche.
- » **La navigation privée**. La version de la navigation InPrivate de Chrome se nomme tout logiquement « navigation privée ». Pour démarrer cette navigation, cliquez sur les trois traits horizontaux et sélectionnez Nouvelle fenêtre de navigation privée.
- » **Les favoris**. Rendez-vous sur une page dont vous souhaitez faire un favori, puis cliquez sur l'icône représentant une étoile située dans la partie supérieure droite. Si vous souhaitez organiser votre dossier de favoris, cliquez sur le bouton Modifier et vous pourrez manipuler une vraie hiérarchie de dossiers, comme sur la Figure 4.19.

FIGURE 4.19 Les favoris de Chrome sont faciles à organiser.

Rechercher sur le Web

La recherche sur Internet est un exercice solitaire. Vous voilà sur l'infini Internet, et rien d'autre que des bandeaux publicitaires et des liens pour vous guider. Que faire lorsque vous souhaitez trouver de l'information sur un sujet en particulier, mais que vous ne savez pas par où commencer ? Et si Google vous faisait courir après le dahu ? Et le « moteur de décision » de Bing vous menait sur une fausse piste ?

Google est un bon moteur de recherche. Je l'utilise tous les jours. Toutefois, il existe des alternatives qui peuvent vous aider dans certaines situations. La plus célèbre est Bing de Microsoft (`www.bing.com`) n'est pas si mal que ça, d'autant plus qu'il s'améliore. Il reste tout de même à voir si Bing pourra un jour vous offrir de bonnes raisons de le préférer à Google. Microsoft investit des moyens considérables dans la recherche – plus d'un milliard de dollars, chaque année, selon les dernières évaluations – et je ne suis pas certain que l'entreprise ait encore trouvé de quoi hisser Bing à la première place.

Toutefois, je reviens toujours sur Google.

Google est passé du statut d'entreprise la plus admirée à la plus conspuée du Web – pour des motifs allant à l'atteinte à la propriété intellectuelle à la pornographie en passant par la censure et le respect de la vie privée – et le système PageRank a été diabolisé dans des termes rarement entendus depuis l'Inquisition espagnole. Rares sont ceux qui croient dorénavant que le PageRank classe objectivement les pages par ordre d'importance ; des millions de dollars et des dizaines d'années ont été consacrés pour trafiquer ses résultats. Que vous le vouliez ou non, Google fonctionne. Les araignées de Google (les programmes qui recherchent de l'information) caracolent sur le Web, recherchant des pages, en indexant des milliards, répondant à des centaines de millions de recherches par jour. D'autres moteurs de recherche utilisent des araignées, mais aucun n'égale Google en la matière.

Dans cette section, je vous présente différents types de recherches que vous pouvez accomplir avec Google (et les autres moteurs de recherche). Quoi que vous cherchiez, un moteur de recherche peut le trouver !

Trouver ce que vous recherchez

Google est devenu le King-Kong du monde de la recherche. Je connais des gens qui ne parviennent même pas à trouver le site du *Monde* à moins de passer par Google : pour eux, la barre de recherche de Google a remplacé la barre d'adresse.

Plus vous en savez sur Google, plus il peut vous servir. Si vous apprenez à rechercher des réponses rapidement et minutieusement – et à passer rapidement sur tout ce qui peut encombrer une page Web de résultats -, vous gagnerez énormément de temps même malgré vous.

Vous pouvez gagner beaucoup de temps et vous épargner beaucoup de frustration si vous réfléchissez à votre recherche avant que vos doigts ne touchent le clavier.

Il est évident que vous devriez sélectionner avec soin vos termes de recherche. Retenez les termes qui apparaissent dans les pages qui ressemblent à celles que vous recherchez : n'utilisez pas *Compaq* si vous recherchez *Compaq S710.*

Au-delà de ce qui est évident, le moteur de recherche de Google comporte des particularités que vous pouvez exploiter, que vous utilisiez Google dans la barre de recherche de votre navigateur ou que vous vous rendiez directement sur `www.google.fr` :

- **La casse n'importe pas**. Vous pouvez rechercher *plongée phuket* ou *Phuket plongée*, les résultats de recherche seront identiques.
- **Les premiers termes que vous utilisez ont plus de poids que les derniers**. Si vous recherchez *plongée phuket*, vous tomberez sur une liste de résultats différents de ceux produits par *phuket plongée*. La première liste comprend des sites consacrés à la plongée qui mentionnent Phuket, tandis que la seconde a plus tendance à mentionner des sites consacrés à Phuket qui mentionnent la plongée.
- **Google ne vous mentionne que les pages qui comprennent tous les termes de recherche**. La manière la plus simple de restreindre une recherche qui produit trop de résultats consiste à ajouter des termes spécifiques à la fin de votre recherche. Par exemple, si *Phuket plongée* retourne trop de pages, essayez *Phuket plongée débutants*. Pour parler comme les programmeurs, nous dirons que les termes sont regroupés.
- **Si vous saisissez plus de dix mots, Google ignore ceux après le dixième.**
- **Vous pouvez utiliser OR** pour indiquer à Google que vous souhaitez faire figurer deux ou plusieurs termes dans la recherche – mais vous devez utiliser OR en majuscules. Par exemple, *Phuket OR samoa OR similan plongée* retourne les pages qui traitent de Phuket, ou des Samoa, ou des Similan.
- **Si vous souhaitez limiter la recherche à une phrase précise, utilisez des guillemets**. Par exemple, *plongée phuket «dans la journée»* est plus restrictif que *plongée phuket dans la journée*, car vous souhaitez que les termes *dans la journée* figurent exactement dans la phrase.

- **Excluez des pages des résultats en rajoutant un tiret devant les mots que vous ne souhaitez pas voir apparaître**. Par exemple, si vous souhaitez trouver des pages traitant de plongée à Phuket, mais que vous ne souhaitez pas frayer avec des plongeurs béotiens, essayez *plongée phuket -débutant*.
- **Vous pouvez combiner des astuces de recherche**. Si vous cherchez à faire de la plongée entre professionnels le week-end, essayez *plongée phuket -débutant «week-end»*.
- **Google gère les caractères de substitution** de manière assez limitative : l'astérisque (*) remplace un mot entier, et un seul. Si vous êtes habitué des recherches dans Word ou Windows, le * correspond pour vous à n'importe quelle suite de caractères, mais pour Google, il ne peut donc s'agir que d'un seul mot. Vous pourriez rechercher *plong** et vous attendre à trouver tant *plongée* que *plongeur*, mais Google ne trouvera aucun des deux. À l'inverse, si vous recherchez *email * * gmail.com*, vous trouverez des tas d'adresses de messagerie (le second * correspond au signe @ dans une adresse ; essayez-le).

Si vous utilisez Google pour rechercher des réponses à des questions informatiques, tirez parti de tout nombre ou texte précis que vous pouvez trouver pour qualifier ce qui vous intéresse. Par exemple, rechercher *ordinateur démarre pas* ne vous mènera à rien, mais *deux bips au démarrage* peut vous aider. Si vous essayez d'en savoir plus sur un message de Windows, utilisez Google pour rechercher le texte précis du message. Recopiez-le si vous le devez.

Utiliser la recherche avancée

Vous n'avez pas trouvé ce que vous recherchiez ? Utilisez la recherche avancée de Google. Il y a une astuce.

Si vous avez besoin de circonscrire vos recherches – autrement dit, si vous souhaitez que Google tamise à votre place –, vous devriez vous familiariser avec les fonctionnalités de recherche avancée de Google. En voici un aperçu :

1. **Lancez votre recherche et, si vous ne trouvez pas ce que vous souhaitez, cliquez sur l'onglet Paramètres.**
2. **Dans le menu local qui s'affiche, choisissez Recherche avancée.**

   Google affiche sa page de recherche avancée.

3. **Remplissez la partie supérieure de la page en saisissant vos termes de recherche.**

   Tout ce que vous faites dans la partie supérieure de la page, vous pouvez aussi le faire en utilisant les astuces mentionnées dans la section précédente. Si vous utilisez fréquemment cette partie supérieure, vous gagnez du temps en vous appropriant quelques astuces (comme saisir **OR** ou des guillemets) mentionnées dans la section « Trouver ce que vous recherchez ».

4. **En bas de la page de recherche avancée, vous pouvez affiner encore plus votre recherche en précisant la langue dans laquelle elle doit être rédigée (ce qui ne fonctionne pas toujours) ; le type de document que vous recherchez (tel que** `.pdf` **ou** `.doc`**) ; le nom du domaine où il doit se trouver, tel que** `www.pourlesnuls.com`**.**

   Plus bas, vous pouvez accéder à des options pour limiter la recherche aux pages modifiées à certaines dates (ce qui fonctionne notoirement mal), aux pages sous certains droits d'usage (pas très utilisé).

5. **Cliquez sur le bouton Recherche avancée dans la partie inférieure droite de la page.**

   Les résultats de votre recherche avancée apparaissent dans une page retournée par Google.

Vous pouvez trouver plus d'informations sur la recherche avancée dans Google sur la page que le moteur de recherche lui consacre : `http://support.google.com/websearch/bin/answer.py?hl=fr&answer=35890`.

Exploiter les astuces de Google

Google a plus d'un tour dans son sac que vous pourriez trouver utile. Par exemple :

» Pour trouver le statut de votre livraison UPS, FedEx ou USPS, il vous suffit de saisir le numéro de tracking dans le champ de recherche de Google.

» Le champ de recherche donne les cours de la Bourse. Saisissez quelque chose comme **MSFT**, **CAC** ou **AAPL**, et vous verrez.

» Pour utiliser Google comme calculatrice, saisissez simplement une équation dans le champ de recherche. Par exemple, pour trouver le résultat de 1 234 x 5 678, saisissez **1234 * 5678**. Ou pour trouver 3 / PI, saisissez **3/pi**. Google ne résout pas les équations différentielles ou les systèmes d'équation à plusieurs inconnues - pour l'instant. Pour cela, visitez le moteur de recherche Wolfram Alpha.

- Google intègre un convertisseur d'unités. Le mot `en` active le convertisseur. Essayez **10 mètres en pieds** ou **350 degrés F en centigrades** (ou **350 f en c**) ou encore **20 dollars en baht** ou **1.29 euro par litre en dollars par gallons**. Impressionnant.
- Pour trouver une liste des définitions alternatives pour un mot, saisissez **définir**, comme dans **définir ontologie**.
- Vous pouvez consulter des critiques de films et des heures de séances en saisissant **film** suivi du nom du film, comme **film juste après les larmes**.
- Essayez de poser des questions appelant des réponses rapides. Par exemple, **hauteur de l'Everest** ou **longueur du Mississippi** ou **devise indienne**.

Quelques outils de référence sur Internet

Je reçois des questions en permanence de gens qui veulent en savoir plus sur les outils spécifiquement conçus pour Internet. Voici la liste que je recommande pour les besoins de tout le monde.

Speed test

Tout le monde, je dis bien tout le monde, veut (ou voudrait) mesurer la vitesse de sa connexion Internet de temps en temps. Le site que j'utilise actuellement pour tester ma connexion est `www.dslreports.com/speedtest`.

On trouve un million de tests de vitesse sur Internet, et deux millions d'avis partagés sur la précision, la fiabilité, et autres mérites de ces outils. J'ai utilisé les tests de vitesse de Speakeasy, mais j'ai découvert que mon FAI conservait les données dans un cache – en fait, il cachait toutes les données servant au test basé sur OOKLA – si bien que les résultats auxquels j'accédais n'étaient que locaux ; ils ne reflétaient pas la vitesse d'une connexion à un site distant. J'ai donc basculé sur DSLReports, dont les données de test ne peuvent être conservées dans un cache, et je n'en ai plus changé.

Le site est mort, où c'est moi ?

Vous tentez encore et encore de consulter une page sur Wikipédia, mais vous n'y arrivez pas, ou alors il semble qu'Hotmail soit pris de hoquet : le navigateur ne cesse de rapporter que le délai de connexion a expiré, ou alors rien ne se passe à l'écran.

Il est temps de sortir l'artillerie lourde. Rendez-vous sur `www.downforeveryoneorjustme.com` (n'a-t-on jamais vu une adresse aussi longue ?) et saisissez l'adresse du site qui ne répond pas. L'ordinateur qui se trouve à l'autre bout va essayer de joindre de site pour vérifier qu'il est toujours vivant. Pratique.

La machine à remonter dans le temps

Les pages Web vont et viennent, et vous pouvez parfois vous demander à quoi une page pouvait ressembler il y a une semaine, un mois, l'année dernière. Pas de problème : remontez dans le temps jusqu'au 20 novembre 1975 (c'est le jour où Bill Gates a utilisé pour la première fois le terme Microsoft).

Si vous souhaitez savoir ce que mentionnait une page Web dans un lointain passé, rendez-vous sur les archives d'Internet sur `www.archive.org` où une machine à remonter dans le temps conserve 85 milliards de pages indexées pour votre bon plaisir.

Chapitre 5

Rechercher sur le bureau

DANS CE CHAPITRE :

- **Chercher sagement**
- **Utiliser les options de recherche de l'Explorateur de fichiers**
- **Procéder à des recherches avancées**

Dans ce chapitre, je traite du vrai moteur de recherche de Windows – celui qui n'est documenté nulle part, sauf dans les coins les plus reculés des sites Web de Microsoft. Quoiqu'il soit possible d'utiliser les techniques mentionnées dans ce chapitre avec Cortana (détaillé au Chapitre 6 du Livret III), certaines recherches s'avèrent plus efficaces avec l'Explorateur de fichiers.

L'Explorateur de fichiers comprend toutes sortes d'options de recherche que vous pouvez utiliser dans diverses situations. Vous pouvez même enregistrer une recherche effectuée sur le bureau et l'épingler à ce dernier, au menu Démarrer, à la barre des tâches.

La recherche du bureau se présente de deux manières. D'abord, il existe pléthore d'outils intégrés dans un ruban pour élargir ou circonscrire des recherches – spécifier l'endroit où rechercher, ou faire une recherche restreinte à la date, au type de fichier, à la taille. Pour circonscrire réellement une recherche, vous devez utiliser un ancien langage de spécification nommé AQS (syntaxe de recherche avancée). AQS est bizarre, mais il vous permet d'accéder à nombre de fonctionnalités de recherche que vous pouvez trouver dans d'autres systèmes d'exploitation (comme... DOS) ou d'autres applications, dont Microsoft Office. Dans ce chapitre, je vous présenterai donc aussi AQS.

Aussi étrange que cela puisse paraître, vous pouvez utiliser des requêtes AQS dans le champ de recherche de l'écran d'accueil. C'est un peu comme si vous laissiez tomber les petites roues sur votre vélo pour monter sur une grosse cylindrée. N'ayez pas peur : vous pouvez y arriver.

Indexer pour accélérer les recherches

Il y a deux manières de rechercher des données sur un ordinateur.

Tout d'abord, vous pouvez *naviguer* pour regarder chaque fichier, un à la fois. C'est un peu comme lire l'*Encyclopédie Universalis* une phrase à la fois. Pour tout dire, c'est un peu rude.

Si vous êtes plus futé, vous *indexerez* d'abord. Windows crée un index de tous les fichiers se trouvant dans les endroits les plus ciblés par des recherches, et il met cet index à jour à la volée. De la sorte, lorsque vous recherchez un terme particulier, Windows n'a qu'à regarder dans l'index. Bingo : vous gagnez du temps.

L'indexation a longtemps été le talon d'Achille dans le monde de la recherche. Les premières tentatives prenaient un temps infini pour compiler et mettre à jour les index. Le mécanisme prenait le contrôle de la machine régulièrement, ralentissant tout. Toutefois, dans les dernières versions de Windows, l'indexation se déroule avec une certaine efficience lorsque la machine est inutilisée. Même si vous devez attendre le temps que les premiers index soient créés, ces derniers une fois en place, leur mise à jour se déroule sans trop vous ennuyer.

Je traite des manières d'étendre les possibilités d'indexation de Windows – lui permettre de créer des index où vous souhaitez – dans la dernière section de ce chapitre.

Une recherche sage avec parcimonie (avec qui ?)

Un champ de recherche figure en haut à droite de toute fenêtre de l'Explorateur de fichiers, comme sur la Figure 5.1.

On trouve aussi des champs de recherche dans les boîtes de dialogue Ouvrir des principales applications. Les applications Office utilisent le moteur de recherche de Windows.

Si vous saisissez un mot ou une phrase dans le champ de recherche, Windows va le rechercher dans son index portant sur le contenu du dossier courant et de tous ses sous-dossiers. Windows recherche toutes sortes de fichiers – des documents et des fichiers texte, bien entendu, mais aussi des métadonnées dans des images et des musiques, des courriels (si vous utilisez un des programmes de Micro-

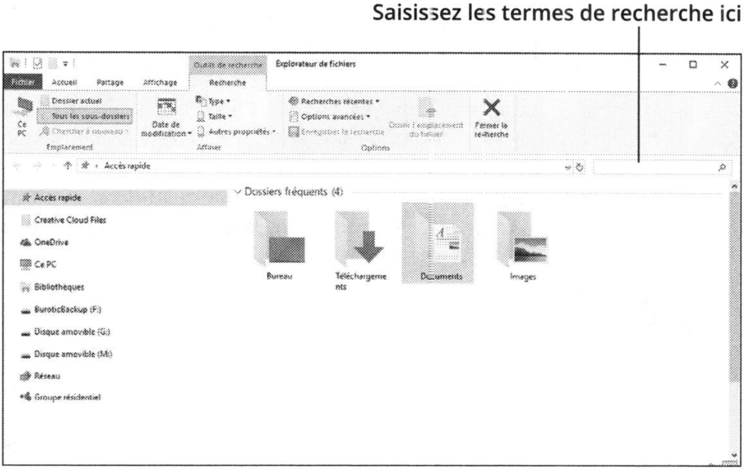

FIGURE 5.1 La recherche industrielle commence ici.

soft), et même le contenu de pages Web. L'astuce est donc de choisir le bon dossier – un qui soit susceptible de contenir l'information que vous recherchez – et de commencer votre recherche à partir de là.

En particulier, si vous recherchez un courriel, lancez votre logiciel de messagerie et recherchez à partir de là. Si vous recherchez une musique, utilisez le Lecteur Windows Media (quelques lecteurs de médias ont une fonctionnalité de recherche, mais nombre d'entre eux, dont iTunes, n'utilisent pas le moteur de recherche de Microsoft). Vous recherchez une image à partir d'un mot-clé associé ? Essayez de vous rendre dans la bibliothèque Images et de rechercher à partir de là.

Fonctionnement du moteur de recherche

La plupart de ceux qui n'arrivent pas à trouver ce qu'ils veulent sont en fait piégés par le comportement de Windows. Il est important de comprendre ce que le moteur de recherche examine exactement, et ce qu'il ignore. La recherche dans Windows ne fonctionne pas comme la recherche sur le Web.

Si vous êtes habitué au vieux style de recherche DOS, sachez que la recherche dans Windows n'y ressemble en rien. En particulier, le style de recherche « *.* » que vous avez sans doute tant utilisé en des temps préhistoriques ne fonctionne pas de la même manière. Veillez donc à bien comprendre comment Windows recherche.

Lorsque vous saisissez un mot dans le champ de recherche, Windows recherche une **correspondance exacte**. Voici où il recherche :

- **Le début des mots dans les fichiers** que l'indexation peut lire. Le moteur de recherche regarde dans les documents Office – si Office est installé –, les fichiers texte, les types communs de métadonnées, les PDF si un lecteur PDF capable a été installé. C'est assez déroutant, mais Windows ne recherche pas un mot dans un mot qui le contient. Par exemple, si vous recherchez le mot *nuls*, Windows détectera un document Excel ou Word qui contient le texte *pour les nuls* (notez la présence de l'espace), mais pas s'il contient le texte *pourlesnuls*.

  Beaucoup de gens se font avoir à cause de cela.

- **Le début des noms de fichiers**. Exception faite de certains cas, Windows ne recherche pas un mot dans un nom de fichier. En temps normal, Windows détecte un fichier si son nom contient le mot précédé d'un espace ou d'un point. Par exemple, si vous recherchez le mot *nuls*, Windows ne trouvera pas le fichier *PourLesNuls.docx*, mais il trouvera le fichier *Pour les nuls.docx* ou *Pour Les.Nuls*.

Ces deux points aveugles du fonctionnement du moteur de recherche de Windows sont à l'origine de 90 % des problèmes rencontrés lors d'une recherche. Il est possible de pallier ces inconvénients. J'en traite dans la section « Une introduction à AQS », plus loin dans ce chapitre.

Restreindre et élargir une recherche avec le ruban

Si vous saisissez quelque chose dans le champ de recherche de l'Explorateur de fichiers, un onglet Outils de recherche apparaît en haut de la fenêtre. Si nécessaire, cliquez dessus pour accéder au ruban des outils de recherche (voir Figure 5.1).

Le ruban vous offre un grand contrôle sur la recherche. Voici quelques-unes des options :

- **Chercher à nouveau** : Vous permet de modifier l'emplacement où vous cherchez. Les options sont le groupe résidentiel entier (ce qui peut prendre un certain temps), les bibliothèques, votre logiciel de messagerie (dans certains cas), des notes et Internet (ce qui vous renvoie sur Internet Explorer). La recherche peut aussi porter sur OneDrive, si vous vous êtes abonné avec votre compte Microsoft.

- **Date de modification :** Comprend une liste très pratique (voir Figure 5.2) des jours en fonction de la date actuelle.
- **Type :** Vous permet de choisir parmi différents types de fichiers, comme sur la Figure 5.3.

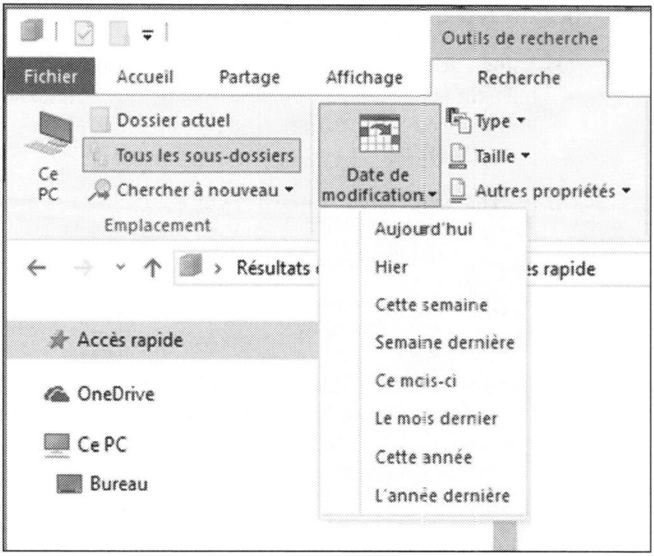

FIGURE 5.2 Vous souvenez-vous quand vous avez dernièrement modifié le fichier ?

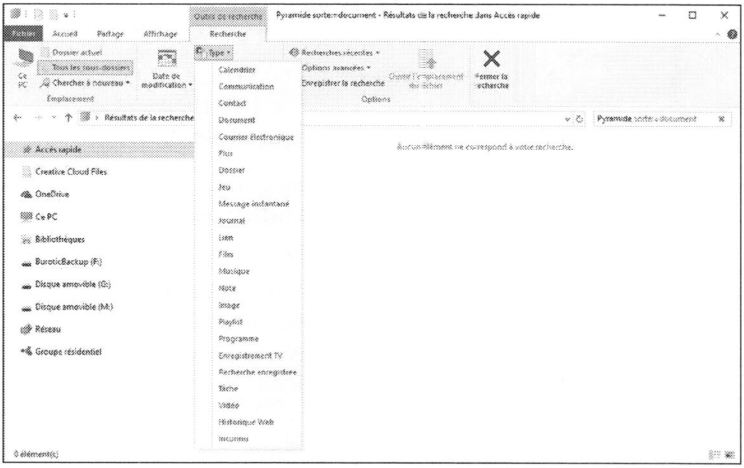

FIGURE 5.3 Intéressé seulement par les documents ? Sélectionnez-les ici.

L'Explorateur de fichiers modifie la requête tandis que vous choisissez dans les listes déroulantes, comme sur la Figure 5.3. Ces étranges paramètres «sorte:=document» qui apparaissent dans le champ de recherche sont des instructions du langage AQS dont je traite dans la section suivante. Pour remplacer rapidement le type de fichier (comme document dans notre exemple), cliquez à sa droite dans le champ Rechercher, et choisissez-le dans la liste des types de fichier.

- **Taille :** Vous permet de limiter la recherche en fonction de la taille du fichier : vide, petit (0 à 10 ko), moyen (100 ko à 1 Mo), grand (1 Mo à 16 Mo), énorme (16 Mo à 128 Mo) et gigantesque (> 128 Mo).
- **Autres propriétés :** Choisissez une ou plusieurs propriétés parmi Type, Nom, Chemin du dossier, et Mots-clés. Le choix s'ajoute au champ Rechercher de l'Explorateur de fichiers.
- **Recherches récentes :** Contient la liste de vos récentes recherches.
- **Options avancées :** Vous permet de rechercher dans des emplacements qui n'ont pas été indexés. Vous trouverez aussi une option pour les correspondances partielles. Si cette ligne n'est pas sélectionnée, l'Explorateur de fichiers ne retiendra que les fichiers, dont le nom ou le contenu contient le mot recherché en tant que tel. Si elle est sélectionnée, la recherche se déroulera comme expliqué plus tôt.
- **Enregistrer la recherche :** Enregistre un fichier qui, lorsque vous cliquez dessus, lance de nouveau la recherche.
- **Ouvrir l'emplacement du fichier** : Si vous tapez une fois sur un fichier ou cliquez dessus, choisir cette option vous permettra d'ouvrir le dossier qui contient le fichier.
- **Fermer la recherche :** Ferme la liste des résultats, comme lorsque vous cliquez ou tapez sur le X au bout du champ de recherche.

Le ruban est riche en fonctionnalités, mais il ne vous fournit aucun moyen pour rechercher efficacement dans le texte et les noms de fichiers si le mot que vous recherchez n'y apparaît pas en tant que tel (désolé, mais cela ne fonctionne pas en dépit de mes tentatives pour utiliser les options avancées). C'est un vrai inconvénient – l'un de ceux que l'antique langage AQS de la recherche de Windows permet de pallier.

Une introduction à AQS

Voici comment les utilisateurs les plus expérimentés de Windows sont dégoûtés par la recherche de Windows : ils saisissent quelque chose dans le champ de recherche de l'Explorateur de fichiers, attendent que Windows retourne quelque chose, d'abord comme un mince filet, puis comme un flot, et enfin comme un tsunami de résultats. « Ouah », disent-ils, « Je ne voulais trouver que les fichiers, dont le nom comporte ce texte. Windows est d'évidence inutile ; il affiche tout ce bazar, mais n'arrive pas à trouver le fichier que je recherche. »

Parfaitement, j'entends des vieux de la vieille prétendre que DOS se débrouillait mieux.

Saisir du texte dans le champ de recherche de l'Explorateur de fichiers, c'est un peu comme jeter une allumette sur une botte de foin. Comme je l'ai expliqué plus tôt, si vous n'avez pas la moindre idée de l'endroit où le texte que vous recherchez peut se trouver, vous feriez mieux de vous y rendre (avec l'Explorateur de fichiers, ou Outlook) et de commencer votre recherche depuis ce dossier ou le dossier parent.

Rechercher un nom de fichier

Et si vous ne recherchez qu'un nom de fichier ? Il n'y a pas si longtemps (par exemple, à l'époque de Windows XP), c'est tout ce que vous pouviez rechercher. Il se trouve que rechercher des noms de fichier est plutôt facile avec le moteur de recherche de Windows (si vous utilisez AQS), quoique les règles et la syntaxe soient un peu étranges.

Si vous souhaitez trouver un texte dans un nom de fichier, n'importe où dans le nom de fichier et non seulement au début ou avant une espace, utilisez * comme dans l'exemple suivant :

```
fichier:*nuls
```

Cela permet de trouver un fichier nommé `nuls.docx` comme lors d'une recherche normale sur `nuls`, mais aussi `pourlesnuls.jpg` (sans espace).

Si vous avez besoin de trouver exactement un certain texte, essayez :

```
fichier:»pourlesnuls.txt»
```

Cela permet de trouver des fichiers nommés `pourlesnuls.txt` et `PourLesNuls.txt` (la casse n'entre pas en compte dans un nom de fichier), mais cela ne permet pas de trouver `Pour Les Nuls.txt` (avec des espaces).

Il est important de comprendre que l'astuce `fichier:` fonctionne partout – dans l'Explorateur de fichiers, évidemment, mais aussi dans les recherches de l'écran d'accueil et dans les boîtes de dialogue Ouvrir des diverses applications Office de Microsoft. J'ai collé un autocollant marqué `fichier:` sur mon ordinateur pour toujours m'en rappeler.

Utiliser des jokers qui font sens

Si vous avez utilisé DOS, ou l'invite de commande de Windows, ou écrit un fichier BAT, ou si vous avez effectué des recherches avec de précédentes versions de Word ou Excel, vous connaîtrez les jokers : des caractères de substitution. Par exemple, sous DOS, une recherche sur `Facture*.xls` retourne tous les fichiers `.xls` qui commencent par `Facture`, comme `Facture1.xls`, `Facture530.xsl`, et ainsi de suite. En invite de commande Windows ou dans un fichier BAT, rechercher `win32.*` vous retourne tous les fichiers nommés `win32`, quelle que soit leur extension. L'astérisque (*) est un joker qui remplace n'importe quelle séquence de caractères dans le monde de DOS.

Si vous pensez savoir utiliser un joker dans une recherche, sachez que le moteur de recherche de Windows ne fonctionne pas comme cela. C'est une autre des raisons pour lesquelles les vétérans de Windows pensent que ce moteur fonctionne mal dans les dernières versions de Windows.

Lorsque vous saisissez un astérisque dans un champ de recherche de Windows, Windows recherche les caractères qui suivent l'astérisque à n'importe quelle position d'un nom de fichier. C'est un fonctionnement qui peut déconcerter plus d'un vétéran.

Supposons que vous êtes dans l'Explorateur de fichiers, ou que vous effectuez une recherche dans l'écran d'accueil, ou que vous cliquiez Fichier, puis Ouvrir dans Word, et que vous saisissiez ***doc** dans le champ de recherche. Voici ce qui va se passer :

Windows va analyser les noms de fichiers, en recherchant ceux où figurent `doc`. Ainsi, vous trouverez le fichier `Pour Les Nuls.doc`, mais vous trouverez aussi `Machin.doc`. Vous trouverez aussi tout fichier qui se trouve dans un dossier dont le nom comporterait `doc`.

Si vous saisissez ***doc** et que vous espérez ainsi récupérer la liste de tous les fichiers dont l'extension est `.doc`, vous les trouverez effectivement, mais ce sera avec ceux dont le nom contient plus généralement `doc`.

Un as de Windows nommé Rob Oppenheim a cherché à comprendre dans les détails comment utiliser les jokers dans Windows 10. Il a commencé par travailler sur la documentation officielle d'AQS, puis il a procédé à quelques expérimentations. Ces conclusions sont reprises dans le Tableau 5.1.

TABLEAU 5.1 L'utilisation des jokers dans les recherches dans Windows 10.

Une recherche sur	Trouve ceci dans les noms de fichiers	Trouve ceci dans le contenu des fichiers
nuls	Trouve « nuls » s'il figure au début d'un mot dans un nom de fichier, ou s'il suit un point dans un nom de fichier.	Trouve « nuls » s'il figure au début d'un mot dans le contenu d'un fichier.
*nuls	Trouve « nuls » n'importe où dans un nom de fichier.	Trouve « nuls » s'il figure au début d'un mot dans le contenu d'un fichier, comme en recherchant « nuls »
fichier:nuls	Trouve « nuls » s'il figure au début d'un mot dans un nom de fichier, comme en recherchant « nuls ».	Ne trouve aucun contenu de fichier.
fichier:*nuls	Trouve « nuls » n'importe où dans un nom de fichier.	Ne trouve aucun contenu de fichier.
contenu:nuls	Ne trouve aucun nom de fichier.	Trouve « nuls » s'il figure au début d'un mot dans le contenu d'un fichier.
contenu:*nuls	Ne trouve aucun nom de fichier.	Trouve « nuls » s'il figure au début d'un mot dans le contenu d'un fichier, comme en recherchant « nuls »

Et ce n'est que le commencement. Le moteur de recherche de Windows utilise tout un jeu de mots-clés, des opérateurs booléens tels que OU, ET, NON et quelques variantes.

Créer un index là où vous cherchez

L'indexation est une astuce pour accélérer les recherches.

Par défaut, Windows indexe les fichiers figurant dans vos bibliothèques (voir Livret VII, Chapitre 3, pour des détails sur les bibliothèques). Si vous utilisez un lecteur de PDF, comme Acrobat Reader ou Foxit Reader, les fichiers PDF figurant dans les bibliothèques seront indexés. Si vous utilisez Outlook ou Windows Live Mail, vos courriels seront indexés (les autres clients de messagerie peuvent éventuellement indexer vos courriels).

Et si vous recherchez souvent des fichiers dans des dossiers qui ne sont pas indexés ? À moins d'ajouter ces dossiers dans vos bibliothèques (ce qui serait une bonne idée, généralement parlant), vous aurez besoin d'indiquer à Windows où générer ses index. Vous ne pouvez ajouter un dossier à l'index de votre PC que si ce dossier figure sur votre PC. Vous ne pouvez pas ajouter manuellement un dossier partagé auquel vous accédez *via* le réseau.

Voici comment ajouter un dossier à votre index :

1. **Attendez un moment où vous pourrez laisser votre ordinateur tranquille quelques heures, voire toute la nuit.**

   L'indexation peut prendre une éternité. L'indexation initiale ne se produit qu'une fois, mais c'est une fois qui dure longtemps.

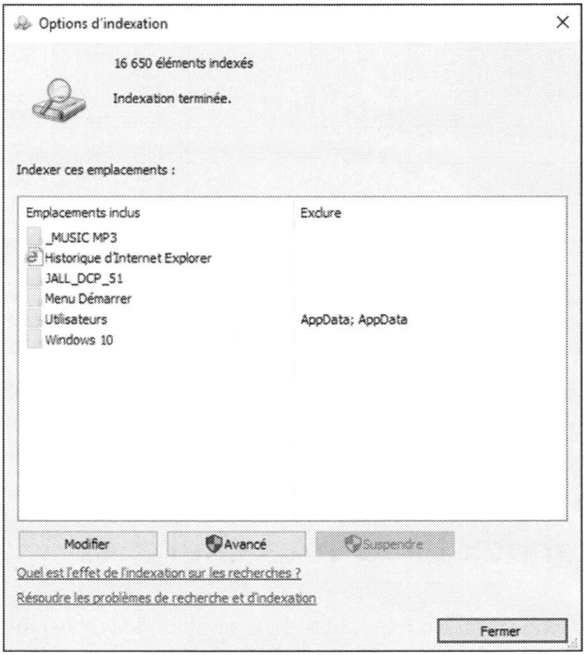

FIGURE 5.4 Ajoutez ici un emplacement pour l'indexation.

2. **Cliquez dans le champ de recherche de Cortana, et saisissez** options d'indexation**, et cliquez sur le résultat Modifier le mode de recherche de Windows.**

   La boîte de dialogue Options d'indexation s'affiche, comme sur la Figure 5.4.

3. **Tapez ou cliquez sur Modifier.**

   La boîte de dialogue Emplacements de l'indexation apparaît, comme sur la Figure 5.5.

4. **Dans le panneau supérieur, cliquez sur les chevrons figurant à gauche des lecteurs contenant les dossiers que vous souhaitez ajouter. Cochez les cases situées à gauche des dossiers. Lorsque vous avez terminé d'ajouter tous les dossiers à l'index, cliquez sur OK.**

   Cela prendra du temps, mais lorsque Windows en aura terminé, tous ces nouveaux emplacements seront indexés et la recherche s'y déroulera plus vite que jamais.

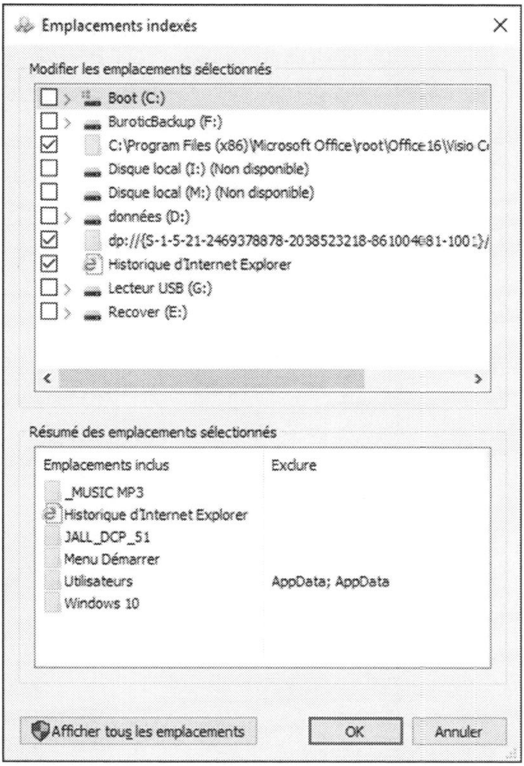

FIGURE 5.5 Vous pouvez indiquer à Windows les dossiers que vous souhaitez inclure dans votre index.

VII

Contrôler votre système

Chapitre 1

Contrôler le contrôle

DANS CE CHAPITRE :

» **Mettre à jour les pilotes des périphériques**

» **Prendre le contrôle de l'exécution automatique**

» **Travailler avec des programmes et des fonctionnalités**

» **Remettre les pendules à l'heure**

» **Changer de langue**

» **Accéder facilement à Windows**

L'accès au Panneau de configuration a disparu avec la mise à jour Creator Update du printemps 2017. Bien entendu, il reste possible d'y accéder lorsque vous disposez d'un compte d'administrateur, mais Windows tente de vous en éloigner le plus possible en vous obligeant à utiliser la fenêtre Paramètres Windows.

Dans ce chapitre, nous allons voir comment retrouver ses petits dans la fenêtre en question, sachant que parfois elle vous renverra vers une boîte de dialogue héritée de l'ancestral Panneau de configuration.

La fenêtre Paramètres Windows

Cette fenêtre se substitue, dans l'esprit de Microsoft, au Panneau de configuration. Disons que Microsoft y a centralisé de plus en plus de paramètres qui étaient autrefois exclusivement accessibles depuis ce panneau historique. Bien que vous devriez connaître la procédure par cœur, voici comment ouvrir la fenêtre Paramètres Windows :

1. **Cliquez sur le bouton Démarrer.**
2. **Dans le menu Démarrer qui apparaît, cliquez sur l'icône Paramètres (engrenage).**

3. Dans la fenêtre Paramètres Windows qui s'ouvre, comme sur la Figure 1.1, vous disposez d'un ensemble de catégories, comme dans l'ancien Panneau de configuration.

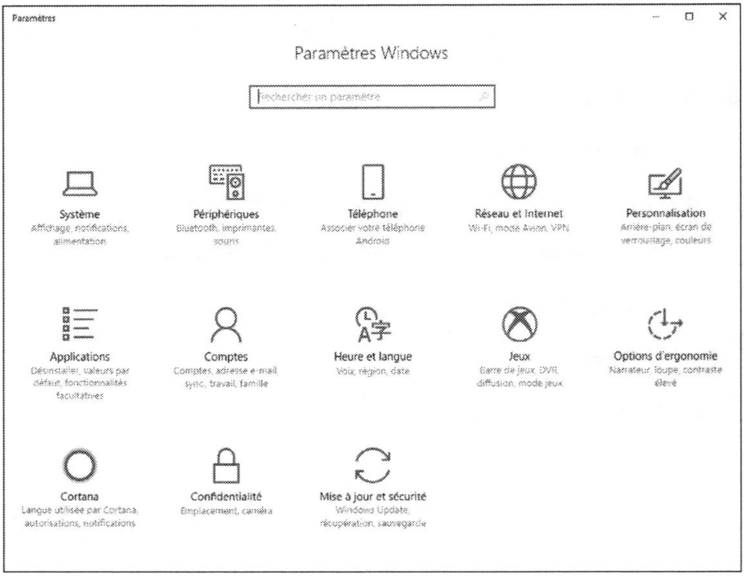

FIGURE 1.1 La fenêtre Paramètres Windows.

4. Cliquez sur la catégorie où vous pensez pouvoir effectuer le réglage recherché.

Par exemple, pour modifier l'affichage de Windows, vous irez tout naturellement vers la catégorie Personnalisation.

Le souci est que les réglages Windows sont multiples et pas toujours classés selon votre logique. Si vous avez des difficultés pour trouver un paramètre, procédez comme à l'Étape 5.

5. Pour trouver rapidement un réglage spécifique, cliquez dans le champ Rechercher un paramètre.

Saisissez le nom du réglage ou du périphérique. Par exemple, pour régler la souris, tapez Souris. Un ensemble de propositions s'affichent, comme sur la Figure 1.2.

6. Choisissez la proposition qui se rapproche le plus de votre besoin. Si vous n'en trouvez aucune, cliquez sur Afficher tous les résultats.

Cette action ouvre la fenêtre Résultats de la recherche illustrée à la Figure 1.3.

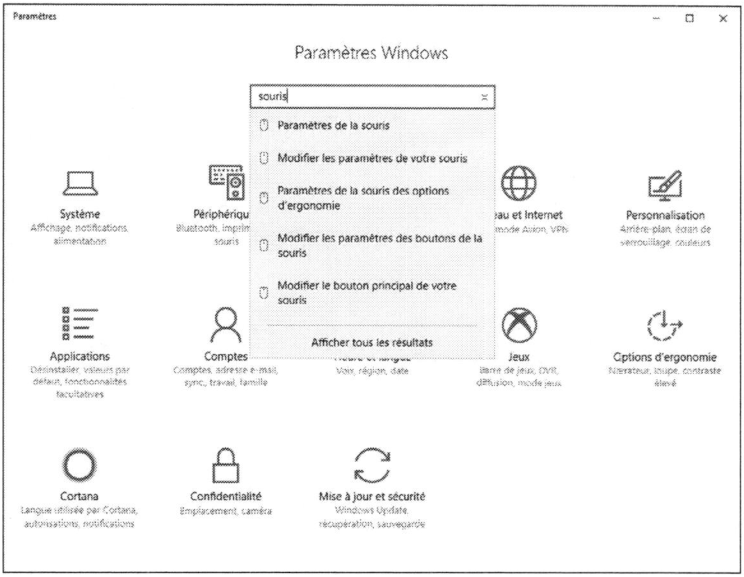

FIGURE 1.2 Pour trouver rapidement un réglage.

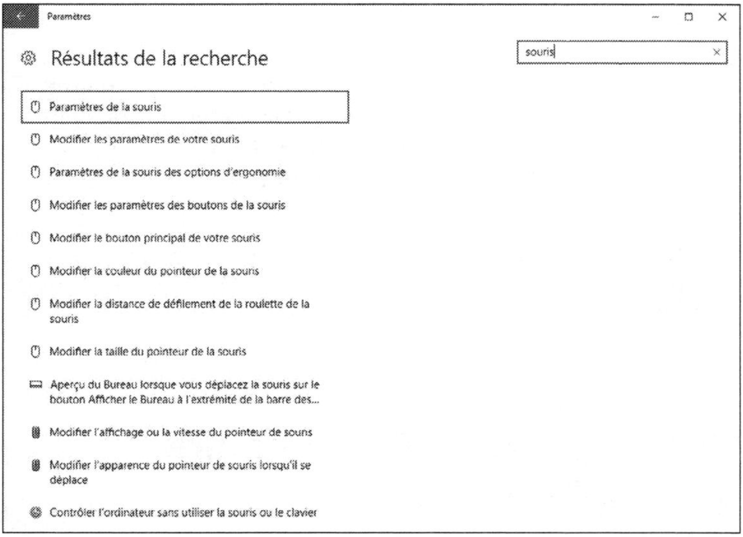

FIGURE 1.3 Les résultats complets de la recherche.

7. **Cliquez sur un résultat.**

Bien souvent, les réglages s'effectueront dans cette fenêtre Paramètres Windows, mais parfois un lien amènera l'ouverture d'une boîte de dialogue de type Panneau de configuration, comme le montre la Figure 1.4, lorsque vous cliquez sur le lien Options supplémentaires de souris.

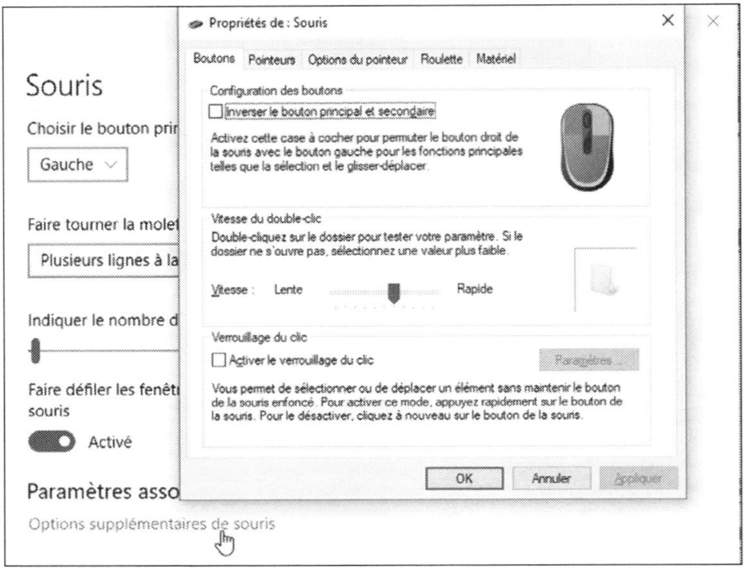

FIGURE 1.4 Certains réglages se font dans une boîte de dialogue de type Panneau de configuration.

8. **Une fois un réglage effectué, soit vous quittez cette fenêtre Paramètres Windows par un clic sur son bouton de fermeture, soit sur la flèche en haut à gauche pour revenir sur l'écran précédent. Enfin, pour accéder rapidement à toutes les catégories, cliquez sur Accueil.**

Mais nous verrons aussi qu'un bon nombre de paramètres plus techniques sont accessibles *via* les multiples propositions du menu contextuel qui s'affiche lorsque vous faites un clic-droit sur le bouton Démarrer.

S'en remettre au Gestionnaire de périphériques

Le *Gestionnaire de périphériques* est le premier endroit où vous devez vous rendre lorsque le matériel – les *périphériques* – de votre système pose problème. Il s'agit d'un applet du Panneau de configuration qui vous donne un accès limité à des informations sur toutes les parties du matériel que Windows a identifiées sur votre système.

À moins que votre carte réseau n'explose ou que le chat ne fasse la sieste sur l'une des aérations de votre boîtier, la source la plus fréquente de problèmes survenant avec le matériel est le *pilote de périphérique* – le programme (parfois énorme) qui gère les interactions entre Windows et un périphérique.

Lorsque vous installez un nouveau matériel, il y a de bonnes chances que Windows le reconnaisse tout seul, sans nécessiter aucune action de votre part. Vous pouvez connecter la plupart des périphériques USB à une machine Windows, et Windows installera les pilotes requis. Vous pourrez utiliser le périphérique en un rien de temps.

Toutefois, il peut arriver que Windows ne trouve pas un pilote ou qu'il ne parvienne pas à l'installer. Dans ce cas, je n'utilise jamais – vraiment *jamais* – le pilote fourni dans la boîte du matériel (le temps que le fabricant confectionne le lot et que vous l'achetiez, le pilote peut avoir connu dix révisions !) Je préfère me rendre sur le site Web du fabricant et télécharger la dernière version du pilote. Voici quelques conseils pour télécharger le bon pilote :

- **Si vous ne pouvez pas trouver une version pour Windows 10**, utilisez une version pour Windows 8 ou Windows 7 (voire même Vista).
- **Si vous utilisez une version 32 bits de Windows (voir Livret I, Chapitre 3)**, faites attention à récupérer une version 32 bits du pilote. De même, la version 64 bits de Windows nécessite des pilotes 64 bits. On ne peut pas mélanger des versions de pilotes et de Windows.

Ne mettez pas à jour un pilote simplement parce que vous en trouvez une nouvelle version. Vous pourriez devenir fou. Il ne faut mettre à jour un pilote que si le précédent ne fonctionne pas bien, ou si vous êtes certain que le nouveau propose des fonctionnalités dont vous avez réellement besoin. Tenter de réparer ce qui n'est pas cassé peut souvent finir par casser ce qui ne l'était pas. Or, la vie est trop courte pour trouver le temps de résoudre un problème que vous vous êtes inventé.

Une fois un bon pilote téléchargé, vous pouvez utiliser le Gestionnaire de périphériques pour l'installer. Suivez ces étapes :

1. **Faites un clic-droit sur le bouton Démarrer et, dans le menu contextuel qui apparaît, choisissez Gestionnaire de périphériques.**

   Windows ouvre le Gestionnaire de périphériques, représenté sur la Figure 1.5.

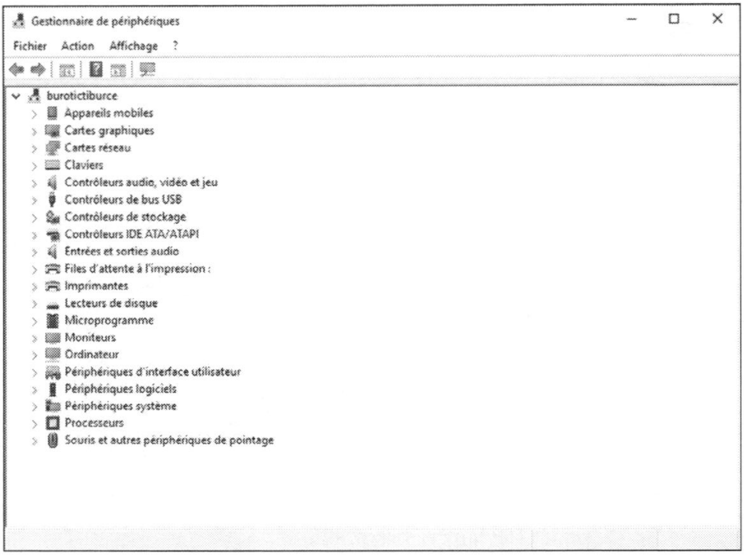

FIGURE 1.5 Le Gestionnaire de périphériques.

2. **Cliquez sur le chevron qui se trouve à côté du libellé correspondant au périphérique que vous souhaitez mettre à jour.**

   Vous devrez sans doute déplier ainsi plusieurs éléments de la liste des types de périphériques. Si vous n'êtes pas tombé sur le bon, cliquez simplement de nouveau sur le chevron pour replier l'élément correspondant. Ne vous inquiétez pas : vous n'aurez rien cassé. Enfin, pas encore…

3. **Cliquez sur le périphérique, puis sur le bouton Mettre à jour le périphérique, comme sur la Figure 1.6.**

FIGURE 1.6 Pour lancer la procédure de mise à jour.

Windows ouvre une boîte de dialogue qui demande s'il doit rechercher automatiquement un pilote à jour ou si vous souhaitez naviguer sur votre ordinateur pour lui indiquer où il se trouve.

Si vous demandez à Windows de rechercher automatiquement, il accédera à la gigantesque base de données de Microsoft et récupérera ce que Microsoft pense être le meilleur pilote. Malheureusement, Microsoft est connue pour conserver des pilotes souvent anciens et inadaptés (quoique généralement stables). C'est pourquoi vous avez choisi de vous rendre sur le site du fabricant pour télécharger la dernière version du pilote.

Notez que Windows ne vérifie pas automatiquement l'existence d'une dernière version d'un pilote sur le site du fabricant. Il s'en remet aux versions qui figurent dans la base de données des pilotes – nombre d'entre elles pouvant remonter à des semaines, des mois, voire des années.

4. **Pour rechercher un pilote téléchargé ou livré sur un CD, cliquez sur Parcourir mon ordinateur à la recherche du logiciel de pilote.**

5. **Dans la boîte de dialogue qui apparaît, cliquez sur le bouton Parcourir afin de localiser l'emplacement du fichier de ce pilote.**

6. **Une fois l'emplacement spécifié dans la boîte de dialogue Rechercher un dossier, cliquez sur OK. Ensuite, cliquez sur Suivant.**

   Windows peut vous faire passer par quelques étapes pour installer le pilote. Ou alors, il peut vous indiquer que le pilote déjà installé est plus adapté pour votre périphérique. Dans l'un ou l'autre cas, je vous suggère de vous en tenir aux recommandations de Microsoft.

   Si le pilote que vous souhaitez utiliser s'avère moins récent que celui actuellement installé, Windows 10 propose d'effectuer une recherche *via* Windows Update.

7. **Si Windows vous le propose, choisissez de chercher le pilote avec Windows Update.**

   Ce choix ouvre Windows Update. Cliquez alors sur le bouton Rechercher des mises à jour.

Je redémarre toujours mon PC après avoir installé un nouveau pilote, même si ce n'est pas requis. Cela laisse à Windows l'opportunité de planter alors que je sais encore ce qui vient de se passer. Cela me donne aussi l'opportunité de redémarrer en utilisant la dernière bonne configuration connue si je veux revenir sur l'installation du nouveau pilote.

Paramétrer l'exécution automatique

Je traite des paramètres d'exécution automatique brièvement au Chapitre 5 du Livret VI, lorsque j'explique comment indiquer à Windows ce qu'il doit faire des CD audio et des DVD vidéo que vous insérez dans votre PC. Voici donc le reste de l'histoire.

Lorsque vous insérez un CD, un DVD ou une clé USB dans votre PC, Windows affiche une notification pour vous demander ce que vous souhaitez qu'il fasse avec les données qui s'y trouvent. Cette fonctionnalité d'exécution automatique existe depuis Windows XP. Elle a été inventée pour permettre aux gens de jouer plus facilement des CD, de transférer plus facilement des photos depuis une carte SD, *etc.*

L'exécution automatique se met en place en deux étapes. Tout d'abord, vous voyez s'afficher une notification bleue à droite de l'écran, qui vous demande si vous souhaitez spécifier ce qui doit se passer lorsqu'un certain événement survient (comme insérer un CD audio). Si vous tapez ou cliquez sur cette notification, vous voyez apparaître une seconde notification qui vous demande quoi faire. Reportez-vous à la Figure 1.7.

Windows dispose d'outils robustes pour gérer les médias insérés. Par exemple, il vous demande comment vous souhaitez gérer l'insertion d'un CD qui contient de la musique. Si vous choisissez de jouer la musique, votre choix sera mémorisé ; par la suite, tout CD musical que vous insérerez dans votre PC sera joué – Windows ne vous demandera rien, il le fera tout seul. Il en va de même pour les cartes SD contenant

FIGURE 1.7
Windows vous demande si vous souhaitez configurer une option d'exécution automatique. Si tel est le cas, vous devez indiquer comment gérer la situation.

des photos ou des clés USB contenant des fichiers – si vous indiquez à Windows qu'il doit ouvrir le dossier pour visualiser les fichiers, Windows le fera à l'avenir chaque fois que vous insérerez une telle clé.

Windows accomplit ce tour de passe-passe en analysant les types de fichiers figurant sur le média inséré, puis en se reportant à une liste pour savoir ce qu'il devrait faire avec un fichier d'un certain type : par exemple, la musique figurant sur un CD peut être gérée autrement que la musique sur une clé USB ; un CD vierge pour être associée à une autre action.

Si vous avez configuré une exécution automatique et que vous souhaitez que Windows, finalement, agisse différemment, voici comment régler le problème :

1. **Cliquez sur le bouton Démarrer, puis sur l'icône Paramètres (engrenage).**
2. **Dans la fenêtre Paramètres, cliquez sur Périphériques.**
3. **Dans le volet gauche, cliquez sur Exécution automatique.**
4. **Dans les menus locaux des différents types de périphériques, choisissez l'action que doit exécuter Windows, comme à la Figure 1.8.**
5. **Pour désactiver l'exécution automatique, basculez le commutateur Activé en position Désactivé.**

   C'est le bon choix si vous craignez l'infection.

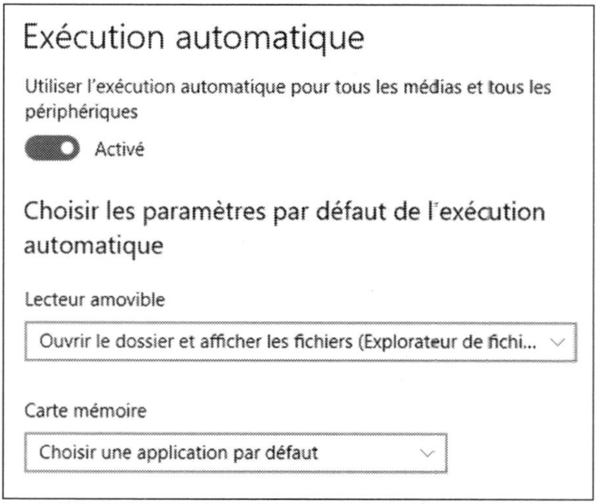

FIGURE 1.8 Spécifiez ici les paramètres de l'exécution automatique.

6. **Si vous n'êtes pas si paranoïaque, sélectionnez les actions par défaut associées à chacun des types de média.**

   Par exemple, pour une carte mémoire, vous pouvez choisir d'importer les images et les vidéos avec l'application Photos de Windows 10, ou bien un programme de retouche comme Photoshop Elements, *etc.* Dans le cas d'un CD, vous pouvez jouer le CD avec Lecteur Windows Media.

7. **Si un périphérique ou un média ne figure pas dans cette liste très exhaustive, cliquez sur le lien Paramètres d'applications par défaut.**

   Vous accédez à la fenêtre illustrée à la Figure 1.9.

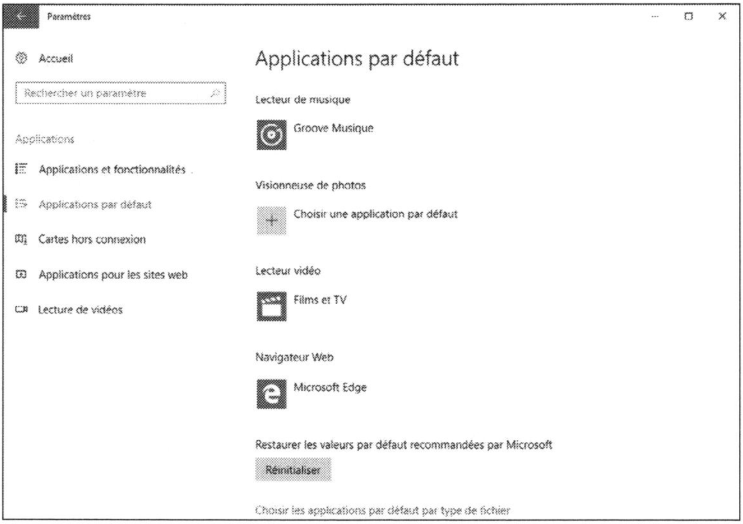

FIGURE 1.9 Choisissez les applications par défaut à ouvrir en fonction de votre média.

   Par exemple, pour changer le lecteur de musique par défaut, cliquez sur la vignette de l'application actuellement utilisée. Dans la liste qui apparaît, choisissez un autre programme.

   Vos modifications prennent effet immédiatement. Si jamais vous doutez de vos choix, Réinitialiser.

Désinstaller/modifier des programmes

Windows n'existe que pour faire fonctionner des programmes. Les utilisateurs passent généralement leur temps sur des programmes tels qu'Outlook, Word, Adobe Photoshop ou QuickBooks. Windows encadre tous ces programmes. Les utilisateurs s'en remettent à lui pour les faire fonctionner.

Il est très facile d'installer des programmes *via* le bureau de Windows. Lorsque vous le souhaitez, vous téléchargez le programme et vous double-cliquez sur le fichier, ou alors vous insérez un CD dans le lecteur CD et vous suivez les instructions. Vous l'avez déjà fait des centaines des fois.

Installer une application pour le mode tablette Windows 10 est encore plus simple : Windows le fait pour vous lorsque vous récupérez l'application sur Windows Store (voir Livre V, Chapitre 4). En fait, c'est la seule solution pour installer ces applications – Microsoft ne vous permet pas de procéder autrement.

Il est tout aussi simple de supprimer des programmes, si vous suivez les instructions prodiguées dans cette section. Par contre, c'est autre chose que de modifier les programmes, comme vous le découvrirez bientôt.

Windows permet d'installer et d'apporter des modifications à des programmes pour le bureau *via* un outil. Pour cela, il suffit d'ouvrir le menu Démarrer et de cliquer-droit sur la vignette d'une application ou d'un programme. Dans le menu contextuel qui apparaît, exécutez la commande Désinstaller comme sur la Figure 1.10. Il peut alors se passer une des deux choses suivantes :

» Une petite boîte de dialogue demande confirmation de la désinstallation. Si vous êtes sûr de vous, cliquez sur Désinstaller.

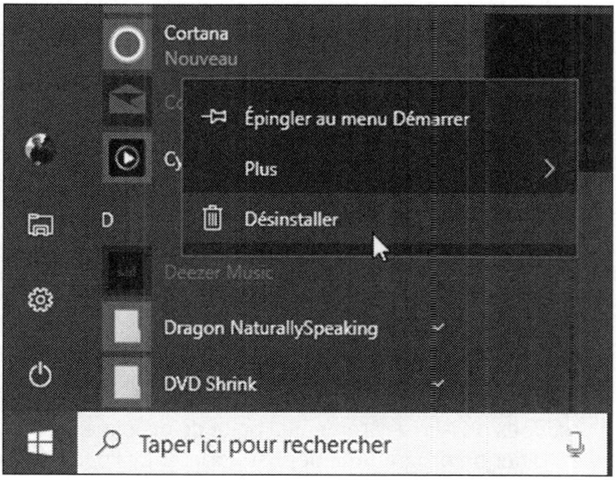

FIGURE 1.10 Désinstaller une application.

» La boîte de dialogue Programmes et fonctionnalités du Panneau de configuration s'affiche comme sur la Figure 1.11. Vous devez alors sélectionner ledit programme dans la vaste liste proposée. Une fois que vous cliquez dessus, les options Désinstaller, Modifier, et Réparer (plus rare) apparaissent. Désinstaller lancera une procédure dont vous suivrez les différentes étapes. Modifier permet d'activer certaines options. Enfin, Réparer relancera une procédure rapide de réinstallation en cas de dysfonctionnement du programme.

Vous ne pouvez pas désinstaller par cette procédure les applications du mode Tablette.

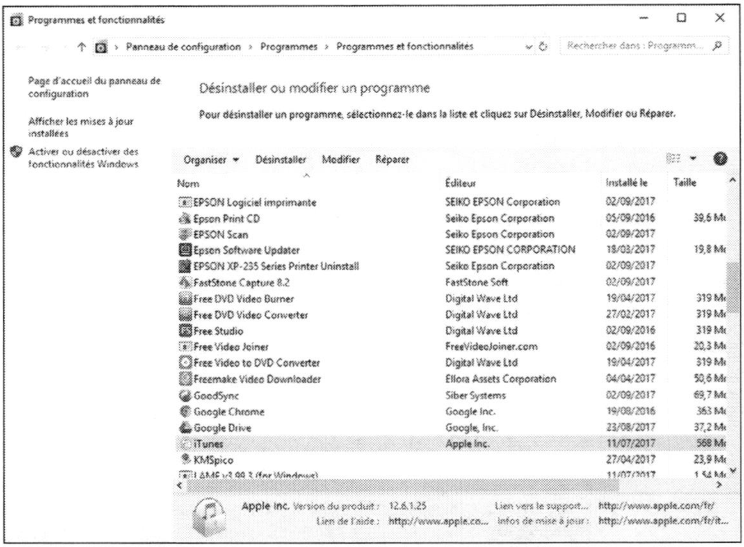

FIGURE 1.11 Désinstaller, modifier, ou réparer un programme.

Quelques commentaires supplémentaires :

» Si vous rencontrez des problèmes après avoir désinstallé un programme avec le désinstallateur de Windows, récupérez une version gratuite de Revo Uninstaller et tentez de l'utiliser.

» Si vous souhaitez supprimer un programme qui n'est pas listé ici, il y a 99 pour cent de chances que le programme soit un logiciel pourri. Rendez-vous sur Google et saisissez le nom du programme – veillez à bien le recopier – et ajoutez le terme *désinstaller*. Vous pourriez trouver des choses intéressantes.

» Vous utiliserez rarement la boîte de dialogue Désinstaller ou modifier un programme pour supprimer des pans de fonctionnalités d'un programme. Soit vous souhaiterez ajouter des fonctionnalités que vous aurez oubliées de sélectionner lorsque vous aurez installé le programme – généralement, Office – soit vous voudrez supprimer un programme entièrement.

Pourquoi vous ennuyer ? Lorsque vous installez un programme, installez-le en entier. Les disques durs de grande capacité sont si bon marché que vous pouvez vous en servir de poubelle. On ne gagne jamais à couper dans les fonctionnalités pour économiser quelques mégaoctets ne coûtant que quelques centimes.

- Pour des raisons seules connues de leurs programmeurs, quelques désinstallateurs vous demandent d'insérer le CD du programme avant de désinstaller le programme. C'est un peu comme vous demander d'exhiber le carnet de vaccination de votre chien avant que vous ne le jetiez dehors.

Lorsque vous lancez le désinstallateur d'un programme, vous vous trouvez à la merci de celui qui l'a écrit. Windows n'entre pas du tout en ligne de compte.

Activer et désactiver des fonctionnalités de Windows

La possibilité d'activer ou de désactiver certaines fonctionnalités de Windows remonte au temps de Windows 3.1. Elle s'avérait alors utile pour réduire ou limiter les ressources consommées par Windows. De nos jours, ce n'est plus un motif valable. Toutefois, c'est devenu une option intéressante pour ajouter des programmes tels que Hyper-V qui empruntent aux installateurs afin de proposer d'ajouter des fonctionnalités.

Généralement, des fonctionnalités de Windows sont bloquées pour éviter que vous ne vous tiriez une balle dans le pied, la théorie étant que si vous êtes assez malin pour activer une fonctionnalité, vous le serez assez pour l'utiliser.

En de rares occasions, vous souhaiterez désactiver une fonctionnalité de Windows, car vous ne voulez pas vous exposer aux risques engendrés par son activation. Les gens désactivaient Internet Explorer pour limiter le risque d'être infecté par des virus spécifiques à ce navigateur – même si l'efficacité de la pratique restait largement en débat.

Si on vous demande d'activer ou de désactiver des fonctionnalités de Windows, voici comment faire :

1. **Faites un clic-droit sur le bouton Démarrer et, dans le menu contextuel qui apparaît, choisissez Applications et fonctionnalités.**

   Cette action ouvre la fenêtre Paramètres Windows. La boîte de dialogue Fonctionnalités de Windows apparaît, comme sur la Figure 1.12.

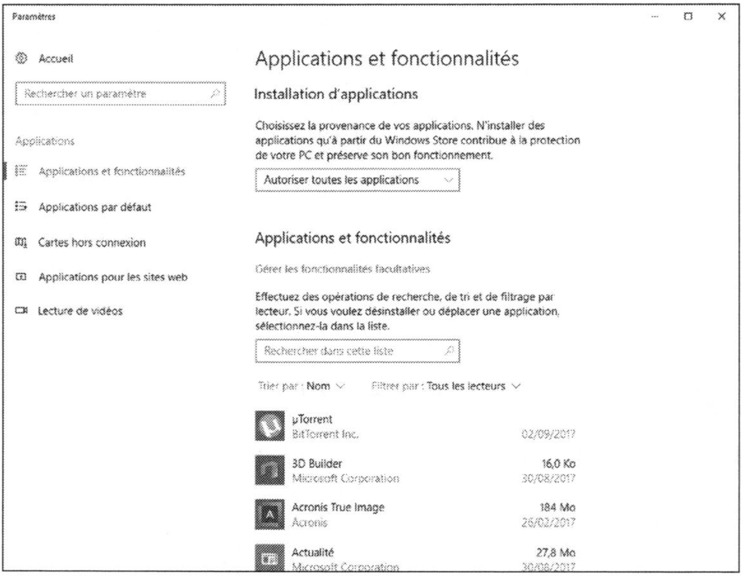

FIGURE 1.12 Activez et désactivez ici des fonctionnalités de Windows.

2. **Dans la partie gauche de la boîte de dialogue, vérifiez que la rubrique Applications et fonctionnalités est bien active.**
3. **Faites défiler le contenu de cette fenêtre, et cliquez sur le lien Programmes et fonctionnalités de la section Paramètres associés.**

   Vous accédez à la boîte de dialogue éponyme.

4. **Dans la boîte de dialogue Programmes et fonctionnalités, cliquez sur le lien Activer ou désactiver des fonctionnalités Windows dans la colonne de gauche.**
5. **Dans la boîte de dialogue Fonctionnalités de Windows illustrée à la Figure 1.13, cochez les fonctionnalités à activer et décochez celles à désactiver.**

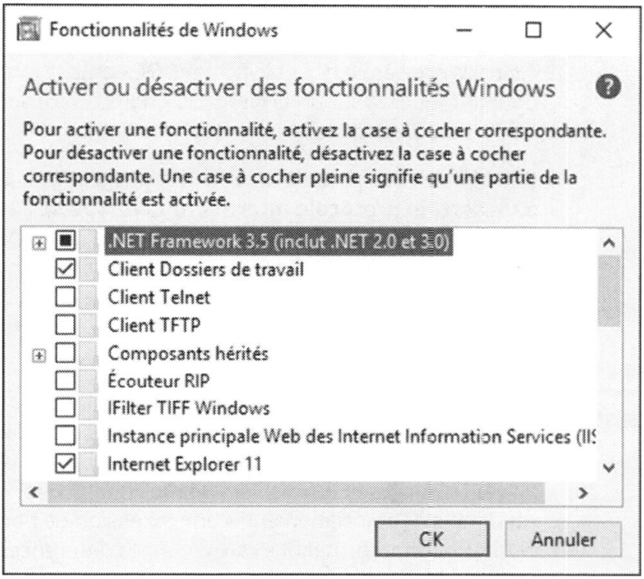

FIGURE 1.13 Activer ou désactiver des fonctionnalités Windows.

Notez que vous pouvez cliquer sur le signe + à gauche du nom de certaines fonctionnalités pour activer ou désactiver des parties de fonctionnalités.

6. **Cliquez sur OK.**

   Les fonctionnalités de Windows sont activées ou désactivées immédiatement.

7. **Fermez la fenêtre Paramètres Windows.**

Spécifier les programmes par défaut

Le terme de *programmes par défaut* peut induire en confusion, car il revêt quatre significations différentes selon le contexte dans Windows :

» **Vous pouvez spécifier le programme par défaut pour gérer tous les médias insérés.** Je traite de l'exécution automatique plus tôt dans ce chapitre. Par exemple, vous pouvez dire à Windows qu'il doit lancer le Lecteur Windows Media lorsque vous insérez un CD audio dans votre ordinateur.

» **Vous pouvez associer un programme par défaut à une certaine extension de nom de fichier** (voir Livret VI, Chapitre 1). Le programme choisi sera exécuté lorsque vous double-cliquerez sur un fichier dans l'Explorateur de fichiers ou sur un fichier joint à un courriel. Par exemple, si vous associez Word à l'extension `.docx`, Word sera lancé et le fichier DOCX affiché lorsque vous double-cliquerez sur un fichier DOCX dans l'Explorateur de fichiers ou dans un courriel auquel il est joint.

» **De même, vous pouvez associer un programme par défaut à un certain protocole Internet (ou Windows)**. Par exemple, vous pouvez spécifier que Chrome doit être utilisé pour accéder aux adresses `http://`. De la sorte, chaque fois que vous cliquerez sur un lien `http://` dans un traitement de texte ou un client de messagerie, Windows lancera Chrome et lui demandera d'afficher la page à l'adresse correspondante.

» **Vous pouvez spécifier le programme à utiliser comme navigateur Web ou client de messagerie par défaut**. Vous pouvez aussi indiquer à Windows quel programme associer aux fichiers d'images et aux fichiers de musiques. La fonctionnalité ressemble à l'association entre une extension de nom de fichier et un programme, mais il existe certaines différences qui seront expliquées dans un instant.

Modifier le programme par défaut associé à une extension de nom de fichier

Voici comment spécifier le programme par défaut pour une extension de nom de fichier ou un protocole Internet :

1. **Faites un clic-droit sur le bouton Démarrer et, dans le menu contextuel, cliquez sur Applications et fonctionnalités.**
2. **Dans la partie gauche de la fenêtre des paramètres Windows qui s'ouvre, cliquez sur Applications par défaut.**
3. **Faites défiler le contenu de cette fenêtre et cliquez sur le lien Choisir les applications par défaut par type de fichier, comme sur la Figure 1.14.**
4. **Faites défiler la liste des extensions affichées à gauche. Dès que vous localisez l'extension à laquelle associer un programme, par exemple .jpeg, cliquez sur la vignette située sur sa droite.**
5. **Dans la liste des applications et des programmes compatibles, cliquez sur celui qui affichera systématiquement ce type de fichier, comme sur la Figure 1.15.**

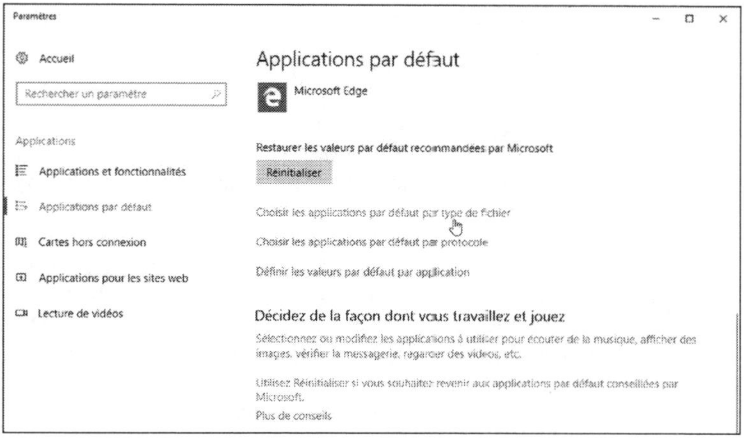

FIGURE 1.14 Pour associer des programmes aux extensions de fichiers.

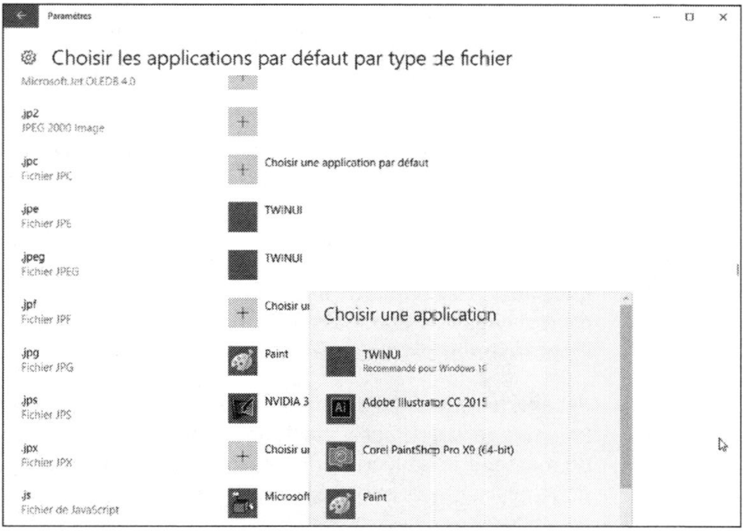

FIGURE 1.15 Choisissez un programme ou une application.

Microsoft n'appelle pas la chaîne de caractères qui figure à la fin d'un nom de fichier (comme `.doc` ou `.jpg`) une « extension de nom de fichier », car l'expression est interdite – « type de fichier » est jugé plus politiquement correct, quoique ce soit moins évocateur. C'est que Windows n'affiche pas les extensions de noms de fichiers par défaut. Toutefois, si vous avez suivi les instructions prodiguées au Chapitre 1 du Livret VI, vous avez activé leur affichage, n'est-ce pas ?

Si aucune application ne convient, faites défiler cette liste et cliquez sur le lien Rechercher une application dans le Windows Store.

Modifier le navigateur ou le client de messagerie par défaut

Il est plutôt simple de modifier le programme par défaut associé à une extension de nom de fichier. Toutefois, modifier le navigateur, le client de messagerie, le lecteur de musiques, l'éditeur d'images et le reste par défaut est considérablement plus complexe.

Ce ne sont pas les manipulations à effectuer qui sont complexes. La complexité réside dans le travail accompli par Windows en coulisse pour faire en sorte que vos modifications fonctionnent. Nombre de programmes dans Windows, et nombre de ceux que vous installez peuvent gérer une grande variété d'extensions de noms de fichiers et de protocoles Internet. Par exemple, Firefox peut gérer les fichiers HTML, HTML, SHTM, XHT et XHTML, ainsi que les protocoles `ftp://`, `http://`, et `https://`.

Lorsque vous installez Chrome, l'installateur indique à Windows les types de fichiers et les protocoles que Chrome peut gérer. Si vous avez fait de Chrome votre navigateur par défaut, il sera dès lors associé à ces extensions de noms de fichiers et à ces protocoles. Toutefois, si vous sélectionnez un autre navigateur comme navigateur par défaut, ce dernier gérera (l'essentiel) de ces extensions de noms de fichiers et de ces protocoles.

Si vous faites n'importe quoi avec les programmes par défaut, vous risquez de mettre Windows dans une position délicate, quelques fonctions d'un navigateur étant assurées par un certain programme, d'autres étant assurées par un autre.

Cet avertissement à l'esprit – *ne faites pas n'importe quoi en désignant les programmes par défaut* – voici comment spécifier le navigateur, le client de messagerie, le lecteur de musiques, l'éditeur d'images, le gestionnaire des contacts et bien d'autres programmes par défaut :

1. **Faites un clic-droit sur le bouton Démarrer et, dans le menu contextuel qui apparaît, choisissez Applications et fonctionnalités.**
2. **Dans la colonne de gauche, cliquez sur la catégorie Applications par défaut.**
3. **Dans la partie droite, cliquez sur la vignette Courrier de la section Messagerie par défaut afin de sélectionner le logiciel de messagerie électronique qui sera utilisé par défaut pour vos mails.**

4. **Répétez cette opération pour définir un navigateur par défaut, comme sur la Figure 1.16.**

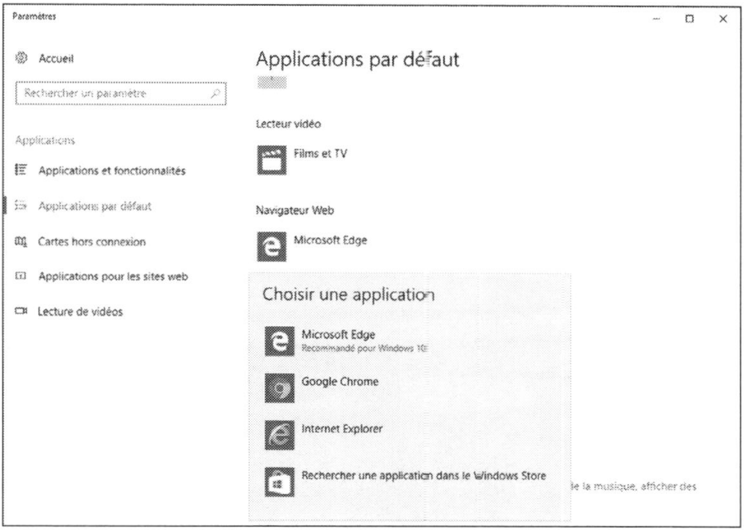

FIGURE 1.16 Définissez votre navigateur Web par défaut.

En coulisse, Windows élimine toutes les associations entre ce programme et les extensions de noms de fichiers et les protocoles, puis procède à l'association avec le nouveau programme.

Si vous adoptez Chrome comme navigateur par défaut, par exemple, et que vous préférez Microsoft Edge, vous pouvez toujours revenir en arrière et rétablir Edge comme navigateur par défaut.

Vos modifications prennent effet à l'instant.

5. **Fermez la fenêtre Paramètres.**

Si vous avez changé un programme par défaut associé à de nombreuses extensions de noms de fichiers, vous feriez bien de lancer l'Explorateur de fichiers pour vous assurer que le programme se comporte bien comme vous l'entendiez.

Ajouter des horloges et basculer entre elles

Si vous souhaitez modifier l'horloge de la Zone de notification du Bureau – ajouter une horloge, modifier l'heure, modifier le format de la date ou de l'heure – rien de plus facile. Voici comment procéder :

1. **Faites un clic-droit sur l'heure et/ou la date affichée à l'extrême droite de la barre des tâches (Zone de notification). Dans le menu contextuel qui s'affiche, choisissez Ajuster la date/l'heure.**

   La fenêtre Date et heure des Paramètres Windows apparaît, comme sur la Figure 1.17.

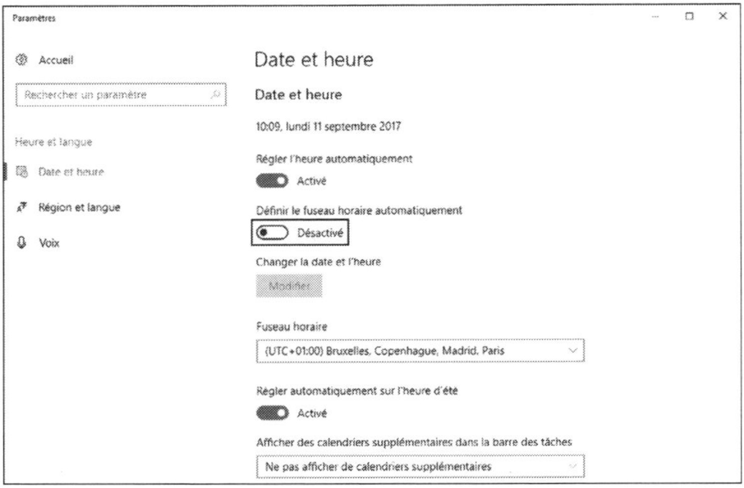

FIGURE 1.17
Modifier l'heure.

2. **Pour modifier la date et l'heure, désactivez le paramètre Régler l'heure automatiquement, puis cliquez sur le bouton Modifier.**
3. **Apportez les modifications dans la boîte de dialogue qui apparaît (Figure 1.18), c'est-à-dire le jour, le mois, l'année, les minutes et les secondes. Validez par un clic sur Modifier.**
4. **Pour changer de fuseau horaire, choisissez-le dans le menu local Fuseau horaire.**
5. **(Optionnel) Pour afficher une autre horloge dans la Zone de notification – en bas à droite de l'écran –, cliquez sur le lien Ajouter des horloges pour différents fuseaux horaires en bas de cette fenêtre.**

   Cette action ouvre l'onglet Horloges supplémentaires de la boîte de dialogue Date et heure. Effectuez votre choix, et cliquez sur OK.

Si vous voyagez beaucoup, activez l'option Définir le fuseau horaire automatiquement. Ainsi, Windows procédera aux différents

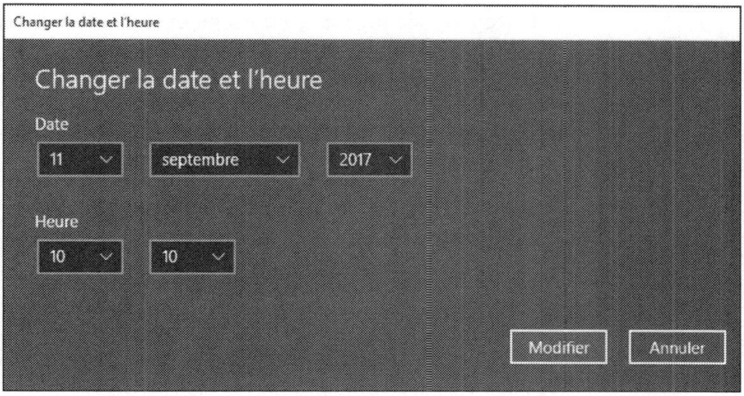

FIGURE 1.18 Changer la date et l'heure.

réglages de date et d'heure sans intervention de votre part… enfin, vérifiez quand même.

6. **Quittez simplement la fenêtre Date et heure pour valider vos modifications.**

   Vos horloges changent sur l'heure.

Changer de langue

La gestion de la localisation dans Windows s'est considérablement améliorée au fil des dernières versions. Une requête très commune est de changer le clavier : vous pouvez avoir un clavier allemand, anglais ou thaï, complètement différent de ceux que vous avez toujours utilisés. Même si vous pouvez générer certains caractères en utilisant un programme tel que la Table des caractères (voir Livret VII, Chapitre 6), il est clair qu'il vaut mieux utiliser un clavier où ils figurent si jamais vous les utilisez fréquemment.

Lorsque vous changez la langue du clavier – ce que Windows appelle la *langue d'entrée par défaut* –, Windows ne change pas le clavier. Il ne fait que réaffecter les caractères aux touches, si bien que ce que vous lisez sur une touche ne correspond pas à ce qui apparaît à l'écran quand vous la pressez. C'est une mise en correspondance qui fonctionne même avec des langues très complexes.

Voici comment modifier la langue que Windows utilise pour l'adapter à différents pays et à leurs claviers :

1. **Faites un clic-droit sur l'horloge et la date affichées dans la Zone de notification et, dans le menu contextuel qui s'affiche, choisissez Ajuster la date/l'heure.**
2. **Dans la colonne de droite de la fenêtre des paramètres qui s'ouvre, cliquez sur Région et langue.**
3. **Dans la section Langues du volet droit, cliquez sur le bouton Ajouter une langue.**

   La fenêtre Ajouter une langue apparaît, comme sur la Figure 1.19.

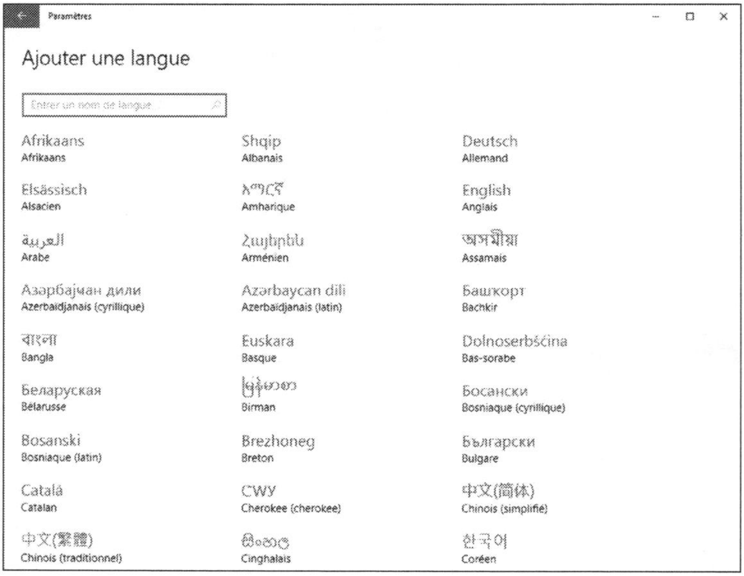

FIGURE 1.19 Installez d'abord une langue pour que Windows puisse l'associer au clavier.

4. **Faites défiler le contenu de cette fenêtre pour sélectionner la langue à ajouter.**
5. **Cliquez sur la langue concernée.**

   Windows 10 l'installe.

6. **Si vous vous êtes trompé, ou si ultérieurement vous souhaitez retirer cette langue, cliquez dessus dans la section Langues. Dans le menu local qui apparaît, cliquez sur le bouton Supprimer.**

Les fonctionnalités d'accessibilité

Windows dispose de nombreuses options d'accessibilité pour aider les personnes qui ont des difficultés à l'utiliser. Par exemple, ils peuvent permettre de lire plus facilement ce qui est affiché à l'écran, de mieux interagir avec l'ordinateur, d'écouter la sortie audio, et bien plus encore.

Pour y accéder :

1. **Cliquez sur le bouton Démarrer, puis sur l'icône Paramètres (engrenages).**
2. **Dans la fenêtre Paramètres Windows, cliquez sur Options d'ergonomie.**
3. **Agissez sur les divers paramètres proposés pour adapter Windows à votre handicap.**

Chapitre 2

Dépanner et obtenir de l'aide

DANS CE CHAPITRE :

- **Utiliser les outils de dépannage de Windows**
- **Vérifier la stabilité de votre système**
- **Travailler avec l'aide et le support Windows**
- **Résoudre vos problèmes**
- **Obtenir de l'aide d'autrui sans leur abandonner le terrain**
- **Obtenir de l'aide sur le Web – efficacement**

Votre PC a rencontré un problème qu'il ne pouvait pas gérer, et il a maintenant besoin que vous le redémarriez. Vous pouvez faire une recherche sur l'erreur en ligne : *un message d'erreur s'affiche et disparaît si vite que vous ne pouvez pas le lire.*

Je voudrais avoir reçu un euro pour chaque message « écran bleu » sur lequel j'ai pu tomber. Les gens m'écrivent tout le temps pour me demander ce qui a pu entraîner l'affichage de ce message, ou un message qui y ressemble, sur leur ordinateur. Ma réponse ? Ça pourrait être n'importe quoi. Ne vous sentez pas humilié : Windows lui-même ne peut pas savoir de quoi il en retourne, et Microsoft a dépensé des millions de dollars pour éviter que la situation ne se présente.

Pensez à ce chapitre comme à une aide sur l'aide. Si vous avez besoin d'aide, commencez ici.

Windows est truffé d'outils automatiques pour vous aider à vous tirer de situations difficiles. Les outils de dépannage dépannent si, et seulement si, vous trouvez les bons outils. Les journaux d'événements, le suivi d'événements et les graphiques de stabilité peuvent vous occuper durant des années – même les experts se grattent la tête en les contemplant. Windows regorge d'aide. Parfois, cela fonctionne. D'autres fois, cela pourrait bien fonctionner... si vous pouviez seulement savoir comment obtenir la bonne aide au bon moment !

Ce chapitre vous explique quand et où chercher de l'aide. Il vous explique aussi quand vous devez abandonner et ce que vous devez alors faire. Oui, détruire votre PC reste une option. Toutefois, il existe des alternatives. Sans garantie de fonctionner, bien entendu.

Ce chapitre contient aussi des instructions détaillées, étape par étape, pour inviter un ami à prendre le contrôle de votre ordinateur, *via* Internet, pour voir ce qui se passe et vous donner un coup de main pendant que vous regardez. Je pense que cette fonctionnalité d'assistance à distance est l'une des les plus puissantes et les plus utiles jamais intégrées à Windows.

Se dépanner avec le Centre de dépannage

Si quelque chose déraille et que vous ne pouvez pas trouver de solution au problème et que la solution est dans ce livre, votre premier réflexe devrait être de vous rendre dans le Centre de dépannage.

Windows dispose de nombreux outils de dépannage. Comme leur nom l'implique, les *outils de dépannage* vous prennent par la main pour vous guider pas à pas dans l'identification de l'origine de vos problèmes – et éventuellement les résoudre.

Si vous rencontrez un problème et que vous êtes bloqué, vérifiez si Microsoft n'a pas conçu un outil de dépannage adéquat en suivant les étapes suivantes :

1. **Cliquez sur le bouton Démarrer, puis sur l'icône Paramètres (engrenage).**
2. **Dans la fenêtre Paramètres Windows, cliquez sur Mise à jour et sécurité.**
3. **Dans la colonne de gauche, choisissez Résoudre les problèmes.**

   Vous accédez à un ensemble de problèmes envisagés par Windows 10, comme sur la Figure 2.1.
4. **Faites défiler le contenu de la partie droite de cette fenêtre, et cliquez sur le problème qui semble correspondre au vôtre.**

   Le choix est limité, mais avec un peu de chance, vous y trouverez votre... malheur.

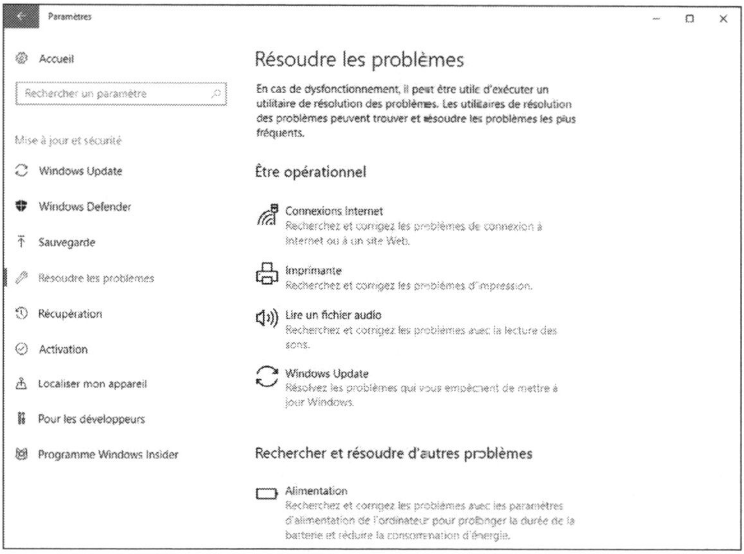

FIGURE 2.1 Les problèmes auxquels Windows 10 pense que vous pourriez être confrontés.

Si vous ne trouvez pas votre problème, cliquez dans le champ Rechercher un paramètre, et saisissez un ou deux mots-clés afin de voir si Windows peut trouver une solution.

5. **Cliquez sur un problème, comme Carte réseau (en imaginant que vous n'avez plus de connexion Internet), puis sur le bouton Exécuter l'utilitaire de résolution des problèmes.**

   Voilà ! Windows lance un assistant qui va vous guider dans la recherche d'une solution. Conformez-vous simplement à ses étapes.

Il arrive souvent que les outils de dépannage ne parviennent pas à résoudre le problème, et qu'ils finissent par afficher une boîte de dialogue expliquant que soit « Cette erreur ne peut être réparée automatiquement » ou qu'aucun problème n'a été détecté, comme sur la Figure 2.2.

Si vous ne trouvez pas d'outil de dépannage valable, vous pourriez consulter le contenu des journaux du système *via* l'observateur d'événements, dont je traite au Chapitre 4 du Livret VIII.

Bien souvent, si le problème tient à l'utilisation d'un périphérique comme une carte réseau et que le dépannage Windows 10 échoue, essayez de lancer Windows Update afin de vérifier la présence de mises à jour de pilotes. Sinon, accédez au Gestionnaire de périphériques, sélectionnez le matériel en cause, et cliquez sur l'icône Mettre à jour le pilote.

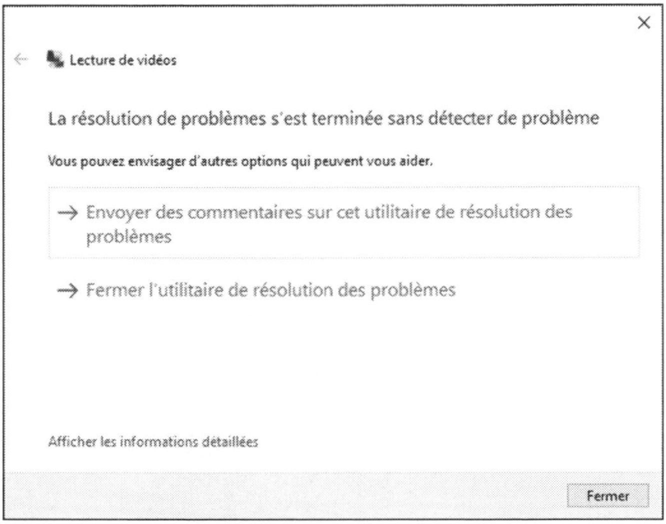

FIGURE 2.2 Rien de plus agaçant que ce message lorsque vous savez avoir réellement un problème.

Lorsque le périphérique est un élément de la carte mère, vous pouvez alors tenter ceci :

1. **Faites un clic-droit sur le bouton Démarrer.**
2. **Dans le menu contextuel qui s'affiche, choisissez Gestionnaire de périphériques.**
3. **Sélectionnez le périphérique incriminé, puis cliquez sur le bouton Désinstaller l'appareil, comme sur la Figure 2.3.**
4. **Dans la boîte de dialogue Désinstaller l'appareil, cliquez sur le bouton Désinstaller.**
5. **Redémarrez votre ordinateur immédiatement *via* le bouton Démarrer, puis l'icône Marche/Arrêt et enfin la commande Redémarrer.**

   Cette procédure va amener Windows à repérer la présence d'un nouveau matériel et à en installer le pilote automatiquement, ce qui résout souvent le problème.

La stabilité du système et le moniteur de fiabilité

Le moniteur de fiabilité est un outil fort utile qui vous aide à préciser les problèmes que vous ne parvenez que vaguement à identifier.

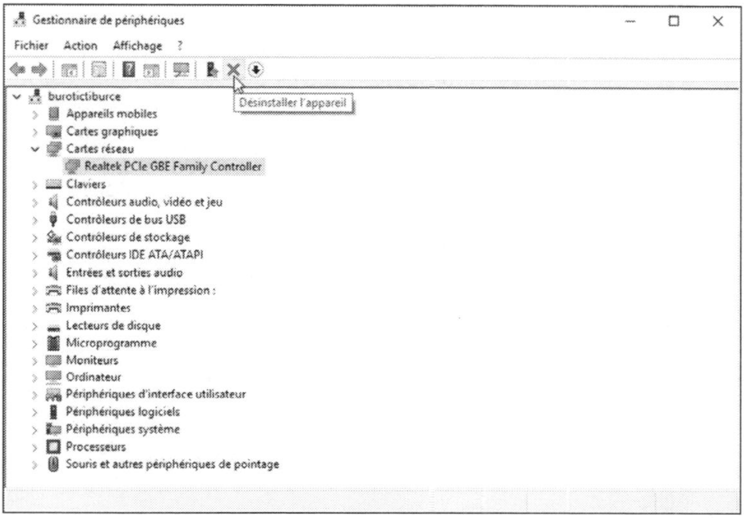

FIGURE 2.3 Désinstaller un matériel.

Supposons que votre ordinateur commence soudain à faire apparaître ces écrans bleus comme celui de la Figure 2.4. Vous êtes certain que votre PC ne rencontrait pas ces problèmes jusqu'à la semaine dernière. Quelque chose est arrivé ces jours-ci, et voilà que Windows rencontre plus de problèmes que Kiefer Sutherland dans toute une saison de *24 heures chrono.*

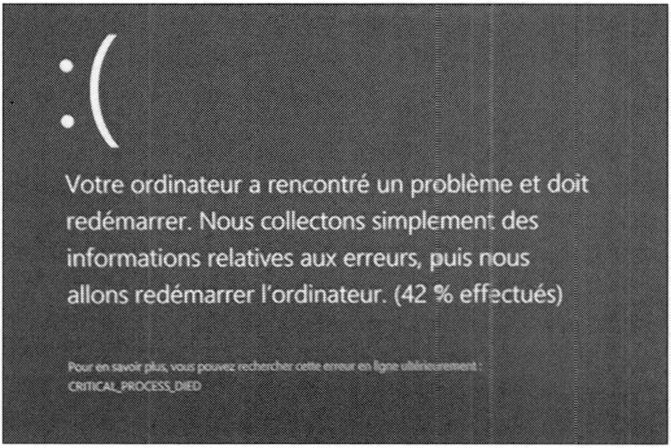

FIGURE 2.4 Une grosse erreur vient de se produire.

Ici, le redémarrage annoncé tente de résoudre le souci initial. Mais en matière d'écran bleu, vous pouvez également répéter la précédente procédure, puis cliquer sur le problème Écran bleu. Là encore, exécutez l'utilitaire de résolution des problèmes.

Windows surveille tout, sait tout, voit tout – et garde des notes. Les événements Windows, comme on les appelle, sont conservés dans une gigantesque base de données que vous pouvez consulter à l'aide de l'observateur d'événements, que je décris au Chapitre 4 du Livret VIII.

Un jeu plus réduit et spécifique d'événements est noté dans un rapport, le moniteur de fiabilité – que vous allez découvrir dans un instant.

Si vous souhaitez jeter un œil sur le moniteur de fiabilité parce que quelqu'un au téléphone vous a dit qu'il va vous aider à réparer votre ordinateur, faites très attention. Le moniteur de fiabilité vous montrera que votre PC a rencontré des problèmes, ce qui arrive inévitablement. Or, des esprits mal intentionnés pourraient vous faire croire que c'est plus grave que ça ne l'est pour vous faire payer pour des services dont vous n'avez pas besoin, ou pour que vous leur permettiez d'accéder à votre ordinateur à des fins inavouables. Ne vous faites pas avoir ! Il est classique que le moniteur de fiabilité signale de nombreux problèmes.

Voici un moyen facile pour accéder au moniteur de fiabilité :

1. **Cliquez sur le bouton Démarrer ou dans le champ de recherche de Cortana, et tapez** fiabilité**.**
2. **Dans la liste des résultats, cliquez sur Afficher l'historique de fiabilité.**

   Le rapport du moniteur de fiabilité s'affiche, comme sur la Figure 2.5.

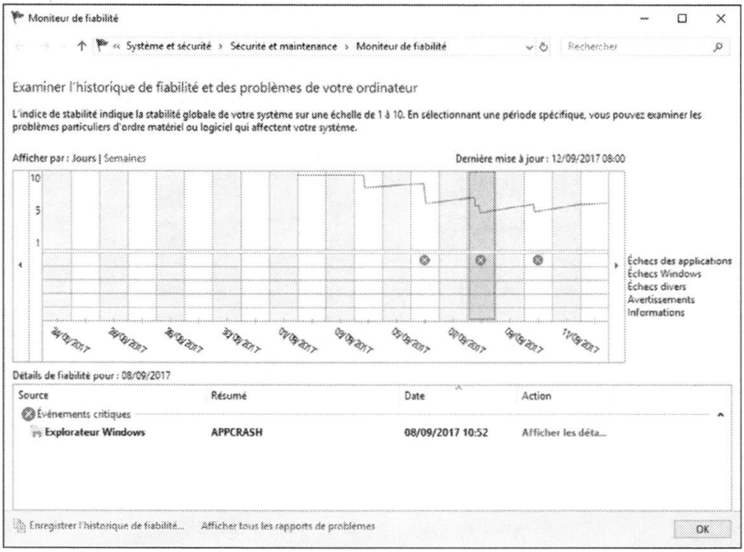

FIGURE 2.5 Le rapport du moniteur de fiabilité.

3. **Double-cliquez sur un élément de la liste en bas du rapport pour accéder aux détails.**

   Vous pouvez taper ou cliquer sur un événement, et afficher des rapports par jour ou par semaine, en sélectionnant l'option idoine au-dessus.

   Le moniteur de fiabilité calcule un score agrégé, basé sur le nombre de problèmes apparaissant sur le graphique, calculé sous la forme d'une moyenne.

Si vous prenez le score de fiabilité avec circonspection, vous pourrez éventuellement glaner quelques informations sur le graphique. Par exemple, si vous avez installé un nouveau pilote et que votre système passe de 10 à 5 ce jour-là, vous pouvez parier que le pilote joue un rôle dans ce déclin. Le moniteur de fiabilité vous affiche les événements significatifs pour chaque jour et vous laisse la responsabilité de formuler des hypothèses.

L'aide de Windows 10

Les récentes mises à jour de Windows 10 ont introduit une nouvelle application nommée Obtenir de l'aide. Invoquez-la en cherchant sous la lettre O dans le menu Démarrer, ou en saisissant Obtenir dans le champ Taper ici pour rechercher de Cortana.

Voici alors ce qu'il se passe :

1. **Dans la fenêtre Obtenir de l'aide qui apparaît, cliquez dans le champ Saisissez votre description, comme sur la Figure 2.6.**
2. **Indiquez avec vos mots l'aide dont vous avez besoin, et cliquez sur Suivant.**

   Par exemple, écrivez « La carte réseau de fonctionne pas ».
3. **Dans l'étape suivante, ouvrez le menu local Sélectionnez un produit, et choisissez le logiciel où vous rencontrez ce souci, comme sur la Figure 2.7.**
4. **Indiquez ensuite la nature du problème dans le menu local Sélectionner votre problème.**

   Par exemple, pour ma carte réseau, je choisis Réseau et connectivité.
5. **Consultez les rubriques d'aide proposées en cliquant sur les liens correspondants.**

FIGURE 2.6 Décrivez votre problème.

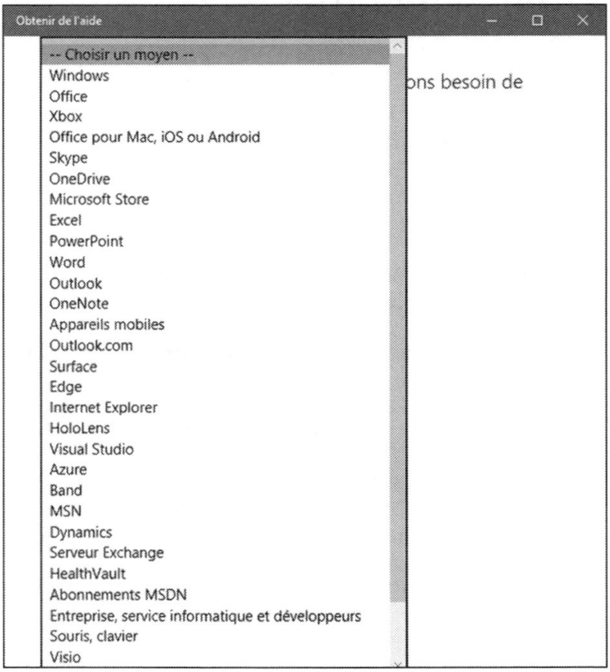

FIGURE 2.7 Indiquez dans quel secteur votre problème se place.

Si malgré cela vous ne trouvez pas de solution à votre problème, cliquez sur le bouton Démarrer ou bien appuyez sur la touche Windows de votre clavier afin d'ouvrir le menu de démarrage. Saisissez immédiatement l'objet de votre recherche, puis cliquez sur le résultat qui correspond le mieux à votre requête.

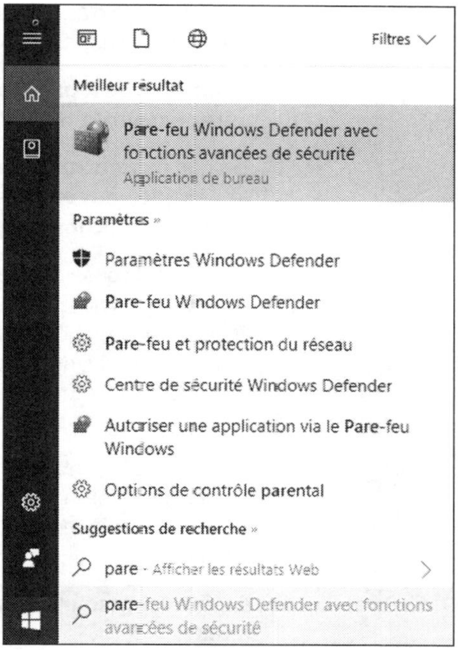

FIGURE 2.8 Les résultats d'une requête sous Windows 10.

Si vous utilisez Cortana, cliquez dans le champ Taper ici pour rechercher, et saisissez l'objet de votre recherche ou bien directement une question, ou bien encore effectuez votre demande oralement. Vous obtiendrez alors une liste de résultats comme à la Figure 2.8 où mon interrogation porte sur le pare-feu de Windows.

Lorsque la recherche dépasse les compétences mêmes de Windows, c'est-à-dire qu'il ne trouve pas de solutions dans ses entrailles, il vous renvoie sur le Web.

Si l'aide de Windows ne répond pas à vos besoins, vous pouvez élargir le champ de vos recherches successivement de la manière suivante :

1. **Recourrez à la corruption, qui est de loin le meilleur moyen d'obtenir de l'aide d'autrui.**

   Consultez un ami qui connaît sa partie, et demandez-lui de vous donner un coup de main virtuel. Promettez-lui une pizza ou une bière – ce qu'il faudra. S'il sait faire, c'est la solution la plus rapide et la meilleure du marché.

   Si vous pouvez convaincre votre machine de se connecter à Internet et que votre ami fait de même avec la sienne, Windows permettra facilement à ce dernier de prendre le contrôle de votre ordinateur tandis que vous regarderez ce qui se passe grâce à la fonctionnalité d'assistance à distance, dont je traite un peu plus loin dans ce chapitre.

2. **Si votre ami est parti faire bronzette à Patong Beach, vous aurez besoin de trouver de l'aide ailleurs sur Internet.**

3. **Si vous rencontrez des problèmes avec un correctif de sécurité – et que vous en êtes certain –, vous pourriez être éligible au support technique gratuit.**

   Microsoft disposait autrefois d'un site Web où vous pouviez demander un ticket gratuit pour le support technique, mais il a été déconnecté. Dorénavant, il semble que vous deviez appeler (voir l'étape suivante) et convaincre la personne à l'autre bout du fil que vous rencontrez un problème du fait d'un correctif de sécurité, et que le support technique devrait donc être gratuit.

   Pour ma part, je n'arrive pas à trouver *une seule* adresse électronique – ou référence à une adresse électronique – pour joindre le support technique de Microsoft. Il semble même que le tchat soit bloqué.

4. **En dernier recours, essayez de contacter Microsoft par téléphone.**

   Le Ciel ait pitié de vous.

Capturer et enregistrer vos problèmes

Geek surchargée de travail (répondant au téléphone) : « Hello chéri. Comment ça va ? »

Mari de la geek, totalement perdu : « Désolé de t'appeler au téléphone, mais j'ai un problème avec mon ordinateur. »

GSDT : « Quel problème ? »

MDLGTP : « J'ai cliqué sur une image, et c'est allé dans Microsoft, tu sais, et j'ai essayé de comprendre ce rapport que mon patron m'a envoyé, mais l'ordinateur dit qu'il ne peut pas. »

GSDT : « Euh... »

MDLGTP : « Je suis sûr que t'as vu ça des centaines de fois. J'ai cliqué sur l'image, mais l'ordinateur dit qu'il ne peut pas. Comment lire le rapport ? »

GSDT : « Pfff... »

MDLGTP : « Qu'est-ce qui ne va pas ? Pourquoi tu ne dis rien ? Tu as bien le temps d'aider tes collègues toute la journée au bureau. Tu ne peux pas trouver un instant pour moi ? »

Et GSDT se demande pour la dixième fois aujourd'hui comment elle bien pu faire l'erreur de s'engager dans ce métier.

Tôt ou tard, vous risquez de vous trouver d'un bout ou l'autre du téléphone dans le cadre d'une conversation de ce type. Il en ressort au moins quelque chose de parfaitement clair : lorsque vous tentez de résoudre un problème informatique, il est mille fois plus pratique d'avoir l'écran sous le nez. Des millions de fois. Voire plus.

Capturer et capturer

Depuis la nuit des temps sur la planète Microsoft, vous pouvez faire une capture d'écran de votre bureau et la placer dans le presse-papiers en pressant la touche Impr écran de votre clavier. De même, si vous maintenez Alt appuyée et que vous pressez Impr écran, Windows capture la fenêtre active et la place dans le même presse-papiers. De là, vous pouvez ouvrir Paint (ou tout autre programme capable de digérer des images, comme Word), coller le contenu du presse-papiers et faire ce que vous voulez de la capture. Cette approche fonctionne toujours dans Windows – même sur l'écran d'accueil et dans les applications vignettes. Dans certains cas, c'est exactement l'outil qu'il vous faut pour vous en sortir.

Vista a introduit l'outil Capture, une variation un peu plus sophistiquée sur le même thème. Avec cet outil (voir Figure 2.9), vous cliquez sur Nouveau, puis dessinez un rectangle autour de la zone que vous souhaitez capturer. Vous pouvez aussi capturer une zone dessinée à la main levée n'importe où sur l'écran, ou capturer automatiquement la fenêtre courante, voire tout l'écran.

FIGURE 2.9 L'outil Capture permet d'effectuer des captures d'écran en quelques étapes.

L'outil Capture dispose de fonctionnalités rudimentaires pour dessiner sur l'écran capturé. Le résultat peut être copié dans le presse-papiers et/ou enregistré sous la forme d'un fichier PNG, GIF, JPG ou HTML, ou encore joint à un nouveau courriel.

Pour exécuter l'utilitaire Capture, cliquez sur le bouton Démarrer, et saisissez **capture**. Cliquez ensuite sur l'icône Outil Capture d'écran.

Windows dispose maintenant d'une troisième modalité de capture, qui peut s'avérer dans certains cas bien plus pratique que les deux autres. Si vous maintenez la touche Windows appuyée et que vous pressez Impr écran, Windows va faire une capture de tout l'écran, la convertir en fichier PNG, et la stocker dans votre bibliothèque Images. Le fichier est baptisé `Capture (x).png` où X est un nombre incrémenté à chaque capture.

Enregistrer en live

Si une bonne capture d'écran vaut mille mots, une vidéo de ce qui s'y passe ne devrait-elle pas en valoir un million ?

Windows propose le très magique Enregistreur d'actions utilisateur, qui vous permet de réaliser un film de votre écran, ou plutôt une série de captures, un peu dans le genre d'un diaporama annoté. Il en résulte un fichier, que vous pouvez envoyer par courriel à un ami, votre geek d'épouse, ou tout autre innocent qui pourra ainsi voir les étapes par lesquelles vous êtes passé et ainsi mieux vous aider. Pour lire le fichier, votre gourou devra disposer d'Internet Explorer.

L'Enregistreur d'actions utilisateur crée un diaporama de votre écran, générant automatiquement des annotations détaillées. Il est rapide et facile à utiliser, et fonctionne merveilleusement bien.

Voici comment enregistrer votre écran :

1. **Vérifiez que vous pourrez vous souvenir des étapes qui vous ont conduit au problème.**

   Répétez s'il le faut, jusqu'à identifier les manœuvres à accomplir, jusqu'à trouver comment il faut toucher au machin qui fait truc jusqu'à ce que chose déraille et génère l'état déplorable sur lequel vous souhaitez attirer l'attention.

   Souvenez-vous que tout ce qui apparaîtra à l'écran, ne serait-ce que furtivement, figurera dans le diaporama, si bien que votre gourou pourra le voir. N'affichez donc pas vos feuilles de salaire.

2. **Cliquez sur le bouton Démarrer, et tapez** psr.
3. **Dans la liste des résultats qui apparaît, cliquez sur Enregistreur d'actions utilisateur.**

Vous pouvez démarrer l'Enregistreur d'actions utilisateur depuis le Panneau de configuration, mais cette manière de procéder est bien plus rapide.

L'Enregistreur d'actions utilisateur s'affiche. Il ressemble à un enregistreur de vidéo (voir Figure 2.10). Rien n'est enregistré pour l'heure.

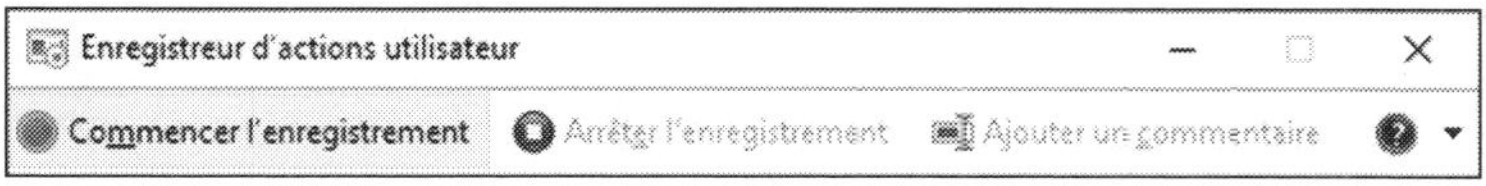

FIGURE 2.10 L'Enregistreur d'actions utilisateur.

4. **Cliquez sur Commencer l'enregistrement.**

   L'enregistreur démarre. Vous savez ce qui se passe parce que le titre de sa fenêtre clignote à chaque étape que l'enregistreur mémorise.

   Notez que le diaporama enregistré contiendra la fenêtre de l'Enregistreur d'actions, si bien que vous devrez éventuellement la déplacer pour rendre visible ce que vous souhaitez montrer.

5. **(Optionnel) Si vous souhaitez saisir une description de ce que vous faites ou de tout autre chose sur lequel vous souhaitez attirer l'attention de celui qui regardera le diaporama :**

   a. *Cliquez sur le bouton Ajouter un commentaire.*

      L'enregistrement s'interrompt, et l'écran vire au gris. Un champ de saisie Mettre le problème en surbrillance et commenter apparaît en bas de l'écran.

   b. *Cliquez sur l'écran à l'endroit où se trouve votre problème, puis glissez la souris pour dessiner un rectangle englobant ce qui fait problème.*

   c. *Saisissez votre commentaire édifiant dans le champ, et tapez ou cliquez sur OK.*

      L'enregistrement reprend.

6. **Lorsque vous avez terminé votre démonstration, cliquez sur Arrêter l'enregistrement.**

   L'Enregistreur d'actions utilisateur répond en affichant une boîte de dialogue, comme sur la Figure 2.11.

   Observez attentivement le fichier, car ce que vous voyez dans la boîte de dialogue Enregistrer sous correspondra précisément à

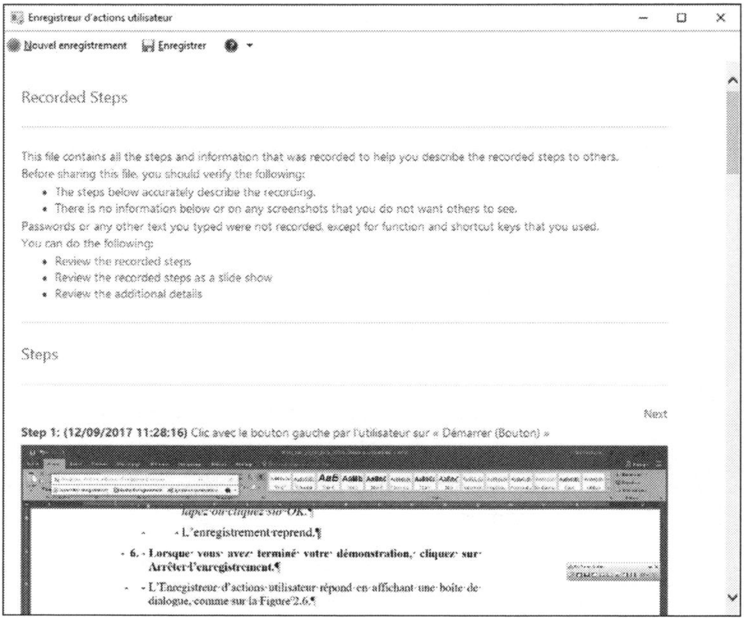

FIGURE 2.11 Enregistrez l'enregistrement aussitôt qu'il est achevé.

ce qui sera enregistré – chaque capture d'écran, sous la forme d'un diaporama. Souvenez-vous que ce n'est pas une vidéo, mais un diaporama annoté.

7. **Cliquez sur le bouton Enregistrer.**

8. **Dans la boîte de dialogue Enregistrer sous, saisissez un nom de fichier (c'est un fichier Zip classique), puis cliquez sur Enregistrer.**

   Le fichier Zip contient un fichier MHT, qui peut être lu par Internet Explorer – quoique vous puissiez avoir la chance de le lire dans Firefox, s'il utilise l'extension MAFF ou UnMHT.

9. **Envoyez le fichier à votre gourou.**

   Vous pouvez aussi bien mettre le fichier sur une clé USB et lui passer.

10. **Demandez à votre gourou de double-cliquer sur le fichier Zip quand il le reçoit, puis de double-cliquer sur le fichier MHT qu'il contient.**

   Internet Explorer apparaît et affiche le fichier MHT. Vous disposez de plusieurs options ; ma favorite est celle qui permet de visualiser le fichier sous la forme d'un diaporama.

11. **Quand vous avez terminé, cliquez sur le bouton X pour fermer l'Enregistreur d'actions utilisateur.**

Magique !

Se connecter à l'Assistance rapide

Windows dispose depuis longtemps d'une fonctionnalité d'assistance à distance qui permet à une personne utilisant un autre ordinateur de prendre le contrôle du vôtre et voir ce qui se passe à l'écran. Sous Windows 10 et sa mise à jour Creator Update, il existe désormais l'Assistance rapide. C'est une faculté de marionnettiste qui permet à quelqu'un de résoudre des problèmes à distance, tandis que vous regardez (ou, si vous êtes le gourou, l'Assistance rapide permettra de résoudre les problèmes d'autrui tandis qu'il contemple vos actions).

Si vous lisez ces lignes parce qu'un inconnu souhaite accéder à votre ordinateur, arrêtez là. Tout de suite. **Sérieusement, stop**. Demandez-vous ce que vous savez de celui qui veut jeter un œil sur votre PC. Lui faites-vous assez confiance pour lui en donner le plus total contrôle – est-il possible qu'il en abuse pour vous voler des fichiers, voire en déposer qui sont infectés ? Si vous avez le moindre doute, NE LE FAITES PAS. Des esprits mal intentionnés adorent utiliser l'Assistance rapide, car elle leur donne le contrôle total sur votre PC. S'ils travaillent assez vite (ou parlent assez vite pour vous convaincre que ce qu'ils font est opportun), ils peuvent facilement faire ce qu'ils veulent de votre ordinateur.

Comprendre l'interaction

Windows comprend une fonctionnalité Assistance rapide qui vous permet d'appeler un ami (ou un gourou) pour prendre le contrôle de votre PC.

L'interaction de base se déroule ainsi :

1. **Vous créez un fichier d'invitation pour votre gourou, afin de lui demander de jeter un œil sur votre ordinateur. Windows génère du code pour l'invitation et l'affiche à l'écran.**
2. **Envoyez ou donnez le code au gourou.**

   Le fichier peut être communiqué comme vous le souhaitez : joignez-le à un courriel, envoyez-le *via* une messagerie instantanée qui vous permet de transférer des fichiers, déposez-le sur un lecteur partagé en réseau, postez-le sur l'intranet de votre entreprise, copiez-le dans un dossier partagé de OneDrive, collez-le sur une clé USB, gravez-le sur un CD, attachez-le à un pigeon voyageur. Ce n'est qu'un fichier texte, rien de plus.

Envoyez le code comme vous le voulez aussi, mais il vaut mieux appeler votre gourou et lui donner au téléphone, pour le cas où quelqu'un jetterait un œil sur votre courriel. Attention car la validité du code est de 10 minutes.

3. **Votre gourou reçoit le message ou le fichier et répond en cliquant dessus, puis en saisissant le code et en cliquant ensuite sur Suivant.**
4. **L'ordinateur distant vous autorise alors à prendre le contrôle.**
5. **Votre gourou pourra vous demander l'autorisation de prendre le contrôle de votre ordinateur. Si vous lui donnez, il prend le contrôle complet de ce dernier.**
6. **L'un comme l'autre, vous pouvez rompre la connexion à n'importe quel instant.**

La perspective de donner le contrôle de votre ordinateur à quelqu'un *via* une connexion Internet vous fait sans doute froid dans le dos. Je n'y suis pas plus enclin, mais Microsoft a intégré des contrôles de sécurité de qualité industrielle à l'Assistance rapide. Votre gourou doit fournir le mot de passe que vous spécifiez avant de pouvoir se connecter à votre ordinateur. Il ne peut en prendre le contrôle que si vous l'y autorisez expressément. Et vous pouvez fixer une limite horaire à l'invitation : par exemple, si votre gourou ne répond pas dans l'heure, l'invitation tombe.

Établir la connexion

Lorsque vous êtes prêt à établir la connexion pour l'Assistance rapide, il vous suffira de savoir ce qui suit (j'écris ces lignes du point de vue du Nul qui solliciterait l'assistance d'un gourou).

1. **Assurez-vous que votre gourou est prêt.**

Appelez-le ou envoyez-lui un courriel et assurez-vous que son PC est allumé et connecté à Internet, qu'il utilise Windows 10, 8, 7, XP, Server 2003, Server 2008 ou Server 2012. Vérifiez aussi qu'il a lancé un programme de messagerie instantanée, qu'il pourra consulter son courriel fréquemment ou qu'il attendra que vous lui communiquiez un fichier que vous aurez rendu disponible sur le réseau.

Vérifiez que vous pouvez contacter votre ami gourou au moyen de la méthode choisie : si vous utilisez le courriel, assurez-vous qu'il figure dans votre carnet d'adresses et envoyez-lui un message de test pour contrôler la validité de son adresse électronique ; si vous lui envoyez un disque par pigeon voyageur, assurez-vous que le pigeon connaît la route et qu'il a bien dormi.

2. **Démarrez votre machine (le PC dont vous souhaitez que votre gourou prenne le contrôle) et assurez-vous qu'il est bien connecté à Internet.**

   Vérifiez que vous ne faites pas fonctionner des programmes que vous ne souhaitez pas porter à la connaissance du gourou. Par exemple, un Sudoku avec des scores minables.

3. **Dans le champ Taper ici pour rechercher, saisissez** assistance, **cliquez sur Assistance rapide.**
4. **Dans la fenêtre qui apparaît, le gourou choisit Offrir de l'aide, et vous choisissez Obtenir de l'aide.**
5. **Connectez-vous avec un compte Microsoft, un numéro de mobile, ou un identifiant Skype.**
6. **Le gourou obtient un code qu'il vous transmet. Saisissez le code dans la boîte de dialogue et cliquez sur Envoyer.**
7. **Une fois la connexion établie, cliquez sur Autoriser.**

   De son côté, le gourou n'a rien à faire.

8. **La connexion est établie et le gourou peut contrôler votre PC comme sur la Figure 2.12.**

   Le gourou peut chercher à résoudre votre problème en contrôlant tous les aspects de votre PC.

9. **L'un ou l'autre pouvez mettre fin à cette assistance par un clic sur le bouton de fermeture de la fenêtre.**

Votre gourou peut être certain que la connexion est à sens unique. Il peut prendre le contrôle de votre ordinateur, mais vous ne pouvez pas prendre le contrôle du sien. Il peut voir tout ce que vous voyez à l'écran, mais vous n'avez pas la possibilité de jeter un œil sur son bureau.

FIGURE 2.12 La fenêtre de contrôle du PC distant.

Diagnostiquer l'Assistance à distance

L'Assistance rapide est un outil étonnamment puissant et utile, mais elle est pleine de pièges. Voici quelques problèmes que vous pourriez rencontrer :

- Vous et votre gourou devez être connectés à Internet ou au même réseau local. Si vous ne pouvez pas vous connecter à Internet – surtout si c'est le problème que vous souhaitez résoudre –, vous êtes perdu !
- Vous devez tous deux utiliser Windows 10, 8, 7, Vista, XP, Server 2003, Server 2008, Server 2012 ou tout autre système d'exploitation qui supporte l'Assistance à distance.
- Si un pare-feu s'interpose entre vous et Internet, il peut bloquer l'Assistance rapide. Le pare-feu de Windows (celui qui est livré avec Windows 10, 8, 7, Vista ainsi que Windows XP SP 2 et suivants) ne bloque pas intentionnellement l'Assistance rapide, mais d'autres pare-feu le pourraient. Si vous ne pouvez pas passer outre, contactez votre administrateur réseau ou creusez la documentation de votre pare-feu pour débloquer le port 3389 – le canal de communication que l'Assistance rapide utilise.

C'est à vous – la personne dont le PC va être passé sous contrôle – qu'il revient d'initier la session d'assistance rapide. Votre gourou ne peut pas vous taper électroniquement sur l'épaule pour vous demander comment ça va.

Obtenir de l'aide en ligne

Autrefois, Microsoft permettait facilement d'appeler le support technique, de le contacter par courriel. De nos jours, il est impossible de trouver un être humain pour vous répondre quand vous avez besoin d'aide.

Ce n'est tout simplement pas efficace. Vous souhaitez sans doute poser une question que des centaines d'autres ont déjà posée, et cela n'aurait aucun sens de répondre à votre question sans rendre la réponse disponible à tous ceux qui eux aussi la recherchent.

C'est l'une des raisons pour lesquelles Microsoft vous encourage à utiliser les forums de support technique. L'autre bonne raison ? Les forums sont utilisés par de très nombreuses personnes pour apporter leur aide. Nombre d'entre elles sont des MVP – Microsoft Most Valuable Professionnals (les professionnels les plus prisés par Microsoft) – qui travaillent gratuitement, pour la seule joie de savoir qu'ils ont rendu service. Microsoft reconnaît et remercie ces MVP, et parfois leur permet d'entrer en contact directement avec des membres des équipes de développement. En échange, les MVP apportent leur bon, voire excellent, support à tous ceux qui appellent à l'aide.

Microsoft a créé un espace destiné à la communauté des utilisateurs de Windows. Si vous avez des questions spécifiques sur Windows 10, rendez-vous à la section correspondante sur `http://windows.microsoft.com/fr-fr/windows-10/support`.

Cherchez une réponse avant de poser votre question. Vous avez toutes les chances que quelqu'un ait déjà rencontré le problème.

L'assistant Cortana de Windows 10 vous fera également des suggestions de sites Web pouvant apporter des réponses aux questions que vous vous posez.

Chapitre 3

Travailler avec les bibliothèques

DANS CE CHAPITRE :

- » **Comprendre les bibliothèques**
- » **Personnaliser et travailler avec les bibliothèques**
- » **Créer vos propres bibliothèques**

Lorsque vous démarrez l'Explorateur de fichiers, les icônes de quatre bibliothèques n'apparaissent pas (ou plus). Pourtant, elles peuvent être d'une très grande utilité pour centraliser des médias, des docs, et pour partager rapidement des fichiers.

Cette affirmation est à la fois vraie et fausse. Deux bibliothèques sont accessibles depuis l'Accès rapide de l'Explorateur de fichiers : Documents et Images.

Nombre d'utilisateurs expérimentés de Windows sont perdus lorsqu'ils commencent à penser bibliothèques. C'est parce qu'ils vivent dans cette idée qu'une donnée ne peut se trouver qu'à un seul endroit. Selon eux, les fichiers sont sur le disque `C:`, ou sur un DVD, ou alors ils sont quelque part sur Internet. Pour trouver une information, ils ouvrent un fichier, et s'ils n'y trouvent pas ce qu'ils recherchent, ils regardent dans un autre fichier du même dossier. Si aucun des fichiers du dossier ne contient l'information, ils remontent au niveau du dossier supérieur, et ils réitèrent leurs recherches.

Windows a introduit le concept de bibliothèque pour permettre plus facilement de gérer des ensembles de fichiers et de dossiers.

Comprendre et afficher les bibliothèques

Vous savez ce qu'est un fichier, n'est-ce pas ? Si ce n'est pas le cas, j'en traite au Chapitre 1 du Livret I. Les fichiers contiennent des données.

Généralement, vous trouvez une photo ou une vidéo dans un fichier. Une musique tient dans un fichier. De même pour un document, une feuille de calcul ou une présentation PowerPoint. Bien entendu, cette affirmation connaît bien des nuances, mais à la base, un *fichier* est juste un ensemble de données que vous placez quelque part. Les fichiers peuvent être vides. Ils peuvent aussi bien être énormes.

Comprendre le principe des bibliothèques

Vous connaissez aussi les dossiers, non ? Les *dossiers* sont des ensembles de fichiers et d'autres dossiers. Eux aussi peuvent être vides. Ils peuvent être énormes. Ils peuvent contenir beaucoup de très petits fichiers ou quelques gros fichiers, ou toute combinaison entre de petits et de gros fichiers. Vous rangez un ensemble de fichiers et de dossiers à un même endroit, et cet endroit est un dossier.

Notez que j'ai dit un « même endroit ». Dans le détail, les choses peuvent être plus complexes, mais sur le plan conceptuel, toutes les données figurant dans un fichier se trouvent en un même endroit. Tous les fichiers dans un dossier se trouvent en un même emplacement. C'est en ceci que les bibliothèques diffèrent.

Le contenu des bibliothèques ne se trouve pas toujours au même endroit. En effet, une bibliothèque rassemble des dossiers qui peuvent se trouver n'importe où sur votre lecteur `C:`, sur votre lecteur `D:`, sur une clé USB, sur un disque externe, quelque part sur votre réseau – si vous en avez un. Une *bibliothèque* est un ensemble de dossiers qui ne sont pas contraints de se trouver en un même endroit pour qu'il soit possible d'y accéder depuis la bibliothèque en question. Une bibliothèque utilise des *pointeurs* pour en donner l'illusion.

Afficher les bibliothèques dans l'Explorateur de fichiers

Les bibliothèques n'apparaissent pas par défaut dans l'Explorateur de fichiers de Windows 10. Donc, vous ne les trouverez pas dans le volet de navigation.

Les bibliothèques se présentent sous la forme de sous-dossiers du dossier Bibliothèques. Il s'agit des sous-dossiers Documents, Images, Musique, et Vidéos.

Des sous-dossiers identiques existent en racine du disque C: (Ce PC). Mais il ne s'agit pas des bibliothèques. Il s'agit de vos sous-dossiers Documents, Images, Musique, et Vidéos de votre dossier Utilisateur.

Windows 10 les utilise pour stocker par défaut vos documents texte et bureautiques, vos photos, vos musiques, et enfin vos films. Ils ne fonctionnent pas comme les sous-dossiers éponymes du dossier Bibliothèques. Donc, ne confondez pas les deux.

Voici comment les y afficher :

1. **Ouvrez l'Explorateur de fichiers par un clic sur son icône (dossier) de la Barre des tâches.**
2. **Cliquez sur l'onglet Affichage de l'Explorateur de fichiers.**
3. **Dans le groupe Volets, cliquez sur l'icône Volet de navigation.**
4. **Dans le menu local qui apparaît, choisissez Afficher les bibliothèques, comme le montre la Figure 3.1.**

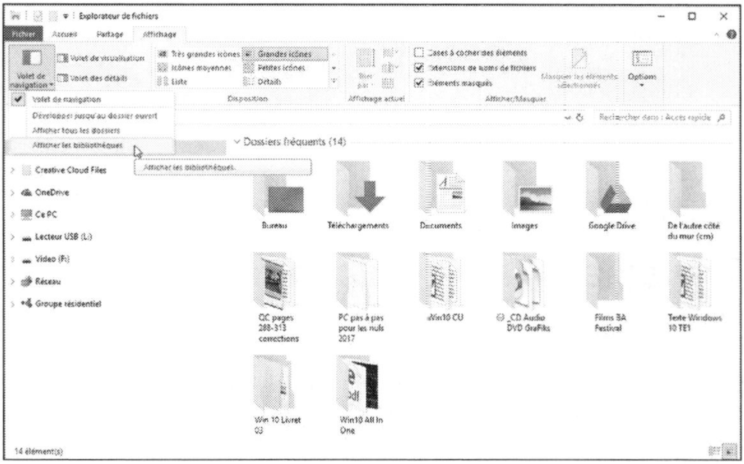

FIGURE 3.1 Afficher les bibliothèques dans l'Explorateur de fichiers.

Un dossier Bibliothèques apparaît dans le volet de navigation de l'Explorateur de fichiers.

5. **Pour accéder aux bibliothèques, cliquez sur le chevron situé à gauche du dossier, comme à la Figure 3.2.**

Vous affichez les bibliothèques Documents, Images, Musique, Vidéos, Images enregistrées et Pellicule.

Chaque bibliothèque donne accès à des sous-bibliothèques.

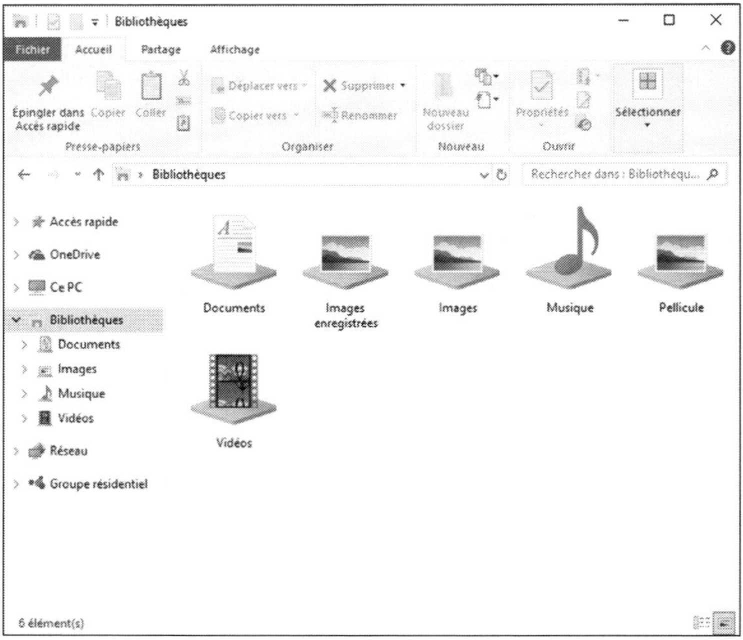

FIGURE 3.2 Les bibliothèques de Windows 10.

Travailler avec vos bibliothèques par défaut

Vous pourriez penser que Windows identifie comme par magie le type de tout fichier que vous utilisez pour l'afficher dans la bibliothèque correspondante – toutes les images dans la bibliothèque Images, par exemple. Ce n'est pas comme cela que les bibliothèques fonctionnent.

Windows crée les quatre bibliothèques que vous voyez en assemblant les contenus de vos dossiers et des dossiers Public du type approprié. Ainsi :

- Tout ce qui apparaît dans la bibliothèque Documents provient du dossier \Documents auquel Windows rajoute ce qui se trouve dans le dossier \Public\Documents.
- De même pour la bibliothèque Musique.

  N'oubliez pas que tout ce qui apparaît dans les dossiers éponymes du disque C: est stocké dans C:\Users.
- Tout ce qui apparaît dans la bibliothèque Images provient du dossier \Images auquel Windows rajoute ce qui se trouve dans

le dossier \Public\Images. Ce dossier contient aussi les sous-dossiers Pellicule et Images enregistrées.

» De même pour la bibliothèque Vidéos.

L'inverse est aussi vrai. Tout fichier figurant dans le dossier \Ma musique apparaît dans la bibliothèque Musique, tout comme tout fichier se trouvant dans le dossier \Public\Musique. Windows n'explore pas le fichier pour savoir si c'est un fichier de musique. La bibliothèque Musique ne contient donc pas forcément des fichiers de musique. C'est juste un assemblage du contenu de deux dossiers.

Pourquoi vous ennuyer avec les bibliothèques ? Il se trouve qu'elles sont plutôt puissantes, une fois que vous vous y êtes habitué. Le plus grand gain de temps qu'elles procurent réside sans doute dans la possibilité de procéder à des recherches dans divers dossiers. Voici deux exemples :

» Si vous souhaitez rechercher un album de The Joy Formidable dans toute votre musique, rendez-vous dans votre bibliothèque Musique et saisissez **The Joy Formidable** en haut à droite.

» Si vous souhaitez rechercher des documents et des feuilles de calcul qui contiennent le mot *équinoxe*, rendez-vous dans la bibliothèque Documents, saisissez **équinoxe** dans le champ de recherche et Windows vous retournera tous les documents figurant dans les dossiers \Documents et \Public\Documents qui contiennent le mot.

Imaginez comment cette recherche peut vous simplifier la vie si vous conservez toute votre musique dans un dossier sur un ordinateur qui est relié à votre réseau. Configurez votre bibliothèque Musique pour qu'elle contienne ce dossier, et votre recherche s'en trouvera considérablement accélérée.

Lorsqu'une application fonctionnant sous Windows regarde dans le dossier Documents, Windows lui affiche tout le contenu de la bibliothèque Documents. Si vous lancez un programme de dessin et que vous sélectionnez Fichier->Ouvrir, vous ne vous rendez plus dans votre dossier Images. À la place, vous vous rendez dans la bibliothèque Images. Ainsi, si vous avez un dossier sur un autre ordinateur qui contient des documents que vous utilisez souvent, vous pouvez ajouter ce dossier à la bibliothèque Documents. Dès lors, chaque fois que vous lancez Word et que vous sélectionnez Fichier->Ouvrir, ce dossier apparaîtra. Contrairement aux précédentes versions, le Lecteur Windows Media n'a pas besoin d'une configuration particulière pour gérer les bibliothèques, car Windows intègre dorénavant par défaut cette fonctionnalité.

Représentez-vous les bibliothèques comme des dossiers de nouvelle génération.

Personnaliser les bibliothèques

Vous pouvez ajouter des dossiers spécifiques à une bibliothèque en plus des dossiers qu'elle contient par défaut (la section « Travailler avec vos bibliothèques par défaut » plus tôt dans ce chapitre vous explique ce que sont les dossiers par défaut). Vous pouvez aussi modifier l'endroit où une bibliothèque enregistre des données lorsque vous les y rajoutez. Continuez à lire pour les détails.

Ajouter un dossier Public à une bibliothèque

La principale modification que les gens apportent à leurs bibliothèques consiste à ajouter le dossier Public aux bibliothèques. Ainsi, il sera plus facile de partager vos fichiers avec d'autres utilisateurs de votre réseau local.

L'idée n'est pas de déplacer les dossiers publics d'origine dans les bibliothèques, mais d'y placer un raccourci. Voici comment procéder :

1. **Ouvrez l'Explorateur de fichiers par un clic sur son icône (dossier) de la Barre des tâches.**
2. **Pour afficher les dossiers publics, cliquez sur l'icône de votre disque système (C:).**
3. **Dans le volet central de l'Explorateur de fichiers, double-cliquez sur Utilisateurs, puis sur le dossier Public.**

   Comme le montre la Figure 3.3, les dossiers « publics » apparaissent.
4. **Pour placer un raccourci dans vos bibliothèques, glissez-déplacez avec le bouton droit (j'ai bien dit DROIT !!!) de la souris le dossier vers sa bibliothèque affichée dans le volet de navigation.**

   Par exemple, faites glisser le dossier Documents publics sur la bibliothèque Documents du volet de navigation.
5. **Relâchez le bouton de la souris et, dans le menu contextuel qui apparaît, exécutez la commande Créer le raccourci ici.**

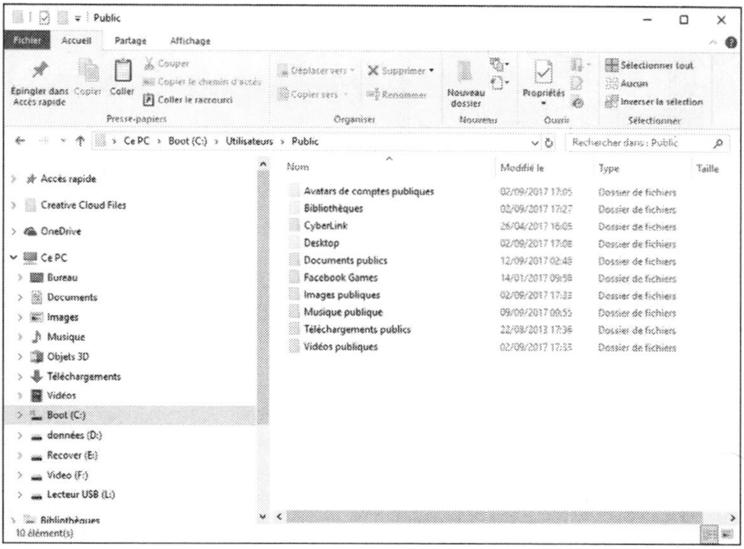

FIGURE 3.3 Les dossiers publics de Windows 10.

Ce n'est pas plus compliqué que cela. Désormais, vos fichiers stockés dans des dossiers publics seront rapidement accessibles *via* les bibliothèques de Windows 10. Bien entendu, vous pouvez appliquer cette technique pour n'importe quel dossier de n'importe quel disque dur.

Inclure un dossier dans une bibliothèque

Plutôt que de créer un raccourci, vous pouvez inclure un dossier dans une bibliothèque. Voici comment procéder :

1. **Utilisez l'Explorateur de fichiers pour vous rendre jusqu'au dossier que vous souhaitez ajouter.**

   Il peut se trouver presque n'importe où.

2. **Cliquez du bouton droit sur le dossier, sélectionnez Inclure dans la bibliothèque, et sélectionnez la bibliothèque, comme sur la Figure 3.4.**

3. **Retournez dans la bibliothèque et vérifiez que le dossier y a bien été ajouté.**

   Il faut bien noter que Windows *ne déplace rien*. Les images se trouvent toujours à leur emplacement initial. Toutefois, la bibliothèque a été étendue pour inclure le dossier qui les contient. Si vous effectuez une recherche dans la bibliothèque Documents, Windows va non seulement rechercher dans le contenu des

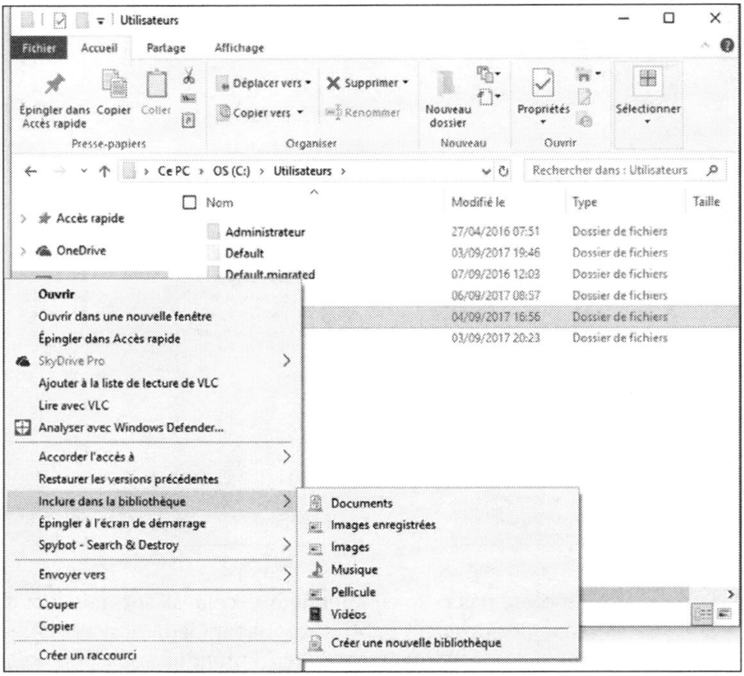

FIGURE 3.4 Il est facile d'ajouter un dossier à une bibliothèque, si vous vous y prenez à partir du dossier.

dossiers \Documents et \Public\Documents, mais aussi dans le dossier que vous avez ajouté.

Les bibliothèques ne sont pas exclusives : vous pouvez placer un dossier dans plusieurs bibliothèques. Vous pouvez parfaitement le placer à la racine d'une bibliothèque et dans un sous-dossier d'une autre bibliothèque.

Créer votre propre bibliothèque

Windows est livré avec quatre bibliothèques et deux sous-bibliothèques (dans la bibliothèque Images), mais vous pouvez en ajouter autant que vous le souhaitez.

Vous pourriez souhaiter créer votre propre bibliothèque si par exemple, vous disposez d'un tas d'informations sur une maison que vous souhaitez vendre. Ces informations peuvent comprendre des documents Word, une feuille de calcul Excel, des photos et peut-être une ou deux vidéos. Les documents se trouvent dans Documents, les photos dans un dossier séparé de Images, et les vidéos dans Vidéos. Voici comment créer la bibliothèque qui permettra de les réunir :

LES BIBLIOTHÈQUES ANNOTÉES SONT PLUS EFFICACES

La plupart des fichiers de musique sont annotés (ne serait-ce que rudimentairement), mais les photos ne le sont que rarement, sauf avec les mots-clés que votre appareil photo y rajoute – les *données EXIF*, comme l'heure et la date où la photo a été prise. Il en va de même pour les vidéos. Pour organiser de grosses quantités de médias, vous devez vous familiariser avec les étiquettes, des métadonnées que vous ajoutez à chaque fichier.

Quoique vous ne puissiez créer une bibliothèque à partir d'étiquettes, vous pouvez faire des recherches sur des étiquettes, ce qui permet de préserver l'organisation de vastes bibliothèques bien plus facilement.

Le Lecteur Windows Media intègre des outils pour gérer les étiquettes. En général, vous pouvez affecter des étiquettes à presque n'importe quel fichier (sauf les GIF), de la manière suivante :

1. Localisez le fichier dans l'Explorateur de fichiers et sélectionnez-le.
2. Faites un clic-droit sur le fichier et, dans le menu contextuel, choisissez Propriétés.
3. Dans la boîte de dialogue Propriétés, cliquez sur l'onglet Détails.

   Apportez vos modifications dans les différents champs qui s'ouvrent lorsque vous cliquez dessus.

Au risque de paraphraser Beyoncé, si vous appréciez un fichier, vous devriez y coller une étiquette.

1. **Lancez l'Explorateur de fichiers et accédez à vos bibliothèques.**
2. **Faites un clic-droit sur un espace vierge, et sélectionnez Nouveau->Bibliothèque.**

   Windows crée une nouvelle bibliothèque, qu'il baptise Nouvelle bibliothèque.

3. **Saisissez tout de suite un nom pour la bibliothèque et appuyez sur la touche Entrée de votre clavier.**

   Sur la Figure 3.5, j'ai saisi le nom *Maison à vendre* et j'ai pressé Entrée. L'Explorateur de fichiers affiche ma nouvelle bibliothèque.

   Windows vous laisse choisir le premier dossier à y rajouter.

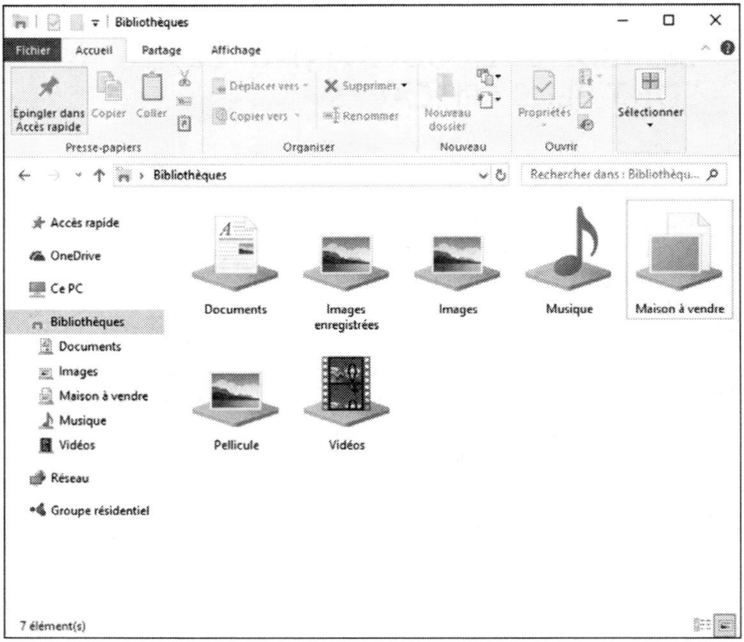

FIGURE 3.5 Commencez à constituer votre bibliothèque personnalisée.

Chapitre 4

Stocker dans des espaces de stockage

DANS CE CHAPITRE :

» **Virtualiser les espaces de stockage**

» **Configurer des espaces de stockage**

» **Prendre soin et alimenter des espaces de stockage**

Ceux qui veulent s'assurer qu'ils ne souffriront jamais de pertes de données – en dépit de disques durs défectueux ou de routines de sauvegarde défaillantes – trouveront que les espaces de stockage de Windows peuvent à eux seuls justifier l'achat, l'installation, et l'usage de Windows 10.

Dans ce chapitre, je vous présente la manière dont Windows 10 approche la virtualisation de disque et je vous explique comment activer votre espace de stockage. Je vous montre ensuite comment configurer l'espace de stockage, et je vous donne des conseils et des astuces pour qu'il réponde à vos besoins. Sachez-le : il est facile d'utiliser un espace de stockage pour réaliser des sauvegardes, et cela fonctionne très bien.

Comprendre la « virtualisation » du stockage

Tôt ou tard, vous ferez une indigestion du terme *virtualisation*. Ceux qui veulent vous vendre des trucs n'ont que ce mot à la bouche. Toutefois, il y a vraiment quelques bonnes choses à en retenir, tout particulièrement dans le domaine du stockage.

Les espaces de stockage de Windows assurent la gestion des disques en coulisse, ce qui vous dispense donc de vous en occuper. Vous ne saurez jamais (et vous n'aurez jamais à vous en soucier) quel disque dur sur quel ordinateur contient quels dossiers, ou quels fichiers vont à quel endroit. Les volumes et les dossiers s'étendent au gré de vos besoins, sans que vous ayez à lever le petit doigt.

Vous n'avez pas à vous soucier que votre lecteur `D:` manque soudain d'espace libre, car vous n'avez pas de lecteur `D:`. Ni de lecteur `E:`. Windows prend tout l'espace disque que vous lui indiquez et l'alloue au gré de vos besoins.

Tant que vous disposez de deux disques durs ou plus dont les capacités sont suffisantes, toutes les données que vous stockez dans le pool de stockage sont automatiquement copiées en miroir sur deux disques durs ou plus. Si l'un des disques durs lâche, vous pouvez toujours travailler avec celui ou ceux qui restent en ligne, et vous ne perdez aucune donnée. Allez acheter un nouveau disque dur, branchez-le à l'ordinateur, indiquez à Windows qu'il doit accepter le nouveau disque dans le pool de stockage, attendez une heure ou deux que Windows fasse son tour de magie et toutes vos données se retrouveront dans l'état normal. C'est aussi simple que cela.

Windows vous signale quand votre ordinateur commence à manquer d'espace disque. Installez alors un nouveau disque – interne, externe, USB, SATA ou autre – et avec votre permission, il sera absorbé par le pool de stockage. Vous disposez alors de plus d'espace, sans avoir à vous préoccuper des détails – pas de nouvelles lettres de lecteurs à attribuer, pas de partition à créer, pas de fichiers à copier ou déplacer massivement d'un disque vers un autre, pas d'astuce maison à mettre en œuvre pour la sauvegarde. Un vrai bol d'air pour tous ceux qui n'en peuvent plus d'entendre Windows se plaindre sans arrêt parce qu'il manque d'espace.

Lorsque vous ajoutez un nouveau disque dur au pool de stockage, tout ce qui se trouvait sur le nouveau disque est supprimé. Vous n'avez pas le choix. Aucune donnée ne peut subsister sur le disque – tout est éradiqué. C'est le prix à payer pour son intégration.

Voici dans les grandes lignes comment configurer un pool de stockage pour conserver des données en miroir :

1. **Indiquez à Windows qu'il peut utiliser deux ou plusieurs disques comme pool de stockage.**

   Votre lecteur `C:` – lecteur qui contient Windows – ne peut pas faire partie du pool.

   La meilleure configuration pour les espaces de stockage : récupérez un solide disque dur pour vos fichiers système et faites-en le lecteur `C:`. Récupérez ensuite deux autres gros disques durs pour stocker toutes vos données. Ces disques peuvent être lents, mais vous ne vous en rendrez pas compte.

2. **Une fois que vous avez configuré un pool de disques durs, vous pouvez créer un ou plusieurs espaces de stockage.**

   En pratique, la plupart des particuliers et des petites entreprises ne veulent qu'un espace. Toutefois, vous pouvez en créer plus si vous le souhaitez.

3. **Déterminez la taille maximale pour chaque espace et choisissez une technologie de stockage en miroir, si vous souhaitez que les données soient conservées ainsi.**

   La taille maximale peut atteindre l'intégralité de l'espace disponible sur tous les disques durs du pool. C'est l'un des avantages de la virtualisation : si vous n'avez plus d'espace sur un disque dur, vous n'avez pas à vous serrer la ceinture. Windows vous demandera juste de lui fournir un autre disque.

   Pour plus d'informations sur le stockage en miroir, reportez-vous à l'encadré « Les technologies de stockage en miroir dans les espaces de stockage ».

4. **Si un disque meurt, vous pouvez continuer à travailler et insérer un nouveau disque quand vous le voulez. Si vous souhaitez remplacer un disque par un plus gros (ou un plus fiable), vous demandez à Windows de se débarrasser (ou démonter) du vieux disque, vous attendez une heure ou deux, vous éteignez le PC, vous retirez le disque, vous ajoutez le nouveau, et c'est parti.**

   C'est aussi simple que cela.

Si vous n'avez jamais entendu parler de la technologie RAID (tableau redondant de disques bon marché), vous trouverez les espaces de stockage familiers. Les concepts sont semblables, mais les espaces de stockage n'utilisent pas du tout RAID. Au lieu de reposer sur un matériel spécialisé et des contrôleurs exotiques – caractéristiques d'une installation RAID – les espaces de stockage sont intégrés à Windows et peuvent être utilisés avec n'importe quel type de disque dur – interne, externe, IDE, SATA, USB, eSATA, *etc.* –, quelle que soit la taille. Pas besoin de matériel ou de logiciel spécialisé.

LES TECHNOLOGIES DE STOCKAGE EN MIROIR DANS LES ESPACES DE STOCKAGE

Quand on parle de miroir – Microsoft appelle cela la *résilience* –, vous avez quatre possibilités :

- Vous pouvez *ne pas utiliser de miroir* du tout. Ce faisant, vous perdez la sauvegarde en temps réel, mais vous bénéficiez toujours du pool de stockage.
- Vous pouvez opter pour un espace en *double miroir*, indiquant par là à Windows qu'il doit automatiquement conserver une copie de tout sur au moins deux disques durs distincts, et récupérer les données tout aussi automatiquement lorsqu'un disque dur fait défaut. Il est important de réaliser que vos programmes n'y verront que du feu. L'espace de stockage prend soin de tout en coulisse.
- Vous pouvez recourir au *triple miroir*, qui est réservé aux personnes les plus fanatiques qui disposent d'hectares d'espace disque en jachère.
- Enfin, il existe une forme de redondance nommée *parité*, dont le principe est de calculer des codes permettant de vérifier l'intégrité de vos données, stockés de telle manière que les données peuvent être reconstruites à partir de disques défaillants sans avoir à disposer de copies exactes des fichiers originaux. Cette approche consomme moins d'espace que le miroir, mais elle est plus consommatrice de temps de traitement des entrées et sorties. Microsoft recommande que vous n'optiez pour la parité que pour stocker de gros fichiers que vous parcourez séquentiellement – les vidéos, par exemple – ou des fichiers que vous ne mettez pas souvent à jour.

Configurer des espaces de stockage

Même si vous pouvez configurer un espace de stockage avec seulement deux disques durs – votre disque système `C:` et deux autres disques de données –, vous n'en tirerez pas grand bénéfice tant que vous n'aurez pas réuni au moins trois disques sur votre PC. Dans cette section, je vais donc supposer que vous disposez du disque `C:`, et de deux autres disques durs – internes, externes, comme vous voulez –, tous ces disques étant évidemment connectés à votre PC. Je vais aussi supposer que ces deux disques durs ne contiennent absolument rien que vous souhaitiez conserver. Parce qu'ils vont être totalement vidés. Je vous le garantis.

Prêt à configurer un espace ? Voici comment :

1. **Connectez vos disques, puis allez dans l'Explorateur de fichiers et vérifiez que Windows a bien reconnu les trois disques.**
2. **Cliquez sur le bouton Démarrer, puis sur l'icône Paramètres.**
3. **Dans la fenêtre Paramètres Windows, cliquez sur Système.**
4. **Dans la colonne de gauche, choisissez Stockage.**
5. **Dans la section Autres paramètres de stockage, cliquez sur le lien Gérer les espaces de stockage.**
6. **Dans la boîte de dialogue Espaces de stockage qui s'affiche, cliquez sur le lien Créer un nouveau pool et un nouvel espace de stockage.**

   Vous devez d'abord créer un pool de stockage – c'est-à-dire affecter un disque dur au pool de disques durs disponibles de Windows. Windows vous propose de créer un pool de stockage, comme sur la Figure 4.1.

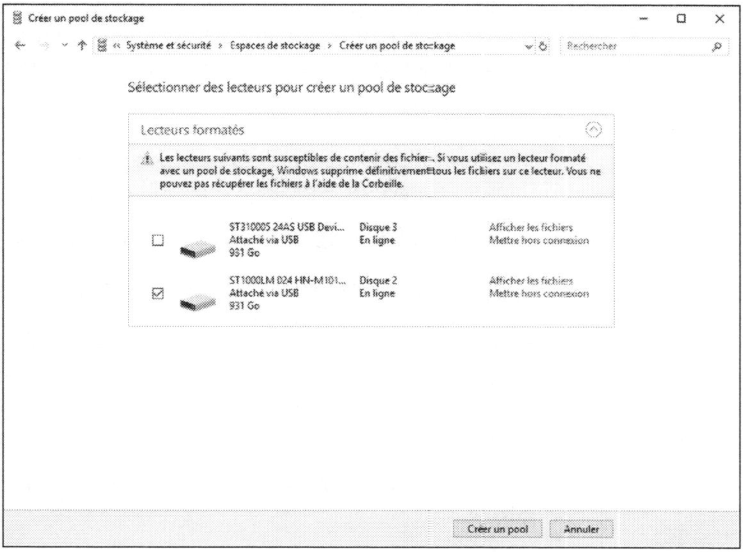

FIGURE 4.1 Windows vous permet de regrouper dans un pool tout disque, sauf s'il contient des partitions système et de démarrage.

7. **Cochez les cases à côté des disques que vous souhaitez inclure dans le pool de stockage. Notez que si vous sélectionnez accidentellement un disque qui contient des données utiles, vous perdrez ces données. Irrémédiablement.**

Je veux bien dire *irrémédiablement*. Vous ne pourrez pas utiliser Recuva ou autre outil d'analyse de disque pour ressusciter vos données. Une fois qu'un disque est absorbé par le pool, il est perdu pour toujours.

8. **Cliquez sur Créer un pool.**

   Windows effectue certaines opérations durant un certain temps, puis revient à la vie en vous affichant la boîte de dialogue Créer un espace de stockage (Figure 4.2).

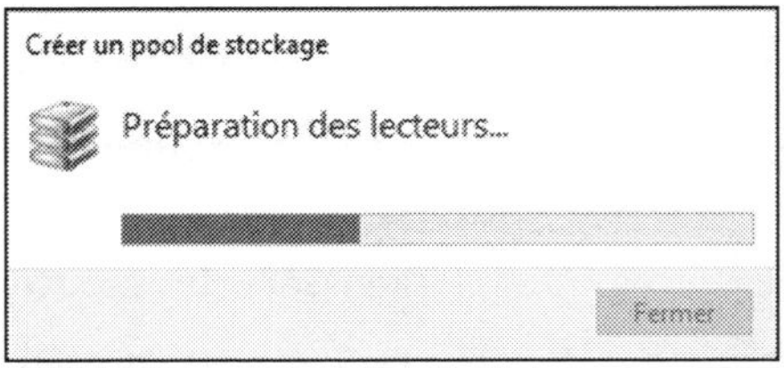

FIGURE 4.2
Préparation des disques sélectionnés.

9. **Nommez votre espace de stockage et donnez-lui une lettre de lecteur.**

   Vous utilisez le nom et la lettre comme vous utiliseriez une lettre de lecteur et un nom de lecteur – même si l'espace de stockage s'étend sur deux disques, voire plus. Vous pouvez formater le « lecteur » de l'espace de stockage, copier des données depuis ou sur le « lecteur », et même partitionner le « lecteur », même si aucun disque dur physique n'y correspond vraiment.

10. **Sélectionnez une résilience.**

    Référez-vous à l'encadré « Les technologies de stockage en miroir dans les espaces de stockage » plus tôt dans ce chapitre.

11. **Spécifiez la taille logique de l'espace de stockage.**

    Comme mentionnée plus tôt, la taille de l'espace de stockage peut largement dépasser l'espace disque disponible. Une grande taille logique ne pose aucun inconvénient, si ce n'est un peu de temps pour traiter les tables internes. Visez la Lune ! Dans le cas présent, j'ai échangé un téraoctet d'espace physique contre pas moins de 32 téraoctets d'espace virtuel.

12. **Cliquez sur Créer un espace de stockage, comme sur la Figure 4.3.**

    Encore une fois, Windows s'absente, pour revenir avec un espace de stockage fraîchement formaté.

13. **Retournez dans l'Explorateur de fichiers pour vérifier que vous disposez d'un nouveau « lecteur » qui correspond en fait à un gigantesque espace de stockage.**

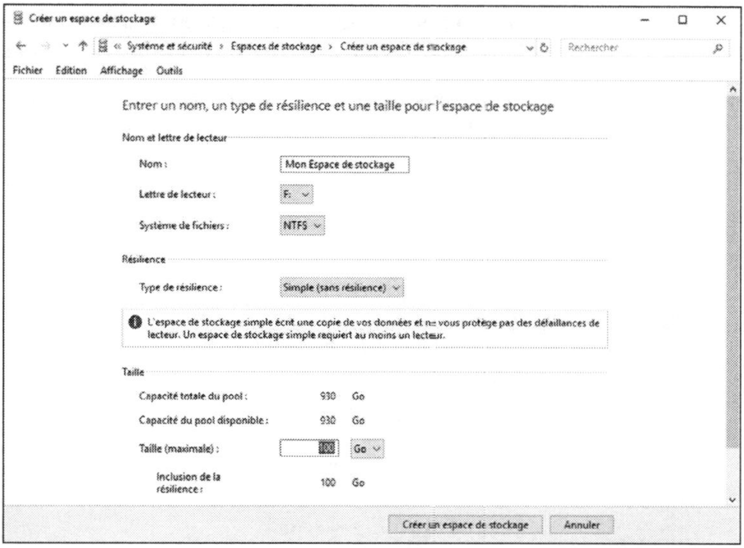

FIGURE 4.3 Créer l'espace de stockage.

Travailler avec les espaces de stockage

Vous disposez d'un espace de stockage ? Au travail !

Tout d'abord, il faut bien réaliser qu'aux yeux du monde extérieur, votre espace de stockage ressemble à n'importe quel disque dur. Vous pouvez utiliser la lettre du disque comme vous utiliseriez n'importe laquelle. Les dossiers qu'on y trouve sont comme tous les autres dossiers ; vous pouvez les ajouter à des bibliothèques ou les partager sur votre réseau. Vous pouvez en faire la sauvegarde. Si vous disposez d'un vieux programme qui requiert une simple lettre de lecteur, l'espace de stockage fera parfaitement illusion.

Cela étant, les « disques » de l'espace de stockage ne peuvent pas être défragmentés ou analysés avec Checkdisk.

Voici un grand tour du fonctionnement de vos espaces de stockage :

1. **Cliquez sur le bouton Démarrer, puis sur Paramètres (engrenage).**
2. **Dans la fenêtre Paramètres Windows, cliquez sur Système.**
3. **Dans la colonne de gauche, choisissez Stockage, puis cliquez sur Gérer les espaces de stockage.**

4. **Dans la boîte de dialogue Espaces de stockage, tapez ou cliquez sur la flèche à côté de Lecteurs physiques.**

La description complète de l'espace de stockage apparaît, comme sur la Figure 4.4.

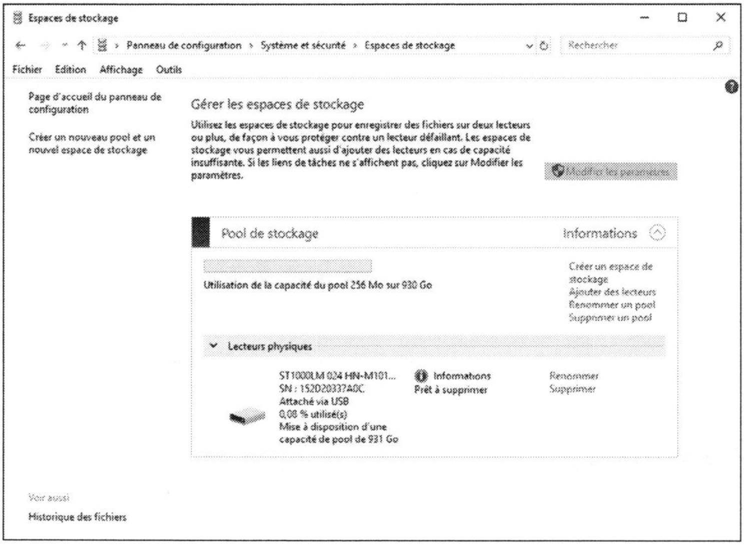

FIGURE 4.4 Tous les détails sur votre espace de stockage, dont le pool de stockage sur lequel il repose.

La description vous précise combien d'espace de disque dur physique vous utilisez vraiment ; comment les programmes de Windows voient l'espace de stockage ; comment vos disques durs ont été organisés pour contribuer à l'espace virtuel.

C'est presque triste pour les concepteurs des espaces de stockage qui fonctionnent si bien que tout cela soit totalement transparent dans Windows. C'est la manière dont le stockage aurait dû être géré depuis des années !

Chapitre 5

Comment utiliser les groupes résidentiels

DANS CE CHAPITRE :

- **Configurer les prérequis pour les groupes résidentiels**
- **Joindre, partager et naviguer dans un groupe résidentiel**
- **Apporter des modifications à votre groupe résidentiel**

Si vous avez déjà utilisé une clé pour rentrer chez vous, vous savez comment utiliser un groupe résidentiel. Certes, c'est l'analogie utilisée par Microsoft, et le processus n'est pas aussi simple. Toutefois, nous n'en sommes pas loin.

Un groupe résidentiel rassemble un ensemble de paramètres d'une manière assez pratique – je suis tenté de dire brillante. Lorsque votre PC rejoint un groupe résidentiel, Windows vous dispense de procéder à des choses assez pénibles relatives au partage de dossiers et d'imprimantes ; il vous met entre les mains une sorte de fil à couper le beurre qui fonctionne plutôt bien sur presque tous les réseaux domestiques et de petites entreprises.

Tous les ordinateurs d'un groupe résidentiel partagent leurs bibliothèques Images, Musique et Vidéos. Un clic supplémentaire, et vous pouvez aussi partager votre bibliothèque Documents. Les ordinateurs partagent aussi leurs imprimantes et quelques autres périphériques. Tout cela ne prend que quelques clics.

Ne soyez pas rebuté par le terme de *groupe résidentiel*. Si vous avez une entreprise et que vous avez besoin de partager de l'information, un groupe résidentiel peut parfaitement répondre à vos besoins.

Préparer un PC pour un groupe résidentiel

Lorsque vous établissez une connexion réseau pour la première fois, Windows vous demande si vous souhaitez activer le partage et vous connecter à des périphériques.

Si vous activez le partage et vous connectez à des périphériques, votre PC Windows 10 pourra participer à un groupe résidentiel. Vous n'aurez besoin que du mot de passe pour accéder au groupe résidentiel. Microsoft aime en parler comme d'une clé pour rentrer chez vous. Pour filer la métaphore, disons que si vous avez la clé de la maison (le mot de passe du groupe résidentiel), vous pouvez accéder à tout ce qu'elle contient (les imprimantes, les dossiers et les fichiers dans les dossiers, notamment). Si vous n'avez pas le mot de passe, ou si aucun groupe résidentiel n'existe sur votre réseau, vous pouvez créer un nouveau groupe résidentiel et lui affecter un nouveau mot de passe. Découvrez comment dans la section suivante « Configurer un nouveau groupe résidentiel ».

Quelques points dont vous devez vous souvenir lorsque vous préparez un PC pour un groupe résidentiel :

» **Un groupe résidentiel ne peut fonctionner qu'avec des ordinateurs sous Windows 10, Windows 7, ou Windows 8**. Vous pouvez avoir des milliards d'ordinateurs chez vous ou au bureau, fonctionnant sous Windows, OS X, Linux, iOS ou Android, travaillant et imprimant de conserve, mais seuls ceux qui sont sous Windows 10 et dont le partage est activé et ceux sous Windows 7 et 8 avec un type de réseau résidentiel peuvent participer à un groupe résidentiel (voir l'encadré « Qu'est-il arrivé aux réseaux domestiques, de bureau, public ? »).

» **Les groupes résidentiels peuvent exister dans un plus vaste réseau d'ordinateurs incompatibles**. Si vous disposez d'ordinateurs qui fonctionnent avec autre chose que Windows 10, 7 ou 8, ou des ordinateurs sous Windows 7 qui sont configurés pour des réseaux publics ou de bureau, ou des ordinateurs sous Windows 8 et 10 dont le partage n'est pas activé, vous pouvez vous représenter un groupe résidentiel comme une clique dans votre réseau. Reportez-vous à « S'aventurer au-delà des groupes résidentiels » pour des détails.

Se connecter à un groupe résidentiel

Chaque fois que vous connectez un PC sous Windows 10 à un réseau et que vous indiquez à Windows Oui, activer le partage et se connecter aux périphériques, Windows commence par renifler tout le réseau afin de vérifier si des PC sous Windows 7, 8, et 10 sont connectés, et s'ils appartiennent au groupe résidentiel.

Lorsque Windows a terminé de renifler le réseau, voici ce que vous pourriez observer et quelques conseils pour avancer dans votre connexion au groupe résidentiel :

- **Vous voyez s'afficher un message rapportant que le groupe résidentiel n'est pas disponible, car vous n'êtes pas connecté à votre réseau résidentiel**. Notez que Windows ne fait que supposer. Il ne sait pas vraiment si vous êtes connecté à votre réseau résidentiel : rien ne lui indique où vous vous trouvez physiquement. Ce qu'il dit, c'est que « vous n'avez pas activé le partage et la connexion aux périphériques, si bien que vous ne pouvez pas participer à un groupe résidentiel ». Afin de corriger le tir, tapez ou cliquez sur le lien Modifier l'emplacement du réseau. Cela affiche une notification du réseau. Sélectionnez Oui, activer le partage et la connexion aux périphériques, et vous devriez être remis sur les rails.

  Plusieurs d'entre vous m'ont écrit pour se plaindre que les PC récemment connectés à un réseau ne parvenaient pas à découvrir l'existence d'un groupe résidentiel. La cause la plus fréquente ? Tous les PC du groupe résidentiel sont en sommeil. Pour résoudre le problème, assurez-vous qu'au moins un des PC du groupe résidentiel est en éveil. Un seul suffit.

- **Windows ne détecte aucun lien de parenté sur le réseau connecté au groupe résidentiel, et il vous propose de créer votre propre groupe résidentiel**. Si aucun groupe résidentiel n'est détecté et que vous savez qu'un groupe résidentiel se trouve sur votre réseau, assurez-vous qu'au moins un des PC du groupe est éveillé.

- **Windows détecte un groupe résidentiel**. Dans ce cas, vous verrez s'afficher une notification. Rendez-vous à la section « Rejoindre un groupe résidentiel ».

Configurer un nouveau groupe résidentiel

Ainsi, vous souhaitez créer un groupe résidentiel. Voici comment en configurer un, pour autant que Windows n'en ait pas trouvé sur le réseau :

1. **Ouvrez l'Explorateur de fichiers de Windows 10 et, dans le volet de navigation, cliquez sur Groupe résidentiel.**
2. **Dans le volet droit de l'Explorateur de fichiers, cliquez sur le bouton Créer un groupe résidentiel, comme à la Figure 5.1.**

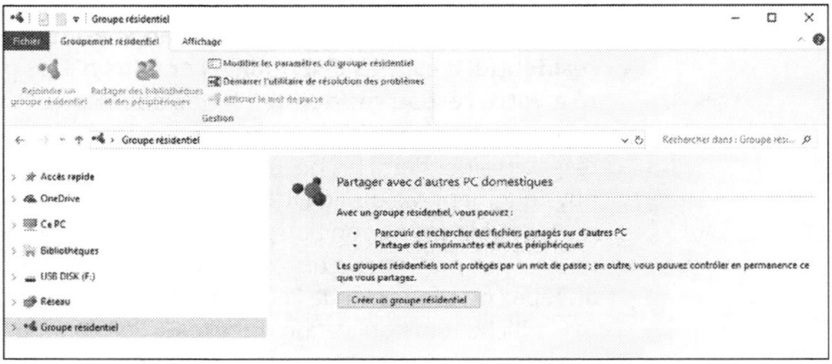

FIGURE 5.1 Créer un groupe résidentiel.

   Windows vous informe sur les groupes résidentiels et vous signale que leur accès est protégé par mot de passe.

3. **Cliquez sur Suivant.**

   La boîte de dialogue Créer un groupe résidentiel apparaît, comme sur la Figure 5.2.

4. **Sélectionnez les bibliothèques auxquelles les autres PC auront accès.**

   En général, la grosse question que les gens se posent sur les groupes résidentiels est de savoir s'il convient de partager la bibliothèque Documents avec les autres PC du groupe. Par défaut, Windows ne le propose pas. Vous le pouvez, si vous le souhaitez.

5. **Cliquez sur Suivant.**

   Windows configure un groupe résidentiel et génère un mot de passe aléatoire. Le mot de passe apparaît dans la boîte de dialogue Utilisez ce mot de passe. Vous pouvez l'ignorer sans problème – pas besoin de l'écrire pour vous en souvenir, car vous allez devoir le modifier.

6. **Cliquez sur Terminer.**

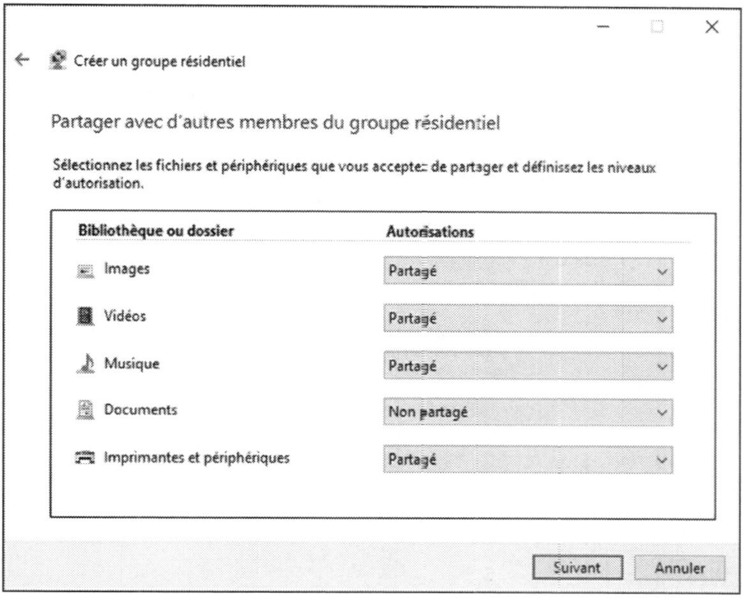

FIGURE 5.2 Sélectionnez les bibliothèques (et les imprimantes) que vous souhaitez partager.

La boîte de dialogue Groupe résidentiel apparaît avec son onglet Groupement résidentiel ouvert, comme sur la Figure 5.3.

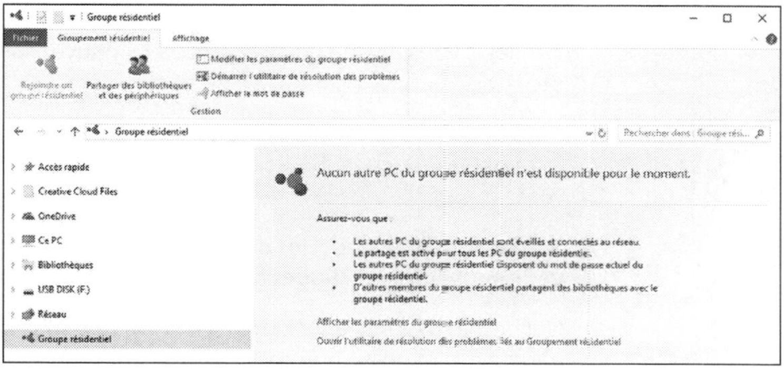

FIGURE 5.3 Profitez de cette fenêtre pour changer le mot de passe du groupe.

7. **Cliquez sur le bouton Modifier les paramètres du groupe résidentiel.**

8. **Dans la boîte de dialogue qui apparaît, cliquez sur le lien Modifier le mot de passe.**

   Windows vous prévient que vous allez déconnecter tout le monde si vous changez le mot de passe. Bien entendu, il n'y a personne dans le groupe, car vous venez de le créer. Changez donc le mot de passe en remplaçant la monstruosité générée par Windows par quelque chose dont vous pourrez vous souvenir.

9. **Cliquez sur Modifier le mot de passe (Figure 5.4).**

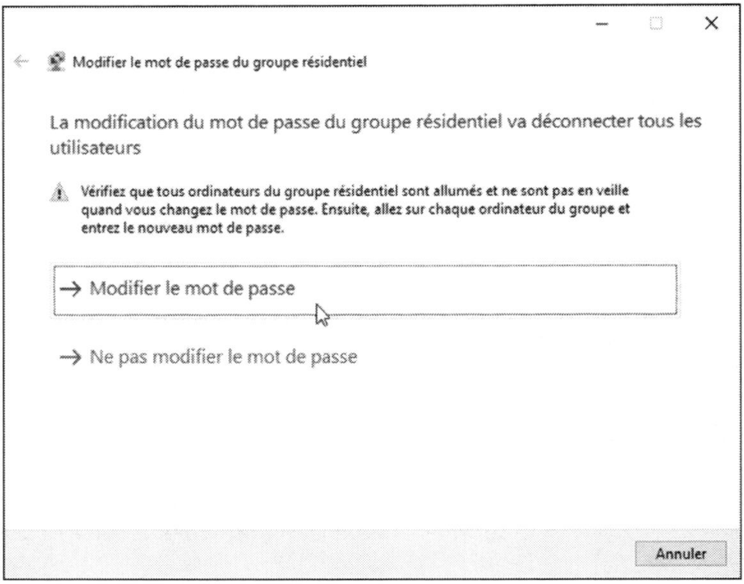

FIGURE 5.4 Modifier le mot de passe du groupe résidentiel.

Windows vous affiche un champ où vous pouvez saisir votre mot de passe.

Vous avez aussi la possibilité de générer un mot de passe aléatoire par un clic sur le bouton représentant deux flèches incurvées.

10. **Saisissez le nouveau mot de passe – un dont vous pourrez vous souvenir – et cliquez sur Suivant.**

Nul besoin d'être Sherlock Holmes. Souvenez-vous que ce mot de passe ne sera utilisé que par ceux qui sont déjà connectés à votre réseau domestique (ou de bureau).

Windows vous présente une nouvelle boîte de dialogue comme celle de l'Étape 4. Vous connaissez maintenant le mot de passe. Et vous pouvez le retrouver.

Plusieurs groupes résidentiels peuvent coexister sur un même réseau, mais les choses deviennent rapidement compliquées. Un ordinateur donné ne peut appartenir qu'à un seul groupe résidentiel à un instant donné : vous devez quitter un groupe résidentiel pour en rejoindre un autre, mais vous ne pouvez pas être sur les deux simultanément. Au passage, je rajoute que les groupes résidentiels fonctionnent très bien avec Windows Home Server.

Rejoindre un groupe résidentiel

Si Windows trouve un groupe résidentiel, voici comment le rejoindre :

1. **La technique la plus rapide consiste à ouvrir le dossier Groupe résidentiel de l'Explorateur de fichiers.**
2. **Dans le volet droit, cliquez sur le bouton Rejoindre (Figure 5.5).**

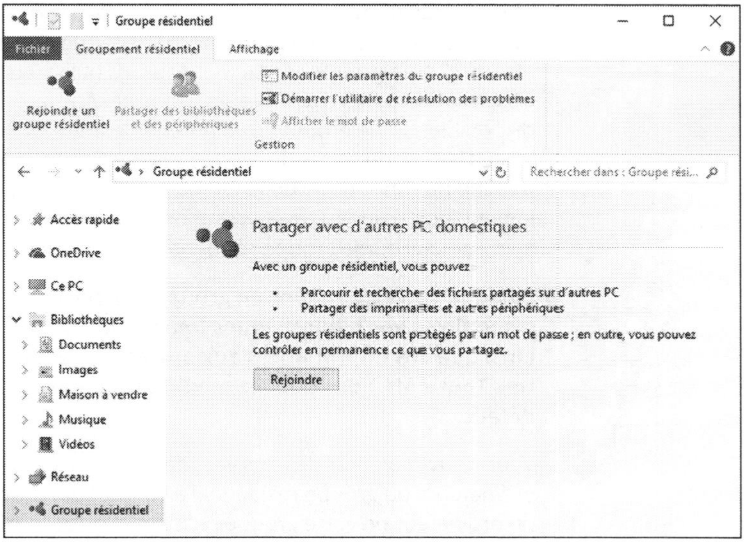

FIGURE 5.5 Rejoindre un groupe résidentiel.

Windows vous indique que vous pouvez rejoindre le groupe à condition de disposer d'un mot de passe.

3. **Tapez le mot de passe du groupe, et cliquez sur Suivant.**
4. **Cliquez sur Terminer, et fermez la boîte de dialogue Paramètres du groupe résidentiel si vous en voyez une.**

Si vous disposez de son mot de passe, il est très facile de rejoindre le groupe résidentiel. Si vous n'en disposez pas, rendez-vous sur un autre PC du groupe résidentiel, et affichez le contenu du groupe dans l'Explorateur de fichiers par un clic sur Groupe résidentiel puis sur le nom du groupe. Dans l'onglet Groupe résidentiel de la fenêtre qui apparaît, cliquez sur Modifier les paramètres du groupe résidentiel. Cliquez alors sur le lien Afficher ou imprimer le mot de passe du groupe résidentiel. Les instructions sont identiques pour Windows 7 et 8.

Partager des fichiers et des imprimantes dans un groupe résidentiel

Les groupes résidentiels sont excellents, et vous pouvez en faire plus avec eux qu'il ne semble. Si vous creusez un peu le sujet, vous découvrez notamment que :

» **Un groupe résidentiel permet de connecter des ordinateurs et des imprimantes, mais les utilisateurs doivent donner leur autorisation pour partager les bibliothèques.** Si vous connectez un PC à un groupe résidentiel, tous les utilisateurs de ce PC – tous ses comptes d'utilisateurs – auront accès aux données disponibles sur le groupe résidentiel. Ils auront aussi accès à toutes les imprimantes du groupe résidentiel. Toutefois, cela ne marche pas en sens inverse. Chaque utilisateur, pris individuellement, doit donner son autorisation pour que ses bibliothèques apparaissent sur le groupe résidentiel.

» **Lorsque votre PC rejoint un groupe résidentiel, vous rendez disponibles vos bibliothèques Images, Musique et Vidéos ainsi que vos imprimantes aux autres PC du groupe résidentiel. Toutefois, vous pouvez modifier ce comportement par défaut.**

Vous pouvez ajouter des dossiers des bibliothèques d'autres ordinateurs du groupe résidentiel à vos bibliothèques. Ainsi, si un ordinateur de votre groupe résidentiel dispose d'une bibliothèque Images qui contient un dossier d'un ordinateur sous Windows XP, vous pouvez simplement copier ce dossier dans votre bibliothèque Images, et vous pourrez y accéder comme à tout autre dossier de votre bibliothèque Images. Combiner les groupes résidentiels et les bibliothèques permet de démultiplier les fonctionnalités d'un réseau résidentiel.

Lorsque vous partagez un fichier, il est important de comprendre si les autres personnes de votre groupe résidentiel pourront l'ouvrir, en modifier le contenu, le supprimer. Les permissions par défaut sur les dossiers partagés *via* un groupe résidentiel sont assez alambiquées, mais elles font sens. Voici ce qui se passe à moins que vous ne les modifiiez (pour en savoir plus, reportez-vous à la section « Entretenir votre groupe résidentiel », plus loin dans ce chapitre) :

- **D'autres utilisateurs de votre groupe résidentiel peuvent ouvrir tous les fichiers dans vos bibliothèques (Images, Musique, Vidéos et éventuellement Documents).**
- **D'autres utilisateurs de votre groupe résidentiel ne peuvent pas modifier les fichiers dans vos dossiers personnels (vos dossiers \Mes images, \Ma musique, \Mes vidéos et éventuellement \Mes documents).** Toutefois, ils peuvent modifier ou supprimer des fichiers dans vos dossiers publics (\Public\Images, \Public\Musique, \Public\Vidéos et éventuellement \Public\Documents). Ils peuvent aussi ajouter de nouveaux fichiers aux dossiers publics. Le Chapitre 1 du Livret VI vous explique les différences entre vos dossiers personnels et vos dossiers publics.
- **Si vos bibliothèques contiennent d'autres dossiers, ces dossiers héritent des restrictions que les autres ordinateurs leur ont appliquées.**

Vous pouvez modifier les permissions à tout instant – par exemple, restreindre l'accès aux dossiers ou étendre l'accès à d'autres dossiers sur votre PC. Je vous explique comment dans la section « Entretenir votre groupe résidentiel », plus loin dans ce chapitre.

Vous pouvez connecter des imprimantes à des ordinateurs du groupe résidentiel aussi facilement que vous le feriez sur votre propre ordinateur. Les imprimantes d'un groupe résidentiel sont partagées automatiquement avec tous les autres ordinateurs du groupe résidentiel. On vous demandera éventuellement l'autorisation de copier des pilotes d'un autre PC de votre groupe résidentiel, mais cette manipulation est très facile.

Naviguer jusqu'à un dossier du groupe résidentiel

Il est aussi facile de naviguer jusqu'à un dossier ou un fichier figurant dans une bibliothèque partagée sur un groupe résidentiel que de naviguer jusqu'à un dossier ou un fichier sur votre ordinateur. Lorsque votre ordinateur est relié au groupe résidentiel, vous voyez apparaître un lien dans le groupe résidentiel sur la gauche de la fenêtre de l'Explorateur de fichiers (voir Figure 5.6). De là, vous pouvez facilement regarder dans tous les dossiers partagés sur tous les ordinateurs de votre groupe résidentiel.

Les groupes résidentiels sont aussi intégrés dans nombre de programmes de Windows, et accessibles *via* Fichier/Ouvrir. En effet, cette

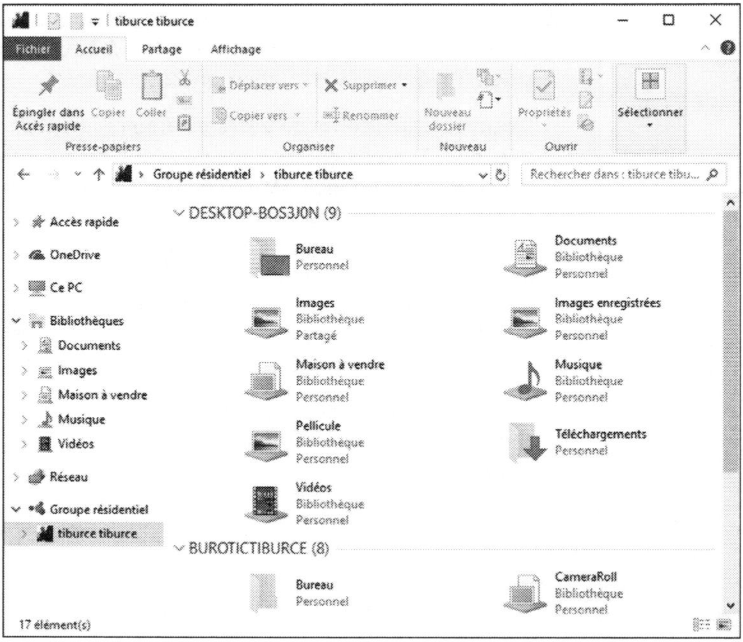

FIGURE 5.6 Votre groupe résidentiel apparaît sur le côté gauche de la fenêtre de l'Explorateur de fichiers.

commande donne accès à la boîte de dialogue Ouvrir qui permet de naviguer jusqu'au groupe résidentiel et d'y sélectionner des fichiers.

Au regard des difficultés que les gens ont rencontrées toutes ces années pour partager une imprimante ou un fichier, vous aurez compris que les groupes résidentiels sont comme un bol d'air.

Entretenir votre groupe résidentiel

Vous disposez maintenant d'un groupe résidentiel, auquel un ou plusieurs PC sont connectés. Cette section vous explique comment modifier ce groupe pour qu'il réponde exactement à vos besoins.

Utiliser l'interface du groupe résidentiel en vignettes

Vous pouvez utiliser l'écran Paramètres du groupe résidentiel pour rejoindre un groupe résidentiel, modifier les dossiers que vous partagez, et quitter le groupe.

Cette interface peut s'avérer très pratique si vous ne souhaitez pas utiliser de clavier ni de souris. Voici comment la faire fonctionner :

1. **Dans l'Explorateur de fichiers, cliquez sur Groupe résidentiel.**
2. **Dans l'onglet Groupement résidentiel, cliquez sur Modifier les paramètres du groupe résidentiel.**

   La fenêtre Modifier les paramètres du groupe résidentiel apparaît, comme sur la Figure 5.7.

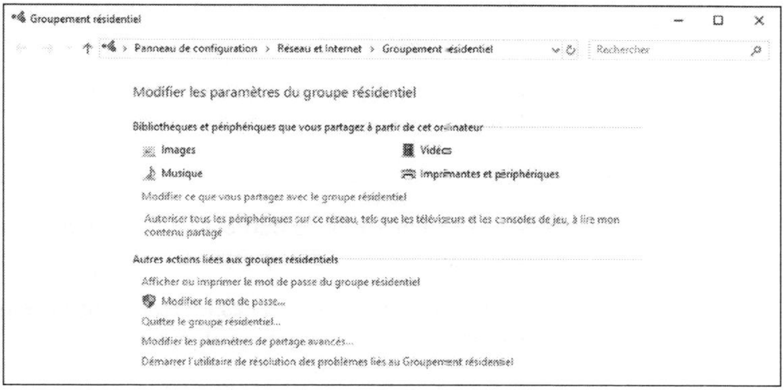

FIGURE 5.7 Les paramètres du groupe résidentiel.

Comme c'est le cas avec beaucoup de choses dans l'interface de Windows 8 en vignettes, cet écran contient presque tout ce dont vous n'aurez jamais besoin pour gérer les groupes résidentiels. Vous pouvez afficher la version bureau de Windows pour accéder à toutes les autres options.

Il n'existe qu'une différence entre un groupe résidentiel créé *via* l'écran d'accueil et un groupe créé *via* le bureau : lorsque vous rejoignez un groupe résidentiel en utilisant le bureau, vous décidez par défaut de partager vos bibliothèques Musique, Images et Vidéos, ainsi que vos imprimantes. La version vignette ne partage rien par défaut : vous devez choisir de partager chacun de ces éléments, un par un.

Modifier le mot de passe du groupe résidentiel

Voulez-vous savoir pourquoi Windows génère automatiquement ce mot de passe gargantuesque lorsque vous créez un groupe résidentiel ? Car les premiers testeurs en avaient besoin. Lorsque les gens de Microsoft ont observé les testeurs utilisant les groupes résidentiels pour la première fois, ils ont noté que nombre d'entre eux s'arrêtaient en chemin, inquiets d'avoir à saisir un mot de passe. Souvent, c'était parce que la personne configurant le groupe résidentiel n'utilisait qu'un petit jeu de mots de passe et ne souhaitait pas en communiquer à autrui. Les testeurs passaient donc un peu de temps à se demander s'ils devaient créer un nouveau mot de passe et si oui, lequel. Surcharge de travail.

C'est donc pour vous faciliter la vie que Windows génère un mot de passe arbitraire lorsque vous créez un groupe résidentiel. Si vous êtes futé, vous pouvez le modifier avant d'ajouter des PC à votre groupe résidentiel. C'est exactement la procédure que je décris dans la section « Créer un nouveau groupe résidentiel », plus tôt dans ce chapitre.

En fait, vous pouvez modifier le mot de passe d'un groupe résidentiel à tout instant, et c'est très facile tant que les ordinateurs du groupe sont activés et que vous pouvez vous y connecter.

Procédez ainsi pour modifier le mot de passe d'un groupe résidentiel :

1. **Ouvrez l'Explorateur de fichiers et cliquez sur Groupe résidentiel dans le volet de navigation.**
2. **Dans l'onglet Groupement résidentiel, cliquez sur Modifier les paramètres du groupe résidentiel.**

   Cette action ouvre la boîte de dialogue Modifier les paramètres du groupe résidentiel.
3. **Cliquez sur le lien Modifier le mot de passe.**

   Windows vous avertit qu'en modifiant le mot de passe du groupe résidentiel, vous déconnecterez tout le monde. Vous savez déjà cela, et c'est pourquoi vous vous êtes assuré que tous les PC de votre groupe résidentiel sont éveillés et que vous pouvez vous connecter à chacun.
4. **Vérifiez que tous les ordinateurs de votre groupe résidentiel sont éveillés (pas en veille ni en hibernation) et que vous pouvez vous connecter sur chacun. Lorsque vous êtes prêt, cliquez sur Modifier le mot de passe.**

   Windows vous propose un nouveau mot de passe, mais vous pouvez aussi bien saisir le vôtre, comme le montre la Figure 5.8.
5. **Cliquez sur Suivant.**

   Le mot de passe de votre groupe résidentiel est modifié.
6. **Appliquez les Étapes 1 et 2 sur chacun des PC de votre groupe résidentiel pour accéder aux options de groupe et de partage.**

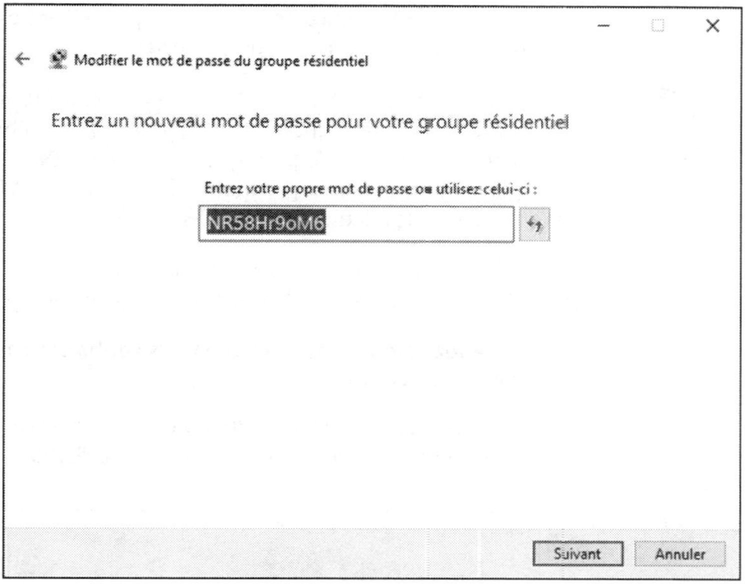

FIGURE 5.8 Modifiez le mot de passe du groupe résidentiel.

7. **Cliquez sur le bouton Entrez le nouveau mot de passe et saisissez-le.**

   Vous êtes reconnecté au groupe résidentiel. En fournissant le bon mot de passe – le nouveau –, votre PC se connecte au groupe résidentiel et tous vos nouveaux paramètres sont propagés.

Si vous rencontrez des problèmes pour vous reconnecter au groupe résidentiel, tapez ou cliquez sur le lien pour quitter le groupe résidentiel, puis tapez ou cliquez sur le bouton Rejoindre. Enchaînez sur l'Étape 2 des instructions de la section « Rejoindre un groupe résidentiel », plus tôt dans ce chapitre.

Ajouter ou bloquer des dossiers dans le groupe résidentiel

Si vous souhaitez rendre un dossier accessible à tous les utilisateurs de votre groupe résidentiel, la solution la plus simple est de l'ajouter à l'une de vos bibliothèques. Reportez-vous au Chapitre 3 du Livret VII pour les détails.

Par exemple, si vous partagez votre bibliothèque Documents, ajouter un dossier à cette dernière permet à tous ceux qui sont connectés au groupe résidentiel d'ouvrir et de lire les éléments qu'il contient. Si vous l'ajoutez à votre bibliothèque Documents publics, vous permettez à tous ceux qui sont connectés à votre groupe résidentiel de lire, modifier ou supprimer les éléments qu'il contient.

Parfois, vous ne souhaitez simplement pas rendre un dossier disponible sur le groupe résidentiel, sans l'ajouter à une bibliothèque partagée. Par exemple, j'aime partager mon dossier Téléchargements de sorte que les gens sur mon groupe résidentiel puissent facilement copier ou exécuter les fichiers que je télécharge.

Voici comment ajouter le dossier Téléchargements à votre groupe résidentiel sans l'ajouter à une de vos bibliothèques partagées :

1. **Naviguez jusqu'au dossier que vous souhaitez rajouter au groupe résidentiel.**

   Sur la Figure 5.9, j'ai lancé l'Explorateur de fichiers et j'ai cliqué sur le lien Téléchargements dans le volet de navigation.

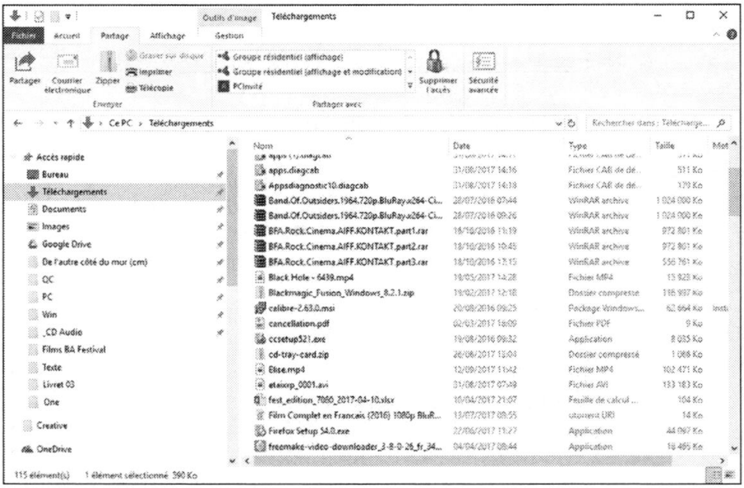

FIGURE 5.9 Il est facile d'ajouter un dossier à votre groupe résidentiel si vous connaissez l'astuce.

2. **Ouvrez l'onglet Partage situé dans la partie supérieure de l'Explorateur de fichiers.**
3. **Dans le ruban Partage, sélectionnez Groupe résidentiel (affichage) si vous souhaitez que tous les membres de votre groupe puissent accéder aux fichiers, ou Groupe résidentiel (affichage et modification) si vous leur faites assez confiance pour ne rien supprimer ni trafiquer les fichiers.**

   Cela peut prendre quelques minutes, mais le dossier partagé devient alors disponible sur le groupe résidentiel

Partager et donner des permissions

Une approche facile du partage consiste à utiliser le dossier \Public pour partager des fichiers comme je le décris au Chapitre 1 du Livret VI : tous ceux qui utilisent votre ordinateur obtiennent un plein accès aux fichiers, et ceux qui proviennent du réseau ont ou non le droit d'y accéder. Vous avez la possibilité d'exercer un contrôle un peu plus fin sur qui peut accéder aux fichiers et ce qu'il peut en faire, mais dans l'ensemble, cela reste sommaire.

Windows permet de spécifier des permissions de partage pour un dossier ou un fichier donné, ce qui vous procure bien plus de contrôle que le seul partage du dossier \Public. Pour cela, vous pouvez utiliser les niveaux de permissions de Windows sur le groupe résidentiel ou sur un utilisateur en particulier.

Il existe deux types de niveaux de permissions :

- **Afficher :** Permet aux utilisateurs et aux groupes désignés d'ouvrir ou de copier le fichier, mais pas de le modifier ni de le supprimer.
- **Modifier :** Permet aux utilisateurs et aux groupes désignés d'ouvrir, de modifier, de supprimer ou de déplacer le fichier.

Ce paramétrage très fin du partage est un champ de mines où vous ne devriez pas vous aventurer à moins de prétendre mettre à jour les permissions. Vous devrez aussi être tolérant face aux multiples problèmes qui pourraient surgir, car je vous garantis que vous allez en rencontrer. Plutôt que d'affecter des permissions de partage détaillées à un dossier, vous trouverez sans doute qu'il est plus futé (et plus facile) de placer les fichiers que vous souhaitez partager dans le dossier \Public et d'utiliser l'application qui a permis de les créer pour leur assigner des mots de passe contrôlant l'accès en lecture seulement ou en lecture/écriture afin de limiter les manipulations possibles sur les fichiers. Toutes les applications Office, et bien d'autres, proposent un système pareil.

Si vous êtes certain que recourir aux permissions de partage est la seule solution, voici comment ajuster les permissions d'un dossier ou d'un fichier qui ne figure pas dans le dossier \Public :

1. **Naviguez jusqu'au fichier ou dossier que vous souhaitez partager.**

PROTÉGER LE DOSSIER PUBLIC PAR MOT DE PASSE

Il existe des moyens assez compliqués pour forcer les personnes accédant au dossier \Public depuis le réseau à décliner un mot de passe avant de pouvoir l'ouvrir. Si vous spécifiez un mot de passe, toute personne utilisant votre ordinateur pourra accéder au dossier \Public directement, mais toute personne utilisant un autre ordinateur devra fournir le mot de passe. Vous pouvez aussi spécifier des permissions en lecture et en écriture pour contrôler l'accès de ces personnes au dossier \Public.

2. **Sélectionnez-le, puis cliquez sur l'onglet Partage pour afficher le ruban Partage.**

   Sur la Figure 5.10, je me suis rendu dans le dossier Art du dossier Bureautique.

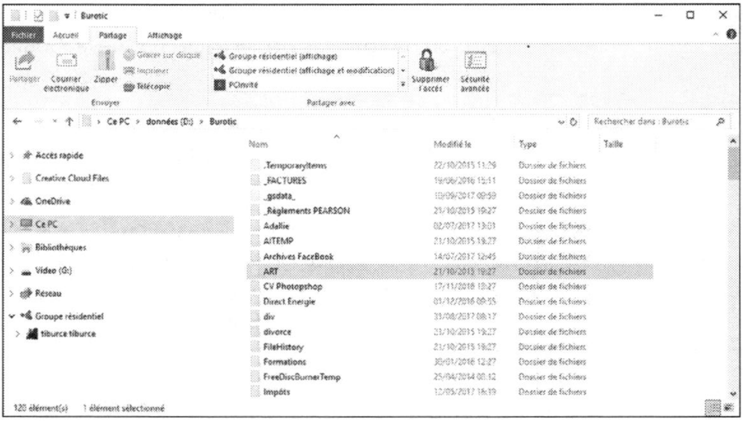

FIGURE 5.10 Vous pouvez facilement affecter des restrictions au partage d'un fichier ou d'un dossier, mais les tenir à jour n'est pas une sinécure.

3. **Sélectionnez l'une de ces options :**

   - Groupe résidentiel (affichage) pour que tous les membres du groupe résidentiel puissent ouvrir et copier le fichier.
   - Groupe résidentiel (affichage et modification) pour que tous les membres du groupe résidentiel puissent ouvrir, copier, modifier ou supprimer le fichier.
   - <Nom d'un groupe résidentiel> existant sur un autre ordi de votre réseau.

- *Des personnes spécifiques*, auxquelles vous donnerez alors la permission d'afficher (pas de modifier).

4. **Cliquez sur le lien Des personnes spécifiques en bas de la liste pour afficher la boîte de dialogue Partage de fichier, comme sur la Figure 5.11.**

   Toute personne accédant à votre ordinateur qui ne relève pas de votre groupe résidentiel doit être identifiée par un nom d'utilisateur et un mot de passe. C'est ce nom d'utilisateur que Windows utilise pour affecter des permissions dans la boîte de dialogue Partage de fichier.

5. **Sélectionnez la personne, puis cliquez sur Partager.**
6. **Cliquez sur Terminé.**

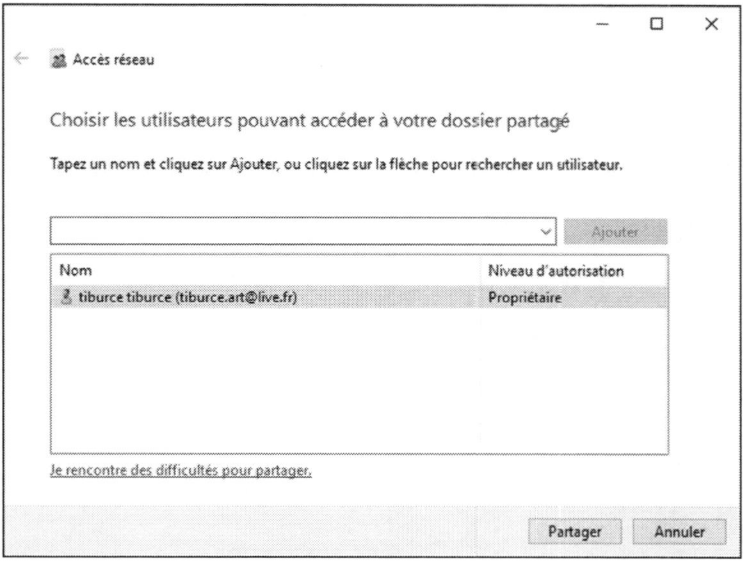

FIGURE 5.11 Vous pouvez spécifier des permissions de partage pour chaque fichier si vous le souhaitez.

Chapitre 6

Utiliser les applications intégrées au Bureau

DANS CE CHAPITRE :

- **Écrire avec le Bloc-notes et WordPad**
- **Utiliser la table des caractères**
- **Utiliser la calculette et Paint 3D**
- **Faire des pense-bêtes**
- **Utiliser Bloc-croquis et Croquis sur capture d'écran de Windows Ink.**

Les applications du mode Tablette de Windows 10 sont gratuites, mais ne sont pas forcément affichées sur le bureau.

Dans ce chapitre, je vous fais une courte présentation des programmes que vous avez déjà payés. Ce ne sont pas les meilleurs, mais ils sont plus que suffisants dans de nombreux cas et s'il existe des alternatives gratuites bien meilleures, je vous le signale.

Même si ce sont des concurrents de Microsoft !

Ayez un œil sur les nouveautés de Windows Store qui peuvent comporter quelques fonctionnalités que l'on peut retrouver dans ces programmes intégrés à Windows. Avec le temps, ces petites applications vont être améliorées et il sera difficile de faire jouer la concurrence.

Bénéficier d'un traitement de texte gratuit

Si vous travaillez généralement sur des documents compliqués, désolé de vous décevoir, mais vous devrez mettre la main à la poche et acheter Microsoft Office. Si vous modifiez les documents Word d'autres personnes, aussi.

Mais si vous n'avez pas besoin du meilleur traitement de texte (et du plus compliqué aussi) et qu'une mise en page assez simple vous suffit, vous avez le choix entre :

- **Le Bloc-notes** : Pour du texte simple, utilisez le Bloc-notes que je vous présente dans ce chapitre.
- **WordPad** : Si vous devez faire une petite mise en page, WordPad vous conviendra. Je vous le présente dans ce chapitre.
- **LibreOffice** : Si vous avez besoin d'une suite bureautique plus riche, pensez à LibreOffice, plus connu sous le nom de OpenOffice disponible depuis `https://fr.libreoffice.org/`. Certains documents Word ne survivent pas à la conversion de la version Texte de LibreOffice : LibreOffice peut couper une quantité impressionnante de mises en page. Mais pour des documents basiques (et des tableurs, des présentations et dessins), LibreOffice fonctionne bien. Et il est gratuit. 100 pour cent !
- **Google Documents** : Si vous êtes connecté tout le temps à Internet, pensez à Google Documents `https://apps.google.com/intx/fr/products/docs/` Google Documents fournit un traitement de texte sur Internet que vous pouvez utiliser en ligne et aussi pour stocker vos documents en ligne. Bien sûr, il ne remplace pas Word pour les documents sophistiqués ou pour modifier des documents Word existants, mais l'application Documents fonctionne bien dans tous les navigateurs et sur toutes les plateformes. Eh oui, elle inclut les Mac et les iPad. Une option hors ligne vous permet de visualiser les possibilités rudimentaires du document même si vous n'êtes pas connecté à Internet. Documents comprend un traitement de texte, un tableur et un programme de présentation.

Je vous avoue que j'utilise tout le temps Word. Word est un super programme qui est sans doute le plus utile de la suite Office. Je lui suis fidèle depuis une bonne dizaine d'années, j'y ai d'ailleurs consacré mes quatre premiers livres. Je dois admettre qu'il foisonne en options qui peuvent dérouter plus d'un utilisateur.

Ouvrir le Bloc-notes

Dans les temps les plus anciens du pays Windows, le Bloc-notes a été pensé, conçu et développé par des programmeurs, pour des programmeurs et ça se voit. Bien qu'il ait été fortement amélioré ces dernières années, bon nombre de ses limites perdurent. Mais si vous avez besoin d'un simple et rapide éditeur de texte (il va de soi que l'on ne peut pas le qualifier de traitement de texte), le Bloc-notes est une solution acceptable.

Le Bloc-notes comprend seulement du texte simple sans mise en forme, essentiellement ce que l'on voit sur le clavier. Il ne comprend pas d'éléments de mise en page comme un caractère en gras, une image insérée et même les liens hypertextes vers des pages Web.

En revanche, le Bloc-notes présente de nombreux avantages. Vous pouvez être sûr qu'il vous affichera le contenu exact d'un fichier : les caractères, à l'ancienne sans aucune fioriture de mise en page qui gâcherait l'ensemble. Le Bloc-notes sauvegarde du texte simple, sans mise en page. Aussi si vous avez besoin d'un document de texte simple, sans mise en page, choisissez le Bloc-notes. De plus, il est rapide et infaillible. De tous les programmes de Windows que je connais, le Bloc-notes est le seul qui ne se plantera jamais.

Voici quelques petits conseils qui vous permettront d'utiliser le Bloc-notes sans problème :

- **Pour ouvrir le Bloc-notes**, cliquez sur le bouton Démarrer et, dans le menu Démarrer, ouvrez Accessoires Windows et cliquez sur la vignette du Bloc-notes. Vous pouvez également cliquer dans le champ de recherche de Cortana et saisissez **Bloc-notes**. Si vous tapez **Bloc-notes**, cliquez sur l'icône du programme qui apparaît dans la partie supérieure du volet des résultats. Vous pouvez aussi double-cliquer sur un fichier texte (.txt) dans l'Explorateur de fichier. Vous verrez alors s'ouvrir un contenu identique à celui de la Figure 6.1.
- **Le Bloc-notes peut traiter des fichiers de 48 Mo** (certes, ce n'est pas l'*Encyclopédie Universalis*, mais on s'y approche !) Pour ouvrir un fichier plus lourd, une boîte de dialogue vous conseillera d'ouvrir le fichier avec un autre programme.
- **Vous pouvez changer la police de caractère**. Par défaut, le Bloc-notes affiche le contenu du fichier dans la police Consolas à 11 points.

  Comme le texte que vous lisez dans le Bloc-notes apparaît dans une police de caractères spécifique, ne pensez pas que ces caractères ne sont pas mis en forme dans le fichier lui-même. Il n'en est rien. La police que vous visualisez à l'écran est simplement celle que le Bloc-notes utilise pour afficher les données. Le contenu du fichier est du texte brut, sans mise en page.
- **Pour changer la police de caractères**, sélectionnez Format→Police, puis choisissez-en une dans la liste. Inutile de sélectionner du

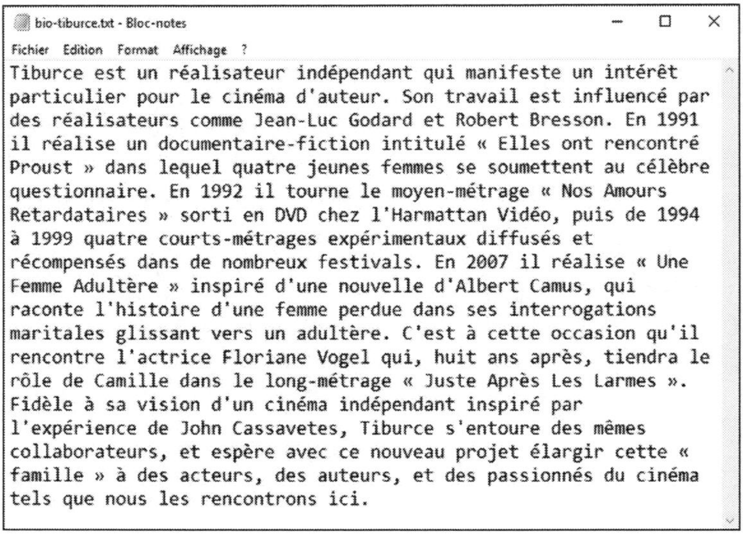
bio-tiburce.txt - Bloc-notes

Fichier Edition Format Affichage ?

Tiburce est un réalisateur indépendant qui manifeste un intérêt particulier pour le cinéma d'auteur. Son travail est influencé par des réalisateurs comme Jean-Luc Godard et Robert Bresson. En 1991 il réalise un documentaire-fiction intitulé « Elles ont rencontré Proust » dans lequel quatre jeunes femmes se soumettent au célèbre questionnaire. En 1992 il tourne le moyen-métrage « Nos Amours Retardataires » sorti en DVD chez l'Harmattan Vidéo, puis de 1994 à 1999 quatre courts-métrages expérimentaux diffusés et récompensés dans de nombreux festivals. En 2007 il réalise « Une Femme Adultère » inspiré d'une nouvelle d'Albert Camus, qui raconte l'histoire d'une femme perdue dans ses interrogations maritales glissant vers un adultère. C'est à cette occasion qu'il rencontre l'actrice Floriane Vogel qui, huit ans après, tiendra le rôle de Camille dans le long-métrage « Juste Après Les Larmes ». Fidèle à sa vision d'un cinéma indépendant inspiré par l'expérience de John Cassavetes, Tiburce s'entoure des mêmes collaborateurs, et espère avec ce nouveau projet élargir cette « famille » à des acteurs, des auteurs, et des passionnés du cinéma tels que nous les rencontrons ici.

FIGURE 6.1 Le Bloc-notes affiche un style archaïque.

texte avant de faire votre choix, car la police que vous choisissez s'appliquera à tout le texte qui apparaît à l'écran et ne modifiera en rien le contenu du fichier. La police par défaut du Bloc-notes est une *police à espacement constant* : tous les caractères ont la même taille. Si vous changez de police, les fichiers conçus dans un monde à taille fixe arboreront un étrange style.

» **Vous pouvez appliquer un retour à la ligne automatique**. En général, le texte dans le Bloc-notes s'étend tout au long du côté droit de l'écran. C'est prévu pour. Le Bloc-notes, associé au fichier, passe à la ligne seulement s'il rencontre une ligne de coupure, nommée *retour chariot* (quand on appuie sur la touche Entrée), ce qui se produit à la fin d'un paragraphe.

  Le Bloc-notes vous permet d'insérer un retour à la ligne automatique afin de vous éviter de faire défiler vers la droite un seul paragraphe. Pour ce faire, sélectionnez Format→Retour automatique à la ligne.

» **Le Bloc-notes présente une petite astuce de geek** que vous trouverez peut-être amusante, et éventuellement utile. Si vous tapez .LOG à la première ligne d'un fichier, le Bloc-notes affiche à la fin du fichier la date et l'heure de chaque ouverture de ce fichier. Pour cela, vous devez enregistrer le fichier, puis le rouvrir dans le Bloc-notes.

Il existe de nombreuses alternatives au Bloc-notes, car les programmeurs ont besoin d'éditeurs de texte et bon nombre d'entre eux créent leur propre éditeur. Ces dernières années, j'en ai beaucoup utilisé. Maintenant, j'utilise WordPad qui est plus complet et très proche d'un vrai programme de traitement de texte.

Écrire avec WordPad

Si vous devez faire une mise en page et que votre budget est trop serré pour vous offrir Microsoft Word ou que vous êtes trop paresseux pour télécharger LibreOffice ou encore que vous n'avez pas confiance dans les outils en ligne, WordPad est la solution. Enfin, si vous avez subi les foudres de l'Assistant de Désactivation de Microsoft Office et que Word est verrouillé, vous allez sans nul doute vous rapatrier sur WordPad en attendant que Microsoft réactive votre logiciel.

Si Office est en mode Fonctionnalité réduite, sachez que si vous ne faites pas attention, vous risquez d'écraser vos fichiers Word en les enregistrant avec WordPad.

Voici comment démarrer et utiliser WordPad :

1. **Cliquez sur le bouton Démarrer et, dans le menu Démarrer, ouvrez Accessoires Windows, puis cliquez sur la vignette Wordpad.**

   Vous pouvez également taper Wo dans le champ de recherche de Cortana. Dans la liste des résultats, cliquez sur WordPad.

   L'interface apparaît comme à la Figure 6.2.

2. **Saisissez votre texte puis mettez-le en forme avec les outils du ruban Accueil.**

   Dans le groupe Insertion, vous pouvez insérer des images, des dessins réalisés dans Paint ou Paint 3D, la date et l'heure, ou bien encore des objets, c'est-à-dire des documents qui ont été créés dans d'autres programmes. Attention, car la compatibilité de WordPad n'étant pas totale, certains objets ne s'importeront pas.

3. **Une fois votre document réalisé, cliquez sur Fichier >Enregistrer.**

   Vous pouvez enregistrer vos documents dans l'un des formats suivants :

   - **RTF (Rich Text Format)** est un très vieux format, datant de 1987, développé par Microsoft et le légendaire Charles Simonyi (eh oui le touriste de l'espace) pour permettre de conserver des éléments de mise en page quand on passe

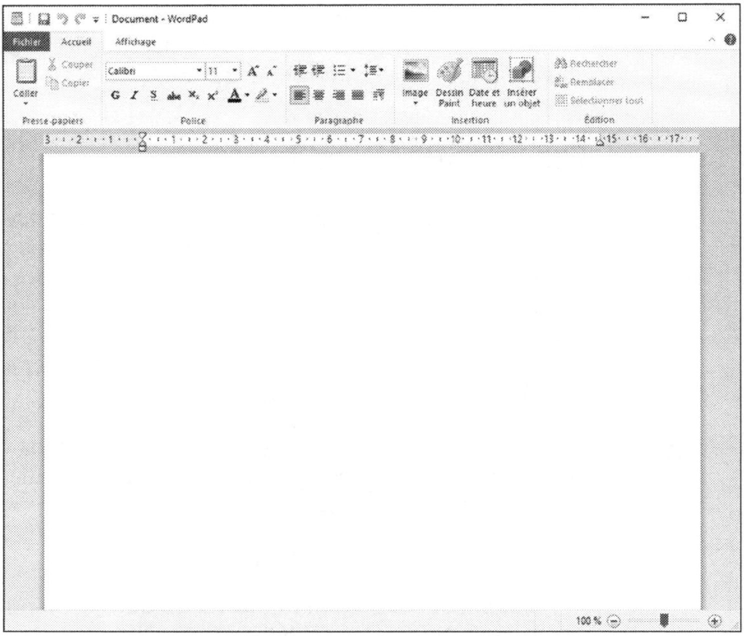

FIGURE 6.2 WordPad attend votre texte.

d'un traitement de texte à l'autre. Les documents RTF peuvent présenter des mises en page simples, mais pas aussi complexes que celles de Word 97. Bon nombre de logiciels de traitement de texte de différentes marques peuvent lire et écrire des fichiers RTF. Le format RTF s'avère un bon choix si votre document va passer dans différents lieux.

- **DOCX (OOXML Text Document)** est le nouveau standard de format de fichier de Microsoft, introduit en 2007. Si vous créez un document dans Word, choisissez ce format.

  Certes, WordPad peut lire et écrire des fichiers DOCX, mais il prend quelques libertés sur certaines fonctionnalités plus fines de Word : si vous ouvrez dans WordPad un fichier DOCX généré dans Word, ne soyez pas surpris par la mise en page. Si vous avez enregistré ce même document Word dans WordPad, la mise en page originale risque d'être écrasée.

- **ODT (ODF Text Document**), format de OpenDocument, format natif de LibreOffice et de OpenOffice.
- **TXT (Text Document**) supprime toutes les images et mises en page, n'enregistre le document que sous un vieux format texte de type Bloc-notes. Les deux options, formats MS-DOS

et Unicode, contrôlent la gestion des caractères non latins dans le document.

Utiliser la table des caractères

Windows comprend l'utilitaire Table des caractères qui peut se révéler très utile si vous recherchez des caractères qui n'apparaissent pas sur les claviers standards. Grâce à cette table, vous pouvez trouver de vieux styles de police, les copier-coller dans n'importe quel traitement de texte (y compris WordPad).

Windows propose de nombreuses polices, séries de caractères, dont quelques-unes peuvent vous être très utiles. Pour accéder à la Table des caractères, cliquez sur le bouton Démarrer ou dans le champ de recherche de Cortana, et saisissez **tab.** Cliquez directement sur l'icône Table des caractères, vous verrez apparaître la boîte de dialogue représentée à la Figure 6.3.

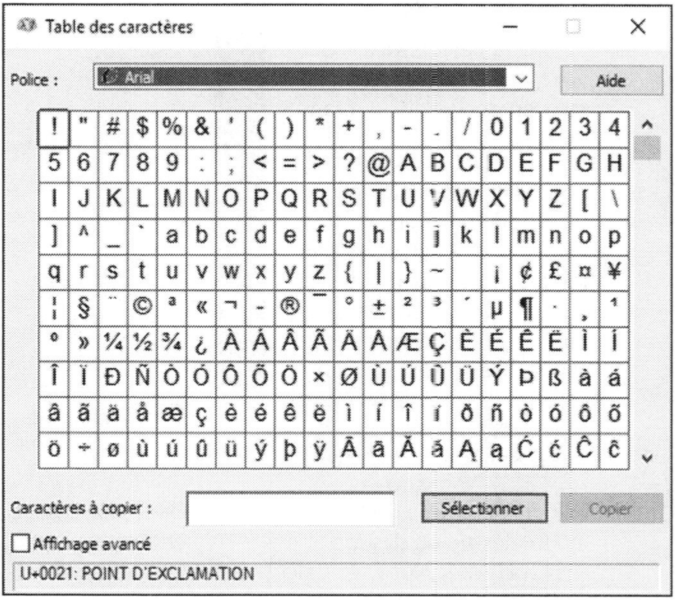

FIGURE 6.3 Besoin d'un caractère d'une autre langue ? Utiliser la Table des caractères !

Cette table comporte de nombreux caractères images comme les flèches, les cases à cocher, *etc.* avec de nombreux types de polices Wingdings et Webding. Copiez-les dans vos documents et agrandissez-les comme bon vous semble.

Faire des calculs – gratuitement

Windows 10 ne propose plus qu'une seule calculatrice, mais qui peut se décliner en un certain nombre d'outils, dont un convertisseur.

Pour exécuter la Calculatrice, cliquez sur le bouton Démarrer ou dans le champ de recherche de Cortana, et entrez **calc.** Cliquez ensuite sur l'icône de la calculatrice. Apparaîtra sans doute la Calculatrice standard ou l'une de ses versions plus sophistiquées.

Pour exécuter la calculatrice depuis Cortana, dites tout simplement : « Calculatrice ». Cortana vous répondra « J'ai trouvé la réponse » et ouvrira cette calculette dans l'espace de Cortana. Vous pourrez alors y effectuer vos calculs, comme sur la Figure 6.4.

Sinon, la calculatrice s'ouvrira dans sa propre interface en mode dit « Standard ».

Pour utiliser la Calculatrice, il suffit de taper ce que vous voulez sur le clavier ou sur les touches, puis d'appuyer sur la touche Entrée pour obtenir le résultat de l'opération. Par exemple, pour calculer 123 fois 456, vous tapez **123*456**, puis appuyez sur la touche Entrée.

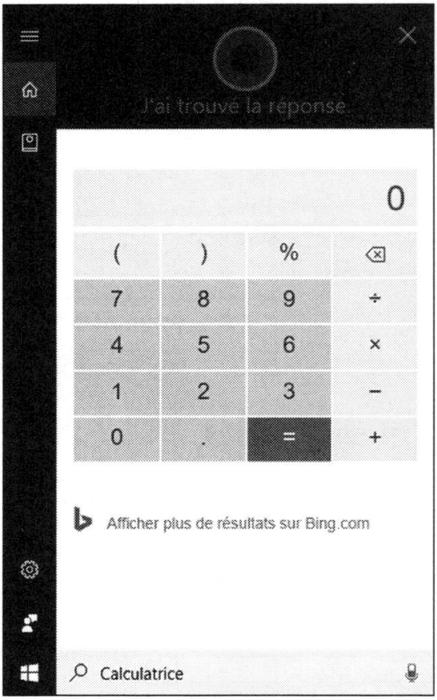

FIGURE 6.4
La Calculatrice en mode Cortana.

La Calculatrice se décline en quatre modes : Standard, Scientifique (qui ajoute des *sin* ou des *tan* et des x en y et ainsi de suite), Programmeur (*hex*, *Oct*, *Mod*, *Xor*), et Calcul de la date et propose aussi différents convertisseurs. Choisissez son mode *via* le bouton dont l'icône représente trois traits horizontaux située sous le mot Calculatrice, comme le montre la Figure 6.5.

Voici quelques petites astuces qui vous aideront à utiliser efficacement la Calculatrice :

- Non le X du clavier n'est pas le signe multiplier. Je ne sais pas pourquoi les informaticiens ont choisi l'astérisque (*). Pour faire une multiplication, appuyez sur la touche *.
- Utilisez le pavé numérique, si vous en avez un, mais vérifiez que vous avez bien activé la touche Num Lock ! Car si vous ne le faites pas, vous aurez beau entrer des chiffres, la Calculatrice ne le saura pas.

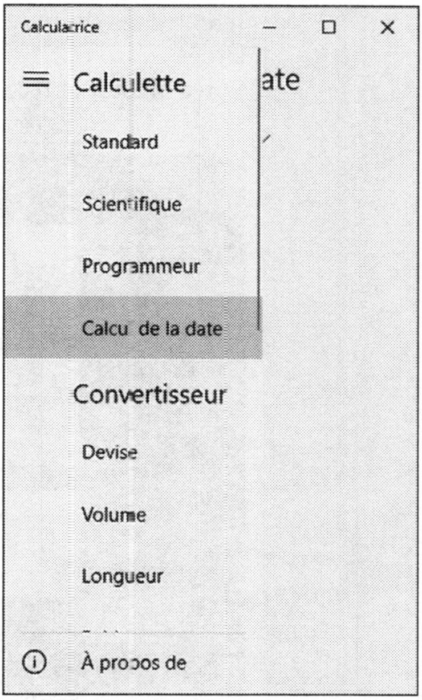

FIGURE 6.5 Choisir le mode de la calculatrice et de ses convertisseurs.

Dessiner

Windows Paint 3D semble désormais prendre le pas sur l'historique application de dessin Paint que Microsoft annonce ne plus développer à partir de la mise à jour Fall Creator Update de cet automne 2017.

Paint est toujours présent dans Windows 10 mais, à l'instar du Panneau de configuration, il n'est plus accessible spontanément. Pour utiliser Paint, vous devez saisir ce mot dans le champ Taper ici pour rechercher de Cortana. Ensuite, cliquez sur la vignette Paint dans la liste des résultats.

Sinon, pour invoquer Paint 3D, il suffit de le localiser sous la lettre P du menu Démarrer, ou de procéder comme dans l'astuce précédente et de cliquer, non pas sur la vignette Paint, mais sur la vignette Paint 3D. Vous verrez apparaître l'écran illustré à la Figure 6.6.

Pour commencer, cliquez (ou touchez) le bouton Nouveau. Cette action ouvre l'interface de dessin de Paint 3D, comme sur la Figure 6.7. Vous pouvez alors utiliser des outils de dessin traditionnel facilement identifiables par la forme de leur icône. Dans le menu local Mat, choisissez un type de support.

La grande nouveauté de Paint 3D est qu'il permet de travailler avec des objets en 3D dans un espace tridimensionnel, mais aussi d'afficher la feuille dans l'espace 3D. Il suffit pour cela de cliquer sur l'icône de l'œil située à droite de la barre de zoom. Ensuite, au doigt ou à la souris, faites pivoter la feuille dans l'espace 3D.

FIGURE 6.6 Paint propose un certain nombre de fonctionnalités utiles.

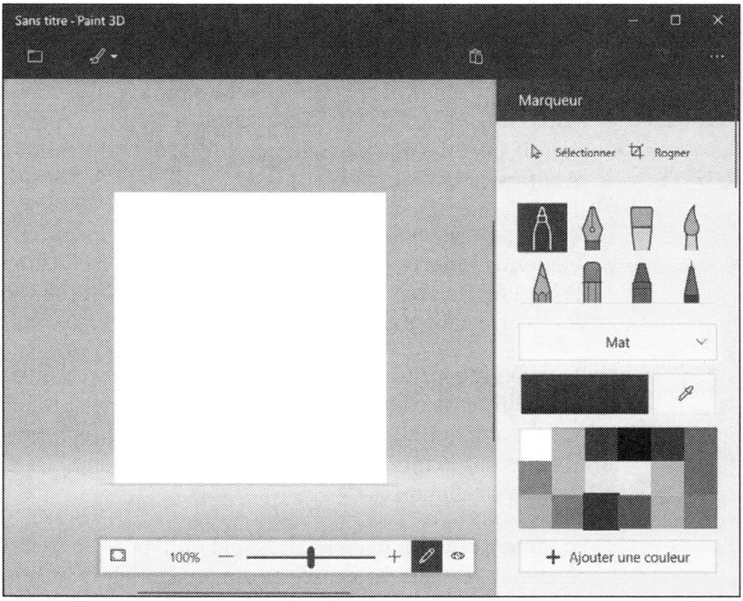

FIGURE 6.7 Vous voici prêt à dessiner.

Pour dessiner des objets 3D, ouvrez le menu local en haut à gauche (à droite de l'icône d'un dossier), et choisissez l'icône du cube, comme sur la Figure 6.8.

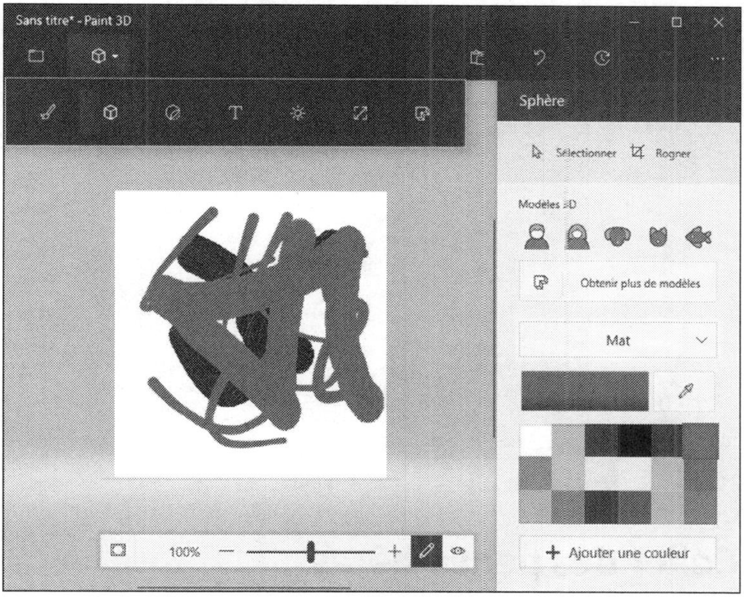

FIGURE 6.8 Pour travailler avec des objets 3D.

Choisissez ensuite un modèle 3D dans la section éponyme. Tracez-le sur la feuille que vous pouvez ensuite manipuler comme bon vous semble si vous touchez l'icône de l'œil. Sinon, pour apporter des modifications et le faire lui-même bouger dans l'espace 3D, comme sur la Figure 6.9, il suffit de toucher l'icône du crayon puis l'objet lui-même.

L'enregistrement de votre travail se fait par un clic préalable sur l'icône du dossier. Choisissez Enregistrer dans le menu local qui s'affiche.

Paint 3D permet aussi de travailler sur des photos. Il suffit de cliquer sur l'icône du dossier puis de choisir Ouvrir. Cliquez sur le bouton Parcourir les fichiers. Localisez la photo dans un de vos disques durs, sélectionnez-la et cliquez sur Ouvrir. Bien entendu, dans ce domaine spécifique, vous préférerez l'application Photos à Paint 3D.

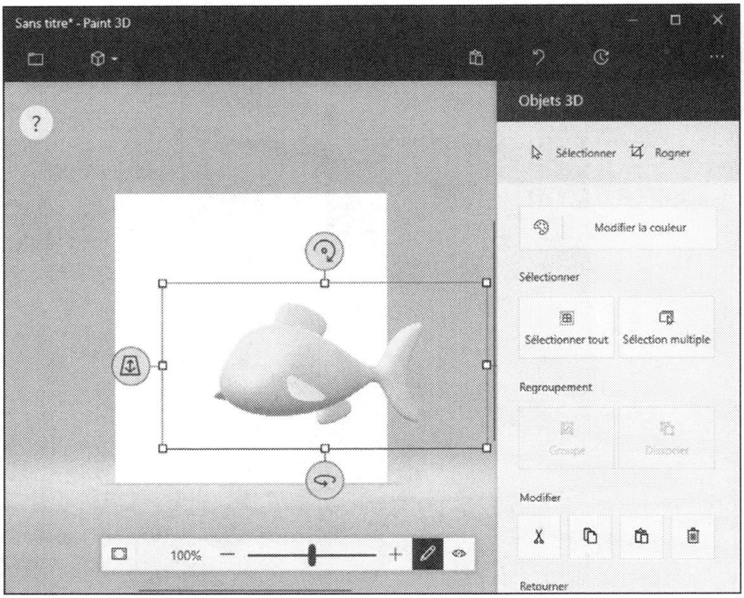

FIGURE 6.9 Manipuler l'objet 3D.

Coller des pense-bêtes

Vous aimez vraiment les petits pense-bêtes jaunes sur votre écran ? Vraiment. Je suppose que leur version électronique est plus séduisante et moins collante que celle en papier.

Bref si vous voulez vraiment en poser un, voici comment créer un pense-bête :

1. **Si ce n'est déjà fait, faites un clic-droit sur la barre des tâches de Windows et, dans le menu contextuel qui s'affiche, activez Afficher le bouton Espace de travail Windows Ink, comme sur la Figure 6.10.**

   Cette action affiche une icône spécifique dans la Zone de notification.

2. **Cliquez sur cette icône pour ouvrir un menu local de tâches à accomplir, et choisissez Pense-bête, comme sur la Figure 6.11.**

   Bogue ou pas ? Parfois un écran sombre semi-opaque couvre tout l'écran. Il suffit alors de cliquer sur le bouton de fermeture

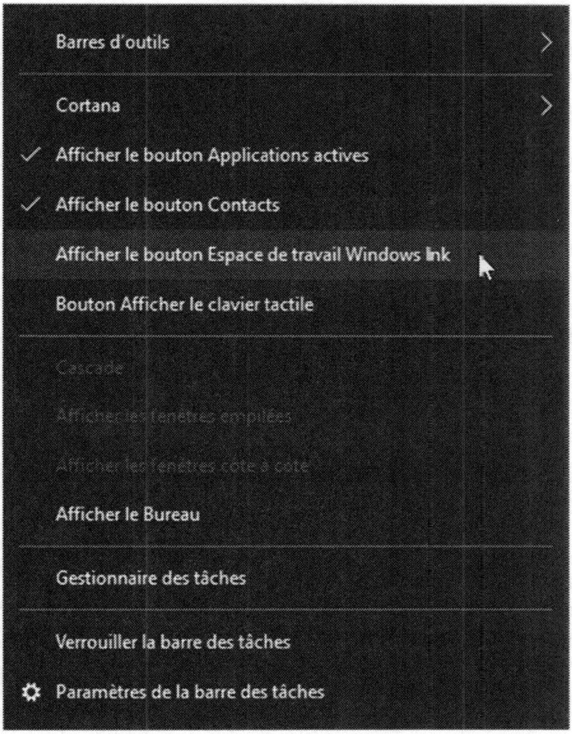

FIGURE 6.10 Pour afficher et utiliser Windows Ink.

situé dans l'angle supérieur droit pour le quitter et pouvoir taper son pense-bête.

3. **Dans la barre des tâches, cliquez sur l'icône du pense-bête.**

4. **Tapez ce que vous voulez.**

Voilà. C'est fait.

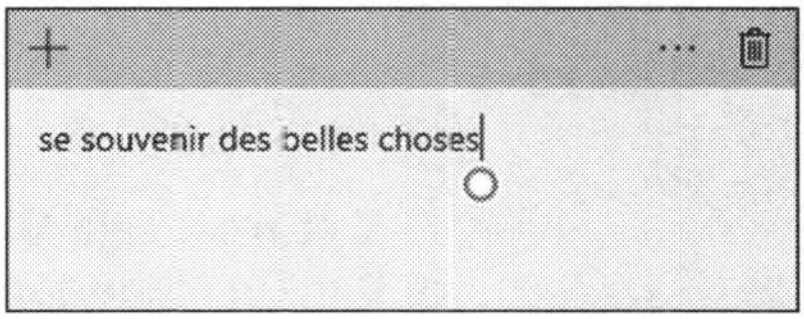

FIGURE 6.11 Créer un pense-bête.

Quand vous avez fini le pense-bête, vous pouvez en créer un autre en tapant ou cliquant sur le signe + en haut à gauche.

Vous pouvez changer la couleur jaune clinquant en cliquant sur les trois petits points en haut à droite du pense-bête. Effectuez un choix parmi les six couleurs proposées.

Les pense-bêtes élisent domicile sur le bureau. Vous pouvez les glisser-déplacer comme n'importe quel autre élément du bureau. Ils sont faciles à redimensionner. Vous pouvez les afficher ou les masquer en tapant ou cliquant sur l'icône Pense-bêtes de la barre d'outils.

Pour supprimer une note, cliquez simplement sur l'icône de la poubelle située dans l'angle supérieur droit de la note. Un message demande confirmation de la suppression. Si vous êtes sûr de vous, cliquez sur le bouton Supprimer, sinon optez pour le bouton Conserver.

Utiliser Bloc-croquis et Croquis sur capture d'écran

Nous avons vu dans la précédente section que la fonction Windows Ink permettait de créer des pense-bêtes.

Windows Ink est un ensemble d'outils qui permet de travailler avec un stylet. Vous couchez vos idées exactement comme vous le feriez avec un papier et un crayon. Équipé d'une tablette graphique ou d'une tablette style Surface Pro de Microsoft, tout un monde de créativité s'offre à vous, bien qu'il reste possible d'invoquer et d'utiliser ces outils à la souris.

Cette fonction propose deux interfaces dédiées à la manipulation d'un stylet : Bloc-croquis et Croquis sur capture d'écran.

Pour les utiliser :

1. **Si ce n'est déjà fait, faites un clic-droit sur la barre des tâches. Dans le menu contextuel qui apparaît, choisissez Afficher le bouton Espace de travail Windows Ink.**

   Une icône éponyme apparaît dans la Zone de notification.

2. **Cliquez sur cette icône.**

3. **Dans le menu local qui apparaît, choisissez Bloc-croquis ou Croquis sur capture d'écran.**

   Les deux interfaces de ces outils sont illustrées aux Figures 6.12 et 6.13.

La différence entre ces deux outils est que Croquis sur capture « capture » le contenu de l'écran au moment où vous l'invoquez. Cela vous permet de mettre en évidence certaines parties d'un document en utilisant exactement les mêmes outils que ceux proposés par Bloc-croquis.

L'utilisation est simple, car la barre d'outils est rudimentaire. Vous choisissez un outil de dessin puis vous pouvez cliquer sur sa petite flèche en bas à droite pour choisir une couleur et définir l'épaisseur du trait avec le curseur Taille comme sur la Figure 6.14. Pour effacer le dessin, cliquez sur l'icône de la poubelle. Pour effacer une partie de vos traits, utilisez la gomme.

FIGURE 6.12 Dessiner sur Bloc-croquis.

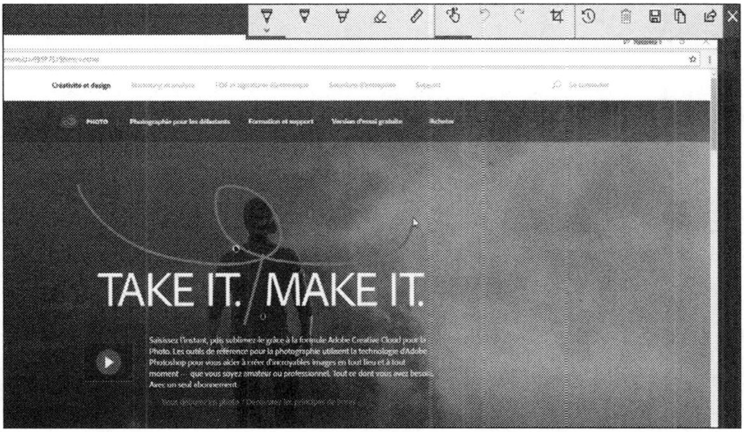

FIGURE 6.13 Croquis sur capture

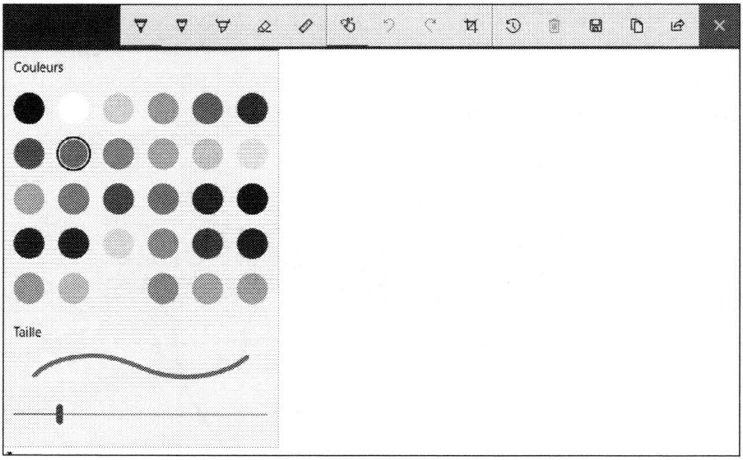

FIGURE 6.14 Définir une couleur et une épaisseur de trait.

Chapitre 7

Imprimer

DANS CE CHAPITRE :

» **Connecter une nouvelle imprimante à un ordinateur ou à un réseau sans fil**

» **Résoudre quelques problèmes de file d'attente**

» **Résoudre d'autres problèmes d'impression**

» **Arrêter une imprimante incontrôlable**

» **Introduction à Print 3D**

Ah un bureau sans papier, quelle merveilleuse idée ! Adieu les dossiers remplis de papiers mal classés, adieu hernie discale pour avoir soulevé des tonnes de photocopies, pour récupérer 500 feuilles de sa bouche en plastique. Adieu arbres agonisants, qui dans un dernier soubresaut fournissent leur sève comme essence à une cartouche d'encre, adieu rapports tachés de café, adieu coupures de papier...

Adieu, tenterais-je le diable ? Qui sait ?

L'industrie avait prévu que dans deux décennies les bureaux sans papier seraient une réalité. Certes, peut-être est-ce réel chez vous ou chez moi. Quant à moi, je pense que les imprimantes PC disparaîtront en même temps que le tout dernier *Star Trek* dans un temps géologique, il va de soi.

Quel est le problème le plus important ? C'est de trouver une imprimante qui ne vous coûte pas une fortune pour. . eh bien... imprimer. Les cartouches d'encre sont très chères. Et l'encre encore plus. Une imprimante de premier prix à environ 60 euros imprimera une centaine de pages avant de quémander de la recharger. Et en trois changements de cartouche, vous aurez facilement dépensé le prix d'achat de ce périphérique.

Le développement des imprimantes a pris un tournant intéressant et même excitant ces six dernières années. Les imprimantes connectées à un réseau, celles qui sont reliées à un routeur que ce soit *via* une connexion câblée ou *via* Wi-Fi, en ne passant plus par les PC, sont enfin relativement abordables. Toutefois, les imprimantes en réseau présentent, d'après ma propre expérience, moins de problèmes que celles reliées physiquement à une machine spécifique.

Windows propose une excellente prise en charge des imprimantes. C'est très facile une fois que vous avez compris quelques petites choses.

Installer une imprimante

Il existe trois manières de relier une imprimante à un ordinateur :

- » Vous la reliez directement à l'ordinateur par un câble USB ;
- » L'imprimante est Wi-Fi et peut donc facilement apparaître sur votre réseau si vous lui indiquez le SSID du réseau, c'est-à-dire son nom, et le mot de passe (la clé de sécurité WEP ou WAP).
- » Si l'imprimante peut être connectée directement au réseau, vous connectez votre ordinateur au réseau et reliez directement l'imprimante au hub du réseau que ce soit *via* un câble réseau ou *via* une connexion sans fil.

Connecter directement un ordinateur au hub d'un réseau n'est pas difficile si vous avez le bon matériel. Chaque contrôleur d'imprimante est différent, donc vous devez suivre les instructions du fabricant.

Installer une imprimante en local

Bien, vous venez d'acquérir une nouvelle imprimante que vous voulez utiliser. Vous allez la relier en local, c'est-à-dire la brancher directement à votre PC, ce qui est la manière la plus simple d'installer une imprimante et la seule si vous n'avez pas de réseau.

Toutes les imprimantes actuelles sont équipées d'un connecteur USB qui se branche sur l'ordinateur. En théorie, il suffit de brancher le connecteur dans le port USB du PC, de mettre en marche l'imprimante, Windows la reconnaît et installe les pilotes adéquats. Le tour est joué.

Si l'imprimante est correctement installée, vous la verrez apparaître dans la liste des Périphériques. Pour afficher la liste des Périphériques, cliquez sur le bouton Démarrer, puis sur l'icône Paramètres (engrenage). Dans la fenêtre Paramètres, cliquez sur Périphériques. Dans la colonne de gauche, optez pour Imprimantes et scanners. Une liste similaire à celle reproduite à la Figure 7.1 devrait apparaître.

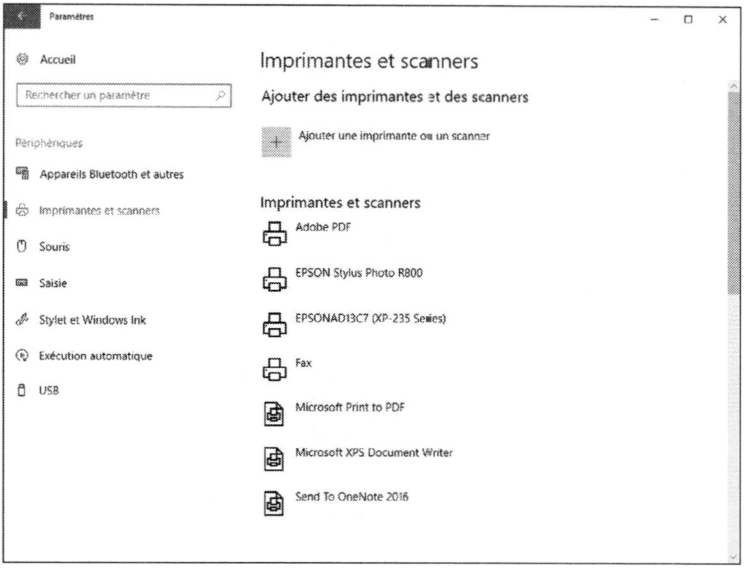

FIGURE 7.1 Une fois reconnue, puis installée automatiquement, mon imprimante est répertoriée dans la liste des Périphériques.

Windows peut rencontrer des difficultés, mais c'est très rare et quelquefois avec de tout nouveaux modèles d'imprimantes, à localiser un pilote. Dans ce cas, utilisez le CD de l'imprimante ou mieux accédez au site du fabricant pour télécharger les pilotes les plus récents.

Lisez bien les instructions d'installation de votre imprimante avant de la brancher et de l'allumer. En effet, certains constructeurs exigent l'installation du pilote d'impression avant tout branchement. Le pilote est le logiciel qui permet à l'ordinateur de communiquer avec votre imprimante. Sans lui, le périphérique ne sera pas identifié. Dans ce cas, c'est l'assistant d'installation qui vous indiquera le moment de brancher l'imprimante.

Utiliser une imprimante Wi-Fi

Les réseaux Windows fonctionnent très bien. Si vous avez un réseau, vous pouvez investir dans une imprimante Wi-Fi. Dès lors qu'elle apparaît sur votre réseau Wi-Fi, tous vos ordinateurs équipés du pilote d'impression de cette imprimante pourront l'utiliser à distance, c'est-à-dire depuis un ordinateur portable sur lequel vous écrivez vos mémoires au bord de la piscine, jusqu'au PC de bureau installé dans la chaleur torride des combles de votre maison mal isolée, en passant par la tablette de votre ado de 14 ans qui vous ruine en papier et encre en imprimant tout et n'importe quoi, surtout n'importe quoi.

Si vous connectez une imprimante à un ordinateur de votre groupe résidentiel (voir Livret VII, Chapitre 5), mais sauf si vous avez apporté quelques modifications, chaque imprimante reliée à chaque ordinateur du groupe résidentiel est automatiquement identifiée et ajoutée dans la liste des Périphériques de chaque ordinateur du groupe résidentiel.

Voici comment se déroule l'installation d'une imprimante Wi-Fi :

1. **Vous devez indiquer à l'imprimante le réseau sur lequel elle doit être reconnue.**

   Il s'agit du réseau Wi-Fi de votre box Internet. Il peut porter le nom de votre FAI (Orange, Free, SFR et j'en passe) suivi d'un numéro de série impossible à retenir comme orange-258TR1458, ou bien d'un nom personnalisé si vous avez pris l'initiative de le modifier sur la page Web de votre fournisseur d'accès. Le nom du réseau est appelé SSID. À ce nom s'ajoute un mot de passe qui correspond à une clé de sécurité qui peut être assez complexe lorsqu'elle est dite WAP. Là aussi, elle peut être imposée par votre FAI ou personnalisée sur son site dans la page de gestion de votre réseau Wi-Fi.

   Il n'y a pas si longtemps, vous deviez impérativement connaître ces deux éléments de votre réseau sans fil afin de les saisir sur l'écran LCD de votre imprimante dans la rubrique de ses paramètres Wi-Fi. Quid des imprimantes qui n'ont pas d'écran LCD ? Quid des utilisateurs qui ne connaissent ni le nom de leur réseau ni leur clé WEP ou WAP ? Eh bien, les constructeurs ont mis au point une procédure très efficace qui vous dispense de connaître ces informations. Il suffit de connecter l'imprimante sur le port USB d'un de vos ordinateurs qui utilisent votre réseau. Vous insérez le CD d'installation de l'imprimante, et l'assistant se charge de récupérer ces informations. En quelques minutes, la fonctionnalité Wi-Fi de l'imprimante est active et elle devient disponible sur votre réseau Wi-Fi. Il ne reste plus qu'à la faire apparaître sur vos ordinateurs et autres tablettes.

2. **Cliquez sur le bouton Démarrer, puis sur Paramètres.**

3. **Dans la fenêtre Paramètres, cliquez sur Imprimantes et scanner.**

4. **Cliquez Ajouter une imprimante ou un scanner.**

   Windows analyse le réseau à la recherche d'un nouveau périphérique, comme sur la Figure 7.2. Il y a de grande chance pour qu'il identifie la présence de votre périphérique.

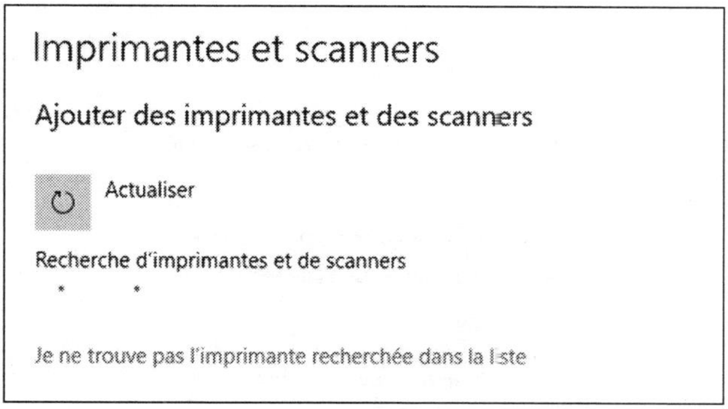

FIGURE 7.2 À la recherche d'une imprimante sur le réseau.

Si Windows ne détecte pas l'imprimante sans fil, vérifiez sur le manuel d'utilisation comment la connecter à votre réseau sans fil. Dès qu'elle sera sur le réseau, Windows 10 l'identifiera.

5. **Cliquez sur la vignette de l'imprimante, puis sur le bouton Ajouter l'appareil.**

   Windows établit alors la connexion avec l'imprimante sans fil. Cette opération peut prendre quelques minutes.

6. **Une fois l'imprimante reconnue, effectuez la même opération sur les autres ordinateurs ou tablettes qui souhaitent utiliser cette imprimante.**

7. **Sur chacun de vos appareils, installez le pilote d'impression de l'imprimante.**

   Cette étape est indispensable pour utiliser toutes les fonctionnalités de votre imprimante. Il suffit d'utiliser le CD livré avec votre imprimante. Pour une tablette, vous devez télécharger ce programme sur le site Web du constructeur de l'imprimante.

Si la recherche est interminable ou n'aboutit pas à la détection de votre imprimante, procédez comme suit :

1. **Dans la fenêtre Imprimantes et scanners, cliquez sur Je ne trouve pas l'imprimante recherchée dans la liste.**

2. **Dans la boîte de dialogue Ajouter une imprimante qui apparaît, activez l'option Ajouter une imprimante Bluetooth, sans fil ou réseau détectable, comme sur la Figure 7.3, et cliquez sur Suivant.**

Mystère de Windows. Si l'option Ajouter une imprimante Bluetooth, sans fil ou réseau détectable échoue, recommencez et choisissez M'aider à trouver mon imprimante un peu plus ancienne.

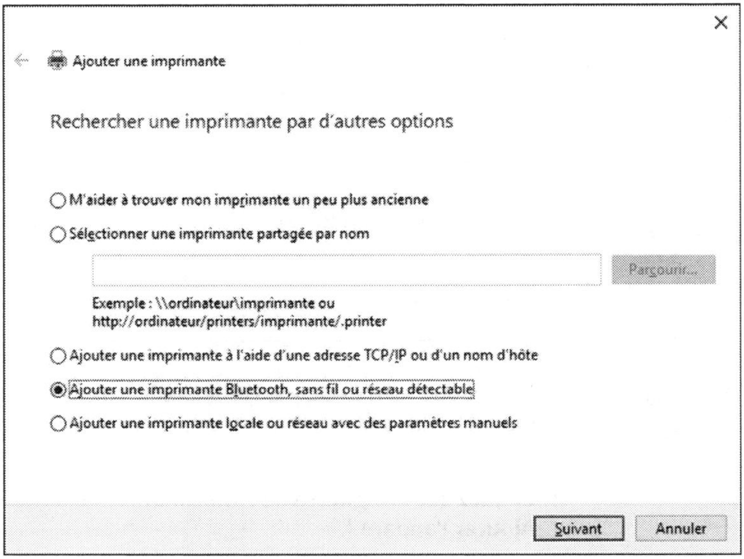

FIGURE 7.3 Aider Windows à trouver votre imprimante Wi-Fi.

Vous utiliserez également cette option en cas de réinstallation de l'imprimante sur votre ordinateur.

Comme sur la Figure 7.4, Windows affiche l'imprimante sans fil.

3. **Cliquez sur Suivant.**

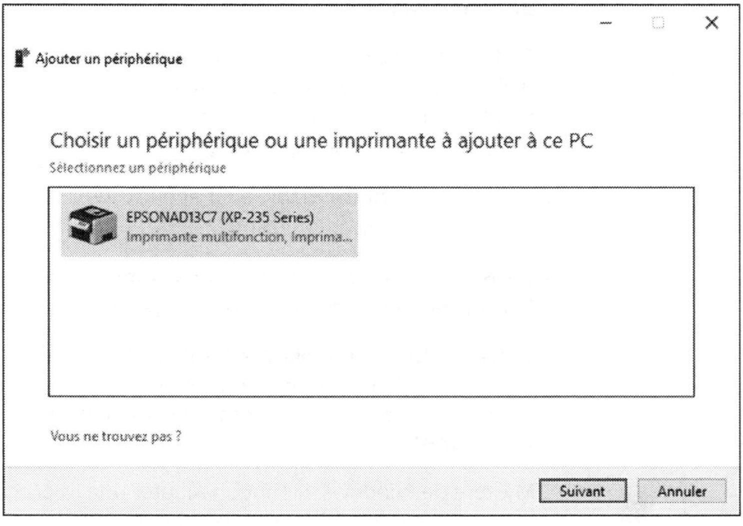

FIGURE 7.4 L'imprimante a été localisée.

L'installation commence automatiquement si vous aviez préalablement installé le pilote du matériel. Sinon, vous devez passer à l'Étape 4.

4. **Dans la boîte de dialogue Installer le pilote d'imprimante, sélectionnez le fabricant, puis le modèle, et cliquez sur Suivant.**

   Si nécessaire, cliquez sur le bouton Disque fourni pour que Windows installe le pilote présent sur le CD d'installation que vous aurez bien évidemment inséré dans le lecteur CD de votre ordinateur.

   Si vous n'avez pas ce CD, cliquez sur Windows Update.

   Si vous avez téléchargé et installé le pilote, cliquez sur Disque fourni et indiquez l'emplacement ou ce pilote a été installé.

5. **Donnez un nom à l'imprimante (ou conservez son nom d'origine) et cliquez sur Suivant.**

6. **Pour que toutes vos machines puissent utiliser cette imprimante, activez l'option Partager cette imprimante, et cliquez sur Suivant.**

7. **Pour que l'imprimante soit choisie automatiquement par toutes les applications, cochez la case Définir en tant qu'imprimante par défaut, et cliquez sur Terminer.**

   L'imprimante apparaît dans la fenêtre Imprimantes et scanners des Paramètres Windows, comme sur la Figure 7.5.

Utiliser la file d'attente

Vous avez sans doute remarqué que lorsque vous lancez l'impression d'un document depuis une application, cette dernière vous rapporte que l'impression est terminée avant même que l'impression proprement dite soit réellement terminée. Si le document est très long, vous pouvez imprimer plusieurs documents d'une ou plusieurs applications alors que l'imprimante continue d'imprimer le premier document lancé. C'est possible, car Windows enregistre les documents imprimés dans une *file d'attente* jusqu'à ce qu'ils soient tous totalement imprimés.

Si vous avez plusieurs imprimantes reliées à votre PC ou réseau, chacune d'entre elles possède sa propre file d'attente. La file d'attente est maintenue sur le *PC hôte*, c'est-à-dire l'ordinateur auquel est reliée l'imprimante.

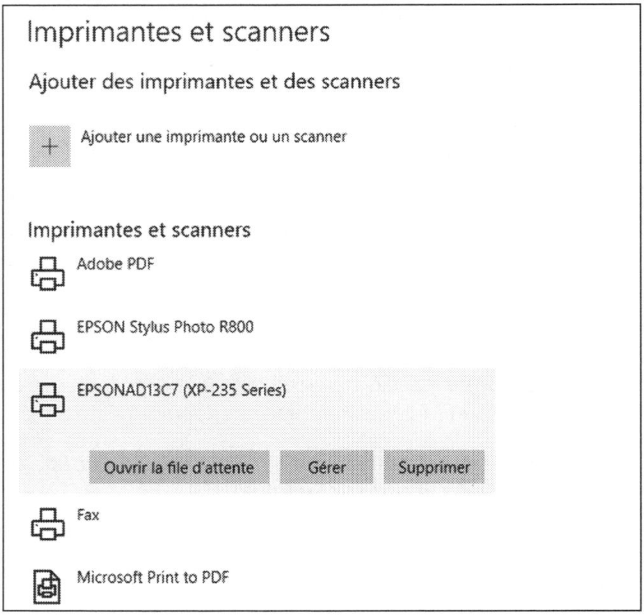

FIGURE 7.5 Voilà ! L'imprimante sans fil est installée.

Si vous avez une imprimante en réseau, elle garde sa propre file d'attente.

Windows utilise des files d'attente automatiquement, si bien que vous ne connaîtrez jamais leur existence, sauf si vous êtes dans la confidence. Dans ce cas, vous pouvez les contrôler de différentes manières.

Afficher une file d'attente

Pour afficher des informations sur l'impression en cours de documents qui sont dans la file d'attente, procédez comme suit :

1. **Accédez à la fenêtre Imprimantes et scanners.**
2. **Dans la liste des matériels, cliquez sur l'imprimante de votre choix.**
3. **Ensuite, cliquez sur le bouton Ouvrir la file d'attente, comme sur la Figure 7.6.**

   La boîte de dialogue de la file d'attente apparaît. Si vous avez des documents en attente sur plusieurs imprimantes, vous verrez plusieurs rapports d'impression.

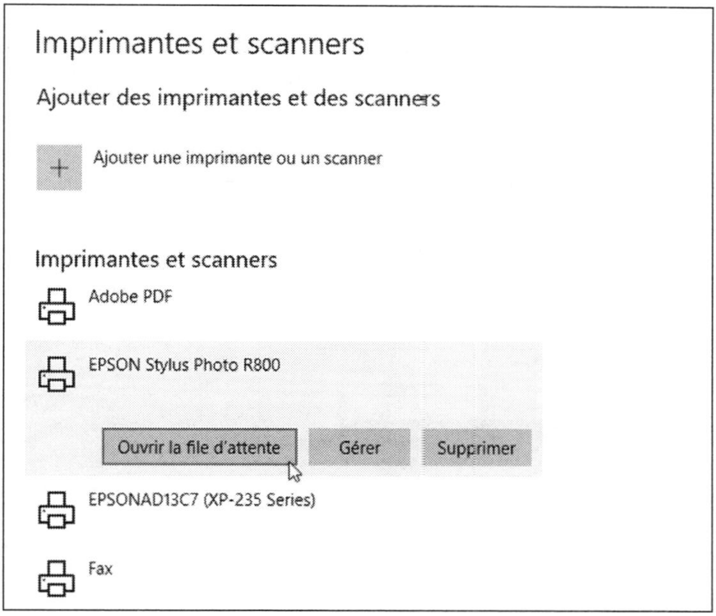

FIGURE 7.6 Pour afficher les documents dans la file d'attente d'impression.

Dans de nombreux cas, Windows notifie à l'imprimante que l'impression du document est annulée. C'est pourquoi vous devez patienter un certain temps pour obtenir une réponse.

La colonne Propriétaire désigne l'utilisateur qui a mis le document dans la file d'attente de l'impression. Les travaux d'impression de la file d'attente sont listés du plus ancien (en haut) au plus récent (en bas).

4. **Pour annuler l'impression d'un document, tapez en maintenant appuyé ou cliquez droit sur le document, puis sélectionnez Annuler.**

5. **Laissez ouverte la fenêtre de la file d'attente ou réduisez-la pour l'insérer dans la barre des tâches.**

Ce conseil est pratique si vous lancez l'impression d'un document long ou particulièrement complexe, la fusion de documents Word est réputée pour sa difficulté.

Suspendre et reprendre l'impression

Lorsque vous suspendez une impression dans la file d'attente, Windows arrête l'impression des documents. Si le document est en cours d'impression quand vous suspendez son impression, Windows essaie de terminer l'impression en cours de ce document puis s'arrête. Lorsque vous reprenez l'impression dans la file d'attente, Windows relance l'impression des documents dans la file d'attente. Voici comment faire :

- » **Pour suspendre une impression dans la file d'attente** : dans la boîte de dialogue de la file d'attente de l'imprimante, cliquez sur Imprimante→Suspendre l'impression, comme à la Figure 7.7.
- » **Pour reprendre l'impression**, effectuez la même opération, mais cette fois exécutez la commande Reprendre.

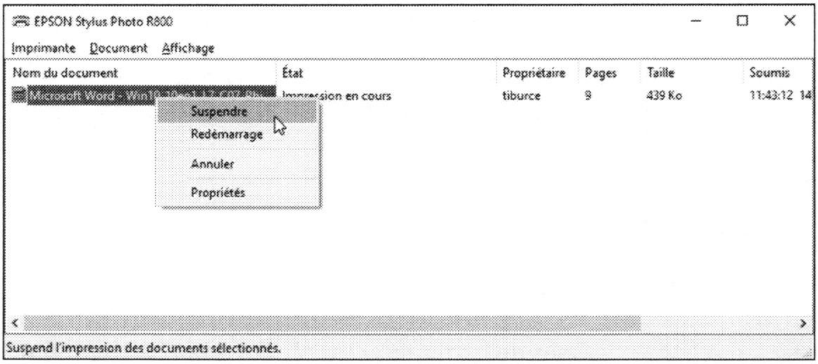

FIGURE 7.7 Suspendre une impression.

Pourquoi suspendre l'impression dans la file d'attente ? Supposez que vous deviez imprimer une page, et vous estimiez qu'allumer votre imprimante pour une seule page n'en vaille pas la peine. Suspendez l'impression. Comme cela dès que vous mettrez en marche votre imprimante, faites reprendre l'impression et la page sera imprimée.

Windows peut quelquefois mettre du temps à terminer l'impression d'un document, en raison d'une surcharge de la mémoire de tampon (voir la section « Résoudre les problèmes d'impression », plus loin dans ce chapitre) et à chaque fois que vous nettoyez l'imprimante, elle essaie de réimprimer les pages en surcharge. Dans ce cas, suspendez l'impression et éteignez l'imprimante. Dès que l'imprimante est rallumée, Windows reprend là où l'on a arrêté.

De plus, selon le réseau que vous avez créé, vous pourrez ou non suspendre et reprendre les travaux d'impression dans la file d'attente sur une imprimante reliée à un autre PC ou à un réseau.

Suspendre, relancer et reprendre l'impression d'un document

Voici quelques autres raisons qui peuvent justifier une suspension des travaux d'impression :

- Supposez que vous imprimiez les documents d'une commande en ligne d'une page Web et que l'imprimante se bloque. Vous venez de terminer la commande et vous n'avez aucun moyen d'afficher encore une fois la page de la commande pour la réimprimer. Suspendez l'impression, videz l'imprimante, puis relancez l'impression du document.
- Autre cas où la suspension de l'impression d'un document s'avère pratique : vous imprimez un long document et le téléphone sonne. Pour discuter dans un endroit silencieux, suspendez l'impression, puis lorsque vous aurez terminé votre conversation, reprenez l'impression.

Voici comment la suspension, le redémarrage et la reprise d'impression marchent depuis le menu Document :

- **Suspendre :** Lorsque vous suspendez l'impression d'un document, Windows empêche l'impression du document. Il saute le document et passe à l'impression du document suivant dans la file d'attente. Si vous suspendez l'impression d'un document pendant que Windows est en train de l'imprimer, Windows arrête l'impression au milieu du document et n'imprime rien jusqu'à ce que vous indiquiez quoi faire.
- **Reprendre** : Reprendre l'impression d'un document a du sens si et seulement si vous l'aviez suspendue pendant l'impression. Quand vous reprenez l'impression, Windows la relance là où elle a été arrêtée.
- **Redémarrage :** Quand vous redémarrez l'impression d'un document, Windows est à nouveau autorisé à l'imprimer. Si le document est en haut de la file d'attente, Windows l'imprime dès qu'il a terminé l'impression du document qu'il est en train d'imprimer. Si le document était en cours d'impression quand son impression a été suspendue, Windows arrête l'impression et la recommence au début.

Pour suspendre l'impression d'un document, cliquez droit sur le document dans la file d'attente ou tapez tout en maintenant appuyé sur Suspendre l'impression. La fenêtre affiche l'état du document comme étant suspendu. Pour reprendre ou relancer l'impression, cliquez droit ou tapez tout en maintenant appuyé sur ce document et choisissez Reprendre l'impression.

Annuler l'impression d'un document

Lorsque vous *annulez* l'impression d'un document, Windows supprime le document dans la file d'attente sans l'imprimer. Peut-être avez-vous entendu les mots comme « *purger* » ou « *éliminer* ».

Annuler l'impression d'un document est une option pratique : supposez que vous lancez l'impression d'un long document et que dès les premières pages vous vous rendez compte que vous avez oublié de mettre les en-têtes. Annulez l'impression, faites les modifications nécessaires et réimprimez le fichier !

Pour annuler l'impression d'un document, sélectionnez-le. Dans la fenêtre de la file d'attente de l'imprimante, choisissez Document→Annuler. Dans la boîte de dialogue de confirmation, cliquez sur Oui.

Lorsqu'un document est supprimé, il l'est. La file d'attente de l'imprimante n'a pas de Corbeille !

De même, la plupart des imprimantes ont des mémoires intégrées qui stockent les pages en cours d'impression. Les imprimantes en réseau peuvent avoir des mémoires tampons assez considérables. Vous pouvez aussi accéder à la fenêtre de la file d'attente pour vérifier que le document n'y est pas listé. Si le document a déjà été mis aux oubliettes dans la mémoire interne de l'imprimante, la seule façon de le supprimer reste d'éteindre l'imprimante.

Résoudre les problèmes d'impression

Voici quelques problèmes typiques avec les imprimantes et leur solution que vous pouvez rencontrer :

- **J'essaie d'installer une imprimante. Je l'ai branchée à mon ordinateur et Windows n'arrive pas à détecter sa présence.** Vérifiez que l'imprimante est bien allumée et que le câble est bien branché entre le port de l'imprimante et celui de l'ordinateur. Lisez également le manuel de l'imprimante, peut-être devez-vous suivre une procédure (comme appuyer sur un bouton) pour mettre en marche l'imprimante.
- **J'essaie d'installer une imprimante qui est connectée à un autre ordinateur de mon réseau. Windows ne parvient pas**

à détecter sa présence. Je suis sûr que l'imprimante marche. Elle est déjà installée et fonctionne en local sur le système. Si l'imprimante est reliée à un PC Windows XP ou Vista, elle ne peut pas être partagée. Si elle est connectée à un PC Windows 7 ou 8, le PC peut être configuré pour traiter le réseau comme un réseau public, dans ce cas elle ne peut pas être partagée. Pour y remédier, cliquez droit sur l'imprimante et choisissez Partager.

» **Je n'arrive pas à utiliser l'imprimante partagée que j'utilisais avant. Windows m'informe qu'elle n'est pas disponible quand j'essaie de l'utiliser ou Windows ne l'affiche même plus parmi les imprimantes installées.** Cela peut arriver quand il y a une interférence avec la connexion au réseau ou la connexion à l'ordinateur hôte de l'imprimante. Cette interférence peut se produire aussi si l'utilisateur de l'ordinateur hôte a désactivé le partage.

Si vous n'avez pas réussi à déterminer le problème ou si vous l'avez trouvé et résolu (comme le partage de fichier et d'imprimante désactivé), mais que vous ne pouvez pas encore utiliser l'imprimante, essayez de redémarrer Windows sur votre propre système. Si cette solution ne résout pas le problème, supprimez l'imprimante de votre système et réinstallez-la.

Pour supprimer une imprimante dans votre système, cliquez sur le bouton Démarrer puis sur l'icône Paramètres. Dans la fenêtre Paramètre, choisissez Périphériques. Dans la fenêtre Périphériques, cliquez sur Imprimantes et scanners. Dans la liste des périphériques, cliquez sur le nom de l'imprimante. Dans la petite incrustation qui apparaît, cliquez sur Supprimer comme le montre la Figure 7.8. Windows vous demande si vous êtes sûr de vouloir le faire. Cliquez sur Oui.

Pour réinstaller l'imprimante sur votre système, passez par la même procédure que vous avez effectuée pour l'installer (voir la section « Connecter une imprimante en réseau », plus haut dans ce chapitre).

» **J'ai lancé l'impression d'un document, mais il n'est jamais sorti de l'imprimante.** Vérifiez la file d'attente de l'imprimante sur le PC hôte (celui qui est directement relié à l'imprimante). Est-ce que ce document est listé ? S'il ne l'est pas, ce peut être pour différentes raisons :

L'imprimante n'est pas allumée. Ne riez pas ! Cela m'est déjà arrivé ! Souvent, Windows ne fait pas la différence entre une imprimante qui est connectée, mais non allumée et une imprimante prête. Il envoie la tâche d'impression à l'imprimante éteinte.

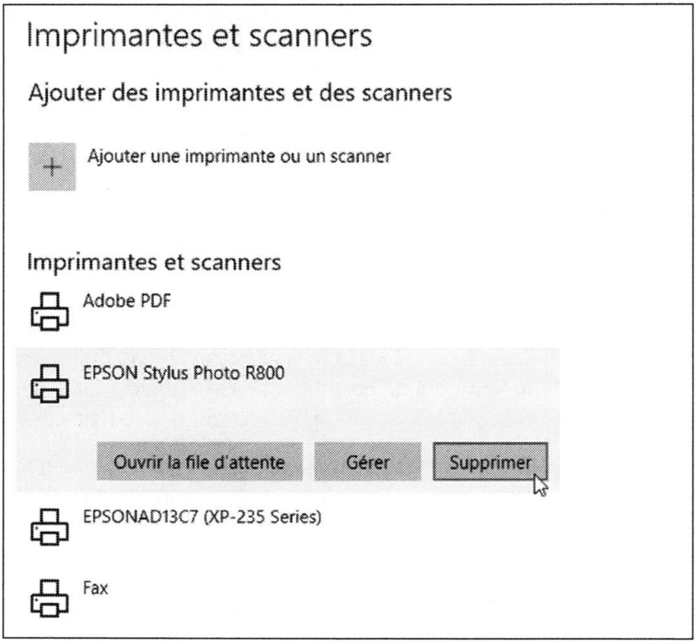

FIGURE 7.8 Supprimer une imprimante.

- *Vous avez envoyé sans faire attention le document à une autre imprimante.* Ne riez pas non plus, cela m'est aussi arrivé !
- *Un autre utilisateur a pris votre document imprimé.*
- *L'imprimante est allumée, mais n'est pas prête et elle (contrairement au PC hôte) conserve le document dans sa mémoire interne jusqu'à ce qu'elle puisse lancer l'impression.* Une imprimante peut garder environ une dizaine de pages en sortie interne, tout dépend des capacités de sa mémoire interne et de la complexité des pages. Les imprimantes en réseau ont généralement une mémoire tampon de 16 Mo ou plus, ce qui suffit pour imprimer une centaine de pages ayant une mise en page simple.

Si le document est dans la file d'attente, mais ne s'imprime pas, vérifiez si ce n'est pas pour l'une des raisons suivantes :

- *L'imprimante peut ne pas être prête.* Vérifiez si elle est bien branchée, allumée et connectée à l'ordinateur ou à l'ordinateur hôte.
- *L'impression du document peut être suspendue.*

- *La file d'attente de l'imprimante peut être elle-même mise en pause.*
- *L'imprimante peut imprimer un autre document dont l'impression était suspendue.*
- *L'imprimante peut « penser ».* Si vous avez une imprimante laser ou un autre type de périphérique qui recompose toute une page dans sa mémoire interne avant de lancer l'impression, elle semble ne rien faire quand elle traite des photographies ou autres documents graphiques complexes. Ce traitement peut prendre plusieurs minutes.

  Lisez le manuel de votre imprimante. Elle peut faire clignoter une petite lumière ou afficher l'état d'impression vous indiquant ce qu'elle fait. Mieux vous connaîtrez votre périphérique, plus vous serez en mesure de faire différents types de tâches.
- *L'imprimante est hors ligne, n'a plus de papier, a un bourrage papier ou n'est pas prête pour d'autres raisons.*

Introduction à Print 3 (ou Impression 3D)

Pourquoi cette hésitation sur la terminologie ? Simplement du fait qu'au jour de l'écriture de ces lignes, la mise à jour Fall Creator Update n'en est qu'à son stade de test. Et le nom de cette application apparaît sous la forme de Print 3D, comme le montre la Figure 7.9.

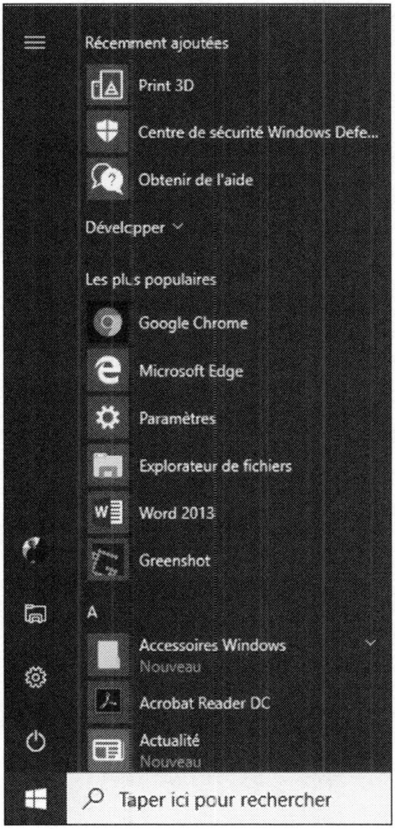

FIGURE 7.9
Print 3D pour l'impression d'objets 3D.

Pour utiliser Print 3D, devinez de quoi vous avez besoin ? Eh bien oui, d'une imprimante 3D et d'un objet 3D à imprimer.

Vous en saurez davantage à ce sujet, et notamment sur les imprimantes compatibles en visitant le site Web `https://developer.microsoft.com/fr-fr/windows/hardware/3d-print/windows-3d-printing`.

Bien. Que dire de plus que sans ce type d'imprimante, pas question de pouvoir imprimer des objets 3D existants (à partir d'image en 3D), ou issus de votre imagination fertile en utilisant des programmes de conception tridimensionnelle.

VIII

La maintenance de Windows 10

Chapitre 1

Faire l'historique des fichiers, sauvegarder, restaurer des données et synchroniser

DANS CE CHAPITRE :

» **Sauvegarder et restaurer les données**

» **Stocker *via* le Cloud**

Si vous avez l'habitude d'utiliser les versions de Windows antérieures à 8 pour sauvegarder ou restaurer des données, pour créer le « fantôme » de tout un disque dur ou définir des points de restauration, vous allez sans doute rechercher dans Windows 10 des commandes qui n'existent plus.

Même si vous pouvez définir manuellement des points de restauration, avec quasiment la même procédure que l'on utilise depuis des lustres sur Windows, cette procédure est enfouie profondément dans Windows 10 et pour être honnête vous n'en avez pas besoin.

Dans ce chapitre, vous apprendrez à sauvegarder vos données : lancer des sauvegardes, les restaurer, savoir où les stocker intelligemment et y accéder en cas de problème. Au Chapitre 2 de ce livret, je vous présenterai la Réinitialisation destinée à faire revivre Windows.

Sauvegarder et restaurer des fichiers avec l'Historique des fichiers

La fonctionnalité Historique des fichiers ne se contente pas de faire une sauvegarde des fichiers, mais aussi de nombreuses versions de ces fichiers, ce qui permet de récupérer plus facilement la dernière version ainsi que les diverses versions précédentes.

Par défaut, l'Historique des fichiers prend un cliché de tous les fichiers contenus dans les bibliothèques (voir Livret VII, Chapitre 3) sur le bureau, des Contacts et des favoris de Microsoft Edge. Ces clichés sont pris toutes les heures et sont conservés jusqu'à ce que votre disque de sauvegarde n'ait plus d'espace libre.

Je vous explique un peu plus loin dans cette section comment changer les paramètres par défaut.

Configurer l'Historique des fichiers

Pour utiliser cette fonctionnalité, vous devez avoir un disque dur externe, ou un second disque dur ou une connexion réseau qui est reliée à un disque dur.

Si vous avez beaucoup de photos dans votre bibliothèque d'images ou des tas de chansons dans la bibliothèque Musique, la première sauvegarde de l'Historique des fichiers prendra des heures et des heures (beaucoup trop !). Si vous avez beaucoup de données et que c'est la première fois que vous utilisez cette fonctionnalité, n'essayez même pas de définir des options pendant que la sauvegarde s'effectue. Vous devez laisser votre PC tranquille jusqu'à ce que la sauvegarde soit terminée.

Pour accéder à la fenêtre Historique des fichiers :

1. **Cliquez sur le bouton Démarrer et sur l'icône Paramètres (engrenage).**
2. **Cliquez ensuite sur Mise à jour et sécurité.**
3. **Dans le volet gauche, choisissez Sauvegarde.**
4. **Branchez le disque externe, puis cliquez sur le bouton Ajouter un lecteur dans la partie droite de la fenêtre, comme le montre la Figure 1.1.**
5. **Dans la liste des lecteurs disponibles qui apparaît sur la gauche, choisissez celui à utiliser pour l'historique des fichiers.**

   La sauvegarde est alors activée par défaut (Figure 1.2).
6. **Cliquez sur le lien Plus d'options.**
7. **Dans les options qui apparaissent, cliquez sur Sauvegarder les données maintenant !**

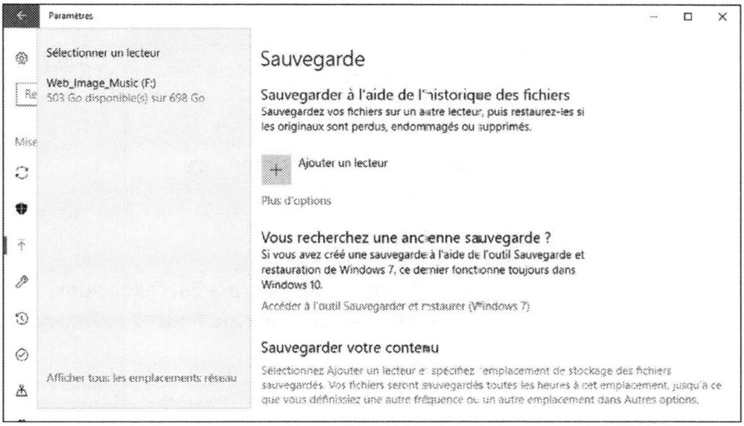

FIGURE 1.1 Indiquer le lecteur de sauvegarde.

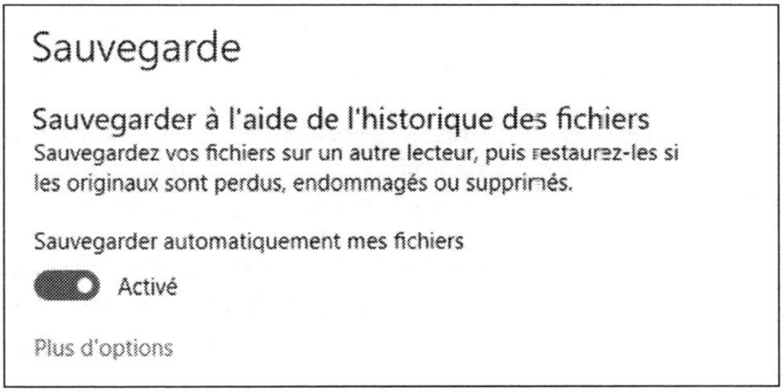

FIGURE 1.2 Sauvegarde activée dès que le disque est choisi.

La sauvegarde peut prendre beaucoup de temps. Une fois qu'elle est terminée, vérifiez qu'elle s'est bien déroulée. Pour cela, ouvrez l'Explorateur de fichiers, et procédez comme suit :

1. **Cliquez sur l'icône de l'Explorateur de fichiers de la barre de tâches.**
2. **Dans le volet de navigation, cliquez sur l'icône du disque que vous avez utilisé pour faire la sauvegarde.**

   Ce peut être un disque externe ou un disque en réseau ; ce peut même être un second disque dur sur votre PC, même si je vous le déconseille.

3. **Double-cliquez *via* la hiérarchie suivante :**
   - FileHistory
   - Votre nom d'utilisateur
   - Le nom de votre PC

- Data
- Le disque principal que vous avez sauvegardé (sans doute C:)
- Users
- Votre nom d'utilisateur (encore !)
- Un dossier dont vous souhaitez vérifier l'intégrité de la sauvegarde.

4. **Vérifiez si les noms de fichiers correspondent bien à ceux qui sont dans ledit dossier avec les dates et heures.**

   a. Si les fichiers correspondent, fermez l'Explorateur de fichiers et la fenêtre Options de sauvegarde.

   Même si vous pouvez restaurer les données ici *via* l'Explorateur de fichiers, il est plus facile de passer par l'outil de récupération de l'Historique des fichiers (voir la section suivante pour plus d'informations).

   La liste des dossiers concernés par la sauvegarde est située dans la partie inférieure de la fenêtre Options de sauvegarde. Plus loin dans ce chapitre, vous apprendrez à la modifier.

   b. Si la liste de noms de fichiers ne correspond pas aux fichiers sur votre bureau, retournez à l'Étape 1 de la procédure précédente et vérifiez que vous avez bien suivi les instructions.

L'Historique des fichiers ne s'exécute pas si le disque de sauvegarde se déconnecte ou si la connexion vers le lecteur de sauvegarde échoue, quoi qu'il se passe Windows crée les fichiers de l'Historique des fichiers. Dès que le disque est reconnecté, la connexion rétablie, l'Historique des fichiers place toutes les données au bon emplacement.

Restaurer les données

L'Historique des fichiers stocke des clichés de vos fichiers, pris toutes les heures, sauf si vous faites des modifications plus fréquemment. Si vous travaillez sur un tableur depuis 6 heures et que vous découvrez que vous l'avez supprimé, vous pouvez récupérer une copie de ce tableur datant de moins d'une heure. Si vous travaillez depuis trois mois sur un document et que vous réalisez que le style que vous avez modifié il y a 5 semaines ne va pas du tout, l'Historique des fichiers vous sera aussi utile.

Voici comment ressusciter des fichiers d'une chambre froide :

1. **Cliquez sur le bouton Démarrer, puis sur l'icône Paramètres.**
2. **Choisissez Mise à jour et sécurité.**
3. **Dans le volet gauche, optez alors pour Sauvegarde.**
4. **Dans le volet droit, cliquez sur le lien Plus d'options.**
5. **Si nécessaire, faites défiler le contenu de la fenêtre, et cliquez sur le lien Restaurer les fichiers à partir d'une sauvegarde en cours, comme à la Figure 1.3.**

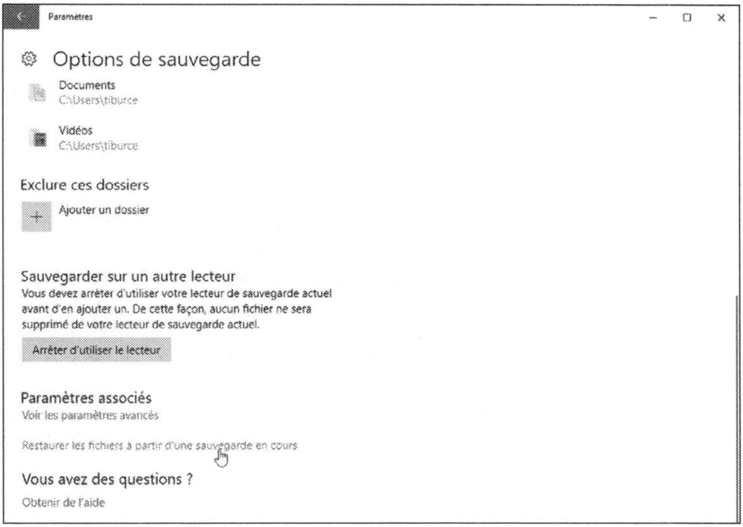

FIGURE 1.3 Pour restaurer des fichiers.

Vous accédez à la boîte de dialogue Page d'accueil – Historique des fichiers, illustrée à la Figure 1.4.

6. **Double-cliquez sur un dossier contenant un fichier à restaurer.**
7. **Vérifiez la date et l'heure.**

   a. *Si la date et l'heure sont celles du fichier que vous voulez restaurer, cliquez sur le bouton vert affichant une flèche de rotation. Vous pouvez également glisser-déposer le fichier à l'emplacement où vous souhaitez le stocker.*

   Si vous double-cliquez dessus, vous aurez un aperçu du fichier.

FIGURE 1.4 Pour restaurer des fichiers sauvegardés.

b. *Si la date et l'heure ne correspondent pas à celles du fichier recherché, en bas de la page tapez ou cliquez sur la flèche gauche pour passer au cliché précédent.*

Tapez ou cliquez sur les flèches gauche et droite pour passer aux versions précédentes et suivantes des fichiers, respectivement.

Si vous avez accidentellement remplacé le bon fichier, rien de grave. Vous avez un cliché de ce fichier qui a été pris il y a moins d'une heure. Il suffit de le trouver. Cool, non ?

Changer les paramètres de l'Historique des fichiers

L'Historique des fichiers propose plusieurs paramètres intéressants.

L'Historique des fichiers fait réapparaître un fichier d'une bibliothèque sur votre ordinateur. Si vous souhaitez restaurer un dossier, placez-le dans une bibliothèque. N'importe laquelle. Créez-en une si vous voulez. Pas besoin d'utiliser cette bibliothèque. Elle sert d'emplacement. L'Historique des fichiers se charge de tout le travail.

Je vous ai présenté de long en large les bibliothèques au Chapitre 3 du Livret VII, mais si vous voulez mettre un dossier existant dans une toute nouvelle bibliothèque, il suffira de taper en maintenant appuyé ou de cliquer droit sur le dossier, de choisir ensuite Inclure dans une bibliothèque→Créer une nouvelle bibliothèque et nommer cette nouvelle bibliothèque. Et voilà ! C'est terminé !

Voici comment modifier quelques paramètres importants :

1. **Cliquez sur le bouton Démarrer, puis sur l'icône Paramètres.**
2. **Choisissez Mise à jour et sécurité.**
3. **Dans le volet gauche, optez alors pour Sauvegarde.**
4. **Dans le volet droit, cliquez sur le lien Plus d'options.**
5. **Si vous voulez exclure des dossiers, faites défiler le contenu de la fenêtre afin d'afficher la section Exclure ces dossiers, comme le montre la Figure 1.5.**

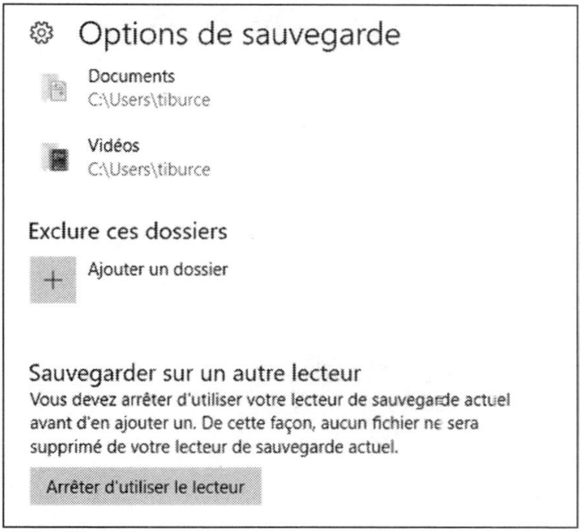

FIGURE 1.5 Pour exclure des dossiers de la sauvegarde.

6. **Cliquez sur le bouton Ajouter un dossier.**
7. **Dans la boîte de dialogue Sélectionner un dossier, parcourez vos bibliothèques pour sélectionner le dossier à ne pas intégrer dans la sauvegarde.**
8. **Cliquez sur le bouton Choisir ce dossier.**

   Le dossier apparaît dans la liste des dossiers exclus.

Si vous souhaitez modifier la configuration de vos sauvegardes :

1. **Commencez par cliquer sur le lien Plus d'options.**
2. **Pour modifier la fréquence de la sauvegarde, ouvrez le menu local Sauvegarder mes fichiers.**

3. **Choisissez une nouvelle périodicité, comme le montre la Figure 1.6.**

4. **Dans le menu local Conserver mes sauvegardes, choisissez le temps durant lequel les sauvegardes seront conservées sur le disque dur.**

   Ces sauvegardes sont périodiques. *De facto*, débarrassez-vous des plus anciennes afin de ne pas saturer votre disque dur.

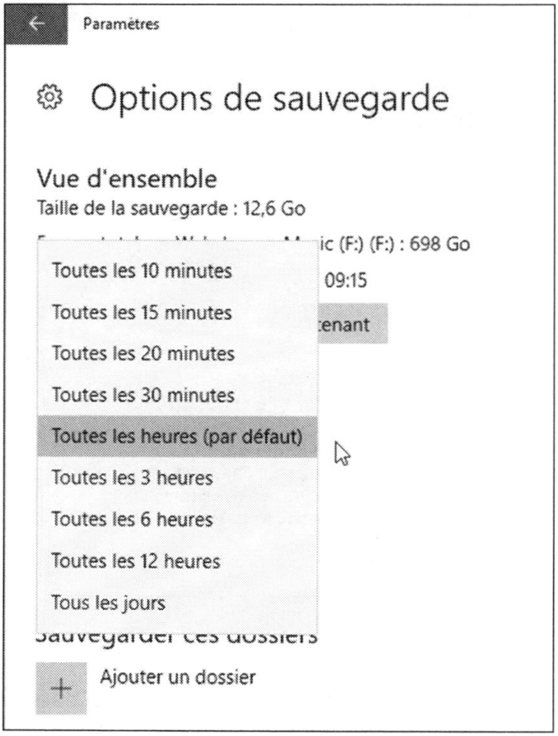

FIGURE 1.6 Modifier la fréquence des sauvegardes.

Stocker en ligne

L'Historique des fichiers est un bon produit. Je l'utilise consciencieusement. Mais il n'est pas le fin du fin des systèmes de stockage de sauvegardes. Que se passerait-il si mon bureau brûlait ?

La meilleure solution consiste à laisser l'Historique des fichiers faire son travail tout en effectuant de temps en temps des sauvegardes sur

Internet. C'est rapide, pas cher et facile. Mais cela peut aussi présenter quelques problèmes.

Faire une sauvegarde sur Internet présente un avantage très intéressant : tout dépend du package que vous utilisez, et de la manière dont vous l'utilisez, vous accédez à vos données, peu importe où vous êtes, en déplacement, sur votre tablette, même sur votre téléphone. Vous pouvez même partager des dossiers avec des amis, des collègues, voire dans certains cas, leur permettre de travailler en même temps que vous sur un même fichier.

Il y a trois ans, un seul gros serveur Dropbox permettait de stocker en ligne et de partager le travail. Maintenant, l'offre s'est élargie à Microsoft OneDrive, Google Drive, iCloud d'Apple (qui est un peu différent), Amazon Cloud Drive et l'espace de stockage de Facebook, toutes de très grandes entreprises, et à de plus petites comme SugarSync, Box (anciennement Box.net), SpiderOak.

Que s'est-il passé ? On a simplement pris conscience de l'aspect pratique du stockage en ligne.

Le *stockage en ligne* (ou *Cloud*) est conçu pour stocker des données sur Internet et les récupérer où que vous soyez, sur n'importe quelle machine, y compris téléphone ou tablette. Ce type de service propose aussi divers degrés d'interopérabilité et de partage, comme charger un fichier qu'une dizaine de personnes peut consulter simultanément. Certains services (dont Google Drive) associent des programmes (Google Apps) qui permettent à deux ou plusieurs personnes de modifier le même fichier en même temps.

Stockage en ligne et confidentialité

Je ne sais pas combien de fois j'ai entendu dire que des utilisateurs ne voulaient pas mettre leurs données sur des sites Web professionnels. Même si ces personnes ont légitimement le droit de se poser des questions sur la confidentialité laissant planer le spectre de Big Brother, la réalité est autre : la demande en stockage en ligne ne cesse d'augmenter.

Les raisons de cette méfiance sont les suivantes :

- **Je dois avoir une connexion Internet pour y récupérer des données d'Internet ou d'un stockage en ligne**. C'est absolument vrai. Il n'y a pas d'autre moyen. Si vous utilisez un stockage en ligne seulement pour des sauvegardes hors site, il vous suffira de vous connecter pour effectuer la sauvegarde de vos données ou les restaurer. Certains services de stockage en ligne proposent des options pour cacher les données sur votre ordinateur quand vous êtes par exemple dans un avion. Mais oui, en général, vous devez être en ligne.

» **Les données peuvent être récupérées ou copiées par la police ou les gouvernements**. C'est vrai. Les sociétés de stockage en ligne reçoivent plusieurs requêtes officielles par jour. Le service juridique de la société de stockage examine les requêtes et si elles sont valides, font parvenir vos données à la police, aux impôts.

La morale de l'histoire : si vous stockez des données que vous ne voulez pas voir apparaître dans une certaine presse People, il serait judicieux de crypter les fichiers avant de les stocker. Word et Excel 2016 et consorts utilisent des techniques d'encodage très efficaces. Ajoutez-y un mot de passe, et vos données ne risqueront pas de se promener un peu partout. À moins que la justice ne demande le mot de passe...

» **Les programmes des sociétés de stockage en ligne peuvent scanner mes données.** Encore une fois, c'est vrai. Les programmes des sociétés de stockage en ligne peuvent voir vos données. Ces derniers mois aux États-Unis, il y a eu un vrai tollé concernant la responsabilité de ces sociétés sur le stockage de matériel protégé par droits d'auteur. Si vous téléchargez une copie pirate de *Men in Black 3*, les propriétaires des droits en seront contrariés.

» **Les employés d'une société de stockage en ligne peuvent consulter mes données.** Encore une fois, c'est vrai. Les employés de certaines sociétés de stockage en ligne peuvent voir vos données. Ils peuvent voir toutes vos données afin de répondre aux requêtes officielles.

» **On peut pénétrer sur le site de l'espace en ligne et voler mes données**. Eh oui, c'est encore une fois vrai. Mais cela ne nous concerne pas. Tous les services de stockage en ligne brouillent leurs données et il est vraiment très, très difficile de craquer, voler, puis de décrypter les données volées. Est-ce que cela peut arriver ? Oui. Est-ce que cela m'empêche de dormir ? Non !

Les avantages du stockage en ligne

Après les inconvénients, voici les avantages que présente le stockage en ligne :

» **Des sauvegardes hors sites** qui ne seront pas détruites si votre maison ou votre bureau brûle.

- **Accès à vos données partout avec n'importe quel type d'appareil informatique**, dont les téléphones et tablettes.
- **Partage contrôlé** : Des fichiers ou dossiers spécifiques sont protégés par un mot de passe. Donnez le mot de passe à un ami pour qu'il puisse consulter les fichiers et dossiers.
- **Partage diffusé depuis un dossier Public** que tout le monde peut voir.
- **Accès direct depuis l'application qui s'exécute dans le Cloud**. Google Application, par exemple.
- **Des services gratuits**, dans une certaine limite d'espace de stockage, sont offerts par quasiment tous les services de stockage en ligne.

Choisir un service de sauvegarde et de partage en ligne

Alors lequel de ces services de stockage en ligne est le meilleur ? Bonne question. Personnellement, j'en utilise quatre : trois pour PC et tablette Android et l'iCloud pour mon Mac, mon iPad et mon iPhone, différents services pour différents supports.

Dropbox, Microsoft OneDrive, et Google Drive ont tous des programmes qui s'exécutent sur votre ordinateur PC ou Mac pour configurer les fichiers à partager. Glissez un fichier dans le dossier partagé et il apparaît sur tous les ordinateurs connectés (avec un mot de passe) dans le dossier partagé. Ouvrez votre navigateur Web et accédez au site, vos données y sont aussi disponibles. Installez une application sur votre iPhone, Android, BlackBerry ou tablette et les données y sont aussi. Voici un petit guide de ce qu'offre chacun de ces services :

- **Dropbox**, comme illustré à la Figure 1.7, propose 2 Go d'espace de stockage gratuit et 1 To pour environ 99 euros par an. Il est très simple d'utilisation, fiable et rapide. Je l'utilise pour synchroniser les fichiers de mes projets, y compris les fichiers de ce livre. Dropbox se connecte aussi à Facebook pour récupérer ou poster des photos (`www.dropbox.com`).
- **OneDrive** offre 5 Go d'espace de stockage gratuit, et 50 Go pour environ 2 euros par mois, 1 To pour 69 € par an, et 5 To pour 99 € par an.
- **Google Drive**, représenté à la Figure 1.8, offre 15 Go d'espace de stockage en ligne, et 100 Go pour environ 2 € par mois, et 1 To pour 9,99 € par mois,

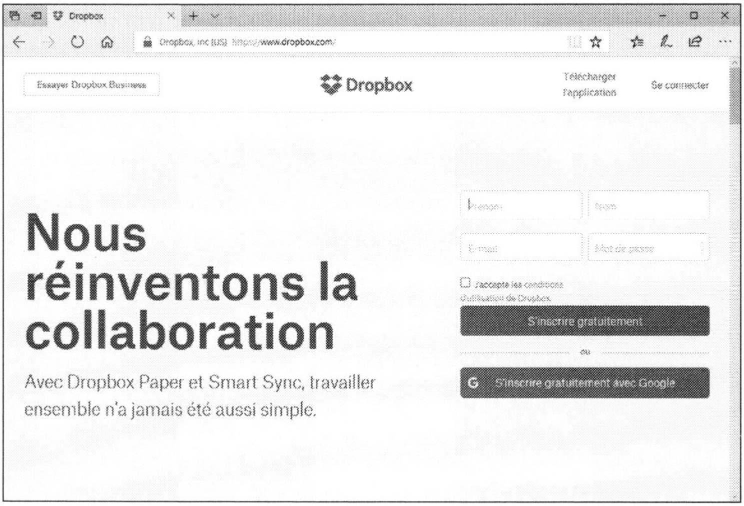

FIGURE 1.7 Dropbox a popularisé le stockage en ligne.

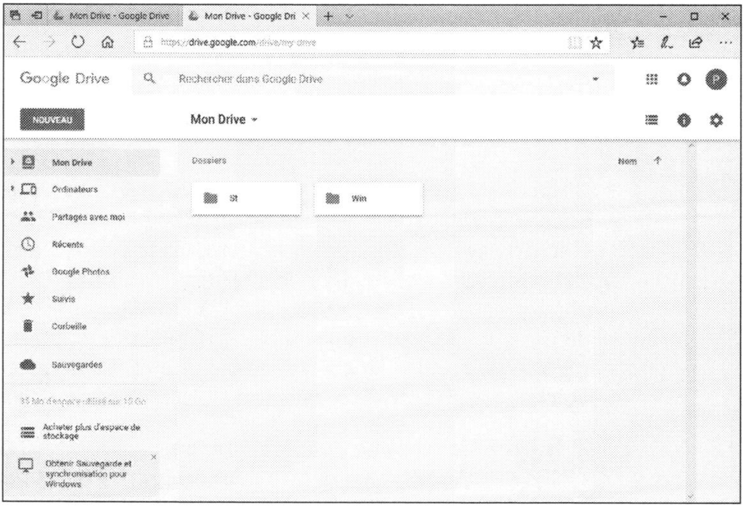

FIGURE 1.8 Google Drive fonctionne très bien avec Google Apps.

et 10 To pour 99,99 € par an. Google Drive n'est pas aussi simple que les deux autres et ne propose pas de connexion à Facebook, mais il marche bien. Il comporte un utilitaire de reconnaissance de caractères et peut lancer directement des applications Web. Le mieux, c'est qu'il est très facile d'utiliser Google Drive avec Google Application, qui inclut Gmail et plusieurs petites applications d'édition de texte et de tableur qui ne sont pas vraiment compatibles.

» **Apple iCloud**, représenté à la Figure 1.9, est conçu pour être un service Apple. Les cinq premiers Go sont gratuits, puis il vous en coûtera 1 euro par mois pour 50 Go, 2,99 € par mois pour 200 Go, et 9,99 € par mois pour 1 To. Il permet de faire des sauvegardes de photos avec une extrême simplicité. En fait, les sauvegardes et le partage de photos et vidéos se font automatiquement. Vous n'avez rien à faire. Mais il n'est pas vraiment configuré pour le partage de données autres qu'Apple. (`http://icloud.com`)

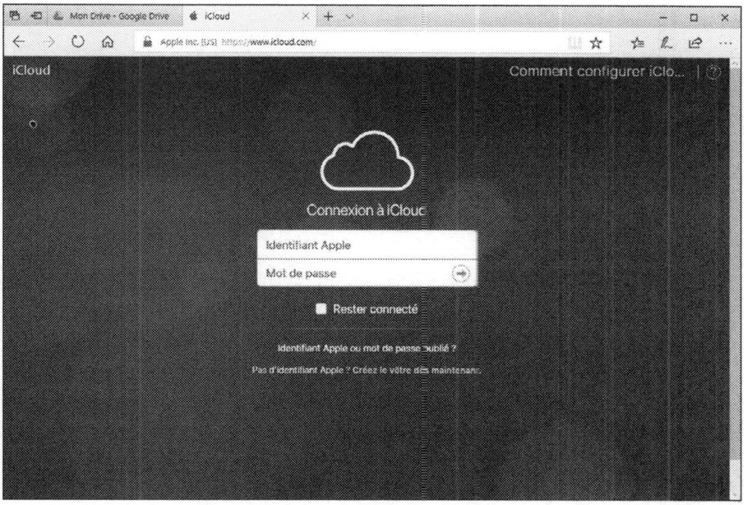

FIGURE 1.9 iCloud fonctionne avec des produits Apple, mais il est difficile de partager des fichiers avec des PC.

D'autres services présentent quelques points forts :

» **Amazon Cloud Drive** stocke vos achats d'Amazon et les données de la liseuse Kindle, et rien d'autre (`www.amazon.fr/clouddrive`).

» **SugarSync** vous permet de synchroniser des dossiers arbitraires sur votre PC. C'est une opération délicate si vous ne souhaitez pas glisser tous vos dossiers de synchronisation dans le même emplacement (`www.sugarsync.com`).

» **Box** est conçu pour les grandes entreprises. Elle offre des outils commerciaux pour contrôler le partage des fichiers et dossiers entre employés (`www.box.com`).

» **Spideroak** est le plus sécurisé de tous ; il ne garde pas les clés de vos fichiers et contrairement aux services présentés dans ce chapitre, il lui est impossible de consulter vos fichiers (`www.spideroak.com`).

Chapitre 2

Recommencer l'histoire : restaurer et réinitialiser

DANS CE CHAPITRE :

- **Réinitialiser et restaurer**
- **Découvrir l'Environnement de récupération Windows**

Dans ce chapitre, je vous explique comment faire renaître un ordinateur qui a été possédé (mais je ne parle pas des fichiers, voir Livret VIII, Chapitre 1).

Si vous utilisez Windows depuis longtemps, vous savez que les PC Windows peuvent se planter. Le problème peut venir d'un mauvais disque, ou d'une entrée Registre brouillée ou d'un pilote qui a soudainement perdu la raison ou d'un nouveau programme révolutionnaire qui fait sa révolution sur votre PC.

Windows est un programme informatique et non un personnage historique. Il peut rencontrer des problèmes. Votre mission, si vous l'acceptez, consiste à faire en sorte que ce système d'exploitation ne connaisse aucun souci. Que dites-vous ? Mission impossible ? Oui, en effet c'est bien possible. Dans ce chapitre, vous découvrirez tous les outils importants que vous avez sous la main pour que Windows fonctionne comme vous le voulez et pour résoudre des problèmes quand ils surviennent (inévitablement !).

Si Windows bat de l'aile, ce chapitre peut vous sauver la vie !

Microsoft a fait de gros efforts pour procéder plus facilement qu'auparavant à la restauration d'un PC récalcitrant. L'objectif est de vous épargner les détails techniques et de laisser Windows gérer le problème : l'ordinateur « s'auto-soigne » Dans une large mesure, Microsoft y est parvenue.

La règle des deux verbes et un troisième

Pour ranimer une machine Windows, pensez aux deux verbes : réinitialiser et restaurer. Deux d'entre eux sont déjà prêts, mais ils vont apporter de grands changements sur votre machine. L'un d'entre eux n'est pas si destructeur qu'il n'y paraît, mais son fonctionnement reste très difficile à comprendre et il est difficile à utiliser.

Voici les deux verbes que tout bon docteur Windows se doit de connaître en commençant par le plus destructeur :

- **Réinitialiser** supprime tout ce qui est sur votre PC et réinstalle Windows. Vos programmes, données, paramètres et tout ce que vous aviez, tout est irrémédiablement perdu. C'est ce qui pourrait arriver de pire à votre ordinateur, comme si vous lui aviez tiré dessus (avez-vous vu cette vidéo où l'on voit un gars tirer sur le portable de sa fille ?). Si vous préférez, vous pouvez lancer le reformatage complet du disque dur. Dans ce cas, des bouts de fichiers aléatoires sont écrits sur le disque dur afin de rendre quasi impossible la récupération de tout ce que vous avez utilisé pour stocker en local.
- **Restaurer** est difficile à trouver. Microsoft ne veut pas que les utilisateurs en fassent un usage quotidien, mais fait remonter Windows au précédent point de restauration que je vous présente dans la section « Restaurer à un point précédent » un peu plus loin dans ce chapitre. La restauration n'affecte pas les données ou les programmes, elle réinitialise simplement le Registre au précédent point de restauration. Si vous avez des problèmes dus à un mauvais pilote ou à la récente mise à jour d'un programme, la restauration est la seule et la meilleure solution.

Ces deux méthodes de récupération se retrouvent dans l'*Environnement de récupération Windows* (Windows RE), un proto-système Windows spécial. Lorsque vous exécutez la réinitialisation ou l'actualisation pour rafraîchir, vous ne savez pas que Windows RE travaille en coulisse.

Si Windows ne démarre pas normalement, il le fera dans Windows RE et non dans Windows lui-même. Windows RE a la tâche de vous offrir des outils et options avancés pour régler les problèmes sous-jacents.

Réinitialiser et restaurer – comme d'autre RE (recycler, réutiliser, réduire ?) sont disponibles dans Windows RE.

Je vous présente plus en détail Windows RE et les options de démarrage avancées à la fin de ce chapitre

UN PEU DE VOCABULAIRE

Je déteste le jargon qu'emploie Microsoft pour désigner sa technologie de récupération.

Si vous et moi nous nous mélangeons entre réinitialiser et restaurer, environnement de récupération, imaginez un instant le désarroi des utilisateurs normaux qui sont confrontés à ces options dont ils ne distinguent pas les nuances et qui risquent en les utilisant mal d'effacer toutes leurs données.

Pour éviter toute ambiguïté : restaurer signifie faire réapparaître des fichiers. Réinitialiser concerne les paramètres réseau. Récupérer est ce que vous faites avec une bonne dose de whisky une fois que Windows a encore une fois poussé son dernier souffle.

Restez très attentif à ce qui se passe lorsque vous les utilisez. Les conséquences de vos actions sont bien expliquées sur tous les écrans des différentes étapes d'utilisation. Mais vous pouvez très facilement perdre le fil.

Enfin, dernier conseil, ne dites pas à votre mère de réinitialiser son PC alors que vous pensiez lui dire de le restaurer. Vous prenez le risque de ne plus être invité au réveillon de Noël.

Réinitialiser son PC

Attention ! Attention ! Danger ! Réinitialiser un ordinateur supprime tout et nécessite de recommencer à partir de zéro. Il faut entrer de nouveaux noms d'utilisateurs et mots de passe, tout réinstaller, y compris les applications Windows.

Si vous vendez, donnez ou même envoyez au service de recyclage votre PC, le réinitialiser s'avérera pertinent. Mais si vous le gardez, attendez de l'avoir actualisé deux ou trois fois, et si les problèmes ne sont toujours pas résolus, alors vous pourrez envisager cette solution radicale. Réinitialiser un PC revient à effectuer une installation propre (que je traite au Chapitre 4 du Livret I). Vous détruisez tout le contenu de votre PC.

En guise de préambule, voici comment vous bombardez, pardon, réinitialisez votre PC :

1. **Avez-vous bien compris que votre PC sera comme un ordinateur tout neuf, sorti d'usine ? Avez-vous bien à votre portée de main les 25 caractères de la clé d'installation de Windows ?**

Car rien, absolument rien, ne survivra à cette opération.

2. **Cliquez sur le bouton Démarrer.**

3. **Cliquez sur l'icône Paramètres.**

4. **Dans la fenêtre Mise à jour et sécurité, choisissez Récupération.**

5. **Dans la section Réinitialiser ce PC, cliquez sur le bouton Commencer.**

6. **Dans la boîte de dialogue qui apparaît (Figure 2.1), choisissez une des options de Réinitialisation :**

   - L'option *Conserver mes fichiers :* Les applications et les paramètres sont perdus, mais les fichiers créés avec ces programmes sont conservés.
   - L'option *Supprimer tout :* La réinstallation est complète, donc tout est perdu.

   Les ordinateurs équipés de robustes lecteurs seront correctement traités en fonction de vos instructions.

7. **Cliquez sur l'option Conserver mes fichiers ou l'option Supprimer tout, en fonction de ce que vous souhaitez, puis suivez les instructions qui s'inscrivent à l'écran.**

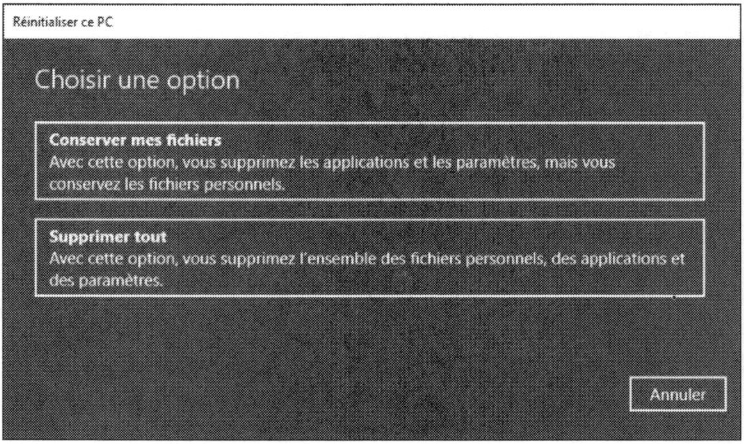

FIGURE 2.1 Choisissez parmi ces options.

Restaurer à un point précédent

Si vous avez déjà utilisé l'une des précédentes versions Windows, vous êtes sans doute tombé sur la fonctionnalité Restauration système. Windows 10 prend en charge cette fonctionnalité et les points de restauration : ils sont simplement cachés.

Windows prend des clichés de ses paramètres ou *points de restauration* avant que vous n'entrepreniez d'importantes modifications sur votre ordinateur comme installer un nouveau disque dur ou un nouveau programme. Vous pouvez revenir aux paramètres système à n'importe quel point de restauration.

Windows fait *des points de restauration* système une fois par jour. Il enregistre aussi automatiquement un point de restauration à chaque démarrage de Windows. Un point de restauration contient des entrées de Registre et des copies de quelques programmes critiques dont les pilotes et les fichiers système principaux, un *cliché* des paramètres systèmes les plus importants et des programmes. Lorsque vous revenez (ou simplement *restaurez*) à un point de restauration, vous remplacez les paramètres actuels et les programmes par leurs anciennes versions.

Quand vous effectuez une opération compliquée, comme installer une nouvelle carte réseau, Windows définit un point de restauration. Malheureusement, Windows ne peut pas toujours vous avertir que vous entreprenez une action irrévocable, peut-être installez-vous un nouveau lecteur CD et que les instructions vous indiquent d'éteindre l'ordinateur, d'installer le lecteur avant de lancer le programme de configuration. C'est pour cette raison qu'exécuter de temps à autre la restauration système et définir un point de restauration vous-même ne fera pas de mal.

Créer un point de restauration

1. **Attendez que votre ordinateur tourne sans problème.**

   Il n'y a aucun intérêt à créer un point de restauration qui vous propulse tout droit dans les bras de l'enfer ?

2. **Cliquez sur le bouton Démarrer, puis sur l'icône Paramètres (engrenage).**

3. **Dans le champ Rechercher un paramètre Windows de la fenêtre Paramètres Windows, saisissez** `point de restauration`.

4. **Dans la liste des résultats, cliquez sur Créer un point de restauration.**

Windows ouvre l'onglet Protection du système de la boîte de dialogue Propriétés du système, comme le montre la Figure 2.2.

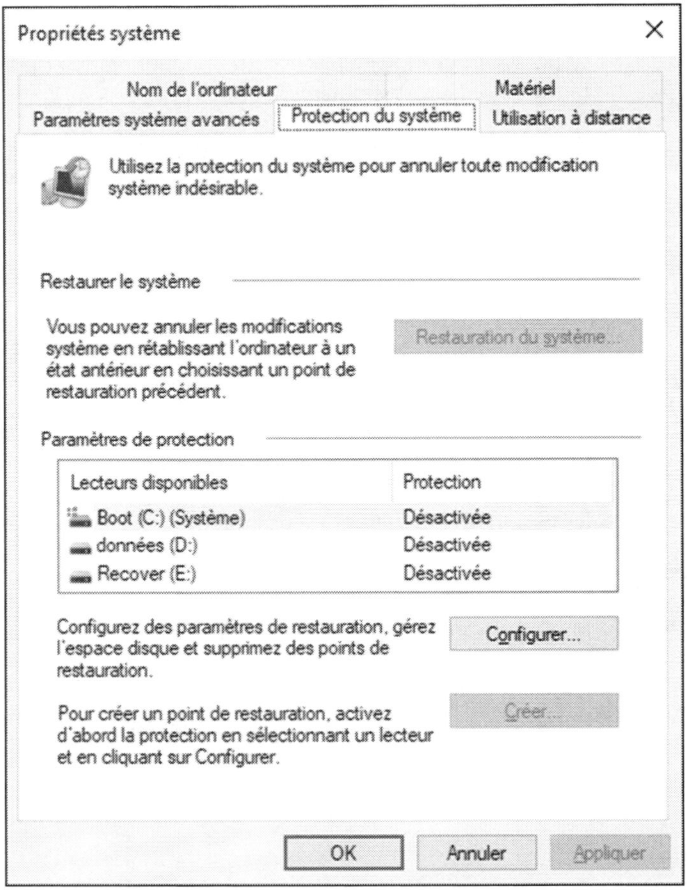

FIGURE 2.2 Pour créer un point de restauration.

5. **En bas de la boîte de dialogue, juste à côté de Créer un point de restauration immédiatement, tapez ou cliquez sur le bouton Créer.**

Si le bouton Créer n'est pas accessible (grisé), sélectionnez votre disque C: dans la liste Paramètres de protection. (Vous constatez que la colonne Protection affiche la mention Désactivée.) Une fois le disque sélectionné, cliquez sur Configurer. Dans la boîte de dialogue qui s'ouvre, choisissez le bouton radio Activer la protection du système, et validez par un clic sur OK. Le bouton Créer devient disponible.

La boîte de dialogue Créer un point de restauration apparaît (voir Figure 2.3).

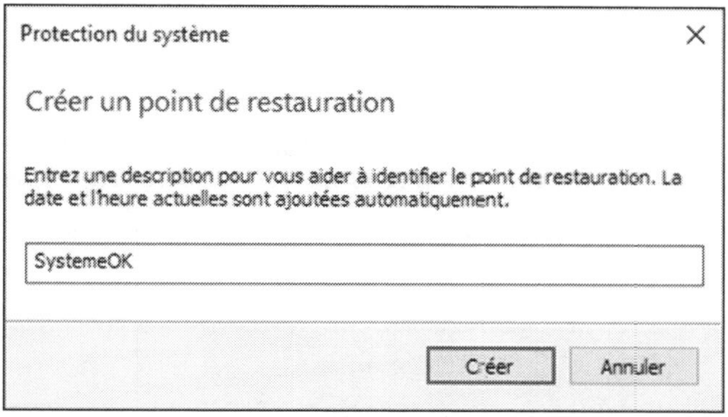

FIGURE 2.3 Nommez le point de restauration.

6. **Entrez une bonne description, puis tapez ou cliquez sur Créer.**

   Windows vous avertit qu'il est en train de créer un point de restauration. Une fois qu'il a terminé, il vous affiche un message vous indiquant que le point de restauration a été créé avec succès.

7. **Tapez ou cliquez sur Fermer, puis sur le bouton X pour fermer la boîte de dialogue Propriétés système.**

Revenir à un point de restauration

Si vous ne voulez pas vous salir les mains, la prochaine fois que vous envisagerez de lancer la routine Actualiser, commencez par vérifier si vous pouvez revenir à un point de restauration précédent, manuellement afin de voir si tout marche bien. Voici comment procéder :

1. **Enregistrez votre travail et fermez tous les programmes en cours d'exécution.**

   La Restauration système ne concerne pas les fichiers de données, documents, images, *etc.* Elle ne fonctionne que pour les fichiers système, tels les pilotes et le Registre. Vos données sont sauvegardées. Mais la Restauration système peut oublier des paramètres, donc si vous avez récemment installé un nouveau programme, vous devrez le réinstaller après la restauration faite.

2. **Cliquez sur le bouton Démarrer puis sur Paramètres (engrenage).**

3. **Dans le champ Rechercher un paramètre de la fenêtre Paramètres Windows, tapez** `point de restauration`**.**

4. **Cliquez sur Créer un point de restauration.**

   Windows ouvre la boîte de dialogue Propriétés système et son onglet Protection du système (voir Figure 2.2).

5. **Cliquez sur le bouton Restauration du système situé en dessous de la première section Restaurer le système.**

   L'assistant de Restauration du système apparaît comme reproduit à la Figure 2.4.

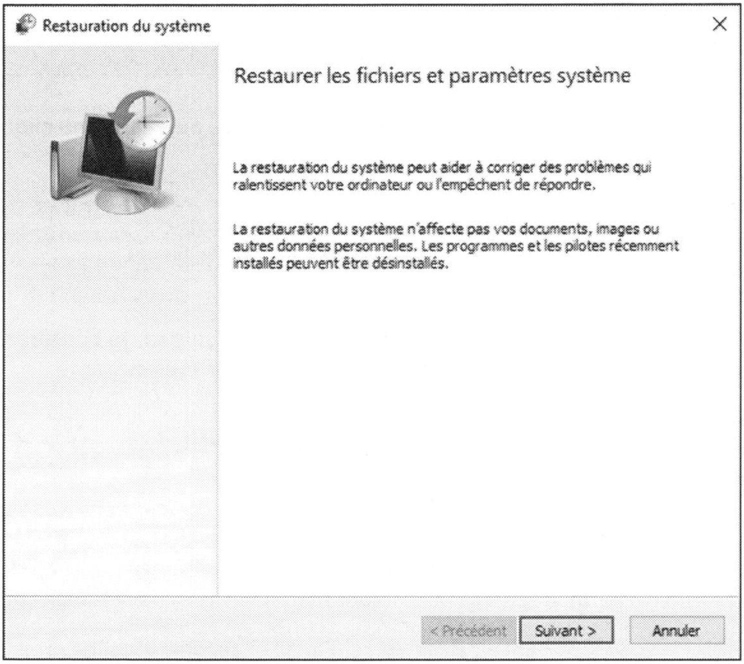

FIGURE 2.4 Eh oui, Windows 10 a aussi des assistants !

6. **Tapez ou cliquez sur Suivant.**

   La liste des points de restauration récents apparaît, comme le montre la Figure 2.5.

7. **Avant de revenir à un point de restauration, tapez ou cliquez pour sélectionner celui que vous avez choisi, puis cliquez sur Rechercher les programmes concernés.**

   La Restauration système vous indique les programmes et les pilotes qui ont des entrées système (en général dans le Registre)

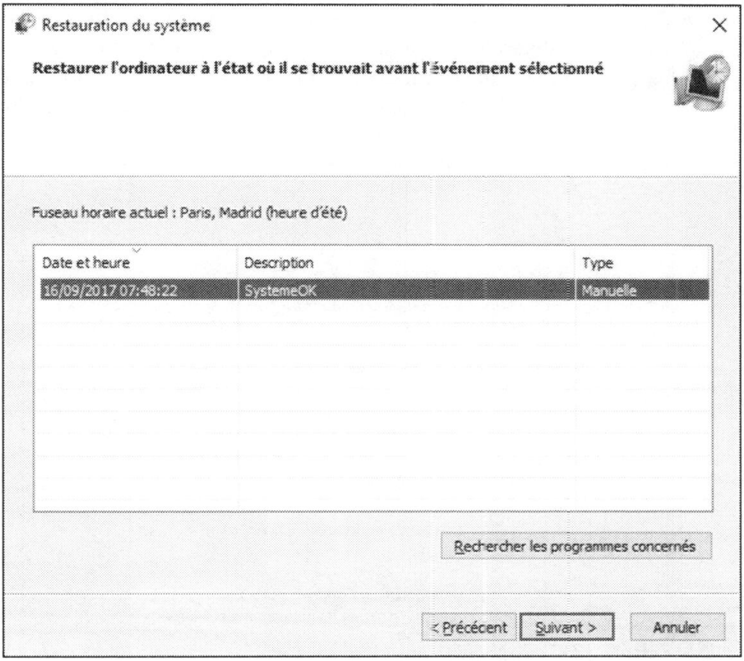

FIGURE 2.5 Choisissez un point de restauration.

et qui seront changés ainsi que les programmes qui seront supprimés si vous choisissez ce point de restauration. Voir Figure 2.6.

8. **Si vous ne voyez pas de problèmes majeurs relatifs à ce point de restauration (qu'il ne supprime pas un élément qui vous est indispensable), tapez ou cliquez sur Fermer, puis sur Suivant.**

   (Si vous détectez un problème éventuel, cliquez sur Précédent et choisissez un autre point.)

   La Restauration système vous demande de confirmer votre choix. Un message d'avertissement vous indique que pour activer le point de restauration le redémarrage de votre ordinateur est nécessaire et vous demande de fermer tous les programmes ouverts pour continuer.

9. **Suivez les instructions de sauvegarde des fichiers ouverts, fermez tous les programmes, puis tapez ou cliquez sur Terminer.**

   La Restauration système revient au point de restauration que obus avez sélectionné et redémarre votre ordinateur.

La Restauration système est une chouette fonctionnalité qui marche très bien. Le personnel de Microsoft pense qu'elle est trop compliquée pour le consommateur lambda de PC et de tablette. Certes, mais avec un peu d'aide et de courage, vous pouvez éviter la routine Actualiser.

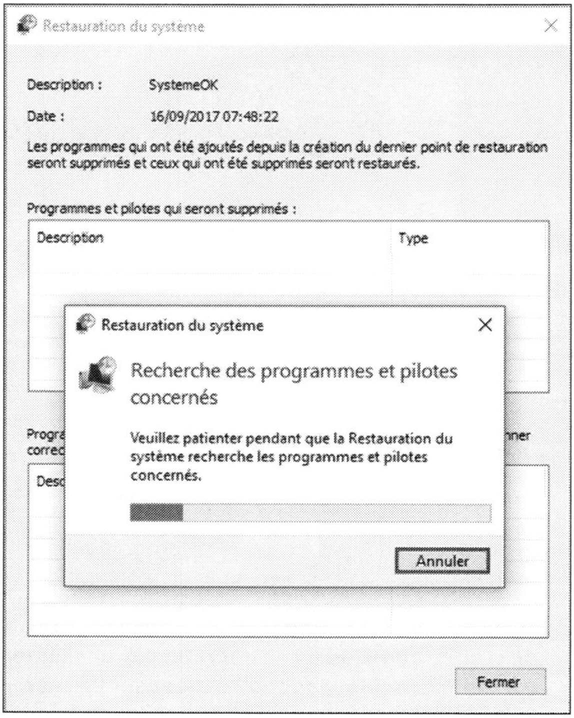

FIGURE 2.6 Windows scanne le point de restauration pour rechercher les programmes qui seront affectés par la restauration.

Chapitre 3

Windows Update

DANS CE CHAPITRE :

- **Windows Update sous Windows 10**
- **Désinstaller des mises à jour**
- **Désactiver Windows Update (à vos risques et périls)**

Les mises à jour automatiques de Windows sont pour les… nuls ?. Pourtant, bien difficile de passer outre avec Windows 10 et de sélectionner précisément ce que vous souhaitez mettre à jour surtout si vous disposez d'une version familiale.

En clair, les mises à jour de Windows 10 par l'intermédiaire de Windows Update sont automatiques et… obligatoires ! Toutefois, je vous communiquerai une astuce qui permet de bloquer les mises à jour, même si cela est déconseillé. En effet, la majorité des mises à jour de Windows sont des correctifs de sécurité, c'est-à-dire des patchs destinés à empêcher toute intrusion externe dans votre machine. Donc, si vous utilisez cette astuce, c'est à vos risques et périls.

Correctifs de malheur !

Tout grand programme informatique, grand ou petit, est l'otage de bugs. Si le programme est aussi conséquent que Windows, des dizaines de millions de lignes de code, les bugs commencent à s'empiler comme les voitures sur le périphérique parisien aux heures de pointe en cas de mauvais temps.

Microsoft sort des centaines de mises à jour par an. Certaines d'entre elles corrigent des bugs qui font planter Windows. Beaucoup bouchent des failles de sécurité. La plupart paraissent sous forme de correctifs ou plutôt corrigent un programme particulier de Microsoft qui ne fonctionne pas très bien. Certains correctifs sont petits, mais la plupart d'entre eux sont grands. Beaucoup de bulletins d'informations sur la sécurité de Microsoft, qui sont publiés pour gérer un seul bug et son correctif, traitent en général de nombreux correctifs sans rapport.

Le souci, notamment pour les utilisateurs qui aiment définir les correctifs à appliquer, est que Windows 10 ne permet plus de le faire comme avec les anciennes versions de Windows Update.

METTRE À JOUR DES PRODUITS NON MICROSOFT

Pour sécuriser votre ordinateur, vous devez vous tenir informé de toutes les mises à jour et tous les correctifs de tous vos programmes. Microsoft se taille la part du lion des réclamations pour PC sabotés, mais plus de PC ont des failles de sécurité non corrigées *via* Flash, Java et Adobe Reader.

Les personnes malveillantes ciblent régulièrement ces autres programmes parce qu'ils sont omniprésents : Adobe prétend qu'il y a plus d'ordinateurs équipés de Flash Player que de PC tournant sous Windows et cette société a certainement raison. Oracle (entreprise propriétaire de Java) affirme qu'il y a trois milliards d'ordinateurs qui ont Java.

La meilleure solution que j'ai trouvée pour rester informé sur les correctifs de produits non Microsoft est de passer par un programme gratuit à usage personnel, rapide et assez efficace, Secunia PSI (Personal Software Inspector) à télécharger depuis `http://secunia.com/products/consumer/psi/`. Ce logiciel connaît des milliers de programmes. Il scanne votre PC et vous conseille les mises à jour de sécurité dont vous avez besoin. Il vous aide ensuite à les installer.

Configurer Windows Update

Avec Windows 10, vous ne pouvez plus indiquer à Windows Update comment gérer précisément les mises à jour. *De facto*, et sans une astuce que nous vous dévoilerons un peu plus loin dans ce chapitre, vous ne pouvez pas désactiver les mises à jour.

Vous disposez désormais de très peu d'options.

Nous pourrions nous satisfaire des mises à jour automatiques si elles se cantonnaient au système d'exploitation, c'est-à-dire à appliquer des correctifs à Windows 10 pour en améliorer le fonctionnement. Le problème est que ces mises à jour intéressent tous les produits Microsoft. Ainsi, toutes les applications de la suite Office seront-elles aussi automatiquement mises à jour, même si vous ne le souhaitez pas.

Nous avons également observé un ralentissement de l'ordinateur lors du téléchargement et de l'installation des mises à jour. Parfois, cela a été jusqu'à l'impossibilité de travailler. Obligation alors d'interrompre tous les travaux en cours pour redémarrer Windows. Pas vraiment cool !

Voici les quelques fonctionnalités désormais disponibles :

1. **Cliquez sur le bouton Démarrer, puis sur Paramètres.**
2. **Dans la fenêtre Paramètres qui apparaît, cliquez sur l'icône Mise à jour et sécurité, comme à la Figure 3.1.**

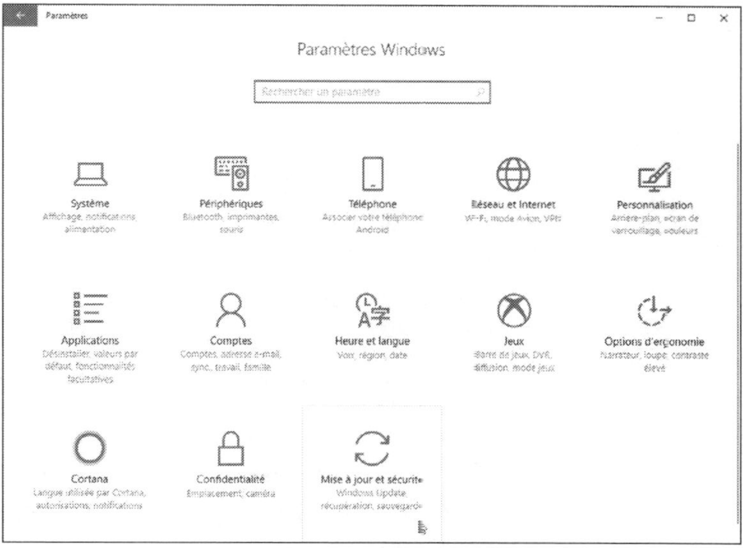

FIGURE 3.1 Accéder à Windows Update.

3. **Dans la fenêtre Mise à jour et sécurité, cliquez si nécessaire sur Windows Update en haut de la colonne de gauche.**

   Vous apprenez alors que les mises à jour seront téléchargées et installées automatiquement (Figure 3.2). C'est la nouvelle politique de Microsoft. Alors que faire pour changer cet état de fait ? Eh bien pas grand-chose, comme le montre la suite de cette procédure.

4. **Cliquez sur le lien Options avancées.**

   Vous accédez à un contenu appelé Choisir le mode d'installation des mises à jour. Ne vous méprenez pas. Vous n'y retrouverez pas d'option du style « Me laisser choisir les mises à jour à instal-

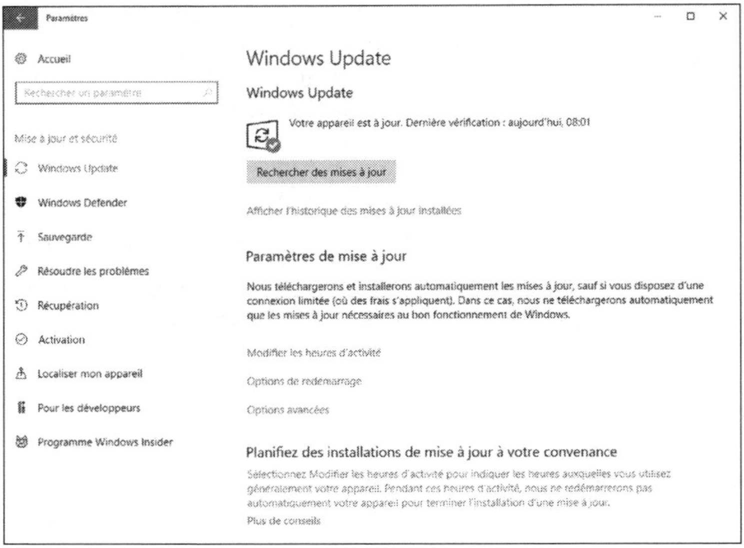

FIGURE 3.2 Windows Update contrôle sans partage les mises à jour de votre ordinateur.

ler ». Ce temps-là est révolu. Cette fois, il s'agit d'options d'installation très limitées.

5. **Revenez vers l'écran précédent par un clic sur la flèche en haut à gauche.**

6. **Pour que Windows 10 installe les mises à jour à un moment où vous n'utilisez pas votre ordinateur, et dans la mesure où vous ne l'éteignez pas dans ces circonstances d'inactivité, cliquez sur le lien Modifier les heures d'activité.**

7. **Dans la fenêtre qui apparaît (Figure 3.3), modifiez la plage horaire d'utilisation de votre PC.**

   Vous pouvez apprécier la pertinence du contrôle que Windows 10 vous donne sur ses mises à jour. (Si l'ironie n'est pas votre point fort, sachez que là, je suis ironique.)

Une fois votre choix opéré, quittez simplement la fenêtre des paramètres pour le valider.

Bien que les mises à jour soient automatiques, vous pouvez les anticiper en reprenant la procédure ci-dessus. Mais cette fois, lorsque vous affichez Windows Update, cliquez simplement sur le bouton Rechercher des mises à jour. Windows consulte le site Microsoft et vous indique les mises à jour disponibles.

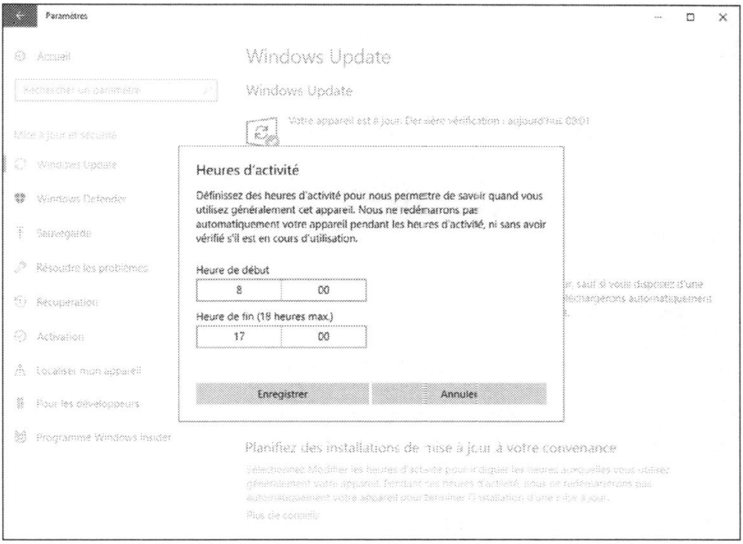

FIGURE 3.3 Windows 10 redémarrera automatiquement votre ordinateur en dehors de cette plage d'activité.

Désinstaller des mises à jour

Il est possible que suite à une mise à jour votre ordinateur ne fonctionne pas tout à fait comme vous souhaiteriez. (Oui, je sais, c'est un comble !) Par exemple, ses performances semblent amoindries. De ce fait, si Windows 10 impose les mises à jour, il vous laisse le loisir d'en désinstaller. Je ne vous cache pas que pour identifier la mise à jour qui pose problème, vous devez être un gourou de l'informatique. Laissez faire un ami expert, ou bien le spécialiste de la boutique d'informatique située au coin de la rue.

Si vous souhaitez voir les mises à jour et choisir celles à désinstaller, voici comment procéder :

1. **Cliquez sur le bouton Démarrer, et choisissez l'icône Paramètres.**
2. **Si nécessaire, cliquez sur la catégorie Windows Update.**
3. **Dans le volet droit, cliquez sur le lien Afficher l'historique des mises à jour installées.**
4. **Pour choisir la ou les mises à jour à désinstaller, cliquez sur le lien Désinstaller des mises à jour (Figure 3.4).**

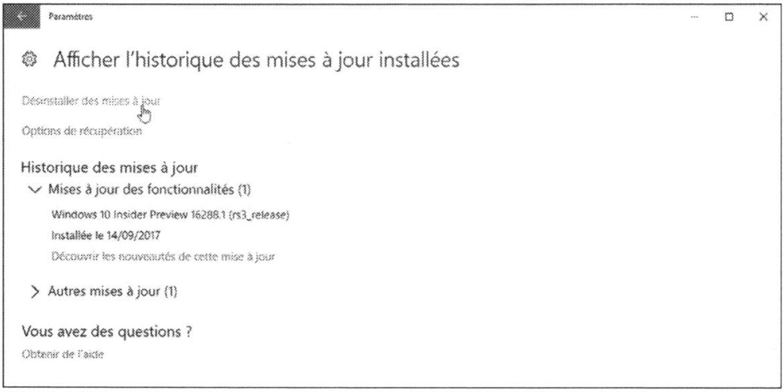

FIGURE 3.4 Pour désinstaller des mises à jour.

Cette action ouvre une fenêtre typique du Panneau de configuration.

5. **Cliquez sur le nom de la mise à jour à désinstaller, puis sur le bouton Désinstaller.**

On vous demandera peut-être de redémarrer l'ordinateur afin que toutes les modifications prennent effet. En règle générale, un redémarrage est toujours le bienvenu.

Désactiver Windows Update !

Vous êtes un paranoïaque de la mise à jour, ou bien vous souhaitez plus sainement choisir le moment précis où vous rechercherez et téléchargerez ces fameux correctifs et autres améliorations ? Eh bien, cette section est faite pour vous. Je ne vous cache pas qu'elle est quelque peu technique, et je vous conseille de bien la noter afin d'exécuter la procédure inverse si vous souhaitez retrouver la mise à jour automatique réalisée par Windows Update.

Pour désactiver Windows Update, donc renoncer aux mises à jour automatiques :

1. **Faites un clic-droit sur le bouton Démarrer et, dans le menu contextuel qui s'affiche, choisissez Gestion de l'ordinateur.**

   Cette action ouvre la boîte de dialogue illustrée à la Figure 3.5.

2. **Dans la colonne de gauche, cliquez sur la petite flèche située à gauche Services et applications.**

   Cela donne accès à deux rubriques : Services et Contrôle WMI.

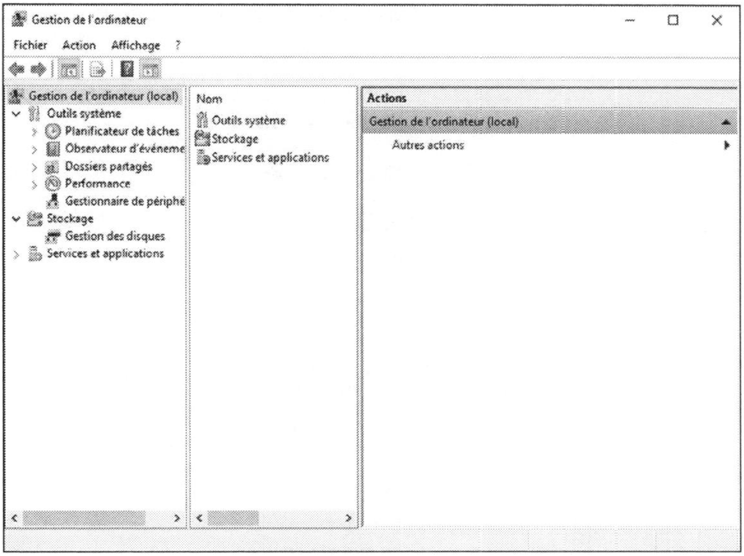

FIGURE 3.5 La boîte de dialogue Gestion de l'ordinateur.

3. **Cliquez sur Services.**

   Vous affichez l'ensemble des services Windows 10.

4. **Faites défiler le contenu de cette boîte de dialogue jusqu'à ce que vous localisiez Windows Update dans la colonne Nom, comme à la Figure 3.6.**

   Pour localiser plus rapidement Windows Update, cliquez sur n'importe quel nom et appuyez sur la touche W de votre clavier.

5. **Double-cliquez sur Windows Update.**

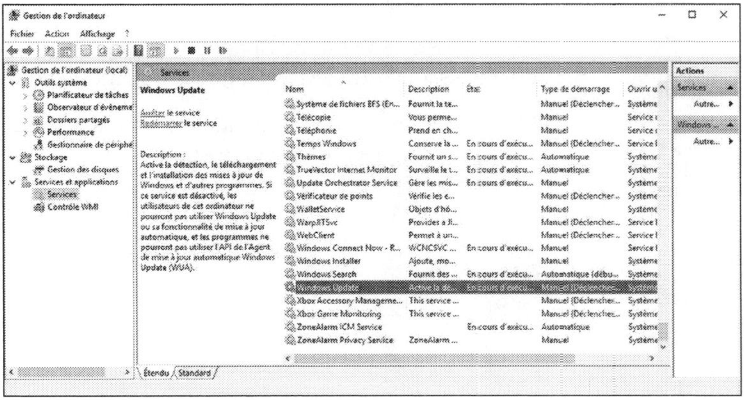

FIGURE 3.6 Le service Windows Update.

Vous ouvrez la boîte de dialogue des propriétés de ce service, comme le montre la Figure 3.7.

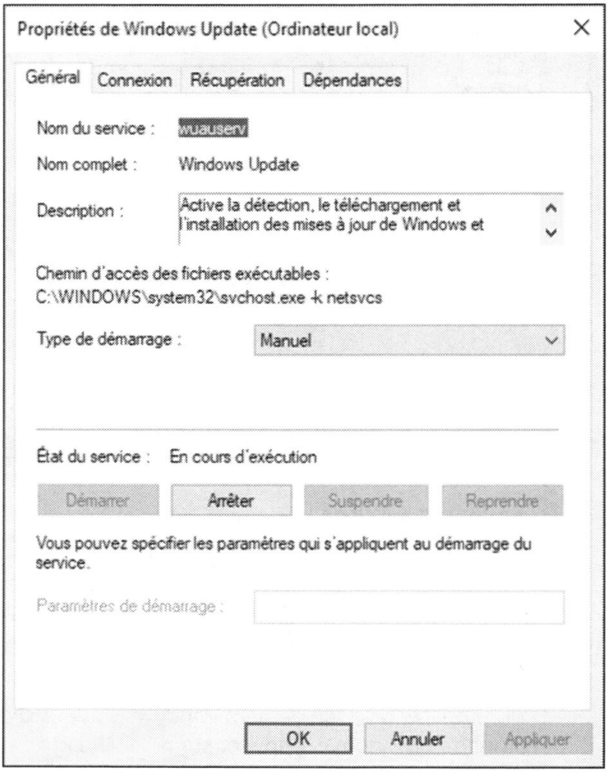

FIGURE 3.7 Les propriétés de Windows Update.

6. **Dans le menu local Type de démarrage, choisissez Désactivé (Figure 3.8), et cliquez sur OK.**

Dès cet instant, Windows Update n'effectuera aucune recherche de mise à jour, qu'elle soit manuelle ou automatiquement.

Pour que les mises à jour manuelles restent possibles, choisissez Manuel à l'Étape 6 de cette procédure

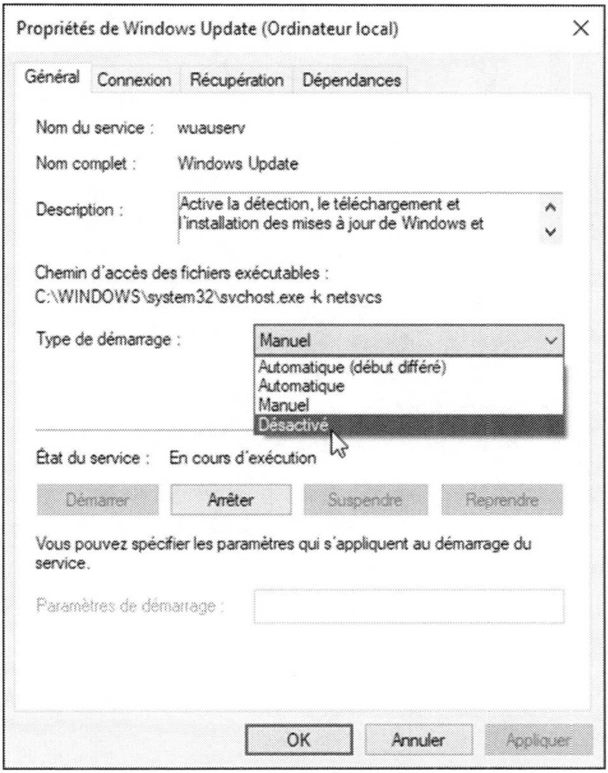

FIGURE 3.8 Désactiver Windows Update.

Chapitre 4

Windows sous surveillance

DANS CE CHAPITRE :

- **Les outils intégrés de surveillance**
- **Trouver et résoudre les problèmes**
- **Évaluer les performances de votre système**
- **Afficher les connexions**
- **Travailler avec l'Observateur d'événements**
- **Mesurer la fiabilité à tout moment**

Windows inclut une myriade d'outils conçus pour vous aider à observer votre système et vous avertir si quelque chose tourne mal. C'est aussi un simple système de score qui vous donne une idée assez précise des performances de votre ordinateur et vous indique ses points faibles.

Dans son souci de faciliter l'utilisation de Windows, Microsoft a caché quelques-uns de ces outils dans les coins les plus obscurs de son système d'exploitation. Mais si vous savez ce que vous faites, non seulement vous les trouverez, mais aussi vous les utiliserez pour faire ronronner votre ordinateur.

L'un de ces outils, l'Observateur d'événements, est le préféré des escrocs et des charlatans qui s'en servent pour vous convaincre que votre machine doit être dépannée (moyennant argent) alors qu'elle fonctionne bien. Je vous en parle dans ce chapitre.

Sécurité et maintenance

Le Centre de maintenance des anciennes versions de Windows se nomme désormais Sécurité et maintenance.

La Sécurité et maintenance centralise les messages d'avertissement de sécurité avec des notifications sur l'état des mises à jour, des sauvegardes et divers autres problèmes. Sa tâche principale concerne la sécurité.

En théorie, la Sécurité et maintenance de Windows est le garage où l'on répare tous les problèmes de sécurité. Dans la pratique, c'est une simple pause. Par conséquent, contrôler les paramètres de sécurité qui ne sont pas accessibles *via* cette fonctionnalité peut vite vous donner la migraine.

QU'EST-CE QU'UNE NOTIFICATION ?

Les notifications de Windows sont centralisées dans le volet Centre de notifications accessible depuis l'icône de la bulle de BD affichée dans la Zone de notifications de Windows 10.

Les notifications s'affichent quelques secondes dans le coin inférieur droit de l'écran, juste à côté de l'heure, au moment où survient l'événement qui les a déclenchées.

Dans ce chapitre, quand je parle des notifications, ce sont en fait les icônes et les infobulles du coin inférieur droit de l'écran du bureau, qui sont également centralisées sous l'icône de la bulle de bande dessinée.

Afficher la fenêtre Sécurité et maintenance

La fenêtre Sécurité et maintenance de Windows 10 apparaîtra si vous respectez la procédure suivante :

1. **Cliquez dans le champ Taper ici pour rechercher de Cortana, et saisissez Sécurité et maintenance.**
2. **Dans la liste des résultats, cliquez sur la vignette éponyme.**
3. **Dans la boîte de dialogue Sécurité et Maintenance, cliquez sur les chevrons pour découvrir les derniers messages de Windows dans ces deux domaines, comme le montre la Figure 4.1.**

Travailler avec Sécurité et maintenance

La fenêtre Sécurité et maintenance centralise une large gamme de paramètres des différentes parties de Windows.

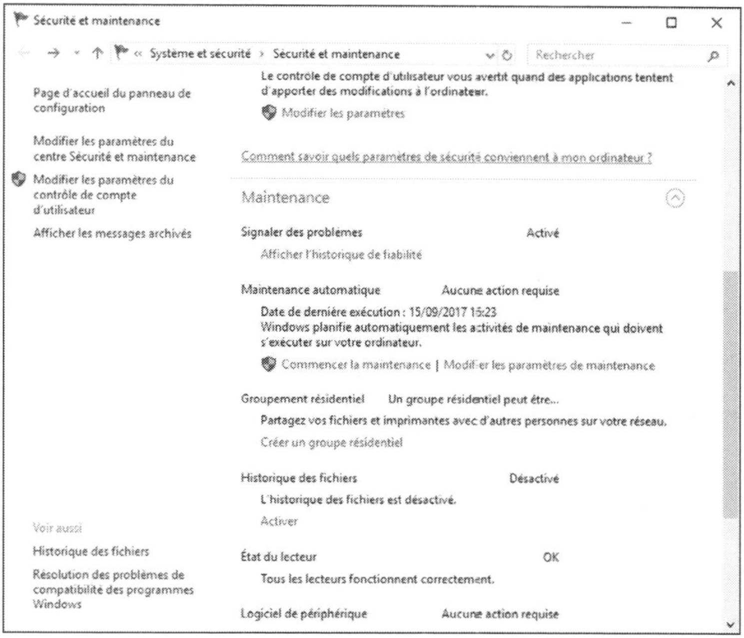

FIGURE 4.1 Les événements de sécurité et de maintenance.

Vérifier les paramètres de Sécurité

Pour visualiser les éléments à surveiller, cliquez sur la flèche (chevron) à droite de la section Sécurité, comme illustré à la Figure 4.2. Vous obtenez alors l'état des éléments suivants :

- **Pare-feu du réseau** : bloque l'accès à votre ordinateur depuis Internet. Même s'il existe une large offre disponible de pare-feu dans le commerce, la plupart des utilisateurs Windows utilisent celui qui est intégré au système d'exploitation, le pare-feu Windows (voir Livret IX, Chapitre 3, pour de plus amples informations). Sur la Figure 4.2, vous constatez que j'utilise ZoneAlarm.

  Un programme *pare-feu* protège votre PC (ou réseau) d'Internet. À son cœur, le pare-feu entrant de Windows garde les traces des requêtes qui viennent de votre ordinateur. Lorsque des données d'Internet tentent de pénétrer votre PC, le pare-feu vérifie que l'un de vos programmes est bien à l'origine des données demandées. Les données indésirables sont sautées ; les données demandées sont acceptées. Ainsi les pirates ne peuvent pas entrer.

  Windows a aussi un pare-feu pour les données sortantes, ce qui est en général inutile. D'après mon expérience, un pare-feu sortant apporte plus de mal que de bien ; reportez-vous au Cha-

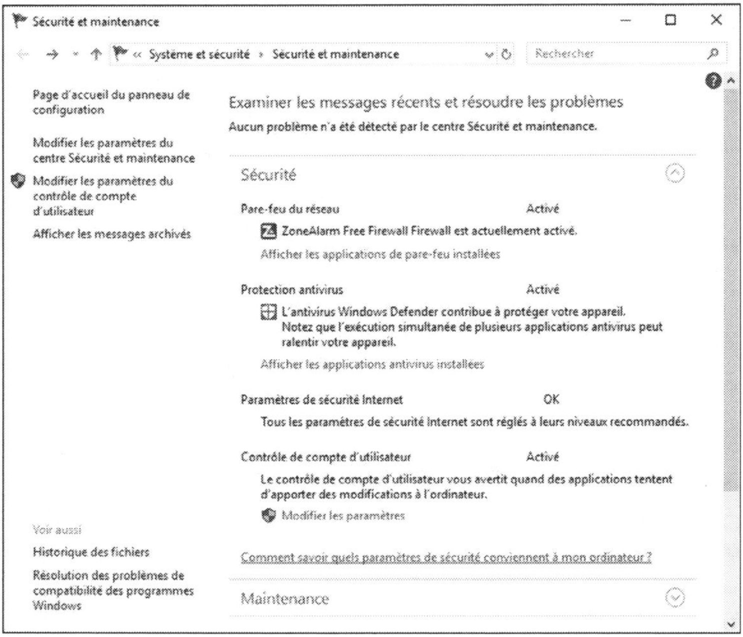

FIGURE 4.2 Le rapport de l'état des éléments de sécurité dans le Centre de maintenance.

pitre 3 du Livret IX pour plus d'informations. La ligne Pare-feu du réseau du Centre de maintenance précise qu'il est activé, même si vous n'avez pas de protection pour les données sortantes.

Vous utilisez sans doute le pare-feu de Windows ou un pare-feu tiers. Vous pouvez exécuter plusieurs pare-feu en même temps.

» **Protection antivirus** : Vous indique si le programme antivirus est fonctionnel. Windows Defender (voir Livret IX, Chapitre 3) apparaît ici, mais si vous avez installé un produit antivirus comme sur la Figure 4.2 (en l'occurrence ZoneAlarm), il y figurera aussi.

» **Protection contre les logiciels espions et indésirables** : Scanne votre ordinateur pour détecter des logiciels espions ou indésirables et les bloque. Windows Defender apparaît ici, il est intégré à Windows. Mais si vous avez un logiciel anti-espion différent, il y figurera aussi, comme sur la Figure 4.2.

» **Paramètres de sécurité Internet** : Font référence seulement aux paramètres de sécurité définis dans Internet Explorer.

» **Contrôle de compte d'utilisateur** : Fait référence aux boîtes de dialogue qui apparaissent à l'écran lorsque le système veut s'assurer que vous êtes bien l'administrateur du PC. Pour définir le niveau d'alerte, c'est-à-dire la fréquence d'affichage de ce message, cliquez sur le lien Modifier les paramètres, puis agissez sur le curseur comme le montre la Figure 4.3. Je vous explique comment configurer ce contrôle au Chapitre 3 du Livret IX.

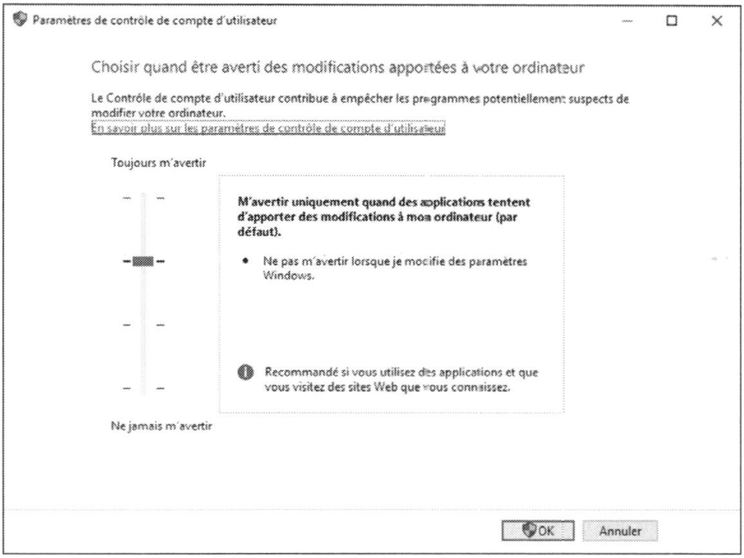

FIGURE 4.3 Définir le niveau d'alerte du Contrôle de compte d'utilisateur.

Tous ces paramètres sont des outils de prévention protégeant votre ordinateur de mauvais éléments extérieurs, noble but, mais les méchants ne sont qu'une partie du problème. Quelle est l'autre partie alors ? Vous devez maintenir votre système sécurisé et sain et pour ce faire comprendre comment un ordinateur peut être attaqué, comment contrer ces attaques, à la fois du point de vue informatique et du point de vue « extérieur » (c'est le sujet du Chapitre 1 du Livret IX.).

Vérifier les paramètres de Maintenance

Pour afficher les programmes généraux surveillés par la Sécurité et maintenance, cliquez sur la flèche (chevron) à droite de la section Maintenance. Vous verrez les options suivantes (voir Figure 4.4) :

- **Signaler des problèmes :** C'est l'un des paramètres passifs. Il surveille les événements et quand un problème se produit, il en garde une trace dans l'historique de fiabilité de votre ordinateur.

  Si vous cliquez sur le lien Afficher l'historique de fiabilité, l'écran du Moniteur de fiabilité apparaît comme illustré à la Figure 4.5 (je présente en détail le Moniteur de fiabilité dans la section « Évaluez la fiabilité du système » plus loin dans ce chapitre).

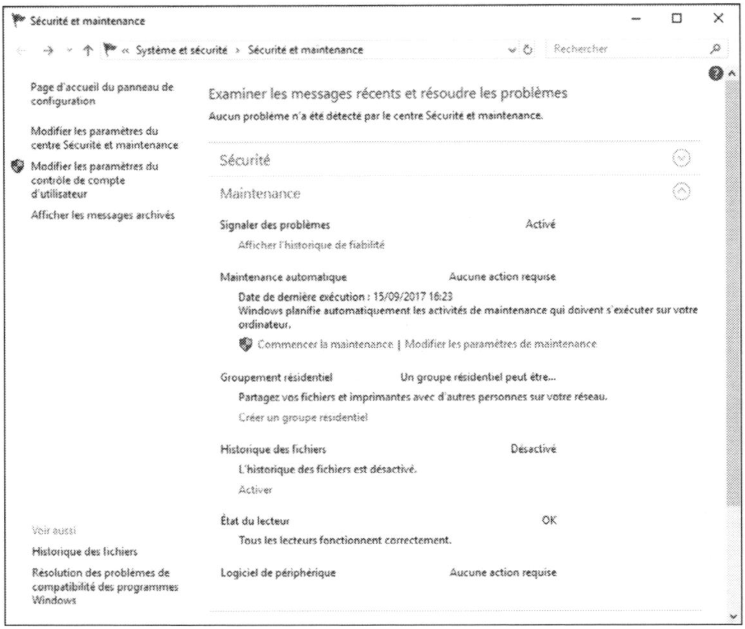

FIGURE 4.4 Les composants de maintenance du Centre de maintenance.

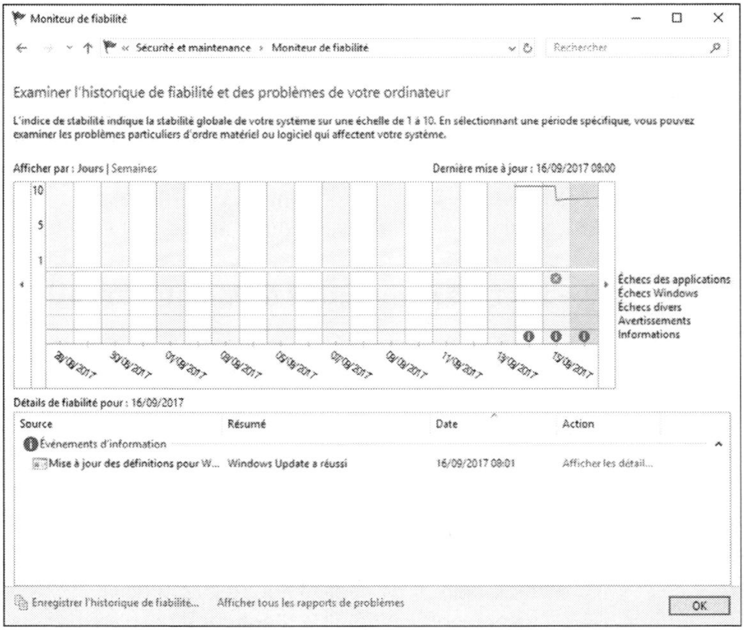

FIGURE 4.5 Le Moniteur de fiabilité vous permet de déterminer le logiciel ou le matériel défectueux.

- **Maintenance automatique** : Vous donne l'état actuel des tâches planifiées automatiquement des programmes Windows pour maintenir le bon fonctionnement de votre ordinateur comme défragmenter un lecteur, mettre à jour le système ou redémarrer si nécessaire.
- **Groupement résidentiel** : Vous indique si vous êtes connecté à un groupe résidentiel (voir Livret VII, Chapitre 5).
- **L'Historique des fichiers** : Vous permet de vérifier si les sauvegardes se font correctement (voir Livret VIII Chapitre 1).
- **État du lecteur** : Vous avertit en cas d'incendie et de fumée. Si vous vivez dans une zone à risque, vous élargissez les conditions de votre assurance habitation, non ? En fait, ici cette fonctionnalité se contente de surveiller les rapports automatiques des problèmes faits par votre disque dur et affiche un drapeau pour vous avertir que vous avez un problème. Mais d'après mon expérience, cet outil n'est pas très fiable.
- **Logiciel du périphérique :** Indique les périphériques qui ont besoin de logiciels supplémentaires pour fonctionner correctement. En d'autres termes, il manque tout ou partie de son pilote (*driver*). Cliquez alors sur le lien Installer le logiciel de périphérique. L'assistant d'installation du périphérique concerné apparaît. Il suffit alors de se conformer à la procédure.

Vérifier l'état du réseau

Si vous souhaitez obtenir des informations sur l'état de votre réseau, passez par la Zone de notification de Windows. Faites un clic-droit sur l'icône qui affiche l'état du réseau (une sorte d'écran pour un réseau avec fil, et des barres d'état pour un réseau à fil. Dans le menu contextuel qui apparaît (Figure 4.6), choisissez Ouvrir les paramètres réseau et Internet. Un aperçu de votre réseau apparaît (voir Figure 4.7).

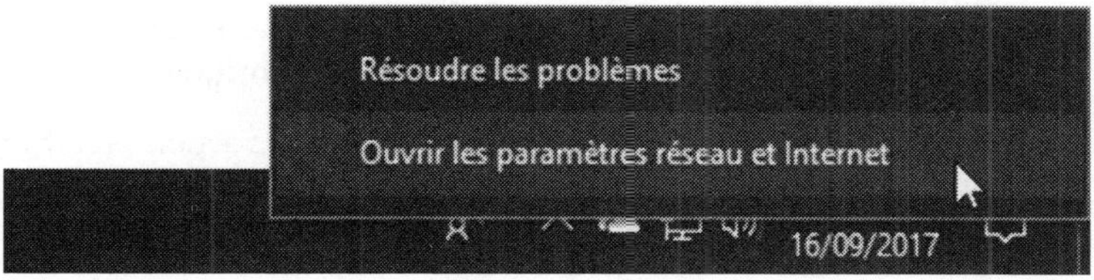

FIGURE 4.6 Ouvrir les paramètres réseau et Internet.

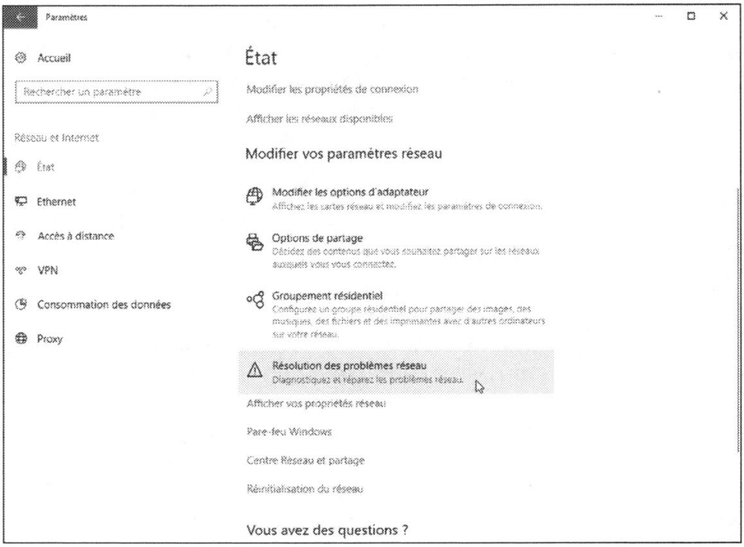

FIGURE 4.7 Les paramètres réseau et Internet.

Dans cette fenêtre spécifique des Paramètres Windows, vous pouvez résoudre toutes sortes de problèmes. Pour en connaître tous les rouages, procurez-vous *Créer un réseau pour les Nuls* de Doug Lowe.

Dépanner la carte réseau

Quand j'ai un problème réseau et que le dépanneur Windows ne marche pas, je commence toujours par ma carte réseau.

Il existe plusieurs méthodes pour accéder à la carte réseau, celle que je préfère consiste à passer par le Centre réseau et partage :

1. **Cliquez-droit sur l'icône du réseau dans la Zone de notification.**
2. **Dans le menu contextuel qui apparaît, choisissez Ouvrir les paramètres réseau et Internet.**
3. **Dans la colonne de gauche des Paramètres Windows Réseau et Internet, veillez à choisir la rubrique État.**
4. **Dans la partie droite, localisez la section Modifier vos paramètres réseau, et cliquez sur Résolution des problèmes réseau, comme sur la Figure 4.8.**

   Cette action démarre un assistant qui analyse le réseau et ses connexions afin de détecter le problème et vous proposer une

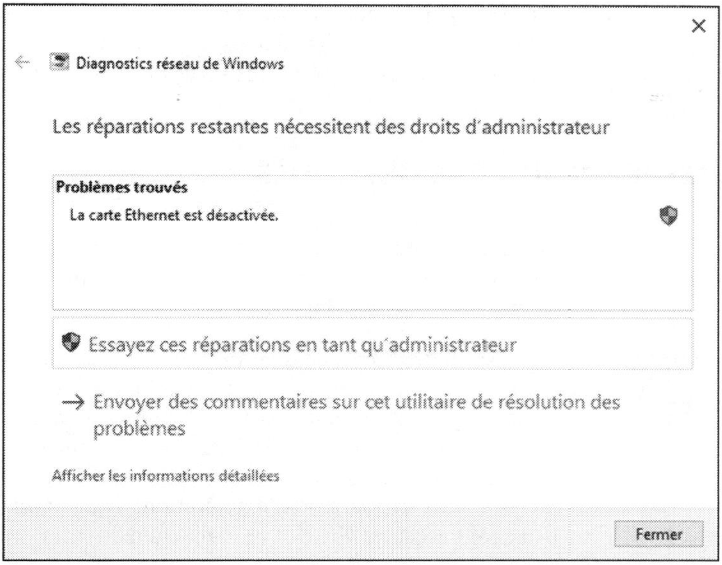

FIGURE 4.8 Pour tenter de résoudre les problèmes de réseau.

solution comme sur la Figure 4.9 où il a été diagnostiqué une désactivation de la carte réseau.

5. **Essayez la solution préconisée par Windows.**
6. **Si le problème est résolu, fermez l'assistant, sinon essayez une autre proposition.**

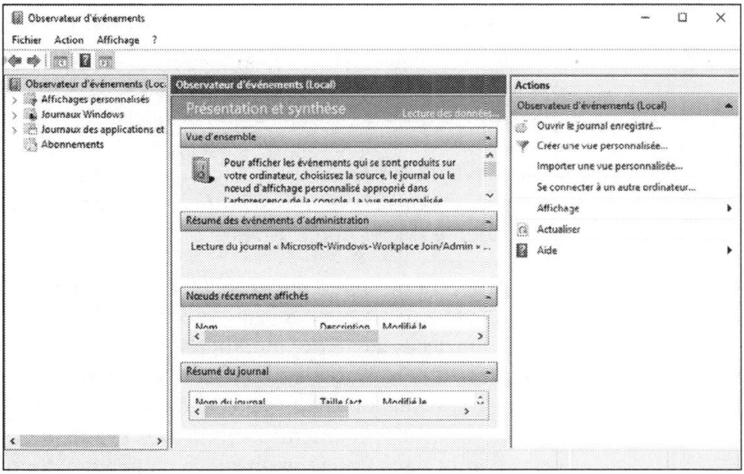

FIGURE 4.9 La carte réseau est désactivée.

Il arrive parfois que l'assistant ne trouve pas de solution ou du moins ne parvienne pas à vous dépanner. Dans ce cas, une assistante technique s'avérera très souvent nécessaire.

Observer les événements

Tous les utilisateurs de Windows devraient savoir se servir de l'outil Observateur d'événements, ne serait-ce que pour se protéger des escrocs en tout genre qui s'appuient sur la peur des gens.

Certains se contentent de passer un coup de fil au hasard en Amérique du Nord ou en Europe et il y a de fortes chances de tomber sur un interlocuteur qui a des problèmes avec Windows. Si vous appelez une dizaine de personnes dans votre ville et que vous leur annoncez que vous téléphonez de la part de Microsoft pour les aider à trouver une solution à leur problème de système d'exploitation, je suis prêt à parier qu'un ou deux vont accepter votre offre. Dans mon quartier, je suis sûr que ce chiffre se rapproche plus de 9.

L'escroquerie dépend de la fonctionnalité Windows Observateur d'événements. C'est un outil intéressant seulement si vous savez vous en servir et que vous ne laissez pas d'autres personnes le faire à votre place à de mauvaises fins.

Utiliser Observateur des événements

Le système Windows offre depuis une bonne douzaine d'années la fonctionnalité Observateur d'événements. Peu de personnes s'y intéressent et la connaissent. En résumé, elle ressemble à un ensemble de petits journaux assez pratiques que Windows tient sur votre PC. Ces journaux sont de simples fichiers texte, écrits en XML. En plus du fichier Journal des événements, il existe dans Windows un grand nombre de fichiers de journaux administratifs, Opérationnel, Analyse et Débogage, ainsi que sur les applications.

Chaque programme ouvert sur votre PC envoie une notification dans un Journal d'événements et envoie aussi une notification avant sa fermeture. Chaque accès système, modification des paramètres de sécurité, mouvement du système d'exploitation, échec du matériel ou hoquet du disque dur échoue dans un Journal des événements. La fonctionnalité Observateur d'événements scanne tous ces fichiers, les rassemble et les présente dans une jolie interface dans une volumineuse base de données générée par la machine. Cette fonctionnalité est une sorte de programme de base de données très utile contenant de simples fichiers texte.

En théorie, les journaux des événements pistent les événements « significatifs » de votre PC. Dans la pratique, « significatif » prendra le sens du propriétaire de la machine. Ou du programmeur. Normalement, peu de personnes ont besoin de consulter les journaux des événements. Mais si votre PC démarre mal, cette fonctionnalité peut vous montrer d'importants indices de la source du problème.

Voici comment l'utiliser :

1. **Cliquez sur le bouton Démarrer ou dans le champ de recherche de Cortana, et entrez** `événement`**.**
2. **Dans la liste des résultats qui apparaissent, cliquez sur Observateur d'événements.**

   L'Observateur d'événements apparaît, comme à la Figure 4.10.

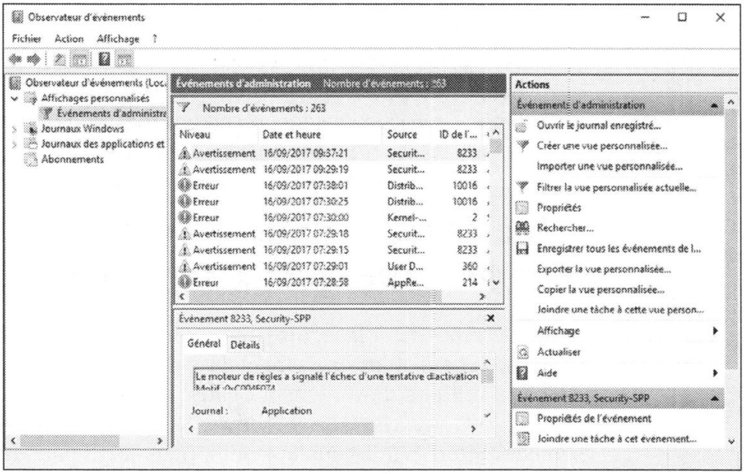

FIGURE 4.10 L'observateur d'événements.

3. **Dans le volet gauche, choisissez Observateur d'événements→Affichages personnalisés→Événements d'administration.**

   Cela peut prendre un certain temps, mais vous verrez apparaître la liste des principaux événements, comme celle reproduite à la Figure 4.11.

4. **N'ayez pas peur !**

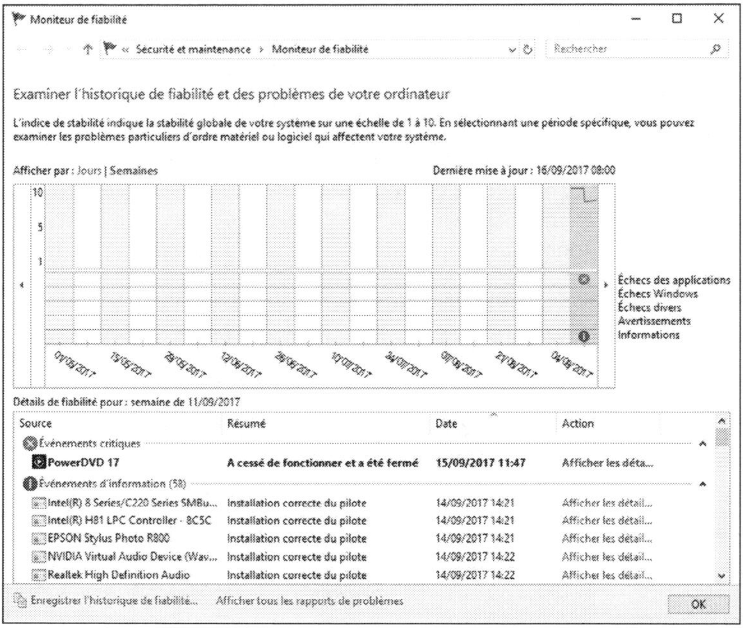

FIGURE 4.11 Des événements consignés dans des journaux par différentes parties de Windows.

Même le meilleur système reçoit des messages d'erreur, des centaines, si ce n'est des milliers. C'est normal !

Événements : ceux dont il faut tenir compte, ceux dont il ne faut pas tenir compte

Avant de commencer la lecture minutieuse de ces milliers de messages d'erreur, regardez attentivement la colonne date et heure. Il peut y avoir des milliers d'événements listés, y compris ceux qui datent du jour où vous avez installé Windows. Sans doute, trouverez-vous des éléments intéressants tous les jours, mais la plupart de ces messages sont la simple répétition de la même erreur ou du même avertissement. De plus, la plupart de ces événements ont peu ou quasiment pas d'effet sur l'utilisation de Windows. Une erreur Windows peut déclencher un bâillement. Et alors ?

Si vous n'avez pas de problèmes, suivez mon conseil, laissez l'Observateur d'événements. Si vous avez des problèmes, il peut ou non vous être utile.

Comment peut-il être utile ? Vous voyez la colonne ID de l'événement ? Notez son numéro et lancez une recherche sur le site `www.eventid.net`. Ce site peut vous mettre sur la bonne voie d'une solution ou du moins vous donner la traduction en anglais de ce que signifie ce numéro. Si vous cherchez la source d'un problème spécifique et que vous remarquez qu'un événement peut être lié à ce problème, lancez une recherche sur Google pour voir s'il n'y a personne qui aurait le même problème que vous. L'observateur d'événements peut vous aider à déterminer des problèmes d'accès réseau, car les programmes Windows qui contrôlent la communication réseau consignent une quantité impressionnante d'informations dans les journaux des événements. Malheureusement, comprendre ces journaux n'est pas facile, mais du moins vous pouvez trouver la source du problème, même si vous n'avez aucune idée pour le résoudre.

Évaluer la fiabilité du système

Pierre, Paul, Jacques et compagnie laissent des traces de ce qu'ils font dans le journal des événements. Lancez un programme. L'événement ignoble est aussitôt consigné dans le journal. Arrêtez-le, le journal se met à jour. Installez un programme, une mise à jour, le journal le sait immédiatement. Il sait tout, il voit tout. Tout événement relatif à la sécurité, n'importe quel événement qu'il soit de sécurité ou non sera inscrit dans le journal. Les services de Windows laissent aussi leurs traces tout comme leurs erreurs. Mais celles qui ne devraient jamais arriver ne sont pas enregistrées dans le journal, tout comme celles qui n'auraient jamais dû se produire.

Le journal des événements contient des informations que seuls les humains peuvent comprendre. Quelquefois. Il se compose en fait d'un mélange de plusieurs fichiers qui sont maintenus par différents programmes du système d'exploitation Windows de différentes manières. L'Observateur d'événements, présenté dans la section précédente, examine les arbres. Le Moniteur de fiabilité essaie de surveiller toute la forêt.

Le Moniteur de fiabilité Windows découpe le journal des événements et rassemble toutes les informations sur la stabilité de votre PC. Il ne prend pas tout, vous en saurez plus dans un instant. Mais ce qu'il trouve peut vous donner une visibilité immédiate sur les maux dont souffre votre machine.

Voici comment le faire apparaître :

1. **Cliquez sur le bouton Démarrer ou dans le champ de recherche de Cortana, et tapez** fia.

2. **Dans les résultats de la recherche qui s'affichent, cliquez sur Afficher l'historique de fiabilité.**

   Le Moniteur de fiabilité apparaît comme à la Figure 4.12.

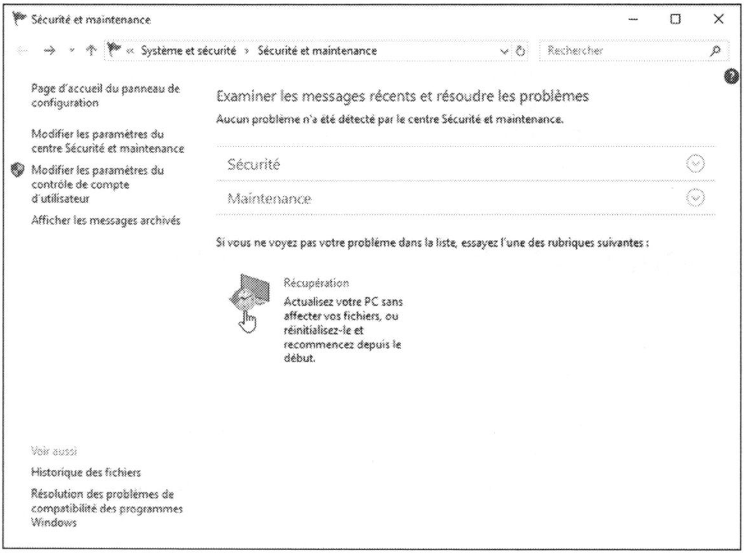

FIGURE 4.12 Un dysfonctionnement laisse une trace dans le Moniteur de fiabilité.

3. **Sur la ligne Afficher par, passez de Jours à Semaine en cliquant sur le lien idoine.**

   Le Moniteur va et vient entre une vue détaillée et un aperçu.

Encore une fois, n'ayez pas peur. Il y a une raison pour laquelle Microsoft rend si difficile de récupérer ce rapport. Il pense que si vous parvenez à le trouver, vous comprendrez les faits bruts.

La ligne supérieure est supposée vous donner un taux, allant d'un à dix, de stabilité de votre système. En fait, il n'en fait rien.

Votre taux reflète plus ou moins la note et la sévérité des événements problématiques transcrits dans le journal des événements en cinq catégories : Application, Échec Windows, Échecs divers, Avertissements, et Informations. L'icône des Informations (le i encerclé) représente des mises à jour des programmes et des pilotes. Si vous avez installé un nouveau pilote d'imprimante, par exemple, l'icône Information sera sur le jour où vous l'avez installé. Microsoft a une liste détaillée des types des données à reporter dans sa documentation TechNet.

Si vous tapez ou cliquez sur un jour (ou une semaine), la case en bas vous indique les entrées correspondantes dans le journal des événements de Windows. De nombreux événements en bas ont des explications détaillées, ce que vous pourrez voir en cliquant sur le lien Afficher les détails techniques dans la colonne Action.

Le Moniteur de fiabilité ne va pas vous fournir la liste de tout ce qui s'est mal passé dans votre PC et en ce sens, il atteint son but. Ce n'est pas vraiment un pisteur de stabilité. Le taux 1 à 10 sert de moyenne des scores quotidiens. Les scores plus récents sont supérieurs aux anciens, mais d'après mon expérience, la ligne ne suit pas la réalité. Mon système peut rebondir, mais cela n'affectera pas le taux.

La réelle valeur du Moniteur de fiabilité réside dans l'affichage de la séquence du temps des événements principaux, connectant des points temporels pour être en mesure de discerner les causes et les effets. Par exemple, si soudainement vous voyez apparaître de manière répétitive des écrans bleus, ouvrez le Moniteur de fiabilité pour voir si quelque chose d'importun s'est passé dans votre système. Installer un nouveau pilote peut rendre instable votre système. Le Moniteur de fiabilité peut de manière claire vous montrer quand vous l'avez installé. Si le taux chute le même jour où vous avez installé la mise à jour d'un pilote, vous pourrez clairement identifier le coupable.

La morale de l'histoire : le Moniteur de fiabilité ne garde pas la trace de tout ce qui se passe, c'est assez décevant, mais il peut donner des informations intéressantes quand Windows bat de l'aile.

D'AUTRES MONITEURS DE PERFORMANCE

Windows a deux autres moniteurs, perform, le moniteur de performance et resmon, le moniteur de ressources qui sont devenus très obsolètes en raison du nouveau (et trop cool) Gestionnaire des tâches. Je vous présente le Gestionnaire des tâches dans le Chapitre 5 de ce livret. Si vous voulez les voir en action, entrez leur nom dans l'écran d'accueil et tapez ou cliquez sur l'application qui apparaît.

Mais à mon avis, vous allez préférer le Gestionnaire des tâches.

La récupération

Lorsque vous consultez la boîte de dialogue Sécurité et maintenance comme expliqué plus haut dans ce chapitre, vous notez la présence d'une rubrique Récupération. C'est une hypothèse à envisager lorsque le dysfonctionnement de Windows est colossal et qu'aucune opération de maintenance proposée par l'assistant de Windows ne vous a apporté une solution.

Dans ce cas, vous pouvez cliquer Récupération comme le montre la Figure 4.13.

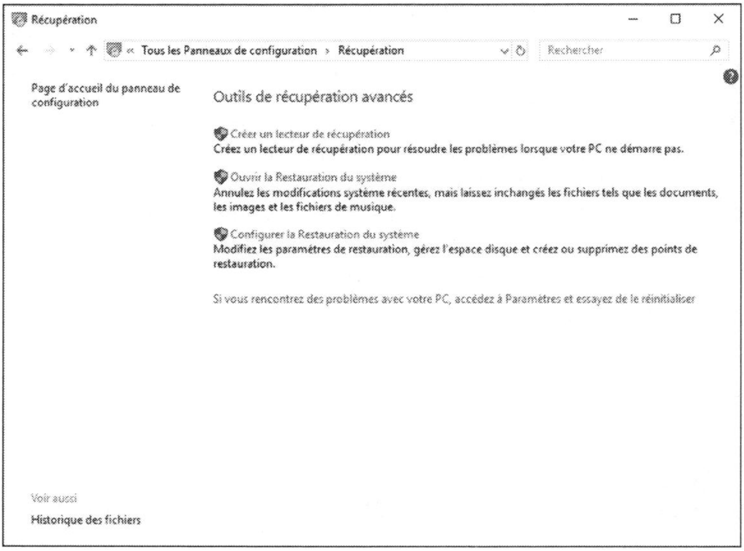

FIGURE 4.13 La récupération, une option de dernier recours.

Vous accédez à des outils de récupération. Ils permettent de créer un lecteur de récupération, c'est-à-dire un disque sur lequel vous booterez votre PC quand celui-ci refusera d'accéder à Windows. Bien entendu, cette création doit se faire avant que les choses tournent mal.

Vous pouvez également ouvrir la restauration du système afin de restaurer un point de restauration à une date où votre PC fonctionnait très bien. Dans le même ordre d'idée, quand votre PC fonctionne bien, cliquez sur Configurer la restauration du système afin de créer un point de restauration d'un PC parfaitement opérationnel.

Enfin, le dernier lien sera utilisé lorsque ça va mal, mais alors vraiment mal. Il ouvre la section Récupération des paramètres Windows étudiée au Chapitre 2 du Livret VIII.

Chapitre 5

Utiliser les outils système

DANS CE CHAPITRE :

» **Le Gestionnaire des tâches**

» **Installer un nouveau disque dur**

Windows foisonne d'outils qui vous permettent de tout faire : de sortir le chien à faire un expresso, du moins si votre ordinateur en était capable. Dans ce chapitre, je vous présente en détail les outils spécifiques qui vous seront très utiles.

Gestionnaire des tâches

Windows possède un poste de commandes clandestines que vous pouvez utiliser si vous connaissez la combinaison secrète, enfin, le bon raccourci clavier. Bref. Le raccourci clavier (ou séquence de tape) marche tout le temps sauf si Windows est éteint.

Le Gestionnaire des tâches peut effectuer toutes ces tâches :

» **Arrêter un programme :** Ce qui peut être pratique si par exemple Microsoft Edge se gèle et que vous ne parvenez pas à récupérer quoi que ce soit. Il suffit d'un petit détour par le Gestionnaire des tâches et hop le problème est résolu !

Windows tente de fermer l'application sans détruire les données. S'il y parvient, l'application disparaît de la liste. S'il n'y arrive pas, il affichera l'option de fermeture de l'application (appelée sans la moindre imagination *Terminer maintenant*) ou l'ignorera simplement en vous permettant de poursuivre votre chemin.

» **Passer d'un programme à l'autre :** Ce qui est assez pratique si vous êtes dans un jeu et que vous souhaitez passer à une autre application. Vous pouvez également passer par le programme vignette ou le bureau.

» **Déterminer le processus qui monopolise votre processeur** : Il y a une liste très grande d'éléments de programme appelés *processus* et un classement à la seconde près vous indique le temps que met l'ordinateur à exécuter le processus. Cette liste est sans valeur si votre ordinateur est lent comme un escargot parce qu'il vous sera impossible de déterminer le programme qui monopolise le processeur.

» **Déterminer le processus qui occupe le plus de mémoire, utilise le plus de disque ou s'octroie la plus belle part du réseau** : Il est parfois difficile de trouver le programme fautif. Mais le Gestionnaire des tâches sait tout, voit tout et dit tout.

» **Récupérer une image de l'utilisation du processeur, de la mémoire, du disque, ou du réseau :** Ces informations sont très instructives et peuvent vous décider à acheter plus de mémoire.

» **Déterminer les applications du mode Tablette qui utilisent le plus de ressources à un moment donné** : est-ce la caméra ? Pinball ?

Désactiver les programmes qui s'exécutent automatiquement est assez facile. On a tous des programmes qui démarrent automatiquement et qui occupent le temps de démarrage, ajoutent une charge au système, causent des dommages et peuvent même être dangereux. Le Gestionnaire des tâches affiche les principaux programmes qui démarrent automatiquement et vous propose de les désactiver.

» **Envoyer un message aux autres utilisateurs PC :** Les messages s'affichent sur l'écran de verrouillage lors de la fermeture de session.

» **Forcer le Gestionnaire des tâches à rester au-dessus de toutes les autres fenêtres :** Y compris les fenêtres plein écran.

Voici comment faire apparaître la version couteau suisse du Gestionnaire des tâches Windows :

1a. *Si vous avez un clavier, appuyez sur les touches Ctrl + Alt + Suppr ; Windows bascule vers un écran contenant une liste dans laquelle vous cliquerez sur Gestionnaire des tâches.*

1b. *Exécutez le raccourci clavier Ctrl + Maj + Échap pour accéder directement au Gestionnaire des tâches.*

Le Gestionnaire des tâches apparaît avec la liste des applications en cours d'exécution (voir Figure 5.1). En général, la liste com-

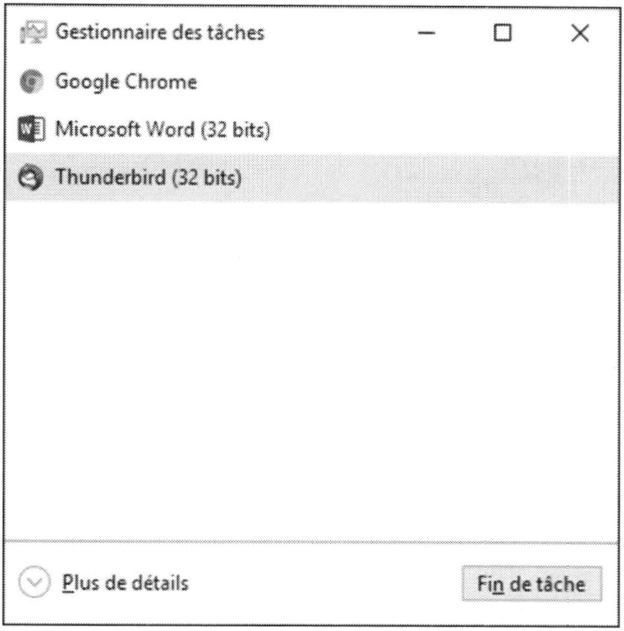

FIGURE 5.1 Le Gestionnaire des tâches Windows permet de contrôler les programmes en cours d'exécution.

prend toutes les applications vignettes ainsi que les programmes qui s'exécutent sur le bureau.

2. **Pour fermer un programme en cours d'exécution, tapez ou cliquez dessus, puis cliquez sur le bouton Fin de tâche.**

   Le programme poursuit son exécution pendant une ou deux minutes, certains programmes sont tenaces, mais à la fin ils finissent tous par succomber à la force de préemption.

3. **Pour afficher les autres options, cliquez sur Plus de détails.**

   L'onglet processus du Gestionnaire des tâches apparaît. Voir Figure 5.2.

Les processus du Gestionnaire des tâches

Dans l'onglet Processus, le Gestionnaire des tâches regroupe les programmes en cours d'exécution en fonction du type de programmes :

» **Les applications** sont les programmes fréquents. Ce sont eux que vous ouvrez ou que vous avez configurés pour qu'ils s'exécutent automatiquement.

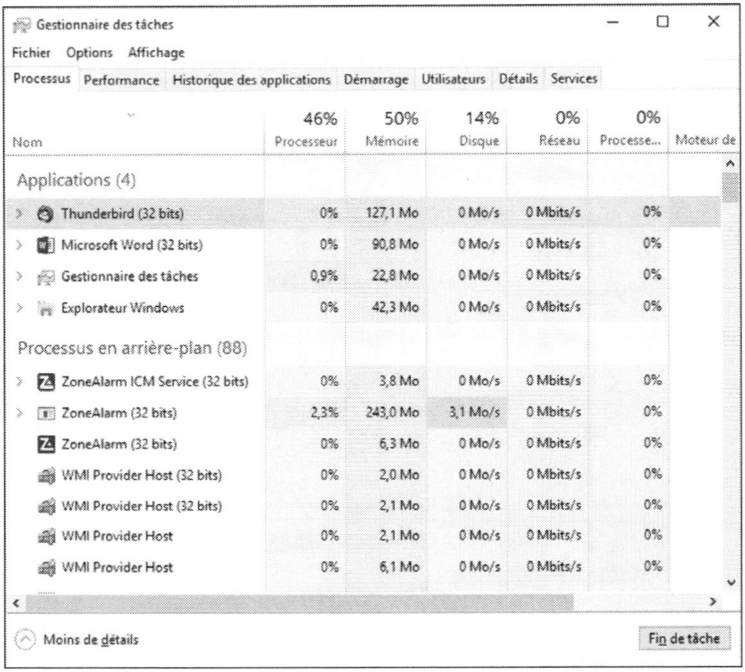

FIGURE 5.2 Le Gestionnaire des tâches classe les processus en temps réel.

- **Les processus en arrière-plan** font fonctionner des morceaux de programme et de pilotes.
- **Les processus Windows** sont similaires aux processus en arrière-plan, sauf qu'ils font partie intégrante de Windows.

Cliquez sur l'en-tête d'une colonne (comme Processeur, Mémoire, Disque ou Réseau) pour que le Gestionnaire des tâches trie en fonction d'une valeur particulière.

Dès que vous ouvrez un nouveau programme, il apparaît dans la liste Applications et tous les programmes en arrière-plan qu'il comporte figurent dans la liste Processus en arrière-plan. Les applications vignettes plein écran qui sont fermées disparaissent de la liste. Un coup d'œil dans l'onglet Processus vous permet de vérifier si un programme monopolise les ressources de votre machine comme les cycles du processeur, la mémoire, l'accès au disque ou au réseau.

Performance du Gestionnaire des tâches

L'onglet Performance du Gestionnaire des tâches (voir Figure 5.3) affiche un graphique de l'utilisation du processeur, de la mémoire al-

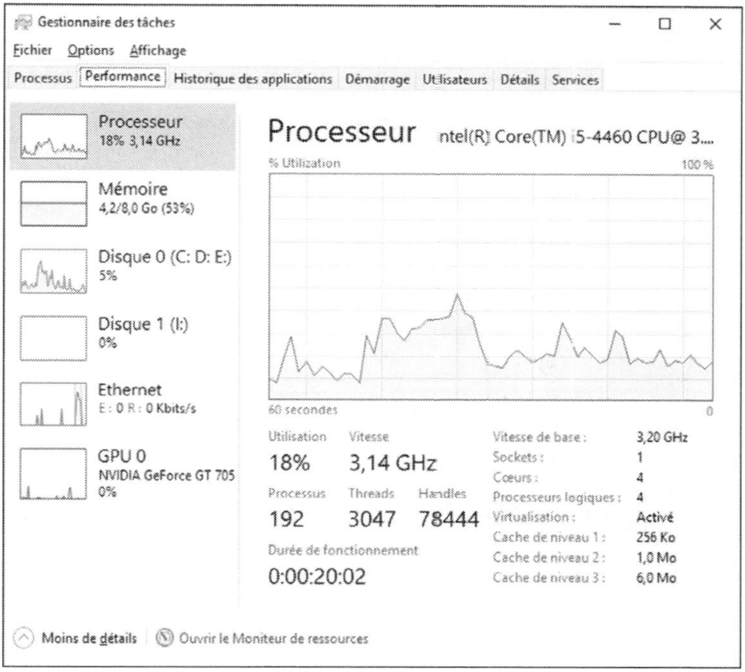

FIGURE 5.3 Les onglets sur les quatre principaux composants des performances de votre PC.

louée, de l'activité du disque dur et du volume de l'exécution des données entrant ou sortant de votre machine.

Pour avoir plus d'informations détaillées, dont l'utilisation de chaque composant du processeur, cliquez sur le lien Ouvrir le moniteur de ressources.

Historique des applications

L'onglet Historique des applications (voir Figure 5.4) compte le temps passé sur chacune des applications vignettes de Windows Store. Tapez ou cliquez sur le titre de la colonne pour trier.

Démarrage

Vous savez sans doute que Windows exécute automatiquement certains programmes à chaque démarrage et que ces programmes s'avèrent quelquefois acariâtres. L'onglet Démarrage, reproduit à la Figure 5.5, représente un grand pas en avant de l'utilisabilité de Windows. Il affiche tous les programmes qui ont démarré automatiquement à chaque ouverture de session sur Windows.

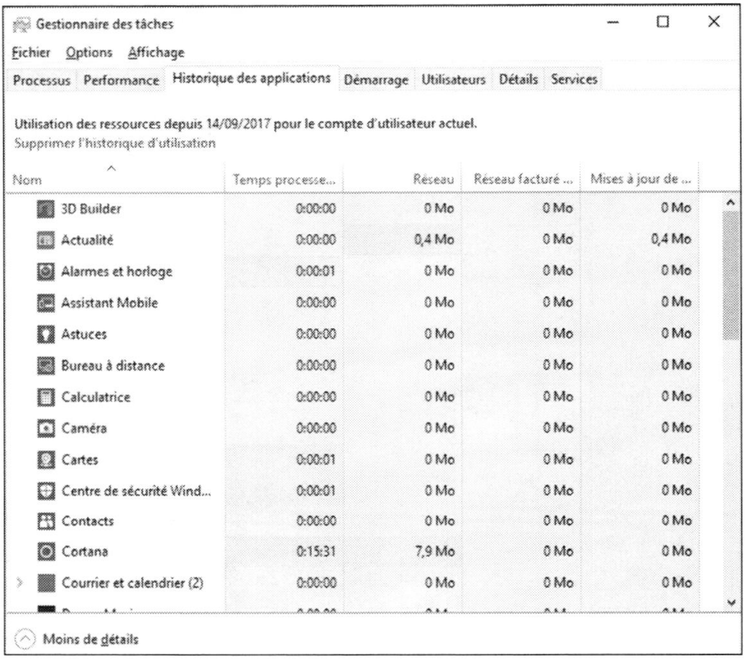

FIGURE 5.4 Une liste du temps passé à jouer ou à utiliser chaque application vignette de Windows Store.

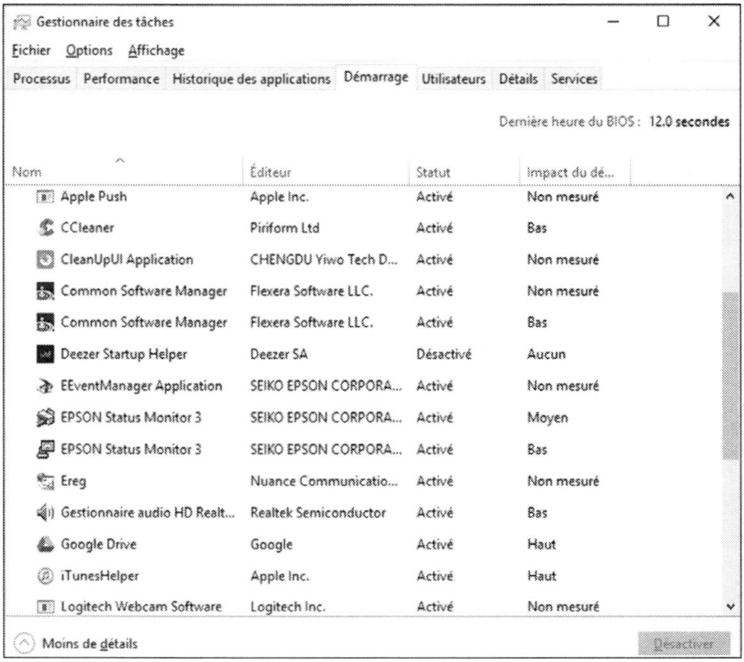

FIGURE 5.5 Un sous-ensemble des programmes qui démarrent automatiquement.

Pour désactiver un programme qui démarre automatiquement, tapez ou cliquez dessus, sur le bouton Désactiver, puis redémarrez Windows.

L'onglet Démarrage affiche les programmes des applications, leurs programmes d'aide et quelquefois des programmes problématiques qui recourent à des astuces bien connues pour s'exécuter à chaque démarrage de Windows. Malheureusement, les programmes vraiment mauvais trouvent souvent la parade pour se cacher et n'apparaissent pas dans la liste.

Ne désactivez pas un programme qui démarre automatiquement juste parce qu'il vous semble superflu ou parce que vous pensez qu'il contribue au réchauffement climatique ou encore qu'il s'exécute lentement. En règle générale, si vous ne savez pas exactement ce que fait un programme qui démarre automatique, n'y touchez pas ! Surtout si ce sont des applications vignettes.

En revanche, si parmi les programmes qui démarrent automatiquement qui ne sont pas estampillés Microsoft, vous trouvez des choses que vous ne voulez pas ou dont vous n'avez pas besoin, le mieux est encore de les mettre à la corbeille.

Utilisateurs

Si vous passez par le compte Administrateur, l'onglet Utilisateurs, comme illustré à la Figure 5.6, vous permet de voir ce qui se passe avec les personnes qui ont une session ouverte sur votre ordinateur.

Le chiffre qui apparaît à droite du nom de l'utilisateur est le nombre de processus qu'utilise actuellement l'utilisateur. Tapez ou cliquez sur la pointe de la flèche située à gauche du nom de l'utilisateur pour afficher la liste complète de tous ces processus.

Détails et Services

Si vous avez utilisé le Gestionnaire des tâches dans Windows 7 ou précédent, vous devriez reconnaître la version reproduite à la Figure 5.7. L'onglet Détails affiche tous les processus en cours d'exécution, sans tenir compte de l'utilisateur auquel sont rattachés les processus.

De la même manière, l'onglet Services liste tous les services Windows qui ont été lancés. Très rarement, vous trouverez un message d'erreur Windows vous indiquant qu'un service Windows (ou de l'imprimante ou du réseau) n'est pas en cours d'exécution. Cet onglet vous permet de déterminer les services en cours d'exécution.

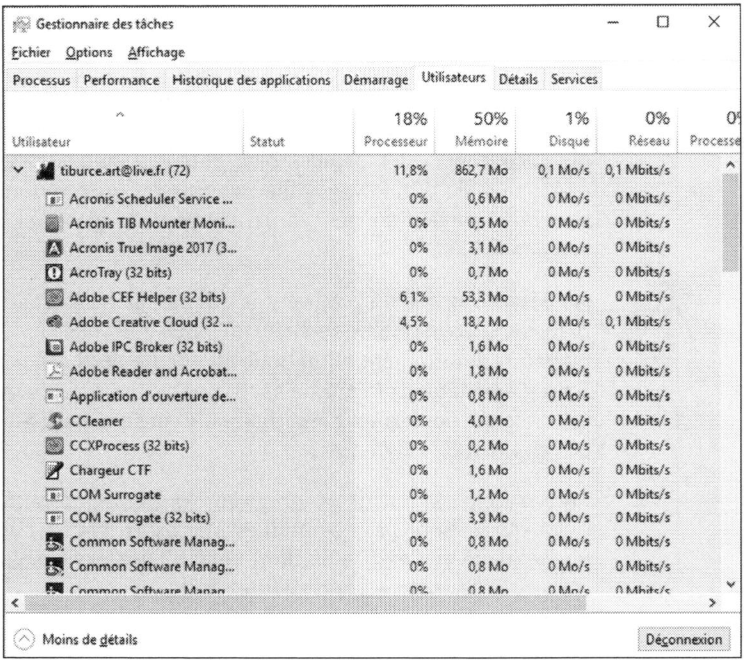

FIGURE 5.6 Voir ce que font actuellement les autres utilisateurs.

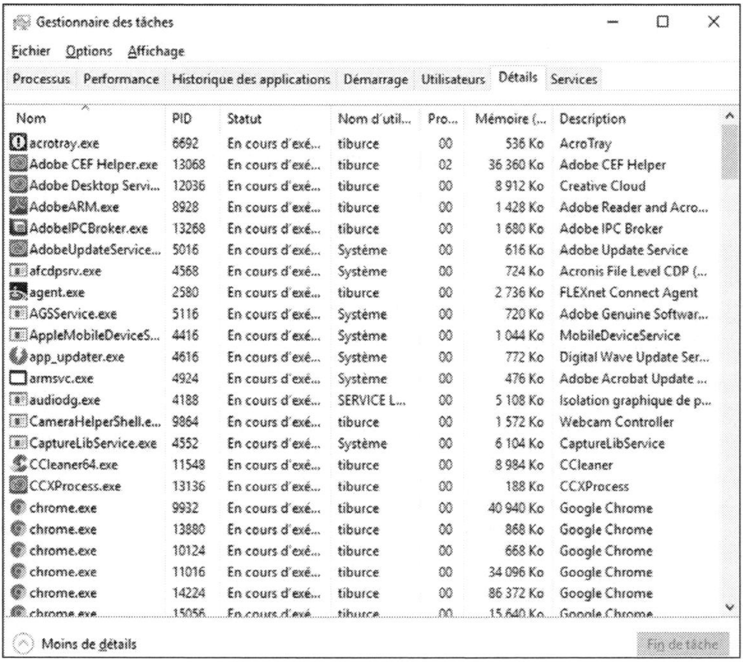

FIGURE 5.7 Toutes les informations détaillées sur tous les processus sont listées ici.

Installer un deuxième disque dur

Installer un disque dur externe sur un PC Windows 10 est très dur : il faut d'abord arrêter l'ordinateur, brancher le câble USB ou eSATA à votre PC, puis l'allumer... et c'est fini !

Certes, les fabricants de disques durs externes ont des logiciels assez fantaisistes. Eh oui, ne les utilisez pas. Windows connaît toutes les astuces pour les contourner. Si vous installez un disque dur, interne ou externe, supplémentaire, configurez-le *via* l'Historique des fichiers (voir Livret VIII, Chapitre 1). Vous installez deux disques supplémentaires, activez l'espace de stockage (voir Livret VII, Chapitre 4). Aucun des programmes Windows ne passe ni ne doit passer directement par les logiciels d'installation des fabricants de disques durs.

Installer un deuxième disque dur interne dans un PC est un peu plus compliqué que brancher un disque externe à son port USB. Quasiment tous les ordinateurs de bureau peuvent gérer plusieurs disques durs internes ainsi que quelques ordinateurs portables.

Voici comment procéder :

1. **Éteignez votre ordinateur. Ouvrez le boîtier, placez le nouveau disque dur, reliez les câbles et sécurisez-le sans doute avec des vis. Fermez le boîtier. Allumez votre ordinateur et ouvrez une session Windows.**

   Si vous avez besoin d'aide, le site Web du fabricant donne sans doute des instructions. Insérer un nouveau disque dur dans le boîtier est vraiment très simple, même si vous n'avez jamais vu l'intérieur d'un PC.

2. **Faites un clic-droit sur le bouton Démarrer et, dans le menu contextuel qui s'affiche, choisissez Gestion du disque.**

   La boîte de dialogue Gestion des disques apparaît comme illustrée à la Figure 5.8.

   Il est fort possible que Windows, détectant la présence d'un nouveau disque dur, affiche la boîte de dialogue « Vous devez formater le disque du lecteur X: avant de l'utiliser ». Dans ce cas, vous cliquerez sur Formater le disque. Suivez ensuite les instructions qui s'affichent à l'écran. Si cette boîte de dialogue n'apparaît pas, ou si vous ne souhaitez pas la prendre en compte, poursuivez à l'Étape 3.

3. **Faites défiler la liste verticalement pour localiser le nouveau disque, sans doute annoté Non alloué.**

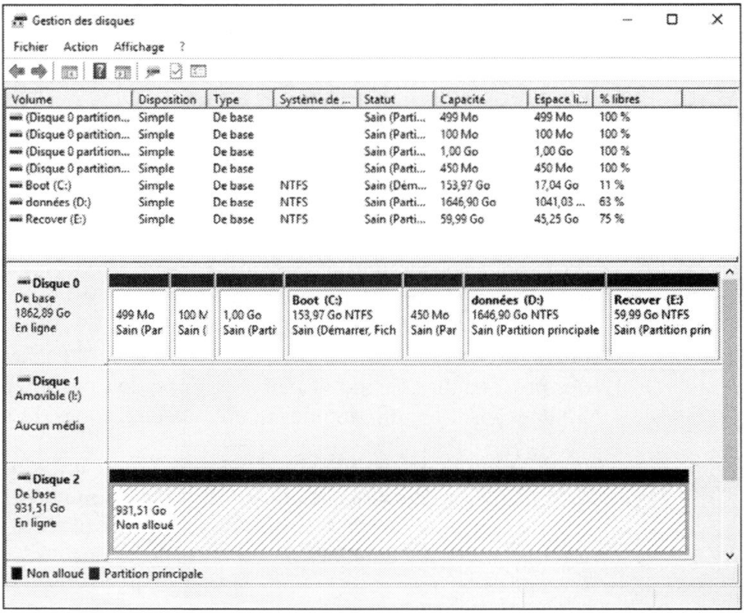

FIGURE 5.8 Ajoutez ici un nouveau disque dur.

4. **Faites un clic-droit dans la zone Non alloué et, dans le menu contextuel qui apparaît, choisissez Nouveau volume simple.**

   L'assistant Création d'un volume simple apparaît, comme reproduit à la Figure 5.9.

5. **Cliquez sur Suivant.**

   Spécifiez la taille du volume.

6. **Laissez les chiffres tels quels, vous utiliserez tout le disque dur, et cliquez sur Suivant.**

   L'assistant vous demande d'attribuer une lettre au disque dur. En général, c'est D.

7. **Si vous voulez vraiment une autre lettre que D (mais la plupart des gens choisissent le D par défaut), faites-le maintenant. Cliquez sur Suivant.**

   L'assistant vous demande si vous voulez utiliser un autre système de fichier que NTFS ou paramétrer une unité d'allocation différente. Ne le faites pas.

8. **Cliquez sur Suivant.**

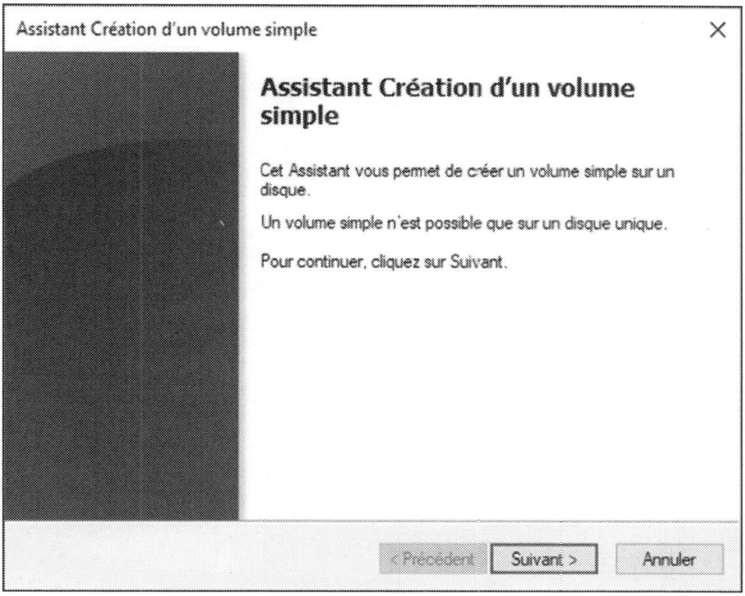

FIGURE 5.9 L'assistant vous guide à travers toutes les étapes.

9. **Si le système vous le demande, formatez le disque. Choisissez le système de fichiers NTFS, nommez le volume dans le champ Nom du volume, et cliquez sur le bouton Suivant.**

   Donnez un nom significatif de l'utilisation du disque dur, comme Photos, Vidéos ou bien encore Bureautique, voire Musique.

10. **Cliquez sur Terminer.**

    Windows termine bruyamment sa tâche et vous avez un nouveau disque dur prêt à l'emploi.

Si vous avez plus de trois disques branchés ou dans votre PC, songez à configurer Espaces de stockage. C'est un remarquable morceau de technologie qui conserve les copies redondantes de toutes les données et protège des échecs catastrophiques de tous les lecteurs de données (voir Livret VII, Chapitre 4).

IX
Sécuriser Windows 10

Chapitre 1

Espions, spams, escrocs

DANS CE CHAPITRE :

- **Déterminer les dangers et les canulars**
- **Rester informé par des sources fiables**
- **Détecter si on est infecté**

De version en version, Windows a présenté plus de failles que n'en compte la croûte terrestre. Les évolutions étant, Microsoft a su les dissimuler avec plus ou moins de réussite. C'est Windows 7 qui a apporté le premier de réelles capacités de sécurité innovantes. Il représentait la première rupture significative d'une longue tradition de l'approche léthargique de la sécurité.

Windows offre des améliorations en matière de sécurité assez marginales et des mesures de protection qui permettent de vous protéger. Il inclut aussi un programme antivirus très efficace. C'est important.

Dans ce chapitre, je vous présente les sources des vraies menaces (et d'autres informations détaillées sont dans les autres chapitres de ce livret). Aussi surprenant que cela puisse paraître, Adobe, Microsoft, et Oracle constituent les plus grandes failles qui permettent aux personnes malintentionnées d'infiltrer Windows. Je vous présenterai toutes sortes de problèmes auxquels sont confrontés les utilisateurs des systèmes et vous proposerai des solutions adaptées.

Le plus important est que vous compreniez qu'une arme à feu ne vous sera d'aucun secours (1) et que si vous avez suffisamment de bon sens et d'agilité dans les doigts (pour cliquer) (2), vous ne dépenserez pas un seul centime dans la protection contre les logiciels malveillants.

Comprendre les dangers… et les canulars

Bon nombre des virus très célèbres qui ont déferlé sur Internet cette dernière décennie, Rustocks, Waledacs, Esthosts, Confickers, Mebroots, Bagles, Netskys, Melissas, ILOVEYOU, Blasters et Slammers, entre autres, se servent de la programmabilité intégrée des applications informatiques ou tirent parti des trous de sécurité Windows pour pénétrer des machines sans protection.

Depuis une dizaine d'années, les concepts ont changé, mais les anciennes menaces demeurent et ont pris une autre tournure : pour l'odeur de l'argent et quelquefois pour des motivations politiques, des systèmes ont été *craqués* (*se frayer un chemin dans des ordinateurs à des fins néfastes*) et sont bien plus sophistiqués. Ce qui avait commencé comme un petit jeu de voyous jouant aux apprentis programmeurs est devenu un vrai business rentable, même très rentable.

Où est l'argent ? Du moins en ce moment et dans un proche avenir, les plus grands profits se font en utilisant des attaques réseau de zombies et d'hameçonnage. Ces attaques sont les plus sophistiquées et les plus difficiles.

Les principales voies de contamination

Que faire en cas d'infection ?

Selon le rapport sur les données de sécurité de Microsoft, l'unique et la plus grande faille de sécurité est localisée entre vos deux oreilles. Cela fait de nombreuses années que les menaces informatiques les plus grandes correspondent à la découverte de nouveaux trous de sécurité : les personnes malveillantes s'en servent avant que vous n'ayez appliqué les correctifs sur votre machine. Ces trous attirent énormément d'attention, notamment dans la presse, mais ils ne sont pas la cause principale de l'infection. La très grande majorité des infections est due à la négligence des utilisateurs qui cliquent sur des liens sur lesquels ils ne devraient pas.

Ces deux dernières années, les trous de sécurité Windows ont quitté le droit chemin en infectant les machines Windows. Selon les statistiques que vous lirez, entre 70 et 90 % des infections Windows se sont propagées *via* Java, Flash, et Adobe Reader. Vous allez sur un site Web malicieux, cliquez sur un lien sur lequel vous ne devriez pas et Java, Flash ou un mauvais fichier PDF apparaît et prend le contrôle de votre ordinateur. Quelquefois, vous n'aviez même pas besoin de cliquer, en particulier si vous utilisiez d'anciennes versions de Microsoft Edge.

Zombies et réseau de zombies

De plus en plus régulièrement, Microsoft poste une nouvelle mise à jour outil de suppression de logiciel malveillant qui scanne les ordina-

QU'EST-CE QU'UN DÉBORDEMENT DE TAMPON ?

Si vous suivez l'évolution des logiciels malveillants en général et la bataille engagée contre Windows en particulier, vous avez sans doute rencontré le mot de débordement ou dépassement de tampon, l'instrument préféré dans l'arsenal des auteurs de virus. Un débordement de tampon peut sembler assez mystérieux, mais dans la réalité il est assez simple.

Les programmeurs mettent de côté dans leurs programmes de petites zones pour transférer des données d'un programme à l'autre. Ces petites zones sont des tampons. Lorsqu'il y a trop de données dans un tampon (ou si le tampon est trop petit pour contenir toutes les données qu'on lui a envoyées), un problème peut arriver. On pourrait penser que le programme se rendrait compte que quelque chose ne va pas, mais il n'est pas assez intelligent pour détecter le problème et il abandonne.

Lorsqu'il y a trop de données dans le tampon, certaines peuvent se répandre dans le programme lui-même. Si l'intrus malveillant qui a placé trop de données dans le tampon est très malin, il peut convaincre le programme que les données en trop ne sont pas des données, mais sont en fait une partie du programme en attente d'exécution. Le ver se colle à une quantité de données dans un petit espace et s'assure que l'élément qui est en échec effectuera quelque action malveillante que veut le créateur du ver. Lorsque le mal est fait, le programme exécute lui-même les données qui étaient fournies dans le tampon en lançant un programme écrit par le créateur du ver. C'est de cette manière que le débordement de tampon prend le contrôle de votre ordinateur.

Tous les vers qui utilisent un trou de sécurité *via* un débordement de tampon tirent parti d'une stupide erreur de programmation dans Windows, mais de nos jours, les débordements de tampon se produisent plus souvent dans Flash ou Java. Force est de constater que si Java perdure, Flash est de plus en plus abandonné au profit de sites entièrement conçus en HTML5.

teurs PC à la recherche de logiciels malveillants et les supprime. Dans une étude récente, Microsoft a rapporté que sur les 62 % des systèmes informatiques où l'on avait trouvé des logiciels malveillants, 62 % avaient aussi des portes dérobées. Ce chiffre donne à réfléchir.

Un programme de *porte dérobée* va contourner les mesures de sécurité Windows usuelles et permettre de prendre le contrôle de la machine sur Internet, transformant votre machine en un zombie. Les portes dérobées les plus sophistiquées permettent aux personnes malveillantes d'adapter (ou de mettre à jour) à distance le logiciel malveillant qui tourne sur une machine infiltrée.

Vous avez des portes dérobées lorsque vous installez un programme (que vous voulez) sans savoir que ce programme dissimule une porte dérobée.

Moins fréquentes, les portes dérobées peuvent être introduites *via* une infection : des vers comme The ZeuS, Rustock, Waledac, TDL4/Alureon, Conficker, Mebroot, Mydoom et Sobig ont installé des portes dérobées. La plupart des infections se propagent sur des PC où l'on n'a pas mis à jour Java, Flash ou Adobe Acrobat Reader. Le système d'infection le plus courant est le *débordement de tampon* (voir l'encadré ci-après « Qu'est-ce qu'un débordement de tampon ? »).

Un hacker qui contrôle une machine par une porte dérobée ne le criera pas sur les toits. Mais s'il rejoint un réseau de zombies, un groupe de centaines ou de milliers de PC, il pourra alors entreprendre des actions d'envergure :

- Un réseau de zombies exécute un logiciel *espion de clavier* (un programme qui enregistre tout ce que vous tapez sur votre ordinateur et envoie sporadiquement les données au contrôleur du réseau de zombies) et peut ainsi recueillir toutes sortes d'informations intéressantes. Ce qui pose un grave problème : qui recueille et fait circuler les informations de l'espion ? Le plus gros, ce sont des données volées. Comment scanner des millions de caractères des données d'ouverture de session et récupérer un numéro de compte bancaire ou un mot de passe ?
- Des hommes d'affaires peu scrupuleux recrutent des contrôleurs de réseau de zombies pour faire circuler des spams, des adresses électroniques « récoltées » et même pour envoyer *des attaques directes par déni de service* (*DDoS*) contre les sites concurrents (une attaque par déni de service dirige simultanément des milliers d'ordinateurs contre un site particulier, bloquant ainsi son accès).

Vous pouvez être victime d'un réseau de zombies. Le réseau zombies Rustock a été responsable de l'envoi d'entre 10 et 30 milliards de spams par jour. Les spammeurs payaient les gestionnaires de Rustock, que ce soit directement ou sous forme de commission, en fonction du nombre de renvois.

Les réseaux zombies les plus prospères s'exécutent comme *des kits de démarrage* (*rootkit* en anglais, ensemble de programmes) qui exploitent en profondeur Windows en dissimulant des fichiers et rendant extrêmement difficile leur détection.

Vous avez sans doute entendu parler des kits de démarrage dans les années 2005, lorsque deux chercheurs en sécurité ont découvert que

QUID DE STUXNET ?

Certains sujets traitant de l'informatique ont fait la une de la presse, comme le ver Stuxnet, élément spécifique à Windows des logiciels malveillants, qui apparemment s'est infiltré dans plusieurs installations de traitement d'uranium enrichi en Iran.

Voici ce dont je suis sûr sur Stuxnet : il est transmis par Windows, mais reste inoffensif tant qu'il n'est pas connecté à un type d'ordinateur Siemens spécifique que l'on utilise dans l'automatisation industrielle. Quand il se connecte à ce type d'ordinateur Siemens, il infiltre un kit de démarrage dans l'ordinateur en question, ce qui perturbe le fonctionnement des contrôles de l'ordinateur. Or, cet ordinateur Siemens contrôlait les centrifugeurs des installations de traitement d'uranium enrichi en Iran.

Tout le reste n'est que pure spéculation. Les auteurs de Stuxnet sont d'excellents experts à la fois dans les méthodes d'infection *via* Windows et dans la programmation des ordinateurs Siemens. David Sanger, correspondant à Washington du *New York Times* a affirmé dans son livre *Guerres et Secrets : les coulisses de la Maison Blanche* que Stuxnet est à l'origine une collaboration entre les services secrets américains et israéliens. Mais il n'existe aucune confirmation de la source de Stuxnet, ni des dommages qu'il aurait causés.

des CD de Sony BMG avaient installé subrepticement des kits de démarrage sur des ordinateurs. Il suffisait de lire le CD pour installer le kit de démarrage. Quelques procès plus tard, Sony s'est finalement rendu compte de cette erreur et a juré de ne plus distribuer de kits de démarrage avec ses CD (les chercheurs, Mark Russinovich et Bryce Cogswell ont été ensuite engagés par Microsoft).

Cela dit, Microsoft a été vivement critiquée par des membres de la communauté de sécurité informatique pour « entrave et compromission d'un grand nombre d'enquêtes internationales aux États-Unis, en Europe et en Asie » au profit d'une justice expresse.

Hameçonnage

Croyez-vous vraiment que des messages d'eBay, PayPal (ou d'IRS, de Visa, de MasterCard, *etc.*) vous demandant de vérifier votre mot de passe (ou numéro de sécurité sociale, ou numéro de compte, ou adresse, ou téléphone, ou nom de jeune fille de votre mère ou toute autre information personnelle) soient officiels ? À votre avis ?

Avez-vous déjà reçu un message de quelqu'un d'eBay vous demandant de payer l'ordinateur (ou autre chose) que vous avez acheté et vous menaçant de faire un mauvais commentaire. Oui ? Ou alors une notification vous signalant que vous avez reçu une carte de vœux en ligne d'un membre de votre famille et quand vous allez la récupérer, on vous demande votre numéro de carte de crédit ? *L'hameçonnage* (*phishing*, en anglais), l'envoi de messages électroniques qui tentent de faire entrer des informations personnelles en utilisant généralement un faux site Web, a atteint des niveaux de sophistication qui dépassent les institutions financières elles-mêmes. Certains messages d'hameçonnage, tels que le faux message reproduit à la Figure 1.1, vous avertissent des dangers de l'hameçonnage afin d'endormir vos soupçons et que vous donniez votre numéro de compte et mot de passe à un escroc au Kazbukistan (ou New York).

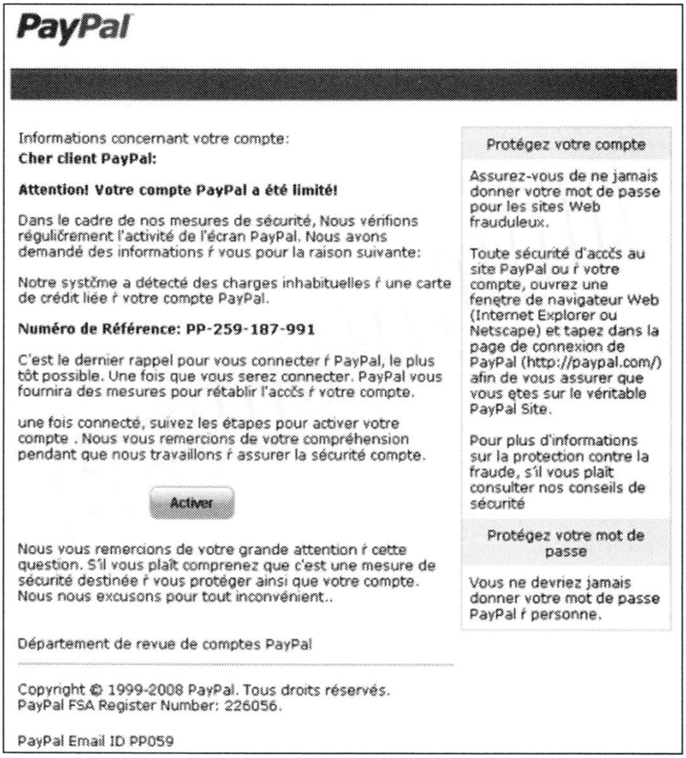

FIGURE 1.1 Si vous cliquez sur le lien, vous ouvrez une page qui ressemble à s'y méprendre à la page de PayPal et toutes les informations que vous saisissez sont envoyées à l'escroc.

Voici comment marche l'hameçonnage :

1. Un escroc, qui utilise souvent un faux nom et une carte de crédit volée, crée un site Web.

En général, le site semble professionnel, ce qui empêche souvent de le différencier du site authentique.

2. Le site Web demande des informations personnelles, le plus souvent votre numéro de compte et mot de passe ou encore le code de votre carte bancaire. Voir l'exemple de la Figure 1.2.

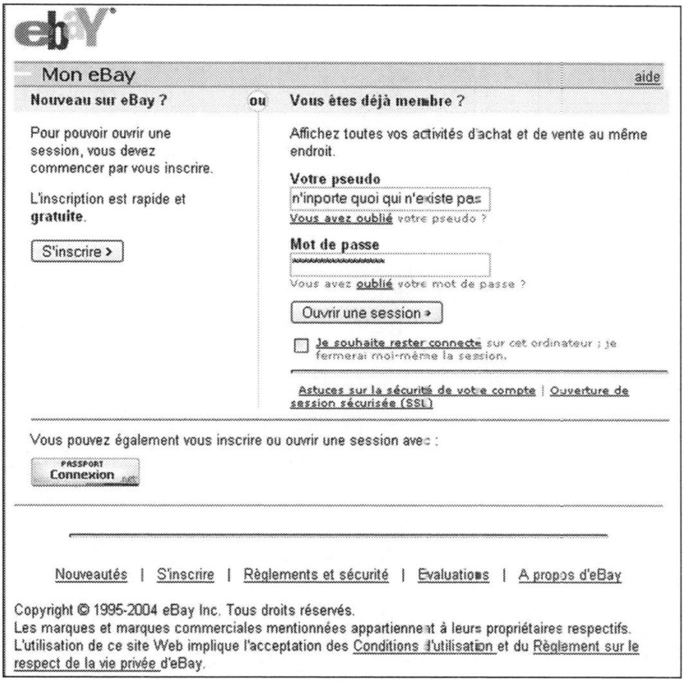

FIGURE 1.2 Cette page d'inscription est une version frauduleuse d'eBay. Y voyez-vous une différence avec le site original ?

3. L'escroc envoie des centaines de milliers de faux messages.

   Les messages ont un lien vers le faux site Web et ont un discours crédible qui vous incite à aller sur ce site, à vous connecter et à faire ce qu'on vous demande sans en préciser les conséquences. L'adresse de l'expéditeur de ces messages est falsifiée afin qu'il puisse sembler venir de l'entreprise en question.

   Il contient aussi des logos officiels, certains incluent même des liens vers le vrai site, même si le message incite à cliquer sur le lien qui redirige son destinataire vers le faux site.

4. Un petit pourcentage des destinataires de spam l'ouvre et clique sur le lien du faux site.

5. S'ils ont saisi des informations personnelles, elles sont envoyées directement à l'escroc.

6. L'escroc surveille le trafic entrant du site Web, rassemble les informations données par les utilisateurs naïfs et s'en sert très vite, en se connectant au site Web de leur banque et en tentant de faire un virement ou en faisant une fausse carte bancaire avec le code.

7. Un ou deux jours plus tard, quelquefois quelques heures plus tard, le site Web est fermé et tout disparaît comme si de rien n'était.

L'hameçonnage est devenu très populaire, ne serait-ce que par l'envoi de nombreux messages. Un escroc peut en effet envoyer un million de messages publicitaires aux clients de Wells Fargo pour qu'ils se connectent à leur compte. Un petit nombre de tous les utilisateurs qui ont reçu le message d'hameçonnage sera sans doute clients de Wells Fargo, peut-être un seul pour cent, ce qui représente 10 000 clients quand même.

La plupart des clients de Wells Fargo qui ont reçu le message auront assez de bon sens pour l'ignorer. Mais un pourcentage non négligeable, peut-être 10 ou 1 pour cent, cliquera dessus. Cela représente quand même entre 100 et 1 000 pigeons, pardon, clients.

Si la moitié des clients qui ont cliqué fournissent des informations sur leur compte, l'escroc récupérera entre 50 et 500 numéros de compte et mots de passe. Si ces informations sont transmises le jour de l'envoi du message d'hameçonnage, l'escroc peut se faire une jolie petite somme et disparaître sans laisser de trace.

Je ne parle pas des paiements en ligne par votre Carte bleue. Les transactions en ligne par carte bancaire sont aussi sûres que celles en face à face, bien plus, car si vous utilisez une carte sécurisée et assurée, vous n'êtes pas responsable de la perte causée par le vol à l'arraché ou tout autre usage frauduleux de votre carte. J'utilise tout le temps ma carte bancaire (voir la section « Utiliser sa carte bancaire en toute sécurité », plus loin dans ce chapitre).

Pour combattre l'hameçonnage avec le navigateur Chrome de Google :

1. **Cliquez sur l'icône des trois traits horizontaux située dans la partie droite de la barre d'adresse.**

2. **Dans le menu local qui apparaît, choisissez Paramètres.**

   Cette action ouvre la page Web des paramètres de Chrome.

3. **Si nécessaire, faites défiler le contenu de la page et cliquez sur le chevron Paramètres avancés.**

4. **Dans la section Confidentialité et sécurité, cochez l'option Assurer votre protection et celle de votre appareil contre les sites dangereux, comme à la Figure 1.3.**

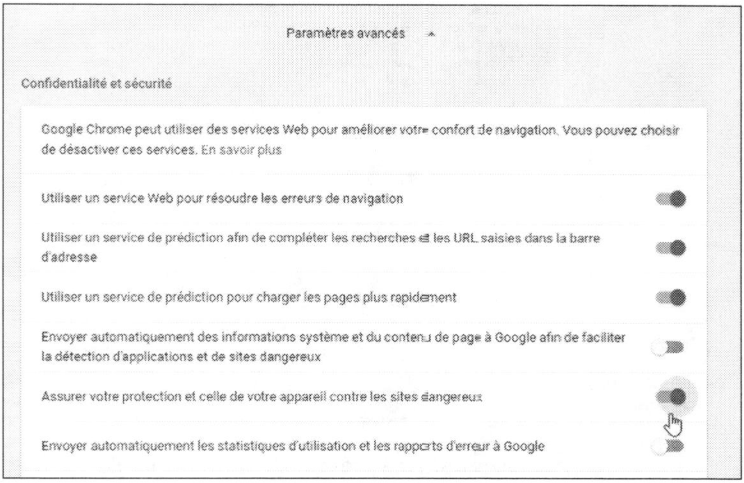

FIGURE 1.3 Protégez-vous contre les sites frauduleux avec Chrome.

Utilisez toujours la version la plus récente de Microsoft Edge, Firefox ou Chrome. Ces trois navigateurs Web comportent des fonctionnalités antihameçonnage sophistiquées bien qu'imparfaites, qui vous avertissent avant de vous aventurer sur des sites d'hameçonnage.

Vous pouvez signaler un site d'hameçonnage à Chrome. Pour cela, rendez-vous à cette adresse `https://www.google.com/safebrowsing/report_phish/`. Vous accédez au petit formulaire illustré à la Figure 1.4. Tapez ou copiez-collez l'adresse du site. Confirmez que vous n'êtes pas un robot, puis tapez éventuellement un message. Enfin, cliquez sur le bouton Envoyer le rapport.

Cette page de délation est accessible depuis n'importe quel navigateur. Vous pouvez donc l'utiliser pour dénoncer un site depuis Microsoft Edge.

Pour vous protéger contre ce genre de site avec le nouveau navigateur Web Microsoft Edge :

1. **Cliquez sur les trois points alignés situés à droite de la barre d'adresse.**
2. **Dans le menu local qui apparaît, cliquez sur Paramètres.**

   Cette action ouvre le volet Paramètres illustré à la Figure 1.5.

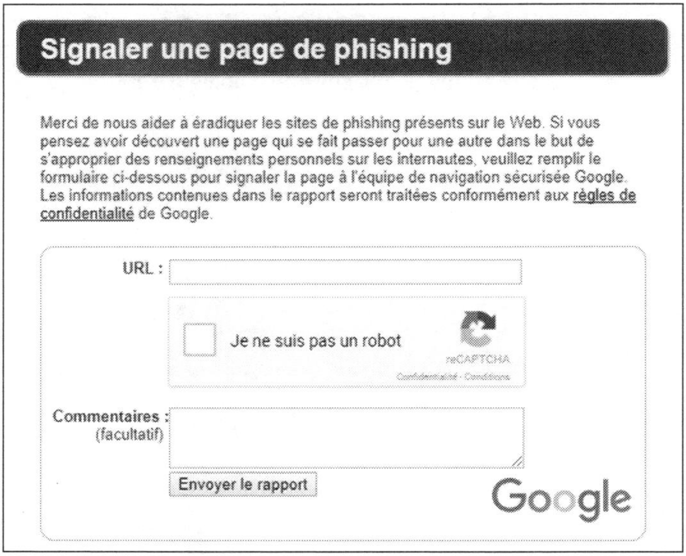

FIGURE 1.4 Signaler une page de phishing à Google via Chrome.

3. **Faites défiler si nécessaire le contenu de ce volet et, dans la section Paramètres avancés, cliquez sur le bouton Afficher les paramètres avancés.**

4. **Tout en bas du volet Paramètres avancés, activez l'option Me protéger contre les sites et téléchargements malveillants avec Windows Defender SmartScreen, comme le montre la Figure 1.6.**

Voici quelques conseils avisés :

» **Si vous recevez un message électronique qui contient un lien vers le Web, ne cliquez pas dessus !** De nos jours, quasiment tous les messages avec des liens commerciaux sont des sites d'hameçonnage. Les institutions financières, en particulier les banques, n'envoient plus de messages avec des liens ; seules quelques-unes osent le faire. Si vous avez le courage de vérifier les propos d'un message, comme celui où un utilisateur d'eBay vous menace d'un procès pour non-paiement d'une marchandise que vous avez achetée, ouvrez la version vignette de votre navigateur (vous serez moins exposé) et entrez à la main l'adresse de l'entreprise.

Vous verrez *vraiment* si le lien pointe vers le site en maintenant le curseur de la souris sur le lien. Pour le moment, il n'y a pas de tape équivalente.

» **N'écrivez jamais d'informations personnelles dans un message électronique**. Ne donnez aucune information personnelle à moins que vous n'ouvriez une session manuellement sur le site Web de l'entreprise. N'oubliez pas que si vos messages électroniques ne sont pas cryptés, ils parcourent Internet sous forme de texte. Toute personne qui fouille les courriers électroniques peut voir tout ce que vous avez écrit. C'est exactement comme si vous envoyez une carte postale.

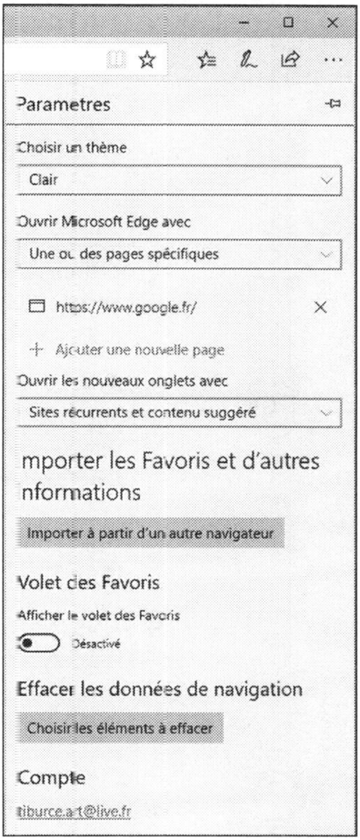

FIGURE 1.5
Le volet Paramètres de Microsoft Edge.

S'informer

Si vous comptez sur le journal de 20 heures pour vous informer sur les menaces les plus récentes, vous déchanterez très vite en vous apercevant que ce n'est pas dans la presse grand public que vous trouverez ce genre d'informations. Si vous êtes journaliste et que vous avez dix minutes pour trouver comment le nouvel exploit 0 day Bandersnatch use *via* la pile TCP/IP le tampon et pour l'expliquer à aux téléspectateurs moyens, comment le feriez-vous ?

Les sections suivantes vous expliquent comment.

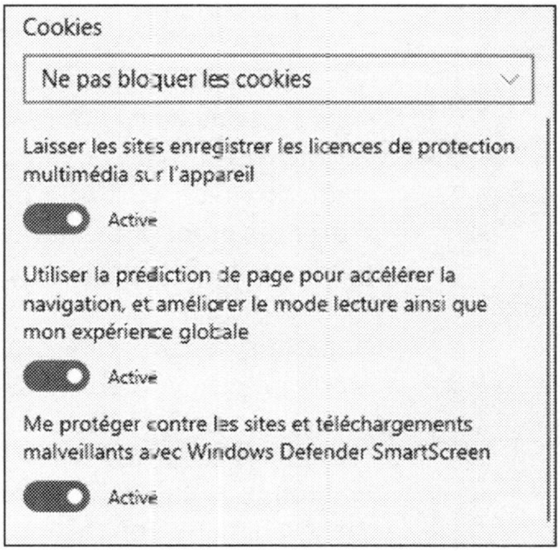

FIGURE 1.6
Protégez-vous des sites frauduleux avec Microsoft Edge.

Trouver des sources fiables

Heureusement, Internet a de nombreuses sources d'informations fiables. Consultez-les régulièrement, notamment quand vous entendez parler d'une nouvelle faille de sécurité informatique, réelle ou imaginaire :

- **Le blog du centre de Sécurité de Microsoft** présente de très nombreuses analyses des menaces entrantes d'un point de vue Microsoft (`http://technet.microsoft.com/fr-fr/security/default.aspx`)

  Les informations que vous lisez sur le blog du centre de sécurité sont à 100 % consacrées à Microsoft, aussi il tend à mettre une dose de « communication » dans les annonces. Toutefois, Microsoft reste la plus grande et la meilleure source pour analyser et résoudre les problèmes Windows. Enfin, vous trouverez sur ce blog des informations que vous ne pouvez trouver nulle part ailleurs.

- **SANS Internet Storm Center (ISC)** regroupe les observations et les analyses de milliers de chercheurs en sécurité. Vous trouverez des informations souvent inédites et très précises de l'ISC à `https://isc.sans.edu/`.

Prenez le temps de consulter régulièrement ces sites et de les ajouter à vos favoris dans Firefox ou Chrome ou Microsoft Edge. Contrairement aux sites Web des fabricants de logiciels antivirus, ces sites ne cherchent pas à vous vendre tel ou tel produit (d'accord, Microsoft va bien tenter de vendre quelque chose, mais vous avez déjà un de ses produits, non ?)

Microsoft publie régulièrement des correctifs de sécurité. Vous pourrez lire à l'avance des notices explicatives sur le blog du centre de sécurité Microsoft. Lors de la parution du correctif, vous trouverez dans les bulletins de sécurité la description et la présentation détaillée de ce correctif grâce à un numéro précis, comme MS13-001 ou MS13-002. Ces correctifs sont joints dans les articles de la Base de connaissances Microsoft avec des numéros de type KB 912345. Microsoft sépare les bulletins des programmes de mise à jour parce qu'un seul bulletin de sécurité peut contenir plusieurs correctifs. Je vous les présente au Chapitre 3 du Livret VIII.

De temps à autre, Microsoft publie aussi des conseils de sécurité, qui généralement annoncent la découverte de nouvelles menaces 0 day dans les produits Microsoft. Vous les trouverez également sur le blog du centre de sécurité de Microsoft.

Déjouer les canulars

Dites-moi si vous avez déjà lu en objet de message :

- « Incroyable discours de Trump » ; « Flash info CNN » ; « Échec de livraison UPS » ; « Des milliers de morts dans [ici, insérer la catastrophe de votre choix] » ; « Écran de grenouilles Budweiser » ; « Ci-joint Correctif de sécurité Microsoft ».
- Un virus peut contaminer votre ordinateur si vous lisez un message qui comprend la phrase « bonne journée » dans la ligne objet (ce qui fut le cas en 1994). *Idem* pour les messages suivants : « Gagner des vacances », « Aidez un pauvre chien à partir en vacances » « Rejoignez la partie » ; « Un moment de silence » ; « Une fleur Internet pour vous », « Une carte virtuelle pour vous » ou encore « Bonne Saint-Valentin ».
- « Un virus mortel est sur la page d'accueil de Microsoft (ou un autre nom d'une entreprise internationale). N'y allez pas ou votre système risque d'être infecté. »
- « Si vous avez un fichier nommé (ici, insérer le nom d'un fichier) installé dans votre machine, il contient un virus. Supprimez-le immédiatement ! »

Toutes ces phrases sont des canulars, il n'y a pas une once de vérité.

Certains canulars servent de couverture à de vrais virus : le message lui-même est un canular, un leurre conçu pour vous faire faire quelque chose de stupide et donc pour infester votre système. Le message vous demande (ou ordonne !!!) de télécharger un fichier ou d'exécuter une vidéo qui agit bizarrement comme un fichier exécutable .exe.

D'autres canulars ne sont que de simples rumeurs qui circulent parmi des personnes bien intentionnées, mais qui n'ont aucune preuve. Ces canulars font aussi des dégâts. En effet, lorsqu'un ver réel est actif et que bon nombre de personnes bien intentionnées envoient une quantité impressionnante d'avertissements, elles génèrent un tel trafic qu'elles causent bien plus de dégâts que le ver lui-même. Bizarre, mais véridique !

- « Un horrible virus est en liberté et est en train de contaminer Internet. »
- « Envoyez une copie de ce message à dix de vos amis et pour chaque transfert Bill Gates fera un don à (ici le nom de l'association caritative de votre choix) de 10 euros »

» « Transférez une copie de ce message à dix amis et ajoutez votre nom dans la liste. Dans (ici, choisir une date), vous recevrez 10 000 euros par voie postale ou la chance vous sourira. »

» Microsoft (Intel, McAfee, Norton, Compaq, qui vous voulez) vous demande de « double-cliquer sur le fichier joint, de télécharger ou non quelque chose, d'aller sur un site précis ou d'éviter un site précis », *etc.*

Si vous pensez que vous êtes tombé sur l'alerte du virus le plus important dans le monde entier par l'intermédiaire du futur ex petit copain de votre coiffeuse qui a une sœur femme de chambre dont l'oncle est juriste (sans oublier qu'il est la personne qui s'y connaît en informatique), comptez jusqu'à dix et tenez compte de ces quatre points importants :

» Aucune société informatique connue (dont Microsoft) ne distribue de mises à jour par courrier électronique. Vous ne devez jamais, ô grand jamais, ouvrir ou lancer un fichier joint à un message électronique tant que l'expéditeur du message ne vous a pas confirmé qu'il vous l'a délibérément envoyé.

» Si Internet est sur le point de s'effondrer, infesté de vers électroniques, la pire façon d'en informer famille et amis est de le faire par courrier électronique ! Prenez le téléphone, sortez ou envoyez un pigeon voyageur et donnez à vos destinataires une adresse Web fiable pour consulter les mises à jour. Je parie qu'ils en ont déjà entendu parler !

Essayez de trouver une solution et non de contribuer au problème ! Et si un ami vous transfère une alerte au virus dans un message électronique, rendez un service à l'humanité connectée : faites-lui une copie des points cités précédemment, demandez-lui de les coller sur son ordinateur et de bien regarder la prochaine qu'il recevra une telle urgence.

Suis-je infecté ?

Comment savoir si vous êtes infecté ?

La réponse est courte : quelquefois, vous ne l'êtes pas. Si vous soupçonnez votre PC d'être infecté, il y a fort à parier qu'il ne l'est pas dans la réalité. Pourquoi ? Parce que les logiciels malveillants ne causent généralement pas les problèmes qu'on leur prête.

Quoi qu'il en soit, ne tombez pas dans le piège de l'escroc qui vous informe qu'il a supprimé 39 infections dans votre ordinateur et que vous lui devez de l'argent pour qu'il supprime les 179 restantes (voir la section « Déjouer les canulars » dans ce chapitre).

Évaluer les signes révélateurs

Voici quelques signes révélateurs qui peuvent, je dis bien *peuvent*, signifier que votre PC est infesté :

- **Une personne vous dit que vous lui avez envoyé un message électronique avec une pièce jointe, mais vous ne lui avez rien envoyé.** En fait, la plupart des logiciels malveillants actuels sont suffisamment malins pour imiter une adresse De. Ainsi, un message infecté semble être envoyé par vos soins, alors que vous n'avez absolument rien fait. De plus, certains vieux virus qui ne sont pas capables de masquer votre adresse électronique sont encore en circulation. Si vous recevez une pièce jointe infestée de la part d'un ami, il y a de fortes chances que votre adresse et la sienne soient passées par un ordinateur contaminé. Bref, les six degrés de séparation et tout le toutim.
- **Vous trouvez des fichiers avec deux extensions de nom de fichier disséminés dans votre ordinateur.** Des noms de fichiers comme kournikova.jpg.vbs (un fichier VBScript se faisant passer pour un fichier image JPG) ou un trucdoc.txt.exe (un programme Windows qui veut paraître un fichier texte) vous feront exécuter votre logiciel antivirus.

  Faites toujours, toujours afficher les extensions de nom de fichier (voir Livret VI, Chapitre 1).
- **Le logiciel antivirus a cessé brusquement de fonctionner.** Si l'icône de votre protection antivirus disparaît de la zone de notification (à côté de l'heure), quelque chose l'a tué et il y a de fortes chances que le coupable soit un virus.
- **Vous ne pouvez pas atteindre les sites Web qui sont associés aux fabricants de logiciels antimalveillants.** Par exemple, Firefox, Microsoft Edge ou Chrome fonctionnent bien avec la plupart des sites Web, mais vous ne pouvez accéder ni à `www.microsoft.com`, ni à `http://www.symantec.com/fr/fr/` ni à `www.macfee.com`. Ce problème est la principale preuve de plusieurs infections.

Que faire en cas d'infection ?

Votre ordinateur est infecté ?

1. **Ne paniquez pas.**

   Il est peu probable que ce soit vraiment le cas.

2. **SURTOUT, NE REDÉMARREZ PAS VOTRE ORDINATEUR !!!!**

   Vous risqueriez de déclencher la mise à jour du virus ! Restez zen !

3. **Lancez un scan complet de votre système. Cliquez sur le bouton Démarrer, puis sur l'icône Paramètres (engrenage).**

4. **Dans la fenêtre Paramètres Windows, choisissez Mise à jour et sécurité.**

5. **Dans la colonne de gauche, cliquez sur Windows Defender.**

6. **Cliquez sur le bouton Ouvrir le Centre de sécurité Windows Defender.**

   Si vous n'utilisez pas Windows Defender, ouvrez votre logiciel antivirus pour exécuter un scan complet.

   L'interface principale de Windows Defender apparaît (voir la Figure 1.7). Reportez-vous au Chapitre 3 du Livret IX pour en savoir plus.

7. **Dans la colonne de gauche, cliquez sur l'icône du Bouclier (Protection contre les virus et menaces).**

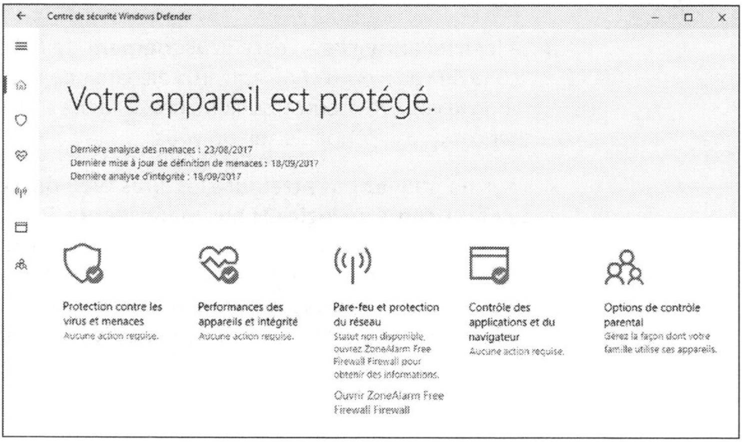

FIGURE 1.7 La nouvelle interface de Windows Defender.

8. **Dans la partie droite de la fenêtre, cliquez sur le lien Analyse avancée.**

9. **Dans les Analyses avancées, activez l'option Analyse complète, puis cliquez sur le bouton Analyser maintenant.**

   Un scan complet peut prendre du temps, comme le montre la Figure 1.8. Allez boire un verre ou deux.

N'envoyez pas, j'insiste, de messages à vos amis pour les avertir de l'existence d'un nouveau virus.

Les messages sur un nouveau virus sont bien plus nombreux que les messages générés par le virus lui-même, et dans certains cas, causent bien plus de problèmes que le virus. Ne contribuez pas au problème.

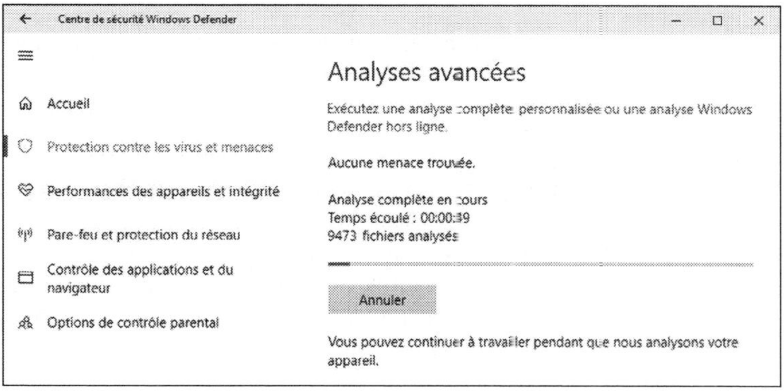

FIGURE 1.8 Windows Defender en pleine analyse.

Ne pas être paranoïaque

La méthode de propagation de virus peut varier d'un virus à l'autre. Quasiment tout le monde pense avoir installé le tout dernier, le plus beau logiciel antivirus quand on installe ce type de programmes et se presse de l'utiliser quand on découvre qu'il y a plus de 179 virus sur son ordinateur qui doit alors être nettoyé.

Vous l'avez sur votre machine ? Supprimez-le ! Débutants, ne songez même pas à passer par l'outil Ajouter/suppression de programmes. Croyez bien que les petits malins qui ont appelé leur logiciel malveillant Antivirus 2017 ne vont pas vous faciliter la tâche pour le supprimer. Pour ma part, je me repose sur `https://fr.malwarebytes.org/`, mais éliminer certaines de ces bestioles reste très difficile (voir Livret IX, Chapitre 4).

Microsoft tient un excellent registre des faux produits antivirus dans son rapport sur les données de sécurité (volume 6) à `http://www.microsoft.com/fr-fr/security/resources/sir.aspx`.

Se protéger

L'Internet est sauvage, nébuleux et merveilleux ; par bien des aspects, il est sans règle, une sorte de Far West. Certains pensent qu'il ne peut pas être régulé, je suis d'accord. Même si quelques organismes centraux contrôlent une coordination de base d'Internet : la communication entre les ordinateurs, la distribution des noms de domaine comme Pourlesnuls.com et ce que doit faire un navigateur Web quand il rencontre un morceau de code HTML, mais il n'y a pas d'autorité centrale ni de gendarme du Net.

Malgré son caractère Far West et son absence totale de règles de bienséance, l'Internet n'est pas un espace effrayant. Si vous respectez quelques règles simples de bon sens, vous ferez un long et beau voyage.

Se protéger contre les logiciels malveillants

Tout le monde sait qu'Internet est un bouillon de virus. Tout le monde sait que les vrais virus très méchants peuvent vider un compte bancaire, détruire un disque dur et ruiner le moral, simplement parce qu'on a jeté un œil au message dont l'objet était « Bonne journée ».

En réalité, les réseaux de zombies et espions de clavier peuvent faire mal, mais les canulars et les mauvais conseils abondent. Tout utilisateur Windows devrait respecter ces quelques conseils avisés :

» **Ne pas installer de programmes étranges, de mignonnes icônes, de signatures électroniques automatiques, ou de produits qui promettent de garder l'ordinateur dans une sécurité infaillible.** Sauf si le programme en question vient d'un fabricant qui a pignon sur rue, en qui on peut avoir confiance et que l'on sait exactement ce dont on a besoin, on ne l'installe pas. Ne pas se faire berner par des produits qui clament haut et fort qu'ils peuvent nettoyer le Registre ou éradiquer des infections imaginaires.

  Vous pouvez croire que vous devez impérativement synchroniser l'horloge Windows (ce que Windows fait parfaitement bien, pas besoin d'un programme supplémentaire), préparer votre ordinateur (faites une pause), utiliser ces adorables petites icônes en forme de smileys (faites une très grande pause), installer un bloqueur de fenêtre intempestive (Microsoft Edge, Firefox et Chrome le font déjà très bien !) ou installer une signature électronique automatique (votre programme de messagerie peut déjà signer vos messages, lisez le manuel !). Tout ce que vous gagnerez avec ces gadgets, ce sont les ennuis et les arnaques !

» **Ne jamais, jamais ouvrir une pièce jointe dans un message électronique sans avoir eu confirmation de la personne qui est censée l'envoyer que c'est bien elle.** Avec un peu de bon sens, demandez-vous si l'expéditeur est suffisamment malin pour vous envoyer un fichier qui n'est pas infecté. Une fois que vous avez contacté la personne qui vous a envoyé le fichier, ne l'ouvrez pas directement. Enregistrez-le sur le disque dur et lancez Windows Defender avant de l'ouvrir.

» **Suivre les instructions du Chapitre 1 du Livret VI pour forcer Windows à afficher le nom complet des fichiers installés sur l'ordinateur.** De cette manière, si vous voyez un fichier nommé `quelquechoose.cpl` ou `iloveyou.vbs`, vous saisissez la chance de comprendre que ce peut être un programme contagieux qui n'attend que votre coup de pouce.

» **Se méfier des messages électroniques**. N'importe quelle partie d'un message électronique est facilement falsifiée. L'adresse de retour peut être fausse. Même l'en-tête, que l'on ne voit pas normalement, peut être purement fictif. Les liens dans le corps du message peuvent ne pas pointer vers le site que vous croyez être. Tout ce que vous écrivez dans un message peut être lu par une autre personne, un peu comme lorsque vous envoyiez autrefois une carte postale.

» **Vérifier ses comptes**. Lisez bien les instructions sur votre carte bancaire ou les relevés bancaires. Si vous trouvez des retraits que vous ne comprenez pas, contactez votre banque. Connectez-vous régulièrement sur les sites Web de vos banques, crédits, *etc.*, si quelqu'un a changé votre mot de passe, vous pouvez crier au voleur.

Désactiver Java et Flash

Je salue quand même le passage rapide de Flash pour les sites Web automatiques en HTML5, ce qui est un point positif en rapidité et en sécurité.

Si vous utilisez Microsoft Edge ou Chrome, désactiver Java et Flash est très simple. Lancez une recherche Google pour savoir comment faire.

Utiliser sa carte bancaire en toute sécurité

Beaucoup de personnes qui utilisent le Web refusent de faire une commande en ligne parce qu'elles ont peur qu'on leur vole leur numéro de carte bancaire et qu'elles doivent alors payer des factures exorbitantes. Elles pensent que les produits n'arriveront jamais et qu'elles ne seront jamais remboursées.

Voici quelques simples précautions qui vous permettront de ne pas vous faire voler votre numéro de carte bancaire :

» **Lorsque vous effectuez une commande en ligne, vérifiez que vous traitez bien avec l'entreprise que vous connaissez.** Ne cliquez pas sur un lien dans un message électronique qui est censé vous rediriger vers le site de l'entreprise. Saisissez l'URL de l'entreprise dans Microsoft Edge ou Firefox ou servez-vous d'un lien que vous avez enregistré dans la liste des favoris de Microsoft Edge ou de Firefox.

» **Saisissez le numéro de votre carte bancaire seulement si vous êtes sûr d'être sur le site de l'entreprise et que le site utilise une page Web sécurisée.** Pour s'en assurer, il suffit de trouver dans le coin inférieur droit de la fenêtre une icône de cadenas. Les sites Web sécurisés brouillent les données que vous entrez dans la page cryptée avant de l'envoyer à l'ordinateur du fournisseur. De plus, Firefox et Microsoft Edge vous donnent les références du site en cliquant sur l'icône à gauche de l'adresse Web.

Des programmeurs ingénieux, mais peu recommandables peuvent falsifier l'icône du verrou et afficher une adresse `https://` pour endormir votre vigilance. Pour en être sûr, cliquez sur l'icône à gauche de l'adresse afin d'afficher le certificat de sécurité dans son intégralité.

» **N'envoyez pas le numéro de votre carte bancaire dans un message électronique ordinaire.** Le courrier électronique est trop facile à intercepter. Et surtout, ne donnez pas vos données bancaires lorsque vous chattez !

» **Si vous recevez un message électronique vous demandant les références de votre carte bancaire qui semble venir de votre banque, d'une société de crédit, de votre fournisseur d'accès à Internet ou votre chère tante Marthe, n'envoyez aucune donnée sensible !** Encore une fois, passez par la page Web sécurisée d'un site et entrez son adresse dans votre navigateur Web.

Les vols d'identité sont un problème dans le monde entier. La disponibilité généralisée des données personnelles en ligne ravive les flammes. Si vous soupçonnez quelqu'un de se faire passer pour vous, de générer des dettes avec votre nom par exemple, consultez le portail de la sécurité informatique créé par les services d'État français : `http://www.ssi.gouv.fr/`.

Défendre sa vie privée

« Il n'y a aucune confidentialité nulle part. »

C'est ce qu'avait déclaré à des journalistes Scott McNeally, PDG de Sun Microsystems le 25 janvier 1999. Il exagérait. Scott affectionne les mots provocateurs retentissants, mais ici son exagération est proche de la réalité. (En fait, si Scott me dit que le ciel est bleu, j'irai quand même vérifier en mettant le nez dehors, mais je m'égare...)

Je suis toujours surpris par le comportement bizarre des utilisateurs concernant la confidentialité. Des gens qui n'imaginent même pas donner leur numéro de téléphone à un inconnu remplissent les profils de services en ligne en donnant leur adresse électronique. Ce sont souvent les mêmes qui refusent de donner leur numéro de carte bancaire pour passer une commande en ligne auprès de marchands en ligne très connus (avec une procédure d'achat sécurisée), mais qui donneront leur numéro de sécurité sociale dans un formulaire Web.

Voici quelques conseils importants à suivre concernant la confidentialité :

» **Utilisez l'ordinateur de votre travail seulement pour votre travail :** pourquoi passer par votre adresse professionnelle pour envoyer des messages personnels ? Inscrivez-vous à une messagerie électronique telle que Gmail (`www.gmail.com`), Yahoo! Mail (`www.mail.yahoo.com`) ou Live/Hotmail/Outlook.com (`www.outlook.com`).

» **Ne donnez pas d'informations personnelles** : pourquoi utiliser votre vrai nom quand vous vous inscrivez à une messagerie électronique gratuite ? Pourquoi donner votre salaire annuel à un sondage en ligne ?

Toutes sortes de sites Web, dont Microsoft, posent des questions qui tout simplement ne les regardent pas. Ne donnez pas d'informations personnelles là où elles risquent d'être recueillies.

» **Connaissez vos droits** : bien que le cyberespace ne fournisse pas le même niveau de protection des données personnelles

> que le monde réel (le *meatspace* du cyberpunk), vous avez des droits et des recours. Pour les connaître, consultez le site de la CNIL (Commission nationale de l'informatique et des libertés) à l'adresse `www.cnil.fr/`.

Et tenez-vous prêt !

Faire diminuer le nombre de courriers indésirables

Tout le monde déteste les courriers indésirables (spams), mais personne ne sait vraiment comment les stopper. Personne, pas même Bill Gates.

Windows n'est impliqué que partiellement dans le jeu des spams : il est pour ainsi dire le messager. Mais tous les utilisateurs Windows que je connais reçoivent des messages électroniques. Et tous les utilisateurs de messageries électroniques reçoivent des courriers indésirables, en grand nombre. Pourquoi est-ce si difficile d'identifier des courriers indésirables ? Sachez qu'il existe par exemple 600 426 974 379 824 381 952 façons d'épeler le mot Viagra. Si vous utilisez tous les trucs des spammeurs, du simple remplacement de lettre comme mettre un l à la place du i ou d'insérer des espaces supplémentaires dans le mot, à des astuces plus sophistiquées comme remplacer tous les caractères accentués, vous obtenez plus de 600 milliards de façons différentes d'épeler le mot viagra.

Les scanners de courriers indésirables examinent les messages électroniques en essayant de déterminer s'ils contiennent des éléments potentiellement suspects qui correspondent à certains critères. Ces éléments varient selon le type de filtre de spam que vous utilisez (ou qu'utilise votre fournisseur d'accès à Internet), mais en général le filtre fait correspondre le contenu du message à certains mots ou phrases stockés dans sa base de données. Si vous lisez des messages avec une orthographe improbable qui ont pu passer le filtre du courrier indésirable par exemple, vous comprenez qu'il est très difficile de détecter des milliards de variantes.

Les spams sont un problème insoluble, heureusement quelques règles de base vous permettront de minimiser votre exposition :

- **Ne les encouragez pas !** N'achetez rien qui vient d'un spam (ou d'un courrier électronique que vous n'avez pas spécialement demandé). Ne cliquez pas sur un lien dans un spam qui vous redirige vers un site Web. Supprimez le message. Si vous voyez quelque chose susceptible de vous intéresser, passez par Google ou un autre navigateur Web pour rechercher d'autres entreprises qui vendent le même article.

- **Désinscrivez-vous des listes de diffusion seulement si vous connaissez et faites confiance à la société qui vous envoie des messages**. Si vous êtes inscrit sur la liste de diffusion de Costco et que vous n'êtes plus intéressé par ses offres, cliquez sur le bouton Se désinscrire en bas de la page. Ne cliquez pas sur ce bouton si vous n'êtes pas inscrit, on essaie simplement de vérifier votre adresse électronique.
- **Ne postez jamais votre adresse électronique sur un site Web ou sur un groupe de discussion.** Les spammeurs ont des robots qui dévorent les pages Web en parcourant le Web, en recueillant les adresses électroniques et d'autres informations automatiquement. Si vous postez un message dans un groupe de discussion et que vous voulez que l'on vous réponde, utilisez un nom qui sera difficilement récupérable par le robot, comme `woody (at) ask woody (point) com`, par exemple.
- **N'ouvrez jamais une pièce jointe ou ne visualisez jamais une image dans un message électronique.** Les spammeurs utilisent ces deux techniques pour vérifier s'ils ont atteint une vraie adresse électronique. De toute manière, il ne faut jamais ouvrir une pièce jointe sauf si la personne qui vous l'a envoyée vous confirme son envoi et que vous lui faites confiance et ainsi vous épargner l'envoi de pièces jointes infectées.
- **Ne faites jamais confiance à un site Web qui s'ouvre en affichant un « cliquez ici » dans un message électronique.** Attention aux sites Web qui viennent d'autres sites Web. Si vous n'avez pas entré l'adresse dans la barre d'adresse de Microsoft Edge, vous risquez d'être bloqué.

Enfin, la seule solution durable est de changer d'adresse électronique et de la donner uniquement à vos proches et à vos collègues de travail. Certes, cette stratégie ne résout pas le problème, mais elle réduit le nombre de spams de manière significative.

Chapitre 2

Combattre virus et intrusions

DANS CE CHAPITRE :

- **Faire une liste de sécurité**
- **Trouver des infos sur les logiciels malveillants**
- **Comprendre le fonctionnement de Windows Defender**
- **Décoder les codes de sécurité de votre navigateur**

Windows 10 intègre directement un package antivirus/anti-espion/anti-logiciel malveillant.

Pas besoin d'acheter un antivirus, un pare-feu ou tout autre produit « anti ». Windows 10 a tout ce dont vous avez besoin. Ils sont déjà installés et prêts à travailler. En plus, ils sont gratuits !

Mais vous devez aussi respecter votre part du contrat en ne faisant rien de discutable, entendez par là rien de « stupide ». Mais comme certains trucs utilisés par les maîtres en intrusions y ont recours, je m'abstiendrai de qualifier de stupide ce que vous pouvez faire.

Ce chapitre commence par une simple liste de ce qu'il faut ou ne pas faire pour protéger votre ordinateur et votre identité. C'est très important. Même si vous ne comptez pas lire ce chapitre dans son intégralité, lisez et aussi respectez chaque règle énoncée dans la liste.

Quelques règles élémentaires de sécurité Windows

Voici les dix règles que vous devez absolument respecter pour protéger la sécurité de votre ordinateur :

» **Tous les jours, vérifiez que Windows Defender est activé.** Si quelque chose cloche, un « X » rouge apparaît sur le drapeau de Centre de maintenance, en bas de la zone de notification du bureau à côté de l'heure. Pour vérifier rapidement l'état de Defender, cliquez sur le petit chevron affiché dans la Zone de notification. Ensuite, faites un clic-droit sur l'icône de Windows Defender et exécutez la commande Ouvrir, comme sur la Figure 2.1. Si Windows Defender est pleinement opérationnel, une coche verte agrémente chacune des options, comme sur la Figure 2.2.

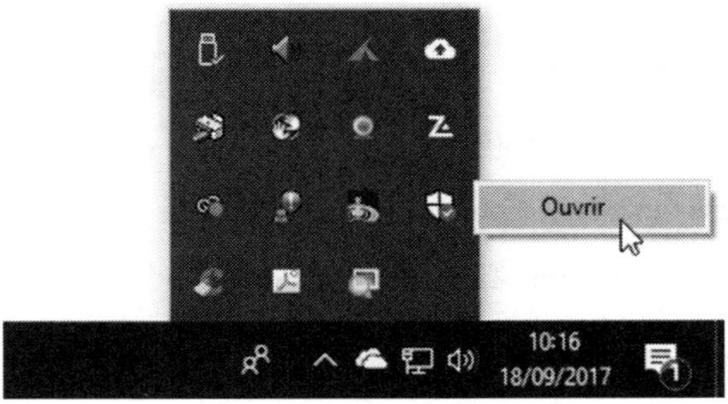

FIGURE 2.1 Ouvrez rapidement Windows Defender.

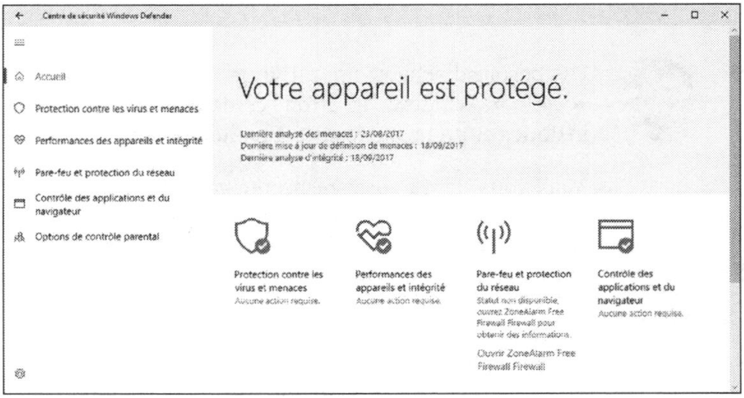

FIGURE 2.2 Un Windows Defender en bonne santé.

Windows Defender est inactif lorsque vous utilisez un autre antivirus ! Pour utiliser Windows Defender, vous devrez soit désinstaller l'antivirus en question, soit en suspendre l'activité.

En fait, Windows devrait vous indiquer si Defender est arrêté soit *via* une notification dans le côté droit, soit avec un X rouge sur le drapeau dans le coin inférieur droit du bureau. Mais si vous voulez en être absolument sûr, vérifiez vous-même. Cela ne prend qu'une seconde.

- **Utilisez l'application Microsoft Reader pour lire des fichiers PDF.**

  Il suffit de lancer une recherche sur le Net pour trouver moult sites qui en permettent le téléchargement, ou bien d'aller directement à cette adresse : `https://acrobat.adobe.com/fr/fr/products/pdf-reader.html`. Cette application est gratuite.

- **Lancez le programme Malwarebytes tous les mois.** Ce programme vous donne un deuxième avis, en pointant vers d'éventuels programmes critiquables que Windows Defender n'a pas indiqués. Je vous présente Malwarebytes au Chapitre 4 du Livret IX.

- **Supprimez les chaînes de lettre électronique.**

  Je suis sûr que vous allez provoquer la foudre des dieux pour le reste de vos jours, mais s'il vous plaît, rendez un service à l'humanité en ne transférant pas de courriers indésirables.

Si vous recevez un message électronique qui semble vraiment super cool, il s'agira sans aucun doute d'un faux, d'une légende urbaine, d'un attrape-nigaud.

- **Soyez à jour dans les correctifs et mises à jour Windows (notamment pour les autres programmes qui tournent sur votre PC).** Relisez ma diatribe sur les mises à jour automatiques de Windows du Chapitre 3 du Livret VIII. Pour vous aider à être à jour avec les autres programmes, utilisez Secunia Personal Software Inspector dont je parle au Chapitre 4 du Livret IX.

- **Consultez régulièrement vos relevés bancaires.**

  Je vérifie mes dépenses tous les deux jours et je vous conseille de faire de même.

- Si vous n'avez plus besoin d'un programme, débarrassez-vous-en. Passez par l'outil de désinstallation de Windows présenté au Chapitre 1 du Livret VII.

- **Changez régulièrement de mot de passe**. Eh oui, encore une de ces choses que tout le monde conseille, mais que personne ne fait. Mais que devez-vous vraiment faire ? Relisez mes avertissements du Chapitre 4 du Livret II.

Et maintenant, voici les dix choses les plus importantes que vous ne devez absolument pas faire pour protéger votre ordinateur :

- **Ne faites jamais confiance aux autres ordinateurs, à moins que vous ayez déjà inspecté vous-même ces ordinateurs.**

Même dans ce cas, restez sceptique. Considérez chaque PC étranger comme potentiellement infecté. N'insérez jamais une clé USB dans un ordinateur public sauf si vous êtes prêt à la désinfecter dès votre retour à la maison. Imaginez que tout ce que vous tapez sur un ordinateur public est enregistré et envoyé à un petit génie boutonneux qui aspire à être millionnaire.

» **N'installez pas de nouveaux programmes sauf si vous savez exactement ce que vous faites et que vous avez vérifié que c'est bien une copie légale.**

Même si un scanner en ligne vous signale que vous avez 139 virus installés sur votre machine et moyennant 40 euros, et qu'il s'en débarrassera.

Si vous installez des applications venant de Windows Store, vous êtes sauvé ! Mais tout programme que vous installez sur le bureau doit être vérifié dix fois et téléchargé depuis une source fiable (comme `http://www.cnetfrance.fr/`, `http://www.01net.com/telecharger/`, `www.clubic.com`). N'oubliez pas de toujours vous demander si vous en avez vraiment besoin.

» **N'utilisez pas le même mot de passe sur plus de trois sites.** D'accord si vous utilisez le même mot de passe, il doit être différent pour votre messagerie électronique et vos comptes bancaires.

Je l'avoue. Je réutilise les mêmes mots de passe. Tout le monde le fait. LastPass (voir Livret IX, Chapitre 4) facilite la création de mots de passe pour tous les sites Web, mais il m'arrive d'être paresseux !

Ndt : Il existe une petite astuce de mon invention qui consiste à déterminer un mot de passe pour chaque site visité qui en exige un, et qui nécessite un très faible effort de mémorisation. Utilisez le nom d'une rubrique dans la page d'un site, comme Accueil. Le mot accueil deviendra la base de votre mot de passe. Ensuite, utilisez systématiquement un nombre à quatre chiffres comme votre année de naissance, disons 1984, et composez le mot de passe suivant 19Acc8ueil4… répétez ce principe sur tous les autres sites. Ainsi, sur un autre site vous utiliserez par exemple la rubrique Informatique. Le mot de passe deviendra 19Informa-8tique4. Kapisch ? Il suffit de se souvenir de la rubrique utilisée sur le site concerné.

Les comptes de messagerie électronique sont différents. Si vous réutilisez le même mot de passe sur tous vos comptes électroniques et qu'on parvient à les récupérer, on pourra les craquer, voler votre argent et ternir votre réputation. Reportez-vous à l'encadré « Ne pas utiliser le mot de passe de son adresse électronique ».

- **N'utilisez pas de Wi-Fi dans un espace public, sauf si vous allez sur des sites HTPPS ou surfez sur Internet *via* un réseau virtuel privé.**

  Si vous ne savez pas ce que c'est HTTPS ou n'avez jamais configuré un VPN, ce n'est pas grave. Vous devez simplement bien comprendre que n'importe qui se connectant au même réseau WIFI que vous peut voir tout ce qui entre ou sort de votre ordinateur. Voir le Chapitre 4 du Livret VIII.

- **Ne tombez pas dans les pièges des fraudes du type « j'ai été agressé et j'ai besoin de 500 euros » ou tout autre message qui vous demande d'envoyer de l'argent.** Il y a beaucoup d'escrocs et si vous entendez parler de « Western Union » ou de « Mandat postal », fuyez !
- **Ne tapez ni ne cliquez sur un lien dans un message électronique ou dans un document. Prenez le temps d'entrer l'adresse dans votre navigateur Web.** On vous a rebattu les oreilles avec ce conseil, mais c'est la réalité !
- **N'ouvrez pas une pièce jointe dans un message électronique tant que vous n'avez pas contacté la personne qui vous l'a envoyée et vérifié qu'elle vous a délibérément envoyé ce fichier**. Même si elle l'a envoyé intentionnellement, vérifiez si son message est sûr et qu'il ne contient rien d'infectieux.

  Eh non, UPS n'envoie jamais de notice de non-livraison dans un fichier ZIP, et non Microsoft n'envoie pas de mise à jour dans une pièce jointe et non le loto ne vous envoie pas en pièce jointe la notification que vous avez bien le ticket gagnant.

- **N'oubliez pas de changer de mot de passe**. Eh oui, encore une chose que tout le monde conseille, mais que personne ne fait. Mais vous devez le faire.
- Ne faites confiance à personne, encore moins aux gens qui vous appellent pour soi-disant résoudre un problème informatique. Les escroqueries à la « X de Microsoft, que puis-je faire pour vous ? » sont légion. Restez sur vos gardes et ne laissez personne entrer dans votre ordinateur, sauf si vous savez de qui il s'agit.
- N'oubliez pas que le plus grand trou de sécurité est entre vos deux oreilles. Servez-vous de votre tête et non de vos doigts avant de taper ou cliquer où que ce soit.

NE PAS UTILISER LE MOT DE PASSE DE SON ADRESSE ÉLECTRONIQUE

Vous avez un compte Gmail. Vous parcourez un site de petites annonces en ligne et vous vous y inscrivez. Vous êtes paresseux, donc vous utilisez le même mot de passe pour les deux sites.

Un jour, un mois, ou un an plus tard, vous passez une petite annonce sur ce site. Vous devez donner votre adresse électronique. Pas de problème.

La semaine suivante, une personne craque le site de petites annonces et vole toutes les informations concernant les 10 000 comptes. À votre insu, les personnes qui ont créé le site de petites annonces ont stocké les mots de passe et les adresses électroniques de telle manière qu'elles peuvent être craquées.

La personne qui a pénétré le système du site poste son butin sur un site de partage de fichiers obscur et quelques minutes après le crac, des dizaines de personnes vont tester toutes les combinaisons possibles de votre adresse Gmail et mot de passe, en essayant de pénétrer sur des sites de banque, de courtage, PayPal et autres.

S'ils parviennent à un site financier qui nécessite seulement une adresse électronique pour récupérer les informations sur un compte, bingo ! Ils se servent de votre adresse Gmail et demandent un nouveau mot de passe. Ils se connectent ensuite à Gmail et attendent les instructions pour réinitialiser un mot de passe. Trente secondes plus tard, ils sont connectés au site financier.

Et cela arrive tous les jours.

Définir les logiciels malveillants

Même si beaucoup de gens sont familiarisés au mot *virus*, les virus sont une partie du problème, un problème connu sous le nom de logiciel malveillant. Un logiciel malveillant est composé des éléments suivants :

» **Virus**. Un virus informatique est un programme qui se reproduit. C'est tout. Les virus se reproduisent généralement en s'attachant à des fichiers (programmes, documents, classeurs) ou en remplaçant les fichiers « authentiques » du système d'exploitation par des faux. Ils font généralement des copies d'eux-mêmes, s'ils sont exécutés.

Peut-être croyez-vous que les virus détruisent des fichiers ou font planter des programmes ou font de gros dégâts. Certains le font. Mais la plupart ne le font pas. Les virus semblent bizarres, mais ils ne le sont pas. Ils sont en général de ridicules bugs qui ne sont pas si sauvages.

» **Les chevaux de Troie** peuvent ou ne peuvent pas se produire, mais nécessitent que l'utilisateur fasse toujours une manipulation qui les déclenche. De nos jours, les chevaux de Troie prennent la forme de programmes téléchargés depuis Internet ou de pièce jointe dans un message électronique ou encore de programmes qui peuvent s'installer tout seuls depuis Internet ; vous tapez ou cliquez sur une pièce jointe, pensant ouvrir une image ou un document, mais vous avez en fait installé un programme qui va mettre le bazar dans votre ordinateur, souvent en envoyant une quantité indénombrable de messages, tous sous forme de pièces jointes infectées sans que vous ne le sachiez ni le vouliez.

» **Les vers** passent d'un ordinateur à l'autre *via* un réseau. Les pires se reproduisent très vite en faisant des copies d'eux-mêmes sur Internet, tirant parti des failles dans les systèmes d'exploitation (trop souvent celles de Windows).

Certains logiciels malveillants peuvent porter de *mauvaises charges utiles* (payload) qui sèment la destruction sur votre système, mais les pires d'entre eux provoquent plus de dégâts en saturant le réseau (parfois en ralentissant Internet lui-même) et en transformant vos ordinateurs en zombies, souvent surnommés bots qui peuvent être utilisés à distance (je parle des bots et des réseaux de zombies au Chapitre 1 du Livret IX).

Le type de logiciel malveillant qui a le plus de succès actuellement sont les kits de démarrage, des programmes qui échappent à toute détection en se connectant furtivement à Windows de diverses manières. Certaines entreprises de renom (Sony) ont recouru à la technologie des kits de démarrage pour leur propre profit. Ces kits de démarrage sont extrêmement difficiles à détecter et même à vider.

Toutes ces définitions sont très académiques et perdent de leur pertinence à mesure que la tendance évolue en logiciel malveillant à menace mixte. Les menaces mixtes comportent des éléments de trois types de logiciels malveillants et plus encore. Le must du must des virus à succès dont on parle dans la presse telle que Rustock, Aleuron et ainsi de suite sont en réalité des logiciels malveillants à menace mixte. Ils sont loin des vieux virus démodés.

MENSONGES, ENCORE DES MENSONGES ET LOGICIELS MALVEILLANTS

La criminalité informatique est devenue rentable, avec un peu d'espionnage dans la mesure du possible, mais quand vous lisez les statistiques sur le nombre de nouveaux virus sortis et le coût qu'ils engendrent pour tout monde, prenez ces chiffres avec des pincettes.

Voici ce que vous devez savoir sur l'estimation de ces coûts :

» Il n'y a aucun moyen d'évaluer le « coût » de l'apparition d'un virus. Sachez que les estimations que vous lisez dans la presse ne servent qu'à attirer votre attention. C'est tout.

» Bien que le cyberespionnage industriel se fasse tout le temps, il est très difficile de l'identifier et encore moins de le quantifier. De la même manière que vous ne pouvez pas quantifier le bon vieil espionnage industriel au jour le jour.

» Au lieu de balancer des chiffres sans réelle signification, il faudrait plutôt tenir compte du nombre de personnes et d'entreprises confrontées aux cyberescrocs qui doivent alors nettoyer leur ordinateur. Une centaine de milliers de codes de carte bancaire dérobés ne fera pas perdre beaucoup d'argent, mais provoquera certainement un tas de pagaille pour les victimes.

Même si les principaux éditeurs de logiciels antivirus publient des fichiers antivirus qui identifient des dizaines de millions de signatures, quasi toutes les infections sont le fait d'une poignée de virus. La menace est réelle, mais quelque peu exagérée.

Déchiffrer les énigmatiques avertissements du navigateur

Un dernier truc qui peut vous aider à surmonter un éventuel accident en ligne : chaque navigateur a des formules bien subtiles pour vous signaler un problème. Je ne parle pas ici du gigantesque message d'avertissement « Attention : site d'hameçonnage suspecté ou sites frauduleux ». Ils sont supposés vous taper à l'œil et ça marche.

Je parle en fait de ces charmantes indications que chaque navigateur affiche pour signaler quelque chose d'étrange sur un le site que vous consultez. Généralement, lorsque vous êtes sur une page sécurisée, c'est-à-dire que ce qui est entre votre ordinateur et le site Web est crypté, vous voyez un cadenas. Ce simple petit cadenas a un peu grandi afin que vous puissiez détecter d'un coup d'œil un site sécurisé (ou non).

Microsoft Edge communique des informations sur la sécurité du site par un clic sur l'icône du cadenas, comme à la Figure 2.2. Il a aussi une icône de cadenas qui fonctionne de la même manière que celle affichée dans Chrome ou Firefox, comme représentée à la Figure 2.3.

COMMENT MARCHE WINDOWS DEFENDER ?

Windows Defender dans Windows 10 est un programme anti-logiciel malveillant pleinement fonctionnel, très efficace, rapide qui marche très bien. Vous n'avez aucune raison de dépenser de l'argent pour acheter un autre logiciel. Vous avez sous la main le meilleur programme prêt à l'emploi dans Windows 10.

Windows Defender de Windows 10 est construit sur les bases de Microsoft Security Essentials qui m'émerveillent depuis des années. Il intègre tous les éléments de MSE (donc inutile d'installer Microsoft Security Essentials sur une machine Win10) agrémenté de nouvelles fonctionnalités, dont la capacité de travailler avec le nouveau système de démarrage UEFI pour valider les systèmes d'exploitation sécurisés.

Je vous présente Windows Defender, UEFI et le démarrage sécurisé au Chapitre 3 du Livret IX.

QU'EST-CE QU'UNE VALIDATION ÉTENDUE ?

Les entreprises paient pour obtenir un certificat sécurisé et doivent l'utiliser correctement sur leur site avant que les principaux navigateurs n'affichent un cadenas.

Malheureusement, depuis quelques années, des problèmes de faux certificats ou certificats volés ou encore d'autres douteux sont apparus. Ce problème est en partie dû à ce que n'importe qui peut obtenir un certificat de sécurité de site Web. Il y a plusieurs années, il n'y avait que deux personnes chargées du certificat de sécurité de microsoft.com. Ils baratinaient un peu pour avoir un certificat.

Depuis avril 2008, un deuxième niveau de certification, certificat à validation étendue, a été mis en place. Pour acheter un certificat VE, une société ou un particulier demandant un certificat doit passer toute une série de démarches comme établir son identité civile, sa localisation physique, et prouver qu'ils sont bien propriétaires du nom de domaine pour lequel ils demandent la certification.

Les certificats VE ne sont pas infaillibles, mais ils sont plus dignes de confiance que les certificats réguliers.

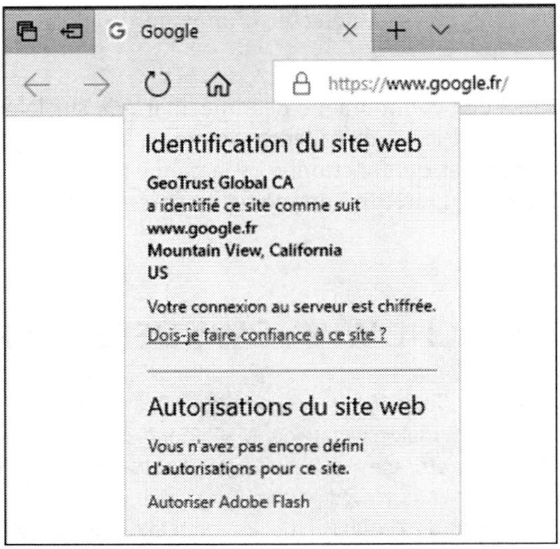

FIGURE 2.3 Microsoft Edge affiche des informations sur la sécurité du site. Tapez ou cliquez sur l'icône du cadenas.

Les icônes de cadenas dans la version bureau d'Internet Explorer sont :

- » L'absence de cadenas signifie que la connexion n'est pas sécurisée.
- » Un cadenas gris correspond à une sécurité standard.
- » Un cadenas gris avec un clignotant vert dans la barre d'adresse correspond aux sites à validation étendue (voir l'encadré « Qu'est-ce qu'une validation étendue ? »)

Chapitre 3

Utiliser les programmes de sécurité intégrés

DANS CE CHAPITRE :

» **Personnalise les paramètres de Windows Defender**

» **Copier avec SmartScreen**

Dans ce chapitre, vous allez découvrir tout ce qu'offrent les programmes de sécurité tels que Windows Defender, SmartScreen, UEFI (ne vous fiez pas à son nom), le Contrôle de compte d'utilisateur et le pare-feu Windows. Même si vous ne souhaitez rien changer à leur paramétrage par défaut, il est important de connaître l'utilité de ces programmes essentiels. Vous aurez une vision de l'ensemble de ces programmes. Avec un peu de chance, vous aurez aussi une meilleure idée de ce qui tourne mal et comment le régler.

Windows Defender

Rapide, pleinement fonctionnel et gratuit, Windows Defender a reçu les louanges des experts et les huées des concurrents.

Si vous avez déjà mis en place un système de sécurité avec une suite logicielle chère vous demandant ou extorquant encore plus d'argent ou que vous vous êtes démené avec une suite logicielle AV (antivirus) gratuite pour installer ici une petite barre d'outils et là un programme amusant de surveillance, et que l'on vous demande de l'argent, vous êtes prêt à changer pour quelque chose venant d'une source inattendue...

Windows Defender prend le relais de ces antivirus et anti-espions et se charge de la détection des bots et de fonctionnalités anti-kits de démarrage. Dans des tests indépendants, Microsoft a obtenu de très bons scores dans la détection et la suppression pour Windows Defender (ainsi que pour son cousin Microsoft Security Essentials).

Windows Defender effectue des analyses régulières et surveille les logiciels malveillants en temps réel. Il examine de près les pièces jointes dans les courriers électroniques, les téléchargements, supprime ou met en quarantaine à votre demande et en général fait tout ce que vous êtes en droit d'attendre d'un produit antivirus/anti-logiciel malveillant/ et/ ou anti-kit de démarrage.

Windows Defender a cela de merveilleux : il marche bien. Vous n'avez rien à faire, sinon vérifier de temps en temps qu'il n'a pas été désactivé par mégarde (ou par malveillance). Pour ce faire, cliquez sur le bouton Démarrer, puis sur l'icône Paramètres (engrenage). Dans la fenêtre Paramètres Windows, cliquez sur Mise à jour et sécurité. Dans la colonne de gauche, cliquez sur Windows Defender. Dans la partie droite, cliquez sur le bouton Ouvrir le Centre de sécurité Windows Defender. Vous accédez au contenu illustré à la Figure 3.1.

FIGURE 3.1 Une nouvelle manière d'appréhender Windows Defender.

Eh oui ! Fini l'interface d'application de Windows Defender. Désormais, tout le paramétrage et les analyses se concentrent dans les Paramètres Windows de Mise à jour et de sécurité.

Pour utiliser Windows Defender, voici quelques recommandations dont vous devez tenir compte :

» C'est une très mauvaise idée d'exécuter deux antivirus en même temps. Windows Defender n'échappe pas à cette règle. Si un deuxième antivirus est en cours d'exécution sur votre machine, Windows Defender ne sera pas opérationnel.

  Si vous n'aimez pas votre antivirus et que vous ne voulez pas continuer de payer, payer, et encore payer les nouvelles options, passez par Supprimer les programmes pour vous en débarrasser. Redémarrez votre machine et Windows Defender s'activera automatiquement ou formulera une proposition dans ce sens.

» Windows Defender se met désormais automatiquement à jour avec Windows Update. Bien entendu, il reste possible de forcer cette mise à jour depuis l'interface de Windows Defender.

» Quelle que soit votre décision, sachez que la protection en temps réel grignote la confidentialité. Supposez que Windows Defender (ou tout autre produit antivirus) détecte un fichier de recherche suspect qui ne figure pas dans sa liste. Pour récupérer les toutes dernières informations sur ce fichier suspect, Windows Defender doit contacter la maison mère Microsoft, lui faire parvenir des éléments révélateurs concernant ce fichier suspect et lui demander s'il y a du nouveau. Vous pouvez désactiver l'option protection en temps réel, mais dans ce cas, vous ne saurez pas s'il y a un tout récent virus et les toutes dernières infos sur ce virus. Et certains virus se propagent très vite.

Paramétrer Windows Defender

Voici comment configurer Windows Defender pour qu'il réponde à vos besoins sécuritaires :

1. **Cliquez sur le bouton Démarrer puis sur Mise à jour et sécurité, et enfin sur Windows Defender dans la colonne de gauche.**
2. **Cliquez sur le bouton Ouvrir le Centre de sécurité Windows.**

   L'écran principal de Windows Defender apparaît. Les coches vertes qui apparaissent sur les différentes rubriques de Windows Defender indiquent que vous bénéficiez d'une protection maximale. En revanche, si une icône rouge à croix blanche est présente comme sur la Figure 3.2, cela indique que vous prenez un risque.

   Sur cette figure, il est indiqué que vous n'êtes pas protégé en temps réel. Pour remédier à cette défaillance, passez à l'Étape 3.

3. **Cliquez sur le bouton Activer, et acceptez que Windows Defender apporte des modifications au système.**
4. **Pour accéder à l'ensemble des paramètres, cliquez sur l'icône Protection contre les virus et menaces.**
5. **Cliquez sur Paramètres de protection contre les virus et menaces.**

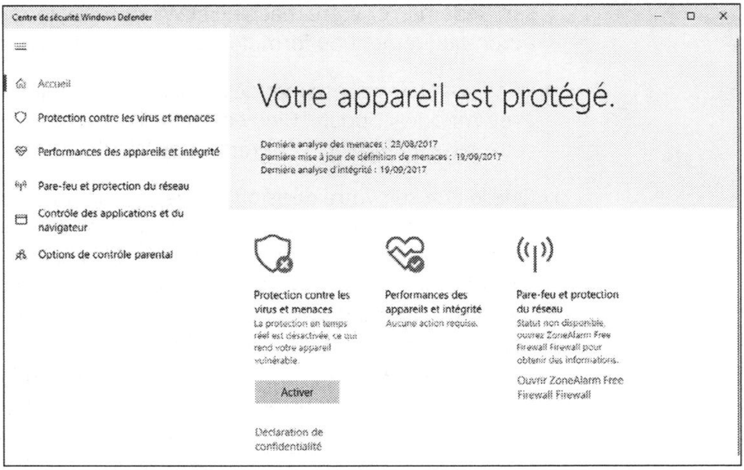

FIGURE 3.2 Windows Defender ne vous protège pas intégralement.

6. **Activez-y la Protection en temps réel et la Protection dans le cloud comme sur la Figure 3.3.**

7. **Faites défiler le contenu de cette fenêtre pour définir les paramètres suivants :**

   - **Envoi automatique d'un échantillon :** Permet d'envoyer à Microsoft des fichiers contenant des « virus » afin d'améliorer les performances de Windows Defender. Si vous ne souhaitez pas que Microsoft en sache trop à votre sujet, désactivez cette option. Windows Defender vous dit alors que votre ordinateur est vulnérable, car ces fichiers ne seront pas analysés correctement.
   - **Dispositif d'accès contrôlé aux dossiers :** Empêche un logiciel malveillant d'apporter des modifications au contenu de certains dossiers. Pour ajouter des dossiers, cliquez sur le lien Dossiers protégés. Cliquez ensuite sur le bouton Ajouter un dossier protégé, et choisissez ledit dossier dans la boîte de dialogue Sélectionner un dossier qui s'affiche. Pour retirer un dossier ainsi ajouté, cliquez sur son nom dans la liste des dossiers protégés, puis sur le bouton Supprimer. Dans le même ordre d'idées, cliquez sur le lien Autoriser une app *via* un dispositif d'accès contrôlé aux dossiers. Utilisez le bouton pour ajouter une application qui ne sera alors jamais suspectée d'intervenir sur vos fichiers avec une mauvaise intention.
   - **Exclusions :** Cliquez sur le lien Ajouter ou supprimer des exclusions afin de définir des éléments qui ne seront pas analysés par Windows Defender.

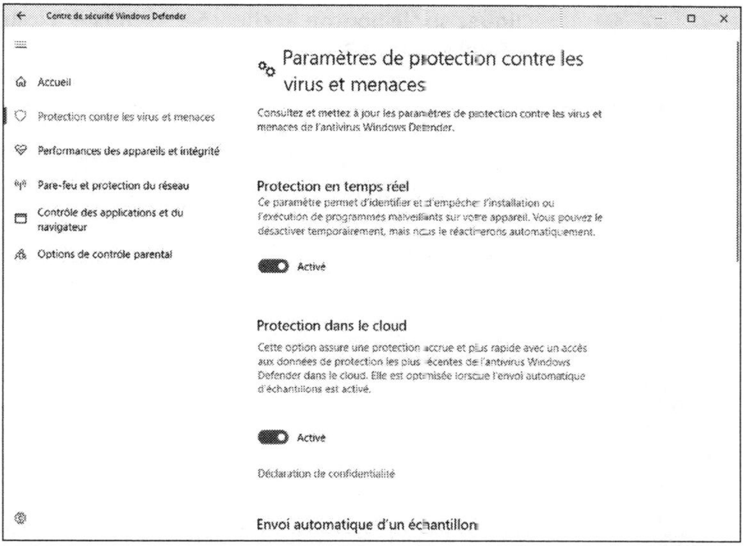

FIGURE 3.3 Les protections en temps réel de Windows Defender.

- **Notifications :** Cliquez sur Modifier les paramètres des notifications pour activer/désactiver les notifications liées aux analyses de Windows Defender.

Les modifications prennent immédiatement effet.

Exécuter Windows Defender manuellement

Windows Defender s'exécute automatiquement, mais vous pouvez aussi déclencher une analyse si quelque chose vous inquiète. Voici comment :

1. **Cliquez sur le chevron de la Zone de notification, puis faites un clic-droit sur l'icône Windows Defender.**
2. **Exécutez la commande Ouvrir du menu contextuel.**

   Bien entendu, vous pouvez appliquer la procédure de la précédente section pour ouvrir Windows Defender.
3. **Dans la fenêtre Windows Defender des Paramètres Windows, cliquez sur Protection contre les virus et menaces.**
4. **Si vous craignez que les définitions antivirus ne soient pas à jour, cliquez sur Mises à jour de la protection en bas de la fenêtre.**

5. **Cliquez sur le bouton Rechercher les mises à jour, comme sur la Figure Figure 3.4.**

FIGURE 3.4 Mettre à jour Windows Defender.

N'oubliez pas que Windows Defender est également mis à jour par Windows Update.

Lorsque vous tapez ou cliquez sur le bouton Rechercher les mises à jour, Windows Defender récupère le dernier fichier de signatures du site de Microsoft, mais il n'effectue aucune analyse.

6. **Pour exécuter une analyse rapide manuellement, cliquez sur l'icône du bouclier dans la colonne de gauche, puis sur le bouton Analyse rapide.**
7. **Pour une analyse plus approfondie, cliquez sur le lien Analyse avancée.**
8. **Choisissez une des options d'analyse (Figure 3.5), puis cliquez sur le bouton Analyser maintenant.**

   Voici ce que signifient ces options :

   - **Complète :** Exécute une analyse bit par bit de chaque fichier et dossier de l'ordinateur.
   - **Personnaliser :** Est comme Complète, mais vous permet de choisir les lecteurs et dossiers à analyser.
   - **Windows Defender hors ligne :** Utile pour détecter des virus particulièrement difficiles à éliminer.
9. **Pour vérifier ce que Windows Defender a examiné et supprimé, revenez à l'écran Protection contre les virus et menaces (icône du bouclier dans la colonne de gauche), et tapez ou cliquez sur Historique d'analyse (voir la Figure 3.6).**

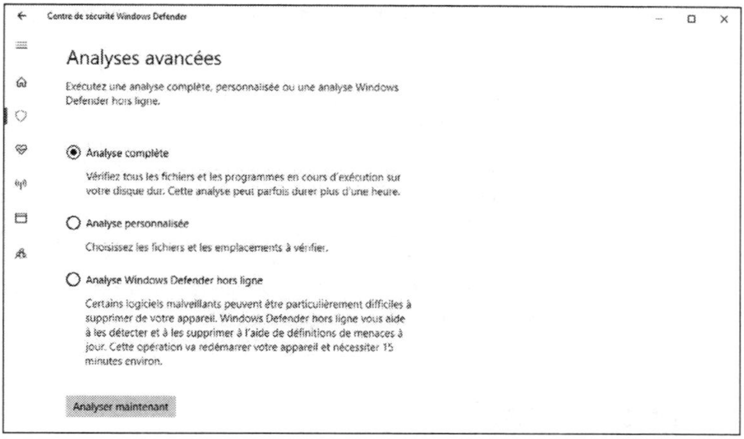

FIGURE 3.5 Choix des options.

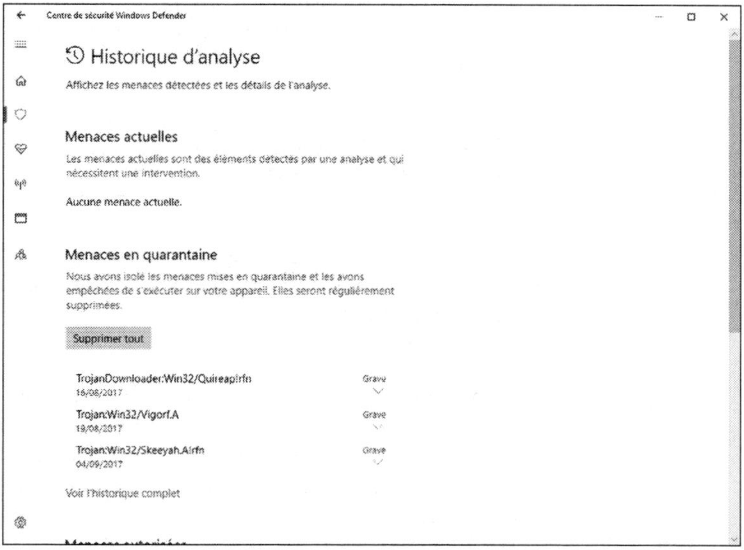

FIGURE 3.6 Accédez à l'historique des actions entreprises par Windows Defender.

De temps à autre, Windows Defender signale des fichiers infectés et vous demande de décider de leur sort. Les options semblent assez réduites. Dans la plupart des cas, Windows Defender met en quarantaine les fichiers dangereux, les met dans un emplacement où vous ne les trouverez pas par hasard et se contente de les garder. Vous en serez rarement informé (même si une notification toast peut apparaître dans le coin inférieur droit de l'écran), le fichier aura simplement disparu de l'emplacement où il ne devait pas être.

Pour supprimer les fichiers en quarantaine, cliquez sur le bouton Supprimer tout.

Pour un historique plus complet, cliquez sur le lien Voir l'historique complet.

La section Menaces autorisées contient des fichiers identifiés comme porteurs de virus, mais que vous avez demandé à Windows Defender de considérer comme sains. *De facto*, il ne les a pas mis en quarantaine et ne les détecte plus comme malsains. En cas d'erreur de votre part, cliquez sur l'un de ces fichiers puis sur le bouton Ne pas autoriser.

Évaluer SmartScreen

Avez-vous déjà téléchargé un programme d'Internet, cliqué pour l'installer puis quelques secondes plus tard vous être demandé pourquoi vous l'avez fait ?

Microsoft a publié une technique intéressante qu'il appelle SmartScreen. SmartScreen vous permet de changer d'avis quand vous êtes en train d'installer un logiciel qui a reçu les foudres d'autres utilisateurs de Windows.

Une partie de SmartScreen travaille en collaboration avec Windows Defender. Il m'est arrivé de voir apparaître une notification de Windows Defender concernant un fichier infecté et plus tard le même fichier faire afficher un message d'avertissement.

Si vous tapez ou cliquez sur le lien Plus d'informations, Windows affiche le nom de fichier et l'éditeur (s'il est identifiable) et propose une option pour exécuter le programme. Si vous ne le faites pas, il mettra ce programme au même emplacement où Windows Defender met les programmes en quarantaine, là où vous ne pouvez pas le trouver sans passer par l'onglet Historique de Windows Defender.

Une autre partie de SmartScreen fonctionne complètement autrement, un peu comme cela :

1. **Vous téléchargez quelque chose, n'importe quoi, depuis Internet.**

   La plupart des navigateurs et des programmes de messagerie électronique et autres services en ligne (dont les messageries instantanées) placent une « marque » sur le fichier qui indique sa provenance.

2. **Quand vous ouvrez le fichier, Windows vérifie le nom du fichier et l'URL d'origine dans une liste blanche « de confiance ».**
3. **Si le fichier n'est pas acceptable, une notification apparaît.**
4. **Plus d'utilisateurs installeront le programme de ce site, plus le programme sera de « confiance ».**

   Encore une fois, Microsoft recueille des informations sur votre système, dans ce cas, sur vos téléchargements, mais c'est pour la bonne cause.

Quand vous installez Windows 10, vous pouvez désactiver SmartScreen. Normalement, neutraliser SmartScreen nécessite l'accord de l'administrateur des comptes utilisateurs. Vous pouvez aussi le modifier. Voici comment :

1. **Accédez à Windows Defender en appliquant une des techniques décrites dans les précédentes sections.**
2. **Dans la page d'accueil, cliquez sur Contrôle des applications et du navigateur.**
3. **Faites défiler le contenu de la fenêtre puis activez ou désactivez SmartScreen pour Microsoft Edge et le Windows Store, comme sur la Figure 3.7.**

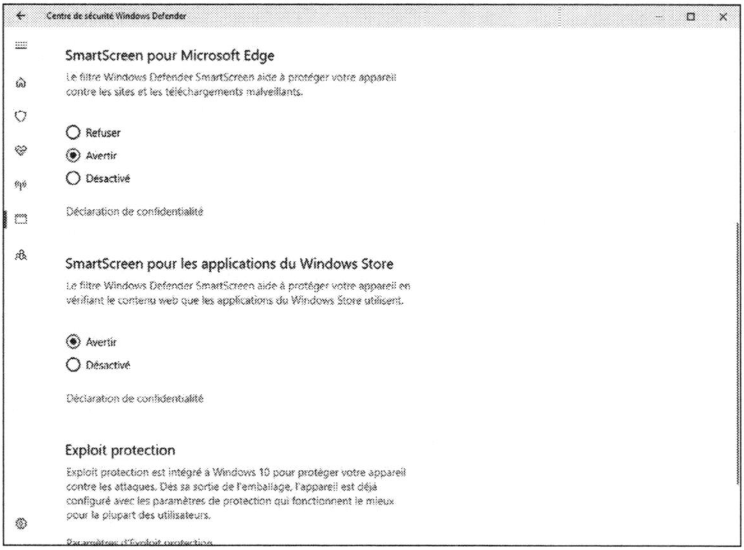

FIGURE 3.7 Pour activer ou désactiver SmartScreen.

Si vous avez désactivé SmartScreen, vous verrez apparaître dans la zone de notification la réaction quasi immédiate du système vous avertissant que SmartScreen a été désactivé.

Index

C

D

E

F

G

H

M

N

O

P

Q

R

S

W

X

Y

Z